大江　忠　著

第4版 要件事実商法

（1）

総　則・商行為Ⅰ

第一法規

第4版 はしがき

　商法は、制定以来の社会・経済情勢の変化への対応、荷主、運送人その他の運送関係者間の合理的な利害の調整、海商法制に関する世界的な動向への対応等の観点から、運送・海商関係を中心とした規定の見直しが行われた。形式面においても、文語片仮名で残っていた第2編「商行為」第5章から第9章及び第3編「海商法」を現代語化し、これによって六法全部の現代語化が完成することともなった。同改正法（平成30年法律29号）は、平成30年5月25日公布され、施行日は公布の日から1年以内で政令において定める日とされている（現時点で未定）。

＊　＊　＊

　今回の商法改正を受けて、「第3版要件事実商法」を改訂し、第4版とすることとしたが、加筆に伴い3分冊となった。本書「第4版要件事実商法（1）」は、商法第1編「総則」と第2編「商行為」の第1章から第6章までを収めている。今回の改正においては、内容的に改正がなかった部分である。しかし、総則においては、対応する会社法の規定の解説も加えることとした。

　また、第4版が3分冊になった理由は、裁判例（下級審も含め）を参考にする設例を大幅に増やしたことにもある。個々の判決は、もとより具体的な事案の適切な解決を第一義とするものであるが、全体として捉えると、これら裁判例は裁判所が営々と築いてきた膨大な知的集積体である。本書は、この知的集積体に対して、要件事実論という一定の観点（訴訟物、請求原因、抗弁、再抗弁等の各事実整理）から検討を加えるものである。

＊　＊　＊

　本書の初版を上梓したのは平成9年であるから、既に21年が経過

したことになる。しかし、本書第 4 版の執筆の方針は、その初版の「はしがき」に記した方針、すなわち、「本書は、裁判規範としての商法の全体像をいくらかでも明らかにすることを目標とし、あわせて、実務家が裁判において主張すべき事実及びその立証責任の所在を考える際の『叩き台』を提供しようとするものである」ことに変わりはない。

　第 4 版の編集を担当された河田愛さん、池田将司さんには、短期間に第 4 版 3 冊を同時に刊行するために大変な御尽力をいただいた。ここに厚く御礼申し上げる次第である。

平成 30 年 11 月 20 日

　　　　　　　　　　　　　　　　　　　　　大　江　　　忠

凡　例

法令の内容現在

　原則、平成 30 年 10 月 1 日の内容によった。

　ただし、商法は平成 30 年 5 月 25 日法律第 29 号の、民法は平成 29 年 6 月 2 日第 44 号の改正内容を反映させた。

設例凡例

　設例は、その事案について、訴訟物、請求原因、抗弁、再抗弁等の各事実を挙げ、適宜、注記＊を付した。設例の多くは裁判例を参考にするものであるが、大幅に事実関係を簡略にしている。

判例凡例

大判　　大審院判決
最判　　最高裁判所判決
東京高判　　東京高等裁判所判決

民録　　大審院民事判決録
民集　　大審院民事判例集、最高裁判所民事判例集
裁判集民　　最高裁判所裁判集民事
高民集　　高等裁判所民事判例集
下民　　下級裁判所民事裁判例集
新聞　　法律新聞
判決全集　　大審院判決全集
判時　　判例時報
判タ　　判例タイムズ
金法　　金融法務事情
金商　　金融・商事判例

文献凡例

(第1編　総則　　第2編　商行為)
西原・商行為法　西原寛一『商行為法』(昭和48年、有斐閣)
平出・商行為法　平出慶道『商行為法〔第2版〕』(平成元年、青林書院)
鈴木・商行為法　鈴木竹雄『新版・商行為法・保険法・海商法〔全訂第2版〕』(平成5年、弘文堂)
鴻・総則　鴻常夫『商法総則〔全訂第4版補正2版〕』(平成6年、弘文堂)
江頭・商取引法　江頭憲治郎『商取引法〔第8版〕』(平成30年、弘文堂)
近藤・総則・商行為　近藤光男『商法総則・商行為法〔第7版〕』(平成30年、有斐閣)
田中ほか・コンメ商行為法　田中誠二=喜多了祐=堀口亘=原茂太一『コンメンタール商行為法』(昭和48年、勁草書房)

(運送法改正関係)
浅木・通論補巻Ⅰ　浅木愼一『商法学通論補巻Ⅰ』(平成28年、信山社出版)

(要件事実)
司研・要件事実第一巻　司法研修所編『増補　民事訴訟における要件事実第一巻』(昭和61年、法曹会)
司研・要件事実第二巻　司法研修所編『民事訴訟における要件事実第二巻』(平成4年、法曹会)
司研・紛争類型別　司法研修所編『紛争類型別の要件事実－民事訴訟における攻撃防御の構造』(平成11年、法曹会)
倉田・証明責任債権総論〔執筆者名〕　倉田卓次監修『要件事実の証明責任－債権総論』(昭和61年、西神田編集室)
定塚・一試論　定塚孝司・主張立証責任論の構造に関する一試論(平成4年、判例タイムズ社)

【　】　…江頭憲治郎=山下友信編『商法(総則商行為)判例百選第5版』有斐閣(2008年)。【　】内の数字は、同書の事件番号。

法令略語

海運　海上運送法
会社　会社法
会社更生　会社更生法
割賦　割賦販売法
銀行　銀行法
金商　金融商品取引法
金商業　金融商品取引業等に関する内閣府令
金販　金融商品の販売等に関する法律
計算規則　会社計算規則
憲法　日本国憲法
社振　社債、株式等の振替に関する法律
商　商法
商施則　商法施行規則
商登　商業登記法
商登規　商業登記規則
証取　証券取引法
職安　職業安定法
信託　信託法
水道　水道法
宅建　宅地建物取引業法
手形　手形法
特定商取　特定商取引に関する法律
独禁法　私的独占の禁止及び公正取引の確保に関する法律
破　破産法
非訟　非訟事件手続法
不登　不動産登記法
放送　放送法
法適用　法の適用に関する通則法
保険　保険法
保険業　保険業法
民　民法
民再　民事再生法

民執　民事執行法
民訴　民事訴訟法
無尽　無尽業法
旅行　旅行業法
労派遣　労働者派遣事業の適正な運営の確保及び派遣労働者の保護等に関する法律

目　次

はしがき
凡　例

第1編　総　則 …………………………………………………………1
　第1章　通　則［第1条－第3条］……………………………………1
　第2章　商　人［第4条－第7条］……………………………………36
　第3章　商業登記［第8条－第10条］…………………………………49
　第4章　商　号［第11条－第18条の2］………………………………84
　第5章　商業帳簿［第19条］…………………………………………148
　第6章　商業使用人［第20条－第26条］………………………………157
　第7章　代理商［第27条－第500条］…………………………………196

第2編　商行為 …………………………………………………………225
　第1章　総　則［第501条－第523条］…………………………………225
　第2章　売　買［第524条－第528条］…………………………………344
　補　章　貿易取引 ………………………………………………………378
　第3章　交互計算［第529条－第534条］………………………………405
　第4章　匿名組合［第535条－第542条］………………………………420
　第5章　仲立営業［第543条－第550条］………………………………440
　第6章　問屋営業［第551条－第558条］………………………………453

訴訟物索引 ………………………………………………………………513
事項索引 …………………………………………………………………522
法令索引 …………………………………………………………………526
判例索引 …………………………………………………………………533

第1編　総　　　則

　総則編は7章からなる。第1章通則は、本法の趣旨に加えて商事に関する法源の適用関係を定める。第2章以下においては、商人に関する規定を収めた各章が続く。すなわち、第2章は商人の意義等、第3章は商人がすべき登記、第4章は商人の営業上の名称である商号を定める。また、第5章は商人が作成すべき商業帳簿、第6章は商人に使用される商業使用人、第7章は商人のために代理・媒介をする代理商を定める。

第1章　通　　　則

●(趣旨等)

第1条　商人の営業、商行為その他商事については、他の法律に特別の定めがあるものを除くほか、この法律の定めるところによる。
　2　商事に関し、この法律に定めがない事項については商慣習に従い、商慣習がないときは、民法(明治29年法律第89号)の定めるところによる。

1　本法の趣旨

　本条1項は、平成17年商法改正に当たって新たに設けられた条項であって、本法の制定された趣旨、すなわち、「商人の営業、商行為その他商事について」は、他の法律に特別の定めがない限り、本法が適用されることを定める。平成17年改正前商法には、会社に関する規定が収められていたが、新たに会社法(平成17年法律86号)が立法されたことに伴い、平成17年改正商法からは、会社に関する規定は削除された。本法は会社法、手形法(昭和7年法律20号)、小切手法(昭和8年法律57号)、保険法(平成20年法律56号)等他の法律に特別の定めがあるものを除き、商人の営業、商行為その他商事についての一般規定である。

　なお、会社に対しては、本法第1編の適用はないが(11条1項かっこ

書)、それに代えて、会社法第1編が用意されている。また、会社がその事業としてする行為及びその事業のためにする行為は商行為とされるから（会社5条）、会社は、本法第2編のうち「商行為」を要件とする規定の適用を受ける（これに対し、本法第2編のうち「商人」を要件とする規定の会社に対する適用については、4条の解説4参照）。

2 「商人」と「商行為」概念
(1) 商法の適用領域の画定機能
　一般私法たる民法の適用領域の中から、商法典の適用範囲を画定するために、商法典は、「商行為」と「商人」の2つの概念を定めている。この手法は何も商法にのみ特有のものではなく、民法典とその特別法の適用領域を画する場合においてもみることができる。例えば、広く土地賃貸借・地上権の中から、その賃貸借・地上権が「建物所有の目的」であるという要件事実を備えることによって、民法の土地賃貸借・地上権の適用領域から借地借家法の適用領域に入るが、特定の概念を特別法の適用する道具とする点において、その構造は同じである。ただ、商法典は、「商行為」と「商人」の要件の充足方法にいくつかの組合せを設けており、その組合せによって、具体的な商法典の個々の規定の適用が決定されることになる（商人概念と商行為概念がそれぞれ単独で、又はどのように組み合わされて商法の適用範囲を画しているかについては、第2編商行為第1章総則の冒頭部分の表を参照されたい）。

(2) 「商人」と「商行為」概念の法律的性質
　要件事実論の観点から補足すると、「商人」と「商行為」概念は、それ自体事実ではなく、法律的（観念的）概念であって、例えば「Xは商人である」という主張は、一種の権利（法律状態）主張である。これが争われる場合は4条1項又は2項の定める法律要件に該当する具体的事実（要件事実）を主張・立証しなければならない。また、絶対的「商行為」の要件事実は、501条1号ないし4号に該当する事実であり、営業的「商行為」の要件事実は、502条1号ないし13号のいずれかに該当する事実と同条柱書の「営業としてする」に該当する事実である。

3 商事に関する法律適用の順序
(1) 概説
　本条2項は、「商事に関し、この法律に定めがない事項については商慣習に従い、商慣習がないときは、民法（明治29年法律第89号）の定めるとこ

ろによる」と定める。平成17年改正前は、この規定が本条であり、「商事に関し本法に規定なきものについては商慣習法を適用し商慣習法なきときは民法を適用す」るものと定めていた。本条2項は、商事に関する法源を、①商法典、②商慣習法（法文上は「商慣習」とされているが「商慣習法」と解すべきである。後記(3)ア参照）、③民法典の3つに限る趣旨ではない。商事の法源のうち、特にこの3つを取り上げて、その限りでの適用順位関係を定めるものである。

まず、商事（商人及び商行為など）に関する事項について商法典が適用されることはいうまでもない。

文理からすると、「商事」に関して商法に規定（強行法規・任意法規の両方の規定）がない事項については、「商慣習」（これは、上記のとおり商慣習法と解すべきである）に従い、「商慣習」がないときは民法の規定（任意法規・強行法規の双方を含む）という順序で商法の法源を定めていることとなる。そもそも、商法が民法の特別法としてこれに優先すべきことは、特別法は一般法に優先するという原則から明らかである。この原則がある以上、本条2項の実質的な意義は、両者の間に商慣習法を置くことによって、商慣習法を商法の補充的な法源とし、また、商慣習法を制定法である民法に優先させる点にある。つまり、本条2項は、商事に関して商法に定めがないときは、直ちに民法の適用があるのではなく、商慣習法がある限り、民法に優先して、商慣習法が適用されることを定めるものである。したがって、商事に限ってではあるが、法適用3条が定める制定法優先主義に対する例外を定めていることになる。

ところで、本条2項は、商法が定めている事項についての商慣習（法）との適用関係には直接触れてはいない。民事慣習法の場合には、内容が不明確で合理性を欠くものも少なからずあるので、制定法優先主義の原則（法適用3条）があてはまるが、商事制定法が現実の企業活動に適合しなくなっており、他方で、合理的な商慣習法が存在するに至っているときは、商事制定法の強行法規を改廃することを認めるべきであろう（服部栄三『商法総則〈第3版〉』青林書院（1983年）39頁、大隅健一郎『商法総則』有斐閣（1957年）82頁）。

以下、敷衍する。

(2) 商法典

本条2項の「この法律」とはいうまでもなく商法典のことであるが、もともと商法典の一部であり、現在は商事特別法となっている会社法・会社法施行規則、手形法・小切手法、保険法などが商法典に優先することになる。も

ちろん、もともと商法の一部でなかった国際海上物品運送法、船舶の所有者等の責任の制限に関する法律なども商事特別法であって、商法典に優先して適用される。

(3) 商慣習法

ア　本条2項の「商慣習」を商慣習法と解する理由

(ア)　平成17年改正前本条2項は、それまで「商慣習法」と表記していたところを「商慣習」と改めたが、これは法適用3条（平成18年改正前2条）が「公の秩序又は善良の風俗に反しない慣習は、法令の規定により認められたもの又は法令に規定されていない事項に関するものに限り、法律と同一の効力を有する」としていることに文言を揃えたにとどまり、「商慣習」とは法適用3条の「慣習」の1つであるから、従来の文言のとおり、商慣習法と解してよい。この点について、江頭・商取引法5-6頁は「商法1条2項にいう『商慣習』は、本文にいう商慣習［任意規定と異なる商慣習］と異なり、商慣習法（訴訟当事者の主張・立証がなくても、裁判所がそれを知っているかぎり職権的に法として適用されるもの）の意味であり、平成17年法律第87号が『商慣習法』（同改正前商1条）の語を『商慣習』（商1条2項）に改めた理由は、慣習法（法律と同一の効力を有する慣習）の効力を定めた法の適用に関する通則法3条の文言に一致させる必要があったからである」としている。

(イ)　伝統的な見解によれば、「慣習」（法適用3条）は、「慣習」に法的確信が加わるとき、慣習法としての効力を認めたものであるのに対して、法的確信を伴わない「慣習」は事実たる慣習として、当事者の意思表示を解釈する材料となり、あるいは、意思表示を補充するものとされる（民92条）。これは、商慣習と商慣習法の場合も同様である。すなわち、商慣習は、商慣習法とは異なり、それ自体法規範ではないから、法源とは一般に考えられていない。そのため、民92条により契約の当事者がそれによるとの意思があると認められるときは、商慣習の規律するところとなる。

　ところで、当事者が商慣習によるとの意思の有無に関しては、当事者のその慣習についての知・不知にかかわりなく、その慣習に従うのが客観的に適当と認められるときには、その慣習を基準として法律行為の効力を定めるべきであると緩やかに解されている。さらに商慣習を含む慣習一般が事実認定において重要な役割を有していることからすると、慣習に反することは経験則違反であるとして事実上、法規に近い取扱いを訴訟手続上も肯定するのが判例である。そうすると、商慣習と商慣習法とを区別する実益はそれほどない。実質的観点からも、本条2項の「商慣習」を商慣習法と解する根拠の1

つとなろう。
イ　商慣習法の主張・立証責任
　要件事実論の観点からいうと、商慣習法といえども法である以上、本来、商慣習法の主張・立証は不要のはずである（「汝は事実を語れ、我は法を語らん」の法諺）。しかし、裁判所は必ずしもその存在・内容のすべてを知っているわけでないから、商慣習法の適用を主張する者は、事実上その内容について主張・立証する必要が生じる場合もあろう。例えば、商慣習ないし商慣行の拘束力を認めた判決例として、大阪地判平成2年2月8日判時1351.144〔27806762〕がある。同事件の被告は、相殺の抗弁において、「外国為替公認銀行間の信用状に基づく荷為替手形の再買取取引においては、信用状発行銀行が支払を拒絶したときは、再買取依頼銀行は、買戻しに関する約定書の有無にかかわらず、また、信用状発行銀行の支払拒絶の理由の如何にかかわらず、再買取銀行から買戻しの請求を受けると、直ちに荷為替手形を買い戻さねばならない旨の外国為替公認銀行間の商慣習ないし商慣行がある」ことを主張し、同判決は、証拠によって「外国為替公認銀行間の信用状に基づく荷為替手形の再買取取引において、信用状発行銀行が支払を拒絶したときは、再買取依頼銀行は、保証書等買戻しに関する約定書の交付を受けていなくても、信用状発行銀行の拒絶の理由の如何を問わず、再買取銀行から買戻しの請求を受けると、直ちに荷為替手形を買い戻さなければならない旨の外国為替公認銀行間の商慣習ないし商慣行（以下「本件商慣習ないし商慣行」という。）があり、右商慣習ないし商慣行は、外国銀行の在日支店間の取引も拘束することが認められる」としており、商慣習ないし商慣行を援用する者にその主張・立証責任を課している（なお、この判決例に関する設例は、補章1　貿易取引1（3）ウ参照）。
(4) 商法と民法の適用関係
ア　商法学の立場から、「民法は商法の法源か」という形で議論がされてきたが、商法と民法の適用関係は、大きく分けて以下の（ア）ないし（ウ）の3つの領域がある。
(ア)　商法の規定が民法のそれを補充又は変更する場合
　例えば、商行為総則（501条－521条）、商事売買（524条－528条）などの規定である。基本的に民法の規定が適用されるのは当然である（第2編第2章売買「1　売買に関する民法と商法の関係」参照）。
(イ)　民法上の制度を商事により適切な制度とする場合
　例えば、商業使用人、代理商、仲立営業、問屋営業、運送取扱営業、運送営業、倉庫営業などである。これらは、民法の定める委任・準委任契約、請

負契約、寄託契約などが基礎にあって、その特殊な形態であるから、一定の範囲で民法の補充適用が予定されている。例えば、問屋の権利義務に関する552条2項は、「問屋と委託者との間の関係については、この章に定めるもののほか、委任及び代理に関する規定を準用する」としている。
(ウ) 商法が民法に存在しない制度を創設する場合

　例えば、商業帳簿、商号、交互計算などである。これらの場合も、民法の人の能力、法律行為などをはじめとする民法の一般原則が基礎とされることはいうまでもない。

イ　本条2項の適用順位と要件事実論

　民法、商法などの民事実体法に属する規定を、請求原因、抗弁、再抗弁等に振り分ける要件事実論の観点から本条2項の意義を考えると、本条2項が定める適用の上記の優先順位は、原則として、請求原因、抗弁、再抗弁等の順序とは逆転しているといえる。

　例えば、商事売買（要件事実の観点からすると「商人間売買」というのがより適切といえよう）をみると、商事売買の代金請求権、目的物引渡請求権は、商法典から生じるのではなく、民555条に基づいて発生する。商事売買であっても、「商事代金請求権」及び「商事目的物引渡請求権」などが存在するものではない。要件事実論の観点からいうと、売買契約に基づく売買代金請求権又は目的物引渡請求権を訴訟物とする訴訟を想定した場合、商事売買に関する524条ないし528条は、請求原因になることなく、抗弁以下に登場するものなのである。詳しくは、各条文の設例における事実整理を参照されたいが、この点を説示する判例を1つだけ挙げておこう。すなわち、最判昭和29年1月22日民集8.1.198〔27003223〕は、「売買の当事者双方が商人である、いわゆる商事売買の場合でも、売買の目的物の瑕疵又は数量の不足を理由として、契約を解除し、又は損害賠償若しくは代金の減額を請求するのは、民法の売買の規定に依拠すべきものである。しかして、民法の規定によれば、買主が売買の目的物に瑕疵あることを理由とするときは、契約を解除し、又は損害賠償の請求をすることはできるけれども、これを理由として代金の減額を請求することはできない〔平成29年改正民563条は、新たに代金減額請求権を認めるに至った〕。商法526条は以上民法で認められた売買の担保責任に基く請求権を保存するための要件に関する規定であって、民法の規定するところ以外に新な請求権をみとめたものではないのである」と判示する。

　もちろん、商法が民法には存在しない請求権を認めている場合も多くあり（例えば、海上保険金請求権）、その場合は、商法が定める法律要件に則っ

て、それを充足する要件事実によって請求原因が構成されることとなる。しかし、その場合も、その商法規定に基づく制度に対応する民法の制度がないために、民法の請求原因として構成できなかったのである。

4　本条2項所定外の商法の法源を含めた適用順序
　本条2項は、商法の法源のうち3つ（商法、商慣習法、民法）に限っての規定であるが、そのほかの法源を加えたうえで適用順位をみると、次のようになろう。
　まず、商事特別法は商法典に先立って適用される。民事については民事特別法が民法典に先立って適用される。民事慣習法は民法に規定がない限り商事に適用される。結局、優先順位からいうと、商事条約ないし商事特別法、商法、商慣習法、民事特別法、民法、民事慣習法の順となる。以上が、従来本条2項に関して講学上されてきた議論である。

1 条約・商事特別法(*)	2 商法	3 商慣習法(**)	4 民事特別法	5 民法	6 民事慣習法

*条約と法律との関係では、条約が法律に優先する（憲法98条2項）。商事条約には、①締約国の国民相互の法律関係を直接規律する（自力執行力がある）条約、②国内法化を必要とする条約の区別がある。①には、国際航空運送についてのワルソー条約（昭和28年条約17号）、モントリオール第4議定書（平成12年条約6号）、ヘーグ議定書（昭和42年条約11号）、モントリオール条約（平成15年条約6号）などがあり、②には、為替手形及び約束手形に関し統一法を制定する条約（昭和8年条約4号）、小切手に関し統一法を制定する条約（昭和8年条約7号）などがある。
　なお、会社の定款及び各種の約款（保険約款、運送約款等）は、上記表に記載がないが、これらは、商事自治法といわれ、これは、商事特別法に優先すると解されている。

**この表の2と3の位置付けは、商慣習法の対象となる事項についての商法規定が存在しない場合である（本条2項の明文）。商慣習法の対象となる事項についての商法規定が存在している場合には、その商慣習法が合理的で明確なものである限り、商慣習法が優先すると解すべきであろう（適用順位は、上記表の2と3が入れ替わる）。

5 約款

約款は、保険契約、運送契約、銀行取引契約などの同種の取引が大量、反復、継続して行なわれる場合に、企業が取引を合理的に処理するために適用されるあらかじめ定型化された約款である。このような普通取引約款は、商事自治法の一種として、商法の法源としてみる見解もあるが、一般的には法源性は否定されている（なお、会社の定款のように、企業等の団体が構成員や内部者を拘束するために自主的に定める規則は、商事自治法として商法の法源に含まれると一般に解されている。取引所の業務規程や手形交換所の手形交換所規則なども同様である）。

(1) 約款に関する私法規定

民法及び商法制定当時は、約款による取引についての立法の必要性が低かったこともあって、約款に関する明文規定が置かれず、そのままの状態が長らく続いていた。しかし、現在では、約款は、電気、ガス、水道の供給契約、銀行・保険取引、鉄道・バス等の運送契約等様々な分野において、約款による取引が広範に行なわれている。平成29年の民法（債権関係）改正により、民548条の2ないし548条の4に「定型約款」に関する規定が新たに設けられ、その定められた限りでの約款の拘束力は、それらの規定によって担保される。ただ、その適用範囲は、ある特定の者が不特定多数の者を相手方として行なう取引（定型取引）に限っての約款である。

これに対して、商取引法が対象とする商取引契約は、大別して2つある。①1つは、利益を得るために継続的・反復的に取引をする者（商人）同士で行なわれる取引契約であり、②他は、利益を得るために継続的・反復的に取引をする者（商人）の取引の相手方が消費者である場合（消費者取引）である。そうすると、民法の定める定型約款の規律は、商法の観点からすると、主に商人が一般消費者を相手にする取引に関するもの（上記②に該当する）と、多くの部分で重なる（適用される）ものである。反面からいうと、商人同士で行なわれる取引における約款の多くについては、民548条の2ないし548条の4でカバーされることはなく、従来から行なわれてきた約款の拘束力の適用の問題・議論は、そのまま残ることになる。

(2) 約款の拘束力の根拠

約款によって行なわれる取引では、一方当事者が多数の取引を効率的に行なうために、あらかじめ画一的な内容の契約条項を準備している。顧客が個々の条項に関して個別に交渉することは予定されていない。顧客も、すべての条項を読んで検討をする負担は大きく、また、交渉により約款の内容が変更される余地がなく、約款を読む実質的な意味がない。

そのため、約款を用いた契約では、顧客は約款の内容を理解したうえで真に合意したとは言い難い。しかし、本来、当事者の合意がなければ、契約は拘束力を生じない。

この矛盾を解決するため、従来から、この拘束力の根拠について、次のような説明がされてきた。

ア　商慣習法理論

学説上の通説といえる商慣習法理論は、特定の取引について、約款によるべきことが法定されていない限り、それは当事者の個別的な同意によるほかなく、当該取引圏において「取引は一般に約款による」ということが商慣習法又は事実上の商慣習（白地商慣習法又は白地商慣習）として認められる場合にその拘束力を承認する。すなわち、約款による取引が一般的である分野では、契約は「約款による」ことが商慣習（民92条）ないし商慣習法（本条、法適用3条が定める法律と同一の効力を有する「慣習」）であることに定款の拘束力の根拠があるとする。

講学上は、特定の商取引領域においては約款によることが慣習又は慣習法となっているとして、これにより約款内容が当事者を拘束するとする白地商慣習法説が有力である。この立場によっても、約款の内容については、それに基づく法律関係を主張する者が主張・立証責任を負うと解される。なお、約款そのものを慣習法と解してその拘束力を説明する見解もあるが、この見解は、裁判所に対し、法としての約款内容を知るべき責任を負担させるのであるから、理論的に裁判所に過重な負担をかけることとなろう（事実上、当事者がその内容を主張・立証することが多い）。

イ　意思推定理論

（ア）契約意思の事実上推定

判例は、保険約款をはじめとする約款の拘束力の根拠につき、反証がない限り当事者は普通保険約款による意思で契約したと推定する「意思推定理論」を採っている。そして、意思推定理論に立つリーディングケースである大判大正4年12月24日民録21.2182〔27522087〕は、「火災保険契約当事者ノ一方タル保険者カ我国ニ於テ営業スル以上ハ其内国会社ナルト外国会社ナルトヲ問ハス苟モ当事者双方カ特ニ普通保険約款ニ依ラサル旨ノ意思ヲ表示セスシテ契約シタルトキハ反証ナキ限リ其約款ニ依ルノ意思ヲ以テ契約シタルモノト推定スヘク本件事実ノ如ク我国ニ於テ火災保険事業ヲ営メル外国会社ニ対シ其会社ノ作成ニ係ル書面ニシテ其会社ノ普通保険約款ニ依ル旨ヲ記載セル申込書ニ保険契約者カ任意調印シテ申込ヲ為シ以テ火災保険契約ヲ為シタル場合ニ於テハ仮令契約ノ当時其約款ノ内容ヲ知悉セサリシトキト雖

モ一応之ニ依ルノ意思ヲ以テ契約シタルモノト推定スルヲ当然トス」と判示する。最高裁もこの立場を踏襲する（最判昭和 42 年 10 月 24 日裁判集民 88.741〔28200189〕）。判例の採用する意思推定とは、事実上の推定を意味するものであって、法律効果の発生要件事実（約款の内容の合意がされたこと）の存在を間接事実から経験則によって推認させる立証技術をいうものである（司研・要件事実第一巻 26 頁）。この見解に立つと、約款の内容の主張・立証責任は、当然その内容による合意を主張する者が負担すべきこととなる。

訴訟物　　X の Y に対する火災保険契約に基づく保険金請求権
　　　　＊X は Y 保険会社との間で、X 所有の建物につき火災保険契約を締結していたが、建物が火災によって焼失した。本件は、X が Y 会社に対して保険金の支払を求めたところ、Y 会社は、本件火災保険は森林火災による建物消失については担保しない特約が付されており、それに該当すると抗弁した事案である。

請求原因　1　X は、本件建物をもと（請求原因 4 当時）所有していたこと
　　　　＊被保険利益の存在を示す要件事実である。要件事実論でいう「もと所有」とは、過去の一時点において所有していたことを意味するにとどまり、現在所有していないことを意味しない。むしろ過去の一時点において所有していたことが認められると、その後の所有権喪失の抗弁が成立しない以上、口頭弁論終結時においても所有者であると「取り扱われる」ことになる（司研・紛争類型別 48 頁。いわゆる「権利不変の公理」の結果）ところに「もと所有」の主張の意義がある。
　　　　2　Y は、損害保険を業とする株式会社であること
　　　　3　X は Y との間で、本件建物について保険金額を 1,000 万円とし、保険料を年額 3 万円とする火災保険契約を締結したこと
　　　　4　請求原因 3 の後、本件建物は火災により焼失したこと
　　　　5　請求原因 4 当時、本件建物の価額は、1,000 万円であること
（不担保特約）
抗弁　　1　請求原因 1 の火災保険契約の普通保険約款においては、森林火災によって生じる損害については補塡しない旨の条項が存在すること

2　保険申込書には、Yの約款を承認し、申込みをする旨が記載されていたこと
　　　＊前掲大正4年大判【2】は、普通保険約款の拘束力について意思推定理論を採り、「当事者双方カ特ニ普通保険約款ニ依ラサル旨ノ意思ヲ表示セスシテ契約シタルトキハ反証ナキ限リ其約款ニ依ルノ意思ヲ以テ契約シタルモノト推定ス」。保険「会社ニ対シ其会社ノ作成ニ係ル書面ニシテ其会社ノ普通保険約款ニ依ル旨ヲ記載セル申込書ニ保険契約者カ任意調印シテ申込ヲ為シ以テ火災保険契約ヲ為シタル場合ニ於テハ仮令契約ノ当時其約款ノ内容ヲ知悉セサリシトキト雖モ一応之ニ依ルノ意思ヲ以テ契約シタルモノト推定スルヲ当然トス」と判示する。
　　　＊仮に白地商慣習法説に立つと、保険契約の締結については、その保険関係を定めた約款の内容が保険契約の内容になるという商慣習法があるとするのであるから、抗弁1の約款の内容は抗弁事実として主張・立証しなければならないが、上記の商慣習法自体を主張・立証する必要はない。抗弁1の事実を契約締結時Xが知っていたことの主張・立証も必要ない。
　　3　請求原因4の焼失は森林火災に基づくものであること

(イ) 意思推定理論に対する批判
　判例がよって立つ意思推定理論も、実態との関係をみると、その基礎はそう確実なものとは言い切れない。例えば、最判昭和55年6月26日裁判集民136.35〔27405316〕は、請負人Xと注文者Yとが、四会連合協定の工事請負契約約款を用いて工事請負契約を締結した場合に、契約締結前Xの代表者は約款を通読していること、Xはこれまでも約款29条と同旨の記載のある約款を用いることが多かったこと、それにもかかわらず約款29条の規定を除外する旨を表明しなかったことなど本件事実関係の下で、契約について紛争を生じたときはその解決のため建設業法による建設工事紛争審査会の仲裁に付する旨の同約款29条による仲裁契約が成立したものと認め、本件訴を不適法とした原審の判断を正当とするものであるが、中村治朗裁判官の反対意見は、意思推定理論の危うさを論じており説得的である。長くなるが引用する。同反対意見は、「民訴法の定める仲裁契約は、それが成立しているときは、その対象とされている事項について当事者の一方が他方を相手方として訴を提起しても、相手方が右契約の存在をもつて抗弁すれば、……訴が

不適法として却下されるという極めて重大な効果を生ずるものである。しかるに、わが国においては、……右〔仲裁手続〕制度の導入後もこれが利用された実績に乏しく、法曹人すら、紙の上の知識としてその意義と効果を知つているだけで、実際にこれについての実務上の経験をもつていない者の方がむしろ多い……、まして一般国民の間では、仲裁手続なるものの存在やその意義と効果についての知識を全くもたず、むしろ仲裁という名称からは紛争解決のためのあつせんや調停に類したものとしてこれを受けとつているというのが実情であろう……。もつとも、本件の場合にあつては、昭和31年の建設業法の改正により、建設工事紛争審査会という公の機関による建設工事に関する紛争処理の機構や手続が整備、強化され、その一環として右審査会による仲裁手続が導入されて以来相当の年月を経過しているのであるから、少なくとも建設工事を業とする者については、右のような一般国民の例をもつて事をおしはかることは相当ではないかもしれない。しかし、それにもかかわらず、右の仲裁手続の利用度は、近時漸次増加しつつあるとはいえ、なお依然として極めて低い程度にとどまつているのが実情であり……、比較的大きな建設業者や大都会地の業者はともかく、地方の一般零細業者については、右の仲裁手続の存在やその意義及び効果についての認識及び理解の程度は、なお原始状態を多く出るものではない……。本件Xは、○○県の郡部で営業している業者であり、……従来主として小規模の工事を請負つてきた小規模業者の一人であるから、仲裁手続に関して十分な認識や理解を有していたとは……考えられない……。それ故、本件のように普通契約約款類似の形式を有する……四会連合協定の工事請負契約約款を用いてする請負契約の締結にあたり、右約款を示されたX代表者がその全部を通読したうえ契約書に署名押印したとしても、むしろ同人としては、工事の内容や条件等固有の請負契約条項に関する部分に主として注意を払い、仲裁契約条項に関する部分については、仮にそれに気づいたとしても、その意義や効果についての認識、理解のないまま、これに格別の注意を払うことなく、従つてまた、特にこの部分を除外する旨の意思を表明……しないで、漫然と契約書に署名、押印したものとみるのが自然の道理に合致する……。それ故、原審が……事実のみに基づき、他に特段の事由の存在を認定することなく、直ちに本件工事請負契約書の署名押印によつてXとYらとの間に本件請負工事に関して生ずる紛争についての仲裁契約に関する合意が成立したものと認定、判断したことは、速断に過ぎ、経験則違背の違法をおかしたものか、又は理由不備の誹りを免れない」として、原判決を破棄差戻すべきことを説いている。

以上のような、意思推定理論による事実認定上の揺らぎ（危うさ）を、理

論的にも払拭するために、端的に「みなし合意」とういう法律構成を基盤として、平成 29 年改正民法は、第 3 編第 2 章第 1 節に「第 5 款　定型約款」を設けることとなった。ただし、前述したとおり、商人間の取引において約款が使用される場合には、民法の定型約款の規律の適用が保証されているわけではなく、意思推定理論による解決がされることになる（商人間である以上は、上記の批判は当たらず、意思推定理論を適用する合理性がある）。

(3) 約款と同一内容の任意規定の関係

　当事者双方が商人あるいは一方が商人である取引の場合には、約款が使用されることが多く、それらの取引において紛争が生じると、約款の規定が主張されることになる。約款の規定中には商法・民法の定める任意規定と同一の内容を定めるものがあり、訴訟において、そのような規定が主張される場合も多い。この場合、要件事実論において、その約款規定を主張する意義について議論がある。例えば、司研・要件事実第二巻 101 頁は、民 614 条（賃料の支払時期）に関してであるが、「本条は任意規定であるから、特約で変更することができ、本条と異なる特約の存在を主張立証すれば、賃料の支払時期は右特約によることになる。しかし、本条［民 614 条］によって支払時期の到来の主張をすれば足りる場合には、特約の存在を主張立証しても意味がない。例えば、賃料前払の特約の存在を主張し、これに基づいて賃料の請求をする場合、本条によっても支払時期が到来しており、その旨の主張もされているときには、右特約の存在が認められなくても賃料請求は理由があることになるから、右特約の存在を主張するのは実益がない」としている。確かに、このような場合には、特約の立証に成功しなかったからといって、任意規定によっても認められる効果を認めず、その当事者を敗訴させることは背理である。そのため、任意規定と同内容の「特約の存在を主張するのは実益がない」という認識が説かれるのである。

　理論的に、その説くところ正当であり、その「特約」を「約款規定」と置き換えても同様であろう。しかし、訴訟実務においては任意規定と同一内容の約款規定も主張されることが多い。これは、そのような訴訟においては、約款による法律効果を主張する者は、約款規定の立証ができないというような事態はまず生じないため、上記の不合理が表面化しないためであろう。

(4) 約款の解釈

　契約の解釈には、事実問題と法律問題の 2 面があることは知られているが、契約の解釈の中でも特に約款の解釈は法律問題の性格が強い。例えば、兼子一原著、松浦馨ほか『条解民事訴訟法〈第 2 版〉』弘文堂（2011 年）1647-1648 頁は、民訴 321 条（原判決の確定した事実の拘束）の解釈に関

し、意思表示の解釈（法律行為の解釈）が不当である場合は、通常の場合と普通取引約款の場合とで異なるとして、「普通取引約款の場合は、その意思表示によって不特定多数者の規律が目指されている点で法令と似ているし、多数者間で約款の効果が異なって判断されることはできるだけ避けるべきであるから、法令の解釈の不当と同じように法律問題になると解すべきであろう。法人の定款や企業の定型的労働契約も多数者の間で統一的に効果が判断されるべき点で普通取引約款と同視してよい」との指摘をしている。

■ **（参考）**（法律と同一の効力を有する慣習）

法の適用に関する通則法第 3 条　公の秩序又は善良の風俗に反しない慣習は、法令の規定により認められたもの又は法令に規定されていない事項に関するものに限り、法律と同一の効力を有する。

1　趣旨

　本条は、公序良俗に反しない慣習について、法令の規定により認められたもの又は法令に規定されていない事項に関するものに限って、法律と同一の効力を有するものと規定する。これは、法適用 2 条の表記を片仮名から平仮名に改めたものであり、その実質や解釈に特段の変更を加えるものではない。したがって、本条と民 92 条の関係は、次の 2 でみるように、見解の対立はそのまま残ると思われるが、小出邦夫『逐条解説　法の適用に関する通則法〈増補版〉』商事法務（2015 年）30 頁は、本条の 1 つの整理として、「①法令においてその効力についての規定が設けられている慣習に関しては、法令の規定により認められたものとして、その法令の規定に従って法律と同一の効力を有するかどうかが判断され、②法令においてそのような規定が設けられていない慣習については、法令に規定のない事項に関する慣習に限り、法律と同一の効力が認められ、民法第 92 条の規定は、通則法第 3 条に規定する慣習の効力を認める『法令の規定』の 1 つに該当すると解する」ことを提示している。

2　本条と商慣習法（商 1 条 2 項）の関係

　慣習法の成立の要件は、本条によると、①公序良俗に反しないこと、②法令の規定により認められた慣習、又は法令に規定されていない事項に関する

慣習であることである。つまり、公序の枠内において、法令が自ら認めるか、又は法令が何も定めない（法令の空白）領域に限って慣習法の成立を許容するのである（制定法が慣習法を支配する権能を認める制定法優先主義といえる）。すなわち、慣習法には制定法を改廃する効力はなく（強行法のみならず任意法も）、ただ制定法を補充する効力があるにとどまることになる。

なお、②のうち、「法令の規定により認められた」商慣習としては、仲立人が当事者のために給付を受ける権限（商544条）、問屋が自ら履行をする義務（商553条）がある。これに対して、②「法令に規定されていない事項に関する」商慣習法として、以下の(1)ないし(4)がある。

(1) 白地手形

大審院は、白地手形の引受けが有効なことは商慣習法上認められるところであるとする。すなわち、大判大正15年12月16日民集5.841〔27510827〕は、為替手形に関し、その白地手形の引受けについて「手形ニ署名シタル者ハ其文言ニ従ヒ責任ヲ負フヘキモノナルヲ以テ為替手形ニ引受署名ヲ為シタル支払人ハ其ノ資格ニ於テ手形記載ノ金額ノ支払ヲ為ス責ニ任スヘキモノニシテ白地手形ノ引受ノ有効ナルコトハ商慣習法上認メラルル所ナルヲ以テ未ダ手形ノ要件完備セサル手形用紙ニ予メ支払人トシテ引受署名ヲ為シタル者ハ後日其ノ要件補充セラレタルトキ其ノ補充ノ文言ニ従ヒ責任ヲ負担セサルヘカラサルモノト謂フヘシ」と判示する。また、大判昭和5年3月4日民集9.233〔27824850〕は、約束手形に関しその白地手形の振出しについて、「白地手形カ要件ノ補充ニ因リ完全手形ト為リタルトキハ手形行為者ハ最初ヨリ完全手形ノ振出アリタル場合ニ於ケルト全ク同一ノ手形上ノ責任ヲ負フ」と判示する。

訴訟物　　XのYに対する約束手形振出しに基づく約束手形金請求権
＊白地手形の手形債務成立の要件事実については、見解が分かれている。以下の設例は、①手形債務者が手形要件の全部又は一部を欠落した手形行為をしたこと、②手形債務者が手形要件の欠落した部分について補充権を授与したこと（主観説の場合）、③白地手形の補充がなされたこと（補充者が誰であるかは問題とならない）の3つの事実を要求するいわゆる「請求原因説」に立脚する。

請求原因　1　Yは下記約束手形を振り出したこと

記

　　　金額　　　　金1,000万円
　　　満期　　　　白地
　　　支払地　　　東京都港区
　　　支払場所　　○○銀行○○支店
　　　受取人　　　A
　　　振出日　　　平成○年○月○日
　　　振出地　　　東京都中央区
　2　Yは、満期につき補充権を授与したこと
　　＊判例は、不動文字で印刷した手形用紙（統一手形用紙）を用いて要件欠如の手形に署名して交付した場合には、補充権授与の意思が推定されるという。したがって、上記事実（「Yは、請求原因1の手形振出しの際、不動文字で印刷された手形用紙を用いたこと」）をもって補充権授与という意思表示の表示行為として主張すれば足りることとなる。Yに振り出す意思（効果意思）のないことは、Yの抗弁となる。
　3　本件約束手形には、その後、満期として、平成○年○月○日と記載されたこと
　　＊誰が補充権を行使したかは問題とならない。
　4　本件手形の裏面には、第1裏書人A、第1被裏書人B、第2裏書人B、第2被裏書人Xとの記載があること
　5　請求原因3の満期が到来したこと
　6　Xは、本件手形を所持していること

(2)　手形交換所規則

　大阪地判昭和37年9月14日下民13.9.1878〔27410782〕は、「一般私人は取引銀行と当座勘定取引契約を締結して自分の振出す手形の支払担当者をその取引銀行とし、又そのような手形を取得して自分の取引銀行にその手形の取立委任をするのが、現今取引界の通例であるがそのような場合それら銀行は受入れた手形を全部手形交換所の交換に付すことが義務づけられているため（規則35条）一般私人はそれら銀行を通じて規則の適用をうけることになる。一例を挙げると規則60条は、『社員銀行は信用に関する不渡手形を出したため手形交換所から取引拒絶処分をうけた者とは3年間当座勘定及び貸出の取引をすることができない。』と規定し、社員銀行にそのような義務を課することを通じて、その反射的効果として当該被処分者に対し強い経済

的制裁を加えている。従つて規則によつて拘束されるのは社員銀行でしかなく、一般私人は全くそのらち外にあると断ずるわけにはいかない。そうして、規則によつて明文化され制度化された手形交換のための種々の制度は右述のとおり長年月を経て取引界の必要と便宜のため確立された私的自治法で手形交換に関する商慣習法と解するのが相当である。勿論慣習法は強行法規に反してその存在が許されないから、その規定の大部分が強行法規である手形法に反する手形交換規則の存在が許されないことは多言を必要としない」としたうえで、争点となる規則条項を検討し、手形法に違反するものでなく、商慣習法は有効に成立していると結論付けた。

| 訴訟物 | XのYに対する不法行為に基づく損害賠償請求権 |

＊Aは約束手形2通を支払場所をY銀行、受取人を白地で振り出し、Xは受取人欄に自己の名を補充してC、Dに裏書譲渡した。ところが、Aは、Eとの間にニッケル鋼を買い受けるための代金の前渡金として振り出したがEがその納入をしないので、契約不履行として支払を拒絶するようにY銀行に申し出て各手形の支払を拒絶するように求めたため、Y銀行は、手形交換所交換規則に基づいて、C、Dに対する支払を拒絶した。その後、XはC、Dとの間で、和解をして、本来取得できる25万円ではなく20万円しか取得できなかった。本件は、XがYに対して、Aの預金があるのに、Aからの申出によってYは2通の手形を不渡りにしたことにより5万円の損害を被ったとして不法行為に基づく損害賠償を求めたところ、Yは、手形交換所交換規則の規律は商慣習として、交換所の社員以外のXも拘束すると主張した事案である。

| 請求原因 | 1 Aは、いずれも受取人を白地にし、金額12万5,000円、支払地大阪市、支払場所Y銀行○支店、振出地○○市、支払期日（1）平成○年11月30日、（2）同年12月30日とする約束手形2通を振り出したこと
2 XはBから各手形を白地のまま譲り受け、各手形の受取人欄にX名義を補充して、（1）の手形をCに、（2）の手形をDにそれぞれ裏書譲渡したところ、C、Dはこれらの手形について各取引銀行を通じて提示したが、いずれも不渡りになったこと

3　Ｙ銀行は、Ａとの間で当座勘定取引契約を締結し同会社振出しの手形小切手などについて受託支払をしていたこと
　＊請求原因3の受託支払の内容は、Ｙ銀行はＡの寄託金がある限り有効な手形を所持しそれを適式に提示した第三者に対しその手形金額を寄託金から支払うべき義務を負担することである。
　＊手形法上支払場所の記載は手形要件になっていないのに一般に手形振出人は通常当座勘定取引契約を締結した銀行を指定して振り出す商慣習があるが、それは、指定された銀行が振出人の預金若しくは担保力がある限り、手形の適式な所持人に対し無条件に支払うことになっているからである。これによって手形取引の流通と信用が維持されるのである。
4　Ｙ銀行はＡの預金があるのに、Ａからの申出によって各手形を不渡りにしたこと
5　Ｘは、各手形が不渡りになったため支払を拒絶された日の翌日、それぞれの所持人から手形金額を支払って受戻す結果になったこと
6　Ｘは振出人であるＡと次の和解契約を締結したこと
　(1)　ＡはＸに対し、25万円の支払義務のあることを認める。
　(2)　Ａは所定期日までに20万円を支払ったときは、Ｘは残額5万円を免除する。
　(3)　Ａが所定期日までにその支払をしなかったときは、25万円を即時に支払う。
7　ＡはＸに対し、和解契約の条項（2）に基づいて支払をしたので、Ｘは5万円の支払を受け得なかったこと
　＊請求原因7は、損害の発生及び損害額を示す事実である。
（手形交換所交換規則）

抗弁　1　Ａは、Ｙ銀行に対し各手形はＥとの間にニッケル鋼の納入を受ける約束をしその代金の前渡金として振り出したがＥがその納入をしないので契約不履行として支払を拒絶するようにと申し出て各手形の支払を拒絶するように求めたこと
2　Ｙ銀行は、大阪手形交換所交換規則56条、59条によって契約不履行として各手形を不渡りにし、同交換所に手形金額に相当する現金を提供したので、Ａは取引拒絶の処分を猶予されたこと

3　Y銀行が加入している大阪銀行協会が手形交換の便宜のため手形交換所交換規則を制定し、手形交換について、種々の制度を設けており、Y銀行はその制度を利用してA社の支払委託の取消しに基づき各手形を不渡りにしたこと
　　＊抗弁2による不渡り処分（その裏返しとして、C及びDに対する支払拒絶）は、Xに対し何らの不法行為も成立するものではない。各手形を適式に提示したものがこれら手形の善意の取得者でAはその所持人に対し原因関係を理由に支払を拒絶できないことは手形法の明定するところであっても、Y銀行としては支払委託の取消しがあった以上、各手形を不渡りにするほかないのであるから、このためY銀行には責任がないことを示す事実である。

(3) 白紙委任状付記名株式の譲渡

　記名株式の譲渡を会社その他の第三者に対抗するためには、取得者の氏名・住所を株主名簿及び株券に記載しなければならないものとする規定（昭和13年改正前商150条）の下で、会社の定款では書換手続には譲渡人と譲受人双方が揃って請求する必要があったため、極めて不便であった。そのため、このような場合に、名義書換についての白紙委任状を付けて株券を交付するだけの方法で譲渡し、転々流通する実務慣行が生じた。大判昭和19年2月29日民集23.90〔27500004〕【1】は、白紙委任状が真正であれば、記名株式の譲渡を受けた者は株券上の権利を善意取得し得る旨の商慣習法があるものとした。これは、株式譲渡の当事者間における権利の帰属を定めるものであり、会社その他の第三者に対する対抗要件とは別の問題に関する商慣習法である。すなわち、商法の明定していない株式譲渡方法について成立したものであって、強行法規に反する商慣習法を認めた例ではない。

訴訟物　　XのYに対する株式譲渡に基づく株券引渡請求権
　　＊XはAに対して自己所有の記名株券の売却を委託し、自己作成の株式名義書換の白紙委任状を添えてこれをAに交付した。Aはその委託を実行せずに、その株券を利用して利益を得ようと考え、X作成の委任状は手許に残して、X名義の白紙委任状及び処分承諾書数通を偽造してこれをその株券に添付して取引先の取次店Bに取引の証拠金代用として交付した。ところがBもまたこれを自己の思惑取引に流用

し、取引員Cに証拠金代用として交付したが、その取引でBに損失が生じた。Cはその損失に充当するため、偽造の添付書類とともにDにその株券を交付し、そして、YはDに対する強制執行によりその株券を競落し、その一部につきY名義に書換を完了し、他の株券とともにこれを占有していた。本件は、Xが株券の所有権を主張し、株券の引渡し及びY名義となっている株式の移転手続の抹消を会社に対してすべきことをYに請求したところ、YはXが流通においたこれらの白紙委任状付記名株券を善意無過失に取得した以上、商慣習法により株券の所有権を取得したと抗弁した事案である。

請求原因 1 Xは本件記名株券を、抗弁1の時点で、所有していたこと
2 Yは本件記名株券を占有していること

（善意取得）

抗弁 1 白紙委任状付記名株券を交付する方式によって記名株式が譲渡された場合、白地委任状又は処分承諾書が真正のものであるときは、善意無過失の相手方が株券上の権利を取得するという商慣習法が存在すること
2 Xは本件記名株券につき、Aにその売却を委託し、自ら作成した白紙委任状を添付してAに交付したこと
＊前掲昭和19年大判は、本件発生当時の昭和13年改正前商149条が「株式ハ定款ニ別段ノ定ナキトキハ会社ノ承諾ナクシテ之ヲ他人ニ譲渡スコトヲ得」と定め、150条が「記名株式ノ移転ハ取得者ノ氏名、住所ヲ株主名簿ニ記載シ且其氏名ヲ株券ニ記載スルニ非サレハ之ヲ以テ会社其他ノ第三者ニ対抗スルコトヲ得ス」と定めていた。それにもかかわらず、記名株券に白紙委任状を添付して記名株式を譲渡することが行なわれていた。同判決は、白紙委任状付記名株券を交付する方式によって記名株式が譲渡された場合、善意無過失の相手方が株券上の権利を取得するという商慣習法の適用を認めるためには、白地委任状又は処分承諾書が真正のものであることを要する旨を判示したものであるが、これは前述したとおり強行法規を改廃する効力を認める趣旨ではないと解される。
3 Yは、Dに対する強制執行により本件株券を競落し、代金

を納付したこと

(4) 再保険者の代位権

大判昭和15年2月21日民集19.273〔27500193〕は、元受保険者が再保険者から再保険金の支払を受けた場合でも、元受保険者は、再保険者が保険代位によって取得した第三者に対する損害賠償請求権（保険25条、平成20年改正前商662条）を自己の名で再保険者のために行使することができるとする商慣習法を認めている。

訴訟物 　AのYに対する不法行為に基づく損害賠償請求権
　　　　　＊X損害保険会社は、本件船舶を所有するA海運会社との間で、本件船舶について、保険価額1億6,000万円、保険金額1億円、保険料1,000万円、保険期間平成○年○月○日から1年間、てん補の種類全損担保の約定で船舶保険契約を締結した。Xは、同契約の直後、その金額の8割をB保険会社ほか4保険会社に再保険に付した。本件船舶は、保険契約締結の2か月後東京湾航行中、Y所有の甲丸と双方の過失により衝突し、本件船舶は沈没した。Xは、衝突損害のうち、Aの負担に帰すもの3,000万円をAに対して支払った。その後、Xは、Bほか4社から、2,400万円の支払を受けた。本件は、Xが、元受保険者Xが再保険者Bほか4社の保険代位によって取得したYに対する不法行為に基づく損害賠償請求権をXの名においてBほか4社のために行使した事案である。
　　　　　＊本件設例は、前掲昭和15年大判の事案を参考にした事案である。

請求原因　1　Xは、本件船舶を所有するAとの間で、本件船舶について、保険価額1億6,000万円、保険金額1億円、保険料1,000万円、保険期間平成○年○月○日から1年間、てん補の種類全損担保の約定で船舶保険契約を締結したこと
　　　　　2　本件船舶は、保険契約締結の2か月後、東京湾航行中、Yが所有する甲丸と双方の過失により衝突し、本件船舶は沈没したこと
　　　　　3　Xは、衝突損害のうち、Aの負担に帰すもの3,000万円につき、同額を保険金としてAに対して支払ったこと

(再保険契約)
抗弁 1 Xは、請求原因1の船舶保険契約の直後、その金額の8割をB保険会社ほか4保険会社との間で再保険契約を締結したこと
2 Xは、Bほか4社から、2,400万円の支払を受けたこと

(慣習法)
再抗弁 1 元受保険者は、再保険者が保険代位によって取得した第三者に対する損害賠償請求権を自己の名で再保険者のために行使することができるとする慣習法が存在していること
＊前掲昭和15年大判は、「再保険ノ性質経済的作用……ニ徴スレハ保険業界ニ於テハ元受保険者カ再保険者ヨリ再保険金ヲ受領シタルトキハ元受保険者ヨリ被保険者ニ対シ第三者ノ行為ニ因リテ生シタル損害ノ塡補ヲ為シタルカタメニ商法416条ニ依リ被保険者又ハ保険契約者ノ第三者ニ対シテ有スル損害賠償請求権ヲ元受保険者ニ於テ代位スル権利ハ右再保険金ノ限度ニ於テ再保険者ニ移転スルモ再保険者カ自ラ第三者ニ対シテ之ヲ行使セスシテ再保険者トノ間ニ右権利ノ行使ニ付受託関係ヲ有スルモノトシテ元受保険者ニ於テ自己ノ名ニ於テ之ヲ行使シ得ヘク依テ回収シタル金員ヲ再保険者ニ交付スル商慣習法ノ存スルコトヲ判定シ得サルニアラス」と判示する。

■ **(参考)** (任意規定と異なる慣習)

民法第92条 法令中の公の秩序に関しない規定と異なる慣習がある場合において、法律行為の当事者がその慣習による意思を有しているものと認められるときは、その慣習に従う。

---

1 慣習と任意規定の関係
　本条は、当事者がその慣習によらない旨の意思表示をしたときは、その慣習に従って裁判をしないことを前提とする。そのため、ここでいう慣習は、任意法規的慣習である。そこで、ある事項について、任意規定とそれと異なる内容の任意法規的慣習が併存し、かつ、当事者がその事項について特別の

意思表示をしていない場合に、任意法規と任意法規的慣習のいずれを適用すべきかという優先順位に関する理論的な問題が生ずる。
(1) 慣習優先説
　慣習優先説は、私的自治の原則からすると社会一般より小さい単位社会における決定の積み重ねとして慣習が形成されているときは、原則として慣習が任意規定に優先すべきであるとし、その慣習が公序良俗に反する場合や、当事者がこれと異なる意思表示をした場合には、任意規定又は当事者の意思が優先すると考える。
(2) 任意法規優先説
　任意法規優先説は、①部分社会の慣習に任意規定よりも価値を置くこと自体が問題であり、②慣習の内容を公序良俗のみにより吟味することに懸念もあり、③当事者の意思を必要としないで慣習が優先すると、積極的に慣習を排除する意思がない限り、その慣習によって法律関係が規律され、むしろ私的自治の原則に反するという。
　以上のような理論的対立の一種の妥協として、本条は、「法律行為の当事者がその慣習による意思を有しているものと認められる」という要件の下で慣習の効力を認めることとした。
　しかるに、本条のように、「その慣習による」明示又は黙示の意思表示のほかに、意思が表示されていないが「意思を有しているものと認められる」という要件を認めるのは、過度に複雑な要件であるとの見地から、平成29年の民法（債権法）改正過程において、この要件を明確にする諸案が検討された。しかし、本条は、取引の実態に適したものであり、他方で、例えば慣習による意思を表示したことまで要求すると慣習を優先させるための要件が厳格になり過ぎるとして、改正は見送られたものである。

2　本条規定の性質と慣習の主張・立証の要否
　本条の規定の性質と慣習の主張・立証の要否については、見解が分かれる。
　本条を意思表示の解釈規定とする立場（我妻榮『新訂民法総則民法講義Ⅰ』岩波書店（1965年）251頁）によれば、慣習は意思表示の解釈の基準であるから、慣習に主張・立証責任は、特段問題とされない。例えば、大判大正10年6月2日民録27.1038〔27822359〕は、大豆粕売買契約における「塩釜レール入」の解釈に関し、「意思解釈ノ資料タルヘキ事実上ノ慣習存スル場合ニ於テハ法律行為ノ当事者カ其慣習ノ存在ヲ知リナカラ特ニ反対ノ意思ヲ表示セサルトキハ之ニ依ル意思ヲ有セルモノト推定スルヲ相当トス……

従テ其慣習ニ依ル意思ノ存在ヲ主張スル者ハ特ニ之ヲ立証スルノ要ナキモノトス」と判示する。

これに対し、本条を効果意思の補充規定とする立場（川島武宜『民法総則』有斐閣（1965 年）251 頁）によれば、慣習の存否が直接当事者の権利義務に関係することになるから、その主張・立証責任が問題となる。例えば、大判大正 3 年 10 月 27 日民録 20.818〔27521815〕は、地代値上げの慣習の事案であるが、「民法第 92 条ノ規定ハ法則タルノ効力ヲ有セサル単純ナル慣習ノ存スル場合ニ於テ単ニ之ニ依ルノ意思ヲ以テ法律行為ヲ為シタル其当事者ノ意思補充タルノ効力ヲ之ニ与ヘタルモノニ過キスシテ其意思アルコトヲ認ムルニハ当事者カ其慣習ニ依ルノ意思ヲ全ク表示セサルモ唯其意思ヲ有スルモノト認ムルコトヲ得ヘキ事情存スルヲ以テ足レリトス故ニ其慣習存スル場合ニ於テ普通之ニ依ルノ意思ヲ以テ為スヘキ地位ニ在リテ取引ヲ為ス者ハ特ニ反対ノ意思ヲ表示セサル限リハ之ニ依ルノ意思ヲ有スルモノト推定スルヲ当然トス」と判示する。

補充規定と解する立場ではもちろんであるが、仮に、解釈規定の立場を採るにしても、裁判所は必ずしも、慣習の存在を知るとはいえないから、慣習を法律行為の内容として取り入れ、その法律効果を請求する者は、①法律行為の成立のほか、②慣習の存在を主張・立証すべきである（広中俊雄『民法綱要第 1 巻総論上』創文社（1989 年）52 頁、遠藤浩＝水本浩＝北川善太郎＝伊藤滋夫『民法注解財産法第 1 巻民法総則』青林書院（1989 年）〔中田耕三〕373 頁）。

なお、本条は、「法律行為の当事者がその慣習による意思を有しているものと認められるときは」と定め、あたかも、当事者は慣習に従う意思を積極的要件としているような文言であるが、仮にそのように解すると、91 条（同条は、積極的に任意規定と異なる意思表示をした場合を定めている）のほかに本条を設けた意義がなくなることになる。学説も、当事者が慣習の存在を知っていることも要件ではないとしている（我妻・前掲 252 頁、川島・前掲 251 頁）。

訴訟物　　XのYに対する売買契約に基づく代金支払請求権
＊本件は、XがYに対して売買契約に基づく代金支払を求めたところ、Yは目的物との同時履行の抗弁を主張し、これに対し、Xがこの目的物の売買においては業界において代金支払の先履行の慣習があると反論したので、さらにYが本件売買においてはXYがその慣行によらないとの合意等

をしたと再反論した事案である。

請求原因 1　XはYとの間で、本件目的物を100万円で売買する契約を締結したこと

（同時履行）

抗　弁 1　Xが目的物をYに引き渡すまでは、Yは代金の支払を拒絶するとのYの権利主張

（先履行の慣習）

再抗弁 1　本件目的物の業界では売買代金の先履行の慣習が存在すること
　　　＊前述したとおり、慣習の存在を主張・立証すべきであるとの見解によっている。

（慣習に従わない特約又は特別事情）

再々抗弁 1　請求原因1当時、Xは再抗弁1に従わない旨の意思表示をしたこと、又は請求原因1の売買契約には再抗弁1の慣習が適用されない特別事情があったこと
　　　＊前掲大正3年大判は、「従テ本件ノ如キ借地料増額ニ関スル慣習ノ存スル東京市内ニ在リテ其市内ノ土地ニ付キ借地契約ヲ為ス者ハ其慣習ニ依ルノ意思ヲ以テ契約ヲ為スヲ普通トシ特ニ之ニ依ラサルノ意思ヲ以テ契約ヲ為スカ如キハ普通ノ事例ニ反スルヲ以テ原院判示ノ如ク反証ナキ限リ之ニ依ルノ意思ヲ有スルモノト認ムルハ固ヨリ失当ニアラス畢竟原院カ反証ナキ限リ当事者ハ慣習ニ依ルノ意思ヲ有スルモノト認ムヘキ旨判示シタルハ如上ノ主意ニ出テタルモノニ外ナラサルヤ判文ノ全旨趣ヨリ自ラ推知スルニ足ル」としている。

■　**（参考）**（定型約款の合意）

民法第548条の2　定型取引（ある特定の者が不特定多数の者を相手方として行う取引であって、その内容の全部又は一部が画一的であることがその双方にとって合理的なものをいう。以下同じ。）を行うことの合意（次条において「定型取引合意」という。）をした者は、次に掲げる場合には、定型約款（定型取引において、契約の内容とすることを目的としてその特定の者により準備された条項の総体をいう。以下同じ。）の個別の条項についても合意をしたものとみなす。
　一　定型約款を契約の内容とする旨の合意をしたとき。

二　定型約款を準備した者（以下「定型約款準備者」という。）があらかじめその定型約款を契約の内容とする旨を相手方に表示していたとき。
2　前項の規定にかかわらず、同項の条項のうち、相手方の権利を制限し、又は相手方の義務を加重する条項であって、その定型取引の態様及びその実情並びに取引上の社会通念に照らして第1条第2項に規定する基本原則に反して相手方の利益を一方的に害すると認められるものについては、合意をしなかったものとみなす。

1　みなし合意の成立

　本条1項は、「定型取引」と「定型約款」を定義したうえで、下記の①又は②の要件を充足するときに、当事者は、定型約款の個別の条項についても合意したものとみなす効果が生ずることを定めている。つまり、①定型取引の当事者が、定型約款によって契約の内容とすることを合意した（組入れの合意をした）場合には、定型約款の個別の条項についても合意をしたものとみなす（本条1項1号）。又は、②定型約款準備者があらかじめ当該定型約款によって契約の内容が補充される旨を相手方に表示した場合において、「定型取引合意」をしたときも、定型約款の個別の条項についても合意をしたものとみなすのである（本条1項2号）。①では相手方が定型約款の中身自体は知らなくても、「この定型約款を契約の内容にする」という合意が成立すれば、定型約款が契約の内容になる。また、②では、定型約款準備者が、あらかじめ「当方の用意している定型約款を契約の内容にする」と「表示」していれば足り、その定型約款自体を示さなくとも（定型約款は別の場所にある場合）、定型約款が契約の内容になる（②は「表示」だけで足りるので、①よりも「希薄な合意」である。さらに、後記「2『公表』が不要な場合」参照）。

　結局、定型取引は、①ある特定の者が不特定多数の者を相手方とする取引であって、②内容の全部又は一部が画一的であることが双方にとって合理的なものであって、他方、定型約款は、③定型取引において、契約内容とすることを目的としてその特定の者により準備された条項の総体をいう。したがって、定型約款に関する規律の適用を受けるためには、①ないし③の要件を満たす必要がある。

　そして、「定型取引」とは、不特定多数の者を相手方として行なう取引で

あり、かつ、取引の内容の全部又は一部が画一的であることがその双方にとって合理的なものであるという2つの要件を充足するものと定義され、これに対し、「定型約款」は、定型取引において、契約の内容とすることを目的としてその特定の者により準備された条項の総体をいうと定義されている。

例えば、「労働契約の契約書ひな型」は、定型約款に該当しない。なぜなら、定型約款の定義には「定型取引において」使用されることが取り込まれているところ、労働契約は、そもそも相手方の個性に着目して締結されるものであり、「不特定多数の者を相手方として行なう取引」とはいえないからである。また、「製品の原材料の供給契約等の事業者間取引に用いられる約款・契約書のひな型」も、原則として定型約款には当たらない。それは、この取引は相手方の個性に着目したものが多く、契約内容が画一的である理由が単なる交渉力の格差によるときには、契約内容が画一的であることは相手方にとって合理的とはいえないし、契約内容を十分に吟味するのが通常である場合は、「契約の内容とする（契約の内容を補充する）」目的があるとはいえないからである。これに対して、「預金規程」や一般に普及している「コンピュータのソフトウェアの利用規約」は、定型約款に該当する。それは、相手方の個性に着目していないし、契約の内容が画一的であることが通常であって、かつ、相手方が準備された契約条項についてその変更を求めるなどの交渉を行なわないで契約を締結することが取引通念に照らして合理的であるからである。

| 訴訟物 | XのYに対する定型約款の条項に基づく義務履行請求権 |

＊Xが顧客Yに対し、定型約款中の条項に基づく義務履行を求めたところ、Yは、その条項は、（Yの権利を制限し、又は）Yの義務を加重する条項であって、定型取引の態様及びその実情並びに取引上の社会通念に照らして基本原則に反して相手方の利益を一方的に害すると主張した事案である。

| 請求原因 | 1 XはYとの間で、定型取引を行なうことの合意をしたこと |

＊定型取引は、ある特定の者が不特定多数の者を相手方として行なう取引であって、その内容の全部又は一部が画一的であることがその双方にとって合理的なものをいう。

＊「定型取引を行なうことの合意」とは、約款全体を了解して行なう契約の意思とは異なり、内容の詳細は認識していなくとも成立する。例えば、インターネットで商品を購入する際に、どの店でどのような商品をいくらで購入するかについて

は意思の合致はあるが、契約条件の詳細は認識すらしていないことが通例であるが、このうち前者の意思の合致を「定型取引を行なうことの合意」に当たる。

2　XはYとの間で、定型約款（本件条項を含む）を契約の内容とする旨の合意をしたこと、又は定型約款（本件条項を含む）を準備した者（「定型約款準備者」）Xがあらかじめその定型約款を契約の内容とする旨を相手方Yに表示していたこと

＊請求原因1、2の要件事実が充足されると、定型約款の個別の条項についても合意をしたものとみなす効果が生ずる。

＊定型約款の要件は、①不特定多数の者を相手方として行なう取引であること、②内容の全部又は一部が画一的であることがその双方にとって合理的なものであること、③契約の内容とすることを目的として準備した条項であることである。労働契約その他の相手方の個性に着目した契約は定型約款に該当しない。また、事業者間のみで行なわれる取引において利用される契約書のひな型は、基本的には定型約款に該当しないとされているが、事業者間の契約であることのみをもって定型約款に該当しないとはいえないので、要は3要件に該当するか否かで決まる。それら条項の総体に「約款」という名称が付いていない場合（「利用規約」「ガイドライン」「利用規程」など）であっても、3要件に該当するときは定型約款に関する規律の適用を受ける。

＊定型約款の組入れ要件

　①定型約款を契約内容とする旨の合意又は②定型約款を契約内容とする旨の相手方への事前表示が、合意擬制の効果を生じるための要件となっている。取引の開始に際して相手方との間で面談やインターネットを通じたやりとりがあるような定型取引において、①に該当するためには、定型約款を契約の内容とすることに同意する旨の書面を取得したり、ウェブページ上で定型約款を契約の内容とすることに同意する旨のボタンをクリックしてもらうなどの措置を講じることになる。また、前記と同じく取引の開始に際して相手方とやりとりがあるような定型取引において、②に該当するためには、定型約款を契約内容とする旨を記した書面又は電磁的記録

（及び定型約款そのものを記した書面・電磁的記録）を相手方に提供する態勢を整えることになる。

　取引の開始に際して相手方との接触ややりとりがない定型取引においては、いかなる場合に「あらかじめその定型約款を契約の内容とする旨を相手方に表示していた」といえるかは、解釈に委ねられている。事業者のウェブページの下方に約款へのリンクが掲載されているだけのケースは少なくない。もし相手方が事業者の提供するサービスを利用するために、約款ないし約款を契約内容とする旨が掲載されたウェブページ（又は当該ウェブページへのリンクが掲載されたウェブページ）を必ず経由することとされているのであれば、「相手方に表示していた」に該当すると解される可能性はあるが、そのようなウェブページを経由しなくともサービスの提供を受けることができる設計になっている場合には、「相手方に表示していた」の要件を満たさない可能性がある。

2　「公表」（本条1項2号）が不要な場合

　本条1項2号は、定型約款準備者が「あらかじめその定型約款を契約の内容とする旨を相手方に表示していた」ことを要するとしているが、取引自体の公共性が高く、かつ、約款による契約内容の補充の必要性が高い一定の取引で定型約款が用いられることから、この相手方に対する事前の表示すら不要として「公表」足りるとしている場合がある。すなわち、鉄道・軌道・バス等による旅客の運送に係る取引や、高速道路等の通行に係る取引に用いられる定型約款がその例であり、個々の特別法（鉄道営業法18条ノ2、軌道法27条ノ2、海上運送法32条の2、道路運送法87条、航空法134条の3、道路整備特別措置法55条の2）により、定型約款準備者が当該定型約款によって契約の内容が補充されることをあらかじめ「公表」していれば、当事者がその定型約款の個別の条項について合意をしたものとみなしている。

3　不当又は不意打ちの信義則違反条項

　本条2項は、定型約款に係るみなし合意からの除外規定である。すなわち、相手方の権利を制限し、又は相手方の義務を加重する条項であって、その定型取引の態様及びその実情並びに取引上の社会通念に照らして信義則に反して相手方の利益を一方的に害すると認められるものについては、合意をしなかったものとみなすとしている。定型約款のみなし合意の成立要件を簡

便なものとする反面、定型約款の内容の適正性を確保するための規定である。みなし合意から除外される条項の類型は、次の2つである。

　第1は、不当条項である。例えば、相手方に過大な違約金を支払わせる条項や、定型約款準備者が不当に免責されたり、定型約款準備者に対する賠償額が不当に低く制限されたりする条項である。

　第2は、不意打ち条項である。例えば、定型取引とは全く関係のない教材のセット販売がされる条項や、定型取引の商品について予想外の保守管理がセットになっている条項である。これらが、相手方の権利を制限し、又は相手方の義務を加重する条項であって、その定型取引の態様及びその実情並びに取引上の社会通念に照らして信義則に反して相手方の利益を一方的に害すると認められる場合は、みなし合意から除外される。

（不当又は不意打ちの信義則違反条項）
> **抗弁**　1　本件条項は、Yの権利を制限し、又はYの義務を加重する条項であること
> 　　　　2　請求原因1の定型取引の態様及びその実情並びに取引上の社会通念に照らして1条2項に規定する基本原則に反して相手方の利益を一方的に害すること
> 　　　＊抗弁1、2の要件事実が充足されると、本件条項は、合意したものとみなされる条項には、組み込まれないとするものである（契約内容となったうえで、その条項が不当なので無効とされるのではない）。
> 　　　＊抗弁2の要件は、合意内容の希薄性、契約締結の態様や、健全（合理的）な取引慣行等を考慮に入れて当該条項の不当性の有無が評価されるものである。
> 　　　＊最判平成24年3月16日民集66.5.2216〔28180550〕は、生命保険契約及び医療保険契約の月払保険料が払込期月の翌月の初日から末日までの猶予期間内に払い込まれないときは、保険契約は猶予期間満了日の翌日から効力を失う旨の失効条項は、履行の催告なしに保険契約が失効する旨を定めるものであるから、任意規定（民541条）の適用による場合に比し消費者である保険契約者の権利を制限するものであるが、猶予期間は民541条の催告期間よりも長いこと、保険料自動貸付条項が置かれていることなど、保険契約者が保険料の不払をした場合にも保険契約者の権利保護を図るために一定の配

慮がされていることに加えて、保険者において保険契約失効前に保険契約者に対して保険料払込みの督促を行なう態勢を整え、そのような実務上の運用が確実にされているのであれば、失効条項は信義則に反して消費者の利益を一方的に害するものには当たらないとしている。

＊下級審判決であるが、不当条項に当たるものとして、①札幌地判昭和54年3月30日判時941.111〔27405053〕は、自動車保険の約款中に満26歳以上の者が運転し事故が惹起された場合のみ保険会社が損害保険金を負担するという若年運転者制限特約が付されていた事案で、この特約の存在を明記した保険証券を契約後に保険契約者に送付したのみでは、保険契約者と保険会社の間の契約内容にこの特約が存在していたものと解することはできないとした。②山口地判昭和62年5月21日判時1256.86〔27800850〕は、依頼者が自己の事由に基づき中途解約するときには契約期間5年分の警備料相当額の解約金を支払うことが定められていた警備請負契約について、依頼者が解約金条項の存在を知らなかったことも無理からぬものであり、本条項は依頼者にとって予期しないものであるから、本条項が当事者双方にとって合理的なものと認められない限り、合意の対象になっているものとは言い難く、当事者を拘束する効力を認めることができないとした。

4 標準約款制度

標準約款は、認可権限を有する行政庁において、約款のモデルをあらかじめ定め、事業者において、これと同一の約款を定めるときは、個別の認可を受ける義務を免除する制度である（例えば、旅行12条の3）。標準旅行業約款の機能として、①契約内容の適正化が図れること、②個別の認可手続が省略されることから、その分行政庁としての審査及び認可業務という事務負担がなくなり、行政手続の簡素化が図れること、③事業者にとっても、いちいち約款の文案を立案、検討したうえで約款を策定し、さらにその認可を受けるための認可申請書類を作成するという事務負担がなくなることなどが指摘できる。

● (公法人の商行為)

第2条 公法人が行う商行為については、法令に別段の定めがある場合を除き、この法律の定めるところによる。

1　公法人の商行為

　本条は、公法人の商行為について法令に別段の定めがある場合を除いて、商法を適用することを定める。公法人とは、国、都道府県、市町村その他国の機関と認められる法人をいう。本条は、どのような公法人であっても商行為を行なえないわけではないことを前提とする。

　例えば、公法人によって一般公衆に対する鉄道・バスなどによる運送事業が行なわれており、その行為は商行為と評価される。

訴訟物	XのYに対する運送契約の債務不履行に基づく損害賠償請求権

　　　　＊AはY市の路面電車（運転手B）に乗車したが、電車がタンクローリー（Cが運行）と衝突したため、Aは死亡した。本件は、Aの子であるXがYに対して、損害の賠償を求めたところ、Yの運送事業が502条4号の運送事業に該当するか（すなわち、590条所定の無過失の立証責任がYにあるか）が争点となった事案である。

請求原因	1　Aは、Y市が同市内において運航している路面電車に乗車したこと（運送契約を締結したこと）

　　　　＊大阪高判昭和43年5月23日判時521.55〔27411174〕は、「X主張事故によりX主張の被害が生じたことは当事者間に争がなく、公営の電車の利用関係は当事者間の契約関係であり、公営軌道事業は地方公営企業法第17条、第21条により独立の経済単位として独立採算制を採用しているから、少くとも収支相償うことを目的とせざるを得ず、その限りで営利の目的を持つものと云うことができ、その旅客運送行為は商法第502条第4号の運送に関する行為に該当し、特別の定めある場合を除いて、商行為に関する規定の適用があるものと解せられる。従ってYは商法第590条により自己又は使用

人の旅客運送人として遵守すべき善良な管理者の注意義務を怠らなかったことを疎明しない限り、旅客運送のため旅客の生命について生じた損害については勿論契約上の責任を負担する」と判示する。
2　Yの運行（運転手B）する電車とCの運行するタンクローリーが衝突したこと
3　Aは請求原因3の事故により死亡したこと
4　XはAの子であること
5　Aの損害額

（無過失）
抗　弁　1　B及びYが無過失である評価根拠事実

2　公法人の商人性
　本条は公法人の商人性を否定する趣旨の規定ではない。例えば、公法人が鉄道運送業を営む場合は、その公法人は商人の立場に立っているのであって、それに関する行為は商行為である。公法人に商人性を認めることは、公法人にも附属的商行為が成立し、それに関する規定の適用がある点に、本条の実益がある。ただし、公法人の中で、特に別段の法令によって目的が限定されているもの（土地改良区、水害予防組合、土地区画整理組合）は、その本質と営利行為とが矛盾するので、商人とはなり得ないとされている。

●（一方的商行為）

第3条　当事者の一方のために商行為となる行為については、この法律をその双方に適用する。
　　2　当事者の一方が2人以上ある場合において、その1人のために商行為となる行為については、この法律をその全員に適用する。

1　当事者の一方のために商行為となる行為
(1)　本条1項の意義
　当事者の一方についてのみ商行為であるにすぎない場合に、その行為に対して商法を適用すべきか、あるいは民法を適用すべきかという問題がある。本条1項は、この場合に、商法を適用することを定める。例えば、小売業者

Xと消費者Yの間で締結される取引（いわゆる企業対消費者間取引（Business to Consumer、B2C、BtoC））は、Xにとっては商行為（501条1号。実行売却）となるが、消費者Yにとっては商行為とならない。そのため、Xにとっての一方的商行為となる。これらの一方的商行為に対し、本条1項は商法の規定を双方に適用することを明らかにしているのである（ただし、消費者保護の観点から、商法の適用がない場合がある）。

(2) 本条1項と511条の関係

　511条1項の場合は、債務を発生させる行為が債権者のためにのみ商行為であるときは適用されないことが法文上明らかである。したがって、その限度で、511条1項は本条1項の例外である（511条の解説2の1番目の設例参照）。511条2項も、主債務又は保証債務を生じさせる行為が債権者にとってのみ商行為であるときは、511条2項を適用しないと解するのが一般である。これまた、その限りで本条1項の例外である（511条の解説3の設例参照）。

(3) 本条1項と515条の関係

　515条の場合は、いずれも単に商行為によって生じた債権又は債務について適用されることとなっており、本条1項の例外ではない。

(4) 平成29年改正前522条

　平成29年の商法改正において削除された改正前522条（商事消滅時効）についてであるが、本条1項に触れて、最判昭和48年10月5日裁判集民110号165頁〔27411543〕【4】は、「中小企業等協同組合法に基づいて設立された信用協同組合は、商法上の商人にあたらないと解すべきである。しかし、信用協同組合につき中小企業等協同組合法が商法中の特定の条文を準用する旨を定めている場合のほかは同法の適用が排除されると解すべきではなく、信用協同組合が商人たる組合員に貸付をするときは、同法503条、3条1項により、同法522条が適用されるものと解する」と判示していた。

2　当事者の一方が二人以上ある場合の一人のために商行為となる行為

　本条2項は、当事者の一方が複数である場合に、その中の1人のために商行為となる行為についても、商法がその全員に適用されることを定める。例えば、数人の債務者A、B及びCのうち、Aのみに商行為である場合における連帯債務性を認める511条1項によればB及びCの行為が直ちに商行為になるものではなく、B及びCの債務は連帯以外の法律関係（時効、法定利率等）においては、本来民法の一般原則の適用を受けるはずである。しかし、本条2項があるため、連帯以外の法律関係においても商行為性を肯定

することとなり、商法が適用される。

第 2 章 商　　　人

● (定義)

第 4 条　この法律において「商人」とは、自己の名をもって商行為をすることを業とする者をいう。
　2　店舗その他これに類似する設備によって物品を販売することを業とする者又は鉱業を営む者は、商行為を行うことを業としない者であっても、これを商人とみなす。

1　商人
(1) 固有の商人
　本条は、商法適用上の技術概念としての「固有の商人」（本条1項）と「擬制商人」（本条2項）を定める。すなわち、まず、本条1項の定める講学上「固有の商人」といわれる者の要件は、「Xは、自己が主体となって商行為を業とする者であること」である。「自己の名をもって商行為をすること」とは自己が法律上商行為から生ずる権利義務の主体となることをいい、営業者として行政官庁に届け出ているか否かを問うものではない（大判大正8年5月19日民録25.875〔27522851〕）。
　最判平成18年6月23日裁判集民220.565〔28111438〕は、中小企業等協同組合法に基づいて設立された信用協同組合は、商法上の商人には当たらないし、また、預金者Aが商人であることは原審が確定しておらず、B信用協同組合への本件預金契約が503条に規定する商行為に当たるとはいえないし、さらに、Bの業務は、営利を目的とするものではないから、本件預金契約が502条8号に規定する商行為に当たるということもできないし、原審の確定した事実に照らせば、本件預金契約がその他の商行為に当たるということもできないとしている。そして、最判昭和48年10月5日裁判集民110.165〔27411543〕は、信用協同組合の商人性が認められなくとも相手方が商人である場合には、その一方的商行為性は認めることができるとし、「中小企業等協同組合法に基づいて設立された信用協同組合は、商法上の商人にあたらないと解すべきである。しかし、信用協同組合につき中小企業等協同組合法が商法中の特定の条文を準用する旨を定めている場合のほかは同

法の適用が排除されると解すべきではなく、信用行同組合が商人たる組合員に貸付をするときは、商法503条［付属的商行為］、3条1項［一方的商行為→商法の双方への適用］により、同法522条［商事消滅時効］が適用されるものと解するのを相当とする」と判示している。
(2) 商人資格の取得時期

商人資格の取得時期については見解が分かれる。通説は、現在、営業意思客観的認識可能説（営業意思が準備行為によって主観的に実現しただけでは不足であるが、営業意思を表白することまでは不要である。営業意思が客観的に認識可能であることを要求する見解）に立つとみられる。最判昭和47年2月24日民集26.1.172〔27000582〕も、この説に立ち、「準備行為は、相手方はもとよりそれ以外の者にも客観的に開業準備行為と認められうるものであることを要すると解すべきところ、単に金銭を借り入れるごとき行為は、特段の事情のないかぎり、その外形からはその行為がいかなる目的でなされるものであるかを知ることができないから、その行為者の主観的目的のみによつて直ちにこれを開業準備行為であるとすることはできない。もつとも、その場合においても、取引の相手方が、この事情を知悉している場合には、開業準備行為としてこれに商行為性を認めるのが相当である」と判示している。

訴訟物	XのYに対する担保利用契約の債務不履行に基づく損害賠償請求権
	＊Y及びAほか2名は、共同して石炭販売の共同事業を始める計画を立て、それぞれが一定の労務を提供し、事業資金の融資を得て事業に充てるとの組合契約を締結し、Yらは、Aと親しいXに、X所有の土地・建物を融資の担保として2か月間貸してもらいたい旨を、Aを通じて申し入れ、Xもこれを承諾した。YらはXから登記済証及び印鑑を受け取り、X名義で本件物伴を売渡担保に供して、Bから1,000万円を借り入れた。しかし、YらはBに返済することができず、Bが担保権実行の手続に入ったため、Xは本件物件の所有権を保有するため和解金としてBに1,700万円を支払った。本件は、XがYらに対し、本件担保利用契約の債務不履行を理由として損害賠償1,700万円の連帯支払を求めた事案である。
請求原因	1 Y及びAほか2名は、共同で石炭販売事業を営む計画を立

て、資金を調達するため、AがXに対して他から金融を受けるための担保としてX所有の土地建物（本件物件）を2か月間借りたい（本件物件を2か月間担保として利用し期限経過後には担保としての負担を抹消したうえでXに返却する）と申し込み、Xは承諾したこと
2 　その後、Yらは、担保に供するための登記手続をするために、Xから本件物件の登記済証及び印鑑を受け取り、YらはBから1,000万円を3か月の期限で借り受け、同印鑑を使用して借主をXとしその債務を担保するため本件物件を売渡担保に供する旨の証書を作成してBに交付したこと
3 　真実の借主であるYらは約定の期限に借入金の返済をしなかったのでBはXに対し売渡担保権に基づき本件物件につき所有権移転登記手続請求の訴えを提起し、Xは本件物件はXの祖先伝来の家屋敷であり本件担保差入当時の時価も借入金よりもはるかに高額であったので、Xが1,700万円をBに支払って訴訟を終了する旨の裁判上の和解が成立し、Xは同金額を支払ったこと
　＊請求原因3の事実は、①XY間の担保利用契約についてYの債務不履行、②Xの損害及びその数額、③上記②と③の因果関係を示すものである。
　＊最判昭和33年6月19日民集12.10.1575〔27002654〕【3】は、「Aは、Y等組合のためにXに対し判示共同事業を説明して判示契約を申込み、Xもまた該共同事業を発展せしめうる助けになるならばと好意的にY等の本件申込を承諾したというのである。従つて、かかる事実関係の下において、原判決が本件担保利用契約をY等……の営業の準備行為と認め且つ特定の営業を開始する目的で、その準備行為をなした者は、その行為により営業を開始する意思を実現したものでこれにより商人たる資格を取得すべく、その準備行為もまた商人がその営業のためにする行為として商行為となるものとした判断は、正当であ」ると判示する。本判決は、営業の準備行為によって営業をなす意思が主観的に実現されたときに商人資格を取得するという営業意思主観的実現説に立つものとされており、その後、判定の立場は、営業意思客観的認識可能説（前掲昭和47年最判）に移ったとされる。ただし、

前掲昭和 47 年最判の立場に立っても、本件事案は、営業意思が客観的に認識可能であったといえ、結論は変わらない。

(3) 商人資格の喪失時期

大阪高判昭和 53 年 11 月 30 日判タ 378.148〔27411845〕は、「商人がその本来の営業活動を継続することが困難となり、あるいはその継続意思を失うことによりこれを終了させたからといつて、直ちにその商人たる資格を喪失すると解することは相当でなく、その営業廃止の後始末としていわゆる残務処理がなされている間はその関係でなお商人たる資格を失わないというべきであるから、その行為〔具体的事案においては、準消費貸借契約の締結〕が少なくとも客観的にみて右にいう残務処理行為に属することが明白である限り、その本来の営業活動と密接に関連していることでもあり、これまた商行為に該当する」と判示し、平成 30 年改正前 522 条所定の商事消滅時効の適用があるとした。

2 擬制商人

次いで、本条 2 項は、講学上の「擬制商人」を定めるが、擬制商人は、次の(1)(2)のいずれか 1 つの要件事実を満足するものである。

(1) X は、店舗その他これに類似する設備によって物品の販売を業とする者であること

店舗その他これに類似する設備によって物品の販売をする行為は、商いをする者の典型的な行為といってもよい。この者が販売する物品が転売を目的として有償取得したものであるときは、当然 501 条 1 号の絶対的商行為を目的とする固有の商人であるが、販売される物品がその者の原始取得した物であるとき（漁師が魚屋を営んで自己の釣った魚を売り、農家が八百屋を営んで自己が育てた野菜を売るなど）、又はもともと所有していた物である場合には、「店舗その他これに類似する設備」という企業的形態に着目して、商人と擬制するのである。

(2) X は、鉱業を営む者であること

石炭、石油、鉄、マンガン、ニッケル、銅の採掘などを行なう鉱業は、それ自体原始産業であって商行為ではないが、大規模な企業設備が要求されるところから、商人とみなされるのである。

訴訟物 　X の Y に対する商人間の金銭貸借による利息請求権

＊本件の X は固有の商人、Y は擬制商人であり、513 条に基

づく商事法定利率による利息請求権が訴訟物である。

請求原因 1　XはYに対し、1,000万円を弁済期平成○年○月○日の約定で貸し渡したこと
2　Xは、石炭販売業者であること
　＊請求原因2は、Xが501条1号の投機購買を行なう固有の商人であることを示す事実である。
3　Yは、石炭採掘業者であること
　＊請求原因3は、Yが本条2項の擬制商人であることを示す事実である。
4　請求原因1の貸し渡した日以後一定期間が経過したこと

3　仮想店舗（電子店舗）
　通信販売業者やインターネット（Internet）販売業者の通信設備、通信機関、情報通信ネットワーク（network）などは、今日の状況下では、仮想空間に構築されたものであっても、それが継続的取引の場として公衆に解放されている限り、これを本条2項の「店舗」に含めて解することができるであろう。

4　会社の商人性
　本法第2編商行為の規定の中で「商人」性を要件とする規定について、会社が商人に当然に該当するものとして、その適用があるかについては議論が分かれる。それは、11条1項かっこ書が、商人の定義から会社及び外国会社を除外しているからである。
　この点、本条1項は「商人」を自己の名をもって商行為をすることを業とする者であると定義しており、会社がその事業としてする行為及びその事業のためにする行為は商行為とするのであるから（会社5条）、会社はその性質上当然に商人であると解して商行為編にある「商人」性を要件とする規定の適用があるとするのが通説であろう。しかし、本条1項の「商人」の要件のうち「業とする」の意義を「利益を得て継続反復すること」と解するならば、会社法が会社の定義として営利性を要件としなくなった以上、本法第2編商行為中の「商人」を要件とする規定の適用については、当該会社が本条1項の「商人」の要件を充足しているか否か（すなわち、その会社が営利を目的とする会社であるか否か）によって、その適否が決まると考える余地があることになる（神作裕之「会社法総則・擬似外国会社」ジュリスト1295号（2005年）134頁）。

● (未成年者登記)

第5条 未成年者が前条の営業を行うときは、その登記をしなければならない。

1 営業許可を受けた未成年者の登記

民6条1項によれば、未成年者は法定代理人の許可を得て営業に関して成年者と同一の行為能力を有することとなる。しかし、民6条の定める「一種又は数種の営業」とは、商人としての営業に限らず、広く営利を目的とする事業と解されている（大判大正4年12月24日民録21.2187〔27522088〕）。このような一般私法上の法律関係を前提として、本条は、法定代理人の許可する営業が商人としての営業に該当する場合に適用されるのである。つまり、本条は、未成年者が前述したように法定代理人の許可を得て「前条の営業を行うときは」その旨を商業登記簿に登記すべきことを定める。

定塚・一試論53頁は、要件事実論の立場から、本条について次のとおり論じる。「未成年者のなす営業はすべて商法4条に規定する営業とは限らないが、未成年者の営業が商法4条に定める営業に該る場合につき、同法5条、12条〔9条1項〕は、未成年者が営業をする時は登記をすることを要し、この登記すべき事項は、登記をした後でなければ善意の第三者に対抗できない旨を規定する。したがって、未成年者とこの商法に定める営業に関して取引（法律行為）をした相手方が、未成年者に対し当該取引から発生した請求権の履行を訴求した場合、未成年を理由とする取消が抗弁、当該営業の許可が再抗弁、営業許可の取消が再々抗弁となる……。これに対し、当該営業に関し取引当時商法5条の登記のあったことが再々々抗弁、営業許可の取消についての相手方の悪意が再々々々抗弁となるのではなく、商法5条の登記のあったことは……再抗弁を構成する」。

訴訟物　XのYに対する売買契約に基づく代金支払請求権

＊本件は、XがYに対し売買契約に基づく代金の支払を求めたところ、Y側が未成年取消しを主張したため、①Yが法定代理人から営業許可を受けていたか、その許可が取り消されていたか、②Yの営業許可の登記がされていたか、その登記が不実であってXが知っていたか、営業取消しの登記

がされていたかなどが問題となった事案である。
＊本設例は、定塚・一試論 53 頁の見解に従って事実整理をしたものである。

請求原因 1　XはYとの間で、本件土地を代金 1,000 万円で売買する契約を締結したこと

(未成年取消し)
抗弁 1　Yは、請求原因1の当時満 20 歳未満であったこと
2　Y又はYの法定代理人Aは、Xに対し、請求原因1の売買契約におけるYの意思表示を取り消す旨の意思表示をしたこと
＊民6条の定める営業許可の事実は、未成年者の取消しの抗弁（民5条2項）に対して、以下にみるように、取消しの効果の発生を障害する事由として、再抗弁に位置付けられる。

(営業許可)
再抗弁 1　Aは請求原因1に先立ち、Yの法定代理人であること
＊抗弁2において、「Yの法定代理人A」の事実が現れていれば、改めての主張・立証は不要である。
2　AはYに対して、特定の営業を許可したこと
＊再抗弁1、2に関して、民 823 条（親権者の職業許可権）、民 857 条（後見人の職業許可権）、民 864 条（後見監督人の同意権）参照。
3　請求原因1の法律行為は再抗弁2においてYが許された営業に直接・間接に必要な行為であること
＊これは、請求原因1と再抗弁2を対比することによって明らかとなる場合が多い。その場合は改めての主張・立証は不要である。

(営業許可取消し)
再々抗弁 1　Aは、請求原因1に先立ち、Yに対して再抗弁2の営業許可を取り消したこと、又は制限したこと
＊再々抗弁1は、営業許可の効果を消滅させる事由として再々抗弁となる。上記の再々抗弁では「未成年者がその営業に堪えることができない事由がある」との事実の主張・立証は不要であるとの立場を採っている。「未成年者がその営業に堪えることができない事由がある」という事実は、未成年営業許可取消審判の要件事実にとどまるからである。

＊民823条2項参照。
(営業許可登記)
再抗弁 1　Yの申請に基づいて、請求原因1の法律行為に先立ち、営業許可に関して本条の登記がされたこと
2　請求原因1の法律行為は抗弁1の営業に含まれること
＊前述の法定代理人の同意の再抗弁とは別個の再抗弁である。なぜならば、本条の登記は法定代理人の許可を得たことを証する書面を添付し、又は法定代理人の記名押印ある申請書によって、未成年者の申請によってされる。さらに、9条2項によれば故意又は過失によって不実の事項を登記した者はその事項を善意の第三者に対抗できない。つまり、仮に法定代理人から営業の同意を得ていなくても、本条の登記をした未成年者は善意の第三者に同意のないことを対抗できない。したがって、上記の取消しの抗弁に対して、本条の登記のあったことは再抗弁に位置付けられるのである（定塚・一試論53頁）。

(悪意)
再々抗弁 1　再抗弁1の登記は不実であること
2　Xは再々抗弁1の事実を知っていたこと
(営業取消登記)
再々抗弁 1　再抗弁1の登記については、請求原因1の法律行為に先立って、営業取消しの登記がされたこと
＊上記2つの再々抗弁については、定塚・一試論54頁参照。

2　未成年者の親権者が、制限行為能力者である（成年後見審判、保佐開始の審判又は補助人の同意を要する旨の審判を受けている）場合
(1) 民法改正
　平成29年改正後の民法は、その13条1項に10号を追加し、被保佐人Bが、同条同項各号に掲げる行為を、制限行為能力者Aの法定代理人としてすることを、Bの保佐人たるHの同意を得なければならない行為とした。これにより、未成年者・成年被後見人が法定代理権に基づいて代理行為をした場合も含めて、法定代理人として行為した当該制限行為能力者B及び当該制限行為能力者の保護者たるHが取消権を有することになる。
　また、改正後の民120条1項は、行為能力の制限を理由とする取消権者のうちに、制限行為能力者Bが他の制限行為能力者Aの法定代理人としてし

た行為を当該A又はその承継人も取り消すことができる旨を追加した。これにより、代理行為における本人である「他の制限行為能力者」たるA及びその承継人も取消権を有することになる。

(2) 民法改正の「未成年者の営業能力」への影響

　未成年者Aの親権者Bであるが、Bが被保佐人であって、その保佐人をCとする。未成年者Aは、法定代理人の許可を得て一種又は数種の営業を営むことができ、その場合、その営業に関しては、成年者と同一の行為能力を有する（民6条1項）。BがAに営業許可を与えるとき、Cの同意要否が問題となる。営業許可を与えること自体は、BがAの法定代理人として代理行為をすることとは別である。しかし、Aが他者から借財をするとき、BがAを代理しようとすればCの同意を要する（民13条1項2号、10号）。Aに営業許可を与えることは、1回限りの借財よりもAにとって危険が大きく、Aの保護を図る改正法の趣旨からは、Cの同意を要するものと解すべきであろう。

　他方、Aに営業に堪えない事由が生じたときは、Bは、民823条2項の定めに従い、営業許可の取消し（撤回）又は制限をすることができる（民6条2項）。かかる撤回又は制限は、Aの財産維持に資することから、Bは、Cの同意なしにできるとする見解と、Bのみの判断により、Aの営業の道を断つことは疑問であるとして、Cの同意を要するとする見解があろう。営業許可を得た未成年者が営業をするときは、未成年者登記簿へ登記をしなければならない（本条）。BがCの同意なく営業許可を与えて登記を済ませても、取消権者Cが取消しをすればその登記を速やかにすべきである。その登記をするのでなければ、その取消しを、善意の第三者に対抗できない（9条1項）。

　Bは、Aに代わって、民824条に依拠して、Aの代理人として、営業を営むことができるのが原則であるが、かかる形式によっても、Bは、Cの同意なくして、Aの代理人として営業を営むことはできない。

● (後見人登記)

第6条　後見人が被後見人のために第4条の営業を行うときは、その登記をしなければならない。

　　2　後見人の代理権に加えた制限は、善意の第三者に対抗することがで

きない。

1　後見人の営業代理の登記
　法定代理人は、民824条、859条によれば、未成年者又は被後見人を代理して財産上の法律行為をすることができる。法定代理人のうち、親権者は当然に未成年者を代理できるから（民824条、825条）、未成年者に代わって営業を営むことができるので、特に登記による公示をする必要がない。しかし、後見人が代理営業をする場合は、後見監督人があるときその同意を得なければならない（民864条）。この要件に反する行為は、被後見人又は後見人において取り消すことができるのである（民865条）。
　本条1項は、以上のような一般私法上の法律関係では、商事の領域においては不安定であるため、後見人が4条の営業に関して被後見人を代理するときは、そのことを公示するために、登記を要することを定める。この登記をしないと後見人の代理権を善意の第三者に対抗できない。

2　後見人の代理権の制限
　本条2項は、後見監督人が後見人の代理権に制限をしても、その制限をもって善意の第三者に対抗できないことを定める。支配人の代理権（支配権）に関する21条3項と同様の趣旨の規定である。

● (小商人)

第7条　第5条、前条、次章、第11条第2項、第15条第2項、第17条第2項前段、第5章及び第22条の規定は、小商人（商人のうち、法務省令で定めるその営業のために使用する財産の価額が法務省令で定める金額を超えないものをいう。）については、適用しない。

1　小商人の意義
　「小商人」とは、商人のうち、営業の用に供する財産につき最終の営業年度に係る貸借対照表（開業したばかりで最終の営業年度がない場合は開業時における貸借対照表）に計上した額が50万円以下である者をいう（本条か

っこ書、商施則3条）。小商人は、5条（未成年者登記）、6条（後見人登記）、8条、9条、10条（商業登記）、11条2項（商号の登記）、15条2項（商号譲渡の登記）、17条2項前段（営業譲受人の免責登記）、19条（商業帳簿）、22条（支配人の登記）が適用されない。適用除外とする理由は、小規模な商人にまで商業登記などを強制するのはその必要がなく、かえって煩雑な手続を強制することになるからである。小商人以外の商人を「完全商人」という。

小商人には第3章（商業登記）の適用がないことから、小商人は支配人を選任することができないとするのが多数説である。

2　小商人の主張・立証責任

小商人であることの主張・立証責任は、商業登記、商号又は商業帳簿の規定の適用を免れようとする者が負担することとなる。

本条の効果は、小商人が5条、6条、3章（8条ないし10条）、11条2項、15条2項、17条2項前段、5章（19条）及び22条の規定の適用を受けないことであり、また、それにとどまる。したがって、本条の定める規定（小商人に適用がないとされる規定）以外の規定（例えば、20条（支配人）、26条（店舗使用人）など）の適用が問題となっている場合に、本条に基づく小商人であることを主張することは抗弁として機能せず、主張自体失当となる。

訴訟物	ＸのＹに対する売買契約に基づく売買代金請求権

＊ＸはＹの営業所の支配人Ａとの間で締結した売買契約に基づき代金の支払を求めたところ、Ｙは自己が小商人であると主張し、Ａを支配人と認め得るかが争点となった事案である。

請求原因	1　ＸはＡとの間で、本件目的物を代金500万円で売買する契約を締結したこと

　　　　　2　ＹとＡの間に雇用契約関係があること
　　　　　3　ＹはＡに対し自己の営業所における営業に関する一切の裁判上裁判外の行為をする権限を与えたこと
　　　　　　＊請求原因3は、ＡがＹの営業の支配人であることを示す事実である。
　　　　　　＊請求原因3によってＹが商人であることが現れているので、504条の適用があり、顕名行為が必須というわけではない。ただし、「Ａが、請求原因1の際、Ｙのためにする意思を有

していたこと」という代理意思の主張・立証がなお必要かという点については見解が分かれる。本書はこれを請求原因としては不要（その不存在が抗弁）とする立場に立つ。

（小商人）
抗　弁 1　Yは、営業の用に供する財産につき最終の営業年度に係る貸借対照表（開業したばかりで最終の営業年度がない場合は開業時における貸借対照表）に計上した額が50万円以下であること

＊小商人は商業登記ができない結果、その選任及び代理権消滅につき、登記を必要とする支配人を置くことができないと解するのが通説である。この通説の立場からの抗弁である。しかし、支配人選任登記は対抗要件にすぎず、小商人にも商業使用人の規定を適用されることから考えると、小商人は支配人を選任できるが、登記しなくともよいと解すべきとする立場もあり得よう。つまり、本条が適用しないとしている以外の領域については小商人といえども商人であって完全商人と同様の資格を有するとする立場である。この見解によると、この抗弁は、主張自体失当ということになる。

（信義則違反）
再抗弁 1　信義則違反の評価根拠事実

＊評価根拠事実としては、小商人であるYが本来置くことができない支配人Aを置いたうえで、その支配人資格のないことを主張することなどである。

訴訟物　XのYに対する売買契約に基づく目的物引渡請求権

＊Aは物品の販売を目的とするYの店舗の使用人であるが、Xとの間で店舗内において、本件目的物を代金50万円で売買する契約を締結した。本件は、XがYに対して目的物の引渡しを求めたところ、Yは自己が小商人であると主張し、AがYの店舗の物品販売の代理権を有し得るかが争点となった事案である。

請求原因 1　AはXとの間で、請求原因2の店舗内において、本件目的物を代金50万円で売買する契約を締結したこと

＊契約の締結もその店舗内で行なわなければならない（福岡高判昭和25年3月20日下民1.3.371〔27410008〕）。

2　Aは物品の販売を目的とするYの店舗の使用人であること
＊請求原因2の要件事実は、本条本文によって、Aが本件目的物の販売の代理権限を有するものとみなされる効果を生じさせる。

（小商人）

抗　弁　1　Yは、営業の用に供する財産につき最終の営業年度に係る貸借対照表（開業したばかりで最終の営業年度がない場合は開業時における貸借対照表）に計上した額が50万円以下であること
＊この抗弁は、主張自体失当である。本条の定める規定（小商人に適用がないとされる規定）以外の規定の適用が問題となっている場合に、本条に基づく小商人であることを主張することは抗弁として機能しないからである。

第3章　商業登記

1　商業登記の手続
(1) 当事者申請主義
　商業登記は、不動産登記と異なり、共同申請主義（不登60条）を採らず、また、判決による登記（不登63条）の規定もない。つまり、商業登記は、職権登記（例えば、取締役解任の訴えの認容判決が確定したときには、裁判所書記官の嘱託により登記される（会社937条、938条））を除いて、当事者の申請又は官庁の嘱託で行なわれ（当事者申請主義、商登14条）、登記の更正・抹消（商登132条、134条）も当事者以外の者は申請できない。当事者の登記申請は、会社の場合は代表者（代表者が法人であればその職務を行なうべき者）又は代理人が、申請書に所定の事項を記載し、自己の記名押印をして行なう（商登17条）。
(2) 登記官の審査権
　登記申請があった場合、登記官は一定の却下事由に該当しない限り登記を認めることになるが、この点の登記官の審査権については、見解が分かれている。
ア　形式的審査主義
　形式的審査主義は、登記官は商業登記の申請については、単に申請された事項が登記事項であるのか、それに関して管轄があるか等の形式的な適法性についてのみ審査する権限と職務を有すると解する立場である。最判昭和61年11月4日裁判集民149.89〔27801628〕は、法人登記の職権抹消手続に関して「登記官の審査権限は、登記簿、申請書及びその添付書類のみに基づいてするいわゆる形式的審査の範囲にとどまる」と判示し、形式的審査主義の立場を採ることを明確にした。商登24条は、登記官が申請を却下しなければならない事項を個別的に列挙している。これは限定列挙であり、登記官の審査権の範囲を明確にしており、形式的審査主義の立場を前提にしたものといえる。確かに、形式的審査主義の立場を採ると、虚偽の事実が登記されるという懸念はあるが、故意又は過失によって不実の事項を登記した者は、9条2項による不利益を受けることになる。
　なお、商登24条10号が無効又は取消原因があることを申請の却下事由としていることについては、このような場合は、本来当事者が訴訟によって解決すべきであり、登記官の判断に任される事柄ではない。しかし、例えば明らかに欠格事由（会社331条1項）のある者を取締役に選任する旨の登記申

請がされた場合や、定款の絶対的記載事項（会社 27 条）の欠けた定款の登記申請がされた場合、このような申請を却下するのが望ましい。真実を登記するという要請を考えれば、このように法律上無効であることが明確である場合に限って申請を却下すべきことにとどまり、取消事由については取り消されるまでは有効であり、却下の対象にはならないと解すべきであろう。

イ　実質的審査主義

実務上、形式的審査主義の立場を採ることに決着しているが、実質的審査主義に触れておこう。これは、商業登記の登記官はさらに申請された事項が真実であるかどうかについてまで調査する権限と職務を有すると解する立場である。商登 24 条 10 号が申請を却下すべき場合として登記すべき事項につき無効又は取消しの原因があるときを挙げていることは、それらの事項について登記官が無効あるいは取消しの原因の有無を判断して登記申請を却下するかどうかを決定することを意味するとすれば、商業登記は実質的審査を前提としていることになる。もとより、真実でない事柄を公示することは適切ではなく、一般公衆の利益から考えれば登記事項は事実であることが望ましい。しかし、①商業登記が法務省による法務行政の一環となった現在では、裁判官ではない行政庁の職員が実質的審査を行なうことになり妥当ではないこと、②真実を確かめることは容易ではなく、実質的審査による手続が遅延し登記制度の機能が損なわれることなどから、この見解は採れない。

2　商業登記請求権と不動産登記請求権の相違

不動産登記における「登記請求権」は、Xがその実体法上の権利について本来得ることができるはずの登記を実現するために、不動産登記法上の共同申請の原則という構造上の制約に則り、Yが登記手続上一定の行動をとるようにXがYに対し要求し得る実体法上の請求権である。しかるに、商業登記は、共同申請主義を採らないため（登記権利者及び登記義務者という概念もない）、商業登記請求権は不動産登記請求権を認める理論的根拠である共同申請主義をもって説明することはできない。

しかし、新たに登記すべき事項が登記されず、抹消されるべき登記事項が抹消されず、又は変更されるべき登記事項が変更登記されない場合、それにより権利又は利益を害される者は、その各登記手続を登記申請当事者に対し求めるべき商業登記請求権が認められなければならない。ちなみに、不動産登記においても、登記請求権を共同申請主義によってのみ認め得るものと解しているわけではない（幾代通『登記請求権——実体法と手続法の交錯をめぐって』有斐閣（1979 年）8-16 頁）。判例は、3 でみるように各場合に応じ

て多元的な根拠を挙げている。

3　商業登記請求権の根拠

　最判平成7年2月21日民集49.2.231〔27826572〕は、宗教法人である神社の氏子総代及び責任社員が同神社の代表役員就任登記の抹消登記手続を求めた事案について、その請求を認容した原審の判断を維持したので、私法上の商業登記請求権を認めていると解される。商業登記請求権を認めた判例からその根拠をみると、次のとおり、多元的である（片岡貞敏「登記申請人」菊池洋一編著『商業登記制度をめぐる諸問題』テイハン（1994年）61-63頁、東京地方裁判所商事研究会編『類型別会社訴訟Ⅰ〈第3版〉』判例タイムズ社（2011年）74-75頁）。

(1)　委任契約終了による原状回復請求権

　取締役の辞任登記は、取締役と会社間の委任契約解除に基づく原状回復請求権として含まれていると解する。事案は監査役の辞任登記についてであるが、東京高判昭和30年2月28日高民8.2.142〔27400672〕は、「監査役と株式会社との関係は委任に関する規定に従うのであつて、その辞任は会社との間にあつては直ちに効力を生ずるのであるが、これを善意の第三者に対抗するためには登記を要するのであるから、株式会社は監査役に対しその辞任を善意の第三者に対抗させるために登記をなすべき義務を負うものといわねばなるまい」としたうえで、そのことは「たまたま商法会社編において、その規定する登記を申請することを怠つた場合に、その義務者に制裁を科することを規定し、この義務の履行を強制していることと毫も矛盾するものではなく、この公法上の義務と前記私法上の義務とは併存して何ら妨げないものである」と判示した。岡山地判昭和45年2月27日金法579.36〔27411286〕も委任契約説に立つ。

(2)　社員権に基づく登記請求権

　東京控判昭和10年11月30日新聞3950.6〔27569565〕は、「控訴人ハ昭和9年6月30日ノ営業年度ノ終リニ於テ退社シタルコトトナリタルヲ以テ同日以後商業合資会社ハ無限責任社員ノ全員ノ退社ニ因リ解散シタルモノト謂フヘク控訴人ハ退社並ニ解散ノ登記ヲ為スヘキ義務アルモノトス、尤モ登記ヲ為スヘキ義務ハ公法上ノ義務ニシテ商業登記事項カ発生変更消滅シタル場合ニ登記ヲ為スヘキ義務アル者カ之レヲ怠レハ商法第262条ノ2ニ依リ処罰ヲ受クレトモ登記ヲ為スヘキ者カ登記事項ノ発生変更消滅アルニ拘ラス之レナシトシテ登記ヲ為ササル場合殊ニ処罰ヲ受ケテモ尚登記ヲ為ササル場合ノ如キハ何時迄モ登記セラルルコトナキ結果トナルヲ以テ之レヲ争フ他ノ社

員ハ解散ニ因リテ生スル利益ヲ受クルコトヲ得サルニ至ルヲ以テ登記事項ノ発生変更消滅ヲ主張シテ登記ヲ為スヘキ者ニ対シ登記ヲ為スヘキコトヲ求ムル権利アルヲ以テ本訴ニ於テ有限責任社員タル被控訴人カ控訴人ノ退社並ニ商業合資会社ノ解散ノ登記ヲ為スヘキコトヲ求ムル請求ハ正当ナリト謂ハサルヘカラス」と判示する。

(3) 人格権に基づく登記請求権

東京地判昭和35年11月4日下民11.11.2373〔27410648〕は、「Xが、被告会社の50万円を出資した有限責任社員として、登記されていることは当事者間に争ない。而してその余のX主張事実は、……全部、これを肯認することができる。……そうだとすれば、Xは、非社員であるのに拘らず、その氏名を冒用され、商業登記簿上、Y会社の有限責任社員として、登記されていることが、明らかであるから、Y会社の社員でないことの確認を求める請求が認容せられると同時に、該登記抹消請求も、人格ないし氏名権の侵害として、当然、なし得るものと解すべき」であると判示する。

(4) 登記法規説ないし条理説

東京高判昭和36年4月12日下民12.4.791〔27410672〕(前掲昭和35年東京地判の控訴審判決)は、被控訴人Xは社員となったことがないのに、その氏名を冒用されて商業登記簿上控訴会社Yの有限責任社員として登記されているため、その登記抹消を求めた事案につき、「商業登記に関する法規には不動産登記法におけるが如く登記権利若は登記義務なる文字はないが、この故を以てかような権利義務が存在しないと断ずることができるであろうか。元来合資会社は各社員が出資をなして共同の事業を営むことを本来の目的とするものであるから、社員登記は会社の自由であり、会社が社員に対し社員登記をなすべき義務を負担しないとするときは、会社において社員登記をしない以上は社員は永久に社員たる資格に基く権利を第三者に対抗し得ないこととなり、その利益を害せらるべきこと多大である……。しかしてこれを甘受しなければならない根拠はないので、商法第149条、第64条第1項第1号において会社は社員の氏名住所並びにその責任の有限又は無限なることを登記することを要すとし、同法第67条(第147条にて合資会社に準用)においてその変更ありたるときは亦その登記をなすことを要すと規定したのは、一面において会社の登記に関する公法上の義務を定めたものであるが、他の一面においては又会社の社員に対する私法上の義務すなわち社員をして完全に会社の社員たることを得せしむる義務したがつてその結果として社員に対し社員登記をなすべき義務をも認めたものと解するのが相当である」といい、「本件の如く事実に牴触する登記の存する場合には、非社員は

会社に対し該登記の抹消を請求し得ること理の当然であるから、Xの本件登記抹消請求も正当として認容すべきである」として、Xの登記抹消請求を認容した。

4　商業登記手続請求訴訟の被告

商業登記の登記手続請求訴訟において被告となるのは、代表取締役その他の代表者ではなく、会社である。登記申請の当事者は会社であって、代表取締役その他の代表者は会社を代表して登記申請をするにすぎないから、登記手続請求訴訟は、代表取締役その他の代表者を被告とするのではなく、会社を被告として提起すべきである（大阪高判昭和40年1月28日下民16.1.136〔27410957〕）。

5　登記手続を命ずる確定判決とその登記手続

登記手続をすべきことを命ずる判決は、民執174条の意思陳述をすべきことを命ずる判決であるから、判決が確定すれば、当事者は登記申請の意思表示をしたものとみなされる（債務名義たる判決に執行文付与は不要）。そして、申請を命ずる判決によって、登記申請についての代理権の授与が強制される結果、原告は会社の代理人として登記申請をすることができる（味村治『詳解商業登記新訂（上）』民事法情報センター（1996年）130頁）。

● (通則)

第8条　この編の規定により登記すべき事項は、当事者の申請により、商業登記法（昭和38年法律第125号）の定めるところに従い、商業登記簿にこれを登記する。

第1編の規定により「登記すべき事項」（以下「登記事項」という）とは、①未成年者登記（5条）、②後見人登記（6条）、③変更・消滅の登記（10条）、④商号登記（11条2項）、⑤免責登記（17条2項）、⑥支配人登記（22条）である。それを受けて、本条はその登記すべき事項を当事者の申請によって、商業登記法に従ってこれを登記すべきことを定めている。

まず、商業登記は、当事者の申請によるのを原則とする。例外として、裁判所の嘱託によって登記がされる場合や登記官の職権登記がされる場合があ

る。そして、商業登記は、申請者の営業所所在地の法務局又は地方法務局又はその支局若しくは出張所を管轄登記所とする（商登1条の3）。商業登記簿に登記事項を登記する事務は、登記官が行なう（商登4条）。商業登記簿の種類は、商登6条が定める。

なお、登記事項には各種のものがあるが、商業登記が、その効果を発揮するのは、免責的登記事項の場合が多い。なぜならば、免責的登記事項が生じているのに、第三者がこれを知らない場合に、その事実を公示することによって、第三者が不測の損害を受けないようにすることに重要な意味があるからである。

● (登記の効力)

第9条　この編の規定により登記すべき事項は、登記の後でなければ、これをもって善意の第三者に対抗することができない。登記の後であっても、第三者が正当な事由によってその登記があることを知らなかったときは、同様とする。
　　2　故意又は過失によって不実の事項を登記した者は、その事項が不実であることをもって善意の第三者に対抗することができない。

1　商業登記の一般的効力
(1) 本条1項の立法趣旨
　本条1項の法意について、最判昭和49年3月22日民集28.2.368〔27000442〕【7】は、商法が商人に関する登記事項を定め、かつ本条1項（平成17年改正前商12条）で特別の効力を定めているのは、商取引活動が大量的、反復的に行なわれ、一方これに利害関係を有する第三者も不特定多数の広い範囲の者に及ぶことから商人と第三者の利害調整を図るために、登記事項を定め、一般私法である民法とは別に、特に登記にこのような効力（消極的効力、積極的効力）を付与する必要性・相当性があるからであると判示する。したがって、本条1項の法意からすると、代理権の消滅が商法の登記事項とされているときは、民112条の適用はなく、本条1項のみが適用されることとなる（司研・要件事実第一巻98頁）。
(2) 消極的公示力と積極的公示力
　本条1項は、商業登記の一般的効力を定める。講学上、本条1項前段は、

登記事項は登記前には当事者から悪意の第三者には対抗することができるが、善意の第三者には対抗することができないことを定めるものであり（消極的公示力）、他方、同項後段は、登記事項は登記後には当事者から悪意の第三者に対してはもちろん善意の第三者に対してもその登記事項をもって対抗できること（ただし正当な事由がある場合は除く）を定める（積極的公示力）と解されている。

商人が善意の第三者に対抗できないということは、善意の第三者であっても、第三者の方で登記事項を認めることを妨げるものではない。例えば、会社の登記に関する事案ではあるが、代表取締役に就任したがその旨の登記をしていない場合に、その者が会社を代表して振り出した手形について、善意の第三者である手形の取得者は会社に対して手形上の責任を追及することが可能である（最判昭和35年4月14日民集14.5.833〔27002471〕）。

(3) 主張・立証すべき事項

要件事実論の観点からは、本条1項の適用がされる登記すべき事項に該当する事実を主張する者は、登記すべき事項が発生したことを主張・立証することでは足りず、既にそれについての登記がされたこと（本条1項前段の文理）、又は登記すべき事項を相手方が既に知っていること（本条1項前段の反対解釈）を併せて主張・立証すべきであると解される。そして、本条1項前段が明文で定める場合であっても、相手方において登記すべき事項に該当する事実の発生を知らなかったこととその知らないことについて正当な事由が存在することについての主張・立証がされれば、登記事項を相手方に主張できなくなるのである（司研・要件事実第一巻98頁）。

なお、以上の見解に対し、司研・要件事実第一巻99頁は、「右登記事項についても、丙は、抗弁として、代理権の消滅原因事実のみを主張立証すれば、足りるとする考えがある。この考えによれば、甲は、再抗弁として、右消滅原因事実を知らなかったことを主張立証することができ、これに対し、丙は、再々抗弁として、右登記が甲乙間の契約締結前にされたことを主張立証することができ、さらに、甲は、再々々抗弁として、右2の事実を主張立証することになろう」（「右2の事実」とは、代理権の消滅原因事実を知らなかったことについて甲に正当の事由があることを基礎付ける具体的事実である）という見解があることを紹介している。

以下、アとイを例にとって、本条の適用のある場合とない場合を比較する。

ア　支配人の支配権の消滅

支配人の支配権の消滅が問題となる場合を例にとる。支配人の支配権の消

滅は登記事項とされているから、その消滅を主張する者は、単に支配権の消滅原因事実を主張・立証するのみでは主張自体失当となる。代表権消滅原因事実に加えて、この消滅原因事実に関する登記が支配人の相手方に対する法律行為に先立ってされていたこと（本条1項前段の文理）、又は相手方がこの消滅原因事実を知っていたこと（本条1項前段の反対解釈）を主張・立証しなければならない。

訴訟物　　　XのYに対する売買契約に基づく売買代金請求権
　　　　＊本件は、XがYの甲営業所支配人Aとの間で、本件目的物を500万円で売買する契約を締結したとして、Yに対しその代金の支払を求めたところ、Yは、①Aの支配権は既に終了しており、契約の時にXもその事実を知っていた、②Aの支配権終了の事実を契約に先立って登記したと抗弁したので、Xは②については支配権終了の事実を知らず、Yに正当な事由があると反論した事案である。

請求原因　1　XはAとの間で、本件目的物を代金500万円で売買する契約を締結したこと
　　　　　2　YとAとの間に雇用契約関係があること
　　　　　3　YはAに対し自己の甲営業所における営業に関する一切の裁判上又は裁判外の行為をする権限を与えたこと
　　　　＊AはYの営業の支配人であることを示す事実である。
　　　　＊請求原因3によってYが商人であることが現れているので、504条の適用があり、顕名行為が必須というわけではない。ただし、「Aが、請求原因1の際、Yのためにする意思を有していたこと」という代理意思の主張・立証が、なお必要かという点については見解が分かれる。本書はこれを請求原因としては不要とする立場に立つ（その不存在が抗弁となる）。

（悪意）
抗弁　　　1　Aの支配権の終了原因事実
　　　　　2　請求原因1の際、Xは抗弁1の事実を知っていたこと
　　　　＊本条1項前段の反対解釈に基づく抗弁である。第三者が悪意であることは、これを主張する者が主張・立証責任を負う（鴻・総則230頁、近藤・総則・商行為45頁）。

（登記）
抗弁　　　1　Aの支配権の終了原因事実

    2　請求原因1に先立って、抗弁1に関する登記がされたこと
     ＊本条1項前段に基づく抗弁である。この抗弁に対しては、後述の再抗弁が成立し得る。

（正当な事由）
再抗弁　1　請求原因1の売買契約を締結する際、Xは抗弁1の事実を知らなかったこと
    2　再抗弁1につき、Xに正当な事由があることの評価根拠事実
     ＊上記の主張は、本条1項後段に基づく再抗弁である。同後段の「正当な事由」は、その立法趣旨からすると、当然のことながら、登記制度が円滑に機能しないような外部的・客観的事由と解すべきこととなる。支配人の選任及びその代理権の消滅は、登記すべき事項である（22条前段）。本件のように支配人の代理権の消滅が、商法上登記事項とされており、いったんその喪失が登記されると、本条1項後段の定める「正当な事由」がない（言い換えれば、再抗弁が成立しない）以上、そのほかの再抗弁は成立しないのが筋である。例えば、商人が支配人の退任及び支配権喪失につき登記したときは、その後その者が商人の代理人として第三者とした取引に民112条の適用はない（代表取締役の代表権の喪失の事案に関するものであるが、最判昭和49年3月22日民集28.2.368〔27000442〕がある）。すなわち、上記の（登記）の抗弁に対し、民112条の主張は再抗弁として主張自体失当となる。しかし、24条は、支配権の存在を要求することなく、使用人の行なった代理行為の効果が、本条1項の存在にもかかわらず、商人に帰属することを定めている。そこで、24条が本条1項とどのような関係に立つのかという点について、従来必ずしも明示的な議論はなされていないようである（表見代表取締役と会社908条1項（平成17年改正前商12条）の関係については、既に議論の集積があり、そのまま援用すれば、例外説、異次元説、正当事由説があり得よう）。

イ　商業使用人の代理権の消滅
　甲商店を経営する甲が、経理に精通した使用人として丙を採用した。甲は、その後、使用人丙を連れて乙信用金庫に赴き、乙金庫の担当者に対し

て、以後は丙に甲商店の経理を担当させ、信用金庫取引を任せる旨を告げて丙を紹介した。甲商店は、集金した金銭及び小切手類を乙金庫に開設している当座預金口座に預け、当座預金は甲商店の小切手を交付して引き下ろしていた。その後、甲は同業者から丙を信用し過ぎないようにと忠告されたので、甲は丙に対し独断で小切手を振り出さないように命じ、小切手を振り出す必要があるときは、甲に申し出るように告げて、信用金庫取引に使う甲の届出印を丙から回収し、甲が自ら保管していた。しかし、丙は、甲の信用金庫取引に使う届出印を勝手に取り出し、その印章を使って「甲商店甲」名義の小切手を振り出し、それを交付して、乙金庫から当座預金を引き出して、その金銭を横領した。甲が、乙金庫が偽造小切手に対して行なった支払は無効であるとして、丙への支払額と同額の支払を乙金庫に対して求めた事案について、最判昭和32年2月7日民集11.2.227〔27002838〕は、(1)「論旨は、Aが本件手形を作成したのは、上告人の意思に反するから民法109条の適用がないと主張する。しかし、同条は、ある者（甲）が第三者（乙）に対して他人（丙）に代理権を与えた旨を表示したときは、甲は丙がその表示された代理権の範囲内で乙との間になした行為につき、乙に対し本人としての責任を負うべきことを定めた規定であつて、丙の行為が甲の意思に反することは、同条適用の妨げとはならない。いな却つて甲の意思に反しても同人に責任を負わせて、相手方乙を保護して取引の安全を図ろうとするのが同条の趣旨である」、(2)「次に論旨は、原判決はAが他に上告人のための何等かの代理権を授与されていたかどうかを判示していない違法があると主張する。しかし、これは民法110条の表見代理とを混同した誤解に出ずるものである。なるほど110条の表見代理は、代理権の範囲を越えて行動する場合に生ずるものであるから、基本として他の何等かの代理権が授与されていることを必要とするのであるが、109条の表見代理は、代理権授与を第三者に表示したが現実に与えなかつた場合に生ずる（代理権を与えれば通常の代理となる）ものであるから、他に代理権が授与されていたかどうかを判示する必要はない。いな代理権の授与がなかつた場合においてのみ109条の表見代理は生ずる」、(3)「さらに論旨は、本件手形は偽造にかかるものであるから、民法109条の適用がないと主張する。しかし、原判決は、本件手形は訴外Aが上告人から上告人名義の手形振出その他金融に関する一切の代理権を与えられたものと信じ、上告人名義の記名印、認印を使用して作成したものであると認定した。そしてこの趣旨は、本件手形はAが偽造したものであるとの上告人の主張を排斥して、同人が無権代理行為として振り出したものであると認定した趣旨であることは明らかである」と判示する。

上記(1)においては、支配人の行為であって、支配人の代理権を信頼したXについては表見代理に関する規定は適用されず、商人Y甲が保護されるのに対して、(2)においては、単なる使用人にすぎない丙の行為について表見代理の規定が適用され、乙金庫は保護される結果となる。この相違が生じるのは、登記事項であったかどうかによる。(1)は、本条と民法の表見代理に関する規定との優先適用の問題であるのに対して、(2)単に民法の表見代理に関する規定だけの適用の有無が問題となる事案である。判例の立場からは、(1)では、Yは、支配人の代理権が消滅していないかどうかを確認しようとすれば、登記を調査して確認が可能であったのに、その確認をしなかった以上、保護されなくてもやむを得ない。この差異は、本条によって生じたものである。

(4) 登記事項でありながら登記の効力が問題とならない法律関係

本条は、あくまで登記によってこれを知ることに利害関係を有する者相互間の紛争を解決するためのものであるから、①当事者間、②第三者相互間、あるいは、③訴訟関係については、登記の有無に関係なく、その事実に従った主張をすることができる。

ア 当事者間において登記事項の存否は、その事実の存否によって決せられ、登記の存否によらないことは当然であろう(東京控判大正9年11月15日法律新聞1803.15〔27566615〕)。

イ 第三者相互間の関係についても、本条は機能しない。例えば、大判明治42年6月8日民録15.579〔27521334〕は、A(被後見人)に代わって営業を営むB(後見人)による不動産売却をAに対する債権者Cが詐害行為として取消しを請求し、前記不動産の買主Dがこれに対して、前記後見についてはその旨の商業登記がなされていないからCの債権は適法に成立せず、したがってDには対抗できないと争ったという事案であるが、「[旧]商法第12条ハ登記当事者カ登記スヘキ事項ヲ以テ第三者ニ対抗シ得ヘキ場合ヲ規定シタルモノナレハ之ヲ援キテ被後見人ノ為メニ商業ヲ営ム後見人カ其登記ヲ為ササルニ於テハ之ト商行為ヲ為シタル債権者ハ其債権ヲ以テ第三者ニ対抗スルノ権ナシト謂フヲ得ス」と判示している。次の設例も第三者相互間において本条の適用が問題となった事案である。

| 訴訟物 | XのYに対する執行法上の異議権 |

＊A合名会社は解散の手続をすることになったが、社員のうち2名は既に死亡していたため、Aはその2名を除いた総社員の同意によって解散・清算人の選任につき決定し、死亡

社員の相続人の同意を得て、死亡者名義の文書を作成し、その登記を了した。他方、Yは、Aに対する売掛金債権を保全するため、仮差押決定正本に基づき、Xの工場にあった物件に対して差押えをした。本件は、Xが差し押さえられた物件の中に、既にXが清算人のもとにあるAから買い受け、引渡しを受けている動産が存在するとして、それらの物件の所有権を理由とする仮差押異議の訴えを提起したところ、Yは、AX間で物件の売買がされたとしても、偽造の書類によるAの解散・清算人選任手続は無効であり、Aは依然として存続し、清算人は代表権がないから、売買が無効であると主張した事案である。

請求原因 1 YはAに対する売掛代金○万円の債権保全のため、仮差押決定正本に基づき○○地方裁判所執行官をして、本件物件に対し差押えをさせたこと

2 本件物件中、硝子戸4枚、柱時計1個、衝立1個、卓子6個、椅子3個、台秤1個及びリヤカー1台はXがAから買受け当時既に引渡しを受けたものであり、ラスター製造用ボールミル附属付1式はX取締役Bが個人でCから買い受けこれをAに賃貸しAが使用中のところXがBから買い受け現に使用中のものであり、5馬力モーターはXがDより買い受け、縄50束はXがEから買い受けいずれも現にXが占有中のものにしてそれら物件はいずれもXの所有に属するものであること

(解散登記の無効)

抗　弁 1 Aの解散・清算人選任手続は偽造の書類によるものであること

＊抗弁1の事実は、Aの解散・清算人選任手続は無効であり、Aは依然として存続し、清算人は代表権がないことという効果を生じさせるものである。

＊最判昭和29年10月15日民集8.10.1898〔27003121〕【5】は、「原判決は、訴外A合名会社の解散並びに清算人の選任は当時同会社の残存総社員の一致の意見によつてなされたものであるから有効であると判示するものであつて、たとえ右解散の登記に申請人として死亡社員の氏名を併記した事実があつたとしても右解散並びに清算人の選任それ自体の効力に何ら消長を及ぼすものでないことは勿論である又、〔旧〕商

法12条〔商9条（会908条）〕は登記当事者が登記すべき事項を以て第三者に対抗し得べき場合を規定したのであるから、本件のごとく、会社の清算人から動産を買受けたXが第三者たるYに対し右所有権を主張する場合には、同条は、その適用を見ず、従つて所論清算人選任登記の効力如何にかかわらずXは右所有権をYに対し主張することを得るものと解すべきである」と判示する。【5】〔松嶋隆弘〕13頁は、「本判決の示す結論はかねてから当然のこととされていた。そうだとすると、本事案においては、もともと主張自体失当な抗弁のみを終始一貫主張したYの争い方のみならず、原審までの争点整理に関しても少なからず問題があったのではないかと思われる。すなわち、本件は事実審における適切な争点整理が望まれた事案であったように見受けられる」としている。ただし、弁論主義が機能する以上、裁判所の釈明に当事者が乗らなければ、いかんともし難い。

ウ　民事訴訟手続が適法か否かに関しても、本条の適用はない。

例えば、最判昭和43年11月1日民集22.12.2402〔27000901〕【6】は、CはY会社を代表する権限を裁判所に対し対抗できないから、本訴は訴訟要件を欠くもので不適法である旨の主張について、「CをY会社の代表者である清算人に選任した本件乙総会の決議は、右決議の取消しを求めるXの本訴を認容する判決が確定するまでは有効に存在するのであり、右決議が有効に存在するかぎり、Cは、Y会社の清算人の地位、資格を有するものと解すべきである。そして、〔旧〕商法430条1項、123条〔ともに会社928条1項〕は、株式会社の清算人の氏名および住所を登記事項とし、〔旧〕同法12条〔会社908条1項〕は、右登記事項は登記の後でなければ善意の第三者に対抗できない旨規定しているが、これらは、会社と実体法上の取引関係に立つ第三者を保護するため、株式会社の清算人が誰であるかについて、登記をもつて対抗要件としているものであり、それ自体実体法上の取引行為でない民事訴訟において、誰が当事者である会社を代表する権限を有する者であるかを定めるに当つては、右〔旧〕商法12条の適用はないと解するのが相当である……。したがつて、Cの清算人の選任登記が経由されていないこと、他に選任登記を経た清算人が存在することは、CをY会社の清算人であると認めることを妨げるものではない」と判示する。

また、甲が甲商店の支配人としてAを選任し、甲商店の営業に関する一

切の権限を与えていた場合には、支配人の登記はしていなくとも、甲商店の債権者が「甲商店支配人Ａ」の表示で、売掛代金の支払を求める訴訟は適法ということになる。支配人は、その営業に関する一切の裁判上又は裁判外の行為をすることができ（21条1項）、かつ支配人であるか否かは、登記によってではなく、事実の問題であるからである。

なお、不法行為については、本条1項、会社908条1項の適用がないのが原則であるが、解任された支配人が、解任登記未了の間に、解任の事実を隠して取引先から商品を騙取した場合のように、取引的不法行為については、本条を適用すべきである。

2　不実登記の効力

商業登記の効力に関する本条1項の規定は、登記すべき事項が発生したこと（例えば、代表取締役に選任されたこと又は辞任したこと）を前提として、その適用がされるものである。したがって、本来登記すべき事項が発生していないにもかかわらず、登記がなされた場合には、その登記は無効であって何ら効力を有しないのが論理的な帰結である。しかし、この当然の法律関係を貫徹すると、不実の登記を信頼した者が不測の損害を被ることとなる。そのため、本条2項は、仮に登記した事項が真実の事実関係に合致していない場合でも、その不実の登記をした者は、その登記が無効であることを主張できないこととして、登記を信頼した者を保護する規定である。

なお、本条2項にいう「不実の事項を登記した者」は、当該登記を申請した商人（登記申請権者）を指すものと解すべきことは当然であるが、取締役の就任に関する事案として、最判昭和47年6月15日民集26.5.984〔27000557〕【9】は平成17年改正前商14条について、「その不実の登記事項が株式会社の取締役への就任であり、かつ、その就任の登記につき取締役とされた本人が承諾を与えたのであれば、同人もまた不実の登記の出現に加功したものというべく、したがつて、同人に対する関係においても、当該事項の登記を申請した商人に対する関係におけると同様、善意の第三者を保護する必要があるから、同条の規定を類推適用して、取締役として就任の登記をされた当該本人も、同人に故意または過失があるかぎり、当該登記事項の不実なことをもつて善意の第三者に対抗することができない」と判示する。

訴訟物　　ＸのＹに対する売買契約に基づく売買代金請求権
　　　　　＊本件は、ＸがＹの支配人として登記されているＡとの間で、本件目的物を代金1,000万円で売買する契約を締結した

として、Yに対してその代金の支払を求めたところ、Yは
Aにもともと支配権を与えたことはなく、その事実はXも
知っていたと抗弁した事案である。

請求原因 1 Yは、Aについて支配人の登記をしていること
　　＊Yに法律効果を帰属させるためには、本来はYがAを支配
　　人に選任した事実が必要であるが、それに代替する事実である。
　2 XはAとの間で、本件目的物を代金1,000万円で売買する
　契約を締結したこと
（3 Aは、請求原因2の売買契約の際、Yのためにすることを
　示したこと）
（悪意）
抗　弁 1 AはYの支配人でないこと
　2 Xは抗弁1の事実を知っていたこと
　　＊本条2項の第三者の「善意」は、過失の有無を問わないので
　　あるから、「XはAがYの支配人でないことを知らず、か
　　つそのことに過失が存在することの評価根拠事実」は、抗弁
　　とならない。

■ **（参考）**（登記の効力）

会社法第908条　この法律の規定により登記すべき事項は、登記の後でなけ
れば、これをもって善意の第三者に対抗することができない。登記の
後であっても、第三者が正当な事由によってその登記があることを知
らなかったときは、同様とする。
　2　故意又は過失によって不実の事項を登記した者は、その事項が不実
であることをもって善意の第三者に対抗することができない。

1　登記の一般的効力
(1)　立法趣旨
　本条1項の法意について、最判昭和49年3月22日民集28.2.368
〔27000442〕は、商法が商人に関する登記事項を定め、かつ平成17年改正前
商12条で特別の効力を定めているのは、商取引活動が大量的、反復的に行

なわれ、一方これに利害関係を持つ第三者も不特定多数の広い範囲の者に及ぶことから商人と第三者の利害調整を図るために、登記事項を定め、一般私法である民法とは別に、特に登記にこのような効力（後記(2)、(3)）を付与する必要性・相当性があるからであると判示する。そのため、本条１項が適用されるのは専ら取引行為であって、不法行為や不当利得には適用されないが、取引と不可分的な関連で生じた不法行為や不当利得には適用があると解される。訴訟関係に本条１項は適用されない（最判昭和 43 年 11 月 1 日民集 22.12.2402〔27000901〕）。

なお、本条１項は、あくまで登記によってこれを知ることに利害関係を有する者相互間の紛争を解決するためのものであるから、当事者間及び第三者相互間においては、登記の有無に関係なく、その事実に従った主張をすることができる。

(2) 消極的公示力

本条１項は、商業登記の一般的効力を定める。講学上、本条１項前段は、登記事項は登記前には当事者から悪意の第三者には対抗することができるが、善意の第三者には対抗することができないことを定める（消極的公示力）。これにより、①未登記の事実ないし法律関係についてその事実、法律関係を知らない第三者の不測の損害を防止し、②登記事項についての登記義務者の登記義務履行を確保することとなる。

(3) 積極的公示力

本条１項後段は、登記事項は登記後には当事者から悪意の第三者に対してはもちろん善意の第三者に対してもその登記事項をもって対抗できること（ただし正当な事由がある場合は除く）を定める（積極的公示力）。これは、一般に、登記によりその事項についての第三者の悪意が擬制されると説明される（「悪意擬制説」）。これに対して、後述(4)の正当事由弾力化説及び異次元説の立場からは、登記事項については法により登記前には事実としての対抗力が制限されていたのが、登記により通常の事実としての対抗力を回復するにすぎないと解する。

(4) 正当な事由

登記当事者は、登記した後は、登記事項である事実ないし法律関係を知らない善意の第三者に対しても、原則として、その事実ないし法律関係を対抗できる（登記の積極的公示力）が、登記後であっても第三者に「正当な事由」があれば、登記すべき事項を対抗できない。本条１項後段の前身である平成 15 年改正前商 12 条後段は「登記及公告ノ後ト雖モ第三者ガ正当ノ事由ニ因リテ之ヲ知ラザリシトキ亦同ジ」と定めていた。この「正当ノ事由」に

ついて、通説は、災害による交通の途絶や登記簿の滅失汚損など、その登記の公示力が機能しない客観的事由に限定しており、最判昭和52年12月23日裁判集民122.613〔27200811〕も同様である。本法においても、この通説は揺るがない。もっとも、これらの判例・通説がいう「災害による交通の途絶や登記簿の滅失汚損」は、あくまで登記所で紙媒体の登記簿を閲覧することを前提とするものであるから、商業登記制度の電子化により通信回線を通じて登記情報に接し得る今日では、登記制度が機能しない場合には、通信回線を通じた登記閲覧システムが一定期間機能しないことが「正当の理由」に含まれるであろう。

(5) 主張・立証責任

　司研・要件事実第一巻98-89頁は、次のアとイの2つの見解を併記する。

ア　第1説は、本条1項の適用がされる登記すべき事項に該当する事実を主張する者は、登記すべき事項が発生したことを主張・立証することでは足りず、既にそれについての登記がされたこと（本条1項前段の文理）、又は登記すべき事項を相手方が既に知っていること（本条1項前段の反対解釈）を併せて主張・立証すべきであるとし、本条前段が明文で定める場合であっても、相手方において登記すべき事項に該当する事実の発生を知らなかったこととその知らないことについて正当な事由が存在することについての主張・立証がされれば、登記事項を相手方に主張できなくなるとする。本条1項の法意（上記(1)参照）からすると、例えば、代理権の消滅が本法の登記事項とされているときは、民112条の適用はなく、本条1項のみが適用されることとなる（司研・要件事実第一巻98頁参照）。例えば、代表取締役の代表権の消滅が問題となる場合、代表取締役の代表権の消滅は登記事項とされているから、その消滅を主張する者は、単に代表権消滅原因事実を主張・立証するのみでは主張自体失当となる。代表権消滅原因事実に加えて、この消滅原因事実に関する登記が代表取締役の相手方に対する代表行為に先立ってなされていたこと（本条1項前段の文理）、又は相手方がこの消滅原因を知っていたこと（本条1項前段の反対解釈）を主張・立証しなければならない。

訴訟物　　XのYに対する売買契約に基づく代金支払請求権

＊本件は、XがY会社の代表取締役Aとの間で売買契約を締結し、代金の支払を求めたところ、Y会社は契約締結前にAが代表取締役を解任されていると主張し、その登記の有無等が争点となった事案である。

請求原因　1　Aは請求原因2に先立ってY会社の代表取締役に選任され

たこと
2 　XはAとの間で、本件土地を代金1,000万円で売買する契約を締結したこと
 　＊Aの請求原因2の契約締結行為は商事代理であるので顕名行為は不要である（商504条）。

（悪意）
抗　弁 1　Y会社の取締役会が、請求原因1の後請求原因2に先立って、Aについて代表取締役の解任決議をしたこと
2 　請求原因2の際、Xが抗弁1の事実を知っていたこと
 　＊本条1項前段の反対解釈に基づく抗弁である。第三者Xが悪意であることは、これを主張する者が主張・立証責任を負う（鴻・総則23頁、近藤・総則・商行為45頁、大判大正4年12月1日民録21.1950〔27522059〕）。

（登記）
抗　弁 1　Y会社の取締役会が請求原因1の後請求原因2に先立って、Aについて代表取締役の解任決議をしたこと
2 　請求原因1の後2に先立って、Aの解任の登記がされたこと
 　＊本条1項前段に基づく抗弁である。この抗弁に対しては、次の再抗弁が成立し得る。

（正当な事由）
再抗弁 1　請求原因2の契約を締結する際、Xが抗弁2の事実を知らなかったこと
2 　再抗弁1につき、正当な事由があることを基礎付ける事実
 　＊上記の主張は、本条1項後段に基づく再抗弁である。Y会社の側で、Xが登記事項を知らなかったことと、その点について正当な事由があったことの両方を立証しなければならない。本条1項後段の「正当な事由」は、その立法趣旨からすると、当然のことながら、登記制度が円滑に機能しないような外部的・客観的事由と解すべきである（前記(4)参照）。
 　＊株式会社の代表取締役は、登記事項とされておりいったんその喪失が登記されると（抗弁2参照）、本条が適用される結果、本条1項後段の定める「正当な事由」がない（言い換えれば、再抗弁が成立しない）以上、そのほかの再抗弁は成立しないのが筋というものである。例えば、会社が代表取締役

の退任及び代表権喪失につき登記したときは、その後その者が会社の代表者として第三者とした取引に民112条の適用はない（前掲昭和49年最判）。すなわち、上記の抗弁に対し、民112条の主張は再抗弁として主張自体失当となる。しかし、354条は、代表権の存在を要求することなく、取締役の行なった代表行為の効果が、本条の存在にもかかわらず、会社に帰属することを定めている。そこで354条が本条といかなる関係に立つかについて、従来から、例外説、異次元説、正当事由説などが説かれている。正当事由説は、354条の要件事実を本条の「正当な事由」に該当するものと考えるわけであるが、上述したとおり、「正当な事由」は、その立法趣旨からすると、登記制度が円滑に機能しないような外部的・客観的事由と解すべきである以上、少なくともこの見解は採れないことになる（前掲昭和52年最判は、代表取締役の代表資格の喪失及び取締役退任の登記後1月余りを経て後、同人が会社に無断で振り出した手形の受取人は、代表資格喪失の事実を知らないことについて、「正当な事由」があるとはいえないとしている）。

イ 第2説は、登記事項についても、Y会社は、抗弁として、代理権の消滅原因事実のみを主張・立証すれば、足りるとする見解で、これによれば、Xは、再抗弁として、消滅原因事実を知らなかったことを主張・立証することができ、これに対し、Y会社は、再々抗弁として、登記がXA間の契約締結前にされたことを主張・立証することができ、さらに、Xは、再々々抗弁として、代理権の消滅原因事実を知らなかったことについて正当な事由があることを基礎付ける具体的事実を主張・立証することとなる（司研・要件事実第一巻99頁）。

訴訟物 XのYに対する売買契約に基づく売買代金請求権
＊本件は、上記アの設例と同一の事案であり、XがY会社の代表取締役Aとの間で売買契約を締結し、代金の支払を求めたところ、Y会社は契約締結前にAが代表取締役を解任されていると主張し、その登記の有無等が争点となった事案である。

請求原因 1 Aは、請求原因2に先立ってY株式会社の代表取締役に選

　　　　　　　　任されたこと
　　　　　2　XはAとの間で、本件土地を代金1,000万円で売買する契
　　　　　　　約を締結したこと
（代表権の不存在）
抗　弁　1　Y会社の取締役会が、請求原因1の後請求原因2に先立っ
　　　　　　て、Aについて取締役の解任決議をしたこと
（善意）
再抗弁　1　請求原因2の際、XがAの解任の事実を知らなかったこと
（登記）
再々抗弁　1　Aの解任の登記が請求原因2に先立ってされたこと
（正当な事由）
再々々抗弁　1　再抗弁1につき、正当な事由があることを基礎付ける事実
　　　　　　＊上記の主張は、本条後段に基づく再抗弁である。

訴訟物　XのYに対する429条に基づく損害賠償請求権
　　　　＊本件は、A会社に対する債権者Xが、同社の取締役Yの職
　　　　　務執行上の任務懈怠行為により債権回収が不能となったの
　　　　　で、Yに対し損害賠償を求めた事案である。
　　　　＊429条1項は役員等がその職務を行なうにつき悪意又は重大
　　　　　な過失により第三者に損害を加えた場合に、民709条に基づ
　　　　　いて損害賠償が生ずることを妨げるものではない（平成17
　　　　　年改正前商266条ノ3に関するが最判昭和44年11月26日
　　　　　民集23.11.2150〔27000766〕）。
請求原因　1　Yは、A会社の取締役であること
　　　　＊請求原因1の主張は一種の権利主張であるから、Yが争え
　　　　　ば、Xが「YはA会社の平成○年○月○日開催の株主総会
　　　　　において、取締役としての選任決議がされ、かつ、Yがこ
　　　　　れを承諾したこと」という取締役の地位取得の原因事実を主
　　　　　張・立証する必要がある。この取締役の地位取得原因事実に
　　　　　対し、「Yが請求原因2に先立って辞任したこと」が抗弁に
　　　　　なるかのようにみえる。しかし、取締役の辞任は登記すべき
　　　　　事項であるので辞任の事実のみでは抗弁たり得ず、以下に掲
　　　　　げる抗弁設例のように、「取締役の辞任登記が請求原因2に
　　　　　先立ってされたこと」が併せて必要になると解される。ただ
　　　　　し、この見解については、後述の疑問（辞任登記の抗弁注

　　　　　＊）が提起されている。
　　　2　Yがその職務執行に関し、任務懈怠行為があったこと
　　　　＊取締役の辞任は、会社内の関係として、登記を待たず、絶対的に効力を生ずるから、辞任した取締役がその旨の登記がないからといって会社内部において取締役会に出席し、あるいは日常他の取締役の業務執行を監視するなどの職務を遂行することは法律上も事実上も不可能であるとの見解があり（東京高判昭和58年3月30日判時1080.142〔27412192〕は、この考え方を示唆する）、この見解に立てば、「請求原因2に先立って取締役を辞任したこと」は請求原因2の事実に対する積極否認となろう。しかし、最判昭和47年6月15日民集26.5.984〔27000557〕は、表見取締役に抽象的職務執行権限を擬制するから、この見解は採らない。
　　　3　請求原因2のYの行為には、悪意があったこと、又は重大な過失があったことの評価根拠事実
　　　4　Xが第三者であることを示す事実
　　　　＊例えば、XのY会社に対する債権発生原因事実などが、これに該当する。
　　　5　Xに損害が発生したこと及びその数額
　　　6　請求原因2の行為と5の損害との間に因果関係があること
　　　　＊429条1項前段の規定は、第三者保護の立場から、取締役が悪意又は重大な過失により会社に対する義務に違反し、よって第三者に損害を被らせたときは、取締役の任務懈怠の行為と第三者の損害との間に相当の因果関係がある限り、会社がその任務懈怠によって損害を被った結果、ひいては第三者に損害を生じた場合であると、直接第三者が損害を被った場合であるとを問うことなく、その取締役が直接第三者に対し損害賠償義務を負うことを定めたものである（前掲昭和44年最判）。

（辞任登記）
抗　弁　1　Yが請求原因2に先立って辞任したこと
　　　2　Yの辞任登記が請求原因2に先立ってされたこと
　　　　＊本条は本来登記当事者である商人（本件の場合、A会社）とその相手（株式会社と取締役又は監査役との関係からみれば、第三者X）との関係を律することを目的とする規定で

ある。また、商業登記の申請当事者は商人自体（本件の場合、A会社）であって登記事項に関係する者（本件の場合、取締役Y）は登記申請の権利も義務もなく、本条により登記の遅延によって不利益を帰属させられるいわれはない。したがって、登記事項に関係する個々人と相手方との間で本条の適用があると断定することには疑問がある。前掲昭和58年東京高判は、この疑問を指摘する）。

（重過失の評価障害事実）

抗　弁　1　請求原因2の行為に重大な過失があったことの評価障害事実
＊請求原因3の重大な過失の評価根拠事実に対する抗弁と位置付けることができる。「請求原因2に先立って取締役を辞任したこと」は、この評価障害事実の1つとなり得よう。なぜなら、このような取締役は、取締役会に出席し、他の取締役の職務を監視することは事実上期待できないからである（前掲昭和58年東京高判参照）。

訴訟物　　XのYに対する乙株主総会決議の取消権
＊本件は、Y会社が内紛で二派に分かれ、甲総会と乙総会が開催され、甲総会の決議事項であるBを代表者（清算人）とする登記のみがされ、乙総会のAを代表社（清算人）とする決議事項は登記されなかったことから、甲総会派の株主XがY会社を被告としてその代表者をAとする乙総会決議取消しの訴えを提起した事案である。

請求原因　1　XはY会社の株主であること
　　　　　2　Y会社は乙株主総会でAを代表者とする決議をしたこと
　　　　　3　請求原因2の総会決議についての取消原因の存在
＊具体的な取消事由については、831条1項1ないし3号が定めている。
　　　　　4　本訴は、請求原因2の決議の日から60日以内に提起されたこと

（訴訟代理権の不存在）

抗　弁　1　Aを代表者とする乙総会の決議事項は登記されず、甲総会の決議事項であるBを代表者（清算人）とする登記のみがされたこと
＊（本件訴訟においてY会社の代表者とされたAは、その旨

の登記がなく、Bが代表清算人に選任された旨の登記がある以上）Aは、Y会社を代表する権限を裁判所に対し対抗できないから、本訴は訴訟要件を欠くもので不適法却下を免れない旨主張する。

* 最判昭和43年11月1日民集22.12.2402〔27000901〕は、「Aを上告会社の代表者である清算人に選任した本件乙総会の決議は、右決議の取消しを求める被上告人の本訴を認容する判決が確定するまでは有効に存在するのであり、右決議が有効に存在するかぎり、Aは、上告会社の清算人の地位、資格を有するものと解すべきである。そして、商法430条1項、123条は、株式会社の清算人の氏名および住所を登記事項とし、同法12条［本条1項］は、右登記事項は登記の後でなければ善意の第三者に対抗できない旨規定しているが、これらは、会社と実体法上の取引関係に立つ第三者を保護するため、株式会社の清算人が誰であるかについて、登記をもつて対抗要件としているものであり、それ自体実体法上の取引行為でない民事訴訟において、誰が当事者である会社を代表する権限を有する者であるかを定めるに当つては、右商法12条の適用はないと解するのが相当である」「Aの清算人の選任登記が経由されていないこと、他に選任登記を経た清算人が存在することは、Aを上告会社の清算人であると認めることを妨げるものではないというべきである」と判示する。

(6) 本条1項と外観信頼保護規定との関係

　積極的公示力に関する悪意擬制説を前提とする限り、登記後は、民110条、112条、会社13条、354条、421条等の善意が要求される外観信頼保護規定は適用されないことになる。しかし、判例は、代表取締役の退任登記後は専ら平成15年改正前商12条（本条1項）が適用され、民112条の適用ないし類推適用の余地はないとする（前掲昭和49年最判）ものの、平成15年改正前商261条2項の共同代表については、共同代表の登記後であっても共同代表の1人が行なった行為につき表見代表取締役の規定を類推適用して第三者を保護していた（最判昭和42年4月28日民集21.3.796〔27001082〕、最判昭和43年12月24日民集22.13.3349〔27000866〕【11】）。前掲昭和43年最判は、表見代表取締役制度（354条）と平成15年改正前商12条（商9条1項、会社908条1項）との関係が問題となった。甲と乙との両代表取締

役が共同して株式会社を代表する共同代表取締役制度の採用を定めその旨の登記もなされていたが、甲がこの定めに反して単独に手形を振り出した。手形の所持人が会社に対して手形金請求を行なうに当たり、この会社では甲を社長と呼んでいたことなどから表見代表取締役の主張を行なった事案であるが、会社において甲が社長と称して行動することを許容し又は黙認していた等の事情が存在する場合は、会社は表見代表取締役に基づき、振出人としての責めに任ずる余地があるとしたものである。

問題は、この理論的根拠であるが、次のように見解が分かれる。

ア　例外説

表見代表取締役の規定（354条）は、外観に対する善意の第三者の信頼を保護するために本条1項（平成17年改正前商12条）の例外規定として特に制定されたものであり、前者が後者に優先して適用されるとするいわゆる「例外説」（龍田節「判批」民商法雑誌57巻5号（1968年）153頁参照）が伝統的な通説である。民法の外観信頼保護規定は本条1項によってその適用は封ぜられるとしても、本法ないし商法の外観信頼保護規定の優先適用が例外として何故許されるかについての理論的根拠が薄弱であるとの批判を受ける。

イ　正当化事由弾力化説

本条の「正当な事由」を弾力的に解して登記に優越する事情や外観が存在する場合は「正当な事由」に該当すると解すべきであるとし、表見代表取締役の規定や表見支配人の規定（平成17年改正前商43条）はこれに該当すると解する（服部栄三『商法総則〈第3版〉』青林書院（1983年）485-486頁）。しかし、この説によれば善意無過失である場合には登記後も対抗できないことになるが、逆に、第三者の保護にすぎるとの批判を受けることになる。外観信頼保護規定は一般に外観作出者にも帰責事由のあることを要件とするが、この規定は登記した者に全く落ち度がない場合にも第三者を保護するからである。

ウ　異次元説

本条1項と外観信頼保護規定とは次元を異にし、登記後でもなお民112条を含めた外観信頼保護規定により第三者が保護される可能性を認める見解（浜田道代「商業登記制度と外観信頼保護規定(1)～(3完)」民商法雑誌80巻6号655頁、81巻1号72頁、81巻2号169頁（1979年））がある。浜田道代「商法12条と民法112条との関係」（江頭憲治郎＝山下友信編『商法（総則商行為）判例百選〈第4版〉』有斐閣（2004年）19頁）は、「商法12条前段[本条1項前段]は悪意の擬制とは規定していない。登記事項につい

ては登記がなされない限り事実をもって第三者に対抗できないと扱うことによって、登記義務の励行を促そうとしているのみである。退任登記をなせば当事者は退任の事実を第三者に対抗でき、退任者の無権代理を主張できる。一方、民112条は無権代理（広義）であっても一定の場合には表見代理の主張を認めることによって、第三者を保護しようとしている。すなわち、商法12条前段は公示主義に基づく規定であり、民法112条は外観主義に基づく規定である。両者は次元を異にし、何ら抵触しない。登記簿を見ればわかる事項については、第三者が登記簿を見なかったことが過失と判断されるかもしれない点で、両規定は関連するのみである」とする。

(7) 登記事項でありながら登記の効力が問題とならない法律関係

　本条は、あくまで登記によってこれを知ることに利害関係を有する者相互間の紛争を解決するためのものであるから、当事者間及び第三者相互間あるいは訴訟関係については、登記の有無に関係なく、その事実に従った主張をすることができる。

ア　第三者相互間

　最判昭和29年10月15日民集8.10.1898〔27003121〕は、本条は、登記当事者が登記すべき事項を第三者に対抗できる場合を規定したものであるから、会社の清算人から動産を買い受けた者Aが第三者Bに対して所有権を主張する場合には適用されず、清算人選任登記のいかんにかかわらず、AはBに所有権を主張することができるとする。

イ　訴訟関係

　最判昭和43年11月1日民集22.12.2402〔27000901〕【6】は、Y会社は株主総会で会社を代表する清算人（代表取締役と同じ）としてAを選任したが、清算人としての登記はまだしておらず、Bが清算人として登記されていた。株主のXは、Aを清算人に選任する株主総会決議には取消事由があるとして、「Y会社清算人A」と表示して総会決議取消しの訴えを提起した。これに対して、Y会社は、Aは清算人として登記されておらず、Y会社の代表者は清算人として登記されているBだけであるから、Xの訴えは不適法として却下されるべきであると主張した。最高裁は、「商法12条〔現商9条1項、会社908条1項〕は、右登記事項は登記の後でなければ善意の第三者に対抗できない旨規定しているが、これらは、会社と実体法上の取引関係に立つ第三者を保護するため、株式会社の清算人が誰であるかについて、登記をもつて対抗要件としているものであり、それ自体実体法上の取引行為でない民事訴訟において、誰が当事者である会社を代表する権限を有する者であるかを定めるに当つては、右商法12条の適用はないと解するの

が相当である」と判示し、代表者として未登記のAを表示した訴えは適法であるとした。

2　不実登記の効力
(1)　本条2項の立法趣旨
　不実の登記は、例えば、会社の取締役に就任していないにもかかわらず就任登記がされている場合や、取締役を退任していないにもかかわらず退任登記がされている場合などである。本条1項の登記の効力は登記された事実が存在することを前提とする。登記の基礎にある事実が存在しなければ登記がされても何の効果も生じないのが論理的な帰結である。しかし、この原則を貫くと、登記を信頼した者が不測の損害を受ける場合が生じる。そのため、本条2項は、たとい登記した事項が真実の事実（登記事項が発生していない）に合致していない場合でも、その不実の登記をした者は、その登記が無効であることを主張できないとして、登記を信頼した者を保護する規定である。本条2項は、外観法理や禁反言法理に基礎を有する。
(2)　本条2項の適用を受ける者
　本条2項の適用を受けるのは登記申請権者である。すなわち、自ら不実の登記をした会社である。ただし、無権限者が不実の登記をした場合であっても、その不実登記が判明しているのに登記申請権者が是正をせず、そのまま放置したときは、登記申請権者による登記と同視される（最判昭和55年9月11日民集34.5.717〔27000165〕）。
(3)　善意の第三者
　善意の第三者とは、登記と事実の不一致を知らない第三者を意味する。第三者が、不実の登記を信頼したこと（因果関係）が必要かについては、登記の記載への信頼を保護するという本条2項の趣旨からこれを要求する見解もあるが、登記のなかったことが第三者の意思決定に影響があったか否かは問わない不要説を採るべきである（東京地判昭和31年9月10日下民7.9.2445〔27410343〕）。こう解するのは、影響の有無の判断が困難であり、一般的客観的に第三者の意思決定に影響を及ぼすべき事情がある場合として、画一的に善意の第三者に対抗し得ないとするのが登記制度の目的にかなうからでる。

> **訴訟物**　　XのYに対する売買契約に基づく売買代金請求権
> 　　　　　＊本件は、Y会社の代表取締役として登記されているAが同
> 　　　　　　社のためにXから本件目的物を1,000万円で買い受けたの

で、XがYが売買代金の支払を同社に求めたところ、Y会社は、Xは売買契約締結当時Aが同社の代表取締役でないことを知っていたと抗弁した事案である。

請求原因
1　Y会社は、請求原因3当時、Aについて代表取締役の登記をしていたこと
2　請求原因1の不実の登記に、Aに故意又は過失の評価根拠事実の存在
　＊東京地判平成28年3月29日金法2050.83〔29018229〕は、まず、「会社法908条2項は、登記と事実が相違する場合について、故意又は過失によって不実の事項を登記した者は、その事項が不実であることを善意の第三者に対抗することができないと定めている。同条が適用されるためには、原則として、当該不実の登記自体が登記の申請権者の申請に基づいてされたものであることを必要とし、そうでない場合には、登記申請権者が自ら登記申請をしないまでも何らかの形で当該登記の実現に加功し、又は当該不実登記の存在が判明しているのにその是正措置をとることなくこれを放置するなど、当該登記を登記申請権者の申請に基づく登記と同視するのを相当とするような特段の事情がない限り、同条による登記名義者の責任を肯定する余地はない」としたうえで、本件においては、「Xは、AがYの代表取締役でないことにつき善意であったと認められるが、他方、本件法人登記はAらにより勝手に作出されたものであり、真の代表取締役であるY1は何ら関与していないのであるから、登記申請者であるYの申請に基づいてされたものと認めることはできない」と結論付ける。この事案においては、不実の登記が無権限の者によってされたが、登記申請者であるY会社が不実の登記を認識して、直ちに弁護士に相談して、警察に告訴状を提出し、仮処分を申し立て、法務局に上申書を提出するなどの是正措置を採っていたことが、Y会社が不実登記に関与していないという認定を容易に導いたものと推察される。
3　XはAとの間で、本件目的物を代金1,000万円で売買する契約を締結したこと
　＊商事代理（商504条）の適用があり、「AがY会社のためにすることを示したこと」（顕名の要件）は不要である。

(悪意)

抗弁 1　Aは、請求原因3に先立ち、AがY会社の代表取締役に選任されたことはなかったこと
2　Xは、請求原因3当時、抗弁1の事実を知っていたこと
＊第三者の「善意」は、過失の有無を問わないから、「XはAがY会社の代表取締役でないことを知らず、かつそのことに過失があることの評価根拠事実」は、抗弁とならない。

(4) 本条2項の類推適用
ア　不実登記への加功者に対する類推適用
　本条2項所定の「不実の事項を登記した者」とは、最判昭和47年6月15日民集26.5.984〔27000557〕【9】は、本条2項に対応する平成17年改正前商14条についてであるが、「当該登記を申請した商人（登記申請権者）をさすものと解すべきことは論旨のいうとおりであるが、その不実の登記事項が株式会社の取締役への就任であり、かつ、その就任の登記につき取締役とされた本人が承諾を与えたのであれば、同人もまた不実の登記の出現に加功したものというべく、したがつて、同人に対する関係においても、当該事項の登記を申請した商人に対する関係におけると同様、善意の第三者を保護する必要があるから、同条［旧商14条］の規定を類推適用して、取締役として就任の登記をされた当該本人も、同人に故意または過失があるかぎり、当該登記事項の不実なことをもつて善意の第三者に対抗することができない」と判示する。

訴訟物　　XのYに対する429条1項に基づく損害賠償請求権
＊本件は、A会社に対する債権者Xが、同社が倒産して債権回収が不能となったので、取締役として登記されているYの職務執行上の任務懈怠行為があるとして、Yに対し損害賠償を求めた事案である。

請求原因 1　YはA会社の代表取締役として登記されていること
2　Yは請求原因1の登記の出現に加功したこと
＊本条2項の前身たる平成17年改正前商14条も、登記申請者である会社が、不実登記をした場合に、善意の第三者に対抗できないことを定めていた。そして、前掲昭和47年最判は、取締役の就任登記につき「取締役とされた本人が承諾を与えたのであれば、同人もまた不実の登記の出現に加功した」と

いえるから、平成17年改正前商14条を類推適用して、同人も取締役就任登記が不実であることをもって善意の第三者に対抗できないとした。就任登記の場合は、就任承諾書面の添付が必要であるから（商登54条）、「加功」した要件の主張・立証は容易であろう。

3　Yが職務執行に関し、任務懈怠行為があったこと
＊Yは請求原因1及び2で明らかなとおり適法に選任された取締役ではないから、本来Yは取締役としての職務執行権限を有するものではなく、任務懈怠行為は理論的には存在しない。しかし、前掲昭和47年最判は、このような表見取締役について平成17年改正前商266条ノ3（429条1項）の責任を認めているので、このような取締役についても抽象的に職務執行権限を擬制することになろう。

4　請求原因3のYの行為に関し、悪意があったこと又は重大な過失の評価根拠事実

5　XはA会社との間で、本件機械を代金1,000万円で売買する契約を締結したこと
＊例えば、XがA会社に対して債権者である場合には、その債権発生原因事実がこれに該当する。

6　Xに損害が発生したこと及びその額

7　請求原因3の行為と6の損害の発生との間に因果関係があること

（悪意）

抗　弁　1　Yは、請求原因5に先立ち、A会社の代表取締役に選任されたことはなかったこと
2　Xは、請求原因5の当時、抗弁1の事実を知っていたこと

イ　退任登記未了の元取締役に対する類推適用

　退任登記未了の元取締役等の対第三者責任を追及する際には、本条2項（平成17年改正前商14条）ではなく本条1項（平成17年改正前商12条）を類推適用する方が、論理的には整合する。なぜなら、取締役として適法に選任され登記されていたものが退任して辞任登記がされていない状態は、登記すべき事項が生じていないにもかかわらず登記が存在する場合ではなく、登記すべき事項が生じているにもかかわらず登記がされていない場合であるからである。現に、最判昭和37年8月28日裁判集民62.273〔28198635〕

は、「[平成17年改正前]商法12条によれば、取締役の退任は、その登記及び公告をしなければ、善意の第三者に対抗しえないのであるから、取締役が退任したにかかわらず、その退任の登記、公告前、なお積極的に取締役としての対外的又は内部的な行為を敢えてした場合においては、その行為により損害をこうむつた善意の第三者は、登記、公告がないためその退任を自己に対抗しえないことを理由に、右行為を取締役の職務の執行とみなし、商法266条の3の規定によりその損害の賠償を求めることはこれを容認しなければならないであろう」と判示して、平成17年改正前商12条（本条1項）との関係において退任取締役の責任を捉えている。ただ、その後、最判昭和62年4月16日裁判集民150.685〔27800341〕は、取締役を辞任した者が、取締役の対第三者責任（平成17年改正前商266条ノ3）を追及された事案であるが、平成17年改正前商14条を類推適用し得るとした。ただし、類推適用し得るのは、退任登記未了の元取締役が「登記申請権者である当該株式会社の代表者に対し、辞任登記を申請しないで不実の登記を残存させることにつき明示的に承諾を与えていたなどの特段の事情が存在する場合」であるとし、明示的な承諾の主張・立証がないことを理由に、元取締役の責任を否定した。その後も、同旨の判決が下されたが、平成17年改正前商14条には言及していない（最判昭和63年1月26日金法1196.26〔27804315〕【10】は、「株式会社の取締役を辞任した者は、辞任したにもかかわらずなお積極的に取締役として対外的又は内部的な行為をあえてしたとか、登記申請権者である当該株式会社の代表者に対し、辞任登記を申請しないで不実の登記を残存させることにつき明示的に承諾を与えていたなどの特段の事情のない限り、辞任登記が未了であることによりその者が取締役であると信じて当該株式会社と取引した第三者に対しても、[旧]商法266条ノ3第1項[会社429条1項に相当]に基づく損害賠償責任を負わないものと解するのが相当である」と判示する）。

　なお、就任登記に際しては、就任承諾書面の添付が求められるため（商登54条）、帰責事由として明示的な承諾が要件とされても、その主張・立証は比較的容易である。それに対して退任登記未了については、帰責事由として明示的な承諾が要件とされると、一般にその立証は難しいであろう。

(5) 不実登記の抹消登記請求
ア　不実登記された当事者の抹消請求
　会社の取締役に就任していないのに就任登記がされた者は、会社を被告として、不実登記の抹消登記手続を請求することができる。この商業登記請求権の根拠であるが、取締役に就任していないにもかかわらず、就任登記がさ

れているとして就任登記の抹消登記手続を請求する場合は、そもそも委任契約が成立していないから、委任契約説（委任契約終了に基づく原状回復義務に根拠を求める見解）を採ることはできない。したがって、委任関係もないのに不実の登記がされた場合の訴訟物は、人格権（氏名権）侵害に基づく妨害排除請求権としての抹消登記請求権と解することになろう。

訴訟物　XのYに対する人格権（氏名権）に基づく妨害排除請求権としての抹消登記請求権
＊本件は、Y会社の商業登記にXがY会社の取締役に就任した旨の登記がされているが、Xは取締役に就任することを承諾していないとして、抹消登記手続を求めた事案である。
＊請求の趣旨は、「Y会社は、平成〇年〇月〇日付けでXがY会社の取締役に就任した旨の登記の抹消登記手続をせよ。」である。

請求原因
1　Y会社の商業登記において、就任日を平成〇年〇月〇日、登記日を同月〇日として、XがY会社の取締役に就任した旨の登記がされていること
2　XはY会社の取締役に就任することを承諾したことがないこと

イ　不実登記に関する第三者の抹消請求

自己に関し不実の登記がされている者は、上記アで述べたように、原告としてその登記の抹消登記請求をすることができる。また、不実の登記についての第三者は自己の利益を直接害されるとはいえない。そのため、会社の組織上、取締役の地位に法律上利害関係を有する内部者（株主等）が、会社に対して不実の登記の抹消登記請求をすることは、その根拠が明確でないため、否定する見解もある。しかし、株主については、取締役地位不存在確認請求訴訟の原告適格が認められており、取締役の地位不存在確認判決を得られるにもかかわらず、不実の就任登記を抹消できないというのでは首尾一貫しない。株主には取締役就任登記の抹消登記請求権があると解すべきであろう（東京地方裁判所商事研究会『類型別会社訴訟Ⅰ』判例タイムズ社（2011年）84頁）。

訴訟物　XのYに対する抹消登記請求権
＊本件は、AがY会社の取締役に選任された旨の登記がされ

ているが、その株主総会は不存在であるとして、株主Xが
その抹消登記を求めた事案である。この訴訟物たる実体上の
請求権の性質が何かについては、必ずしも明らかでないが、
商業登記法の精神に基づくものと解することになろう。

請求原因 1　Xは、Y会社の株式1,000株を保有していること
2　Y会社において、Aが株主総会において取締役に選任され
たとして、東京法務局平成○年○月○日付第○○○○号取締役
就任登記がされたこと
3　請求原因2のY会社の株主総会は開催されておらず、Aが
取締役に選任された旨の総会決議は不存在であること
＊本件の事案と異なるが、辞任した取締役について、辞任登記
ではなく解任登記がされている場合に、その解任登記の抹消
登記請求の可否について見解が分かれる。解任登記は役員資
格消滅の事由については真実ではないものの、資格消滅の身
分変動については結局真実に合致しており有効な登記である
から、抹消登記請求はできないと解されている。また、退任
事由の更正登記請求をすることも考えられるが、その取締役
が退任したとの実体関係は正確に公示されていること、解任
は正当理由の有無を問わずに会社がいつでもできるものであ
って、解任登記は取締役の非違行為を示すものではないこと
からすればその取締役の不利益が著しいとはいえず、商業登
記請求権の根拠につきいずれの見解を採る場合であっても、
更正登記請求権を認めるのは困難と解される（東京地方裁判
所商事研究会・前掲89頁）。

3　登記の特殊な効力

　本条が定めているのは、商業登記の一般的効力としての消極的効力（本条
1項）、積極的効力（2項）であるが、商業登記には、そのほかに、以下述べ
るとおり、特殊な効力が認められる場合がある（近藤・総則・商行為52-53
頁）。

(1)　創設的効力

　会社の設立登記（49条、579条）には、会社の成立という効果が付与され
ており、これらは、登記によって新たな法律関係が創設され、本条の適用は
ない。
　登記の創設的効力と登記の一般的効力である対抗力の関係が問題となる事

案であるが、甲株式会社（登記済）は平成18年1月に商号を乙株式会社に変更し、Yが代表取締役に選定された。新商号（乙株式会社）の登記がされる前に、Yは「乙株式会社代表取締役Y」名義で約束手形を振り出し、手形は受取人AからXに裏書譲渡された。Xは同手形を満期に支払提示したが支払を拒絶された。手形が支払提示された後に、商号変更（甲会社から乙会社へ）の登記が行なわれた。XはYを被告として手形金支払請求の訴えを提起した。その理由は、新商号について登記がない以上、本条1項前段（商9条1項前段）によって、新商号をもって善意の第三者に対抗することができず、したがって新商号を有する会社の存在を対抗できないのであるから、実在しない会社の代表者として手形に署名した者が、手形8条に類推適用により手形上の責任を負うべきである（東京高判昭和31年11月23日下民7.11.3343〔27410365〕参照）というのである。すなわち、新商号についての登記がない以上、その新商号を持った会社は存在せず、本条1項前段により新商号の会社の存在をもって、又は新商号の会社と旧商号の会社との同一性をもって善意の第三者に対抗できないと主張した。

　しかし、最判昭和35年4月14日民集14.5.833〔27002471〕は、「株式会社甲商店は、本件各手形の振出、満期の当時並びにAがこれを取得した当時、いまだその商号の変更並びに代表取締役の氏名につき登記をしていなかつたとはいえ、株式会社甲洋服店と、その実質を同じくする会社として、現実に存在していたものとみるのが相当であり、また原判決もそのように認定したものと解される。しかも上告人はその代表取締役であつたというのであるから、本件各手形は、右実在する会社の代表者である上告人が、その代表権限に基いて振出したものとみるのが当然であつて、従つて右各手形を取得したAは、その当然の権利として右会社に対し、本件各手形上の責任を問うことを得べき筋合であるといわなければならない。しかるに原判決は、当時同会社はいまだ右商号の変更並びに代表者就任の事実を登記していなかつたし、またAも全然その事実を知らなかつたのであるから、上告人は右会社の存在を以てAに対抗することを得ない筋合であるとし、同会社が当然に負うべき前記各手形上の責任のほかに本来存在しようのない上告人の責任を肯定し、被上告人らの本訴請求を認容するに至つたのは、ひつきょう手形法8条および商法12条の解釈適用を誤まつたものである」と判示する。すなわち、「株式会社甲洋服店」という商号で設立されたことにより、「株式会社甲洋服店」は成立していったん法人格を取得した以上、その後商号を変更した場合には、新商号について登記をしていなくても、旧商号の会社と実質的に同一の会社として存在すると解されるのである。

(2) 補完的効力

　株式会社の設立登記によって、株式の引受人は錯誤又は株式申込書の要件の欠陥を理由とした株式引受けの無効の主張や、詐欺又は強迫を理由とした株式の引受けを取り消すことはできなくなる（51条2項）。これは、登記によって瑕疵が補完されたと同じ効果が認められる。

<u>訴訟物</u>　　XのYに対する不当利得返還請求権としての株式払込金返還請求権
　　　　　　＊本件は、株式引受人Xが引き受けた設立時株式100株分（金500万円）につき詐欺取消しを主張してその払込金の返還を求めた事案である。

<u>請求原因</u>　1　Aは設立中のY会社の発起人であること
　　　　　2　AはXに対し、請求原因3の際、Y会社が新技術の特許の現物出資を受けるので設立後急成長して株価が急騰する旨告げたこと
　　　　　3　Xは、Aの請求原因2の説明を信じたこと
　　　　　4　請求原因3の結果、XはAに対し、設立時株式100株分（金500万円）の引受け、申込みをしたこと
　　　　　5　AはXに対し、設立時株式100株分（金500万円）の割当てをしたこと
　　　　　6　Y会社においては、新技術の特許の現物出資を受ける予定がもともとなかったこと
　　　　　7　XはAに対し、請求原因4の申込みを取り消す意思表示をしたこと

（先立つ会社成立）

<u>抗　弁</u>　1　Xの株式申込みについて詐欺取消しの意思表示に先立ってY会社が成立したこと
　　　　　　＊この主張は、51条2項に基づく抗弁である。

(3) 附随的効力

　株式会社の設立登記によって、株券の発行が可能となる（215条）。合名会社や合資会社の社員は、退社登記から2年（612条2項）、解散登記から5年（673条1項）の経過によってその責任を免れる。

●(変更の登記及び消滅の登記)

第10条 この編の規定により登記した事項に変更が生じ、又はその事項が消滅したときは、当事者は、遅滞なく、変更の登記又は消滅の登記をしなければならない。

　本条は、第1編の規定により登記した事項に変更が生じたとき、又はその事項が消滅したときは、当事者は遅滞なく変更の登記又は消滅の登記をしなければならないことを定める。つまり、登記した事項に変更・消滅が生じたときは、それも9条1項の定める「登記すべき事項」に該当することになる。本条に「登記をしなければならない」の意義は、登記をしなければ第三者に対抗できないという不利益を受けること（9条1項）を意味し、会社法における会社の登記のように、登記を懈怠したことにより過料が課される（会社976条1号）わけではない。個人商人に要求される登記事項については、過料の制裁はない。登記事項に関する変更又は消滅に関する登記申請が大幅に遅滞してなされても、登記官はその申請を却下することはできず、受理しなければならない。

　なお、商号を廃止又は変更した場合には、当該商号を登記した者は、廃止又は変更の登記をしなければならないが、もしもこれを怠っている場合には、同一の商号を使用しようとする者は、登記の抹消請求を登記所に対して行なうことができる（商登33条）。

第4章　商　　　号

1　商号の意義

　商号は「商人」がその「営業上」「自己を表示する」ために用いる「名称」である。以下、分説する。

(1) 商人の名称

　商号は商人の名称であって、商人でない者がその営業のために使用している名称は商号ではない。そして、通説は、保険相互会社や信用協同組合、信用金庫は商人ではないと解しているので、これらの法人の名称は商号ではないと解している。小商人もその氏、氏名その他の名称をもって商号とすることができるが、小商人はその商号を登記することはできない（7条、11条2項）。

(2) 商人の営業上の名称

　会社の場合には、営業生活以外に、自然人のような一般生活を考える必要はない。しかし、個人商人の場合には、営業上の行為と営業とは無関係な一般社会生活上の行為とを区別することができる。個人商人がその営業上自己を表示するために用いる名称が商号である。商号は営業上の名称であるから、商号が成立するには営業の存在が必要であるが、営業の準備行為が存在すれば、商号の成立を妨げない（大判大正11年12月8日民集1.11.714〔27511170〕）。ところで、商人が自己の営業であることを示すために用いるものとして商標及び営業標があるが、これらと商号とは区別しなければならない。商標は、商人が自己の取り扱う商品を他人の同種商品と区別するために用いるもので、文字に限らず、図形も若しくは記号などでもよい。

(3) 商号は商人の名称

　商号は名称であるから文字をもって表示することができなければならない。図形、記号、紋様などは商標とはなり得るが、商号とはなり得ない。商号は日本文字（漢字、ひらがな、カナ）でなければならず、外国文字を使用した商号を選定することはできないものと解されてきた。ローマ字など外国文字による商号の登記は認められていなかったからである。これらの会社はローマ字の入った名称で営業を行ないながら、役所への申請書類や銀行取引には登記簿上の商号を用いなければならず、不便であった。そこで、平成14年に商業登記規則が改正され、商号を登記するには、ローマ字その他の符号で法務大臣の指定するものを用いることができることになった（商登規50条1項）。

2　商号使用権と商号専用権
　商号の上に成立する権利を商号権といい、商号使用権と商号専用権がある。
(1) 商号使用権
　商号使用権は、他人により妨害されることなく自由にその商号を使用することができる権利であり、商号専用権は、同一商号を他人が使用するのを排斥することができる権利である。Aは、「甲商店」という商号を使用して営業しているが、その後、BがAの商号と同じ「甲商店」という商号を使用して営業を始めたとする。この場合、Aは、その商号を商品の発注及び販売などの法律行為はもちろん、看板・広告などの事実行為において、誰からも妨害されることなく、自由に使用することができる権利があり、これがAの商号使用権である。
(2) 商号専用権
　他人が同一又は類似の商号を不正に使用することを排除する権利を指す。なお、かつては、商号登記を行なっておけば、同一営業における同一又は類似商号の同じ市町村内での登記を認めないものとしていた平成17年改正前商19条は削除された（言い換えれば、不正の目的がない限り、同市町村内でも同じ商号を使用することができ、また登記もできることになった）。つまり、商号を独占的に使用することができ、他人による同じ商号の使用を常に排斥することができる権利という意味での商号専用権を商法は認めていない。
　ただし、商号を用いている相手方が不正の目的を有しているか、自己の商号が周知の場合等の限定的な場面でしか商号専用権を主張することができなくなった（12条）。BがAの使用している商号と同じ「甲商店」という商号を使用して営業を始めると、Bの営業であるにかかわらず、Aの営業であると誤認されるおそれがある。この場合、Bに「不正の目的」、すなわち、Bが「甲商店」という商号を使用することにより、Aの営業と誤認させようとする意図があるときは、AはBに対して「甲商店」という商号の使用を停止することを請求できる。

3 商法と会社法における「商号」に関する規定の対比

商法と会社法における「商号」に関する規定

	商法 （第1編総則　第4章商号）	会社法 （第1編総則　第2章会社の商号）
商号の選定・登記	商号の選定（11条1項） 商号の登記（11条2項）	会社の名称（6条1項） 会社の種類と使用すべき文字（6条2項） 他の種類の会社と誤認のおそれのある文字の使用禁止（6条3項）＊1
他の商人・会社と誤認をされるおそれのある名称・商号の使用禁止	他の商人と誤認をされるおそれのある名称・商号の使用禁止（12条）	会社と誤認されるおそれのある文字の使用禁止（7条） 他の会社と誤認されるおそれのある名称・商号の使用禁止（8条）
名板貸し	自己の商号の使用を他人に許諾した商人の責任（14条）	自己の商号の使用を他人に許諾した会社の責任（9条）
商号の譲渡	商号の譲渡（15条）	－
営業譲受人の競業禁止	営業譲受人の競業禁止（16条）	営業譲渡会社の競業禁止（21条）
譲渡人の商号を使用した譲受人の責任等	譲渡人の商号を使用した譲受人の責任等（17条）	譲渡会社の商号を使用した譲受会社の責任等（22条）
譲受人による債務の引受け	譲受人による債務の引受け（18条）	譲受会社による債務の引受け（23条）

＊1　株式会社設立登記（会社911条1項）、登記事項（同条3項）

● (商号の選定)

第11条　商人（会社及び外国会社を除く。以下この編において同じ。）は、その氏、氏名その他の名称をもってその商号とすることができる。
　　2　商人は、その商号の登記をすることができる。

商号は、商人の営業上の名称である。本条は、わが国における屋号の伝統を引き継いで、商人は自己の氏、氏名その他の名称をもって商号とすることができること、すなわち商号選定自由の原則及び商号使用権を定める。また、会社の場合はその商号の登記は必須であるが（会社911条3項2号、912条2号、913条2号、914条2号）、商人の場合はその商号を登記するか否かは任意である。

● (他の商人と誤認させる名称等の使用の禁止)

第12条 何人も、不正の目的をもって、他の商人であると誤認されるおそれのある名称又は商号を使用してはならない。
　2　前項の規定に違反する名称又は商号の使用によって営業上の利益を侵害され、又は侵害されるおそれがある商人は、その営業上の利益を侵害する者又は侵害するおそれがある者に対し、その侵害の停止又は予防を請求することができる。

1　他の商人と誤認させる名称の使用禁止

　本条1項は、不正の目的をもって他の商人と誤認されるおそれのある名称又は商号を使用することができないことを定める。同項の趣旨は、例えば、他人の営業と誤認させる目的、他人と不正な競争をする目的その他どのような目的であろうとも、いやしくもそれが不正のものである限り他人の営業と誤認させる商号を使用することを禁止したものである（最判昭和36年9月29日民集15.8.2256〔27002253〕【13】は、他人の本店移転登記を妨害して不当な利益を得ようとした事案であるが、この解釈を採る。判解解説者枡田文郎は、この点を明示する）。

2　商号使用差止請求権

　本条2項は、商号使用差止請求権を定める。同項に基づく商号使用差止請求権の権利者は、商人に限られる。また、その有する商号は未登記でも、同項の商号使用差止請求権を行使できるのである。

　訴訟物　　XのYに対する商号使用差止請求権
　　　　　　＊本件は、Yが不正の目的をもってXの営業と誤認させる商

号を使用するとして、Yの商号使用の差止めを求めた事案である。

請求原因
1　Yは、Xの営業と誤認させる商号を使用すること
　＊上記1はXが商人であることを示す要件事実でもある。
2　Yは不正の目的を有すること
　＊上記2の「不正の目的」とは、YがXの営業と不正な競争をする目的に限定されるものではなく、もっと広いものである。例えば、Xが商人でない著名人である場合などにおいては、Xは営業をしていないのであるから、不正な競争の目的はあり得ない。

■（参考）

会社法第8条　何人も、不正の目的をもって、他の会社であると誤認されるおそれのある名称又は商号を使用してはならない。
　2　前項の規定に違反する名称又は商号の使用によって営業上の利益を侵害され、又は侵害されるおそれがある会社は、その営業上の利益を侵害する者又は侵害するおそれがある者に対し、その侵害の停止又は予防を請求することができる。

1　不正の目的による誤認のおそれのある商号

本条1項は、不正の目的をもって他の会社と誤認させる名称又は商号を使用することができないことを定める。これに違反する場合は、過料の制裁がある（978条3号）。本条の趣旨は、例えば、他人の営業と誤認させる目的、他人と不正な競争をする目的その他どのような目的であろうとも、いやしくもそれが不正のものである限り他人の会社と誤認させる商号を使用することを禁止したものである（最判昭和36年9月29日民集15.8.2256〔27002253〕【13】は、他人の本店移転登記を妨害して不当な利益を得ようとした事案であるが、この解釈を採る）。

2　商号使用差止請求権

本条2項は、商号使用差止請求権を定める。同項に基づく商号使用差止請求権の権利者は、会社に限られる。会社が、同項に基づく商号使用差止請求

権を行使したとしても、これとは別に不法行為に基づく損害賠償請求権の行使することが妨げられるものではない。

訴訟物　XのYに対する本条2項に基づく商号使用差止請求権
　　　　　＊本件は、Yが、不正の目的でX会社と誤認させる商号を使用するので、X会社がYに対し、商号使用の差止めを求めた事案である。

請求原因　1　Yは、X会社と誤認させる商号を使用すること
　　　　　2　Yは不正の目的を有すること
　　　　　＊上記2の「不正の目的」とは、YがX会社と事業において不正な競争をする目的に限定されるものではなく、もっと広いものである。X会社が営んでいない事業について、YがX会社と誤認させる商号を使用する場合なども不正の目的に入る余地がある。
　　　　　＊前掲昭和36年最判は、X会社「東京瓦斯株式会社」が東京都〇〇区に本店を移転する計画を持っていたことは広く世間に知られていたのに、Yが同区内において商号を「東京瓦斯株式会社」と変更し、かつ、目的を「石炭瓦斯の製造販売」と変更する旨の登記をした場合において、Y会社には石炭瓦斯の製造販売の事業を営むに足る能力も準備もない等の事実があるときは、Yは不正の目的でX会社の営業と誤認させる商号を使用したものであり、X会社はこれにより利益を害されるおそれがあるとしている。
　　　　　＊大阪地判平成28年8月23日裁判所ウェブサイト掲載判例〔28243130〕は、「不正の目的」を認定しなかった事案であるが、傍論として、Y商号が競業関係においてXとYの関係を誤認させてXからYへの顧客奪取を容易にさせる目的で使用されている場合は、Y称号の使用について「不正の目的」を認めることができるとしている。
　　　　　3　X会社は、請求原因1の使用によって利益を害されるおそれがあること

訴訟物　XのYに対する不法行為に基づく損害賠償請求権
　　　　　＊本件の不法行為に基づく損害賠償請求権と商号使用差止請求権は、別個の訴訟物であるから、本件の請求に対し、「X会

90

社がYに対し、商号使用差止請求権を行使したこと」は、抗弁として主張自体失当である。

請求原因
1 Yは、X会社の営業と誤認させる商号を使用すること
2 Yの故意又は過失の評価根拠事実
 ＊Yが「不正の目的」を有していることは、民709条の故意の一態様である。
3 損害の発生とその数額
4 請求原因1と3との間に因果関係があること

■ **(参考)**(差止請求権)

不正競争防止法第3条 不正競争によって営業上の利益を侵害され、又は侵害されるおそれがある者は、その営業上の利益を侵害する者又は侵害するおそれがある者に対し、その侵害の停止又は予防を請求することができる。
 2 不正競争によって営業上の利益を侵害され、又は侵害されるおそれがある者は、前項の規定による請求をするに際し、侵害の行為を組成した物(侵害の行為により生じた物を含む。第5条第1項において同じ。)の廃棄、侵害の行為に供した設備の除却その他の侵害の停止又は予防に必要な行為を請求することができる。

---

1 不正競争行為差止請求権

 2条1項1号ないし16号が定める16類型の不正競争行為については、現に行なわれている行為の停止を求める差止請求権、又はそのような行為がなされようとしているときは未然に停止するために予防請求権を行使することができる(本条1項。差止請求権と予防請求権を併せて広義で差止請求権と呼ぶこともある)。広義の差止請求権の要件を、損害賠償請求権のそれと対比すると、侵害者の故意又は過失が要件から外され、それに代えて「不正競争による営業上の利益の侵害又はそのおそれ」という要件が必要とされている。

訴訟物 XのYに対する不正競争行為差止請求権
 ＊差止請求権のうち、被告に不作為を命ずる判決(表示等の不

使用、虚偽の風説の流布禁止等）の執行は、間接強制による。また、表示の抹消、看板の撤去・廃棄を命ずる判決の場合は、代替執行ができる。さらに、登記・登録等の抹消を命ずる判決の場合は、その確定判決によって原告が単独で抹消登記（登録）手続をすることができる。

請求原因　1　Yは、2条1項1号ないし14号の定めるいずれかの「不正競争」を行なうこと

　　＊「不正競争」は、2条1号ないし16号が定めている。その文言のうち、『商品等表示』とは、人の業務に係る氏名・商号・商標・標章・商品の容器若しくは包装・営業表示等をいい、また、『特定商品等表示』とは、人の業務に係る氏名、商号、商標、標章その他の商品又は役務（サービス）を表示するものをいう。『商品等表示を使用』には、商品等表示を直接使用する行為のほか、その商品等表示を使用した商品の譲渡・引渡し・譲渡や引渡しのための展示・輸出・輸入・電気通信回線を通じた提供を含む。

2　請求原因1と3との間に因果関係があること

3　Xは営業上の利益を侵害されたこと

　　＊請求原因3の要件が、原告適格という訴訟要件を定めたものか、請求権発生根拠事実としての実体的要件であるのかにつき見解が分かれ得る。判例は、実体的要件と解しているといえよう。例えば、大阪地判昭和55年7月15日民集38.7.937〔27200021〕は、平成5年改正前の法に関し、傍論であるが、「不正競争防止法の目的の一つに消費者保護を挙げる見解に留意して、右柱書は、無限定な民衆訴訟を認めず、右要件に該当する者のみが訴提起の法律上の利益を有することを定めた特別訴訟要件規定であると考える余地もないではないが、同法の定めた条項全体を通覧すると、同法はいわゆる不正競業行為を規制する実体法規定であると解するのが素直な見方であり、いま前記要件部分のみを訴訟法規定と解さなければならない実益は特段見当らない……から、前記のような考えは採用しない」とし、「営業上ノ利益ヲ害セラルル虞アル者」に該当するか否かは差止請求権の実体的要件であると判示している。

2 除却請求権

広義の差止請求権を行使するに際し、侵害の行為を組成した物（侵害の行為により生じた物を含む）の廃棄、侵害の行為に供した設備の除却その他の侵害の停止又は予防に必要な行為を請求すること（以上は一括して、除却請求権）ができる（本条2項）。

● (過料)

第13条 前条第1項の規定に違反した者は、100万円以下の過料に処する。

本条は、12条1項の規定に違反した者に対する過料の制裁を定める。したがって、実質的意義の商法の規定ではない。

● (自己の商号の使用を他人に許諾した商人の責任)

第14条 自己の商号を使用して営業又は事業を行うことを他人に許諾した商人は、当該商人が当該営業を行うものと誤認して当該他人と取引をした者に対し、当該他人と連帯して、当該取引によって生じた債務を弁済する責任を負う。

1 名板貸の責任の要件

本条は、自己の商号を使用して営業又は事業をすることを他人に許諾した商人が、当該商人を当該事業を行なうものであると誤解して取引した者に対して、当該他人と連帯して、その取引によって生じた債務につき、他人と連帯して弁済の責任を負うべきこと、つまり、いわゆる外観法理に基づく名板貸責任を定める。

外観法理とは、①真実の法律関係と異なる外観が存在する場合に、②その外観を信頼した者に対する関係で、③外観の与因を与えた者に外観に従った法律効果が生じるという法理である。

名板貸の要件を敷衍すれば次のとおりである。

(1) 外観の存在

　他人が同一の商号を使用する場合に限られない。商号に付加的な文字を付けた場合についても、名板貸人の責任が肯定されることがある。例えば、甲株式会社が甲株式会社宮崎出張所という商号の使用を許諾した場合に、甲株式会社に名板貸人の責任が肯定された事例がある（最判昭和33年2月21日民集12.2.282〔27002707〕）。また、和文商号を持つ会社が英文商号の使用を許諾したときであっても、英文商号の使用について名板貸人の責任が認められた。

(2) 使用の許諾（外観への与因）

ア　使用の許諾

　他人に商号使用を許諾していることが要件となるが、商号の使用は、営業上の取引自体について許諾する場合に限られない。最判昭和32年1月31日民集11.1.161〔27002843〕は、薬事法による薬局開設並びに医薬品製造の登録申請に当たり名板貸が行なわれた平成17年商法改正前の事案において、本件取引において名義を借りた者が薬局経営者として名義を利用したかどうかにかかわらず、名板貸人の責任を肯定した。なお、後記「4　被許諾名称の営業外使用と名称許諾者の責任」の項参照。

イ　黙示の許諾

　使用許諾は黙示であってもよい。すなわち商人が積極的に使用を許諾した場合のみならず、他人が自己の商号を使用して営業や事業を行なっていることを知りながらこれを放置する場合も、本条の責任が生じる。ただし、他人に商号を使用されながら何もしなかっただけで、すぐに本条の責任が生じると解すべきではない。これは、取引一般公衆が誤認する可能性と外観作出の帰責の程度との相関関係で、当該商人の責任が決まるべきものである。黙示の許諾があったとして本条の責任が課されるのは、誤認されやすい状態を是正する作為義務を負うような者に限られよう（大阪高判昭和37年4月6日下民13.4.653〔27410748〕）。

(3) 外観の信頼

ア　誤認

　外観の信頼の要件は、抗弁と位置付けられると解すべきである（鴻・総則200頁）。そして、民109条と比較してみると、外観の存在の要件が代理権授与表示の要件のように不定型のものではなく、より法的信憑力の高い定型的な外観に限定されている。そのため外観の信頼の要件については、本条の場合は民109条と異なってやや緩和されており、名板貸人の相手方に単なる過失があっても名板貸人は責任を免れない。取引相手方に重大な過失があっ

てはじめて名板貸人は免責されるのである（最判昭和41年1月27日民集20.1.111〔27001231〕）。

　名板貸人の責任は、取引の相手方が営業主体を誤認することから認められたものであり、このように誤認が要件となっている以上、商号使用の許諾を受けた者の営業や事業がその許諾を与えた者の営業や事業と同種であることが要求されるであろうか。すなわち業種が異なっていれば、商号貸人を営業主として誤認する可能性があまりないのではないかと思えるからである。判例はこれを要求する（最判昭和36年12月5日民集15.11.2652〔27002231〕）。

イ　取引相手方の過失

　本条は取引の相手方が営業主体を誤認したことを要件としており、その誤認した相手方に過失がある場合については規定がない。前掲昭和41年最判【15】は、たとえ誤認が取引をした者の過失による場合であっても、商号貸与者はその責任を免れ得ないとしつつも、重大な過失は悪意と同様に取り扱うべきものであるから、誤認して取引をした者に重大な過失があるときは、商号貸与者はその責任を免れるものとしている。なお、悪意や重過失の存在は責任を免れようとする商号貸与者が立証責任を負担すると解されている（最判昭和43年6月13日民集22.6.1171〔27000951〕【16】）。例えば、商号貸人と商号借人とで行なっている営業の種類が全く異なっているような場合に、第三者による営業主の誤認につき、重過失が認められる場合が多いであろう。

(4) 名板借人と相手方の取引

　本条の「他人［名板借人］と取引をした者［相手方］」という文言から明らかであるが、本条の責任が生ずるためには、当然のことではあるが、名板借人と相手方の取引がされなければならない。名板借人と相手方の取引について敷衍すると次のとおりである。

ア　許諾の範囲との関係

　商号使用を許諾した範囲外の取引については、名板貸人の責任は否定すべきである。例えば、前掲昭和36年最判は、ミシンの販売について商号の使用を許諾したところ、商号借人がその商号を利用して電気器具の購入販売を行なった事案について、商号貸人は名板貸人の責任を負わないとしている。この場合は、民110条所定の表見代理の適用ができるか否かを検討すべきである。

イ　責任を負う債務の種類

（ア）取引によって生じた債務

本条に基づく責任は、文言上「取引によって生じた債務」に限定されている。したがって、商号使用を許諾した場合、許諾を受けた者が取引を行なって直接負担する債務については、名板貸人の責任が生じる。さらに、商号使用の許諾を受けた者がその商号を使って売買を行ない、後に解除した場合に、手付金返還債務のような原状回復義務も、本条の責任を負うべき「債務」に含まれる（最判昭和30年9月9日民集9.10.1247〔27003011〕）。同じく、債務不履行による損害賠償債務もここに含まれる。

訴訟物 　XのY1に対する売買契約に基づく売買代金請求権及びXのY2に対する名板貸責任としての連帯債務履行請求権
　　＊取引相手方は、①名板借人に対する契約締結の当事者としての請求権（売買契約に基づく売買代金請求権）、②名板貸人に対する名板貸責任としての連帯債務履行請求権を有する。

請求原因 　1　XはY1との間で、本件目的物を代金1,000万円で売買する契約を締結したこと
　2　Y1が、請求原因1の際、Y2会社の商号を使用したこと
　3　Y2会社がY1に対し自社商号の使用を許諾したこと
　　＊上記3の事実は、外観への与因の要件である。近藤・総則・商行為64頁は、外観を信頼した第三者を保護するために商号を借りた者Y1が商人でない場合であっても、本条を類推適用すべきであるとしている。
　　＊許諾された名称を営業には使用しないで、手形振出しに使用した場合に、本条（平成17年改正前商23条）を類推適用した事例がある（最判昭和55年7月15日裁判集民130.227〔27411955〕）。

（名義貸与の撤回）
抗弁 　1　Y2会社は、Y1に与えた商号使用許諾を撤回し、作出された外観の基本部分を排除したこと
　　＊名板貸人が責任を免れるためには、単に名義貸与の許諾を撤回するだけでは不十分で、作出された外観の基本部分を排除する必要がある（東京地判平成7年4月28日判時1559.135〔28010323〕）。

（悪意・重過失）
抗弁 　1　Y2はY1の事業ないし営業の主体でないこと
　2　Xは抗弁1の事実を知っていたこと、又はXが知らないこ

と（誤認）について、Xに重大な過失のあることの評価根拠事実
　　　＊悪意や重過失の存在の主張・立証責任は、商号貸与者であるY2にある（前掲昭和43年最判）。

（重過失の評価障害事実）
再抗弁 1　Xの重大な過失の評価障害事実

（イ）不法行為によって生じた債務

　商号使用の許諾を受けた者やその被用者が行なった不法行為に基づく損害賠償債務は、本条の債務に含まれないことは、文理上当然である。また、不法行為による損害賠償債務について、商号使用の許諾を受けた者と被害者との間で、支払金額と支払方法について定めるにすぎない示談契約が締結された場合に、この契約に基づいて支払うべきものとされた損害賠償債務もここでの債務に含まれない。不法行為による損害賠償義務に本条が適用されない以上、その支払金額と支払方法を定めた示談契約にも本条が適用されないのは当然であろう。これらの場合でも、相手方の誤認を保護する必要性は否定できないが、本条ではなく、一般外観法理による解決を図るべきとの指摘がある（近藤・総則・商行為65頁）。

　これに対して、不法行為責任であっても、取引の外観を持つ不法行為については同条の責任が認められる。最判昭和58年1月25日裁判集民138.65〔27412171〕は、「商法23条〔14条〕の趣旨とするところは、第三者が名義貸与者を真実の営業主であると誤認して名義貸与を受けた者との間で取引をした場合に、名義貸与者が営業主であるとの外観を信頼した第三者を保護し、もつて取引の安全を期するということにあるというべきであるから、名義貸与を受けた者がした取引行為の外形をもつ不法行為により負担することになつた損害賠償債務も、前記法条にいう『其ノ取引ニ因リテ生ジタル債務』に含まれるものと解するのが相当である」と判示する。

2　名板貸の効果
(1) 名板貸人の責任の内容

　名板貸人は、営業主体を誤認して取引した相手方に対して、その取引によって生じた債務について名板借人と連帯して弁済責任を負うことになる。「取引によって生じた債務」とは、第三者において外観を信じて取引関係に入ったため、名義貸与を受けた者がその取引をしたことによって負担することとなった債務をいう（最判昭和52年12月23日民集31.7.1570

〔27000259〕)。
(2) 名板貸人と名板借人の責任の併存

名板貸責任が成立しても、名板借人と取引相手方の契約関係は消滅するわけではなく、そのまま残る。この点では、同じ外観法理に基づく表見支配人に関する 24 条（会社 13 条）の場合と異なる。このような差異が生ずるのは、本条の名義借用者が営業主とは独立した商人であるからである。

3 営業（又は事業）の同種性
(1) 問題の発端

前掲昭和 43 年最判は、「○○屋」の商号で電気器具商を営んでいた Y が廃業した後に、Y のもとで使用人として働いていた A が全く同一の「○○屋」の商号でかつ同一店舗で食料品店を経営した場合に、食料品店としての「○○屋」と取引した X が、Y の営業と誤認していたとして、Y に名板貸人の責任を求めた事案（責任を肯定）であるが、「商号は、法律上は特定の営業につき特定の商人を表わす名称であり、社会的には当該営業の同一性を表示し、その信用の標的となる機能をいとなむものである。商法 23 条〔14 条〕は、このような事実に基づいて、自己の商号を使用して営業をなすことを他人に許諾した者は、自己を営業主と誤認して取引した者に対し、同条所定の責任を負うべきものとしているのである。したがつて、現に一定の商号をもつて営業を営んでいるか、または、従来一定の商号をもつて営業を営んでいた者が、その商号を使用して営業を営むことを他人に許諾した場合に右の責任を負うのは、特段の事情のないかぎり、商号使用の許諾を受けた者の営業がその許諾をした者の営業と同種の営業であることを要する」と判示している。そのため、名板貸人と名板借人との事業ないし営業の同種性が、名板貸人の成立する要件であるか否か、又その位置付けをめぐって議論がある。

(2) 営業（又は事業）の同種性の位置付け

本条には、事業・営業が同種であるというような文言がないのみならず、名板貸人が事業・営業をしていることを要しないと解するのが通説であるから、事業・営業の同種性を外観の存在、外観の与因、外観の信頼の要件と別個独立の要件と解することはできない。前掲昭和 43 年最判が問題とする「営業の同種性」は、外観の存在、外観の与因、外観の信頼の各法律要件との関係は、次のように解される。

まず、外観の存在との関係でいうと、企業における営業の多角化が進んだ今日、営業が同種でなければ原則として外観の存在の要件が認められないと

はいえない。
　次に、外観の与因の要件に関しても、特定の営業に限定して許諾した場合、その範囲を越えたときは外観の与因の要件を原則として欠くということもできない。
　結局、営業の同種性は、外観の信頼の要件事実のうち、善意であることについて重大な過失の有無を基礎付ける重要な事実となると位置付けるのが、比較的座りがよいと思われる。つまり、外観の信頼の要件は、要件事実論の観点からは、名板貸人が主張・立証すべき抗弁と解される。営業が同種でないと、取引相手方の善意には重過失が存在するという基礎付け事実として機能するものと解し、それを覆すためには、「特段の事情」の存在を要求していると解するのである。前掲昭和43年最判の解説者小倉顕は、「異なる営業を営むように営業外観の同一性がない場合には、通常、第三者の側から、名板貸人が営業主体であると誤認するおそれはなく、かりに誤認しても重大な過失があると考えられる。しかし、同種の営業でなければ誤認がないというのは、右のような通常の場合を予測しているからであって、理論的に同種の場合にしか名板貸人の責任が成立しないというのではないから、特殊な状況のもとで、すなわち、異なる業種ではあっても、なお、営業外観の同一性がある場合と比肩しうる程度の営業主体を誤認する可能性があるような状況であれば、名板貸人の責任を肯認すべきものといえるからである。この見方は、表示による禁反言という衡平の法理の解釈に合致しているのでないか。そして、本判決も、具体的事案としては、かかる特段の事情があると認められるものであったので、判決要旨一としても、特段の事情のないかぎりという限定を付したのであろうと思われる」（昭和43年判解上430-431頁）という。

4　被許諾名称の営業外使用と名称許諾者の責任
　自己の商号を使用して営業することを他人に許諾した商人は、その他人がその営業に関してした手形行為による責任を負う（最判昭和42年2月9日裁判集民86.247〔27411086〕）が、銀行との当座預金取引及び手形行為をすることに限定して商号が貸与される場合について、最判昭和42年6月6日裁判集民87.941〔27411108〕はこの責任を否定している。しかるに、最高判昭和55年7月15日裁判集民130.227〔27411955〕【14】は、営業に使用するため名義が貸与されたが、現実には営業自体のためには使用されず、手形行為（預金口座の開設と手形振出）についてのみその名義が使用された事案であるが、平成17年改正前商23条（改正後14条）の規定の類推適用を

認める。すなわち、同判決は、自己の名称を使用して営業をすることを許諾した者は、許諾を受けた者が代表取締役である株式会社の、当該名称使用を許諾した営業の範囲内と認められる営業のために許諾者の名義で振出された手形につき、許諾を受けた者が当該名称を使用して営業を営むことがなかったとしても、商法（平成17年改正前）23条（改正後14条）の類推適用により、手形金の支払義務を負うとする。【14】［森本滋］31頁は、「本判決は、明示的に最判昭和42・6・6は本件と事案を異にするとしており、名義貸与の対象となった営業と同種の営業に関連する手形行為に名義が使用されたことを類推の基礎としていると解される」との指摘をしている。

訴訟物　　XのYに対する約束手形金請求権

＊Yは、A会社の代表取締役であるBから、「○○住設機器C」の名称で商売をしたいので氏名の使用の許諾を依頼され、YはBに「○○住設機器」を冠した自己の名称を使用して営業を営むことを許諾した。Bは、その後、上記名称を使用して営業しなかったが、D銀行との間に、「○○住設機器C」名義の当座勘定契約を締結のうえ、同名義の預金口座を開設し、その口座を利用して、Yに了解を得ることなくA会社の営業に関連して同名義で約束手形を振り出していた。なお、Yは、上記当座勘定による取引の事実を知りながら、当座預金残高が不足になった際、Bの指示を受けてBより現金を受領し自ら入金手続をして、これを黙認していた。X会社の代表者Eは、Bから初めて、同人の裏書にかかる「○○住設機器C」振出名義の約束手形の割引依頼を受けた際、支払場所であるD銀行F支店に振出人の信用状態を照会して数回手形の割引に応じ、これらはいずれも決済された。本件は、BがA会社の営業に関連して振出人「○○住設機器C」、受取人Bとして約束手形を振り出し、XがY振出しの手形と信じて、Bの割引依頼に応じてこれを取得したが、XがYに対して、手形金の支払を求めたところ名板貸しの責任が争点となった事案である。

請求原因　1　Yは、ガス配管工事、プロパンガス、ガソリンなどの販売等を業とするA会社代表取締役Bから、Yの氏名を使用して「○○住設機器C」の名称で商売をしたいので氏名の使用を認めてほしい旨依頼され、これを許諾したこと

2　Bはその後名称を使用して新規の店舗を開店することはしなかったが、D銀行との間に「○○住設機器C」の名義で当座勘定契約を結んで同名義の預金口座を開設し、その口座を利用して、Yに了解を得ることなく、Bの経営する訴外会社の営業に関連してY名義で約束手形を振り出していたこと
3　Yは、上記当座勘定による取引の事実を知りながら、当座預金残高が不足になった際、Bの指示を受けて同人から現金を受領し自らD銀行に行って入金手続をしたりして、これを黙認していたこと
4　X代表者Eは、初めてBから同人の裏書にかかる「○○住設機器C」振出名義の約束手形の割引を依頼された際、支払場所であるD銀行F支店に振出人の信用状態を照会したところ、「振出人Cは昭和○年から同支店と取引があり、200万円の手形はいつも決済されている」との回答を得たので、以後数回にわたって手形の割引に応じたが、これらの手形はいずれも決済されたこと
5　本件手形は、Bが自己の経営するA会社の営業に関連して上記当座預金口座を利用し支払場所をD銀行F支店とし、振出人欄にBが用意した「○○住設機器C」のゴム印と「C」の印鑑を押なつし、受取人をBとして振り出し、BからXに白地式裏書によって譲渡したもので、Xは、前の割引の際と同様に、「○○住設機器C」が振り出した手形と信じ、Bの割引依頼に応じてこれを割り引いて取得したこと

■**（参考）**（自己の商号の使用を他人に許諾した会社の責任）────

会社法第9条　自己の商号を使用して事業又は営業を行うことを他人に許諾した会社は、当該会社が当該事業を行うものと誤認して当該他人と取引をした者に対し、当該他人と連帯して、当該取引によって生じた債務を弁済する責任を負う。

1　名板貸の責任
　本条の立証趣旨は、商14条と同様である。本条は、自己の商号を使用し

て事業又は営業をすることを他人に許諾した会社が、その会社を事業の主体であると誤認してその他人と取引した者に対して、取引によって生じた債務につき、その他人と連帯して弁済の責任を負うべきこと、つまり、「外観法理」に基づく名板貸責任を定める。

訴訟物　　XのY1に対する売買契約に基づく売買代金請求権及びXのY2に対する名板貸責任としての連帯債務履行請求権
　　　　＊取引相手方は、①名板借人に対する契約締結の当事者としての請求権（売買契約に基づく売買代金請求権）、②名板貸人に対する名板貸責任としての連帯債務履行請求権を有する。

請求原因　1　XがY1との間で、本件目的物を代金1,000万円で売買する契約を締結したこと
　　　　＊「取引によって生じた債務」として、請求原因1のような契約によって生じた債務が典型であるが、売買契約解除による手付金返還債務は含まれる（最判昭和30年9月9日民集9.10.1247〔27003011〕）。これに対して、不法行為に起因した債務は含まれないが（最判昭和52年12月23日民集31.7.1570〔27000259〕）、取引行為の外形を有する不法行為による損害賠償債務は含まれる（最判昭和58年1月25日裁判集民138.65〔27412171〕）。
　　　　2　Y1が、請求原因1の際、Y2会社の商号を使用したこと
　　　　＊請求原因2は、外観の存在を示す要件事実である。例えば、Y2が経営するスーパーマーケット内でテナントとして営業をする者Y1を想定した場合、Y1は、Y2会社の商号を使用して営業活動をしているという事実はない。しかし、スーパーマーケットの営業形態においては、Y2店の来店客のうちには、Y2の直営売場とY1らテナント店との営業主体の識別ができずに、テナント店をY2の直営売場であると誤認し、テナント店から商品を購入した場合でも、Y1から購入したものと誤認する者が生じることは否定できないとしてY2に平成17年改正前商23条［本条］の類推適用を認めた事例がある。すなわち、最判平成7年11月30日民集49.9.2972〔27828501〕【17】は、「本件においては、一般の買物客がY1の経営するペットショップの営業主体はY2であると誤認するのもやむを得ないような外観が存在したとい

うべきである。そして、Y2は、前記……のように本件店舗の外部にY2の商標を表示し、Y1との間において、……出店及び店舗使用に関する契約を締結することなどにより、右外観を作出し、又はその作出に関与していたのであるから、Y2は、〔平成17年改正前〕商法23条〔商14条、会社9条〕の類推適用により、買物客とY1との取引に関して名板貸人と同様の責任を負わなければならない」と判示する。

* 前掲平成7年最判の原審である東京高判平成4年3月11日民集49.9.3041〔27811377〕は、「Y2において買い物客がそのような誤認をするのも止むを得ない外観を作出し、あるいは、Y1がそのような外観を作出したのを放置、容認していたものと認められる場合で、しかも、Y2に商法23条〔本条〕にいう商号使用の許諾と同視できる程度の帰責事由が存すると認められるときに、Y2は、同規定の類推適用により、買い物客とテナント店との取引に関して、名板貸人と同様の責任を負うものと解するのが相当である。そして、右にいう外観は、買い物客がY2店内の個々のテナント店で買い物をする場合について、その店名の表示の有無、領収書の発行名義、包装紙や代済みテープ及び店員の服装のY2の売場との相違の有無など、テナント店の表示やその営業行為を全体的に観察して客観的に判断すべきである」と判示した（本件判決の事案については、直営売場とテナント店の区別がなされている旨の事実認定をした）。

3　Y2会社がY1に対し自社商号の使用を許諾したこと
* 請求原因3の事実は、外観への与因の要件である。
* 許諾された名称を営業には使用しないで、手形振出しに使用した場合に、商14条（平成17年改正前商23条）を類推適用した事例がある（最判昭和55年7月15日裁判集民130.227〔27411955〕）。

（名義貸与の撤回）

抗弁　1　Y2会社は、Y1に与えた商号使用許諾を撤回し、作出された外観の基本部分を排除したこと
* 名板貸人が責任を免れるためには、単に名義貸与の許諾を撤回するだけでは不十分で、作出された外観の基本部分を排除する必要がある（東京地判平成7年4月28日判時1559.135

〔28010323〕)。
(悪意・重過失)

抗弁 1　Y2はY1の事業ないし営業の主体でないこと
　　　 2　Xは抗弁1の事実を知っていたこと、又はXが知らないこと（誤認）について、Xに重大な過失のあることの評価根拠事実
　　　　　＊抗弁2は、外観の信頼の要件事実である。この要件は、外観の存在及び外観の与因のように、請求原因を構成するものではなく、抗弁に位置付けられる。最判昭和43年6月13日民集22.6.1171〔27000951〕は、公式判例集の判決要旨には採用されていないが「重大な過失は、商法23条［本条］の定める責任を免れようとする上告人［名板貸人］において立証責任を負うべきものと解す」ると判示する。前述したとおり、重大な基礎付け事実として、営業に同一性を欠くことは重要な事実の1つといえる。
　　　　　＊名義貸与者の責任は、その者を営業者と誤認して取引をした者に対するものであって、誤認が取引をした者の過失による場合でも責任を免れないが、重過失は悪意と同視すべきである。最判昭和41年1月27日民集20.1.111〔27001231〕は、「［平成17年改正前］商法23条［商14条］の名義貸与者の責任は、その者を営業者なりと誤認して取引をなした者に対するものであつて、たとえ誤認が取引をなした者の過失による場合であつても、名義貸与者はその責任を免れ得ないものというべく、ただ重大な過失は悪意と同様に取り扱うべきものであるから、誤認して取引をなした者に重大な過失があるときは、名義貸与者はその責任を免れるものと解するのを相当とする。そして右取引に関する事情として原審が確定した事実関係の下においては、いまだX会社がY会社大阪出張所ことAの営業の主体をY会社と誤認するにつき重大な過失があつたものと断定しがたく、従つて、この点に関する原判決判示は正当であつて、所論の違法は認められない」と判示する。

(重過失の評価障害事実)

再抗弁 1　Xの重大な過失の評価障害事実
　　　　　＊抗弁2の「重大な過失」は規範的要件であるから、その評価

障害事実は、再抗弁たり得る。

2　法律効果

　名板貸を許諾した会社は、その会社の事業であると誤認して他人と取引をした者に対し、その他人と連帯して、「取引によって生じた債務を弁済する責任」を負う。本条所定の名板貸責任が成立しても、名義借用者と取引相手方の契約関係は消滅するわけではなく、そのまま存続する。この点では、同じ外観法理に基づく13条（表見支配人）、354条（表見代表取締役）の場合と異なる。このような差異が生ずるのは、本条の名義借用者が営業主とは独立した商人であるためである。

●(商号の譲渡)

第15条　商人の商号は、営業とともにする場合又は営業を廃止する場合に限り、譲渡することができる。
　　2　前項の規定による商号の譲渡は、登記をしなければ、第三者に対抗することができない。

1　商号の譲渡

　商号は、その登記の有無にかかわらず、商号専用権を認められるなど財産的な価値を認められ、譲渡の対象となる。一方、商号は、商人が営業上自己の同一性を示す名称である。したがって、商号と営業を分離して譲渡することを認めることは妥当でない。そのため、本条1項は、商号は営業とともにするか、又は営業を廃止する場合に限って譲渡することができることを定める。商号の譲渡自体は、第三者に対する対抗要件は別論として、当事者の意思表示のみでできる。

2　対抗要件

　本条2項は、商号の譲渡という登記すべき事項について、登記がない限り、善意の第三者に譲渡を対抗できないことを定める。
　司研・要件事実第一巻247頁は、各種対抗要件を統一的に説明できる基本姿勢を採ることとし、「現行法上、対抗要件の種類は各種あり、それぞれ特有の問題点はあるが、その主張立証責任は共通の問題であるから同一の解決

をめざすことが、これの理解を簡明にするものといえる」としたうえで、権利抗弁説を採る。権利抗弁説によれば、相手方の権利変動を否定する者は、「自己がいわゆる正当な利益を有する第三者であることを基礎付ける事実」であることに加え、「相手方が対抗要件を具備するまでは相手方の所有権を認めない」との権利主張をすることによって、抗弁となる。それに対し、相手方が対抗要件を具備したことは相手方が主張・立証すべき再抗弁である。

本条2項については、9条1項が重畳的に適用されるか否かについて、見解が分かれる。登記の後でなければ、商号の譲渡を善意の第三者に対抗できないとして重畳的適用を肯定する見解もあるが、重畳的な適用を否定する見解が通説的見解であるといえよう。

訴訟物 　　XのYに対する商号権の存在（確認）
　　　　　＊本件は、XがYに対して「越後屋」の商号を有することの確認を求めたところ、Yも同商号を買い受けたと主張して、商号の登記の存否が争点となった事案である。

請求原因 1　AはXとの間で、「越後屋」の商号を代金500万円で売買する契約を締結したこと
　　　　　2　Yは、Xが本件商号を有することを争うこと

（対抗要件）

抗　弁 1　AはYとの間で、「越後屋」の商号を代金600万円で売買する契約を締結したこと
　　　　　＊Yが「正当な利益を有する第三者」であることを示す事実である。
　　　　　2　Xが本件商号につき対抗要件を具備しない限り、Xを本件商号権者と認めないとのYの権利主張

（登記）

再抗弁 1　Xは本件商号の譲渡につき登記をしたこと
　　　　　＊対抗要件具備の事実を示すものである。

● (営業譲渡人の競業の禁止) ══════════════

第16条 　営業を譲渡した商人（以下この章において「譲渡人」という。）は、当事者の別段の意思表示がない限り、同一の市町村（特別区を含むものとし、地方自治法（昭和22年法律第67号）第252条の19第1項の指定都市にあっては、区又は総合区。以下同じ。）の区域内及

びこれに隣接する市町村の区域内においては、その営業を譲渡した日から20年間は、同一の営業を行ってはならない。
2 譲渡人が同一の営業を行わない旨の特約をした場合には、その特約は、その営業を譲渡した日から30年の期間内に限り、その効力を有する。
3 前2項の規定にかかわらず、譲渡人は、不正の競争の目的をもって同一の営業を行ってはならない。

---

1 営業譲渡において競業禁止特約がない場合

本条は、営業譲渡における譲渡人の競業避止義務を定める。

本条1項は、営業譲渡の当事者間において特約がない限り、譲渡人が同一市町村及び隣接市町村の区域内において、20年間は同一の営業ができないことを定める。譲渡人が同一営業をしない特約をしたときは、30年を超えない範囲内においてその効力がある（本条2項、会社21条2項）。

すなわち、営業の譲渡人は当然に競業避止義務を負い、同市町村及び隣接市町村内において20年間は同一営業をなし得ないが、特約によってこの義務を排除し又は拡張することもできる。しかし、この義務を特約によって拡張する場合でも、30年を超えない範囲においてのみ有効とする。東京都の特別区及び政令指定都市では市町村を区又は総合区と読み替える（本条1項、会社21条1項）。平成27年現在、大阪、名古屋、京都、横浜、神戸、北九州、札幌、川崎、福岡、広島、仙台、千葉、さいたま、静岡、堺、新潟、浜松、岡山、相模原、熊本が指定都市とされている。

訴訟物 XのYに対する本条1項に基づく競業差止請求権
＊YはXに対して自己の営業を譲渡したが、Yはその譲渡日から20年以内に同一市町村及び隣接市町村の区域内において譲渡した営業と同一の営業をした。本件は、XがYに対してその競業行為の差止めを求めたところ、YはXとの間で、譲渡後もその営業をすることを特約で定めたと反論した事案である。

請求原因 1 YはXに対して、自己の営業を譲渡したこと
2 Yは請求原因1の営業譲渡の日から20年以内に同一市町村及び隣接市町村の区域内において請求原因1の営業と同一の営

業をしたこと
(特約)
抗　弁　1　XとYは、Yが請求原因1の後も、譲渡した営業と同一の営業をすることを合意したこと

2　営業譲渡において競業禁止特約がある場合
　本条2項は、営業譲渡の当事者間において特約があるときは、その特約は営業譲渡の日から30年を超えない範囲内における競業の制限の限度でのみ効力を有することを定める。営業譲渡が行なわれる際の営業譲渡人の競業禁止義務について、平成17年改正前商25条2項は、当事者間の特約の効力を「同府県及隣接府県内且30年ヲ超エザル範囲内」でのみ認めていたが、現在の企業活動の広域化を前提とすると、特約の効力に場所的制限を設けることは合理的ではないので、30年という時間的制限を維持するにとどめた。

訴訟物　　XのYに対する本条2項に基づく競業差止請求権
　　　　　＊YはXに対して自己の営業を譲渡するに際して、Yは営業譲渡の後30年間同一の営業をしない特約をしていたが、Yは請求原因2の特約に反して同一の営業をした。本件は、XがYに対して競業禁止を求めた事案である。
請求原因　1　YはXに対して自己の営業を譲渡したこと
　　　　　　2　XはYとの間で、Yが請求原因1の営業譲渡の後30年間同一の営業をしない特約をしたこと
　　　　　　3　Yは請求原因2の特約に反して同一の営業をしたこと

3　不正競争目的の競業禁止
　本条3項は、不正競争の目的をもってする競業はその期間及びその地域を問わず禁止されることを定める。譲受人は、同項に基づいて、譲受人の行なう競業行為に対して差止請求権を有することとなる。本条3項は、営業譲渡を行なった譲渡人が競業避止義務を特約で排除した場合でも、不正競争の目的で同一営業を行なうことはできないことを定めたものである。あるいはまた営業譲渡人は特約がなければ同一市町村又は隣接市町村以外の地域では同一営業を行なうことができるが、そのときでも不正競争の目的で同一営業をすることができないことを定めたものである。この場合の不正競争の目的とは、譲渡人が譲受人の営業上の顧客を奪おうとする目的で同種の営業をするような場合と解されている（大判大正7年11月6日新聞1502.22

〔27537466〕)。

■ **(参考)**(譲渡会社の競業の禁止)

会社法第 21 条 事業を譲渡した会社(以下この章において「譲渡会社」という。)は、当事者の別段の意思表示がない限り、同一の市町村(特別区を含むものとし、地方自治法(昭和 22 年法律第 67 号)第 252 条の 19 第 1 項の指定都市にあっては、区又は総合区。以下この項において同じ。)の区域内及びこれに隣接する市町村の区域内においては、その事業を譲渡した日から 20 年間は、同一の事業を行ってはならない。
 2 譲渡会社が同一の事業を行わない旨の特約をした場合には、その特約は、その事業を譲渡した日から 30 年の期間内に限り、その効力有する。
 3 前 2 項の規定にかかわらず、譲渡会社は、不正の競争の目的をもって同一の事業を行ってはならない。

---

1 事業譲渡において競業禁止期間に特約がない場合
 本条 1 項は、事業譲渡の当事会社間において特約がない限り、譲渡人が同一市町村(特別区を含むものとし、地方自治法(昭和 22 年法律 67 号)252 条の 19 第 1 項の指定都市にあっては区又は総合区)の区域内及びこれに隣接する市町村において、20 年間は同一の営業ができないことを定める。設例については、商 16 条の解説 1 を参照されたい。

2 事業譲渡に競業禁止期間に特約がある場合
 本条 2 項は、事業譲渡の当事者間に特約があるときは、その特約は事業譲渡の日から 30 年を超えない範囲内における競業制限の限度でのみ効力を有することを定める。営業譲渡が行なわれる際の営業譲渡人の競業禁止義務について、平成 17 年改正前商 25 条 2 項は、当事者間の特約の効力を「同府県及隣接府県内且 30 年ヲ超エザル範囲内」で認めていたが、現在の企業活動の広域化を前提とすると、特約の効力に場所的制限を設けることは合理的ではないので、30 年という時間的制限を維持するにとどめた。

会社法第 21 条

| 訴訟物 | XのYに対する本条2項に基づく競業差止請求権 |

＊本件は、X会社に事業譲渡をしたY会社が、事業譲渡の日から30年間、同府県及び隣接府県内において同一の事業をしない特約をしたにもかかわらず、事業譲渡の日から20年を超えて30年以内の間に譲渡した事業と同一の事業を行なったので、特約違反を理由にその停止を求めた事案である。
事業譲渡の日から20年までの間も特約でY会社の競業行為は禁止されているが、その間の競業行為は、特約によらないでも、本条1項違反として競業行為の停止を求めることができる。法規が定める内容と同一の特約の主張・立証は不要である。

| 請求原因 | 1 Y会社はX会社との間で、自社の事業を1億円で売買する契約を締結したこと
2 X会社とY会社は、Y会社が請求原因1の事業譲渡の日から30年間、同府県及び隣接府県内において同一の事業をしないとの特約をしたこと
3 Y会社が請求原因2の特約に反して事業譲渡の日から20年を超えて30年以内の間に譲渡した事業と同一の事業を行なったこと |

3　不正競争目的の競業禁止

　本条3項は、不正競争の目的をもってする競業はその期間及びその地域を問わず禁止されることを定める。同項の差止請求権の法的性質は、不正競争防止法3条に基づく差止請求権とは異なり、一般の不法行為に基づく差止請求権を特に定めたものであろう。

　知財高判平成29年6月15日判時2355.62〔28252106〕は、Xが、Yに対し、Yからウェブサイトを利用した婦人用中古衣類の売買を目的とする事業を譲り受けたところ、Yが、不正の競争の目的をもって、Xに譲渡した事業と同一の事業を行ない、Xに損害を与えたとして、①本条3項に基づき、前記事業の差止めを求めるとともに、②不法行為による損害賠償を求めた事案である。

　同判決は、Yが、不正の競争の目的をもって、Xに対して譲渡した事業と同一の事業を行なったとして、原審と同様に本条3項に基づく事業の差止請求を認容すべきものとした。また、損害賠償請求については、①Yは、本件譲渡契約の締結の前にYサイトのドメインを取得し、譲渡契約の締結

と前後してYサイトにおいて、譲渡契約の対象となったサイト（以下「本件サイト」という）と同様の商品の売買を目的とする営業を開始したこと、②本件サイトとYサイトの取扱商品は相当程度共通していること、③Xが営業を休止している間に○○名程度の顧客にメールを送付して、運営主体の変更を告知することなく、Yサイトの開設を告知したこと、④その結果、本件サイトとYサイトは姉妹ショップであると誤認する顧客が実際に出現していること、⑤本件サイトの売上実績は、Xが本件サイトの事業を開始した直後から大幅に減少していること等が認められることからすると、Yの違法行為の結果、本件サイトの顧客の一部が失われ、その結果、Xに損害が発生したものと認められると判断し、民訴248条を適用して、損害額を認定した。

●(譲渡人の商号を使用した譲受人の責任等)━━━━━━━

第17条　営業を譲り受けた商人（以下この章において「譲受人」という。）が譲渡人の商号を引き続き使用する場合には、その譲受人も、譲渡人の営業によって生じた債務を弁済する責任を負う。
　　2　前項の規定は、営業を譲渡した後、遅滞なく、譲受人が譲渡人の債務を弁済する責任を負わない旨を登記した場合には、適用しない。営業を譲渡した後、遅滞なく、譲受人及び譲渡人から第三者に対しその旨の通知をした場合において、その通知を受けた第三者についても、同様とする。
　　3　譲受人が第1項の規定により譲渡人の債務を弁済する責任を負う場合には、譲渡人の責任は、営業を譲渡した日後2年以内に請求又は請求の予告をしない債権者に対しては、その期間を経過した時に消滅する。
　　4　第1項に規定する場合において、譲渡人の営業によって生じた債権について、その譲受人にした弁済は、弁済者が善意でかつ重大な過失がないときは、その効力を有する。

1　商号続用の譲受人の責任の立法趣旨・根拠
　営業譲渡がされたとしても、債務の移転的手続をとらない限り、譲受人は営業上の債務についても当然にはその債務者とはならない。しかし、本条1

項は、譲受人が譲渡人の商号を続用する場合においては、譲受人は譲渡人とともに弁済の責任を負うこと（連帯債務履行請求権）を定める。本条1項の規律は、昭和13年商法改正の際、明文化された。この規律内容は、それ以前から、例えば、東京控判大正元年12月24日新聞870.8〔27564480〕が、「営業全部譲渡のありたる場合に於ては譲受人は譲渡人の負担したる債務をも引受くべき商習慣あることを認むることを得べく其商習慣法の趣旨は……営業の譲受人は営業の開始をなしたるときは債務者に対して直接に債務を負ひ従て債権者は之に対して債務の履行を請求することを得るも営業の譲渡人たる旧債務者に対しても債権者は依然権利を失ひたるにあらずして同一内容の給付を譲受人に対して請求することを得べきものとするにあり即ち営業の譲受人が所謂債務の添加的引受をなしたるものとするにありと解するを相当とす」と判示しているように、商慣習法として認められていたものを商法に取り入れたものであった。しかるに、今日においては、その立法趣旨について見解が分かれている。

(1) 外観法理・禁反言則説

通説・判例は、本条の立法趣旨を外観法理に基礎を置くものとする。営業譲渡がされた場合に、営業の譲受人が譲渡人の商号をなお続用しているときには、営業譲渡人の債権者としては、営業主が交替したことを知らないか、又はこれを知っているときでも譲受人が債務を引き受けているものと考えることが予想される。そこで、譲渡人の営業活動によって生じた債務については、譲渡人のみならず譲受人も弁済責任を負うことになるというのである（下級審であるが、裁判例として、水戸地判昭和54年1月16日判時930.96〔27411856〕、東京地判昭和54年7月19日下民30.5＝8.353〔27411888〕等）。

本条1項の理論的（法的）根拠を外観法理・禁反言則であると説示した最判昭和29年10月7日民集8.10.1795〔27003126〕は、「譲受人が譲渡人の商号を続用する結果営業の譲渡あるにも拘わらず債権者の側より営業主体の交替を認識することが一般に困難であるから、譲受人のかかる外観を信頼した債権者を保護する為に、譲受人もまた右債務弁済の責に任ずることとした」ものであると判示した。また、最判昭和47年3月2日民集26.2.183〔27000581〕は、現物出資による株式会社の設立に類推適用した事案であるが、「出資者の商号が現物出資によつて設立された会社によつて続用されているときは、営業の譲渡を受けた会社が譲渡人の商号を続用している場合と同じく、出資の目的たる営業に含まれる出資者の自己に対する債務もまた右会社がこれを引き受けたものと信頼するのが通常の事態と考えられる」と述

べ、その根拠を「債務引受けの誤信」に求めているが、外観理論によるといえよう。

(2) 営業財産担保説

本条1項は、外観信頼保護に基づく規定ではなく、営業上の債務は営業財産が担保となっていることから、債権者を保護するために営業譲受人に債務引受けを義務付けたと解する。営業上の債務は企業財産が担保となっているので、新商号を使用して、債務引受けをしない旨を積極的に表示しない限り、譲受人が債務引受けをしたものとみなして、企業財産の現在の所有者である譲受人にも責任を負わせたとする見解である。この立場からは、上記(1)の通説に対して、以下の批判がされる。①債権者が営業主の交替を知り得ない場合には、依然として債権者としては、譲渡人を債務者と解すれば足り、譲受人を自己の債務者として信頼しているわけではない。そのため、譲受人に弁済責任を負わせなくともよい。②債権者が譲受人を自己の債務者であると信頼したとしても、営業主の交替を知り得ないのに譲受人を自己の債務者として信じるわけはなく、むしろ債権者は商号を通じて営業の同一性を信頼しているだけであり、これは権利外観の信頼とはいえない。債権者が営業譲渡の事実を知っている場合については、債務引受けがされたという信頼があるかどうかは疑問である。商号の続用からは債務引受けの外観は生じない。③本条1項を外観信頼の規定と解するならば、同項が債権者の保護を債権者の善意の場合に限定していないことと矛盾するし、悪意の場合に保護を与えない解釈を採れば、企業の倒産時に営業譲渡がなされるときには、営業譲渡を知っている債権者はこの規定による保護を受けることができないことになる。

2 譲受人の免責事由

本条2項は、1項の連帯債務履行請求権に対して、以下述べるとおり、権利発生障害事由を2つ定めている。いずれも、抗弁と位置付けられ、営業譲受人がその主張・立証責任を負担する。

第1は、譲受人が営業譲渡を受けた後、遅滞なく譲渡人の債務について責任を負わない旨を登記したときである（本条2項前段）。

第2は、譲渡人及び譲受人の両者が債務者に対し、譲受人が責任を負わない旨を個別的に通知したことであり、その場合譲受人は通知をした債権者に対して弁済責任を免れるのである（本条2項後段）。

訴訟物　　XのYに対する本条1項に基づく連帯債務履行請求権

* X は A に対し、売買契約に基づく売買代金請求権を有するが、本件の訴訟物（X の Y に対する権利）の法的性質は売買代金請求権ではなく、本条 1 項に基づく連帯債務履行請求権である。

請求原因
1　A は Y に対し、その営業を譲渡したこと
* 横浜地判平成 7 年 3 月 31 日金商 975.37〔27827932〕は、営業の実質的支配が移転しても、当該営業に官庁の認可が必要な場合に、いまだ認可を得ていないときは、営業譲渡がされたといえるかについて、認可を得るまでは平成 17 年改正前商 26 条の適用がないとしている。
2　X は A との間で、本件目的物を代金 500 万円で売買する契約を締結したこと
3　請求原因 2 の売買契約は、A の営業の範囲内であったこと
* 請求原因 1、2 の事実は、請求原因 1 の A の売買代金債務が A の営業によって生じたものであることを示す。
4　Y は A の商号を続用すること

（免責登記）
抗弁
1　請求原因 2 の後、Y は A の債務について責任を負わない旨の登記を遅滞なくしたこと
* 本条 2 項前段に基づく抗弁である。

（信義則違反）
再抗弁
1　Y の免責の主張が、信義則に違反するとの評価根拠事実
* 東京地判平成 12 年 12 月 21 日金法 1621.54〔28061983〕は、本条 2 項の登記をしている場合であっても、譲受人が対外的に譲渡人自体であるかのように振る舞い、かつ実質的にも譲渡人の業務を受託して債務を一部履行し、かつ残部も履行するかのように行動して、譲渡人の債権者がそのことを信じているような事情の下では、譲受人が譲渡人の債務の支払を拒絶するのは、信義則に反するとしている。

（免責通知）
抗弁
1　請求原因 2 の後、遅滞なく A 及び Y から第三者 X に対し A の債務について責任を負わない旨を通知したこと
* 本条 2 項後段に基づく抗弁である。

3　営業譲渡人の責任の除斥期間

本条3項は、譲受人が譲渡人の債務について責任を負う場合における譲渡人の責任の除斥期間を定める。すなわち、譲渡人の責任が、商号を続用する場合においては営業の譲渡後2年を経過したときは、その経過前に請求又は請求の予告をしない債権者に対して、その2年を経過した時点において譲渡人の責任が消滅することを定める。

除斥期間は、停止、中断を認めない絶対的な権利そのものの存続期間である。したがって、時効と異なって、当然に効力を生じ、当事者が援用しなくても、裁判所はこれを基礎として裁判をしなければならない（最判平成元年12月21日民集43.12.2209〔27805392〕）。要件事実論の観点からすると、権利の消滅期限（終期）を起算点とそれから経過すべき一定期間をもって示したものであるから、除斥期間によって権利の消滅を主張する者は、起算点となる事実と、所定期間の経過を主張・立証すべきである（司研・要件事実第一巻176頁）。

> **訴訟物**　XのYに対する売買契約に基づく代金支払請求権
> 　＊本件は、XがYに対し売買代金の支払を求めたところ、Yはその売買契約が属するYの営業をAに譲渡し、AはそのYの商号を続用して2年が経過したので、責任が消滅したと抗弁した事案である。
> **請求原因**　1　XはYとの間で、本件目的物を代金500万円で売買する契約を締結したこと

（除斥期間）
> **抗　弁**　1　YはAに対し、その営業を譲渡したこと
> 　2　請求原因1の売買契約は、Yの営業の範囲内のものであること
> 　3　AはYの商号を続用すること
> 　4　抗弁2の営業譲渡の日から2年が経過したこと
> 　＊Aが本条1項に基づいてYの債務につき責任を負う場合において、本条3項に基づくYの除斥期間の抗弁である。

（先立つ請求）
> **再抗弁**　1　抗弁4の期間の経過に先立って、XはYに対し売買代金の請求又は請求の予告をしたこと

4 譲受人への弁済

　営業上の債権は、営業を構成するものとして営業譲渡とともに譲受人に譲渡されることが多い。しかし、特約によって、営業上の債権を譲渡人（元来の債権者）のもとに留保することもあり得るわけで、その場合には、債務者は債権者たる譲渡人に対し弁済をしなければ、弁済の効力が生じないのが原則である。

　本条4項は、譲受人が譲渡人の商号を続用する場合において、譲渡人の営業上の債務者が譲受人に対して弁済した場合は、その弁済が善意（営業譲渡のなされた事実を弁済者が知らないこと）でなされ、かつ、その善意に重大な過失のなかったときに限って、弁済の効力を認めることを定める。

　本条は、受領権者としての外観を有する者に対する弁済（民478条）と同趣旨の規定であり、要件事実論の観点からみると、債務者の（重）過失の有無の主張・立証責任については、次のように考えることができる。つまり、民478条においては、弁済者が弁済に際して相手方が債権者でないことを知らなかったこと（「善意」）とともにその善意について過失が存在しなかったこと（「無過失の評価根拠事実」）を弁済者が主張・立証責任を負担するものと解されている（最判昭和37年8月21日民集16.9.1809〔27002106〕）。元来、弁済は真の債権者に対してなされることが原則であり、本条4項の文言も「弁済者が善意でかつ重大な過失がないときは」であることからすると、弁済者が自己の善意のみならずその善意に重過失が存在しないことの評価根拠事実までを主張・立証すべき責任を負うものと解すべきであろう。

訴訟物　　XのYに対する売買契約に基づく目的物引渡請求権
　　　　　＊本件は、XがYに対し目的物の引渡しを求めたところ、YはXがその売買契約が属するXの営業をAに譲渡したことを知らず、Xの商号を続用していたAに引き渡したと抗弁した事案である。

請求原因　1　YはXとの間で、本件目的物を代金500万円で売買する契約を締結したこと

（商号続用者に対する弁済）
抗　弁　1　XはAに対し、その営業を譲渡したこと
　　　　　2　請求原因1の売買契約は、Xの営業の範囲内のものであること
　　　　　3　AはXの商号を続用していたこと
　　　　　4　YはAに対し、本件目的物を引き渡したこと

5　Yは、抗弁4の当時、抗弁1の営業譲渡を知らなかったこと
　　　6　抗弁5の善意につき、Yに重大な過失が存在しないとの評価根拠事実

■ **(参考)**（譲渡会社の商号を使用した譲受会社の責任等）────────

会社法第22条　事業を譲り受けた会社（以下この章において「譲受会社」という。）が譲渡会社の商号を引き続き使用する場合には、その譲受会社も、譲渡会社の事業によって生じた債務を弁済する責任を負う。
　2　前項の規定は、事業を譲り受けた後、遅滞なく、譲受会社がその本店の所在地において譲渡会社の債務を弁済する責任を負わない旨を登記した場合には、適用しない。事業を譲り受けた後、遅滞なく、譲受会社及び譲渡会社から第三者に対しその旨の通知をした場合において、その通知を受けた第三者についても、同様とする。
　3　譲受会社が第1項の規定により譲渡会社の債務を弁済する責任を負う場合には、譲渡会社の責任は、事業を譲渡した日後2年以内に請求又は請求の予告をしない債権者に対しては、その期間を経過した時に消滅する。
　4　第1項に規定する場合において、譲渡会社の事業によって生じた債権について、譲受会社にした弁済は、弁済者が善意でかつ重大な過失がないときは、その効力を有する。

────────────────────────────

1　譲渡会社の商号を使用した譲受会社の責任
　本条1項は、事業の譲受会社が譲渡会社の商号を続用する場合には、譲渡会社の債権者の外観に対する信頼を保護するため、譲受会社は譲渡会社とともに弁済の責任を負うこと（連帯債務履行請求権）を定める。つまり、譲受会社が譲渡会社の商号を使用する場合は、事業上の債権者は事業主の交替があったことを知らないか、又は知っていたとしても、譲受会社による債務引受けがあったものと考えるのが通常であるから、そのような債権者を保護する必要がある。なお、本条1項は譲受会社の連帯債務の履行義務を定めたものであって、譲渡会社自身は、取引相手方に対し、当然のことながら、契約当事者として、契約上の責任を負うこととなる。

会社法第 22 条

訴訟物	XのYに対する本条1項に基づく連帯債務履行請求権

＊本件は、A会社が甲事業を譲渡し、Y会社はA会社の商号を続用する場合に、A会社と取引をしたXがその取引上の請求権についてY会社に対し、その履行を求めたところ、Y会社は免責登記又は通知をした旨の抗弁を提出した事案である。

＊本条は、同一の事業主体による事業が継続しているものと信じたり、事業主体の変更があったけれども譲受人により譲渡人の債務の引受けがされたと信じたりした者を保護する外観法理に基礎を置く規定である（最判昭和47年3月2日民集26.2.183〔27000581〕、最判平成16年2月20日民集58.2.367〔28090637〕）。そこで、Xが、事業譲渡がされた際にその債務について譲渡の当事者間で債務引受けの対象とならなかったことを知っていたことを抗弁（悪意の抗弁）とする見解（東京地判昭和49年12月9日判時778.96〔27411615〕）があるが、東京高判昭和50年8月7日判時798.86〔27411650〕はこれを否定する。

請求原因	1　A会社はY会社との間で、Aの甲事業につき譲渡契約をしたこと

2　Y会社はA会社の商号を続用すること

＊最判昭和38年3月1日民集17.2.280〔27002046〕[20]は、「会社が事業に失敗した場合に、再建を図る手段として、いわゆる第二会社を設立し、新会社が旧会社から営業の譲渡を受けたときは、従来の商号に『新』の字句を附加して用いるのが通例であつて、この場合『新』の字句は、取引の社会通念上は、継承的字句ではなく、却つて新会社が旧会社の債務を承継しないことを示すための字句であると解せられる。本件において、上告会社の商号である『合資会社新〇〇商店』は営業譲渡人である訴外会社の商号『有限会社〇〇商店』と会社の種類を異にしかつ『新』の字句を附加したものであつて、右は商法26条［本条1項］の商号の続用にあたらない」と判示する。

＊東京地判平成16年7月26日金商1231.42〔28110126〕は、「営業譲渡の際、譲渡人と譲受人との間で、営業上の債務について譲受人に移転させない旨合意することはあり得ないで

はないし、仮に移転させる旨合意したとしても、その債権者との関係では、債務引受等の手続がとられなければ、譲受人は当然には債務者にならない。しかしながら、譲受人が譲渡人の商号を続用している場合には、債権者は、営業主の交替があったことを知らないか、仮に知っていたときでも、譲受人が債務引受をしていると考え、営業譲渡によって譲渡される営業用の資産を責任財産として期待するのが自然であり、商法26条1項〔本条2項〕は、そうした債権者の信頼を保護することを目的として規定されたものであって、同条項に基づく義務は、法的義務であって、私人間の合意に基づく義務ではない。したがって、Xは、同条項所定の要件を主張立証すれば足り、営業譲渡の契約において営業上の債務を移転する旨合意されていることを主張立証する必要はなく、また、Yは、仮に本件営業譲渡契約において新甲が旧甲の債務を承継しないとの合意がある旨主張立証したとしても、あるいは、Xと旧甲との取引は終了している旨主張立証したとしても、商法26条1項の適用を免れることはできない」と判示する。

3　XはA会社との間で、請求原因1に先立って、本件目的物を代金500万円で売買する契約を締結したこと

＊東京高判昭和56年6月18日下民32.5=8.419〔27412035〕は、「商法26条〔本条〕が商号続用の営業譲受人に対し、譲渡人の営業によって生じた債務について弁済の責を負う旨規定したのは、営業譲渡人の債権者は、営業譲渡の事実を知っていると否とにかかわらず、譲受人が商号を続用している場合には、譲受人に対して請求をなしうるものと信ずるのが通常であるところから、この債権者の信頼を保護するため、譲受人に弁済責任を課したものであり、したがって、右規定は譲渡人が営業を譲渡するまでの間にその営業により債権者に対する債務を負担した場合に限り、適用されるものと解すべきであって、譲渡人が営業譲渡後に新たに負担した債務についてまで譲受人に弁済の責を負わせたものと解することはできない」と判示する。

4　請求原因1の売買契約は、A会社の甲事業の範囲内であること

(免責の登記)
抗　弁　1　請求原因 2 の後、Y 会社が、本店の所在地において、A 会社の債務について責任を負わない旨の登記を遅滞なくしたこと
＊本条 2 項前段に基づく抗弁である。免責登記に 908 条 1 項の適用はないとするのが通説であるが、適用を認める立場では、「正当の事由」の評価根拠事実が再抗弁となる。

(信義則違反)
再抗弁　1　免責登記の抗弁の主張が信義則に違反する評価根拠事実
＊東京地判平成 12 年 12 月 21 日金法 1621.54〔28061983〕は、「商法 26 条［本条］は、営業が譲渡され、商号が続用されている場合には、営業の譲渡人の債権者は営業主体の交替を知り得ず、譲受人を自己の債務者と考えるか、営業譲渡の事実を知っていたとしても、譲受人による債務の引受けがあったものと考えるのが常態であって、いずれにしても譲受人に対して請求をなし得るものと信じることが多いのみならず、営業上の債務については営業財産がその担保となっているものと認められることから、そのような債権者を保護するために、法律によって譲受人の弁済義務を認めたものであるが、営業譲渡の後遅滞なく登記をすることによって、債務を承継しないことを対外的に明確にした場合には、その適用を排除する旨定めたものである」としたうえで、「Y は、対外的には A 会社自体であるかのように振る舞い、かつ、実質的にも A 会社の業務を受託して債務を一部履行し、かつ、残部も履行するかのように行動してきたのであって、A 会社の債権者らは、Y を A 会社と同一主体であると信じ、仮に別主体であるとしても Y が A 会社の債務を引き受けたものと信じていたのであるから、かかる事情の下では、Y が、本件登記の存在を理由に、X に対し、A 会社の債務の支払を拒絶するのは、信義則に反するものといわざるを得ない」と判示する（前掲平成 16 年東京地判も信義則違反を認めている）。

(免責の通知)
抗　弁　1　請求原因 2 の後、遅滞なく A 会社及び Y 会社から第三者 X に対し A 会社の債務について Y 会社が責任を負わない旨を通知したこと

*本条2項後段に基づく抗弁である。

訴訟物　XのYに対する本条1項に基づく連帯債務履行請求権
*本件は、ゴルフ場の事業譲渡がされたが、商号の続用ではなくゴルフクラブの名称が続用され、本条1項の類推適用が問題となった事案である。Xが事業譲渡をしたA株式会社に対し預託金返還請求権を有するが、本件とは別論である。

請求原因
1　XはA会社との間で、同社が経営するBゴルフクラブの預託金1,000万円を預託の日から10年後に返還する約定で預託する契約をしたこと
2　A会社はY会社にBゴルフクラブの事業全部の譲渡契約をしたこと
3　Y会社はBゴルフクラブの名称を続用すること
*最判平成16年2月20日民集58.2.367〔28090637〕【21】は、「預託金会員制のゴルフクラブが設けられているゴルフ場の営業においては、当該ゴルフクラブの名称は、そのゴルフクラブはもとより、ゴルフ場の施設やこれを経営する営業主体をも表示するものとして用いられることが少なくない。……このように、預託金会員制のゴルフクラブの名称がゴルフ場の営業主体を表示するものとして用いられている場合において、ゴルフ場の営業の譲渡がされ、譲渡人が用いていたゴルフクラブの名称を譲受人が継続して使用しているときには、譲受人が譲受後遅滞なく当該ゴルフクラブの会員によるゴルフ場施設の優先的利用を拒否したなどの特段の事情がない限り、会員において、同一の営業主体による営業が継続しているものと信じたり、営業主体の変更があったけれども譲受人により譲渡人の債務の引受けがされたと信じたりすることは、無理からぬものというべきである。したがって、譲受人は、上記特段の事情がない限り、商法26条1項［本条1項］の類推適用により、会員が譲渡人に交付した預託金の返還義務を負うものと解するのが相当である」と判示する。
4　請求原因1の預託の日から10年目の日が到来したこと

（特段の事情）
抗弁
1　Y会社が譲受け後遅滞なくBゴルフクラブの会員によるゴルフ場施設の優先的利用を拒否したこと

＊この特段の事情の抗弁は、前掲平成16年最判の認める抗弁である。これと、本条2項後段所定の「請求原因2の後、遅滞なくA会社及びY会社から第三者Xに対しA会社の債務についてY会社が責任を負わない旨を通知したこと」という免責の通知の抗弁との関係であるが、Y会社単独での利用拒絶を抗弁と認めていることからすると、別個の抗弁と考えられる。

2　本条の類推適用
(1) 現物出資

　営業の現物出資を受けて設立された会社が出資者の商号を続用する場合には、平成17年改正前商26条1項（本条1項）の類推適用により、会社は、出資者の営業によって生じた債務につき、出資者と並んで弁済の責めに任ずべきものとされた事例がある。すなわち、最判昭和47年3月2日民集26.2.183〔27000581〕【22】は、「商法26条〔商17条、会社22条〕は、営業の譲受人が譲渡人の商号を続用する場合に、譲受人の営業に因つて生じた債務については譲受人もまたその弁済の責に任ずべき旨を定める規定であつて、営業の現物出資を受けて設立された会社が、現物出資をした者の商号を続用する場合に関する規定ではないが、営業を譲渡の目的とする場合と営業を現物出資の目的とする場合とでは、その法律的性質を異にするとはいえ、その目的たる営業の意味するところは全く同一に解されるだけでなく、いずれも法律行為による営業の移転である点においては同じ範疇に属するのであつて、これを現物出資の目的とした者の債権者からみた場合には、その出資者の商号が現物出資によつて設立された会社によつて続用されているときは、営業の譲渡を受けた会社が譲渡人の商号を続用している場合と同じく、出資の目的たる営業に含まれる出資者の自己に対する債務もまた右会社がこれを引き受けたものと信頼するのが通常の事態と考えられるのである。したがつて、同条は、営業が現物出資の目的となつた場合にも類推適用され、出資者の商号を続用する会社は、出資者の営業に因つて生じた債務については、その出資者とならんで弁済の責に任ずべきものと解する」と判示する。

訴訟物　　XのYに対する本条1項に基づく連帯債務履行請求権
　＊本件は、事業の譲渡ではなく、事業の現物出資のケースであるが、本条1項の類推適用の可否が問題となった事案である。

　　　　　＊前掲昭和47年最判の事案に基づく設例である。本設例の場
　　　　　合も、本条2項に基づく抗弁を主張することができるであろ
　　　　　う。同判決は、「営業の現物出資を受けて設立されまたは営
　　　　　業の譲渡を受けた会社の商号がその出資者または譲渡人の商
　　　　　号に会社の種類を付加したにとどまるものである場合におい
　　　　　ては、いまだ商号の同一性を失わないものと解すべく、ま
　　　　　た、営業上の不法行為によつて負担する債務は商法26条
　　　　　［商17条1項］の『営業ニ因リテ生ジタル債務』に当たるも
　　　　　のと解すべきである（最高裁判所昭和26年（オ）第648号、
　　　　　同29年10月7日第一小法廷判決、民集8巻10号1795頁参
　　　　　照）から、……原審としては、商法26条の適用を考慮すべ
　　　　　きであつた」と判示する。

請求原因　1　XはA会社との間で、本件目的物を代金500万円で売買す
　　　　　る契約を締結したこと
　　　　2　請求原因1の売買契約は、A会社の事業の範囲内であるこ
　　　　　と
　　　　3　A会社はY会社に対し、その設立に際しA会社の事業を現
　　　　　物出資したこと
　　　　4　Y会社はA会社の商号を続用すること

(2)　営業の賃貸借
ア　意義
　一定の営業のために組織化された有機的一体としての営業の全部又は一部
を他人に賃貸する契約を営業の賃貸借という。賃貸人は賃貸借期間中その賃
借人をして営業につき使用・収益をなさしめる義務を負い（民601条）、し
たがって、営業を構成する各種財産の占有を移転し、また得意先等の事実関
係についても紹介するなど賃借人をして利用し得る地位に置かなければなら
ない。しかし、営業譲渡の場合とは異なり、営業財産（土地、建物、機械そ
のほかの権利）の所有権の移転は行なわれず、所有権は賃貸人に帰属する。
賃借人は、自己の名をもって自己の計算で営業する権利を取得し、賃貸人に
賃料を支払う義務を負う（民601条）。
　手続事業全部の賃貸をする場合には、株式会社においては、株主総会の特
別決議を経なければならない（467条1項4号）。持分会社については特別
の規定はないが、事業譲渡に準じた手続を経るべきである。
イ　営業の賃貸借に対する本条の類推適用

会社法第22条　123

訴訟物　　XのYに対する預託金返還請求権
＊本件は、A会社が開設したゴルフ場の会員で、A会社に対して預託金返還請求権を有しているXが、A会社からゴルフ場の経営を引き継いだY会社に対し、平成17年改正前商26条1項の規定に基づき預託金の返還を求めた事案である。

請求原因
1　Xは、本件ゴルフ場を開設して経営していたAに対して預託金1,350万円を預託し、本件ゴルフ場の会員によって構成される組織である本件ゴルフクラブの正会員になったこと
2　XとAとの間で締結された本件ゴルフクラブの入会契約においては、預託金の預託期間は10年間とし、預託期間満了後、Xはいつでも預託金返還請求ができることとされていたこと
3　預託期間10年が経過したこと
4　Aは、Yとの間で、本件ゴルフ場の営業に必要な動産等をその帳簿価額でYに譲渡し、Aの債務のうち、預かり保証金や借入金等の長期債務を除いた債務のうち上記帳簿価額に見合う額の債務をYが引き受けることにより対価の支払に代える旨の「資産譲渡契約」（「本件契約1」）、本件ゴルフ場の土地及びクラブハウス等の建物を10年間、賃料月額200万円でYに賃貸する旨の「ゴルフ場賃貸契約」及び本件ゴルフ場における顧客へのサービスに関する経営について、10年間、Yの名義で営業を行なうことをYに委任し、Yは自己の計算で本件ゴルフ場の経営を行なう旨の「ゴルフ場経営委任契約」をそれぞれ締結し、本件ゴルフ場はYによって運営されていること
＊東京高判平成13年10月1日判時1772.139〔28062513〕は、営業の賃貸借であっても、平成17年改正前商26条1項（本条1項）が類推適用されることを肯定し、「商法26条1項〔本条1項〕は、営業の譲受人が譲渡人の商号を続用する場合に、譲渡人の営業によって生じた債務については譲受人もまたその弁済の責めに任ずべき旨を定める規定であるが、これは、営業の譲渡を受けた者が譲渡人の商号を続用している場合には、譲渡人に対する営業上の債権者は譲受人が債務を引き受けたものと信頼するのが通常の事態と考えられるから、そのような信頼を保護するという趣旨に基づくものであって、この場合、譲受人も併存的に債務を引き受けたものとして債権者に対しその弁済の責任を負うものと解される。そ

して、営業の賃貸借も、法律行為による営業の移転であって、賃借人は、その営業から生じる権利義務の主体となり、営業上の債権者の信頼を保護すべき点においては、営業の譲渡における場合と基本的に変わるところはない。特に、本件においては、Yは、Aのほとんど唯一の事業を賃借し、同社が負担していた債務の一部も引き受け、本件ゴルフ場の固定資産税も負担するというものであって、契約上の期間も10年と長期であり、将来Aが再び自ら本件ゴルフ場の運営を行う可能性はほとんどないものと考えられることからすれば、実質的には営業の譲渡と極めて類似するものということができる。したがって、少なくとも本件においては、営業の譲渡ではなく営業の賃貸借であっても、商法26条1項［本条1項］が類推適用されるものと解する」と判示する。

＊ なお、東京高判平成14年9月26日判時1807.149〔28080696〕は、「商法26条1項［本条1項］は、営業の譲受人が譲渡人の商号を続用する場合には、譲渡人の営業によって生じた債務について譲受人も譲渡人と連帯して弁済義務を負う旨規定している。この規定の趣旨は、商号が続用される場合には、債権者は、営業譲渡の事実を知らず譲受人を債務者と考えるか、知ったとしても譲受人による債務の引受けがあったと考え、いずれにしても譲受人に対して請求ができると信じ、営業譲渡人に対する債権保全を講ずる機会を失うおそれが大きいこと等に鑑み、債権者を保護するところにあると解される。そうすると、営業の包括的な賃貸借の場合には、営業の賃借人が外部に対して、その営業の主体となり、その営業から生ずる権利義務の帰属者となることにおいては、営業の譲受人と何ら異なるものではないから、営業の賃借人が賃貸人の商号を続用する場合においても、営業の譲渡の場合に関する商法26条1項［本条1項］を類推適用すべきものと解する」と判示する。

(3) 会社分割

最判平成20年6月10日裁判集民228.195〔28141392〕は、会社分割に伴い事業が承継される場合にも本条1項が類推適用されるとする。すなわち、同判決は、「預託金会員制のゴルフクラブの名称がゴルフ場の事業主体を表

示するものとして用いられている場合において、ゴルフ場の事業が譲渡され、譲渡会社が用いていたゴルフクラブの名称を譲受会社が引き続き使用しているときには、譲受会社が譲受後遅滞なく当該ゴルフクラブの会員によるゴルフ場施設の優先的利用を拒否したなどの特段の事情がない限り、譲受会社は、会社法22条1項の類推適用により、当該ゴルフクラブの会員が譲渡会社に交付した預託金の返還義務を負うものと解するのが相当であるところ……、このことは、ゴルフ場の事業が譲渡された場合だけではなく、会社分割に伴いゴルフ場の事業が他の会社又は設立会社に承継された場合にも同様に妥当するというべきである」と判示し、その理由について、「会社分割に伴いゴルフ場の事業が他の会社又は設立会社に承継される場合、法律行為によって事業の全部又は一部が別の権利義務の主体に承継されるという点においては、事業の譲渡と異なるところはなく、事業主体を表示するものとして用いられていたゴルフクラブの名称が事業を承継した会社によって引き続き使用されているときには、上記のような特段の事情のない限り、ゴルフクラブの会員において、同一事業主体による事業が継続しているものと信じたり、事業主体の変更があったけれども当該事業によって生じた債務については事業を承継した会社に承継されたと信じたりすることは無理からぬ……からである」とする。

3　譲受会社の責任発生障害事由
　本条2項は、本条1項の連帯債務履行請求権に対して、権利発生障害事由を2つ定める。いずれも、抗弁と位置付けられ、譲受会社がその主張・立証責任を負担する。いずれも、譲受会社は債権者に対して、その弁済責任を免れるのである。
　第1（免責の登記）は、譲受会社が事業譲渡を受けた後、遅滞なく譲渡会社の債務について責任を負わない旨を登記した場合である。
　第2（免責の通知）は、譲受会社及び譲渡会社の両者が債権者に対し、譲受会社が責任を負わない旨を個別的に通知した場合である。

訴訟物　　XのYに対する本条1項に基づく連帯債務履行請求権
　　　　　　＊XはA会社に対し売買契約に基づく売買代金請求権を有するが、本件の訴訟物（XのYに対する権利）の法的性質は売買代金請求権ではなく、本条1項に基づく連帯債務履行請求権である。
請求原因　1　XはA会社との間で、本件目的物を代金500万円で売買す

　　　　　　る契約を締結したこと
　　　　2　請求原因1の売買契約は、A会社の事業の範囲内であったこと
　　　　　＊請求原因1、2の事実は、請求原因1のA会社の売買代金債務が同社の事業によって生じたものであることを示す。
　　　　3　A会社はY会社に対し、その事業を譲渡したこと
　　　　4　Y会社はA会社の商号を続用すること

（免責の登記）
抗　弁　1　請求原因3の後、Y会社がA会社の債務について責任を負わない旨の登記を遅滞なくしたこと
　　　　　＊本条2項前段に基づく抗弁である。

（免責の通知）
抗　弁　1　請求原因3の後、A会社及びY会社から第三者Xに対しA会社の債務について責任を負わない旨を遅滞なく通知したこと
　　　　　＊本条2項後段に基づく抗弁である。

4　譲受会社の責任の消滅

　本条3項は、譲受会社が譲渡会社の債務について責任を負う場合の除斥期間を定める。譲渡会社の責任が、商号を続用する場合においては事業の譲渡後2年を経過したときは、その経過前に請求又は請求の予告をしない債権者に対して、その2年を経過した時点において譲渡会社の責任が消滅する。除斥期間は、時効のように完成の猶予、更新を認めない絶対的な権利そのものの存続期間である。したがって、時効と異なって、当然に効力を生じ、当事者が援用しなくても、裁判所はこれを基礎として裁判をしなければならない（最判平成元年12月21日民集43.12.2209〔27805392〕）。要件事実論の観点からすると、権利の消滅期限（終期）を起算点とそれから経過すべき一定期間をもって示したものであるから、除斥期間によって権利の消滅を主張する者は、起算点となる事実と、所定期間の経過を主張・立証すべきである（司研・要件事実第一巻176頁）。

訴訟物　　XのYに対する売買契約に基づく代金支払請求権
　　　　　＊本件は、Y会社がA会社に事業譲渡をしたところ、その譲渡に係る事業に属するY会社の債務の履行をXから求められたが、既に事業譲渡の日から2年が経過しているため、その期間の経過に先立って、XがY会社に対し売買代金の請

求又は請求の予告の有無が争点となった事案である。

請求原因 1 XはY会社との間で、本件目的物を代金500万円で売買する契約を締結したこと

(除斥期間)
抗　弁 1 請求原因1の売買契約は、Y会社の事業の範囲内のものであること
2 Y会社はA会社に対し、その事業を譲渡したこと
3 A会社はY会社の商号を続用すること
4 抗弁2の営業譲渡の日から2年が経過したこと
＊A会社が本条1項に基づいてYの債務について責任を負う場合におけるY会社の除斥期間の抗弁である。

(請求又は請求の予告)
再抗弁 1 抗弁4の期間の経過に先立って、XがY会社に対し売買代金の請求又は請求の予告をしたこと

5 譲受会社に対する弁済

　事業上の債権は、事業を構成するものとして事業譲渡とともに譲受会社に譲渡されることが多い。しかし、特約によって、事業上の債権を譲渡会社(元の債権者)のもとに留保することもあり得る。留保された場合には、債務者は債権者たる譲渡会社に対し弁済をしなければ、弁済の効力が生じないのが原則である。

　本条4項は、事業譲渡の譲受会社が譲渡会社の商号を続用する場合において、譲渡会社の事業上の債務者が譲受会社に対して弁済した場合は、その弁済が善意(事業譲渡のなされた事実を弁済者が知らないこと)でなされ、かつ、その善意に重大な過失のなかったときに限って、弁済の効力を認めることを定める。同項は、受領権者としての外観を有する者に対する弁済(民478条)と同趣旨の規定であり、要件事実論の観点からみると、債務者の(重)過失の有無の主張・立証責任については、次のように考えることができよう。つまり、民478条においては、弁済者が弁済に際して相手方が債権者でないことを知らなかったこと(「善意」)とともにその善意について過失が存在しなかったこと(「無過失の評価根拠事実」)の主張・立証責任を負担するものと解されている(最判昭和37年8月21日民集16.9.1809〔27002106〕)。元来、弁済は真の債権者に対してなされることが原則であり、本条4項の法文も「弁済者が善意でかつ重大な過失がないときは」としているところからすると、弁済者が自己の善意のみならずその善意に重過失が存

在しないことの基礎付け事実までをも主張・立証すべき責任を負うものと解すべきであろう。

訴訟物　　XのYに対する売買契約に基づく目的物引渡請求権
　　　　　　＊本件は、X会社がYから買い受けた目的物の引渡しを求めたところ、X会社がA会社に事業譲渡をしてA会社がX会社の商号を続用したため、Yは誤ってA会社に目的物を引き渡したので、この弁済の効力が争点となった事案である。

請求原因　1　YはX会社との間で、本件目的物を代金500万円で売買する契約を締結したこと
　　　　　　2　請求原因1の売買契約はX会社の事業の範囲内のものであること
　　　　　　3　X会社はA会社に対し、その事業を譲渡したこと
　　　　　　4　A会社はX会社の商号を続用すること
　　　　　　5　YはA会社に対し、本件目的物を引き渡したこと
（無重過失）
抗　弁　　1　Yは、請求原因5の当時、請求原因3の事業譲渡を知らなかったこと
　　　　　　2　抗弁1の善意につき、重大な過失の不存在の評価根拠事実

● (譲受人による債務の引受け)

第18条　譲受人が譲渡人の商号を引き続き使用しない場合においても、譲渡人の営業によって生じた債務を引き受ける旨の広告をしたときは、譲渡人の債権者は、その譲受人に対して弁済の請求をすることができる。
　　2　譲受人が前項の規定により譲渡人の債務を弁済する責任を負う場合には、譲渡人の責任は、同項の広告があった日後2年以内に請求又は請求の予告をしない債権者に対しては、その期間を経過した時に消滅する。

1　譲受人による債務引受け
　本条1項は、営業譲渡がされ、譲受人が譲渡人の商号を続用しない場合で

も、譲受人が譲渡人の営業によって生じた債務を引き受ける旨の広告をしたときは、譲渡人の債権者が譲受人に対しても債務の弁済を請求できることを定める。なお、要件事実論の観点からは、「譲受人が譲渡人の商号を引き続き使用しない」ことは、請求原因事実ではないと解すべきである。なぜならば、譲受人が譲渡人の商号を続用すること（17条1項）に代替する要件事実として、本条1項は、譲受人が譲渡人の営業によって生じた債務を引き受ける旨の広告をすることを必要としたからと考えられるからである。なお、実益のない議論であろうが、17条1項と本条1項とが別個の請求権であるとすると、理論的には、譲受人が譲渡人の商号を続用すること（本条1項の文言の反対事実）が、本条1項の請求原因に対し、一応、抗弁として位置付けられることとなろう。しかし、その場合においては、原告が17条1項の請求権を訴訟物に据えると（訴えの交換的変更）、被告が抗弁として主張した事実も併せて同条項の請求原因が成立することになり、実質的意味はなくなる。仮に、17条1項と本条1項とが同一の請求権であるとすると、譲受人が譲渡人の商号を続用することは抗弁として主張自体失当となる。

訴訟物　　XのYに対する本条1項に基づく連帯債務履行請求権

　　　　　＊XはAとの間で、本件目的物を500万円で売買し、その売買契約の属する営業をAがYに譲渡した。本件は、XがYに対して、YがAの営業によって生じた債務を引き受ける旨を広告したことを理由として、代金の支払を求めた事案である。

請求原因　1　XはAとの間に、本件目的物を代金500万円で売買する契約を締結したこと
　　　　　2　請求原因1の売買契約は、Aの営業の範囲内のものであること
　　　　　3　AはYに対し、その営業の譲渡をしたこと
　　　　　4　YはAの営業によって生じた債務を引き受ける旨を広告したこと
　　　　　＊平成17年改正前商28条に関し、かつ、会社の広告の事案であるが、「今般弊社は……品川線、湘南線の地方鉄道軌道業並に沿線バス事業をA会社より譲受け、Y会社として新発足することになりました」という広告は債務引受けの趣旨を包含するとの事例（最判昭和29年10月7日民集8.10.1795〔27003126〕）がある一方で、業務を承継した3社の実績を合

計すれば少ない月も１億数千万円、最高３億に近い売上成績を示しているにとどまる表現ではその趣旨を含むと解されないとする事例（最判昭和36年10月13日民集15.9.2320〔27002249〕【23】）があり、その事実認定の境界は微妙である。

（除斥期間）
抗　弁　1　請求原因４の広告があった日
　　　　2　抗弁１の日から２年経過したこと
　　　　＊本条２項に基づく抗弁である。

（請求又は請求の予告）
再抗弁　1　ＸはＹに対し、抗弁２の期間が経過するに先立って請求又は請求の予告をしたこと
　　　　＊本条２項に基づく再抗弁である。

2　営業譲渡人の責任の除斥期間

　本条２項は、譲受人が譲渡人の債務について責任を負う場合の譲渡人の責任の除斥期間を定める。すなわち、譲渡人の責任が、商号を続用しない場合においては債務引受けの広告をした時から２年を経過したときは、その経過前に請求又は請求の予告をしない債権者に対して、その２年を経過した時点において譲渡人の責任が消滅することを定める。

　除斥期間は、時効のような完成の猶予、更新を認めない絶対的な権利そのものの存続期間である。したがって、時効と異なって、当然に効力を生じ、当事者が援用しなくても、裁判所はこれを基礎として裁判をしなければならない（最判平成元年12月21日民集43.12.2209〔27805392〕）。要件事実論の観点からすると、権利の消滅期限（終期）を起算点とそれから経過すべき一定期間をもって示したものであるから、除斥期間によって権利の消滅を主張する者は、起算点となる事実と、所定期間の経過を主張・立証すべきである（司研・要件事実第一巻176頁）。

訴訟物　　　ＸのＹに対する売買契約に基づく売買代金請求権
　　　　＊本件は、ＸはＹに対して売買代金の支払を求めたところ、Ｙは、その売買契約が属する営業をＡに譲渡し、ＡはＹの営業によって生じた債務を引き受ける旨を広告してから２年が経過したと抗弁した事案である。

請求原因　1　ＸはＹとの間で、本件目的物を代金500万円で売買する契

約を締結したこと
(除斥期間)
抗弁 1　請求原因1の売買契約は、Yの営業の範囲であったこと
　　　2　YはAに対し、その営業を譲渡したこと
　　　3　AはYの営業によって生じた債務を引き受ける旨を広告したこと
　　　4　抗弁3の広告をした日から2年が経過したこと
　　　　＊Aが本条1項に基づいてYの債務について責任を負う場合における本条2項に基づくYの除斥期間の抗弁である。
(先立つ請求)
再抗弁 1　抗弁4の期間の経過に先立って、XはYに対し売買代金の請求又は請求の予告をしたこと

■ **(参考)**(譲受会社による債務の引受け)

会社法第23条　譲受会社が譲渡会社の商号を引き続き使用しない場合においても、譲渡会社の事業によって生じた債務を引き受ける旨の広告をしたときは、譲渡会社の債権者は、その譲受会社に対して弁済の請求をすることができる。
　　2　譲受会社が前項の規定により譲渡会社の債務を弁済する責任を負う場合には、譲渡会社の責任は、同項の広告があった日後2年以内に請求又は請求の予告をしない債権者に対しては、その期間を経過した時に消滅する。

1　意義
　本条は、事業譲渡がされ、譲受会社が譲渡会社の商号を続用しない場合であっても、譲受会社が譲渡会社の営業によって生じた債務を引き受ける旨の広告をしたときは、たとえ、債務引受契約をしない場合でも、債務を引き受けたような外観を作り出したのであるから、債権者が譲受会社に対しても債務の弁済を請求できることを定める。
　最判昭和29年10月7日民集8.10.1795〔27003126〕は、「商法26条〔会社22条〕は、譲受人が譲渡人の商号を続用する結果営業の譲渡あるにも拘わらず債権者の側より営業主体の交替を認識することが一般に困難であるか

ら、譲受人のかかる外観を信頼した債権者を保護する為に、譲受人もまた右債務弁済の責に任ずることとしたのであり、同 28 条［会社 23 条］は、譲受人が譲渡人の商号を続用しない場合であるから、譲受人が右のごとき外観を呈することはないから、一般的には譲渡人のみ債務を負担し、譲受人に債務弁済の責任を負わせる必要はないが、特に譲渡人の営業に因つて生じた債務を引受くる旨を広告したときは、譲受人に右債務弁済の責任を負担せしめることとした」と判示する。

2　債務引受広告

前掲昭和 29 年最判は、「右 28 条［商 18 条］において、譲渡人の営業に因つて生じた債務を引受ける旨を広告するというのは、同条の法意から見て、その広告の中に必ずしも債務引受の文字を用いなくとも、広告の趣旨が、社会通念の上から見て、営業に因つて生じた債務を引受けたものと債権者が一般に信ずるが如きものであると認められるようなものであれば足りると解すべきであるところ、……本件広告の内容は、『今般弊社は 6 月 1 日を期し品川線、湘南線の地方鉄道軌道業竝に沿線バス事業を東京急行電鉄株式会社より譲受け、京浜急行電鉄株式会社として新発足することになりました』というにあり、ここに『地方鉄道軌道業竝に沿線バス事業を……譲受け』とあるのは、この場合は、右事業に伴う営業上の債務をも引受ける趣旨を包含すると解するを相当とし、また営業譲渡人が営業上の不法行為によつて負担する損害賠償債務が、商法 28 条の『営業に因つて生じた債務』に該当すると解するを相当とする。それ故、本件広告の文中には、譲渡人東京急行電鉄株式会社の営業によつて生じた債務を引受けることは明記されていないが、本件債務は右譲渡人の営業上の不法行為によつて生じたものであり、これに関し譲渡人と被上告人等との間に示談の交渉があつたにせよ、未だ示談の成立しない間に、本件広告がなされ、右広告は、営業に因つて生じた債務をも引受けた趣旨と解するを相当とする……から、営業譲受人たる上告人において、右債務を弁済すべき責を負うべきもの……」と判示する。

3　「譲受会社が譲渡会社の商号を続用しない」との要件

要件事実論の観点からは、「譲受会社が譲渡会社の商号を続用しない」ことは、請求原因事実ではないと解すべきである。なぜならば、譲受会社が譲渡会社の商号を続用すること（22 条 1 項）に代替する要件事実として、本条は、譲受会社が譲渡会社の営業によって生じた債務を引き受ける旨の広告をすることを必要としたと考えられるからである。

また、22条1項と本条とが別個の請求権であるとすると、理論的には、事業の譲受会社が譲渡会社の商号を続用すること（本条の文言の反対事実）が、本条の請求原因に対し、一応、抗弁として位置付けられる。しかし、その場合においては、原告が22条1項の請求権を訴訟物に据えると（訴えの交換的変更）、被告が抗弁として主張した事実も併せて同条項の請求原因が成立することになる。仮に22条1項と本条とが同一の請求権であるとすると、譲受会社が譲渡会社の商号を続用することは抗弁として主張自体失当となろう。

訴訟物　　XのYに対する本条に基づく連帯債務履行請求権
＊本件は、XはA株式会社に売買代金債権を有していたところ、A会社がY会社にその事業を譲渡し、かつ、Y会社がA会社の事業によって生じた債務を引き受ける旨を広告したため、XはY会社に対しその支払を求めた事案である。

請求原因　1　XはA会社との間で、本件目的物を代金500万円で売買する契約を締結したこと
2　請求原因1の売買契約は、A会社の事業の範囲内のものであること
3　A会社はY会社に対し、その事業を譲渡したこと
4　Y会社がA会社の事業によって生じた債務を引き受ける旨を広告したこと
＊東京高判昭和35年7月4日判タ108.47〔27410633〕は、営業譲渡人の債権者に対して個別的に通知することによってその旨を表示した場合であるが、「前記通知は、これをもつて一般公衆に対する告知手段例えば新聞、チラシ等によつて多数人に対し一定の事実を認識させることを本質とする広告をしたものということはできないが、本条の立法趣旨は、営業の譲受人（表見譲受人を含む。以下同じ）が譲渡人（表見譲渡人を含む。以下同じ）の営業によつて生じた債務を引き受ける旨を表示したときは、たとえ、債務引受契約をしない場合でも、債務を引き受けたような外観を作り出したという理由で特に債務弁済の義務を負わせることにしたのであるから、営業譲受人が債務を引き受ける旨を広告によつて表示した場合に限らず、営業譲渡人の債権者に対して個別的に通知することによつてその旨を表示した場合にも、その債権者と

の関係では、本件に従い、営業譲受人に債務弁済の責を負わせるのが相当である」と判示する。

＊前掲昭和29年最判のように「今般弊社は品川線、湘南線の地方鉄道軌道業並に沿線バス事業をＡ会社より譲り受け、Ｙ会社として新発足することになりました」という広告は債務引受けの趣旨を包含するとの事例がある一方で、「因みに業務を承継しました3社の実績を合計いたしますと少き月も1億数千万円、最高3億に近い売上成績を示しているのであります」との表現ではその趣旨を含むと解されないとの事例（最判昭和36年10月13日民集15.9.2320〔27002249〕）があり、その事実認定の境界は微妙である。

4　譲渡会社の責任の消滅

本条2項は、譲受会社が譲渡会社の債務について責任を負う場合の除斥期間を定める。すなわち、譲渡会社の責任が、商号を続用しない場合においては債務の引受け広告をした時から2年を経過したときは、その経過前に請求又は請求の予告をしない債権者に対して、その2年を経過した時点において営業譲渡人の責任が消滅することを定める。22条3項においても、述べたことであるが、権利の消滅期限（終期）を起算点とそれから経過すべき一定期間をもって示したものであるから、除斥期間によって権利の消滅を主張する者は、起算点となる事実と、所定期間の経過を主張・立証すべきである。下記の抗弁は、前記3の設例の請求原因に対する抗弁である。

訴訟物	ＸのＹに対する本条に基づく連帯債務履行請求権

＊本件は、前掲2の事案と同一であるが、ＸがＡ会社（譲渡会社）に有していた売買代金債権について、債務引受広告をしたＹ会社（事業譲受会社）に対し連帯債務履行請求をしたところ、既に債務引受公告の日から2年が経過していたため、その期間経過に先立って、ＸがＹ会社に対し売買代金の請求又は請求の予告をしたか否かが争点となった事案である。

請求原因	1　ＸはＡ会社との間で、本件目的物を代金500万円で売買する契約を締結したこと

　　2　請求原因1の売買契約は、Ａ会社の事業の範囲内のものであること

              3　A会社はY会社に対し、その事業を譲渡したこと
              4　Y会社がA会社の事業によって生じた債務を引き受ける旨
                を広告したこと
(除斥期間)
抗　　弁　1　請求原因4の広告をした日から2年が経過したこと
              ＊Aが本条1項に基づいてYの債務について責任を負う場合
                におけるYの除斥期間の抗弁である。
(請求又は請求の予告)
再 抗 弁　1　抗弁1の期間の経過に先立って、XがY会社に対し売買代
                金の請求又は請求の予告をしたこと

■ **(参考)** (商人との間での事業の譲渡又は譲受け)

会社法第24条　会社が商人に対してその事業を譲渡した場合には、当該会
　　　社を商法第16条第1項に規定する譲渡人とみなして、同法第17条か
　　　ら第18条の2までの規定を適用する。この場合において、同条第3
　　　項中「又は再生手続開始の決定」とあるのは、「、再生手続開始の決
　　　定又は更生手続開始の決定」とする。
　　2　会社が商人の営業を譲り受けた場合には、当該商人を譲渡会社とみ
　　　なして、前3条の規定を適用する。この場合において、前条第3項中
　　　「、再生手続開始の決定又は更生手続開始の決定」とあるのは、「又は
　　　再生手続開始の決定」とする。

1　本条の意義
　21条ないし23条は、会社間の事業譲渡についての規定であり、他方、商
16条ないし18条の2は、個人事業者たる商人間の事業譲渡の規定である。
そのため、会社と商人との間の事業譲渡に対する規律が存在していない。本
条は、その間隙を埋めるものであり、会社と商人との間の事業譲渡について
の規定である。

2　会社が商人に対してその事業を譲渡した場合
　会社が商人に対してその事業を譲渡した場合には、その会社を商16条1
項に規定する譲渡人とみなして、同法17条ないし18条の2の規定を適用す

る（本条1項、神田秀樹『会社法〈第20版〉』弘文堂（2018年）20頁）。譲渡会社が商16条1項の譲渡人とみなされる結果、負うこととなる競業禁止の内容は21条と同様であり、具体的設例は同条の設例における譲受会社が譲受人と代わるだけである。以下においては、商17条と18条の適用についてみることとする。

(1) 商17条の適用

商17条を、本条1項に従って読み替えた結果は、次のとおりである。

営業（事業）を譲り受けた商人（譲受商人）が譲渡会社の商号を引き続き使用する場合には、その譲受商人も、譲渡会社の営業によって生じた債務を弁済する責任を負う。しかし、例外として、①営業譲渡後、譲受商人が譲渡会社の債務を弁済する責任を負わない旨を遅滞なく登記した場合には、譲受商人は責任を負わないし、②営業譲渡後、譲受商人及び譲渡会社から第三者に対し遅滞なくその旨の通知をした場合において、その通知を受けた第三者についても、譲受商人は責任を負わない。

また、譲受商人が商17条1項の規定により譲渡会社の債務を弁済する責任を負う場合には、譲渡会社の責任は、営業を譲渡した日後2年以内に請求又は請求の予告をしない債権者に対しては、その期間を経過した時に消滅する。

さらに、譲受商人が商17条1項の規定により譲渡会社の債務を弁済する責任を負う場合には、譲渡会社の営業によって生じた債権について、その譲受商人にした弁済は、弁済者が善意でかつ重大な過失がないときは、その効力を有することとなる。

訴訟物	XのYに対する商17条1項（本条1項）に基づく連帯債務履行請求権
	*本件は、本条1項が適用になる典型例である。すなわち、A会社はY商人に対し、A会社の甲事業を譲渡し、YはA会社の商号を続用する場合に、A会社と取引をしたXがその取引上の請求権についてYに対し、その履行を求めたものであるが、Yからは免責の登記あるいは通知がされたとの抗弁が提出された事案である。
請求原因	1　A会社はYとの間で、A会社の甲事業を譲渡したこと
	2　YはA会社の商号を続用すること
	3　XはA会社との間で、本件目的物を代金500万円で売買する契約を締結したこと

会社法第 24 条   137

　　　　4　請求原因 3 の売買契約は、A 会社の甲事業の範囲内であること

(免責の登記)
抗　弁　1　請求原因 1 の後、Y が A 会社の債務について責任を負わない旨の登記を遅滞なくしたこと
　　　　＊商 17 条 2 項前段 (本条 1 項) に基づく抗弁である。

(免責の通知)
抗　弁　1　請求原因 1 の後、A 会社及び Y から X に対し A 会社の債務について Y が責任を負わない旨を遅滞なく通知したこと
　　　　＊商 17 条 2 項後段 (本条 1 項) に基づく抗弁である。

訴 訟 物　X の Y に対する売買契約に基づく代金支払請求権
　　　　＊本件は、Y 会社に対する売買契約に基づく代金請求の訴えであるが、Y 会社がその事業を商人 A に譲渡し、A が商号続用によって譲渡会社 Y の債務を負う場合で、事業を譲渡した日から既に 2 年も経過しているため、その期間経過に先立って X が請求又は請求の予告をしたかが争点となった事案である。

請求原因　1　X は Y 会社との間で、本件目的物を代金 500 万円で売買する契約を締結したこと

(除斥期間)
抗　弁　1　請求原因 1 の売買契約は Y 会社の事業の範囲内のものであること
　　　　2　Y 会社は A に対し、その事業を譲渡したこと
　　　　3　A は Y 会社の商号を続用すること
　　　　4　抗弁 2 の事業譲渡の日から 2 年が経過したこと
　　　　＊商 17 条 3 項 (本条 1 項) に基づく Y 会社の除斥期間の抗弁である。

(請求又は請求の予告)
再抗弁　1　抗弁 4 の期間の経過に先立って、X が Y 会社に対し売買代金の請求又は請求の予告をしたこと

訴 訟 物　X の Y に対する売買契約に基づく目的物引渡請求権
　　　　＊本件は、X 会社が売買契約に基づき Y に対し目的物の引渡しを求めたが、X 会社が A (商人) に事業譲渡をし、A が

X会社の商号を続用していたので、YはAに目的物を引き渡したと抗弁した事案である。

請求原因 1 YはX会社との間で、本件目的物を代金500万円で売買する契約を締結したこと

（譲受商人に対する弁済）
抗　弁 1 請求原因1の売買契約はX会社の事業の範囲内のものであること
2 X会社はAに対し、その事業を譲渡したこと
3 AはX会社の商号を続用すること
4 YはAに対し、本件目的物を引き渡したこと
5 Yは、抗弁4の当時、抗弁2の事業譲渡を知らなかったこと
6 抗弁5の善意につき、重大な過失の不存在の評価根拠事実
　＊商17条4項（本条1項）に基づくYの弁済の抗弁である。

(2) 商18条の適用
　商18条を、本条1項に従って読み替えた結果は、次のとおりである。
　譲受商人が譲渡会社の商号を引き続き使用しない場合においても、譲渡会社の事業によって生じた債務を引き受ける旨の広告をしたときは、譲渡会社の債権者は、その譲受商人に対して弁済の請求をすることができる。このように、譲受商人が商18条によって譲渡会社の債務を弁済する責任を負う場合には、譲渡会社の責任は、債務引受けの広告があった日後2年以内に請求又は請求の予告をしない債権者に対しては、その期間を経過した時に消滅することとなる。

訴訟物 　XのYに対する商18条1項（本条1項）に基づく連帯債務履行請求権
　　　　＊本件は、XはA株式会社に売買代金債権を有していたところ、A会社が個人商人Yにその事業を譲渡し、かつ、YがA会社の事業によって生じた債務を引き受ける旨を広告したため、XはYに対しその支払を求めた事案である。

請求原因 1 XはA会社との間で、本件目的物を代金500万円で売買する契約を締結したこと
2 請求原因1の売買契約は、A会社の事業の範囲内のものであること

                3　A会社はYに対し、その事業を譲渡したこと
                4　YがA会社の事業によって生じた債務を引き受ける旨を広告したこと

- **訴訟物**　　XのYに対する売買契約に基づく代金支払請求権
    ＊本件は、XがY会社に対し売買契約に基づく代金支払を求める訴えであるが、Y会社は既にその債権が帰属する事業をA商人に譲渡し、Aが債務引受広告をしていて、既に事業譲渡の日から2年が経過していたので、Xがこの期間経過に先立って、Y会社に請求又は請求の予告をしたか否かが争点となった事案である。
- **請求原因**　1　XはY会社との間で、本件目的物を代金1,000万円で売買する契約を締結したこと

（除斥期間）
- **抗　弁**　1　請求原因1の売買契約はY会社の事業の範囲であったこと
    2　Y会社はAに対し、その事業を譲渡したこと
    3　AがY会社の事業によって生じた債務を引き受ける旨を広告したこと
    4　抗弁3の広告をした日から2年が経過したこと
    ＊Aが商18条2項（本条1項）に基づいてYの債務について責任を負う場合におけるYの除斥期間の抗弁である。

（請求又は請求の予告）
- **再抗弁**　1　抗弁4の期間の経過に先立って、XがY会社に対し売買代金の請求又は請求の予告をしたこと

3　会社が商人の営業を譲り受けた場合

　会社が商人の営業を譲り受けた場合には、その商人を譲渡会社とみなして、22条、23条の規定を適用する（本条2項、神田・前掲20頁）。

（1）22条の適用

　22条を、本条2項に従って読み替えた結果は、次のとおりである。

　商人から営業を譲り受けた会社（譲受会社）が譲渡商人の商号を引き続き使用する場合には、その譲受会社も、譲渡商人の営業によって生じた債務を弁済する責任を負う。

　しかし、例外として、①営業譲渡後、譲受会社が譲渡商人の債務を弁済する責任を負わない旨を遅滞なく登記した場合には譲受会社は責任を負わない

し、②営業譲渡後、譲受会社及び譲渡商人から第三者に対し遅滞なくその旨の通知をした場合において、その通知を受けた第三者についても、譲受会社は責任を負わない。

また、譲受会社が22条1項の規定により譲渡商人の債務につき弁済する責任を負う場合には、譲渡商人の責任は、営業を譲渡した日後2年以内に請求又は請求の予告をしない債権者に対しては、その期間を経過した時に消滅する。

さらに、譲受会社が22条1項の規定により譲渡商人の債務につき弁済する責任を負う場合には、譲渡商人の営業によって生じた債権について、その譲受会社にした弁済は、弁済者が善意でかつ重大な過失がないときは、その効力を有することとなる。

訴訟物　　　XのYに対する22条1項に基づく連帯債務履行請求権
　　　　　＊本件は、本条2項が適用になる典型例である。すなわち、A商人はY会社に対し、Aの甲営業を譲渡し、Y会社はAの商号を続用する場合に、Aと取引をしたXがその取引上の請求権についてY会社に対し、その履行を求めたものであるが、Y会社からは免責の登記あるいは通知がなされた旨の抗弁が提出された事案である。

請求原因　1　AはY会社に対し、Aの甲営業を譲渡したこと
　　　　　2　Y会社はAの商号を続用すること
　　　　　3　XはAとの間で、本件目的物を代金500万円で売買する契約を締結したこと
　　　　　4　請求原因3の売買契約は、Aの甲営業の範囲内であること

（免責の登記）
抗　弁　　1　請求原因1の後、Y会社がAの債務について責任を負わない旨の登記を遅滞なくしたこと
　　　　　＊22条2項前段（本条2項）に基づく抗弁である。

（免責の通知）
抗　弁　　1　請求原因1の後、遅滞なくA及びY会社から第三者Xに対しAの債務についてY会社が責任を負わない旨を通知したこと
　　　　　＊22条2項後段（本条2項）に基づく抗弁である。

訴訟物　　　XのYに対する売買契約に基づく代金支払請求権

会社法第 24 条　141

＊本件は、Y商人に対する売買契約に基づく代金請求の訴えであるが、Yが既にその営業をA株式会社に譲渡し、A会社が商号続用によってYの債務につき弁済する責任を負う場合で、営業を譲渡した日から既に2年も経過しているため、その期間経過に先立ってXが請求又は請求の予告をしたかが争点となった事案である。

請求原因　1　XはYとの間で、本件目的物を代金500万円で売買する契約を締結したこと

（除斥期間）

抗　弁　1　請求原因1の売買契約はYの営業の範囲内のものであること
2　YはA会社に対し、その営業を譲渡したこと
3　A会社はYの商号を続用すること
4　抗弁2の営業譲渡の日から2年が経過したこと
＊22条3項（本条2項）に基づくY会社の除斥期間の抗弁である。

（請求又は請求の予告）

再抗弁　1　抗弁4の期間の経過に先立って、XがYに対し売買代金の請求又は請求の予告をしたこと

訴訟物　XのYに対する売買契約に基づく目的物引渡請求権
＊本件は、譲受会社Aが22条1項（本条2項）の規定により譲渡商人Xの債務につき弁済する責任を負う場合において、Xの営業によって生じた債権について、債務者YがA会社に弁済をしたところ、XがYに対し目的物の引渡しを求めた事案である。

請求原因　1　YはXとの間で、本件目的物を代金500万円で売買する契約を締結したこと

（譲受会社に対する弁済）

抗　弁　1　請求原因1の売買契約はXの営業の範囲内のものであること
2　XはA会社に対し、その営業を譲渡したこと
3　A会社はXの商号を続用すること
4　YはA会社に対し、本件目的物を引き渡したこと
5　Yは、抗弁4の当時、抗弁2の営業譲渡を知らなかったこ

6 抗弁5の善意につき、Yに重大な過失が存在しないとの評価根拠事実
＊22条4項（本条2項）に基づく弁済の抗弁である。

(2) 23条の適用

23条を本条2項に従って読み替えると、譲受会社が譲渡商人の商号を引き続き使用しない場合においても、譲渡商人の営業によって生じた債務を引き受ける旨の広告をしたときは、譲渡商人の債権者は、その譲受会社に対して弁済の請求をすることができる。このように、譲受会社が譲渡商人の債務を弁済する責任を負う場合には、譲渡商人の責任は、債務引受けの広告があった日後2年以内に請求又は請求の予告をしない債権者に対しては、その期間を経過した時に消滅することとなる。

訴訟物　XのYに対する23条2項（本条2項）に基づく連帯債務履行請求権
＊本件は、XはAに売買代金債権を有していたところ、AがY会社にその営業を譲渡し、かつ、Y会社がAの事業によって生じた債務を引き受ける旨を広告したため、XはY会社に対しその支払を求めた事案である。

請求原因
1　XはAとの間で、本件目的物を代金○万円で売買する契約を締結したこと
2　請求原因1の売買契約は、Aの営業の範囲内のものであること
3　AはY会社に対し、その営業を譲渡したこと
4　Y会社がAの営業によって生じた債務を引き受ける旨を広告したこと

訴訟物　XのYに対する売買契約に基づく代金支払請求権
＊本件は、XがY商人に対し売買契約に基づく代金支払を求める訴えであるが、Yはその債権が帰属する事業をA会社に譲渡し、A会社が債務引受広告をしていて、既に事業譲渡の日から2年が経過していたので、Xがその期間経過に先立って、Yに請求又は請求の予告をしたか否かが争点となった事案である。

請求原因 1　XはYとの間で、本件目的物を代金1,000万円で売買する契約を締結したこと

（除斥期間）
抗　弁 1　請求原因1の売買契約はYの営業の範囲であったこと
2　YはA会社に対し、その営業を譲渡したこと
3　A会社がYの営業によって生じた債務を引き受ける旨の広告をしたこと
4　抗弁3の広告をした日から2年が経過したこと
＊23条（本条2項）に基づくYの除斥期間の抗弁である。

（請求又は請求の予告）
再抗弁 1　抗弁4の期間の経過に先立って、XがYに対し売買代金の請求又は請求の予告をしたこと

● (詐害営業譲渡に係る譲受人に対する債務の履行の請求) ━━━━

第18条の2　譲渡人が譲受人に承継されない債務の債権者（以下この条において「残存債権者」という。）を害することを知って営業を譲渡した場合には、残存債権者は、その譲受人に対して、承継した財産の価額を限度として、当該債務の履行を請求することができる。ただし、その譲受人が営業の譲渡の効力が生じた時において残存債権者を害することを知らなかったときは、この限りでない。
2　譲受人が前項の規定により同項の債務を履行する責任を負う場合には、当該責任は、譲渡人が残存債権者を害することを知って営業を譲渡したことを知った時から2年以内に請求又は請求の予告をしない残存債権者に対しては、その期間を経過した時に消滅する。営業の譲渡の効力が生じた日から10年を経過したときも、同様とする。
3　譲渡人について破産手続開始の決定又は再生手続開始の決定があったときは、残存債権者は、譲受人に対して第1項の規定による請求をする権利を行使することができない。

1　沿革
　詐害的営業譲渡に関する本条は、平成26年の商法改正において設けられた。平成29年改正前の民426条後段は、詐害行為取消権について、行為の

時から20年を経過したときに消滅するとしていたが、新たな民426条後段は、これを行為の時から10年を経過したときは詐害行為取消権についての訴えは提起することができないものとした。これに伴い、詐害行為取消権と同様の効果を生じさせる詐害営業譲渡に係る譲受人に対する債務の履行の請求権についても、営業譲渡の効力が生じた日から10年を経過したときに消滅するものとされた（本条2項後段）。このほか、本条1項ただし書中、「残存債権者を害すべき事実」が、「残存債権者を害すること」に改められている。これは、民424条1項と同様に、本文とただし書との表現の調整のための改正にすぎない（大野晃宏「民法（債権関係）改正に伴う商法改正の概要－整備法（平成29年法律第45号）の解説－」商事法務2154号（2017年）5頁）。

2　詐害的営業譲渡

　譲渡人が譲受人に承継されない債務の債権者（残存債権者）を害すること（債務の履行を受けることができなくなる事実）を知って営業を譲渡した場合には、残存債権者はその譲受人に対して、承継した財産の価額を限度として当該債務の履行を請求することができる（本条1項本文）。譲受人が譲渡人の商号を続用しているか否かは関係しない。

　営業譲渡の際に、譲渡人が消極財産（負債）を正確に開示しなかったために、譲受人には隠された譲渡人の債務（残存債権）が存在しかつその残存債権者が害される事実を知らなかったという事例は生じることがある。このように、営業譲渡の効力が生じる時に、譲渡人は残存債権者を害する事実を知っていたが、譲受人はその事実を知らなかったときは、残存債権者は譲受人に対して当該債務の履行を請求することはできない（本条1項ただし書）。

　譲受人が残存債権者に対して債務を履行する責任を負う場合の当該責任は、譲渡人が残存債権者を害することを知って営業を譲渡したことを知った時から2年以内に請求又は請求の予告をしない残存債権者に対しては、その期間を経過した時に消滅し、また営業譲渡の効力が生じた日から20年を経過したときにも消滅する（本条2項）。

　譲渡人について破産手続開始の決定又は再生手続開始の決定があったときは、残存債権者は譲受人に対して当該債務の履行を請求することはできない（本条3項）。譲渡人につき破産手続開始の決定がされた場合には、その時点での他の債権者たちも均しく扱われるべきであり、特定の残存債権者だけが譲受人から支払を受けるのは相当でないからである。また、譲渡人につき再生手続開始の決定がされた場合には、残存債権者は再生債権の届出を行な

い、再生計画の定めに従ってのみ弁済を受けることができる（民再85条1項）。

訴訟物　　XのAに対する売買契約に基づく代金支払請求権
　　　　　　＊譲渡人Aが譲受人Yに承継されない債務の債権者（残存債権者）Xを害することを知って営業を譲渡した場合には、XはYに対してその承継されない債務の履行を求めたところ、Yは、①Xを害することを知らなかったこと、②承継した財産の価額を限度とすべきであること、③除斥期間の経過を主張した事案である。

請求原因　1　Xは商人Aに対して、売買契約に基づく代金支払請求権1,000万円を有すること
　　　　　　2　AはYに営業を譲渡したこと
　　　　　　3　AY間の営業譲渡においては、請求原因1の売買代金債権が承継されない合意をしたこと
　　　　　　4　Aは、請求原因2の営業譲渡がXを害することを知っていたこと

（善意）
抗弁　　　1　Yが、請求原因2の営業の譲渡の対力が生じた時に、残存債権者を害することを知らなかったこと
　　　　　　＊本条1項但書に基づく抗弁である。

（承継した財産額）
抗弁　　　1　Yが承継した財産の価額額
　　　　　　＊本条1項本文による残存債権者Xは、「承継した財産の価額を限度として、当該債務の履行を請求することができる」と定めていることによる抗弁である。

（短期の消滅期間）
抗弁　　　1　AがXを害することを知って営業を譲渡したことを知った時
　　　　　　2　抗弁1の時から2年が経過したこと

（請求又は請求の予告）
再抗弁　　1　抗弁2の期間経過に先立って、請求又は請求の予告をしたこと

（長期の消滅期間）
抗弁　　　1　営業の譲渡の効力が生じた日

2　抗弁1の日から10年を経過したこと
（請求又は請求の予告）
再抗弁　1　抗弁2の期間経過に先立って、請求又は請求の予告をしたこと

3　請求権の消滅期間
　本条2項後段において、請求権の長期の消滅期間が、平成29年改正民426条後段にならって、10年に短縮されている。同条同項の短期の消滅期間の2年、長期の消滅期間の10年の各法的性質については議論がある。改正前から、同条同項前段の2年についての定めは、「時効によって」という文言が付されていなかった（例えば、会社701条はその文言が付されている）。もっとも、改正後も「消滅する」との文言はそのまま維持されており、「行使することができない」と改められてもいない。本条1項の請求権は、多くは訴えによって行使されるであろうが、文理上、訴えのみによって行使されるとの制限はない。そうすると、同条同項にいう「消滅する」の意義は、従来どおり、除斥期間と解すべきであろう。したがって、同条同項前段の2年、後段の10年は、ともに除斥期間であり、完成猶予も更新も認められない。そのため、訴えによる場合は、これらの期間は出訴期間であると解される（浅木・通論補巻I 88頁）。

■　**（参考）**（詐害事業譲渡に係る譲受会社に対する債務の履行の請求）-

会社法第23条の2　譲渡会社が譲受会社に承継されない債務の債権者（以下この条において「残存債権者」という。）を害することを知って事業を譲渡した場合には、残存債権者は、その譲受会社に対して、承継した財産の価額を限度として、当該債務の履行を請求することができる。ただし、その譲受会社が事業の譲渡の効力が生じた時において残存債権者を害することを知らなかったときは、この限りでない。
　2　譲受会社が前項の規定により同項の債務を履行する責任を負う場合には、当該責任は、譲渡会社が残存債権者を害することを知って事業を譲渡したことを知った時から2年以内に請求又は請求の予告をしない残存債権者に対しては、その期間を経過した時に消滅する。事業の譲渡の効力が生じた日から10年を経過したときも、同様とする。
　3　譲渡会社について破産手続開始の決定、再生手続開始の決定又は更生手続開始の決定があったときは、残存債権者は、譲受会社に対して

第1項の規定による請求をする権利を行使することができない。

　平成26年の商法改正において詐害的営業譲渡に関する規定（商18条の2）が設けられた。同年の会社法改正において詐害的事業譲渡につき会社法にも同一内容の規定（本条）が設けられたものである。商法改正と平仄を合わせ、本条1項但書中、「残存債権者を害すべき事実」が、「残存債権者を害すること」に改められ、加えて、同条2項後段中、「20年」が「10年」に改められた。商18条の2において、詐害的営業譲渡について述べたことは、詐害的事業譲渡についても妥当する。

第5章　商業帳簿

第 19 条　商人の会計は、一般に公正妥当と認められる会計の慣行に従うものとする。
　2　商人は、その営業のために使用する財産について、法務省令で定めるところにより、適時に、正確な商業帳簿（会計帳簿及び貸借対照表をいう。以下この条において同じ。）を作成しなければならない。
　3　商人は、帳簿閉鎖の時から 10 年間、その商業帳簿及びその営業に関する重要な資料を保存しなければならない。
　4　裁判所は、申立てにより又は職権で、訴訟の当事者に対し、商業帳簿の全部又は一部の提出を命ずることができる。

1　公正妥当な会計慣行

　本条 1 項は、平成 17 年改正前商 32 条 2 項（「商業帳簿ノ作成ニ関スル規定ノ解釈ニ付テハ公正ナル会計慣行ヲ斟酌スベシ」）に対応する規定である。両条の文言を比較すると、2 点が文言上異なるが、実質的な変更はない。①「規定ノ解釈」に関する規定から「商人の会計」に関する規定に変更されたが、旧商法においても、同法に規定がある事項に限らず、規定がない事項についても、会計慣行を斟酌しなければならないと解釈されていた。②「斟酌スベシ」から「従う」への変更も、改正前商法の「斟酌」は、企業会計の慣行に従わない会計処理を容認する趣旨でないと解されていた。
　本条 1 項にいう「一般に公正妥当と認められる会計の慣行」は、企業の財政状態ないし経営状態を明らかにするという商業帳簿の目的に照らして、妥当かつ合理的と判断される会計慣行を意味する。企業会計原則（大蔵省企業会計審議会最終改正昭和 57 年 4 月 20 日）は、その慣行が結実したものといってよいであろう。例えば、企業会計原則の中から、「継続性の原則」についてみると次のとおりである。
　企業会計原則第一（一般原則）の五は、「企業会計は、その処理の原則及び手続を毎期継続して適用し、みだりにこれを変更してはならない」と定める。この定めるところは、本条 1 項を通じて、商人の会計においても、会計

処理方法のみだりな変更ないし正当な理由によらない変更は許されないと解される。継続性の原則が問題となるのは、1つの会計事実に関して2つ以上の会計処理の原則又は手続の選択適用が認められている場合（例えば、有価証券の評価基準、棚卸資産の評価基準、有形固定資産の減価償却方法、繰延資産の会計処理）である。したがって、継続性の原則に違反することを主張する者が、処理原則及び手続をみだりに変更したことを主張・立証すべき責任を負担すると解される。

2　商業帳簿

　本条2項は、商人が営業上の財産及び損益の状況を明らかにするために商業帳簿（会計帳簿、貸借対照表）を適時にかつ正確に作成すべきことを定める。

　会計帳簿（仕訳帳、日記帳、総勘定元帳、各種の補助元帳）は、一定時期における商人の営業上の財産及びその価額並びに一定期間における取引その他営業上の財産に影響を及ぼすべき事項（法律行為のみならず、事故、災害などによる財産の減失・毀損などを含む）を記載する帳簿である。

　貸借対照表は、決算日における営業用財産の状態を明らかにする一覧表である。資産、負債、純資産の各部からなり、勘定科目ごとに価額を示したものである。勘定式の場合、借方には資産（財産的価値のあるもの）が記載され、貸方には負債（法律上の債務と負債性の引当金）と資本金・当期純利益とが記載される。

　会社・外国会社以外の商人は開業時に貸借対照表を作成し、また、各営業年度（営業年度の末日を変更する場合を除き1年を超えることができない）に係る貸借対照表を作成しなければならない（商施則7条）。

　商業帳簿の作成は、適時性を欠いた記帳（税務申告時の一括記帳など）をせず、商業帳簿に記載すべき事象が発生した場合には、適時にこれを記帳すべきものである。適時性を欠く記帳は、数字を人為的に調整する等の不正が行なわれる可能性があるので、それを防止する趣旨で定められた。商業帳簿の正確性については、商業帳簿及びこれに基づいて作成される計算書類の適正さを確保し、利害関係人を保護する観点から定められたものである。なお、株式会社（会社432条1項）や持分会社（会社615条1項）についても同様の規定が設けられている。

3　保存義務

　本条3項は、商人が商業帳簿及び営業に関する重要な書類（営業に関して

受取又は交付した契約書、受領証、領収証、各種伝票又はその控えなど）を帳簿閉鎖の時から10年間保存すべきことを定める。商業帳簿及び重要書類の保存方法として、マイクロフィルム、磁気テープ、磁気ディスクその他の電磁的あるいは光学的記憶媒体を用いることができる。つまり、商人は会計帳簿又は貸借対照表を電磁的記録（電子的方式、磁気的方式その他人の知覚をもって認識することができない方式によって作成された記録であって電子計算機による情報処理の用に供されるものとして法務省令（商施則9条1項）に定められたもの（539条1項2号））によって作成することができる（商施則4条3項）。

4 提出義務

　民事訴訟法は、当事者の申立てがある場合に限って文書の提出を命じ得る場合を定める（民訴219条）。しかし、本条4項は、その例外として、裁判所が訴訟当事者の申立てによることに限らず職権によっても商業帳簿又はその一部の提出を命ずることができる旨を定める。なお、本条4項にいう商業帳簿は、商人が商法上の義務として作成したものをいい（前記2参照）、他の法令上の義務として作成されたものはこれに含まれない。したがって、例えば、本条の前身である平成17年改正前商35条に関して（当時は同条は会社にも適用がなされていた）、証券会社が証券取引法及び大蔵省令に基づいて作成した「有価証券売買日記帳」・「有価証券勘定元帳」は、いずれも本条4項の提出命令の対象となる商業帳簿ではないとした裁判例（東京高決昭和54年2月15日下民30.1＝4.24〔27411860〕【26】）がある。すなわち、同判決は、「商法35条〔19条〕にいう商業帳簿は商人が商法上の義務として作成したものをいい、他の法令上の義務として作成されたものはこれに、該当しないと解するを相当とする。したがつて、本件申立にかかる有価証券売買日記帳がいわゆる講学上の日記帳の一種であり、また、有価証券勘定元帳が複式簿記による物的帳簿の一種であつて、いずれも商人の営業及び財産の日々の動態を有価証券に限定して……記帳した同法32条にいう会計帳簿であるとしても、これらの帳簿は前記のとおり証券会社が証券取引法および大蔵省令に基いて作成されたものであるから、商法35条〔19条〕の提出命令の対象となる商業帳簿ではないものというべきである」と判示する。

　商業帳簿については、特別な証拠力は定められていない。したがって、その証拠力は、裁判所の自由心証による（大判明治32年2月2日民録5.2.6〔27520009〕。大判昭和17年9月8日新聞4799.10〔27548459〕【25】）。提出義務に違反した効果であるが、民事訴訟法の一般原則に従うこととなり、裁

判所は商業帳簿に記載されたことに関する相手方の主張を事実と認めることができる（民訴224条）。

■（参考）

会社法第431条　株式会社の会計は、一般に公正妥当と認められる企業会計の慣行に従うものとする。

1　会計の基準
(1)　一般規定
　本条は、株式会社の会計については一般に公正妥当と認められる企業会計の慣行に従うものとするという一般規定を置く。これは、一般に公正妥当と認められる企業会計の慣行が会計処理の基準であることを意味する。そして、本法は、平成17年改正前商法と異なり、企業会計の基準の具体的な内容を法律自体で直接定めることをやめているが、本条の意義として、下記のアイを指摘しておこう。
　本条のほかに、持分会社に関しては、614条が「持分会社の会計は、一般に公正妥当と認められる企業会計の慣行に従うものとする」と定め、また、商19条1項は「商人の会計は、一般に公正妥当と認められる会計の慣行に従うものとする」と定めるが、いずれも、本条と同趣旨である（稲葉威雄『会社法の解明』中央経済社（2010年）489頁は、このような同旨の規定を個別に置く意味はないという）。
ア　制度間の会計基準の整合性
　本条は、株式会社の会計は、一般に公正妥当と認められる企業会計の慣行に従うものとし、また本法における具体的な会計処理と表示を規定する会社計算規則も、一般に公正妥当と認められる企業会計の基準その他の企業会計の慣行を斟酌しなければならないとして（計算規則3条）、その会計処理及び表示を、いずれも一般に公正妥当と認められる企業会計の基準（企業会計原則など諸会計基準）を含む企業会計の慣行に委ねて、会社法会計と企業会計の基準を整合させた（そのため、平成17年改正前商法における繰延資産や引当金の規定はなくなった）。また、従来存在した商法と金融商品取引法の各制度間の異なる会計表示項目も、会社計算規則は財務諸表等規則や連結財務諸表規則と完全に一致させた。さらに、会社計算規則では、国際的な会

計基準の統合も視野に入れて、創立費や株式交付費などを株主からの払込金額からの控除も可能とする規定を置き、将来の会計基準の改正にも対応し得る内容となっている。

イ 「一般に公正妥当と認められる企業会計の慣行」の法基準性の明確化

本条が、株式会社の会計は、一般に公正妥当と認められる企業会計の慣行に「従うものとする」と定めたことは、「一般に公正妥当と認められる企業会計の慣行」に従わないときは、違法な会計処理になることを意味する（平成17年改正前商32条2項が「斟酌」としていたことと比較すると明らかである）。すなわち、「一般に公正妥当と認められる企業会計の慣行」の構成内容となる会計上の個々の基準は、法律の条文として取り込まれなくても、本条を介して法的な拘束力を有することになる。ただ、この義務付けに当たって、「従わなければならない」と規定せず、「従うものとする」として法規範性に弱いニュアンスを持たせたのは、従わない場合がすべて当然に違法となるのではなく、条理に基づく会計処理の余地があると解されるからである。この例外的な場合を除いては、「一般に公正妥当と認められる企業会計の慣行」に従わないことは、違法であると解される。

(2) 平成17年改正前商法の規定との関係

本条は、平成17年改正前商32条2項（「商業帳簿ノ作成ニ関スル規定ノ解釈ニ付テハ公正ナル会計慣行ヲ勘酌スベシ」）に対応する規定である。両条の文言を比較すると、次の2点が異なるが、実質的な変更はない。

ア 「斟酌スベシ」から「従う」への変更

平成17年改正前商32条2項の「斟酌」は、企業会計の慣行に従わない会計処理を容認する趣旨でないと解されていた。ちなみに、東京地判平成17年5月19日判時1900.3〔28101204〕は、「斟酌すべし」の意義・内容について、「商法32条は、『斟酌すべし』と規定しており、その趣旨は、『公正なる会計慣行』が商業帳簿の作成に関する商法総則の規定や株式会社の計算に関する規定の解釈の指針となるべきことを明らかにしたものというべきである。そして、『斟酌』とは、ある事情をくみいれて判断することであって、商業帳簿に関する規定を解釈するに当たっては、公正なる会計慣行をくみいれて判断することを要請しているものである。そうであるとすれば、商業帳簿に関する規定を解釈するに当たっては、『公正なる会計慣行』を斟酌することが要請されているとはいえ、他の事情を斟酌することが禁じられているわけではないことになり、結局、『斟酌すべし』とは、『公正なる会計慣行』が存在する場合には、特段の事情がない限り、それに従わなければならないという意味に解すべきである」と判示する。そして、「従うものとする」と

いうのは、上記(1)イでみたとおり、「一般に公正妥当と認められる企業会計の慣行」の構成内容となる会計上の個々の基準は、法令として規定されなくても、特段の事情がない限り、本条を介して法的拘束力を有するという趣旨である。結局、文言上の違いはあるものの、両者に基本的な差異はないと解される。

イ 「規定ノ解釈」の規定から「株式会社の会計」の規定への変更

平成17年改正前商32条2項は、条文（規定）についての解釈規定であり、本条は端的に株式会社の会計についての規定であるという差異はあるが、平成17年改正前商32条2項については、平成17年改正前商法に規定がない会計処理についても（あるいは、規定がない会計処理についてこそ）会計慣行を斟酌すべきであると解されていたので、実質的な差異はないと解される（江頭憲治郎『株式会社法〈第7版〉』有斐閣（2017年）638頁、相澤哲＝郡谷大輔＝葉玉匡美『論点解説新・会社法－千問の道標』商事法務（2006年）530頁）。

2 一般に公正妥当と認められる企業会計の慣行

(1) 「一般に公正妥当と認められる企業会計」とその「慣行」

「一般に公正妥当」か否かは規範的判断であるから、「一般に公正妥当と認められる企業会計」（の基準）は、常に探究することが可能である。しかし、「会計の慣行」は事実の存否であるから、存在するとは限らない（稲葉・前掲494頁）。つまり、一般に公正妥当と認められる企業会計としての基準が定められたとしても、それが直ちに慣行であるとはいえない。しかるに計算規則3条が「一般に公正妥当と認められる企業会計の基準その他の企業会計の慣行」と定めている点は、「一般に公正妥当と認められる企業会計の基準」であれば、直ちに「会計慣行」であるとも読める点で疑問が残る。

(2) 企業会計原則 一般に公正妥当と認められる企業会計の基準として、まず、「企業会計原則」（昭和24年7月企業会計審議会。その後昭和29年第1次修正、昭和38年第2次修正、昭和49年第3次修正、昭和57年第4次修正）が存在する。これは、公認会計士が、公認会計士法及び金融商品取引業法に基づき財務諸表の監査をする場合において従わなければならない基準ともなる（金商193条、財務諸表等規則1条2項、連結財務諸表規則1条2項）。企業会計原則は、本文と注解からなり、「本文」は、一般原則、損益計算書原則及び貸借対照表原則の3部分から構成される。一般原則は、企業会計全般に関する包括的基本原則として損益計算書原則及び貸借対照表原則の上位原則（具体的には、①真実性の原則を最高規範とし、会計の形式面に重

点のある、②正規の簿記の原則、③明瞭性の原則、④単一性の原則、会計の実質面に重点のある、⑤資本取引・損益取引区分の原則、⑥継続性の原則、⑦保守主義（安全性の原則の 7 原則）である。損益計算書原則は、損益計算書に関する具体的会計基準、貸借対照表原則は、貸借対照表に関する具体的会計基準を示している。「注解」は、本文のほかに、本文における特定の事項に関する解釈や補足的説明、具体的な会計処理や表示方法などを明らかにしている。大阪地判平成 15 年 10 月 15 日金商 1178.19〔28082870〕は、企業会計原則が「公正ナル会計慣行」に該当するとして、「企業会計原則は、企業会計の実務の中に慣習として発達したものの中から、一般に公正妥当と認められたところを要約したものとされる。そして、証券取引法の規定により提出される貸借対照表、損益計算書及び利益処分計算書等の用語、様式及び作成方法については、『一般に公正妥当と認められる企業会計の基準』に従わなければならないところ（証券取引法 193 条、財務諸表等規則 1 条 1 項、連結財務諸表の用語、様式及び作成方法に関する規則（以下「連結財務諸表規則」という。）1 条 1 項）、企業会計原則は『一般に公正妥当と認められる企業会計の基準』に該当するものとされる（財務諸表等規則 1 条 2 項、連結財務諸表規則 1 条 2 項）。したがって、少なくとも証券取引法の適用がある株式会社においては、企業会計原則に違反しない会計処理をしている以上、特段の事情がない限り、『公正ナル会計慣行』に違反していないものと解するのが相当である」と判示する。

> **訴訟物**　A の Y に対する会社 423 条に基づく損害賠償請求権
> ＊本件は、A 会社株主 X が、代表取締役 Y に対し、企業会計原則に違反して工事負担金等受入額の一部を圧縮記帳しないで損益計算書を作成したことは、本条がよるべきとしている企業会計原則に違反し、同社に利益配当額に相当する額の損害を与えたと主張して、423 条に基づき、損害を A 会社に賠償するよう求めた株主代表訴訟である（法律構成としては、工事負担金等受入額について圧縮記帳すべき善管注意義務（民 644 条）及び忠実義務（355 条）に違反したとの構成もあろう）。ただ、前掲平成 15 年大阪地判によれば、本件請求は認められない。
> ＊圧縮記帳とは、国庫補助金などの贈与や交換差益などを伴って取得された資産に適用される措置で、固定資産の帳簿価額を実際の取得原価より圧縮（低額に）して、減価償却費を少

会社法第431条　155

額とし、贈与・交換差益に対する課税を実質的に繰り延べる効果を生じさせる。

請求原因
1　Xは、6か月（これを下回る期間を定款で定めた場合にあっては、その期間）前から引き続きA会社の株式を有する株主であること
＊請求原因1ないし4は847条1項、3項に基づく事実である。
2　Yは、請求原因5の当時、経理担当取締役であったこと
3　請求原因1のXは、A会社に対し、書面その他の法務省令（会社法施行規則217条）で定める方法によって、Yの責任を追及する訴えの提起を請求したこと
4　A会社は、請求原因3の請求の日から60日が経過したこと
＊請求原因4の期間内に「責任追及の訴えを提起しなかったこと」は、請求原因ではない。その期間内に「責任追及の訴えを提起したこと」が本案前の抗弁となると解される。
5　A会社は、本件事業の工事負担金として○○億円を受け入れ、Yは、特別利益として工事負担金等受入額○○億円を計上し、圧縮記帳を行なわない損益計算書を作成したこと
＊前掲平成15年大阪地判は、損益計算書において圧縮記帳をしない処理が「公正ナル会計慣行」及び平成17年改正前商34条2号に違反するか否かについて、「企業会計原則は、有形固定資産については取得原価から減価償却累計額を控除した価額をもって計上することを原則としつつ、取得原価から国庫補助金、工事負担金等に相当する金額を控除した金額をもって計上すること（圧縮記帳）もできるものとしているのであり、有形固定資産について圧縮記帳をしなければならないと定めているものではない」「そもそも、圧縮記帳が、国庫補助金、工事負担金等は本来一種の益金であるが、それを直ちに課税の対象とすると、国庫補助金、工事負担金等を交付した目的を達成することができなくなることから法人税法上政策的に認められた課税繰延べの技術であることからも相当であるといえる。したがって、圧縮記帳をしていない本件損益計算書を作成した行為も企業会計原則に違反したものとは認められない。そして、その他に本件損益計算書を作成した行為が『公正ナル会計慣行』に違反したものと認めるに足

りる特段の事情は認められない。そうすると、圧縮記帳をせずに本件資産を取得するに際し支払った対価を取得価額として本件損益計算書を作成した行為は、[平成17年改正前]商法285条において準用する同法34条2号に違反するものと認められない」と判示する。
6 損害の発生及びその数額
 ＊請求原因5の後、「A会社は、株主総会において、○○億円の剰余金配当処分案を承認する決議をしたこと」「A会社は、利益配当を実施したこと」という経緯をたどったことで、請求原因6と7の事実は現れることになろう。
7 請求原因5と6の因果関係

第6章　商業使用人

　商法の商業使用人の規定は、使用人の行為のうち、いかなる範囲で営業主に権利義務を帰属させ得るかという観点、すなわち代理権の範囲に着目した規定である。商人と商業使用人がいかなる法律関係（雇用契約等）で結ばれているかという側面は、商法の守備範囲ではない。

● (支配人)

第20条　商人は、支配人を選任し、その営業所において、その営業を行わせることができる。

1　支配人の意義

　支配人は、商人に代わってその営業に関する一切の裁判上又は裁判外の行為をなす権限を有する商業使用人である。なお、会社及び外国会社には本条の適用はない（11条1項かっこ書）。本条は、商人が上記のような支配権を有する支配人を選任して営業所においてその営業に従事させることができることを定める。すなわち支配人は実質的な概念であり、その使用人がいかなる名称をもって呼ばれていても、このような包括的代理権を持っている商業使用人は支配人と解すべきである。逆に支店長という名称を持つ使用人であっても、支配権がなければ支配人とはいえない。たとえこの者を支配人として登記したとしても同じである（仙台高秋田支判昭和59年11月21日判タ550.257〔27413026〕）。

2　支配人であることの主張・立証責任

　「ある特定の者が支配人であること」という主張は、一種の権利（法律状態）主張である。「ある特定の者が支配人であること」は、その事実によって利益を受ける者が主張・立証責任を負う。相手方がこの主張を認めないで争う場合には、「営業主がその者に対し、自己の特定の営業所における営業に関する一切の裁判上又は裁判外の行為をする権限を与えたこと」（支配権）を主張・立証しなければならない。

■ (参考)(支配人)

会社法第10条 会社(外国会社を含む。以下この編において同じ。)は、支配人を選任し、その本店又は支店において、その事業を行わせることができる。

1 支配人の意義

会社の支配人は、会社に代わってその本店又は支店における会社の事業に関する一切の裁判上又は裁判外の行為をなす権限を有する商業使用人である。支配人の意義については、名称のいかんにかかわらず、包括的代理権(支配権、11条1項参照)を授与された商業使用人であると解するのが通説(実質説)である。支配人であるか否かは、支配権が与えられているか否かで決まり、その名称は問題ではない。ただ、本条の「支配人」は、近代的な企業における職制では「本店長」又は「支店長」と呼ばれるのが一般的である。ところで、このように解すると、代理権に少しでも制限を加えた場合に支配人とはいえないということになり、11条3項の規定の意味がなくなることを理由として、支配人とは、本店又は支店の事業の主任者として選任された商業使用人であると解する見解(形式説)もある。しかし、実質説のいう包括的代理権(支配権)は、完全無欠なものであることまでを要求するものではなく、一部の制限があっても包括的代理権といえると解するのである。本条は、会社が上記のような支配権を有する支配人を選任して本店又は支店においてその事業に従事させることができることを定める。

2 営業所
(1) 意義

本条の「本店又は支店」とは、営業所(事業所)を意味する。営業所は、内部的には、営業活動を統括する中心であり、外部的には、営業活動の中心となる場所をいうので、営業活動についての独立の意思決定をすることができる人的組織を有し、会計的にも独立の単位を構成する場所である。保険会社の支社、営業所の組織は、保険契約の申込みに対する承諾をするか否かの決定権限を持たず、保険金請求に対する支払の可否決定権を持たないので、本法の営業所に当たらない。これに対し、銀行の支店は、一定金額までの貸付けの権限を有し、預金も受け入れることができるのであるから、営業所と

いい得るであろう。
(2) 営業所の法的効果
　商人の営業に関する場所が営業所と認められる場合には次のような法的効果が付与される。①商行為によって生じた債務の履行場所（商516条）、②裁判管轄の基準（民訴4条4項）、③商業登記の管轄の基準（商登1条の3）、④民事訴訟の送達の場所（民訴103条）、⑤破産事件、更生事件の裁判管轄の基準（本店所在地）（破5条、会社更生5条）とされる。このほかにある営業の場所が支店であるときは、本店の所在地において登記すべき事項を支店の所在地においてもこれを登記すべき義務が生じ（930条）、その支店に支配人を置くことができ（本条）、さらに支店としての実体を持った営業所における主任者らしき名称を付された使用人は表見支配人と扱われる（13条）。

3　取締役会における選任決議の不存在
(1) 会社との関係
　取締役会設置会社においては、支配人の選任・解任は取締役会の決議によらなければならない（362条4項3号、また、非取締役会設置会社の場合は348条3項1号、持分会社の場合は591条2項参照）。したがって、取締役会の決議を経ない代表取締役による支配人の選任は、法律の要件を欠く行為である以上、無効と解さざるを得ない。

|訴訟物|XのYに対する支配人たる地位（確認）|

　　　　　＊本件は、Y会社の代表取締役Aが取締役会決議によらないでXを支配人に選任したが、その後支配人であることをY会社が争うので、XがY会社に対し支配人たる地位確認を求めた事案である。

|請求原因|1　AはY会社の代表取締役であること|
　　　　　2　XはY会社の使用人であること
　　　　　3　Aは、XをY会社の○○支店の支配人に選任したこと
　　　　　4　Y会社は、Xが支配人であることを争うこと
（取締役会決議の不存在）

|抗　弁|1　Y会社の取締役会は、Xについて支配人選任決議をしていないこと|

　　　　　＊「Y会社は、取締役会設置会社であること」は、抗弁として改めて主張・立証する必要はない。株式会社は株式の譲渡

が自由であるのが原則であるため（127条）、公開会社であることが原則であるから、Y会社が株式会社である以上（この事実は請求原因で現れている）、取締役会設置会社であることになるからである（327条1項1号）。

(2) 第三者との関係

取締役会は支配人その他の重要な使用人の選任及び解任権限を有するが、取締役会の選任決議を欠く支配人の取引行為の相手方が会社に対して履行を求めてきた場合の法律関係は、取引の安全を考慮する必要がある。代表取締役によって選定されている場合には、取締役会の決議のないことは内部的な問題であるから、第三者が知り又は知ることができた場合に限って無効を主張することができると解すべきであろう。また、支配人登記がされている場合には、不実登記の規定（908条2項）の適用がある。さらに、第三者は、表見支配人（13条）や民法の表見代理の規定を主張することも許される。

● (支配人の代理権)

第21条　支配人は、商人に代わってその営業に関する一切の裁判上又は裁判外の行為をする権限を有する。
　2　支配人は、他の使用人を選任し、又は解任することができる。
　3　支配人の代理権に加えた制限は、善意の第三者に対抗することができない。

1　支配人の代理権

本条は、商人の支配人の代理権の範囲に関する定めである。本条1項は、支配人が営業主に代わってその営業に関する一切の裁判上又は裁判外の行為をする権限（包括的代理権）を有することを定める。支配権の範囲は商号及び営業所によって特定された営業の範囲に限定される（東京高判昭和34年10月28日判時214.29〔27410566〕）。しかし、手形行為は、いかなる営業にも一般的な決済手段として必要とされるものであるから、支配権の範囲に入ると解される（最判昭和29年4月2日民集8.4.782〔27003183〕）。

支配人の裁判上の権限に関する規定部分は、訴訟法規である（民訴54条）。同項に基づく責任は、相手方が善意である限り、支配人の行なった行

為の目的のいかんにかかわらないが、支配人の意図が自己の利益を図ることにあり、かつ、相手方がその背任的意図を知り、又は知り得べかりしときは、民93条但書を類推適用して、営業者は責任を免れる（最判昭和51年10月1日裁判集民119.1〔27411716〕）。

2　代表取締役の代表権と支配人の代理権（支配権）
　代表取締役は、会社の業務に関する一切の裁判上又は裁判外の行為をする権限を有し、その権限に加えた制限は、善意の第三者に対抗することができないと規定される（会社349条4項、5項）。この条文の表現は、支配人の代理権に関する本条1項及び3項（会社11条1項及び3項）とほとんど同じである。代表取締役の代表権と支配人の代理権とは、次の点で違いがある。
(1)　代表取締役は会社の機関であり、代表取締役の行為は会社自体の行為である。会社は法人であって、それ自体の意思決定も行為も観念することができず、自然人である機関によって意思決定をし、また行為をせざるを得ない。代表取締役の行為が会社自体の行為と評価されるのである。これが代表関係である。これに対して、支配人は、商人（本人）の代理人である。
　代表取締役が会社の代表行為をする場合には、法人である会社と代表取締役（自然人）は別人格ではなく、代表取締役を通じて会社が行為をしているのに対して、支配人と本人（商人）とは別の人格であり、支配人は本人を代理して本人の営業上の行為を行なうのである。
(2)　代表取締役の代表権は、会社が数個の営業を営む場合には、すべての営業にその代表権が及ぶが、支配人の代理権は「その営業」すなわち、商人が数個の営業を営む場合には、そのうちの1個の営業のための支配人として選任されるのであり、代表取締役に比べてその代理権の範囲は限定的である。会社であれば、特定の事業部門又は特定の支店の事業のために支配人が選任される。個人商人の場合には、営業が異なるごとに数個の商号を持つことができる。例えば、個人商人のAが、甲写真館と乙喫茶店のように複数の営業のために複数の商号を選定することができ、それぞれの営業ごとに支配人を選任することができる。

3　支配人の人事権
　本条2項は、支配人が、他の使用人を選任又は解任する権限を有することを定める。その反対解釈として、支配人は他の支配人を選任できないと解される。

4　支配権に対する制限

本条3項は、支配人の代理権に営業主が加えた制限については、第三者がその制限を知らない以上、その制限の事実を第三者に対抗できないことを定める。なお、京都地判昭和38年6月18日金法350.5〔27410851〕は、「Y銀行は、仮にXが悪意でなかつたとしても、善意たることについて過失があつた旨抗弁するけれども、支配人の代理権に加えた制限が過失ある善意者に対抗し得るものと解すべき根拠はないから、Y銀行の右抗弁は主張自体失当である」とするが、同種規定である25条2項における重大な過失がある第三者は悪意者と同視すべきであるとする法理は、本条3項の場合も同様と解すべきであろう。

訴訟物　　XのYに対する売買契約に基づく売買代金請求権
　　　　　＊XはYの営業所の支配人Aとの間で締結した売買契約に基づき代金の支払を求めたところ、YはAの行為は支配権の制限された行為であってXはその事実を知っていると抗弁した事案である。

請求原因　1　XはAとの間で、本件目的物を代金1,000万円で売買する契約を締結したこと
　　　　　2　YとAの間に雇用契約関係があること
　　　　　3　YはAに対し自己の営業所における営業に関する一切の裁判上又は裁判外の行為をする権限を与えたこと
　　　　　＊AはYの営業の支配人であることを示す事実である。
　　　　　＊請求原因3によってYが商人であることが現れているので、504条の適用があり、顕名行為が必須というわけではない。ただし、「Aが、請求原因1の際、Yのためにする意思を有していたこと」という代理意思の主張・立証がなお必要かという点については見解が分かれる。本書はこれを請求原因としては不要（その不存在が抗弁）とする立場に立つ。

（悪意）

抗　弁　　1　Yは、請求原因3のAの権限のうち代金500万円以上の売買契約の締結権限を制限していたこと
　　　　　2　Xは、請求原因1当時、抗弁1の制限を知っていたこと
　　　　　＊最判昭和47年4月4日民集26.3.373〔27000575〕は、副支配人の代理権に加えた制限の主張・立証責任に関し、「かかる申合せが……副支配人としての代理権を……制限するもの

であるとしても、かかる制限については、商法 38 条 3 項〔本条 3 項〕の規定により」営業主 Y が第三者 X の「悪意を主張し、立証しないかぎり、本件手形上の責任を免れえないものと解すべきである」と判示した。

(権限濫用)

抗　弁　1　A は、請求原因 1 の契約締結当時、本件目的物を転売してその利益を着服する意図を有していたこと

2　X は、抗弁 1 の A の意図を知っていたこと、又は知らないことに過失があることの評価根拠事実

＊支配人が専ら自己の利益を図る目的で取引を行なったときには、このような背信的な意図を知っていた相手方には民 93 条 1 項但書が類推適用される。最判昭和 54 年 5 月 1 日裁判集民 127.1〔27411875〕【29】は、「原判決は、更に、最初に本件小切手の交付を受けた B において A が専ら自己の利益を図る目的で本件小切手を振り出したものであることを知っていたとの事実をも認定しているのであるが、このような A の背任的意図についての知情が民法 93 条但書の類推適用により右 B に対する関係において Y をして本件小切手についての責めを免れさせることがありうること（最高裁昭和……44 年 4 月 3 日第一小法廷判決・民集 23 巻 4 号 737 頁参照）は格別、右知情と A が商法 42 条 1 項によって有するものとみなされる代理権そのものの欠如についての同条 2 項の定める悪意とは、それぞれ対象とするところを異にする問題である」と判示する。

■ **(参考)**（支配人の代理権）

会社法第 11 条　支配人は、会社に代わってその事業に関する一切の裁判上又は裁判外の行為をする権限を有する。

2　支配人は、他の使用人を選任し、又は解任することができる。

3　支配人の代理権に加えた制限は、善意の第三者に対抗することができない。

1　支配人の代理権（支配権）

　本条1項は、会社の支配人の代理権の範囲を定める（なお、会社及び外国会社については、商21条の適用がないことにつき商11条1項かっこ書が明定する）。すなわち、支配人の代理権は、会社に代わってその事業に関する一切の裁判上又は裁判外の行為をする権限（包括的代理権）である。支配人の裁判上の権限に関する部分は、訴訟法規である（民訴54条）。代表取締役などの会社の代表機関は、会社の組織の構成要素たる機関の1つであるため、その権限は代表権といわれる。支配人は、会社の機関ではないため、支配人の包括的代理権（支配権）は、あくまで代理権であって、代表取締役や代表執行役の代表権ではない。代表者の行為が会社自身の行為と観念されるのに対し、代理人の行為は会社自体の行為ではない。代表者が欠けると会社の行為をする者がいなくなるため、代表者が欠けた場合の手当てが規定されている（351条1項、2項、420条3項、401条2項、3項）。これに対し、支配人が欠けても会社の代表者が欠けるわけではないから、支配人が欠けた場合の手当ては特段規定されていない。

　「事業に関する……行為」と商21条（平成17年改正前商38条1項）にいう「営業に関する……行為」とは同趣旨のものと解されるところ、最判昭和32年3月5日民集11.3.395〔27002827〕、最判昭和54年5月1日裁判集民127.1〔27411875〕は、平成17年改正前商38条1項にいわゆる「営業ニ関スル……行為」には営業の目的たる行為のほか営業のために必要な行為をも含むが、ある行為がこれに当たるか否かは、その行為の性質、種類等を勘案し、客観的、抽象的に観察して決すべきであるという。

　また、本条1項自体は明示していないが、10条の規定が支配人を「その本店又は支店において」の存在であると定めている以上、支配人の包括的代理権は、本店又は支店の事業に限られる。本条1項に基づく会社の責任は、相手方が善意である限り、支配人の行なった行為の目的のいかんにかかわらないが、支配人の意図が自己の利益を図ることにあり、かつ、相手方がその背任的意図を知り、又は知り得べかりしときは、民93条但書を類推適用して、会社は責任を免れると解される（最判昭和42年4月20日民集21.3.697〔27001087〕、最判昭和44年4月3日民集23.4.737〔27000828〕、最判昭和44年11月14日民集23.11.2023〔27000770〕、最判昭和51年10月1日裁判集民119.1〔27411716〕）。

訴訟物　　XのYに対する売買契約に基づく売買代金請求権
　　　　　　＊XはY会社甲支店の支配人Aとの間で売買契約を締結し

て、その代金の支払を請求したところ、①Aに代理意思が欠如していたか、②支配人選任決議がされていないことをXが知っていたか、③Aの権限濫用であったかが争点となった事案である。

請求原因
1 XはAとの間で、本件目的物を代金500万円で売買する契約を締結したこと
2 Y会社とAとの間に雇用契約関係があること
3 Y会社はAに対し自社の甲支店における事業に関する一切の裁判上及び裁判外の行為をする権限を与えたこと
＊請求原因3は、実質説の立場によって、AはY会社の営業の支配人であることを示す事実である。

（代理意思欠如）
抗弁
1 Aが、請求原因1の際、Y会社のためにする意思を有していないこと
＊会社の行為は商行為であるとされている（5条）から、商504条の適用があると解され（また、やや迂遠であるが、本法は、会社が商人である旨の明文規定は置いていないが、5条と商4条1項によれば、会社が「商人」であることは当然であると解されるので、商503条1項を経由して本件の場合にも商504条の適用があるともいえる）、顕名行為の要件は不要であると解される。なお、顕名行為が存在しない場合に表面化する代理意思の主張・立証責任の所在については争いがあり、本書は、「代理意思を欠いていること」が抗弁に回る見解を採る（司研・要件事実第一巻69頁）。

（取締役会決議の不存在）
抗弁
1 Y会社は、株式会社であること
＊この事実の存否は、通常請求原因事実の主張段階で現れる。
2 請求原因3について、Y会社の取締役会の決議がされていないこと
＊会社である以上、それは公開会社であって（127条参照）、したがって取締役会設置会社であるから（327条1項1号）、抗弁2は、362条4項3号違反であることを示す。
＊この抗弁が成立した場合には、なお、表見支配人が成立する余地があるが、表見支配人の主張は、本件抗弁に対する再抗弁ではなく、別個の請求原因を構成する事実である。

　　　　　　3　Xは、抗弁2の事実を知っていたこと、又は知らないことについての過失の評価根拠事実
　　　　　　＊抗弁1ないし3は、最判昭和40年9月22日民集19.6.1656〔27001267〕に基づく抗弁である。

(権利濫用)
抗　弁　1　Aは、請求原因1の契約締結当時、本件目的物を転売してその利益を着服する意図を有していたこと
　　　　　　2　Xは、抗弁1のAの意図を知っていたこと、又は知らないことについての過失の評価根拠事実
　　　　　　＊民93条但書の類推適用に基づく抗弁である。これは確定した判例（例えば、前掲昭和51年最判）に基づくものであるが、代理が成立するためには、直接本人に効果を生じさせる意思（代理意思）があれば足りるのであって、本人のために利益を図る意思まで必要ではないから、代理人がその法律行為を自己又は第三者の利益を図るための意思であっても、代理の成否に何ら関係しないとの批判がある。

2　支配人の人事権
　本条2項は、支配人が、他の使用人を選任又は解任する権限を有することを定める。商21条と同じである。

3　支配権に対する制限
　本条3項は、支配人の代理権に会社が加えた制限については、第三者がその制限を知らない以上、その制限の事実を第三者に対抗できないことを定める。なお、同種の規定である14条2項（使用人の代理権に加えた制限）における、重大な過失がある第三者は悪意者と同視すべきであるとの法理は、本条3項の場合も同様に考えられよう。

訴訟物　XのYに対する売買契約に基づく売買代金請求権
　　　　　　＊XはY会社甲支店の支配人Aとの間で売買契約を締結して、その代金の支払をY会社に対し請求したところ、①支配権の制限があったことをXが知っていたか、②取引に先立って支配権（代理権）が消滅していたか、③権限の濫用があったかが争点となった事案である。
請求原因　1　XはAとの間で、本件目的物を代金500万円で売買する契

約を締結したこと
2　Y会社とAとの間に雇用契約関係があること
3　Y会社はAに対し自社の甲支店における事業に関する一切の裁判上及び裁判外の行為をする権限を与えたこと

（支配権の制限）

抗　弁　1　Yは、請求原因3のAの権限のうち代金500万円以上の売買契約の締結権限を制限していたこと
2　Xは、請求原因1当時、抗弁1の制限を知っていたこと、又はXが請求原因1当時、抗弁1の制限を知らないことについての重大な過失の評価根拠事実
＊最判昭和47年4月4日民集26.3.373〔27000575〕は、副支配人の代理権に加えた制限の主張・立証責任に関し、「かかる申合せが……副支配人としての代理権を……制限するものであるとしても、かかる制限については、〔旧〕商法38条3項〔本条3項〕の規定により」営業主Yが第三者Xの「悪意を主張し、立証しないかぎり、本件手形上の責任を免れえないものと解すべきである」と判示した。

（代理権の消滅）

抗　弁　1　Y会社は請求原因3のAの権限を請求原因1に先立って消滅させたこと
＊本条3項は、使用人の代理権に加えた「制限」についての規定であるが、制限の極限状態はその消滅であって、同項の規定する範囲内であると解することができよう。
2　Xは請求原因1当時、抗弁1の代理権消滅を知っていたこと、又はXが請求原因1の当時、抗弁1を知らないことについての重大な過失の評価根拠事実
＊民112条（代理権消滅後の表見代理）の攻撃防御によれば、抗弁は代理権消滅の事実のみであり、代理権消滅の事実を知らないこと（善意）が再抗弁となる。しかるに、上記の整理では、代理権消滅についての悪意（又はこれと等価の重過失）が抗弁を構成する事実となっている。この差異は、商取引における安全の要請が民事取引におけるそれよりも強いことによる。

（権限濫用）

抗　弁　1　Aは、請求原因1の契約締結当時、本件目的物を転売して

その利益を着服する意図を有していたこと
2　Xは、抗弁1のAの意図を知っていたこと、又は知らないことについての過失の評価根拠事実

● (支配人の登記)

第22条　商人が支配人を選任したときは、その登記をしなければならない。支配人の代理権の消滅についても、同様とする。

　本条は、商人が支配人の選任及びその代理権の消滅を、登記しなければならないことを定める。したがって、例えば、本条後段の支配人の退任、すなわち支配人の代理が消滅した場合、商人がその登記をしない限り、善意の第三者に支配人の退任の事実を対抗することができない (9条)。このように登記することによってはじめて当事者の責任が免れることになる事項は免責的登記事項と呼ばれる。

訴訟物　　XのYに対する売買契約に基づく売買代金請求権
　　　＊商人Yの使用人Aは支配人であったがその支配権が終了した後に、AはYのためにXから本件土地を1,000万円で買い受ける契約を締結した。本件は、XがYに対して売買契約に基づく代金の支払を求めたところ、Yは、①Xが売買契約締結当時Aが支配権を喪失していたことを知っていたこと、②売買契約に先立って支配権喪失の登記がされたことを主張し、これに対し、Xは②について、正当の事由があって知らなかったと反論した事案である。

請求原因　1　XはAとの間で、本件土地を代金1,000万円で売買する契約を締結したこと
　　　　　2　Yは商人であること
　　　　　3　AはYの使用人であること
　　　＊具体的事実としては、雇用契約が締結されていることなどであろう。
　　　＊請求原因2、3によって、請求原因1の契約締結行為の商行為性が現れるので、504条の適用があり、Aが請求原因1の

行為をするに当たっての顕名行為を主張・立証することは不要といえる。代理意思の存在が請求原因としてさらに必要であるかについては見解が分かれるが、この設例は不要説の立場を採っている。
4　YはAに対し、請求原因1に先立って、自己の営業所における営業に関する一切の裁判上・裁判外の行為をする権限（支配権）を与えたこと

（悪意）
抗　弁　1　請求原因4の後請求原因1に先立つAの支配権の終了原因事実
2　請求原因1の際、Xは抗弁1の事実を知っていたこと
＊9条1項前段の反対解釈に基づく抗弁である。第三者が悪意であることは、これを主張する者が主張・立証責任を負う（鴻・総則230頁、近藤・総則・商行為45頁は、「このような効力を商業登記の消極的抗示力という。このことは、悪意の第三者に対しては、商人はそれを立証することで対抗できることを意味する」と述べている。

（登記）
抗　弁　1　請求原因4の後請求原因1に先立つAの支配権の終了原因事実
2　請求原因1に先立って、抗弁1の登記がされたこと
＊9条1項前段に基づく抗弁であるが、この抗弁に対しては、後述の再抗弁が成立し得る。

（正当な事由）
再抗弁　1　請求原因1の契約を締結する際、Xは抗弁1の事実を知らなかったこと
2　再抗弁1につき、Xに正当な事由があることを基礎付ける事実
＊上記の主張は、9条1項後段に基づく再抗弁である。第三者の（Y）側において、Xが登記事項を知らなかったこと（再抗弁1）と、その点について正当の事由があったこと（再抗弁2）の両方ともを立証しなければならない（鴻・総則231頁）。同項後段の「正当な事由」は、その立法趣旨からすると、当然のことながら、登記制度が円滑に機能しないような外部的・客観的事由と解すべきこととなる。

＊支配人の選任及びその代理権の消滅は、登記すべき事項である（本条）。本件のように支配人の代理権の消滅が、商法上登記事項とされており、いったんその喪失が登記されると、同項後段の定める「正当な事由」がない（言い換えれば、この再抗弁が成立しない）以上、そのほかの再抗弁は成立しないのが筋というものである。例えば、商人が支配人の退任及び支配権喪失につき登記したときは、その後その者が商人の代理人として第三者とした取引に民112条の適用はない（代表取締役の代表権の喪失の事案に関するものであるが、最判昭和49年3月22日民集28.2.368〔27000442〕〈判解3〉がある）。すなわち、上記の（登記）抗弁に対し、民112条の主張は再抗弁として主張自体失当となる。しかし、24条は、支配権の存在を要求することなく、使用人の行なった代理行為の効果が、9条の存在にもかかわらず、商人に帰属することを定めている。そこで、本条が9条とどのような関係に立つのかという点について、従来必ずしも明示的な議論はなされていないようである。表見代表取締役と商業登記の関係については、既に議論の集積があり、そのまま24条の場合に援用すれば、例外説、異次元説、正当事由説などがあり得る。

● (支配人の競業の禁止)

第23条 支配人は、商人の許可を受けなければ、次に掲げる行為をしてはならない。
　一　自ら営業を行うこと。
　二　自己又は第三者のためにその商人の営業の部類に属する取引をすること。
　三　他の商人又は会社若しくは外国会社の使用人となること。
　四　会社の取締役、執行役又は業務を執行する社員となること。
2　支配人が前項の規定に違反して同項第2号に掲げる行為をしたときは、当該行為によって支配人又は第三者が得た利益の額は、商人に生じた損害の額と推定する。

1 競業の禁止

本条1項は、支配人の競業避止義務（同項2号）及び精力分散避止義務（同項1、3、4号）を定める。支配人の競業禁止行為に該当する取引自体は、無効でなく、有効である。支配人の取引相手方は、第三者であるし、第三者として当該取引が支配人の競業義務違反であることを知っていてもその効力が否定されるいわれはない。そのような競業義務違反行為をするような支配人を選任した商人と当該支配人との間で処理されるべき問題である。例えば、支配人が競業禁止行為をした場合には、商人は損害賠償請求が可能であり、支配人の解任事由となる。

2 介入権の廃止と損害額の推定

平成17年改正前商41条2項は、「営業主」たる会社の「許諾」なくして支配人が自己のために取引をした場合、営業主が介入権の行使ができることを定めていた。取締役の競業避止義務違反の場合の介入権行使（平成17年改正前商264条3項）の法律効果については、物権的効果説も説かれていたが、最判昭和24年6月4日民集3.7.235〔27003568〕は、債権的効果説を採り、これが通説でもあった。営業主の介入権行使の効果についても取締役の場合と同様に債権的効果説を採るものとすると、支配人をしてその取引の経済的効果を営業主に帰属させる義務を負わせるという債権的効果を生じさせるが、支配人がその取引によって取得した目的物が介入権の行使によって営業主に当然に移転することになるものではない。その効果の実質は、競業行為に関する損害の推定と異なるものではない。そのため、平成17年改正に際して介入権の制度を廃止した。そして、商人が支配人に対して損害賠償の請求をするために、商人に生じた損害額を特定し、それを立証することは容易ではない。これを救済するために、支配人が本条1項の規定に違反して同項1号に掲げる行為をしたときは、その行為によって支配人又は第三者が得た利益の額を、商人に生じた損害の額と推定する法律上の事実推定規定を置くこととしたのである。

> **訴訟物** XのYに対する競業避止義務違反に基づく損害賠償請求権
> ＊Yは、商人Xの支配人であった当時、自己又は第三者のためにXの事業の部類に属する競業取引をした。本件は、XがYに対して競業避止義務違反を理由として、Yの競業行為によって得た利益額に相当する損害を被ったとしてその額の賠償を求めたところ、①Yは競業取引の許可をXから得

ていた、②Yが得た利益はY自身の才覚によるものであって、Xの損害額はYの利益額より少額であると主張した事案である。

請求原因 1　Yは、請求原因2の当時、X（商人）の支配人であったこと
2　Yは、自己又は第三者のためにXの事業の部類に属する取引をしたこと
3　請求原因2の行為によってY又は第三者が得た利益の額

＊請求原因3の事実は、本条2項所定の前提事実であり、これが立証されると、同項所定の「商人に生じた損害の額」が推定される。

＊本条2項は、あくまで損害額の推定規定であるから、支配人は、商人Xに生じた損害が上記の利益より少ないことを立証した場合は、その額が賠償責任額である（下記の「少額の損害」の抗弁参照）。

＊商人Xの被った損害が支配人又は第三者の「得た利益の額」よりも大きい場合は、Xは、支配人又は第三者が得た利益の額を立証することで、その額がXの損害額であるとの推定を受けることに甘んじることなく、Xの被った損害額を直接に立証することを選択してもよい。

（許可）
抗弁 1　Yは、請求原因2についてXの許可を受けたこと

＊本条2項の文言が「前項の規定に違反して」であり、かつ、損害の要件を推定する規定であるから、「商人の許可を受けていないこと」を要求している（すなわち、同事実が推定の前提事実として請求原因事実となる）と解することになろう。しかし、消極的事実はその立証がもともと困難なうえに、支配人が競業取引行為をすることは一般的に禁止されており、商人の許可を受けてはじめて禁止が解除されるものであると考える立場からは、「商人の許可を受けたこと」が推定の効果を覆滅する抗弁となると解することになる。本書は後説（抗弁説）に立っている。

（少額の損害）
抗弁 1　Xに生じた損害は、請求原因3の利益額より少額であること

■ （参考）（支配人の競業の禁止）

会社法第12条 支配人は、会社の許可を受けなければ、次に掲げる行為をしてはならない。
　一　自ら営業を行うこと。
　二　自己又は第三者のために会社の事業の部類に属する取引をすること。
　三　他の会社又は商人（会社を除く。第24条において同じ。）の使用人となること。
　四　他の会社の取締役、執行役又は業務を執行する社員となること。
2　支配人が前項の規定に違反して同項第2号に掲げる行為をしたときは、当該行為によって支配人又は第三者が得た利益の額は、会社に生じた損害の額と推定する。

1　競業の禁止

　本条1項は、支配人の競業避止義務（本条1項2号）及び精力分散避止義務（同項1号、3号、4号）を定める。支配人の競業禁止違反行為の取引自体は、無効でなく、有効である。支配人の取引相手方は、第三者であるし、その取引が支配人の競業避止義務違反であることを知っていても、その効力が否定されるいわれはない。そのような競業避止義務違反行為をするような支配人を選任した会社とその支配人との間で処理されるべき問題である。支配人が競業避止義務に違反する行為をした場合には、会社は損害賠償請求が可能であり、支配人の解任事由となるのである。

2　介入権の廃止と損害の額の推定

　平成17年改正前商41条2項は、「営業主」たる会社の「許諾」なくして支配人が自己のために取引をした場合、営業主が介入権の行使ができることを定めていた。取締役の競業避止義務違反の場合の介入権行使（平成17年改正前商264条3項）の法律効果については、物権的効果説も説かれていたが、最判昭和24年6月4日民集3.7.235〔27003568〕は、債権的効果説を採り、これが通説でもあった。債権的効果説（支配人をしてその取引の経済的効果を会社に帰属させる義務を負わせるという債権的効果を生じさせる）を採ると、その効果の実質は、支配人の行為によって会社に生じた損害を支

配人に賠償させることとほとんど変わらない。したがって、本法においては、本条2項の競業行為による損害の推定規定を置くこととして、その代わりに、介入権の制度を廃止したのである。すなわち、会社が支配人に対して損害賠償の請求をする場合、会社に生じた損害額を特定し、それを立証することは容易ではない。これを救済するために、支配人が本条1項の規定に違反して同項2号に掲げる行為をしたときは、その行為によって支配人又は第三者が得た利益の額を、会社に生じた損害の額と推定する「法律上の事実推定規定」を置くこととしたのである。

訴訟物　XのYに対する競業避止義務違反に基づく損害賠償請求権
＊X会社の支配人Yは、自己又は第三者のためにX会社の事業の部類に属する取引をしたので、X会社はその行為によってY又は第三者が得た利益の額に相当する損害の賠償を求めた事案である。

請求原因
1　Yは、請求原因2の当時、X会社の支配人であったこと
2　Yは、自己又は第三者のためにX会社の事業の部類に属する取引をしたこと
3　請求原因2の行為によってY又は第三者が得た利益の額
＊請求原因3の事実は、本条2項（法律上の事実推定規定）所定の前提事実であり、これが立証されると、同項所定の「会社に生じた損害の額」が推定される。
＊本条2項は、あくまで損害額の推定規定であるから、支配人は、X会社に生じた損害が推定される利益より少ないことを立証した場合は、その額が賠償責任額となる（後出の「少額の損害」の抗弁参照）。
＊X会社の被った損害が支配人又は第三者の「得た利益の額」よりも大きい場合は、X会社は、支配人又は第三者が得た利益の額をもってX会社の損害額であるとの推定を受けることにとどまることなく、「X会社の被った損害額」を直接に主張・立証することを選択してもよい。

（許可）

抗弁
1　Yは、請求原因2についてX会社の許可を受けたこと
＊本条2項の文言が「前項の規定に違反して」とあり、かつ、同項は損害の要件を推定する規定であるから、「会社の許可を受けていないこと」が推定の前提事実として請求原因事実

となるとする見解もあろう。しかし、消極的事実はその立証がもともと困難なうえに、会社の支配人が会社と競業取引行為をすることは一般的に禁止されており、会社の許可を受けてはじめて禁止が解除されるものであると考える立場からは、「会社の許可を受けたこと」が推定の効果を覆滅する抗弁であると解することになる。本書は後説（抗弁説）に立っている。

（少額の損害）

抗　弁　1　Ｘ会社に生じた損害は、請求原因3の利益額より少額であること

● (表見支配人)

第24条　商人の営業所の営業の主任者であることを示す名称を付した使用人は、当該営業所の営業に関し、一切の裁判外の行為をする権限を有するものとみなす。ただし、相手方が悪意であったときは、この限りでない。

1　表見支配人

本条本文は、商人の営業所の営業の主任者であることを示す名称を付した使用人と取引した善意の相手方を保護することを定める。本条の表見支配人の規定は、民109条の代理権授与表示と同趣旨のものであり、民109条の特則といえる。司研・要件事実第一巻89-90頁は、本条に基づき、ある使用人の権限が営業所の支配人の権限と同一であることを主張する相手方は、次の①ないし③の事実を主張・立証すべきであるという。

①当該法律行為をした者が本人（商人）の使用人であること

②その使用人が当該行為をするに当たって本人の営業所の営業の主任者であることを示すべき名称を使用したこと

③当該行為に先立って、本人がその使用人に対して上記②の名称を付与したこと（付与したことであり、付与した旨を相手方に表示したことではない）

2　悪意

　本条ただし書は、取引相手方が悪意である場合は、これを適用しない旨定める。ところで、ただし書のいう「悪意」とは、その商業使用人が支配人でないことを知っていることを意味すると解すべきである。司研・要件事実第一巻89頁は、悪意の内容を「使用者が当該法律行為について代理権を有しなかったこと」とするが、この解釈では、表見支配人の問題が個別の民法上の表見代理と変わりがないことになってしまう。さらに、取引の相手方の善意に過失があった場合であるが、重過失は悪意と同視してよいであろう（司研・要件事実第一巻90頁、東京高判昭和30年12月19日民集12.7.1058〔27410289〕）。そして、ただし書に定められているということからしても、取引の相手方に善意の立証責任があるのではなく、営業主において取引相手方の悪意又は重過失の基礎付け事実を主張・立証すべきである（「悪意」については、最判昭和32年11月22日裁判集民28.807〔27410439〕、鴻・総則170-171頁、大隅健一郎『私と商事判例』商事法務研究会（1976年）12頁）。

　本条は、会社354条（平成17年改正前商262条）と同様に、民109条の表見代理の制度を、その「外観の存在」の要件を法的信憑力の高い名称に限定することとし、その反面、「外観の信頼」の要件を緩和して軽過失ある善意者をも保護することでバランスをとっている。

> **訴訟物**　　XのYに対する売買契約に基づく売買代金請求権
> 　　＊Aは商人Yの従業員であったが、Yからある営業所の支配権を与えられていないにもかかわらず、営業所の営業主任者である名称を使用して、本件商品をXから購入した。本件は、XがYに対して売買代金の支払を求めたところ、YはAXの契約締結当時、AがYの営業主任者でなかったことを知っていたか知らないとしてもそれには重過失があると主張した事案である。
>
> **請求原因**　1　XはAとの間で、本件商品を代金500万円で売買する契約を締結したこと
> 　　＊表見支配人は、「営業所の営業に関し、一切の裁判外の行為をする権限」を有するものとみなされるのであるが、この点は、請求原因1の行為の性質、取引数量などと照らして、請求原因4の営業所の営業の範囲に入るか否かを客観的に判断すべき事項である。つまり、「請求原因1の取引が営業に関

する裁判外の行為に該当すること」は、法律判断であって、特段の主張・立証を要求されない。

＊最判昭和59年3月29日裁判集民141.481〔27490297〕【28】は、「同条［平成17年改正前商42条］2項［24条但書、会社13条］にいう相手方等にいわゆる表見代理が成立しうる第三者は、当該取引の直接の相手方に限られるものであり、手形行為の場合には、この直接の相手方は、手形上の記載によつて形式的に判断されるべきものではなく、実質的な取引の相手方をいうものと解すべきであるうえ、……Xは、原審において、本件裏書に基づき本件手形を取得した相手方、すなわちBに対し本件手形の割引をした者……はCであり、XはCから本件手形上の権利の譲渡を受けたものである旨主張していたことが明らかであるにもかかわらず、原判決は、……Xの代表者が本件裏書の真否につき善意で本件手形を取得した以上、YはXに対し、本件裏書につき担保責任を負うべきであるとしているが、この判断は、同条2項［24条但書］にいう相手方又は表見代理が成立しうる第三者についての解釈適用を誤つた違法なものであるか、又は論旨指摘の弁論主義に違背する違法なものである」と判示する。

2　AはYの使用人であること
3　Yは商人であること
　＊請求原因3の主張は、一種の権利主張であるので、争われれば、「商人」資格の取得原因事実を主張・立証しなければならない。
4　Aは請求原因1の売買契約の際、Yの営業所の営業の主任者である名称を使用したこと
　＊外観の存在の要件である。本条本文の「営業所」については、平成17年改正前商42条［24条、会社13条］の「本店又ハ支店」についてであるが、それが営業所の実質を有することが必要である（最判昭和37年5月1日民集16.5.1031〔27002154〕【27】。なお、最判昭和32年11月22日裁判集民28.807〔27410439〕は、支店登記を要しないとする）、その実質を有していれば、本店又は支店という名称が付されていなくても、その適用を認める（最判昭和37年9月13日民集

16.9.1905〔27002102〕は、たとえ、会社の出張所であっても小工事について緊急を要するときに本社への連絡なく請負契約を締結し、これに必要な資料の購入、代金の支払等をしているときは支店の実質を備えたというべきであり、出張所長は支配人と同一の権限を有するものとみなすべきとしている）。逆に、営業所の実体を備えていなくても、本店又は支店の登記がされている場合は、9条2項が適用されるため、その場所における営業の主任者たる名称を付された商業使用人について本条が適用される（最判昭和43年10月17日民集22.10.2204〔27000908〕、最判昭和45年3月27日裁判集民98.565〔27470578〕）。

＊例えば、支店次長、支店長代理（最判昭和29年6月22日民集8.6.1170〔27003159〕）、あるいは支店庶務課長などの名称は、その地位よりもさらに上のポストが支店にはあることを示しているから、営業の主任者たる名称とはいえない。

5　Yは請求原因1に先立って、請求原因4の使用を許したこと

＊外観への与因（帰責事由）の要件である。

（悪意・重過失）

抗　弁　1　Aは請求原因1当時、Yの営業の主任者でなかったこと

＊抗弁1の要件事実について、司研・要件事実第一巻89頁は、「使用人が当該法律行為について代理権を有しなかったこと」とするが、その解釈では、表見支配人の問題が個別の民法上の表見代理と変わりがないことになろう。

2　Xは、請求原因1当時抗弁1の事実を知っていたこと、又は請求原因1当時抗弁1の事実を知らず、かつそのことに重過失があることの評価根拠事実

＊悪意の主張・立証責任が商人側の負担にかかることは、本条ただし書の文言からも明らかであろう。

＊悪意か否かは、当該取引の当時を基準として判断される。最判昭和33年5月20日民集12.7.1042〔27002675〕は、「支店長」の名称を有する使用人Aが、Y会社を代表して手形保証を行なった白地手形をBに交付した。BはAが手形保証を行なう権限のないことを当時知らなかった。その後Xはこの手形の白地を補充したうえでY会社に対して手形金

請求を行なった事案であるが、表見支配人に関する悪意の有無を判断するには、白地手形を補充した時ではなく、本件手形を取得した時点を基準にすべきであると判示した。

■（参考）（表見支配人）

会社法第13条　会社の本店又は支店の事業の主任者であることを示す名称を付した使用人は、当該本店又は支店の事業に関し、一切の裁判外の行為をする権限を有するものとみなす。ただし、相手方が悪意であったときは、この限りでない。

1　表見支配人の要件

本条本文は、会社の本店又は支店の事業の主任者であることを示す名称を付した使用人と取引した善意の相手方を保護する規定であり、民109条の代理権授与表示と同趣旨のものであり、同条の特則といえる。司研・要件事実第一巻89-90頁は、本条に基づき、ある使用人の権限が本店又は支店の支配人の権限と同一であることを主張する相手方は、次の①ないし③の事実を主張・立証すべきであるという。

①ある法律行為をした者が会社の使用人であること
②その使用人は、その行為をするに当たって会社の本店又は支店の事業の主任者であることを示すべき名称を使用したこと
③上記①の行為に先立って、会社がその使用人に対して上記②の名称を付与したこと（付与したことであり、付与した旨を相手方を表示したことではない）

訴訟物	ＸのＹに対する売買契約に基づく売買代金請求権

＊ＸはＹ会社の本店又は支店の事業の主任者である名称を使用するＡとの間で売買契約を締結し、その代金の支払をＹ会社に求めた事案である。

請求原因	1　ＸはＡとの間で、本件土地を代金1,000万円で売買する契約を締結したこと

＊表見支配人は、「本店又は支店の事業に関し、一切の裁判外の行為をする権限」を有するものとみなされるのであるが、

この点は、請求原因1の行為の性質、取引数量などに照らして、Aの所属する本店又は支店の事業の範囲に入るか否かを客観的にみて判断すべき事項である。つまり、「請求原因1の取引が事業に関する裁判外の行為に該当すること」は、法律判断であって、特段の主張・立証を要求されない。
　2　Aは、Y会社の使用人であること
　3　Aは、請求原因1の契約の際、Y会社の本店又は支店の事業の主任者である名称を使用したこと
　　＊判例は、本条1項の「本店又は支店」について、それが営業所の実質を有することが必要であり（最判昭和37年5月1日民集16.5.1031〔27002154〕は、生命保険相互会社支社が新規契約の募集と第1回保険料徴収の取次ぎがその業務のすべてであって、一定の範囲で対外的に独自の事業活動をなすべき従たる事務所としての実態を備えていない事案であった）、その実質を有していれば、本店又は支店という名称が付されていなくても、その適用を認める（最判昭和39年3月10日民集18.3.458〔27001931〕は、支店管轄下の出張所であるが、それが相場の著しい変動のあるもの以外は支店の許可を要せずに仕入れをし、肥料を販売し、その代金の回収と販売に伴う運送をし、日常経費はその取立金で賄って、本店から離れて独自の営業活動を決定し、対外的にも取引し得る地位にある場合には、支店と認めた）。
　　＊「事業の主任者であることを示す名称」とは、例えば「支店長」などが典型である。支店庶務係長はこれに該当しない（最判昭和30年7月15日民集9.9.1069〔27003023〕）。
　4　Y会社が請求原因1に先立って、請求原因3の使用を許したこと

2　法律効果——支配権の擬制

　本条本文は、「……当該本店又は支店の事業に関し、一切の裁判外の行為をする権限を有するものとみなす」と定めるが、これは「擬制」という法技術を使用する「みなし規定」である。したがって、使用人がみなされることの反対事実（すなわち「当該本店又は支店の事業に関し、一切の裁判外の行為をする権限を有しないこと」）を主張・立証してその効果を覆すことはできない。ローゼンベルク（倉田卓次訳）『証明責任論〈全訂版〉』判例タイ

ズ社（2001年）255-256頁は、「擬制」を次のように定義する。「擬制というのは、構成要件 a に対して定められた法律効果を、構成要件 b を構成要件 a と等置する—例えば、b を a とみなす、といった形式で—ことによって、構成要件 b に移行させる法規であり、つまり立法技術上の簡易化の一手段である。構成要件 b が存在するならば（いわゆる擬制基盤）、a の存在が擬制される、という擬制の形式は、b が存在するならば、a の存在が推定されるという推定の形式に似ている。しかし、その目的・その内容において、擬制は推定と全く異なるのである。だから、擬制においては反対事実の証明による反駁ということがない。従って、いわゆる反駁し得ない法律上推定……なるものは、実は擬制に他ならない」のである。兼子一「推定の本質及び効果について」『民事法研究第一巻』酒井書店（1950年）316頁は、さらに次のようにいう。「所謂擬制規定は其の命題の誤であること即ち反対の証明に依るも之を覆し得ぬ點で、推定規定と異ることは周知の事柄である。唯擬制の命題も前提事実と他の法規の要件事実である擬制事実との結合である点では、推定と其の構造に於て類似して居り、又沿革的にも覆し得ざる推定……の観念が認められた。併し擬制は、一定の要件事実に基く法律効果をば他の事実に基いても認めんとする場合に構文を簡潔にし、重複を避ける為の省略技術に止まり、擬制事実を要件とする法条とは実質上は独立別個の規定である。故に擬制規定は擬制事実と前提事実とを入換へる純然たる要件の定め方……の問題である。之に反し推定にあっては推定事実の代りに前提事実を以て法律効果の要件と為す趣旨の独立の規定ではなく、要件は飽く推定事実迄のみに止まり、唯該法規の適用上前提事実の認定があれば足りると為すものであり、適用法条に附随する規定である」。

(1) みなし規定の適用除外

　本条ただし書は、取引の相手方が悪意である場合は、本条本文の適用をしないことを定める。ところで、本条本文はみなし規定であるから、みなされることについてその反対事実を証明してその適用を免れることはできないが、本条ただし書の定めるように、反対事実以外の「相手方が悪意であった」ことを主張・立証してみなし規定を適用しないこととすることは可能である。

(2) 悪意の対象となる事実

　本条ただし書のいう「悪意」とは、その商業使用人が支配人でないことを知っていることを意味すると解すべきである。司研・要件事実第一巻89頁は、悪意の内容を「使用人が当該法律行為について代理権を有しなかったこと」とするが、この解釈では、表見支配人の問題が個別の民法上の表見代理

と変わりがないことになってしまう。さらに、取引の相手方の善意に過失があった場合であるが、重過失は悪意と同視してよいであろう（司研・要件事実第一巻90頁、東京高判昭和30年12月19日民集12.7.1058〔27410289〕）。そして、ただし書に位置していることからわかるとおり、取引の相手方に善意の立証責任があるのではなく、営業主において取引の相手方の悪意又は重過失の基礎付け事実を主張・立証すべきである（「悪意」については、最判昭和32年11月22日裁判集民28.807〔27410439〕）。

本条は、354条と同様に、民109条の表見代理の制度を、その「外観の存在」の要件を法的信憑力の高い名称（「会社の本店又は支店の事業の主任者であることを示す名称」）に限定することとし、その反面、「外観の信頼」の要件を緩和して軽過失のある善意者をも保護する（「悪意（重過失を含む）」者のみ保護されない）ことで均衡をとっている。

| 訴訟物 | XのYに対する売買契約に基づく売買代金請求権 |

＊本件設例の請求原因事実は、本条本文のみなし規定の要件事実である。

| 請求原因 | 1　XはAとの間で、本件土地を代金1,000万円で売買する契約を締結したこと |

　　　　2　Aは、Y会社の使用人であること
　　　　3　Aは、請求原因1の契約の際、Y会社の本店又は支店の事業の主任者である名称を使用したこと
　　　　4　Yは請求原因1に先立って、請求原因3の使用を許したこと

（悪意・重過失）

| 抗弁 | 1　Aが請求原因1当時、Y会社の事業の主任者でなかったこと |

　　　　＊抗弁1の要件事実について、司研・要件事実第一巻89頁は、「使用人が当該法律行為について代理権を有しなかったこと」とするが、そのような個別の代理権の有無を問題とする解釈では、表見支配人の問題が個別の民法上の表見代理と変わりがないことになろう。

　　　　2　Xは、請求原因1当時、抗弁1の事実を知っていたこと、又は請求原因1当時、抗弁1の事実を知らず、かつそのことに重過失があることの評価根拠事実

　　　　＊悪意の主張・立証責任が会社側の負担にかかることは、本条

ただし書の文言からも明らかであろう。

＊最判昭和 59 年 3 月 29 日裁判集民 141.481〔27490297〕は、「同条 2 項〔旧商 42 条 2 項、本条ただし書〕にいう相手方等にいわゆる表見代理が成立しうる第三者は、当該取引の直接の相手方に限られるものであり、手形行為の場合には、この直接の相手方は、手形上の記載によつて形式的に判断されるべきものではなく、実質的な取引の相手方をいうものと解すべきであるうえ、……被上告人〔X〕は、原審において、本件裏書に基づき本件手形を取得した相手方、すなわち B に対し本件手形の割引をした者（以下「本件裏書の相手方」という。）は C 建設であり、被上告人は C 建設から本件手形上の権利の譲渡を受けたものである旨主張していたことが明らかであるにもかかわらず、原判決は、……被上告人の代表者が本件裏書の真否につき善意で本件手形を取得した以上、上告人〔Y 会社〕は被上告人に対し、本件裏書につき担保責任を負うべきであるとしているが、この判断は、同条 2 項にいう相手方又は表見代理が成立しうる第三者についての解釈適用を誤つた違法なものであるか、又は論旨指摘の弁論主義に違背する違法なものである」と判示する。

3 支配権の消滅と登記

支配人の代理権（「支配権」）消滅は、登記事項とされており、いったんその喪失が登記されると、908 条 1 項前段が適用される結果、同項後段の定める「正当な事由」がない以上、民 112 条の主張（代理権の消滅が善意の第三者に対抗できないこと）は再抗弁として主張自体失当となる（ちなみに、会社が支配人の退任及び支配権喪失につき登記したときは、その後その者が会社の代理人として第三者とした取引に民 112 条の適用はない（代表取締役の代表権の喪失の事案に関するものであるが、最判昭和 49 年 3 月 22 日民集 28.2.368〔27000442〕がある））。しかるに、本条は、支配権の存在を要件とすることなく、使用人の行なった代理行為の効果が、908 条 1 項の存在にもかかわらず、会社に帰属するとしている。そこで、本条が 908 条 1 項とどのような関係に立つのかという問題が生ずるが、従来必ずしも明示的な議論はなされていない。表見代表取締役と 908 条 1 項（平成 17 年改正前商 12 条）の関係については、既に議論（例外規定説、異次元説、正当事由弾力化説）の集積がある。

(1) 例外規定説（通説）

　誰が支配人であるかは、登記事項であって（918条）、本条の適用範囲は、本来908条1項の適用範囲に含まれている。それゆえ、法があえて本条を置いたのは、会社が支配人以外の使用人に会社の本社又は支店の事業の主任者であることを示す名称を付与した場合には、その相手方は登記で誰が支配人であるかを確認しないでも保護されるということ、すなわち、908条1項の「原則」に対する「例外」を定めたのである。

(2) 異次元説

　908条1項と本条とは適用される局面が異なる。908条1項は、登記すべき事実が存在する場合に、その事実の存在を知らない者をどう取り扱うか（善意の第三者に対抗できないこと）を定めた規定である（登記をしたからといって、それを知らない第三者の悪意を擬制するまでの効力はない）。これに対し、本条は、登記の有無とは関係なく、全く支配権のなかった者又は元支配人に支配権ありと信じる事情がある場合について、実体と異なる虚偽の外観を信頼した者をどう取り扱うか（第三者を保護すること）を定めた規定である。したがって、同じ局面に908条1項と本条とがともに適用されることはないので、この両条は、一般法と特別法の関係には立たない。

(3) 正当事由弾力化説

　908条1項後段によれば、登記がされていても、「正当な事由」があれば、悪意擬制は受けず、会社は、登記に係る当該事実を主張できない。本条は、「正当な事由」の中に含まれる一場合である。会社が「支配人以の使用人」に「会社の本店又は支店の事業の主任者であることを示す名称を付与した」場合も、「正当な事由」の中に含まれる。この場合、会社は、その者が支配人ではないことを「善意の第三者」に対して主張できない。

訴訟物　　XのYに対する売買契約に基づく売買代金請求権

＊XはY会社甲支店の支配人Aとの間で売買契約を締結して、その代金の支払を請求したところ、Y会社は、①XがAの支配権の終了したことを請求原因1当時知っていた、②XがAの支配権の終了したことを請求原因1当時登記されていたことをY会社が主張し、他方、Xは②の登記されたことを正当な事由によって知らなかったことを主張した事案である。

請求原因　1　XはAとの間で、本件土地を代金1,000万円で売買する契約を締結したこと

2　AはY会社の使用人であること
　　　＊具体的には、雇用契約が締結されていること等であろう。
　　3　Y会社はAに対し、請求原因1に先立って、自社の甲支店における事業に関する一切の裁判上・裁判外の行為をする権限（支配権）を与えたこと
　　　＊請求原因1ないし3でAの行為が商事代理（商504条）であることが現れるため、顕名行為の主張は不要である。なお、代理意思は請求原因では不要であって、「Aは、請求原因1の際、Y会社のためにする意思を有していなかったこと」が抗弁に回ると解される。

（悪意）
抗　弁　1　Aの支配権の終了原因事実
　　2　請求原因1の際、Xが抗弁1の事実を知っていたこと
　　　＊908条1項前段の反対解釈に基づく抗弁である。第三者が悪意であることは、これを主張する者が主張・立証責任を負う。

（支配権の終了の登記）
抗　弁　1　Aの支配権の終了原因事実
　　2　請求原因1に先立って、抗弁1の登記がされたこと
　　　＊908条1項前段に基づく抗弁であるが、商登44条の定めるところにより登記することになる。また、この抗弁に対しては、次の再抗弁が成立し得る。

（正当な事由）
再抗弁　1　請求原因1の契約を締結する際、Xが抗弁1の事実を知らなかったこと
　　2　再抗弁1につき、正当な事由の評価根拠事実
　　　＊上記の主張は、支配権の終了の登記の抗弁に対する908条1項後段に基づく再抗弁である。X側において、Xが登記事項を知らなかったこと（再抗弁1）と、その点について正当な事由があったこと（再抗弁2）の両方ともを立証しなければならない。「正当な事由」は、その立法趣旨からすると、登記制度が円滑に機能しないような外部的・客観的事由と解すべきこととなる。

● (ある種類又は特定の事項の委任を受けた使用人)

第 25 条 商人の営業に関するある種類又は特定の事項の委任を受けた使用人は、当該事項に関する一切の裁判外の行為をする権限を有する。
　2　前項の使用人の代理権に加えた制限は、善意の第三者に対抗することができない。

1　ある種類又は特定の事項の委任を受けた使用人
(1) 立法趣旨
　本条1項は、商人の営業に関するある種類又は特定の事項の委任を受けた使用人が、その事項に関し一切の裁判外の行為をする権限を有することを定める。本条の「使用人」は、企業の職位名称でいえば、部長、課長、係長などに相当し、その権限は職務分掌規定に定められていることが多い。ところで、本条1項の立法趣旨は、反復的・集団的取引であることを特質とする商取引において、商人からその営業に関するある種類又は特定の事項(例えば、販売、購入、出納等)を処理するために選任された者について、取引の都度その代理権の有無及び範囲について調査確認しなければならないとすると、取引の円滑確実と安全が害されるおそれがある。そこで、このような使用人については、客観的にみて受任事項の範囲内に属すると認められる一切の裁判外の行為をする権限すなわち包括的代理権を有するものとすることにより、これと取引する第三者が、代理権の有無及び当該行為が代理権の範囲内に属するかどうかをその都度調査することなく、安んじて取引を行なうことができるようにすることにあるものと解される。
(2) 主張・立証責任
　本条1項による代理権を主張する者は、上記立法趣旨からして、「当該使用人が営業主からその営業に関するある種類又は特定の事項の処理を委任された者であること」及び「当該行為が客観的にみてその事項の範囲内に属すること」を主張・立証しなければならないが、「その事項につき代理権を授与されたこと」まで主張・立証することを要しないと解される(最判平成2年2月22日裁判集民159.169〔28072786〕【30】)。

訴訟物　　XのYに対する売買契約に基づく売買代金請求権
　　　　＊AはYの従業員としてYの営業に関するある種類又は特定

の事項の処理を委任されていたが、AはXから本件目的物を500万円で購入した。本件は、XがYに対して売買代金の支払を求めたところ、YはAに対して400万円を超える締結権限を制限しており、その事実はXも知っていた又は知らないことにつき重大な過失があったと主張した事案である。

請求原因 1 XはAとの間で、本件目的物を代金500万円で売買する契約を締結したこと
　　＊この契約が、客観的に請求原因3の事項の範囲内にあるか否かは、事実主張は不要であって法律判断である。客観的にみて受任事項の範囲内に属するものであるか否かに関し、最判昭和51年6月30日裁判集民118.155〔27411700〕は、会社法の領域ではあるが、Y銀行本店審査部の調査役Aの場合について、「Aは、Y銀行の本店審査部付調査役として、Y銀行B支店長在職中に貸し付けた金員の回収に当たつていたのであり、……同調査役は、右債権の回収事務に関してのみ商法43条〔25条〕の委任を受けた使用人に当たるのにすぎず、本件不動産によつて担保されるY銀行の債権が回収不可能となるような本件損害担保契約締結又は債務免除の代理権までも与えられていたものではないと解するのが相当である」と判示する。
2 YとAとの間に雇用契約関係があること
　　＊商人が友人に営業活動を行なわせた場合のように、委任関係はあるが雇用関係のない場合にその友人を「商業使用人」と解すべきかについて、通説は商業使用人というためには、雇用関係は必要であるとして、これを否定する。しかし、平成17年改正前商42条〔24条〕所定の「使用人」に関して、東京地判平成5年1月27日判タ839.249〔27816670〕は、これを肯定説している。
3 AはYから、その営業に関するある種類又は特定の事項の処理を委任されたこと
　　＊使用人のAが本条所定の「使用人」であるかどうかは、その職位名称ではなく、営業に関するある種類又は特定の事項の委任を受けたか否かによって決定される。東京地判昭和53年9月21日判タ375.99〔27662136〕は、ある者が平成

17年改正前商43条［25条］の商業使用人に当たるためには、その者が営業主から営業に関するある種類又は特定の事項について代理行為をすることの委任を受けることを要し、単に営業部長等の名称の使用の許諾を受けることによっては代理権の授与を受けた者とは言い難いとしている。

＊請求原因3の主張・立証責任の内容については、前掲平成2年最判参照。なお、東京高判昭和60年8月7日判タ570.70〔27413084〕も、単に営業に関するある種類又は特定の事項の委任を受けていれば足り、法律行為に関する何らかの権限が与えられていることは必要ないと判示する。

2　使用人の代理権に加えた制限

　本条2項は、1項の使用人の代理権に加えた制限は善意の第三者に対抗することができないことを定める。前掲平成2年最判は、「『善意ノ第三者』には、代理権に加えられた制限を知らなかつたことにつき過失のある第三者は含まれるが、重大な過失のある第三者は含まれないと解するのが相当である」と判示する。次に掲記する抗弁は、上記の設例の請求原因に対する抗弁例である。

（悪意）

抗弁　1　Yは請求原因3の権限のうち、代金400万円以上の売買契約の締結権限を制限していたこと
　　　2　Xは請求原因1当時、抗弁1の制限を知っていたこと、又はXは請求原因1の当時、抗弁1の制限を知らないことにつき重大な過失があることの評価根拠事実

＊本条2項に基づく抗弁である。上記の抗弁1の事実のみでは、主張自体失当である。なお、「Xは、請求原因1の当時、抗弁1の制限を知らないことにつき重大な過失があることの評価根拠事実」という抗弁は、前掲平成2年最判に基づく抗弁である。

■（参考）（ある種類又は特定の事項の委任を受けた使用人）

会社法第14条　事業に関するある種類又は特定の事項の委任を受けた使用人は、当該事項に関する一切の裁判外の行為をする権限を有する。

2　前項に規定する使用人の代理権に加えた制限は、善意の第三者に対抗することができない。

1　ある種類又は特定の事項の委任を受けた使用人

　本条1項の「事業に関するある種類又は特定の事項の委任を受けた使用人」とは、会社の職制名称でいえば、部長、課長、係長などに相当し、その権限は職務分掌規定に定められていることが多い。なお、使用人の中で一般的には最高職位とされる部長が取締役に選任されて、部長職を兼務する場合があるが、兼務するからといって部長としての職務内容が取締役としてのものになるものではない（例えば、東京地判昭和36年8月7日金法286.5〔27410686〕は、代表権のない取締役で貿易部長として会社の業務に従事する者は、平成17年改正前商43条（本条）所定の「番頭」（「使用人」）に該当するとしている）。本条1項の立法趣旨は、反復的・集団的取引であることを特質とする会社の取引において、会社からその事業に関するある種類又は特定の事項（例えば、販売、購入、貸付け、出納等）を処理するために選任された者について、取引の都度その代理権の有無及びその範囲について調査確認しなければならないとすると、取引の円滑確実と安全が害されるおそれがあるため、このような使用人には、客観的にみて受任事項の範囲内に属すると認められる一切の裁判外の行為をする権限（包括的代理権）を有するものとすることにより、これと取引する第三者が、代理権の有無及びその行為が代理権の範囲内に属するかどうかをいちいち調査することなく、安んじて取引を行なうことができるようにすることにあると解される（最判平成2年2月22日裁判集民159.169〔28072786〕）。したがって、本条1項による代理権限を主張する者は、「使用人が会社からその事業に関するある種類又は特定の事項の処理を委任された者であること」及び「使用人の行為が客観的にみてその事項の範囲内に属すること」を主張・立証しなければならないが、「その事項につき代理権を授与されたこと」までを主張・立証することを要しないと解される（前掲平成2年最判、神田秀樹『会社法〈第20版〉』弘文堂（2018年）18頁）。

2　使用人の代理権に加えた制限

　本条2項は、1項に規定する使用人の代理権に加えた制限が善意の第三者に対抗できないことを定める。本条1項の立法趣旨にかんがみると、前掲平

成2年最判は、「同条2項［本条2項］、38条3項にいう『善意ノ第三者』には、代理権に加えられた制限を知らなかつたことにつき過失のある第三者は含まれるが、重大な過失のある第三者は含まれないと解するのが相当である」と判示する。

訴訟物　　XのYに対する売買契約に基づく売買代金請求権
　　　　　　＊XはY会社の事業に関するある種類又は特定の事項の処理を委任されたAとの間で売買契約を締結して、その代金の支払を請求したが、①代理意思欠如、②代理権の制限、③代理権の消滅、④権限濫用が争点となった事案である。

請求原因　1　Y会社とAとの間に雇用契約関係があること
　　　　　　＊Y会社とAとの間の法律関係は、雇用契約関係が存在することが通説といえるが、それが存在しない場合であっても、委任契約関係が存在すれば、妻その他家族や友人であっても商業使用人たり得るとする見解もある。
　　　　　2　AはY会社からその事業に関するある種類又は特定の事項の処理を委任されたこと
　　　　　　＊使用人Aが請求原因2に該当するか否かは、会社から付与された職位名称ではなく、実体として事業に関するある種類又は特定の事項の委任を受けたか否かによって決定される。
　　　　　3　XはAとの間で、本件目的物を代金500万円で売買する契約を締結したこと
　　　　　　＊請求原因3の契約が、客観的に請求原因2の事項の範囲内にあるか否かは、前者が後者に包摂されるかという法律判断である。受任事項の範囲内に属するものであるか否かに関し、例えば、最判昭和51年6月30日裁判集民118.155〔27411700〕は、Y銀行本店審査部の調査役Aの場合について、「Aは、Y銀行の本店審査部付調査役として、Y銀行B支店長在職中に貸し付けた金員の回収に当たつていたのであり……同調査役は、右債権の回収事務に関してのみ商法43条［本条1項］の委任を受けた使用人に当たるにすぎず、本件不動産によつて担保されるY銀行の債権が回収不可能となるような本件損害担保契約締結又は債務免除の代理権までも与えられていたものではないと解する」と判示する。
　　　　　　＊商504条によると、本人のためにする商行為である場合に

は、代理人が本人のためにすることを示さないでもその行為の効力は本人に帰属する。ところで、Y会社がその事業としてする行為（及びその事業のためにする行為）は商行為とされる（5条）ところ、Aの行為が本人たるY会社の商行為であることは請求原因3の事実で明らかであるときは（この場合が多いであろう）、「Aの請求原因3の事実はY会社にとって商行為であること」を重ねて主張する必要はない。その場合、顕名の要件事実はもとより不要である。

（代理意思欠如）

抗弁 1 Aは、請求原因3の契約締結の際、Y会社のためにする意思がなかったこと

＊会社の行為は商行為であるとされている（5条）から、商504条の適用があると解され（また、本法は、会社を商人である旨の明文規定は置いていないが、5条と商4条1項によれば、会社が「商人」であることは当然であると解されるので、商503条1項を経由しても本件の場合は商504条の適用があるといえる）、顕名行為の要件は不要であると解される。なお、顕名行為が存在しない場合に表面化する代理意思の主張・立証責任の所在については争いがあり、本書は、「代理意思を欠いていること」が抗弁に回る見解を採る（司研・要件事実第一巻69頁）。

（代理権の制限）

抗弁 1 Y会社は請求原因2のAの権限のうち、代金500万円以上の売買契約の締結権限を制限していたこと

2 Xは請求原因3の当時、抗弁1の制限を知っていたこと、又はXが請求原因3の当時、抗弁1の制限を知らないことについての重大な過失の評価根拠事実

＊本条2項に基づく抗弁である。抗弁1の事実のみでは、主張自体失当である。なお、「Xは、請求原因3の当時、抗弁1の制限を知らないことについての重大な過失の評価根拠事実」という抗弁は、前掲平成2年最判に基づく抗弁である。

＊上記抗弁2の事実（「悪意」）の立証責任が会社にあることについては、本条の事案とは異なるが、11条に関する最判昭和47年4月4日民集26.3.373〔27000575〕は、副支配人の代理権に加えた制限の主張・立証責任に関し、「かかる申合

せが……副支配人としての代理権を……制限するものであるとしても、かかる制限については、商法38条3項［11条3項］の規定により」営業主Ｙが第三者Ｘの「悪意を主張し、立証しないかぎり、本件手形上の責任を免れえないものと解すべきである」と判示したことに基づくものである。なお、重過失の立証責任についても、重過失は悪意と同視できるから悪意と同様に抗弁に位置付けられると考える。

（代理権の消滅）

抗 弁 1 Ｙ会社は請求原因2のＡの権限を消滅させたこと
　　＊本条2項は、使用人の代理権に加えた「制限」についての規定であるが、制限の極限状態はその消滅であって、同項の規定する範囲内であると解することができよう。
2 Ｘは請求原因3の当時、抗弁1の代理権消滅を知っていたこと、又はＸが請求原因3の当時、抗弁1の制限を知らないことについての重大な過失の評価根拠事実
　　＊民112条（代理権消滅後の表見代理）の攻撃防御によれば、抗弁は代理権消滅の事実のみであり、代理権消滅の事実を知らないこと（善意）が再抗弁となる。しかるに、上記の整理では、代理権消滅についての悪意（又はこれと等価の重過失）が抗弁を構成する事実となっている。この差異が生ずるのは、商取引における安全の要請が民事取引におけるそれよりも強いからである。

（権限濫用）

抗 弁 1 Ａは、請求原因3の当時、本件目的物を転売してその利益を着服する意思を有していたこと
2 Ｘは請求原因3の当時、抗弁1の制限を知っていたこと、又はＸが請求原因3の当時、抗弁1の制限を知らないことについての過失の評価根拠事実

●（物品の販売等を目的とする店舗の使用人）

第26条 物品の販売等（販売、賃貸その他これらに類する行為をいう。以下この条において同じ。）を目的とする店舗の使用人は、その店舗に在る物品の販売等をする権限を有するものとみなす。ただし、相手方

が悪意であったときは、この限りでない。

1　店舗使用人の代理権
　本条本文は、物品の販売等（販売、賃貸その他これらに類する行為）を目的とする店舗の使用人はその店舗に存在する物品の販売等の権限があるものとみなす旨を定める。本条の趣旨について、福岡高判昭和25年3月20日下民1.3.371〔27410008〕は、「本條［当時の商法44条］は物品販賣店の性格と該所における取引の實情に鑑がみ、營業主の意思により右販賣店内において公衆と直接取引をする衝に立つている者に、販賣に関する權限があるものとみなし、以つて物品販賣店における取引の必要にこたえたものであつて、本條の適用を受けるがためには、その店舗に在る物品の現實の販賣であり、從つて販賣契約はその店舗内において行われなければならない」と判示する。
　物品の「賃貸」とは、貸ふとん屋、貸レコード屋、ビデオ・レンタル店等と解される。本条本文は、法律上の擬制であり、法律上の権利推定規定ではない。
　したがって、その使用人に店舗内の物品の販売に関する代理権が与えられていない事実は、その事実のみでは抗弁たり得ないが、その事実を取引相手方が知っている事実を併せ主張することによって抗弁となり得る。

2　相手方の悪意・重過失
　本条但書は、取引相手方が悪意つまり当該使用人に代理権がないことを知っていた場合には適用されないことを定める。24条但書における場合と同様に、重過失ある善意は、悪意と同視することとなろう。悪意であること又は善意についての重過失の評価根拠事実の主張・立証責任は、商人（物品販売業者）側が負担するものと解される。

訴訟物　　　XのYに対する売買契約に基づく目的物引渡請求権
　　　　＊Aは物品販売を目的とするYの店舗の使用人であるが、Xとの間で店舗内において、本件目的物を代金50万円で売買する契約を締結した。本件は、XがYに対して目的物の引渡しを求めたところ、AはYの店舗の物品販売の代理権を有しておらず、そのことをXは知っていた又は知らないと

しても重大な過失があると主張した事案である。

請求原因 1　AはXに対し、請求原因2の店舗内において、本件目的物を代金50万円で売買する契約を締結したこと
＊契約の締結もその店舗内で行なわなければならない。前掲昭和25年福岡高判は、「当時本件物件の現品はY会社福岡支店にはなくて、XよりAに対する買注文であり、しかも右買注文はY会社福岡支店内で爲されたのではなくて、そことは全く関係のない一喫茶店内でひそかに行われたものであることが明白である」として、本条に基づいて物品の引渡しを求めるXの請求は認められないとした。

2　Aは物品の販売を目的とするYの店舗の使用人であること
＊請求原因2の要件事実は、本条本文によって、Aが本件目的物の販売の代理権限を有するものとみなされる効果を生じさせる。

（悪意・重過失）

抗弁 1　AはYの店舗の物品販売の代理権を有しないこと
2　Xは請求原因1当時、抗弁1の事実を知っていたこと、又は知らないことに重大な過失があることの評価根拠事実
＊本条ただし書に基づく抗弁である。

■ **（参考）**（物品の販売等を目的とする店舗の使用人）

会社法第15条　物品の販売等（販売、賃貸その他これらに類する行為をいう。以下この条において同じ。）を目的とする店舗の使用人は、その店舗に在る物品の販売等をする権限を有するものとみなす。ただし、相手方が悪意であったときは、この限りでない。

1　店舗使用人の代理権

本条本文は、物品の販売等を目的とする店舗の使用人はその店舗に存在する物品の販売の権限があるものとみなす旨を定める。本条所定の使用人の権限は、店舗に現存する物品の販売等であり、店舗に現存しない物品の販売、あるいは店舗外の物品の販売等には及ばない。本条は、法律上の擬制であり、法律上の権利推定規定ではない。したがって、その使用人に店舗内の物

品の販売に関する代理権が与えられていない事実は、その事実のみでは抗弁たり得ず、主張自体失当となる（ただし、その事実を取引相手方が知っている事実を併せ主張することによって抗弁となり得ることを本条ただし書が定めている）。なお、店舗使用人の代理権は、支配人、ある種類又は特定の事項の委任を受けた使用人の場合と同様にあくまで代理権であって、代表取締役や代表執行役の代表権ではない。代表者の行為が会社自身の行為と観念されるのに対し、代理人の行為は会社自身の行為ではない。店舗使用人が欠けても会社の行為をする代表者が欠けるわけではないから、店舗使用人が欠けた場合の手当ては特段規定されていない。

2　相手方の悪意

本条ただし書は、取引相手方が悪意つまり当該使用人に代理権がないことを知っていた場合には本条本文が適用されないことを定める。また、当事者の衡平を考えるとき、表見支配人に関する13条と同じく、重過失ある善意は悪意と同視するとの解釈を採るべきであろう。悪意であること又は善意についての重過失の評価根拠事実の主張・立証責任は、会社（物品販売業者）側が負担するものと解される。

訴訟物　　XのYに対する売買契約に基づく目的物引渡請求権
　　　　　　＊Xは、Y会社の物品販売店舗の使用人Aとの間で、売買契約を締結し、その商品の引渡しを求めたところ、Y会社はAが物品販売の代理権を有していないことをXが知っていたと主張した事案である。

請求原因　1　AはXとの間で、本件目的物を代金50万円で売買する契約を締結したこと
　　　　　　2　Aは物品の販売を目的とするY会社の店舗の使用人であること
　　　　　　＊請求原因2の事実により、Aが本件目的物の販売の代理権限を有するものとみなす効果を生じる（本条本文）。

（悪意・重過失）

抗弁　　　1　AはY会社の店舗の物品販売の代理権を有しないこと
　　　　　　2　Xは請求原因1の当時、抗弁1の事実を知っていたこと、又は知らないことについての重大な過失の評価根拠事実
　　　　　　＊本条ただし書に基づく抗弁である。重過失がある場合は悪意がある場合と同様に取り扱うべきである。

第7章 代理商

　商品の供給者が、ある販売業者に商品を継続的に供給し、この販売業者の販売網を通じて、商品を販売させる場合、この販売業者を一般に「代理店」と呼ぶが、この販売業者は必ずしも第7章の「代理商」を意味するわけではない。代理店といっても、その契約関係は、①自己の名で供給者の計算において販売することを目的とする販売委託契約（551条の「問屋」）、②代理店に売買契約締結のための代理権を取得せしめる「締約代理商契約」（27条以下）、③売買契約締結の補助行為を行なうための「媒介代理商」としての契約（同条）を含むものである。したがって、契約の名称のいかんにかかわらず、取引の実態に即してその法的性質を決定しなければならない。

● (通知義務)

第27条　代理商（商人のためにその平常の営業の部類に属する取引の代理又は媒介をする者で、その商人の使用人でないものをいう。以下この章において同じ。）は、取引の代理又は媒介をしたときは、遅滞なく、商人に対して、その旨の通知を発しなければならない。

1　代理商の意義

　本条はそのかっこ書で、代理商を、商業使用人ではなく、一定の商人のために平常その営業の部類に属する取引を代理又は媒介する者であることを定める。代理商であるか否かは、本人との実質的な法律関係によって決定されるのであって、その名称によるものではない。本人たる商人と代理商の関係は、基本的には民法の委任の規定及び商法の一般規定によって処理されることになるが、本条、28条、31条に、その特則が定められている。

(1) 締約代理商

　商人のために取引の代理をする代理商を「締約代理商」という。本人たる商人と締約代理商間の締約代理商契約は、委任契約の性質を有する。
　要件事実論の観点からすると、締約代理店が契約締結に際して介在した売買契約の成立を主張・立証する者は、下記の設例における請求原因2、3を

主張・立証しなければならないのであるが、実務上は、あたかもXとYが直接契約したとの主張がされることが多く、当事者間に争いがなければそのまま認めることとなる。また、媒介代理商が介在した売買契約の成立の場合は、媒介代理商の介在した事実は、主張が必須というわけではない。

訴訟物 XのYに対する売買契約に基づく代金支払請求権
＊本件は、XはYの代理商Aとの間で、本件建物を代金1,000万円で売買する契約を締結したとして、Yに対し代金の支払を求めた事案である。

請求原因
1　Yは商人であること
2　AはYのためにその平常の営業の部類に属する取引の代理をする者で、その商人の使用人でないものであること
　＊請求原因2は、Aが締約代理商の場合を示すものである。
3　XはAとの間で、本件建物を代金1,000万円で売買する契約を締結したこと
4　請求原因3の売買契約は、Yの平常の営業の部類に属する取引であること

(2) 媒介代理商

商人のために取引の媒介（事実行為）をする代理商を「媒介代理商」という。媒介代理商契約は準委任契約の性質を有する。

訴訟物 XのYに対する代理店契約に基づく手数料請求権
＊本件は、XがYの製造する鋼材を第三者に販売するにつき媒介する代理店契約に基づいて、XはYの鋼材を第三者に対し販売を仲介したとして、Yに対して約定の手数料の支払を求めた事案である。

請求原因
1　Yは製鉄業を目的とする株式会社であること
2　XはYとの間で、XがYの製造する鋼材を第三者に販売するにつき媒介を委託すること、一方、XはYに対し代金額の3パーセントの手数料を支払う旨の契約を締結したこと
3　XはYの鋼材を第三者に対し販売を仲介し、その代金総額は1億円に達したこと

訴訟物 XのYに対する契約解除に基づく損害賠償請求権

＊Xは、スイスの婦人服地メーカーAとの間でその総代理店（ソール・エイジェンシー）となる旨の代理店契約を締結しており、Aが日本の顧客に対して製品を販売するには、必ずXを通すことを要し、日本の顧客が海外で直接Aから買い受けようとする場合にもXの同意を要するものとされていた。他方、Yは婦人服地の卸売業を営むBとの間で、商品売買基本契約を締結してYの輸入した婦人服地の継続的な売買を行なっていた。これは、Bが銀行に信用状を開設するだけの信用がないので、Yの瑕疵担保責任を免除したうえで輸入の代行を依頼するためであった。問題となった取引は、XYを通じて、BのAに対する注文に基づきAが服地を製造して、Bが最終的に購入するはずであったが、BからAに発注後、YB間において支払条件につき合意に至らなかったためBはYに代金支払をしなかった。本件は、XはXY間の商品の売買契約を解除して、Yに対し損害賠償を求めたところ、売買契約がXY間、AY間のいずれに成立したかが争点となった事案である。

＊本件は、大阪地判昭和59年5月11日判タ530.220〔27490807〕を参考にした設例である。

請求原因

1　Xは、スイスの婦人服地メーカーAとの間でその総代理店（ソール・エイジェンシー）となる旨の代理店契約を締結したこと

2　Yは婦人服地の卸売業を営むBとの間で、商品売買基本契約を締結してYの輸入した婦人服地の継続的な売買を行なっていたこと

3　XはYとの間で、BのAに対する注文に基づきAが製造した服地を売買する契約を締結したこと

＊前掲昭和59年大阪地判は、Xが、XはAのいわゆる総代理店であって、Aとの関係では代理商に当たり、第三者との関係では問屋に当たるもの（問屋代理商）であり、本件商品の売主はXである旨主張したことについて、「Xが、……Aとの間にXがAの総代理店（ソール・エイジェンシー）になる旨の代理店契約を締結したことは、前記認定のとおりである。しかしながら、『エイジェンシー』という概念は、他人のために現実に行動する者を意味する英米法上の概念であ

り、日本法における代理商、問屋、仲立等をすべて包含する概念であるから、XがAのエイジェンシーであることをもつて、直ちにXの法的地位を確定することはできず、Xが第三者との関係で問屋に当るか否かは、取引の実体に即して判断しなければならない。……XとAとは、右代理店契約において、Xは手数料による代理店であつて、AはXに販売金額に応じて手数料を支払う旨約していること、XがAの代理店として販売活動を行い、Aの製品の購入を希望する日本の顧客との間に取引が成立した場合、代金の支払及び製品の受渡しは顧客とAとの間で行われ、Xはこれに関与しないこと、他方、Xは、自らAからその製品を買い受け、これを他に販売することがあり、その場合には、自ら代金の支払をし、製品の引渡しを受け、Aから右代理店契約で定める手数料の支払を受けることはなかつたこと、本件商品の売買については、その代金の支払及び商品の受渡しはXがAとの間でするのではなく、YがAに対して代金を支払い、YがAから商品の引渡しを受ける旨合意されていること、以上の事実を総合勘案すれば、本件商品の売買については、Xは、Aの媒介代理商の立場に立つものであつて、売買の当事者ではなく、本件商品の売主は、Aであると認めるのが相当である。そして、Xが本件商品の売買に関し前記認定のように注文書を作成してA及びYに送付したり、Aから注文確認書の送付を受けてこれをY及びBに送付したりしていることは、XがAの媒介代理商であることとなんら矛盾せず、むしろ、XがAの媒介代理商として行動したことを物語るものといえる」としたうえで、さらに、YB間の関係については、「商品売買基本契約書によれば、YとBとの取引関係はYが輸入した商品の売買関係としてとらえられ、右商品の所有権は、特約のある場合を除き、商品の受渡しのあつたときにYからBに移転するものとされ、それまではYに留保されている」ことなどから、「本件商品のAからの買主はYであり、Yは、Bの注文に基づき、その購入を希望する本件商品をBに代わつてAから買い付け輸入したもの」と判示し、結論として、「本件商品の売買契約はAとYとの間で締結されたものであり〔要するに売買契約

は、AとY、YとBとの間にそれぞれ存在する〕、Xは本件商品の売主ではないことになるから、Xが本件商品の売主であることを前提とする主位的請求は、……理由がない」とした。
4　XはYに服地を引き渡すべく提供したこと
5　代金の支払時期を経過したこと
6　XはYに対して、停止期限付の解除の意思表示をしたこと
7　請求原因5の期限が経過したこと
8　Xの損害及びその数額

2　通知義務
　営業主と代理商の関係は、締約代理商の場合は委任関係であり、媒介代理商の場合は準委任関係である。したがって、代理商は元来民645条、656条の定める報告義務を負担する。しかし、民法のレベルでは、委任者が報告の請求をすることが報告義務の発生する要件となっているところ、本条は委任者たる営業主からの報告請求がなくとも、代理商は取引の代理又は媒介をした場合においては遅滞なく営業主に通知を発すべきことを定める。例えば、損害保険会社の代理店が保険契約締結の通知義務を怠ったために、保険会社が再保険をする機会を失い、そのために保険事故発生による損害を受けた場合は、代理店が保険会社に対して、損害賠償の義務を負うこととなる（大判昭和10年5月27日民集14.11.949〔27500715〕）。なお、本条は任意規定であるから、当事者において別段の定めをすることは自由である。

訴訟物　　XのYに対する通知義務違反に基づく損害賠償請求権
　　　　＊YはXの媒介代理商であるが、Aとの間で本件目的物を代金1,000万円で売買する契約（Xの平常の営業の部類に属する取引）を締結したが、Xは本件目的物を他から調達することが遅れ、Aに対し損害賠償を支払ったので、Yに対して損害賠償の支払を求めたところ、YはAとの契約成立を遅滞なくその報告をしたと抗弁した事案である。
請求原因　1　Xは商人であること
　　　　　2　YはXのためにその平常の営業の部類に属する取引の媒介をする者で、その商人の使用人でないものであること
　　　　＊請求原因2は、Yが媒介代理商である場合を示すものである。

3　ＹはＡとの間で、本件目的物を代金1,000万円で売買する契約を締結したこと
　　　4　請求原因3の売買契約は、Ｘの平常の営業の部類に属する取引であること
　　　5　Ｘは本件目的物を他から調達することが遅れ、Ａに対し損害賠償金〇〇万円を支払ったこと
(通知)
抗　弁　1　ＹはＸに対し、請求原因3の売買契約の成立後、遅滞なく成立した旨を通知したこと

■（参考）（通知義務）

会社法第16条　代理商（会社のためにその平常の事業の部類に属する取引の代理又は媒介をする者で、その会社の使用人でないものをいう。以下この節において同じ。）は、取引の代理又は媒介をしたときは、遅滞なく、会社に対して、その旨の通知を発しなければならない。

1　代理商の意義
(1)　媒介代理商と締約代理商
　本条は、そのかっこ書において、代理商を、商業使用人ではなく、会社のために平常その事業の部類に属する取引を代理又は媒介する者であると定義する。会社のために取引の代理をする代理商を「締約代理商」という。本人たる会社と締約代理商間の締約代理商契約は、委任契約の性質を有する。これに対し、会社のために取引の媒介（事実行為）をする代理商を「媒介代理商」という。媒介代理商契約は準委任契約の性質を有する。したがって、代理商であるか否かは、本人との実質的な法律関係によって決定されるのであって、その名称によらない。本人たる会社と代理商の関係は、基本的には民法の委任の規定及び商法の一般規定によって処理されることになるが、本条（通知義務）、17条（競業禁止）、20条（留置権）は、その特則を定める。
(2)　保険代理店
　損害保険の代理店は、通常、その所属する損害保険会社の締約代理商であり、生命保険会社の代理店は、その所属する生命保険会社の媒介代理商である。要件事実論の観点からすると、損害保険契約の成立を主張・立証する者

は、締約代理店が契約締結に際して介在したこと（下記の保険金請求の設例における請求原因 3、4 参照）を主張・立証しなければならないのであるが、実務上は、あたかも保険契約者と保険者たる保険会社が直接契約したとの主張がされることが多く、当事者間に争いがなければそのまま認めることとなる。また、生命保険契約の成立の場合は、媒介代理商の介在した事実は、要件事実ではない。

訴訟物　　Xの Y に対する火災保険契約に基づく保険金請求権
　　　　　　＊本件は、Y 保険会社の締約代理店 A との間で火災保険契約を締結し、保険金の支払を求めた事案である。
請求原因　1　X は本件建物を建築したこと
　　　　　　2　A は Y 会社の締約代理店であること
　　　　　　3　X は A との間で、本件建物につき、保険者を Y 会社、保険金 1,000 万円、保険期間を契約締結の日から 1 年、保険料 5 万円の火災保険契約を締結したこと
　　　　　　4　請求原因 3 の保険期間中に、本件建物が火災によって焼失したこと
　　　　　　5　請求原因 4 の焼失した建物の時価が 1,000 万円であること

なお、保険代理店が会社と独立した代理商か、あるいは会社の商業使用人かが、身元保証に関する法律の適用の有無をめぐって問題となった事案がある。大審院は、保険代理店は保険会社の指揮監督を受けず全く自己の計算で代理店を営む独立の営業者であり保険会社の被用者ではないと説き、保険代理店のための保証には身元保証ニ関スル法律の適用はないと判示した（大判昭和 17 年 5 月 16 日判決全集 9.19.3〔27547620〕、大判昭和 13 年 6 月 21 日民集 17.1297〔27500406〕も同旨）。ある者が代理商か商業使用人かは、対価が手数料か賃金か、自己の営業所か営業主の営業所か、営業費を自己負担するか否かなどの総合的な判断によることとなる。

訴訟物　　Xの Y に対する預金契約に基づく預金払戻請求権
　　　　　　＊本件は、A は X との間で損害保険代理店委託契約を締結して、X の損害保険代理店になった。A は X を代理して保険契約者と保険契約を締結して保険料を授受し、X 名義の領収書を作成、交付し、保険料として収受した金銭を Y 銀行に「X 保険代理店 A」名義の普通預金口座を開設した。口

座の通帳及び届出印はAが保管していた。その後、Aが不渡手形を出すことが確実になったため、XはAから通帳及び届出印の交付を受けて、Y銀行に預金全額の払戻しを請求した事案である。

請求原因

1　Aは、昭和52年12月9日、X損害保険会社との間で、次の定めがある損害保険代理店委託契約を締結し、Xの損害保険代理店となったこと
　(1)　Aは、Xを代理して、保険契約の締結、保険料の収受、保険料領収証の発行等の業務を行なう。
　(2)　Aは、収受した保険料をXに納付するまで、自己の財産と明確に区分して保管し、これを他に流用してはならない。
　(3)　Aは、Xのために収受した保険料から代理店手数料を控除した残額を、遅滞なくXに納付することを原則とする。
2　Aは、昭和61年6月19日、Yのために保険契約者から収受した保険料のみを入金する目的で、Y銀行○○支店に「X保険代理店A」名義の普通預金口座を開設し、その通帳及び届出印は、Aが保管していたこと
3　Aの損害保険代理店業務は、次の順序で行なわれたこと
　(1)　Aは、Xを代理して、保険契約者と保険契約を締結し、保険契約者から保険料を収受し、X名義の領収証を作成して保険契約者に交付する。Aは、保険料として収受した金銭を本件預金口座に入金するまで、これを他の金銭と混同しないよう、専用の金庫ないし集金袋で保管する。
　(2)　Aは、保険料として収受した金銭をすべて本件預金口座に入金する。Aが本件預金口座に保険料以外の金銭を入金したことはない。
　(3)　Xは、毎月15日頃、前月分の保険料請求書を訴外会社に送付する。同請求書にはAの前月分の代理店手数料の額が記載されており、Aは、この時点で、前月分の代理店手数料の正確な額を知る。
　(4)　Aは、毎月20日頃、本件預金口座から前月分の保険料相当額の払戻しを受け、そこから請求書に記載された代理店手数料額を控除した額の金銭をXに送金する。
　(5)　本件預金口座に生じた預金利息は、Aが取得する。
　＊AがXのために収受した保険料に関する上記取扱いは、平

成7年法律105号により廃止された保険募集の取締に関する法律、平成8年大蔵省令5号により廃止された同法施行規則、「損害保険会社の業務運営について」と題する大蔵省通達（平成8年4月1日蔵銀525号）及び社団法人（当時）日本損害保険協会の損害保険募集関係規定に沿うものであった。

4　平成9年5月6日当時、本件預金口座には、AがXのために収受した保険料及びこれに対する預金利息の合計342万2,903円が預け入れられていたこと

5　Aは、同日、2度目の不渡手形を出すことが確実となり、Xの○○支社長に本件預金口座の通帳及び届出印を交付したこと

＊最判平成15年2月21日民集57.2.95〔28080666〕【32】は、「本件預金口座の通帳及び届出印は、Aが保管しており、本件預金口座への入金及び本件預金口座からの払戻し事務を行っていたのは、Aのみであるから、本件預金口座の管理者は、名実ともにAである……。さらに、受任者が委任契約によって委任者から代理権を授与されている場合、受任者が受け取った物の所有権は当然に委任者に移転するが、金銭については、占有と所有とが結合しているため、金銭の所有権は常に金銭の受領者（占有者）である受任者に帰属し、受任者は同額の金銭を委任者に支払うべき義務を負うことになるにすぎない。そうすると、Xの代理人であるAが保険契約者から収受した保険料の所有権はいったんAに帰属し、Aは、同額の金銭をXに送金する義務を負担することになるのであって、Xは、AがYから払戻しを受けた金銭の送金を受けることによって、初めて保険料に相当する金銭の所有権を取得するに至るというべきである……本件預金の原資は、Aが所有していた金銭にほかならない。したがって、……本件預金債権は、Xにではなく、Aに帰属するというべきである。Aが本件預金債権をAの他の財産と明確に区分して管理していたり、あるいは、本件預金の目的や使途についてAとXとの間の契約によって制限が設けられ、本件預金口座がXに交付されるべき金銭を一時入金しておくための専用口座であるという事情があるからといって、これらが金融機関であるYに対する関係で本件預金債権の帰属者

の認定を左右する事情になるわけではない」と判示する。本件では、①Aが口座開設者であり、②口座名義がAであり、③Aが口座管理者であったことが重要な判断要素となっている。なお、【32】〔岩原紳作〕66-67頁は、「代理商の権限という観点から本件を見た場合、代理商契約により定められた代理店AのXのためにする代理権限に本件専用口座をXのために締結する権限が含まれており、代理の効果により本件専用口座はXのもので本件預金債権はXに帰属すると、XはYに対して主張できるか、という問題になる。この点につき法廷意見は、『XがAにYとの間での普通預金契約締結の代理権を授与していた事情は、記録上全くうかがわれない』と判示してXのYに対する本件預金債権の債権者としての主張を認めなかったが福田博裁判官の反対意見は『本件代理店契約にはAに対し、Xの代理人として金融機関との間でXのために預金契約を締結するための権限を授与することも含まれてい』たとして、Xを本件預金債権の債権者として認めるべきだとした。このように本件代理店契約によりAがXから与えられた権限の範囲の解釈が、法廷意見と反対意見の結論を分けたわけであるが旧募取法12条やそれに基づく代理店契約および事務処理規定によってXとAの間の代理店契約においては、本件専用口座がXに実質的に帰属する預金とされており……、Yとの預金契約締結に関する代理権がXからAに与えられていたと考えることが合理的と思われる。Aもそれらに従って保険料を他の資金と厳密に分別管理し口座名義もXの代理店であることを肩書としていたこと、Aが不渡り後に直ちに本件預金通帳と届出印をXに交付していたこと等を考慮すればAの認識意識としても、Xの代理人としてXのために預金契約を締結したと認定できたのではなかろうか。……少なくとも本件のように単独の保険会社名を明示してその代理店口座名義になっている場合は、当該保険会社を代理して代理店は預金契約を締結したと見てよいのではなかろうか」としている。

2　本人に対する通知義務

　会社と代理商の関係は、締約代理商の場合は委任関係であり、媒介代理商

の場合は準委任関係である。したがって、代理商は元来民645条の定める報告義務を負担している。しかし、民法は、委任者が報告の請求をすることを報告義務の発生要件としているところ、本条は委任者たる営業主の報告請求がなくとも、代理商は取引の代理又は媒介をした場合においては遅滞なく会社に通知を発すべきことを定める。例えば、損害保険会社の代理店が保険契約締結の通知義務を怠ったために、保険会社が再保険をする機会を失い、そのために保険事故発生による損害を受けた場合は、代理店が保険会社に対して、損害賠償の義務を負うこととなる（大判昭和10年5月27日民集14.949〔27500715〕）。なお、本条は任意規定であるから、当事者において別段の定めをすることは自由である。

訴訟物	XのYに対する通知義務違反に基づく損害賠償請求権

＊本件は、X会社の媒介代理商Yが通知義務違反に基づく損害賠償を請求した事案である。

請求原因
1　YはX会社の媒介代理商であること
2　YはAとの間で、本件目的物を代金1,000万円で売買する契約を締結したこと
3　請求原因2の売買契約は、X会社の平常の事業の部類に属する取引であること
4　YはX会社に対し、請求原因2の売買契約の成立した後、遅滞なく成立した旨を通知しなかったこと
5　X会社は本件目的物を他から調達することが遅れ、Aに対し損害賠償金○○万円を支払ったこと

3　特約店

　メーカー（又はその支配下の販売会社）から継続的に商品を買い受け、これを自己の名義と計算で転売する独立した商人のうち、商品供給者の販売網として系列化された特定の契約関係にあるものを「特約店」（「代理店」「販売店」「販売代理店」「取扱店」）という。代理商と特約店の相違は、次のとおりである。①本条所定の代理商が代理又は媒介行為を行なって代理商自体はその取引の効果帰属主体にならないのに対し、特約店は消費者との取引関係で効果帰属主体となる。②代理商の商品供給者との関係は委任又は準委任契約関係であるのに対し、特約店の商品供給者との関係は、継続的売買契約関係である。しかし、いずれも継続的な取引関係であるので、その解約をめぐっては、商品供給者の経営的な自由度の確保と代理店・特約店の既得権の

確保とが衝突し、紛争が生じやすい。
　そして、最判平成10年12月18日裁判集民190.1017〔28033492〕は、化粧品の特約店契約において、30日の予告期間をおいて理由を要しない解約条項があるところ、ある特約店がその仕入れた化粧品の大部分を特定の販売業者に卸売りするようになり、対面・助言販売の約定及びこれに伴う卸売り禁止の約定に反するとして、供給者が解約権を行使したのに対し、特約店から契約上の地位確認と注文済商品の引渡請求を求めた事案であるが、対面・助言販売を義務付けた約定等はブランドイメージの保持等の合理性があって独禁法には違反しないとし、「右事実関係の下においては、本件解約が信義則に違反せず、権利の濫用に当たらないとした原審の判断は、正当として是認することができる」と判示した。

● (代理商の競業の禁止)

第28条　代理商は、商人の許可を受けなければ、次に掲げる行為をしてはならない。
　　一　自己又は第三者のためにその商人の営業の部類に属する取引をすること。
　　二　その商人の営業と同種の事業を行う会社の取締役、執行役又は業務を執行する社員となること。
　2　代理商が前項の規定に違反して同項第1号に掲げる行為をしたときは、当該行為によって代理商又は第三者が得た利益の額は、商人に生じた損害の額と推定する。

1　競業の禁止
　本条1項は、代理商が、商人の許諾がなければ、自己又は第三者のために本人の営業の部類に属する取引をし、又はその商人の営業と同種の事業を目的とする会社の取締役、執行役又は業務を執行する社員となることができないことを定める。つまり、代理商の競業避止義務及び精力分散避止義務を定める。
　代理商の競業禁止行為である取引自体は、私法上無効でなく、有効である。また、代理商が競業禁止行為をした場合には、損害賠償請求が可能であり、代理商契約の解除事由ともなる。

2　介入権の廃止と損害額の推定

　平成17年改正前商48条2項は、「本人」たる会社の「許諾」なくして代理商が自己のために取引をした場合、営業主が介入権の行使ができることを定めていた。取締役の競業避止義務違反の場合の介入権行使（平成17年改正前商264条3項）の法律効果については、物権的効果説も説かれていたが、最判昭和24年6月4日民集3.7.235〔27003568〕は、債権的効果説を採り、これが通説でもあった。商人（本人）の介入権行使の効果についても取締役の場合と同様に債権的効果説を採るものとすると、代理商をしてその取引の経済的効果を商人に帰属させる義務を負わせるという債権的効果を生じさせるが、代理商がその取引によって取得した目的物が介入権の行使によって商人（営業主）に当然に移転することになるものではない。

　その効果の実質は、競業行為に関する損害の推定と異なるものではない。そのため、平成17年改正に際して介入権の制度を廃止した。そして、商人が代理商に対して損害賠償の請求をするために、商人に生じた損害額を特定し、それを立証することは容易ではない。これを救済するために、代理商が本条1項の規定に違反して同項1号に掲げる行為をしたときは、その行為によって代理商又は第三者が得た利益の額を、商人に生じた損害の額と推定する法律上の事実推定規定を置くこととしたのである。

> [訴訟物]　XのYに対する競業避止義務違反に基づく損害賠償請求権
> 　＊Xの代理商Yは自己又は第三者のためにXの事業の部類に属する取引をして利益を得た。本件は、XがYに対し、Yの得た利益額に相当する損害を被ったとして、その損害の賠償を求めたところ、①YはXの許可を得ていた、②Xの被った損害額はXの得た利益額より少額であると主張した事案である。

> [請求原因]　1　Yは請求原因2の当時、X（商人）の代理商であったこと
> 　2　Yは、自己又は第三者のためにXの事業の部類に属する取引をしたこと
> 　3　請求原因2の行為によってY又は第三者が得た利益の額
> 　＊請求原因3の事実は、本条2項所定の前提事実であり、これが立証されると、同項所定の「商人に生じた損害の額」が推定される。
> 　＊本条2項は、あくまで損害額の推定規定であるから、代理商は、商人に生じた損害が上記の利益より少ないことを立証し

た場合は、その額が賠償責任額である（下記の「少額の損害」の抗弁参照）。
＊商人Ｘの被った損害が代理商又は第三者の「得た利益の額」よりも大きい場合は、Ｘは、代理商又は第三者が得た利益の額を立証することで、その額がＸの損害額であるとの推定を受けることに甘んじることなく、Ｘの被った損害額を直接に立証することを選択してもよい。

（許可）

抗　弁　1　Ｙは、請求原因2についてＸの許可を受けたこと
＊本条2項の文言が「前項の規定に違反して」であり、かつ、損害の要件を推定する規定であるから、「商人の許可を受けていないこと」を要求している（すなわち、同事実が推定の前提事実として請求原因事実となる）と解することになろう。しかし、消極的事実はその立証がもともと困難なうえに、代理商が競業取引行為をすることは一般的に禁止されており、商人の許可を受けてはじめて禁止が解除されるものであると考える立場からは、「商人の許可を受けたこと」が推定の効果を覆滅する抗弁となると解することになる。本書は後説（抗弁説）に立っている。

（少額の損害）

抗　弁　1　Ｘに生じた損害は、請求原因3の利益額より少額であること

■ **（参考）**（代理商の競業の禁止）

会社法第17条　代理商は、会社の許可を受けなければ、次に掲げる行為をしてはならない。
　一　自己又は第三者のために会社の事業の部類に属する取引をすること。
　二　会社の事業と同種の事業を行う他の会社の取締役、執行役又は業務を執行する社員となること。
2　代理商が前項の規定に違反して同項第1号に掲げる行為をしたときは、当該行為によって代理商又は第三者が得た利益の額は、会社に生

じた損害の額と推定する。

1　代理商の競業禁止
　本条1項は、代理商が、会社の許可がなければ、①自己若しくは第三者のために会社の事業の部類に属する取引をし、又は、②会社の事業と同種の事業を目的とする会社の取締役、執行役又は業務を執行する社員となることができないこと、つまり、代理商の競業避止義務（本条1項1号）及び精力分散避止義務（同項2号）を定める。代理商が本条に違反して行なった競業行為である取引自体は、私法上無効でなく、有効である。また、支配人が競業禁止行為をした場合には、損害賠償請求が可能であり、代理商契約の解除事由ともなる。

2　介入権の廃止と損害額の推定
　平成17年改正前商48条2項は、「本人」たる会社の「許諾」なくして代理商が自己のために取引をした場合、営業主が介入権の行使ができることを定めていた。取締役の競業避止義務違反の場合の介入権行使（平成17年改正前商264条3項）の法律効果については、物権的効果説も説かれていたが、最判昭和24年6月4日民集3.7.235〔27003568〕は、債権的効果説を採り、これが通説でもあった。代理商の介入権行使の効果についても、債権的効果説（代理商をしてその取引の経済的効果を会社に帰属させる義務を負わせるという債権的効果を生じさせる）を採るとすると、その効果の実質は、代理商の行為によって会社に生じた損害を支配人に賠償させることとほとんど変わらない。したがって、本法には、本条2項の競業行為による損害の推定規定を置き、その代わりに、介入権の制度を廃止した。すなわち、会社が代理商に対して損害賠償の請求をするために、会社に生じた損害額を特定し、それを立証することは容易ではない。そのため、代理商が本条1項の規定に違反して同項1号に掲げる行為をしたときは、その行為によって代理商又は第三者が得た利益の額を、会社に生じた損害の額と推定する「法律上の事実推定規定」を置くこととしたのである。

訴訟物　　XのYに対する競業避止義務違反に基づく損害賠償請求権
＊本件は、X会社の代理商Yが自己又は第三者のためにX会社の事業の部類に属する取引をしたことを理由として、その

行為によってY又は第三者が得た利益の額に相当する損害の賠償を求め、①許可の有無、②少額の損害が争点となった事案である。

請求原因 1　Yは請求原因2の当時、X会社の代理商であったこと
2　Yは、自己又は第三者のためにX会社の事業の部類に属する取引をしたこと
3　請求原因2の行為によってY又は第三者が得た利益の額
　＊請求原因3の事実は、本条2項所定の前提事実であり、これが立証されると、同項所定の「会社に生じた損害の額」が推定される。
　＊本条2項は、あくまで損害額の推定規定であるから、代理商は、会社に生じた損害が推定される利益より少ないことを立証した場合は、その額が賠償責任額となる（後出の「少額の損害」の抗弁参照）。
　＊X会社の被った損害が代理商又は第三者の「得た利益の額」よりも大きい場合は、X会社は、その額がX会社の損害額であるとの推定を受けることにとどまることなく、「X会社の被った損害額」を直接に立証することを選択してもよい。

（許可）
抗　弁 1　Yは、請求原因2についてX会社の許可を受けたこと
　＊本条2項の文言が「前項の規定に違反して」であり、かつ、損害の要件を推定する規定であるから、「会社の許可を受けていないこと」を推定の前提事実として請求原因事実とする見解もあろう。しかし、消極的事実はその立証がもともと困難なうえに、会社の代理商が会社と競業取引行為をすることは一般的に禁止されており、会社の許可を受けてはじめて禁止が解除されるものであるとする立場からは、「会社の許可を受けたこと」が推定の効果を覆滅する抗弁となると解される。本書は後説（抗弁説）に立っている。

（少額の損害）
抗　弁 1　X会社に生じた損害額は、請求原因3の利益額より少額であること

● (通知を受ける権限)

第29条 物品の販売又はその媒介の委託を受けた代理商は、第526条第2項の通知その他売買に関する通知を受ける権限を有する。

　本条は、物品の販売又はその媒介の委託を受けた代理商が、売買目的物の瑕疵又は数量の不足など売買の履行に関する通知を受ける権限を有することを定める。締約代理商の場合は、もともと本人との代理権授与契約に基づく代理権を有しているから、相手方から通知を受けると、それは直接本人に効力を生じる。これに対し、媒介代理商の場合は、代理権を有しないから、相手方は直接本人に対し通知をしなければならない筋合いである（民101条1項参照）。したがって、本条の実質的意義は、媒介代理商もその媒介に関与した売買契約の履行につき通知受領権限を有することとして、買主の便宜を図ったところにある。例えば、買主は売買目的物の瑕疵又は数量の不足を売主に対してでなく、その売買契約に関与した代理商に対して通知することができることになる。設例については、562条2項を参照されたい。

● (契約の解除)

第30条 商人及び代理商は、契約の期間を定めなかったときは、2箇月前までに予告し、その契約を解除することができる。
　2　前項の規定にかかわらず、やむを得ない事由があるときは、商人及び代理商は、いつでもその契約を解除することができる。

1　予告解除
　代理商契約は、締約代理商の場合は「委任」、媒介代理商の場合は「準委任」に当たる。いずれも民法の委任に関する規定が適用、準用されるから、契約の終了についても民651条及び653条によって終了することになるが、継続的信頼関係を基礎として成立している代理商契約において、適切でない。そのため、代理商契約の終了について、本条1項は、当事者が契約期間を定めていないときには、民法のように即時解除を認めず、2か月前に予告

することで契約の解除をすることとしている。なお、予告をしないで解除した場合であっても、2か月が経過すれば解除の効果が発生すると考えることができる。この点で民651条の適用が排除されているわけである。そこで、解約告知によって一方当事者に損害が生じても、同条2項の適用は排除され、損害賠償請求は認められていない（大阪地判昭和54年6月29日金商583.48〔27411884〕）。

もっとも、本条1項は、任意規定と解すべきであるから、解約予告期間を伸縮する旨の当事者の合意を有効というべきである（横浜地判昭和50年5月28日判タ327.313〔27404360〕）。

訴訟物　XのYに対する生命保険代理店委託契約に基づく手数料請求権
　　＊本件は、XはY生命保険会社の代理店であるが、行なった契約募集行為に基づく手数料の支払を求めたところ、Y会社は代理店委託契約につき予告解除と約定解除を主張し、さらに予告解除が権利濫用が争点となった事案である。

請求原因　1　XはY生命保険株式会社との間で、XがYの生命保険契約の募集行為を行ない、Yが当該保険契約が存続中代理店たるXに対し成立した生命保険契約の保険料の1パーセントに相当する額を手数料として支払う代理店委託契約を締結したこと
　　2　XがYの保険につき募集行為をして成立させた保険契約の保険料の総額

（予告解除）

抗弁　1　YはXに対して、請求原因1の代理店委託契約を解除する意思表示をしたこと
　　2　抗弁1の解除の意思表示の日から請求原因2のXの募集行為に先立って2か月が経過したこと
　　＊本条1項に基づく抗弁である。東京地判平成10年10月30日判タ1034.231〔28050051〕【31】は、「本件代理店委託契約については、……委任契約の性格をもつ商法上の代理商契約であると認められるところ、委任関係においては、委任者と受任者の間の信頼関係がその基礎をなすものであることからすると、……認定した各事実に照らしても、本件損害保険代理店委託契約書24条1項等にある『無期限』というのは、その文言のとおり、期間の定めのないことをいうと解するの

が相当である」「代理商契約については、その存続期間の定めがないときには、各当事者は、2か月前に予告をなして解除することができると規定されているが（商法50条1項〔30条1項〕）、この規定は、民法上の委任契約においては、各当事者がいつでも委任契約を解約告知しうること（民法651条1項）に対する特則であり、継続的な企業補助関係としての代理商関係の特質を考慮したものであると解される。そして、本件の場合、本件各解除規定は、商法50条1項に準拠して規定されているものであることが明らかであるから、本件解除にあたっては、……認定した事実によっても、『やむを得ない事由』はその要件として必要ではないというべきである」と判示する。

（権利濫用）
再抗弁 1 抗弁1の解除は権利濫用であるとの評価根拠事実
＊2か月の猶予期間を置いた解除であっても、代理店契約のような継続的契約関係の解約については、通常の単発的な契約関係とは異なる扱いが必要であるとし、このような継続的契約の解約に、代理店側の背信的行為又は本人側の解約についての相当の事由を必要とされてきた。代理店契約の場合、一方で代理店側の多大の設備投資がされ、またその販売努力により委託者のためにブランド・イメージが確立されたという事情などがあり、これを委託者側の一方的な解除により水泡に帰することが許されるかという、継続的契約の破棄にかかわる信義則上（ないし権利濫用）の問題がある。

（約定解除）
抗　弁 1 請求原因1の代理店委託契約には、X又はYが30日前に予告して請求原因1の代理店委託契約を解除することができる旨の特約がなされたこと
＊本条1項は、任意規定であるから、抗弁1の特約が許容される。
2 YはXに対して、請求原因1の代理店委託契約を解除する意思表示をしたこと
3 抗弁1の解除の意思表示の日から請求原因2のXの募集行為に先立って30日が経過したこと

2 即時解除

本条2項は、1項の規定にかかわらずやむことを得ない事由があるときは、商人及び代理商は、いつでも代理商契約を解除することができる旨定める。以下においては、抗弁のみを掲記する（訴訟物、請求原因は上記1の設例と同じ）。

（即時解除）

抗 弁 1　YはXに対して、請求原因2の募集行為に先立って、請求原因1の代理店委託契約を解除する意思表示をしたこと
2　抗弁1の解除がやむことを得ないことの評価根拠事実
＊本条2項に基づく抗弁である。

3 代理店と特約店

自社が製造会社であって独自の販売網を持たない場合、あるいは、自社の販売網だけでは不十分であり新たな市場を開拓するために他社の販売網を利用したい場合には、他社に対して、製品の販売等を委託等しなければならない。この場合に、他社との間で1つの取引ごとに売買契約を締結する方法もあるが、他社との取引が継続的である場合、他社との間で代理店契約や特約店契約を締結する場合がある。

(1) 代理店と特約店の違い

代理店契約とは、他社に自社を代理させて第三者（ユーザーなど）との間の売買契約を締結させる形態の契約である。この場合、売主となるのは、自社であり、代理店は単なる代理人にすぎない。代理店は、手数料収入を取得する。

これに対して、特約店契約とは、他社に自社製品をいったん購入させたうえで、第三者（ユーザーなど）に販売させる形態の契約である。この場合、自社から他社への売買と他社から第三者への売買と2つの売買契約が存在することになる。

(2) 特約店契約の解除

訴 訟 物　XのYに対する特約店契約に基づく商品の引渡しを受けるべき地位（確認）
＊Y社はA会社の製造する化粧品を専門に取り扱う販売会社であり、X会社は化粧品の小売販売を業とする会社であるが、昭和37年、XYは本件特約店契約を締結し、以後X社

は特約店として、Y社との取引を継続してきた。

本件特約店契約には、①契約の有効期間は1年間、②当事者双方に異議がないときにはさらに1年間自動的に更新される、③両当事者は、契約の有効期間中でも文書による30日前の予告をもって中途解約できる旨の定めがあった（本件解約条項）。

またX会社は、本件特約店契約上、A化粧品の専用コーナーの設置、Y社の主催する美容セミナーの受講などの義務を負い、化粧品の販売に当たり、顧客に化粧品の使用方法等を説明し、顧客からの相談に応ずること（対面販売）が義務付けられていた。本件は、Xが対面販売を守らないとして、Yが特約店契約を解除したところ、XがYに対して、特約店契約に基づく商品の引渡しを受けるべき地位確認を求めたものであるが、独禁法違反・信義則違反・権利濫用等が争点となった事案である。

請求原因 1 昭和37年、X（化粧品を消費者に小売販売する会社）はY（A会社の製造する化粧品を専門に取り扱う販売会社）との間で、本件特約店契約を締結し、以後Xは特約店として、Y社との取引を継続してきたこと

2 平成2年4月、YはXに対し、本件特約店契約を解約する意思表示をして、Xに対する出荷を停止したこと

（解約）

抗　弁 1 請求原因1の本件特約店契約には、①契約の有効期間は1年間、②当事者双方に異議がないときにはさらに1年間自動的に更新される、③両当事者は、契約の有効期間中でも文書による30日前の予告をもって中途解約できる旨の定め（本件解約条項）があること

2 Xは本件特約店契約上、A化粧品の専用コーナーの設置、Y主催の美容セミナーの受講義務を負い、化粧品の販売に当たり、顧客に化粧品の使用方法等を説明し、顧客からの相談に応ずること（対面販売）が義務付けられていたこと

3 Xは、昭和60年2月頃から、A化粧品について単に商品名・価格・商品コードを記載しただけのカタログを事業所等の職場に配布して、電話やファクシミリでまとめて注文を受けて配達する方法によって化粧品を販売し、商品説明は電話での問

い合わせに答える程度であって、対面販売は全く予定されていなかったこと
4　Yは昭和62年末頃XがX抗弁2の販売方法を採っていることを知り、カタログからA化粧品の削除をXに申し入れ、Xはこれに応じたものの、XはA化粧品のみを掲載したカタログを別冊として使用し、平成元年4月、YはXに対し、上記販売方法の是正を勧告し、同年9月、XYは合意書を作成して、Xは今後A化粧品のカタログ販売を行なわず、本件特約店契約に適合した方法により販売することに合意したこと
5　抗弁4の後、Xが従来の販売方法を変更しなかったこと
6　請求原因2の解約は、抗弁1③の本件解約条項に基づくこと

(独禁法違反)
再抗弁　1　本件特約店契約における対面販売の義務付けは実質的に値引き販売を防止する目的でされており、独禁法19条が禁止する不公正な取引方法のうち、再販売価格の拘束(本件事案当時の昭和57年一般指定(2項、平成21年改正後独禁法2条9項4号)及び拘束条件付取引(昭和57年一般指定13項、平成21年改正後12項))に該当すること
＊最判平成10年12月18日民集52.9.1866〔28033493〕は、長期間継続した特約店契約の解除の有効性が争われた事案であるが、「メーカー卸売業者が販売政策や販売方法について有する選択の自由は原則として尊重されるべきであることにかんがみると、これらの者が、小売業者に対して、商品の販売に当たり顧客に商品の説明をすることを義務付けたり、商品の品質管理の方法や陳列方法を指示したりするなどの形態によって販売方法に関する制限を課することは、それが当該商品の販売のための……合理的な理由に基づくものと認められ、かつ、他の取引先に対しても同等の制限が課せられている限り、それ自体としては公正な競争秩序に悪影響を及ぼすおそれはなく、一般指定の13にいう相手方の事業活動を『不当に』拘束する条件を付けた取引に当たるものではないと解する」としたうえで、本件の場合、特約店に対面販売を義務付ける理由は、「最適な条件で化粧品を使用して美容効果を高めたいとの顧客の要求に応え、あるいは肌荒れ等の皮膚のトラブルを防ぐ配慮をすることによって、顧客に満足感

を与え、他の商品とは区別された○○化粧品に対する顧客の信頼（いわゆるブランドイメージ）を保持しようとするところにある……ところ、化粧品という商品の特性にかんがみれば、顧客の信頼を保持することが化粧品市場における競争力に影響することは自明のことであるから、Yが対面販売という販売方法を採ることには……合理性がある」そして、Yは他の特約店とも本件特約店契約と同一の約定を結んでおり、実際にも相当数の○○化粧品が対面販売により販売されており、Xにこれを義務付けることは、[昭和57年] 一般指定13項にいう拘束条件付取引に当たらないから、「販売方法に関する制限を課した場合、販売経費の増大を招くことなどから多かれ少なかれ小売価格が安定する効果が生ずるが、右のような効果が生ずるというだけで、直ちに販売価格の自由な決定を拘束しているということはできない……ところ、Yが対面販売を手段として再販売価格の拘束を行っているとは認められないとした原審の認定判断は、……正当として是認……できる」と判示する。

＊Xの再抗弁としては、本件解除は信義則違反又は権利濫用には当たるとの主張がある。

■（参考）（契約の解除）

会社法第19条 会社及び代理商は、契約の期間を定めなかったときは、2箇月前までに予告し、その契約を解除することができる。
 2 前項の規定にかかわらず、やむを得ない事由があるときは、会社及び代理商は、いつでもその契約を解除することができる。

1 予告解除

　民651条によれば、委任契約について、契約当事者は特段の理由がない場合であっても、いつでもその解除をすることができることを定める。これに対し、本条1項は、代理商契約については、代理商関係の継続性と営利性とを考慮し、2か月の予告期間が必要であることを定める。もっとも、本条1項は、任意規定と解すべきであるから、解約予告期間を伸縮する旨の当事者

の合意は有効というべきである（横浜地判昭和 50 年 5 月 28 日判タ 327.313〔27404360〕）。

| 訴訟物 | X の Y に対する代理店委託契約に基づく手数料請求権 |

＊本件は、Y 生命保険会社代理店 X が募集して成立させた保険契約に対応する手数料の支払を求め、Y 会社は既に予告解除等をしたと主張し、それが権利濫用であるか否かが争点となった事案である。

| 請求原因 | 1 X は Y 会社との間で、X が Y 会社の生命保険契約の保険契約の成立を行ない、Y 会社が X に対し成立した生命保険契約の保険料の 1 割に相当する額を手数料として支払う代理店委託契約を締結したこと
2 X が Y 会社の保険につき募集行為をして成立させた保険契約の保険料の総額 |

（予告解除）

| 抗　弁 | 1 Y 会社が X に対して、請求原因 1 の代理店委託契約を解除する意思表示をしたこと
2 抗弁 1 の解除の意思表示の日から請求原因 2 の X の保険契約の成立に先立って 2 か月が経過したこと |

＊本条 1 項に基づく抗弁である。東京地判平成 10 年 10 月 30 日判タ 1034.231〔28050051〕は、「本件代理店委託契約については、……委任契約の性格をもつ商法上の代理商契約であると認められるところ、委任関係においては、委任者と受任者の間の信頼関係がその基礎をなすものであることからすると、……認定した各事実に照らしても、本件損害保険代理店委託契約書 24 条 1 項等にある『無期限』というのは、その文言のとおり、期間の定めのないことをいうと解する」「代理商契約については、その存続期間の定めがないときには、各当事者は、2 か月前に予告をなして解除することができると規定されているが（商法 50 条 1 項［商 30 条 1 項、本条 1 項］）、この規定は、民法上の委任契約においては、各当事者がいつでも委任契約を解約告知しうること（民法 651 条 1 項）に対する特則であり、継続的な企業補助関係としての代理商関係の特質を考慮したものであると解される。そして、本件の場合、本件各解除規定は、商法 50 条 1 項に準拠して

規定されているものであることが明らかであるから、本件解除にあたっては、……『やむを得ない事由』はその要件として必要ではないというべきである」と判示する。

（権利濫用）
再抗弁 1 抗弁1の解除について、権利濫用の評価根拠事実
（約定解除）
抗　弁 1 X又はY会社が30日前に予告して請求原因1の契約を解除することができる旨の特約がされたこと
　　　　＊本条1項は任意規定であるから、抗弁1の特約が許容される。
　　　　2 Y会社がXに対して、請求原因1の代理店委託契約を解除する意思表示をしたこと
　　　　3 抗弁2の解除の意思表示の日から請求原因2の保険契約の成立に先立って30日が経過したこと

2　即時解除
　本条1項は、契約期間を定めなかった代理商契約の当事者は、解除するためには2か月の予告期間を置くことを必要とすることを定めているが、本条2項は、その例外を定める。すなわち、やむを得ない事由があるときは、当事者はいつでも代理商契約を解除することができるのである。

訴訟物 XのYに対する代理店委託契約に基づく手数料請求権
　　　　＊本件は、Y生命保険会社代理店Xが募集して成立させた保険契約に対応する手数料の支払を求め、Y会社は既に即時解除等をしたと主張した事案である。
請求原因 1 XはY会社との間で、XがY会社の生命保険契約の募集行為を行ない、Y会社がXに対し成立した生命保険契約の保険料の1割に相当する額を手数料として支払う代理店委託契約を締結したこと
　　　　2 XがY会社の保険につき募集行為をして成立させた保険契約の保険料の総額

（即時解除）
抗　弁 1 Y会社はXに対して、請求原因2の保険契約の成立に先立って、請求原因1の代理店委託契約を解除する意思表示をしたこと

2 抗弁1の解除がやむを得ないことを基礎付ける事実
　＊本条2項に基づく抗弁である。

● (代理商の留置権)

第31条 　代理商は、取引の代理又は媒介をしたことによって生じた債権の弁済期が到来しているときは、その弁済を受けるまでは、商人のために当該代理商が占有する物又は有価証券を留置することができる。ただし、当事者が別段の意思表示をしたときは、この限りでない。

　代理商は、取引の代理又は媒介をすることによって報酬請求権、立替金請求権等の債権を取得することとなるが、本条は、代理商が商人のために占有する物又は有価証券を留置することができることを定める。代理商は、本条の定める留置権のほか521条及び民295条の各留置権を有する。

訴訟物 　XのYに対する所有権に基づく所有物返還請求権としての有価証券引渡請求権
　＊Xが所有する有価証券をYが占有している。本件は、XがYに対し本件有価証券の返還を求めたところ、YがXの代理商に基づく取引の代理又は媒介をすることによって生じた債権の弁済を受けるまで留置すると主張し、Yが本件有価証券については留置権を主張しない特段の意思表示があったか否か、また留置で担保される債権の弁済期が到来しているか否かが争点となった事案である。

請求原因 　1 　Xは本件有価証券を所有すること
　　　　　2 　Yは本件有価証券を占有すること
(代理商の留置権)
抗　弁 　1 　YはXの代理商であること
　　　　　2 　YはXに対し、取引の代理又は媒介をすることによって生じた債権を有すること
　　　　　　＊抗弁2の事実は権利主張なので、争いがある場合は、具体的な債権発生原因事実を主張・立証する必要がある。
　　　　　3 　Xから、抗弁2の債権の弁済を受けるまで本件有価証券を

留置する旨のYの権利主張

(特段の意思表示)
再抗弁 1　XがYに対し、本件有価証券の返還を請求した場合、YはXに無条件で返還する旨の合意があること
＊本条ただし書に基づく再抗弁である。

(弁済期)
再抗弁 1　XとYは、抗弁2の債権につき弁済期を定めたこと
＊民295条1項ただし書は、被担保債権の（未到来の）弁済期の存在を留置権の発生阻止事由としている。これに対し、本条本文は弁済期の到来を留置権の発生原因事由としている。しかし、本条本文は、民法の立証責任の分配を変更する趣旨のものであるとまでは解されず、商事留置権においても弁済期の定めは権利発生阻止事由とされよう。本件の場合は、弁済期の定めの存在が再抗弁、その到来は再々抗弁と位置付けられる。

(弁済期の到来)
再々抗弁 1　再抗弁1の弁済期が到来したこと

■ **(参考)** (代理商の留置権)

会社法第20条　代理商は、取引の代理又は媒介をしたことによって生じた債権の弁済期が到来しているときは、その弁済を受けるまでは、会社のために当該代理商が占有する物又は有価証券を留置することができる。ただし、当事者が別段の意思表示をしたときは、この限りでない。

　代理商は取引の代理又は媒介をすることによって報酬請求権、立替金請求権等の債権を取得することとなるが、本条は、代理商が本人のために占有する物又は有価証券を留置することができることを定める。本条所定の留置権は、目的物が債務者の所有に属するものであることを要件とするものではないが、委託者、本人が全く無権原ないし無権限であったり、権原ないし取引権限を取得することが社会通念上不可能であったりする場合にまで、代理商に留置権を認めて、保護しようとするものではない（東京高判平成12年6

月22日金商1103.23〔28052378〕）。

なお、代理商は、本条の定める留置権のほか、商521条及び民295条の各留置権を有する。

訴訟物　　XのYに対する所有権に基づく所有物返還請求権としての有価証券引渡請求権
　　　　　　＊本件は、代理商Yに有価証券を預託していたX会社が有価証券の返還を求めたところ、Yは代理商としての債権をX会社に有しているとして留置権を行使したものであるが、留置権の存否が争点となった事案である。
　　　　　　＊留置権が認められる場合、X会社の請求を全部棄却するのではなく、その物に関して生じた債権の弁済と引換えに物の引渡しを命ずべきである（最判昭和33年3月13日民集12.3.524〔27002696〕）。

請求原因　1　X会社は本件有価証券を所有すること
　　　　　　2　Yは本件有価証券を占有すること

（代理商の留置権）
抗　弁　1　YはX会社の代理商であること
　　　　　　2　YはX会社に対し、取引の代理又は媒介をすることによって生じた債権を有すること
　　　　　　＊抗弁2の事実は権利主張なので、争いがある場合は、具体的な債権発生原因事実を主張・立証する必要がある。
　　　　　　3　X会社から、抗弁2の債権の弁済を受けるまで本件有価証券を留置する旨のYの権利主張

（別段の意思表示）
再抗弁　1　X会社がYに対し、本件有価証券の返還を請求した場合、YはX会社に無条件で返還する旨の合意があること
　　　　　　＊本条ただし書に基づく再抗弁である。

（弁済期）
再抗弁　1　X会社とYは、抗弁2の債権につき弁済期を定めたこと
　　　　　　＊民295条1項ただし書は、被担保債権の（未到来の）弁済期の存在を留置権の発生阻止事由としている。これに対し、本条本文は弁済期の到来を留置権の発生原因事由としている。しかし、本条本文は、民法の立証責任の分配を変更する趣旨のものとは解されず、商事留置権においても弁済期の定めは

権利発生阻止事由とされよう。本件の場合は、弁済期の定めの存在が再抗弁、その到来は再々抗弁と位置付けられる。

（弁済期の到来）
再々抗弁　　1　再抗弁1の弁済期が到来したこと

第 32 条から第 500 条まで　削除〔平成 30 年法律第 29 号〕

第2編　商　行　為

第1章　総　則

1　「商人」と「商行為」概念
(1) 商行為法主義（客観主義）
　商法において、「商人」とは、自己の名をもって「商行為」をすることを業とする者をいう（4条1項）。すなわち、自分の名義で、「商行為」という特別な類型の取引（法律行為）を営利目的で反復継続する者である。ここでいう商行為は、商法が「商行為」と定めている取引（法律行為）のことである。「商行為」の基本的類型は、法的安定性（商法の適用範囲を画定）の観点から、501条（絶対的商行為）と502条（営業的商行為）とに限定的に列挙されている。そして、これら基本的商行為を行なうのは、行政法による規制や各種の業法の規制が存在する場合もあるが、基本的に自由に行なうことができる。要するに、「商行為」という一定の法律行為の類型が前提となって、それを自己の名で業として行なう者が「商人」となるのが原則である（4条1項の「固有の商人」）。このような法律の定め方を商行為法主義又は客観主義という。
(2) 商人法主義（主観主義）
　商行為主義（客観主義）に対して、「商行為」概念を前提とせず、経営の形態（一定の設備・組織）に基づいて、「商人」を定める方式を、商人法主義（主観主義）という。その主体の事業の方法及び範囲からみて、商人的な設備（使用人・店舗などの人的・物的組織）が経営に必要であるとみられる限り、いかなる営業を営んでいてもそれは「商人」に当たる（4条2項）。例えば、店や事務所を構え、使用人を雇うなど、一定の設備・組織が必要な商売をしていれば商人になる。ここには「商人」概念に先立って「商行為」という概念は現れない（言い換えれば、「商人」を定義するために「商行為」を必要としない）。むしろ商人が営業上行なった行為はすべて商行為とするという形で、「商人」の概念の後から「商行為」概念が生じる。言い換えれば、商行為ができるのは商人だけであって、いつでも誰もができるという商行為の自由という理念はここには存在しない。

(3) 折衷主義

わが商法は、「商行為」を限定的に列挙して定義をし（501条、502条）、商行為概念を基準として商人を定義する方法を採りつつ（4条1項）、他方、商行為概念を介さずに商人を定義する規定（同条2項）も置いており、折衷主義の立場に立っている。

商人がする行為の商行為性の有無・性質

	営業としてする行為	営業のためにする行為
固有の商人（4条1項）	絶対的商行為（501条）又は営業的商行為（502条）	附属的商行為（503条1項）
擬制商人（4条2項）	商行為でない（*1）	

（*1）「準商行為」

平成17年商法改正前は、商行為をすることを目的とする「商事会社」と、商行為に該当しない行為をするが、商法（当時）の規定に従って設立された「民事会社」とを区別して、民事会社の営業行為（非商行為）にも商法を準用していた（「準商行為」）。しかし、平成17年に立法された会社法は、会社はすべて会社法に従って設立され、商行為を目的とするか、商行為以外の行為を目的とするかによる区別がなくなり、会社がその事業としてする行為及びその事業のためにする行為はすべて商行為となった（会社5条）。そのため、従来の民事会社であっても、その事業としてする行為及び事業のためにする行為はすべて商行為である。ただし、平成17年商法改正後においても、店舗その他の施設で物品の販売をする者及び鉱業を営む者は、非商行為を行なう者であっても擬制商人であり、擬制商人の行なう行為は理論上「準商行為」であって、商法の適用を受ける。

2　第1章の規定を適用するための技術概念としての「商行為」と「商人」概念の組合せ

第2編第1章に含まれる規定は、商行為の定義規定（501条ないし503条）のほかは、その適用範囲を「商行為」概念と「商人」概念を、以下のように組み合わせることによって定めている。

	商行為	商人
商行為の代理(504条)	本人にとって商行為	
商行為の委任(505条)	委任が商行為であること(委任者にとって商行為)	
商行為の委任による代理権の消滅事由の特例(506条)	委任が商行為であること(委任者にとって商行為)	
契約の申込みを受けた者の諾否通知義務(509条)		契約申込みを受けた者が商人
契約の申込みを受けた者の物品保管義務(510条)		契約申込みを受けた者が商人
多数当事者間の債務の連帯(511条)	1 主たる債務者にとって商行為 2 保証人にとって商行為(債権者にとって商行為の場合も含む)	
報酬請求権(512条)		商人が営業の範囲内での他人のための行為
消費貸借の利息請求権(513条1項)		商人間の金銭消費貸借
立替金の利息請求権(513条2項)		商人が営業の範囲内での他人のための金銭の立替行為(学説の対立あり)
流質契約の自由(515条)	債務者にとって商行為	
債務履行場所(516条1項)	債権者又は債務者のいずれか一方にとって商行為	
取引時間(520条)	債権者又は債務者のいずれか一方にとって商行為	
商事留置権(521条)	債権者又は債務者のいずれか一方にとって商行為	
商事売買(524条〜528条)		商人間の売買
交互計算(529条〜534条)		商人間、又は商人と非商人間
匿名組合(535条〜542条)		出資は商人の営業に対して

仲立営業(543条～550条)		502条11号の「仲立ち」、他人間の商行為の媒介
問屋営業(551条～558条)		502条11号の「取次ぎ」、他人の売買の引受け
運送取扱営業(559条～564条)		502条11号の「取次ぎ」、他人の運送の引受け
運送営業(569条～594条)		502条4号の「運送」
寄託(595条～617条)		502条10号の「寄託の引受け」

● (絶対的商行為)

第501条 次に掲げる行為は、商行為とする。
　一　利益を得て譲渡する意思をもってする動産、不動産若しくは有価証券の有償取得又はその取得したものの譲渡を目的とする行為
　二　他人から取得する動産又は有価証券の供給契約及びその履行のためにする有償取得を目的とする行為
　三　取引所においてする取引
　四　手形その他の商業証券に関する行為

1　絶対的商行為

　商法を適用する範囲を画定するための技術概念の1つである「商行為」は、債権法的な法律行為である。物権行為は、その履行としてされることがあるにとどまり、商行為ではない。また、通知・催告のような準法律行為も、独立して商行為となることはない（石井照久＝鴻常夫『商行為法』勁草書房（1978年）47頁）。本条の定める商行為は、その営利性が強度のものであって講学上、絶対的商行為と呼ばれる。

　本条に掲げる個々の絶対的商行為は、商法典を適用すべき範囲を画定するための基礎的な技術的概念であるから、営業的商行為の場合と同様にそれらは限定的列挙と解し、かつ、その類推適用を許さないとするのが通説・判例といえる。立法過程でも、「本案ハ商行為ニ付テハ列挙主義ヲ採用セリ」とし、それが「商行為ヲ列挙シ制限列挙ノ主義ヲ採用シ類似推究ヲ禁ジタル」

ものであることが説明されている（法典調査会「商法会議筆記・商法委員会議事要録」法務大臣官房司法法制調査部監修『日本近代立法資料叢書19』商事法務研究会（1985年）4綴22頁以下）。

商行為概念は、商人概念とともに商法適用範囲を画する機能を有するので、このような基礎的概念である「商行為」について類推適用を認めると、商法の適用範囲が思わぬ拡大を招くことにもなるので、類推適用をすることに消極的になることも理解できる。

2　投機購買及びその実行行為（本条1号）

投機購買及びその実行行為とは、その法律行為が、利益を得て譲り渡す意思（投機意思）で動産、不動産若しくは有価証券の有償取得を目的とする行為、又はその買い入れた物を売却する行為をいう。営利意思をもってする動産、不動産若しくは有価証券の有償取得を目的とする行為（本条1号）は、このような目的物（動産又は不動産であれば、その所有権。有価証券であれば、それが表章する権利）の取得を目的とする有償の債権契約であって、その際に動機として営利意思が備わっていることを要件とする。他方、その取得したものの譲渡を目的とする行為（同号）は、このような契約により取得した目的物の譲渡を目的とする債権契約である。それらの契約は、売買であるのが通常であるため、投機購買とその実行売却といわれるが、交換、消費貸借、消費寄託等でも構わない。

(1) 卸売業、小売業

卸売商、小売商の行なういわゆる商売（安く買い込んだ物を高く売り、その差額を得ようとする買入行為又は売却行為）が本条1号の典型例である。

訴訟物　　XのYに対する商事債権に基づく連帯債務履行請求権
　　　　　＊Aは個人で店舗を持たないがダイヤモンドを仕入れたうえで得意先を訪問して販売する営業をしていたが、運転資金1,000万円を工面する必要が生じ、Aの知人Yの紹介でXから借り入れることとなった。その際、XはYも借主となるなら貸してもよいというので、AとYは連名で借主となり、1,000万円を借り入れた。本件は、XがYに対して、1,000万円の返済を求めたところ、Yは連帯債務の合意をしていないので、500万円の支払義務を負うにとどまる（民427条）と争った事案である。

請求原因　1　Aは個人で店舗を持たないがダイヤモンドを仕入れたうえ

で得意先を訪問して販売する営業をしていたこと
　　　＊請求原因1のAの行為は、本条1号の投機購買を業とするものであり、商人であることになる（4条1項）。
　2　AはYと連名で借主となり、Aの営業の運転資金として、1,000万円を弁済期平成〇年〇月〇日の約定で借り受けたこと
　　　＊請求原因2のAの金銭の借受行為はAにとって営業のためにする行為である（503条）。したがって、Yの債務引受行為は511条1項の要件（債務者Aにとって商行為となる場合に限られること）を満たすので、別段の意思表示がなくともAとYの各債務は連帯債務となる。Yの主張は理由がない。
　3　請求原因2の弁済期が経過したこと

(2) 製造業
　譲り受けた商品をそのまま譲渡して利益を図る場合（上記(1)）と、これを加工し、又はこれを原料として他の物品を製造し、これを譲渡して利益を得る場合とで、区別する理由がなく、その結果、取得した物品を原料材料・部品として製造又は加工して譲渡する製造業（メーカー）のほとんどの行為が本条1号の行為に含まれる。
　大判昭和4年9月28日民集8.11.769〔27510597〕は、土を買い入れてこれで瓦を製造して販売するという事案であるが、「商法第263条第1号［501条1号］ハ利益ヲ得テ譲渡ス意思ヲ以テスル動産ノ有償取得又ハ其ノ取得シタルモノノ譲渡ヲ目的トスル行為ヲ商行為ナリト規定シ右法条ハ此等行為ニ付必シモ其ノ取得シタルモノヲ其ノ儘他ニ譲渡スルコトヲ要件ト為ササルノミナラス譲受タル物品ヲ其ノ儘譲渡スルニ依リ利ヲ図ルト之ニ加工ヲ為シ或ハ之ヲ原料トシテ他ノ物品ヲ製造シ譲渡シテ以テ利益ヲ営ムトニ因リ特ニ其ノ商行為タルト否トヲ区別スヘキ理由ヲ認メ得サルヲ以テ右法条所定ノ商行為ハ前記ノ如ク土ヲ買入レ之ヲ以テ瓦ヲ製造販売スルカ如キ営利行為ヲモ包含スルモノト解スルヲ相当トシ原判決カ之ト反対ノ見解ニ立チ本件債権ヲ5年ノ時効ニ罹ラストシ為シタルハ其ノ根本ニ於テ法律ノ解釈ヲ誤リタルニ由来スルモノト謂フ可ク原判決ハ此ノ点ニ於テ破毀ヲ免レサルモノトス」と判示する（本件は、土を買入れて瓦を製造販売する（絶対的）商行為を業とする商人が金銭を借り入れた行為は附属的商行為といえるから商事消滅時効の抗弁を認めるものであったが、平成29年民法改正により、民事商事を問わず消滅時効は民166条1項に統一され、これに伴い522条は削除され、商事消

減時効の適用の有無を争点とする問題は生じなくなった）。

訴訟物　　XのYに対する商人間の金銭消費貸借に基づく法定利息請求権
　　　　　＊本件は、XがYに対し、両名はいずれも本条1号の絶対的商行為を営業として行なう商人であるとして、XがYに貸し付けた金員について、利息支払の合意はないが、513条1項の適用を受けることとなり、同条項に基づいて、貸付日から返済を受けた日までの法定利息を請求した事案である。

請求原因　1　Yは、個人で陶土を買い入れて陶器を製造して売却することを業としているものであること
　　　　　2　Xは、陶器を仕入れ販売する小売店であること
　　　　　3　XはYに対し、陶土の買入れ代金に支弁するための資金として、500万円を弁済期平成○年○月○日の約定で貸し渡したこと
　　　　　4　請求原因3の弁済期が到来したこと
　　　　　＊なお、YはXに対して、弁済期日に元本500万円を弁済しているものとする。

3　投機売却及びその実行行為（本条2号）

　投機売却及びその実行行為とは、その法律行為が、将来有利に買い入れた物をもって履行する意思であらかじめ動産又は有価証券を売却する行為、又はその後その物を買い入れる行為をいう。本号の行為は、1号の行為と逆で、まず高く売り込む契約を締結しておいて、後に安く買い入れて手当てをし、差額を利得する場合である。本条1号の場合と異なり、2号では「不動産」が対象となっていない。これは、不動産はそれぞれ個性があるので、先に投機売却をしておき、その後その実行行為（買入れ）をすることは、一般的に想定し難いからである。

4　取引所においてする取引（本条3号）

　本号の行為は、取引所においてする法律行為をいう。取引所とは、代替的な一定の物品が大量かつ集団的に売買される施設又は市場をいう。現在、法律によって認められている代表的な取引所としては、証券取引所、商品取引所がある。取引所における取引は取引所の会員のみができるが、会員は他の理由に基づいて商人資格を有する。例えば、証券取引所の会員たる証券業者

は証券の投機売買（本条1号、2号）又は他人の委託による取次的売買（502条11号）を業とする者として商人である。そのため、取引所における取引は、その商人が自己の名及び自己の計算においてする場合（ディーラー業務）には絶対的商行為として（本条）、また自己の名及び他人の計算においてする場合（ブローカー業務）には営業的又は附属的商行為として（502条、503条）、商行為性を有する。

5　手形その他の商業証券に関する行為（本条4号）
(1)　意義
　「手形その他の商業証券に関する行為」（本条4号）は、振出や裏書等の証券上の行為を意味する。最判昭和36年11月24日民集15.10.2536〔27002238〕【34】は、白地小切手の補充権授与行為も本来の手形行為ではないが、本条4号の手形に関する行為に準ずるものとしている。そのほかに、証券を目的とする売買等の実質的行為まで含むと解されることもある（大判昭和6年7月1日民集10.8.498〔27510425〕）。しかし、そのように解すると、有価証券を目的物に含む同条1号等の存在意義を没却させることになる。そのため、多数説は、証券を目的とする実質的行為は同条1号等により商行為となるか否かが判断されるのであって、同条4号の行為は証券上の行為に限られると解する。
(2)　民法改正との本号の「その他の商業証券」との関係
　平成29年民法（債権法）改正による有価証券規定の整備（民520条の2ないし520条の20）後も、本条4号は、そのまま存置されている。すなわち、本号にいう「その他の商業証券」上なされる証券行為たる法律行為は、絶対的商行為である。そして、本号の「その他の商業証券」は、広く有価証券の意味と解され、金銭その他の物又は有価証券の給付を目的とする有価証券（改正前518条、519条参照）に限る必要すらないと解されてきたようであるが、これは商法上の有価証券に限るのであって、改正前の民商法体系を前提とすれば、「その他の商業証券」を「あらゆる有価証券」の意に解することは、できないというべきである。なぜなら「指図債権」及び「無記名債権」という用語は、改正前にあっては、民法及び商法に共通して用いられていた。したがって、民法（一般法）と商法（特別法）との関係からすると、民法の規定は、指図債権一般、無記名債権一般を規定した一般規定であるのに対し、商法のそれは、特に商業証券たる指図債権及び無記名債権その他の有価証券を規律したものと解するほかなかったからである。したがって、本条4号にいう「その他の商業証券」とは、広く商行為から生じた債権を表章

するものと解される。

●（営業的商行為）

第502条 次に掲げる行為は、営業としてするときは、商行為とする。ただし、専ら賃金を得る目的で物を製造し、又は労務に従事する者の行為は、この限りでない。
一　賃貸する意思をもってする動産若しくは不動産の有償取得若しくは賃借又はその取得し若しくは賃借したものの賃貸を目的とする行為
二　他人のためにする製造又は加工に関する行為
三　電気又はガスの供給に関する行為
四　運送に関する行為
五　作業又は労務の請負
六　出版、印刷又は撮影に関する行為
七　客の来集を目的とする場屋における取引
八　両替その他の銀行取引
九　保険
十　寄託の引受け
十一　仲立ち又は取次ぎに関する行為
十二　商行為の代理の引受け
十三　信託の引受け

1　営業的商行為
(1)　意義
　本条の定める商行為は、講学上、営業的商行為と呼ばれ、①本条各号の定める各行為が本条本文の定めるように、②「営業としてするとき」に、その商行為性が認められるものである。
　「営業としてするとき」とは、利益を得る目的（営利目的）で計画的に同種の行為を反復継続して行なうことである。なお、それを実際に反復継続して行なった後でなくとも、そのことを計画して行なえば、最初の行為から商行為となる。また、反復継続する期間の長短は問わず、期間を限定しても、商行為となる。例えば、海水浴期間中に限定する「海の家」の飲食業も、本

条7号により商行為となる。また、営業としてすることは、商人の要件である業とすること（4条1項）と重複する。そのため、営業的商行為それ自体は商人概念を前提にしたものではないが、その行為主体は商人（同条項の「固有の商人」）となる。

　ただし、列挙された行為でも、専ら賃金を得る目的で物を製造し、又は労務を提供する者の行為は商行為ではない（本条柱書ただし書）。なぜならば、小規模な賃仕事・手内職には（投機性がなく、受ける報酬には投下資本に対する対価性がなく、実質的に労務提供の対価であるので）商法を適用するまでのことはないからである。このただし書に該当する事実は、商行為性を否定する側が主張・立証すべきである（後出16参照）。

(2) 機能

　本条が掲げる営業的商行為は、絶対的商行為及び附属的商行為とともに商法典を適用すべき範囲を画定するための基礎的な技術的概念である。ただし、商行為性の有無が争いとなる事案は、改正前522条（商事消滅時効）の適用をめぐって、その債務が商行為であるか否かが問題となる事案が比較的多かった。しかし、平成30年商法改正によって、改正前522条は削除され、商行為性の有無にかかわらず、民166条の消滅時効の規定が適用されることになり、この限りではあるが、この問題は生じなくなった。

2　投機貸借及びその実行行為（本条1号）

　「投機貸借」は、賃貸する意思で動産若しくは不動産を有償取得若しくは賃借をする行為をいい、本条1号はこれを営業的商行為とするものである。本号の現代的な具体例として、リース事業、レンタカー事業を挙げることができる。

　本条1号の「投機貸借」を501条の「投機購買」と比較すると、投機購買が所有権の移転を目的とするのに対して、本条1号の投機貸借が賃貸を目的とし、かつ、その目的のために、所有権の取得に限らず、賃借をする場合もあるところが異なる。

　「投機貸借の実行行為」は、投機貸借によって取得し若しくは賃借その他動産若しくは不動産を賃貸する行為である。なお、本号は、有価証券を投機貸借から除外しているが、証券取引の分野で、証券金融会社が証券取引所の正会員たる証券会社に対し有価証券を貸し付ける業務を行なっている。

3　他人のための製造又は加工に関する行為（本条2号）

　本条2号は、「他人のためにする製造又は加工に関する行為」を営業とし

て行なう場合、それを営業的商行為とする。「他人のためにする」とは、「他人の計算においてする」という意味である。したがって、「他人のためにする製造又は加工」とは、他人から原材料の給付を受けるか、あるいは他人の計算で原材料を購入のうえ、動産の製造（材料に労力を加えて用途の異なる別個の物を作ること）又は加工をすることを引き受けて、これに対して報酬を受けることを約する行為である。したがって、自己の材料に製造・加工をしても、本号に該当しないが、染物業は本号の商行為となる（大判大正5年6月7日民録22.1145〔27522205〕）。

なお、本条2号は、他人のためにする製造又は加工「に関する」行為と定めているので、これは、製造・加工という事実行為を指すのではなく、このような行為を引き受け、これに対して報酬を受けることを約する法律行為をいう。

大判昭和18年7月12日民集22.539〔27500058〕は、賃金を得て精米をする賃搗（つき）業務は、主として自己の労力でする場合は専ら賃金を得る目的でする行為として、本条ただし書に該当して商行為ではないが、主として機械力を利用する設備経営のもとに精米を請け負う行為は、本号に該当する商行為であるとする。その他、講学上、本号に該当する行為としては、クリーニング、染色、和服・洋服仕立て、食料品の委託加工などが挙げられている。

|訴訟物| XのYに対する商事債権に基づく保証債務履行請求権
＊Aは個人でクリーニング業をしているが、Xから運転資金500万円を借り入れた。その際、YはXとの間で、AのXに対する借入金債務について保証する契約を締結した。本件は、XがYに対して、511条2項に基づいて500万円の返済を求めたところ、Yは連帯保証の合意をしていないので、250万円の支払義務を負うにとどまると争った事案である。
＊一般に、連帯保証債務であっても、その訴訟物は「保証債務履行請求権」であって、連帯性に関する事実は、催告の抗弁、検索の抗弁に対する再抗弁と位置付けられている（司研・紛争類型別40頁）。

|請求原因| 1 Aは個人でクリーニング業をしていたこと
＊請求原因1のAの行為は、本条2号の「他人のために……加工に関する行為」投機購買を業とするものであり、商人であることになる（4条1項）。

2　XはAに対して、Aの営業の運転資金として、500万円を弁済期平成○年○月○日の約定で貸し渡したこと
　　　＊請求原因2のAの金銭の借受行為はAにとって営業のためにする行為である（503条）。
　　3　YはXとの間で、AのYに対する貸金債務につき、その支払を保証する契約を締結したこと
　　　＊Yの債務引受行為は511条2項の要件（「主たる債務が債務者［A］にとって商行為となる債務」である場合）を満たすので、別段の意思表示がなくともYの債務は、連帯保証債務となる。Yの主張は、理由がない。
　　4　Yの保証の意思は、書面によって表示されていること
　　5　請求原因2の弁済期が経過したこと

4　電気又はガスの供給に関する行為（本条3号）

　電気事業者及びガス事業者の行なう電気及びガスの継続的供給を約する契約である。対価を得て、電気又はガスの継続的給付を約する契約を指す。石油を買い入れ、これを分解して製造したメタンガスを供給する行為は、501条1号の絶対的商行為である。水、電波、放送、地域冷暖房などの供給契約は本号に該当せず、営業的商行為ではない。

　商法は、水の供給に関する行為を規定していない。厚生労働大臣の認可を受けた水道事業者（水道6条1項）が会社であれば、これによる水の供給行為は商行為となるが（会社5条）、水道法によって、水道事業は、原則として市町村が経営するよう定められている（水道6条2項）。電気・ガスの供給行為と水の供給行為とを区別する理由はないが、水道法がこれを原則として市町村の経営によらせているのは、資源としての水利政策についての判断が基礎にあるから、水の供給行為に直ちに本条3号を類推適用するのは、慎重を期すべきであろう。

　放送電波の供給に関しては、放送事業者が広告主から対価を得て広告放送を実施する民放の場合、これを視聴する受信機設置者（受信者）は契約当事者ではない。この場合、放送事業者の多くは、会社であって既に商人資格を有しており、本条3号を類推適用する必要性は乏しい。

5　運送に関する行為（本条4号）

　「運送に関する行為」とは、物又は人を場所的に移動させる（運送する）という事実行為を意味するものではなく、運送を引き受けこれに対する報酬

を受けることを約する運送契約を意味する。もとより、市営地下鉄のように市営の電車による運送であっても、本号の商行為である（大阪高判昭和43年5月23日判時521.55〔27411174〕、2条の設例参照）。運送の対象により、旅客運送と物品運送とに区分され、移動手段により、陸上運送、海上運送、航空運送に区分される。また、運送事業に関する業法としては、鉄道営業法、貨物利用運送事業法、航空法などがある。

6　作業又は労務の請負（本条5号）
(1)　作業の請負
　本条5号の作業の請負とは、不動産又は船舶に関する工事の請負契約である。本条2号（他人のためにする製造又は加工に関する行為）の対象が動産である点と異なる。鉄道・道路・橋梁などの建設・補修、家屋の建設・修繕などを行なう建設業・建築業や船舶の建造・修理などを行なう造船業がこれである。
　なお、土地・建材を他から購入し、造成のうえ住宅を建設し、利益を得て譲渡する意図でこれを販売するいわゆる建売業者の行為は、501条1号に該当する絶対的商行為である。
(2)　労務の請負
　労務の請負とは、労働者の供給を請け負う契約をいう。労務供給事業は、労働組合法による労働組合が厚生労働大臣などの許可を受けて無償で行なう場合のみが認められるにとどまり、その他の場合は原則として禁止されていたので（職安44条、45条）、本号の「労務の請負」は、長らく意義を失っていた。しかし、労働者派遣事業の適正な運営の確保及び派遣労働者の保護等に関する法律（昭和60年法律88号）に基づき、厚生労働大臣の許可を得れば労働者の派遣事業を行なうことが認められることとなっている（労派遣5条以下。なお、職安47条の2）。ビルメンテナンス、警備、情報処理サービス、事務処理サービスなどの人材派遣業者の業務は本号の定める「労務の請負」として営業的商行為となる。

7　出版、印刷又は撮影に関する行為（本条6号）
(1)　出版に関する行為
　出版に関する行為とは、文書・図画などの著作物を複製して販売又は頒布する行為をいう。出版とは、書籍の形式に限らず、CD（compact disk）やDVD（digital versatile disk）の形式の複製販売・頒布を含む。そして、出版に関する行為をするためには、通常、①著作者から著作物の出版をする権

利を取得することを目的とする契約を締結する。著作者の委託によりその著作物を印刷して発売・頒布することを引き受ける出版契約が通例であるが、これに限らず、著作権を買い受ける場合もこれに含まれる。次いで、②著作物の印刷をすることを目的とする印刷契約が締結され、③最後に印刷された著作物を発売又は有償で頒布する行為として売買等の契約が締結される。しかし、出版に関する行為として営業的商行為となるために必須なのは、③の行為であって、自ら著作したものを出版し、著作権の消滅した著作物を出版する場合のように、①の行為が伴わなくても、又は自己の印刷工場で印刷する場合のように、②の行為が伴わなくても、著作物を印刷して発売又は有償で頒布する行為があれば、出版に関する行為となる。自給自足の原稿を用い自己の印刷工場で新聞紙を印刷して頒布する新聞業者の行為は、①と②の行為を欠くが、やはり出版に関する行為となる（平出・商行為法65頁）。

したがって、出版に関する行為が本条6号の営業的商行為に該当するために最終的に残るのは、文書・図画の販売・頒布を目的とする契約であるが、出版社が直接読者に対して販売することは少ない（新聞広告を出掲して、読者に直接販売するケースもないわけではないが）。すなわち、出版社は書店を通じて出版物を販売することが多いが、わが国の出版社は3,000社以上、書店は1万店以上存在するといわれ、その間で互いに個別に売買委託契約を締結することは、困難である。出版社と書店の間の出版流通は、取次業者（単に「取次ぎ」ともいわれる）が主導する体制となっている（出版取次ぎについては、12(2)参照）。

訴訟物　　XのYに対する売買契約に基づく代金支払請求権
　　　　　　＊XはY及びAとの間で、本件紙を1,000万円で売買する契約を締結した。YとAは、いずれも個人で出版業を営んでいた。本件は、XがYに対して売買契約がY及びAにとって商行為であることを理由として、1,000万円の支払を求めた事案である。

請求原因　1　XはY及びAとの間で、本件紙を1,000万円で売買する契約を締結したこと
　　　　　　＊この事実のみでは、民427条により、Y及びAの債務は、分割債務となり、XはA及びYに対して、それぞれ500万円に支払を求めることができるにとどまる。
　　　　　　2　YとAは、いずれも出版業を営んでいるものであること
　　　　　　＊この場合、Y及びAは本条6号の出版業を営んでおり、商

人である。したがって、503条2項によって請求原因1の代金支払債務がY及びAにとって商行為であることが推定される（暫定真実）。そうすると、代金債務は債務者（Y及びA）全員にとって商行為であることになり、511条に基づいて請求原因1の代金支払債務が連帯債務となる。

＊暫定真実については、503条解説2(2)参照。

ア　出版社と著者の法律関係

このア及び次のイの設例は、本条6号の営業的商行為が争点となっているものではないが、出版に関する事案の紹介として、参考までに掲記するものである。

訴訟物　　XのY1、Y2に対する出版権侵害に基づく損害賠償請求権、XのY2に対する出版権に基づく文庫本「甲」の印刷・製本・発行・頒布禁止請求権

＊本件は、東京地判昭和59年3月23日判時1110.125〔27755065〕を参考とした設例である。出版業界では、著作者と出版者との間で、契約書を交わさず口約束で合意する場合もあり、この場合、著作者と出版者との間で、いかなる契約を締結したのか問題になる。そのようなときは、著作者にとって制約が多い出版権設定契約や著作権譲渡契約を締結したとはされず、一般に、出版許諾契約と解釈される。

請求原因　1　Xは、その出版に係る「SF雑誌」編集長Aをして、Y1との間で、同雑誌等に掲載されたY1執筆の「甲」等のSF短編小説を集め、これを一冊の「単行本」とする下記約定の出版権設定契約を締結したこと

(1)　装丁はBに依頼し、四六判の上製本とする。
(2)　解説はCに依頼する。
(3)　Xは、Y1に対し、定価の10パーセントに当たる印税を支払う。
(4)　定価は後日定める。
(5)　初版本の出版部数はXに一任する。
(6)　出版日は特に定めない。

2　その後、AとY1とが協議して、収録すべき小説を甲乙丙丁戊己庚申壬癸の10編と決定し、出版権設定契約に基づき、X

は、装丁B、解説Cによる四六判上製本（単行本）表題を「甲」とする初版本7,000部を定価1,200円で出版したこと

＊出版権設定契約（請求原因1及び2）はいずれも口頭で締結され、書面は交わされていないが、出版界では口頭契約は商慣習であるとともに、先行出版社から出版された単行本又は文庫本については3年間他社から出版してはならないとの不文律が存在し、これは著作権法83条2項に基づくものであり、これは出版界の慣行となっており、著作者Y1も熟知しているとXは主張している。

＊Xの上記主張の背景には、仮に、著作権者に同一著作物について複数の出版社との間に、複数の出版契約をする自由を認めた場合、先行出版社は、絶えず同一単行本又は単行本よりはるかに低額な文庫本の出現の危険に晒され、これは、①単行本出版を不可能とし、②文庫本についても果てしない値引き競争を惹起することになり、ひいて、出版社の経済的基礎を失わせ、読者には上質な単行本を求める権利を失わせるとの考えがある。

3 Xは、その編集部員Dをして、Y1との間で、単行本「甲」を文庫本（A六判）化し、出版する旨の出版権設定契約を締結したこと

4 Y2は、その出版に係る雑誌「SF冒険」に、SF大賞の受賞作品をその選考経過とともに発表するほか、賞金100万円を受賞者に授与しているところから、同賞が設定された当初から、同賞受賞作品をY2の文庫本シリーズに収録するとの方針を採っており、X出版に係る単行本「甲」がSF大賞選考委員会から同賞受賞作品に選ばれるや、方針どおり、Y1同意の下に、単行本「甲」と収録する小説も同一で、Cの解説もそのまま掲載したY2の文庫本「甲」を、8万部、定価380円で出版し、それによって、Xが単行本又は文庫本「甲」について有する出版権を侵害したこと

5 Y1及びY2は、いずれもXとY1との間に前記出版権設定契約が締結されていることを知りながら、営利を目的として、Xの文庫本「甲」の出版計画を妨害する出版権侵害行為をしたこと

6 Xの損害及びその数額

＊単行本の損害、文庫本の損害、慰謝料などを主張している。
(対抗要件具備による出版権喪失)
抗　弁　1　Y2はY1との間で、出版権の設定をしたこと
　　　　　　2　抗弁1の出版権設定登録をしたこと
　　　　　　＊対抗要件具備による所有権喪失の抗弁（司研・紛争類型別48-49頁）と構造は同じである。
(背信的悪意者)
再抗弁　1　Y2は、XY1間の請求原因1及び3の出版権設定契約の事実を知っていたこと
　　　　　　2　Xは、Y1が背信的悪意者であること
　　　　　　＊前掲昭和59年東京地判は、ある著作物につきこれを最初に出版した出版社と著作者の間で明示の出版権設定契約若しくは他の出版社から出版させない等の明示の合意がなくても、他の出版社は先行出版社の立場を尊重して、通常は3年程度同一著作物についての出版を差し控えることが出版社として望ましい態度であると一般的に評価されていることが認められても、この慣行が出版界において慣習法又は事実たる慣習として定立しているとは認められないから、著作者との単行本及び文庫本の出版に関する契約が単純な出版許諾契約と解され、出版権設定契約と認められない場合、単行本出版後1年数か月後、他の出版社から同一著作物の文庫本を出版しても出版権を侵害したものとはいえないとした。

イ　出版社と雑誌購入者の関係

訴訟物　XのYに対する商品価値保証契約の債務不履行又は不法行為に基づく損害賠償請求権
　　　　　　＊本件は、Xが、Yの出版発行する雑誌「甲」に掲載されていたAとのフランチャイズ契約（Aが顧客に対して高金利での融資先をあっせんし、融資等の手続を代行する対価として、一定のロイヤリティを支払うことを内容とする）の広告を読み、Y及び同雑誌を信頼して、Aとフランチャイズ契約を締結し、Aの紹介する先に融資を行なったところ、融資先の大半がペーパーカンパニーであるなど広告内容が虚偽で、融資金はAに還流する仕組みであるなどAによる詐欺

であったために、融資金相当額などの損害を受けたとして、広告が掲載された雑誌の出版発行者であるＹに対して、債務不履行又は不法行為による損害賠償を求めた事案である。

請求原因 1　Ｙは、雑誌「甲」の購読者であるＸらとの間で、雑誌「甲」の記事内容等雑誌の商品価値を保証する旨の黙示の契約を締結していること
　　＊債務不履行構成による要件事実である。仮に、請求原因１のような黙示の契約が成立していれば、記事の内容により読者に損害が生じた場合には、Ｙは、読者に対して瑕疵担保責任を負うことになる。

1′(1)　Ｙのような出版社は、本件広告のような雑誌広告を掲載する場合において、その内容の真実性について疑念を抱くべき特別の事情があって読者に不測の損害を及ぼすおそれがあることを予見し得るときは、広告内容の真実性について調査確認すべき注意義務があること
　　＊不法行為構成による要件事実である。新聞社の新聞広告についての最判平成元年９月19日裁判集民157.601〔28206037〕参照。
　　＊Ｘは本件記事広告のような広告については、「その内容の真実性について疑念を抱くべき特別の事情」という要件の存在は必要でなく、「読者に不測の損害を及ぼすおそれがあることを予見し得る」という要件だけを満たせば、広告の真実性について調査確認すべき注意義務が出版社に発生するというべきであると主張した。

(2)　Ｙは、読者に不測の損害を及ぼすおそれがあることを予見し得たものというべきである具体的事実

2　本件記事広告には、
①（ペーパーカンパニーへの投資であるのに）高収益が見込める。
②（元本を肩代わりする能力がないのに）Ａが元本を保証する。
③専門家による融資先企業への厳しい審査が行なわれ、貸倒率も低い。
④米国資本がＡに出資している。
⑤ベンチャー支援という社会的貢献ができる。

⑥Aは、企業倫理を正すことを目的として設立されたリスク管理会社に会員登録しており、定期的に監査を受けているなどの記載があったが、いずれも虚偽であったこと

＊カスタマーの実態は、ペーパーカンパニーやAに融資先としての名義貸しをした会社であって、Xがカスタマー名義の口座に送金した融資金のほとんどは、A又はその関連会社に還流していた。

3　Xは本件記事広告を見て、その内容を信用して、Aとフランチャイズ契約を締結してパートナーとなり、○○万円を融資名下にカスタマー名義の口座に送金したこと

＊Xは、Yが「甲」に掲載した本件広告を読んで、その情報を信頼した結果、融資を実行したものであり、Yの債務不履行又は請求原因の不法行為とXに発生した損害との間には相当因果関係があることを主張する。

4　Aは破綻したため、融資先であるカスタマーからも元本保証をするAからも融資の返済を受けられなくなったこと

＊東京地判平成18年4月17日判タ1235.231〔28131072〕は、債務不履行責任については、「『甲』は書店等から購入されるものであるから、『甲』購入者とその出版社であるYとの間に、直接、雑誌の売買契約が成立していないことは当然である。したがって、『甲』購入者が書店等から『甲』を購入するだけで、『甲』購入者（購入者を介して『甲』の読者となった者を含む。）とYとの間に、直接、『甲』の掲載内容に関する情報を供給する契約が成立したり、掲載内容を保証ないし担保する契約が成立したりすることは、そのような契約の成立を認めるべき特段の事情がない限り、考え難い」として、特段の事情の存在を基礎付けるに足りるような事実関係はないとし、また、不法行為責任責任については、「雑誌に掲載される広告は、雑誌の発行者が、広告主から広告料の提供を受けて、広告主が掲載を求める内容を、基本的には広告主が決めたとおりに誌面に掲載するというものであって、雑誌の発行者は、広告内容を決定するものでもなければ、広告の内容について第一次的な責任を負うべき地位に立つものではないという本質的性質を持っている。……広告は広告主がその内容を決定するものである上、雑誌の発行者が取り扱う

広告の量はおびただしい数にのぼるのであるから、個々の広告の内容の真偽について、雑誌の発行者が詳細な調査をするべきであるとはいえないし、現実に詳細な調査をするのは困難である。他方、雑誌の広告は、広告主が販売等をしている製品やサービスの情報を提供し、これによって、広告主と広告の読者との間の製品の売買やサービスの提供等の契約成立を促進するものであるところ、契約締結には、商品の欠陥、義務の不履行等の一定の危険が内在する。広告を掲載した雑誌の発行者が、このような通常の取引に伴う危険の発生についてまで責任を負うとは考え難い。以上によれば、雑誌の発行者は、雑誌に掲載した広告内容については、原則として責任を負うものではなく、広告内容が虚偽であることが読みとれるなど、広告内容の記載自体から、広告の内容の真実性に疑念を抱くべき特別の事情があり、虚偽の広告内容を雑誌の読者らに提供することによって不測の損害を及ぼすおそれがあることを予見し、又は予見し得た場合には、広告内容の調査確認を行った上、虚偽広告を読者らに提供しないようにする義務があるにとどまる」と判示する。

(2) 印刷に関する行為

印刷に関する行為とは、肉筆以外の機械力又は化学力によって文書・図画を複製することを有償で引き受ける行為をいう。

訴訟物　XのYに対する商人間の金銭消費貸借による利息請求権
　　　＊X出版社が従来から取引関係のある個人で印刷業を営むYの要請に応じて運転資金として1,000万円を貸付け、Yから元本の返済は受けた。本件は、本件貸付けには利息の合意はないものの、XがYに対して、513条に基づいて法定利率による利息の支払を求めた事案である。

請求原因　1　XはYに対し、1,000万円を弁済期平成○年○月○日の約定で貸し渡したこと
　　　＊利息は、元本利用の対価であるから、元本債権に付従する。したがって、利息は元本債権なくしては成立せず、元本債権の発生原因事実が要件事実の1つとして必要である。
　　　2　Yは、個人で印刷業を営んでいること

＊請求原因2は、Yが本条6号の印刷に関する行為を業とするものであり、Yが商人（4条1項）であることを意味する。他方、Xは会社であるから法律上当然に商人である（会社5条）。したがって、XとYの双方が「商人」であるので、513条の「商人間」の要件を充足する。
　3　請求原因1の後一定期間（本件の場合、貸金の貸付日から返済した日までの期間）が経過したこと
　　　＊利息債権は元本利用の対価であるから、日々当日使用の対価の履行期が到来すると考えることになる。ただし、実務上は、利息債権の履行期も定められることが多い。この履行期の定めは、未到来である限り、抗弁として機能する。

(3) 撮影に関する行為
　撮影に関する行為とは、写真スタジオ、プロ・カメラマンのように写真の撮影を有償で引き受ける行為をいう。静止画に限らず、動画の撮影を含むと解される。

訴訟物　　XのYに対する商事債権に基づく保証債務履行請求権
　　　＊Aは個人で活動するプロ・カメラマンであるが、Xからカメラ機材、長期海外取材費用に500万円を借り入れた。その際、YはXとの間で、AのXに対する借入金債務について保証する契約を締結した。本件は、XがYに対して、511条2項に基づいて500万円の返済を求めたところ、Yは連帯保証の合意をしていないので、250万円の支払義務を負うにとどまると争った事案である。

請求原因　1　Aは、個人で活動するプロ・カメラマンであること
　　　＊請求原因1は、Aが本条6号の「撮影に関する行為」を行なう商人に該当する事実である。
　2　XはAに対し、カメラ機材、長期海外取材費等に充てるため、500万円を弁済期平成○年○月○日の約定で貸し渡したこと
　　　＊請求原因2のAの金銭の借受行為はAにとって営業のためにする行為である（503条）。
　3　YはXとの間で、AのXに対する貸金債務につき、その支払を保証する契約を締結したこと

＊Yの債務引受行為は511条2項の要件（「主たる債務が債務者［A］にとって商行為となる債務」である場合）を満たすので、別段の意思表示がなくともYの債務は、連帯保証債務となる。Yの主張は、理由がない。
4　Yの保証の意思は、書面によって表示されていること
5　請求原因2の弁済期が経過したこと

8　客の来集を目的とする場屋の取引（本条7号）

「客の来集を目的とする場屋における取引」とは、公衆の来集に適する人的・物的設備を整え、これを有償で顧客に利用させ、顧客の需要に応じる行為を指す。商法は、場屋営業に関し、596条ないし598条の3か条を設けている。594条1項は、旅店、飲食店、浴場を例示しているが、これにとどまらず、ホテル、映画・芝居の劇場、球技場、遊技場、遊園地型テーマパークなども含まれる。

なお、場屋取引に関しては、旅館業法、風俗営業等の規制及び業務の適正化等に関する法律などが設けられている。

訴訟物　　XのYに対する16条1項に基づく競業差止請求権
＊YはXに対して、自己の理髪営業を譲渡したが、Yはその譲渡日から20年以内に同一市町村及び隣接市町村の区域内において譲渡した営業と同一の営業をした。本件は、XがYに対してその競業行為の差止めを求めたところ、Yは理髪営業は場屋営業に該当せず、したがって、「商人」を要件とする16条1項の適用はないと反論した事案である。

請求原因　1　YはXに対して自己の理髪営業を譲渡したこと
＊大判昭和12年11月26日民集16.1681〔27500551〕は、理髪店に関し、理髪業者と客との間にはただ理髪という請負に関する契約が存在するだけで、設備の利用を目的とする契約は存在しないから、場屋営業に該当せず、営業的商行為でないとした。しかし、理髪行為そのものと、その履行のために場屋営業を営むこととは矛盾しない。理髪店・美容院を場屋営業と解するのが通説的見地である。
2　Yは請求原因1の営業譲渡の日から20年以内に同一市町村及び隣接市町村の区域内において請求原因1の営業と同一の営業をしたこと

＊判例の立場に立つと、Yの理髪業は場屋営業に該当せず、商人でもないので、16条1項の適用はないので、自由に競業行為ができることになる。ただし、通説の立場に立てば、Yの債務は16条1項の適用があることになる。

9　両替その他の銀行取引（本条8号）
(1)「両替その他の銀行取引」の意義
ア　銀行取引

　銀行取引とは、金銭又は有価証券の転換を媒介する行為である。銀行取引（本条8号）について、金銭又は有価証券の転換を媒介する行為ととらえ、それに該当するためには、金銭又は有価証券を不特定多数の者から収受する行為（預金取引のような受信行為）と他人に融通する行為（貸付取引のような与信行為）が併せて行なわれることが必要であるとする。そこで、貸金業者や質屋営業者が行なう自己資金のみの貸付行為は、受信行為を欠くことから、銀行取引に該当しないと従来から解釈されてきた。この立場によると、それらの業者は、会社であれば格別、個人の場合には、その貸付行為は商行為とならない。判例も、自己資金のみで貸付けをする貸金業者や質屋営業者の行為は、銀行取引に該当しないとしている（大判明治41年6月25日民録14.780〔27521238〕、最判昭和50年6月27日裁判集民115.167〔27411641〕等）。

　銀行取引について、上記のように解しても、その多くは501条1号の商行為と解されることになるであろう。なぜなら、同号が定める有償取得を目的とする行為と、その取得したものの譲渡を目的とする行為は、売買に限らず、消費寄託や消費貸借でも構わないからである。預金取引のような受信行為は、消費寄託であるから、同号が定める有償取得を目的とする行為に含まれ、また、貸付行為のような与信行為は、消費貸借であるから、その取得したものの譲渡を目的とする行為に含まれ、さらに、それらの行為の目的物である金銭や有価証券も、同号の目的物に含まれるからである（ただし、金銭を純粋な価値にすぎないものと解すれば、この見解は成り立たない）。

　なお、預金契約の法的性質は消費寄託であり、貸付契約は消費貸借であると解されており、その要件事実の分析は民法における典型的な論点の一つとして議論されているところでもあり、ここでは触れない。預金契約が単なる消費寄託契約にとどまらず、委任契約の性質をも有するとする判例があるので、この点に限って触れておくこととする。

> **訴訟物**　XのYに対する預金契約に基づく取引経過の開示請求権
> ＊本件は、被相続人である預金者Aが死亡し、その共同相続人の1人であるXが、Aが預金契約を締結していたY信用金庫に対し、預金契約に基づき、A名義の預金口座における取引経過の開示を求めた事案である。争点は、預金契約が委任契約の性質を併有しているかである。もしこれを否定し、単なる消費寄託契約であるとすると、開示請求権を認める法的根拠を認めることが困難になる。

> **請求原因**
> 1　AはXの父であるところ、平成17年11月9日に死亡したこと
> 2　XはAの子であること
> 3　平成17年11月9日当時、AはYの○○支店において1口の普通預金口座と11口の定期預金口座を有していたこと
> 4　XはYに対し、A名義の上記各預金口座につき平成17年11月8日及び同月9日における取引経過の開示を求めたこと
> ＊最判平成21年1月22日民集63.1.228〔28150202〕は、「預金契約は、預金者が金融機関に金銭の保管を委託し、金融機関は預金者に同種、同額の金銭を返還する義務を負うことを内容とするものであるから、消費寄託の性質を有するものである。しかし、預金契約に基づいて金融機関の処理すべき事務には、預金の返還だけでなく、振込入金の受入れ、各種料金の自動支払、利息の入金、定期預金の自動継続処理等、委任事務ないし準委任事務（以下「委任事務等」という。）の性質を有するものも多く含まれている。委任契約や準委任契約においては、受任者は委任者の求めに応じて委任事務等の処理の状況を報告すべき義務を負うが（民法645条、656条）、これは、委任者にとって、委任事務等の処理状況を正確に把握するとともに、受任者の事務処理の適切さについて判断するためには、受任者から適宜上記報告を受けることが必要不可欠であるためと解される。このことは預金契約において金融機関が処理すべき事務についても同様であり、預金口座の取引経過は、預金契約に基づく金融機関の事務処理を反映したものであるから、預金者にとって、その開示を受けることが、預金の増減とその原因等について正確に把握するとともに、金融機関の事務処理の適切さについて判断するた

めに必要不可欠である……。したがって、金融機関は、預金契約に基づき、預金者の求めに応じて預金口座の取引経過を開示すべき義務を負うと解するのが相当である。そして、預金者が死亡した場合、その共同相続人の一人は、預金債権の一部を相続により取得するにとどまるが、これとは別に、共同相続人全員に帰属する預金契約上の地位に基づき、被相続人名義の預金口座についてその取引経過の開示を求める権利を単独で行使……できる（同法264条、252条ただし書）というべきであり、他の共同相続人全員の同意がないことは上記権利行使を妨げる理由となるものではない」と判示する。

すなわち、同判例は、預金契約は、単純な金銭消費寄託契約というわけではなく、委任ないし準委任の性質も併せ持つ混合契約であると解している。確かに、普通預金契約には、例えば、手形・小切手のような証券類による入金が可能であり、これら証券類を取り立てて入金するといった包括的な取立委任なども含まれるし、当座預金契約には、これに加えて預金者が振り出した手形・小切手の支払委託などが含まれる。また、利息を当該定期預金以外の預金口座に入金することを委託する趣旨を含む利息受取型の定期預金契約には、利息の入金についての委任ないし準委任が含まれているといえる。したがって、この判旨は、普通預金、当座預金及び利息受取型の定期預金については妥当するが、利息受取型以外の定期預金については当初の金銭の預入れ及びそれと同種・同量の金銭の返還（ただし付利を含む）とが行なわれるにすぎないので、委任ないし準委任が含まれているとは言い難い。

（権利濫用）

抗　弁　1　請求原因4のXの開示請求は、その請求の態様、開示を求める対象ないし範囲等において権利濫用であることの評価根拠事実

＊前掲平成21年最判は、「Yは、共同相続人の一人に被相続人名義の預金口座の取引経過を開示することが預金者のプライバシーを侵害し、金融機関の守秘義務に違反すると主張するが、開示の相手方が共同相続人にとどまる限り、そのような問題が生ずる余地はない……。なお、開示請求の態様、開示を求める対象ないし範囲等によっては、預金口座の取引経

過の開示請求が権利の濫用に当たり許されない場合があると考えられるが、Xの本訴請求について権利の濫用に当たるような事情はうかがわれない」と判示する。

イ　両替

「両替」は、銀行取引の一種であって、甲から得た貨幣を乙の提供する異種の貨幣と交換する行為をいう。本条8号の「両替その他の銀行取引」という文言からすると、両替があたかも銀行取引に主たる業務のようであるが、これはあくまで沿革によるものであり、銀行法上も付随業務に位置付けられているにとどまる（銀行10条2項11号）。

(2) 銀行業法所定の業務

銀行業は、商法においては、「銀行取引」は本条8号により営業的商行為とされ、銀行2条2項によると、「銀行業」とは、①預金又は定期積金の受入れと資金の貸付け又は手形の割引とを併せ行なうこと、②為替取引を行なうことのいずれかを行なう営業とされる。銀行は、その経営の健全性を確保する観点から、下表のように業務範囲に制限を受けている。

銀行の業務範囲

区分		条文(銀行法)	業務内容
固有業務		10条1項	預金、貸付け、為替取引の業務
付随業務	例示列挙業務	10条2項1号ないし19号	債務保証、有価証券の貸付け、デリバティブ取引、両替等
	その他の付随業務	10条2項柱書	コンサルティング、ビジネスマッチング業務など
他業証券業務等		11条	投資助言業務など「〔固有業務の〕遂行を妨げない限度において」認められる業務
法定他業		12条	担保付社債信託法に基づく担保付社債の受託業務など、銀行法以外の法律により兼営が認められる業務、他に、信託業務（ただし、金融機関の信託業務の兼営等に関する法律1条に基づく認可必要）、宝くじに関する業務（ただし、当せん金付証票法6条に基づく委託が必要）、保険の募集（窓販）業務（保険業275条。ただし、同法276条に基づく登録が必要）。

銀行12条は、「銀行は、前2条の規定により営む業務及び担保付社債信託法その他の法律により営む業務のほか、他の業務を営むことができない」と定める。この他業禁止規制に違反する取引の私法上の効果を無効と解する見解もあった（西原寛一『金融法』有斐閣（1968年）60頁）が、業務範囲の外縁を画する付随業務の範囲が可変的であり、その他の付随業務といった弾力的な条項が入っている趣旨に照らせば、取引の安全性、法的安定性を害してまで厳格に解釈することには疑問があるとして、外見上明白に銀行法の目的に反せず、かつ他の法令に違反していなければ原則有効と解するのが通説である。

(3)　固有取引の「為替取引」（銀行10条1項3号）

　為替取引とは、隔地者間における貸借を決済するための手段として為替を利用する契約をいう。この行為を営業として行なうときは、銀行取引の一種として商行為となり（本条8号）、為替取引を業とする者は銀行となる（銀行10条1項3号）。

　国際取引においては、現金の授受による代金決済はまれであり、通常、銀行を仲介として決済が行なわれている。このような銀行が仲介する貿易代金の決済方式としては、債務者である買主が売主に対して代金を送金する送金方式と、債権者である売主が買主から代金を取り立てる取立方式（取立方式とは、代金を受領する受取人の側が取立指図方式の外国為替を用いて代金を取り寄せる方法）がある。後者の場合、為替手形には、担保として売買の目的物の引渡請求権を表章した運送証券（船荷証券、貨物引換証など）が添付されることが多い。このように、手形債権の担保として運送証券を含む船積書類が添付された為替手形を荷為替手形（documentary bill）と呼んでいる。

　ここでいう荷為替手形は、実務では荷為替信用状に基づいて振り出されたものではないという意味で、「信用状なし荷為替手形」又は「D/P（支払渡）手形」と呼ばれている。なお、「荷為替信用状」については、「補章1　貿易取引」の「1　荷為替信用状による決済」を参照されたい。

ア　荷為替手形による代金決済の流れ

　日本の売主Aが米国の買主Bと物品売買契約を締結し、物品を日本から海上運送して、売買契約に従い代金を荷為替手形により取り立てる場合には、まず、売主Aは、振出人を売主A、支払人を買主B、受取人をAの取引銀行C、金額を物品代金額、満期を契約の支払期日どおりとして為替手形を振り出す（受取人の記載に関しては、振出人（売主A）が自己を受取人（売主A）とする為替手形を振り出し、これを受取人（売主A）が、自己の

取引銀行Cに取立委任裏書をすることもある）。

次に、売主Aは、海上運送人である船会社から交付を受けた船荷証券のほか、商業送り状、検査証明書、貨物保険証券等の船積書類を揃えて、この為替手形に添付し、荷為替手形とする。売主Aは、この荷為替手形を荷為替手形取立依頼書とともに取引銀行Cに持ち込んで取立てを依頼する（以上が下記②）。この際、売主Aは、荷為替手形取立依頼書中に後記「船積書類の引渡方法」の「支払渡し」又は「引受渡し」のいずれであるかを指示する。さらに、C銀行が、ロスアンゼルスのD銀行に荷為替手形を送付し、取り立てることを依頼する（下記③）。

C銀行からD銀行宛てに取立てのために送付された荷為替手形が、支払人＝買主Bによって支払われると（下記⑤）、D銀行からC銀行へ取立代金の送金が行なわれ（下記⑦-1）、C銀行が売主Aに取立代金を支払う（下記⑧）ことによって、荷為替手形の取立てが完了する。

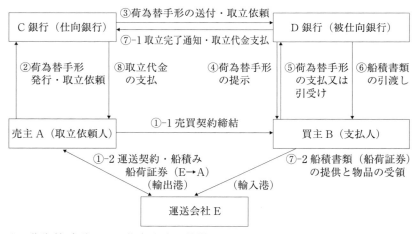

イ　荷為替手形による代金決済の特徴

物品売買においては、買主Bは、約定物品の品質、個数等を検査し、物品が売買契約に適合していることを確認してから代金を売主Aに支払うことが普通であるが、荷為替手形取引においては、買主Bは、為替手形及び船積書類がその記載上、売買契約を充足した外見を有している場合には、特約がない限り、その支払をしなければならない。支払に先立ち物品を検査することはなく、荷為替取引は、荷為替手形の外見上の表示に依拠した書類売買（Documentary Sale）であるとされている。支払を実行した買主Bが、

後日の検品により物品に関し瑕疵が発見された場合は、買主Bは、原因契約である売買契約に基づいて売主Aに対して、損害賠償を求めることになる。

ウ　船積書類の引渡方法

買主Bが売買の対象物品を海上運送人から引き取るためには、有価証券であって受戻証券性を有する船荷証券を入手することが不可欠であるから、買主Bが代金を支払わずに物品を引き取ることを避けたい売主Aは、買主Bが代金（為替手形）を支払うのと引替えにのみ船積書類を買主Bに引き渡すことにすればよい。このように、為替手形の支払と引替えに船積書類を引き渡すことを「支払渡し（Documents against Payment, D/P）」という。

エ　荷為替手形の取立ての法律関係

原因関係当事者であり、「取立依頼人と仕向銀行」の関係は委任関係であり、「仕向銀行と被仕向銀行」も委任関係に立つ。「被仕向銀行と支払人」は、銀行取引関係……があっても、取立てに関しては何の法律関係もない。

オ　荷為替手形の買取り

上記のとおり、荷為替手形の取立てにおいては、仕向銀行であるC銀行は、取立てが完了して被仕向銀行から取立代金を受領後に取立依頼人の売主Aに支払うこととなるが、売主Aが資金を直ちに必要とする場合は、C銀行と売主Aの合意により、C銀行が荷為替手形を買い取り、その時点（取立完了前）で、対価（荷為替手形の額面金額から取立完了までの利息を控除した金額）を売主Aに交付することもある。これを荷為替手形の買取りといい、商業手形の割引と同義である。

荷為替手形の買取りにおいては、買取銀行としてのC銀行は、その荷為替手形が支払われないことのリスクを負うことになるので、買取りを実質上、売主Aへの貸付けと同じく売主Aに対する与信としてとらえ、C銀行は、Aの与信審査を行ない、「銀行取引約定書」及び「外国向為替手形取引約定書（いわゆる買取約定書）」を交わして荷為替手形が不渡り（不払）となったときには売主Aに買戻債務を負担させる等の債権保全策を講ずる。

(4)「例示列挙業務」（銀行10条2項1号ないし19号）

ア　通貨スワップ取引

通貨スワップ取引とは、相対する当事者が、契約で定めた一定期間にわたり、一定の条件で、定期的に、通貨の種類を異にする金銭を相互に支払う取引をいう。つまり、当事者は、まず契約で定めた開始日に、異種の通貨の一定金額（「元本」）を相互に交換し合った後、所定の各支払日に、受領した元本に対する金利を相互に当該通貨で支払い、所定の最終日に、それぞれ開始

日に受領した元本と同額を当該通貨（すなわち開始日に交換した通貨）で支払う。

　通貨スワップ取引のリターンとリスクについて、東京地判平成10年7月17日判タ997.235〔28040870〕は、次の設例を挙げて説明をしている。

　前提条件として、開始日の為替レートは1ドル150円、米ドル金利は年10パーセント、円金利は年5.5パーセントとする。そして、A銀行とB会社で、期間4年間で1年ごとの金利支払い、開始日にA銀行の支払う元本を15億円、B会社の支払う元本を1,000万米ドルとする通貨スワップ取引を行なう（契約で定めた各金利支払日にA銀行が支払う金利が100万ドル、B会社が支払う金利が8,250万円）場合には、次のとおりとなる。

　①契約開始日に、A銀行はB会社に対して15億円を支払い、B会社はA銀行に対して1,000万米ドルを支払う。契約終了日に、A銀行はB会社に対して、1,000万米ドルを支払い、B会社はA銀行に対して15億円を支払う。各金利支払日に、A銀行はB会社に対して100万ドルを支払い、B会社はA銀行に対して8,250万円を支払う。

　②この通貨スワップ取引により、B会社は、各支払日に100万ドルを受領するから、為替レートが契約開始日と変わらなければ、円に換算して1億5,000万円を受け取り、支払額8,250万円と差引きで、6,750万円の利益を取得できる。

　③このように、通貨スワップ取引が固定金利で行なわれ、為替が変動しないときは、B会社は、金利差による利益を安定して取得でき、しかも、ドルが円に対して強くなれば（円安）、為替の変動による収益も期待できる。逆に、円がドルに対して強くなり（円高）、その交換レートが一定の数値（損益分岐点）を超えるとB会社は損失を受けることになる。すなわち、契約者は、固定金利差による収益とともに、為替の変動による収益も見込める反面、為替の変動により多額の損失を被る危険性を負担することとなる。

| 訴訟物 | XのYに対する通貨スワップ取引の説明義務違反に基づく損害賠償請求権 |

　＊本件は、XがY銀行との間で、数回にわたり、異種の通貨について「金銭の相互支払に関する契約」（通貨スワップ契約）を締結したが、Xがこれらの契約に関して被った損失額について、Yの説明義務違反による債務不履行又は不法行為を主張して損害の賠償を求めた事案である。

　＊本件は、前掲平成10年東京地判を簡略化した事案である。

請求原因 1　Xは、平成3年11月22日、Yとの間で、次の内容の通貨スワップ契約を締結したこと
　　Xの支払う元本　　100億LIT（イタリアリラ）、LIT金利　年11.31パーセント
　　Yの支払う元本　　1,179万2762.19 SF（スイスフラン）、SF金利　年8.29パーセント
　　元本円換算額　　　約10億円
　　開始日　平成3年11月27日　　最終日　平成6年11月28日
　　金利支払日　　　　平成4年11月27日、平成5年11月29日、平成6年11月28日
　　契約時交換レート　1,000 LIT 当たり 1.17928 SF
　　損益分岐点　　　　1,000 LIT 当たり 1.09950 SF
　2　Xは、以下のとおり、本件契約により2億6,525万1,044円の損失を受けたこと（Xは金利及び元本の決済をいずれも日本円により行なったが、各金額の頭に付された△は当該決算日にXが利益を上げたことを、▲はXが損失を受けたことを示し、金額の後のかっこ【　】内の記載はその金額の支払が金利分か元本分かの別を示す）。
　　　　(1)　平成4年11月27日　　　　△2,972万1,266円【金利】
　　　　(2)　平成5年11月29日　　　　△253万9,249円【金利】
　　　　(3)　平成6年11月28日　　　　▲3,023万0,150円【金利】
　　　　　　　　　　　　　　　　　　　▲2億6,728万1,409円【元本】
　3　通貨スワップ取引は極めて危険性の高い取引であること
　　＊請求原因3の事実は、YがXに対して、虚偽の情報を与えたり、将来の利益について断定的な判断を提供しないことはもとより、本件各契約が危険性がある取引であることを具体的に説明する義務を負っていたことを基礎付ける事実となる。
　4　Yは本件各契約は危険性が少ない取引であり、確実に利益を得ることができる取引であると虚偽の事実を述べ、あるいは将来の利益について断定的な判断を提供し、その危険性について十分な説明をしないで、Xに本件各契約を締結させたこと
　　＊前掲平成10年東京地判は、「通貨スワップ契約が、……為替相場の変動により顧客の収益あるいは損失が大幅に増減する可能性のある取引であり、為替の相場の推移の正確な予想が

銀行等の金融機関にとっても困難であることにかんがみると、通貨スワップ契約を勧誘する者は、取引の相手方に応じて、当該取引の仕組みや危険性について必要な説明をすべきであると考えられる。しかしながら、……本件各契約締結の経緯に認定のとおり、A は、口頭及び書面で通貨スワップ契約の仕組み、損益分岐点の意味、欧州通貨制度の仕組み、ECU の構成、その比率などについて説明していた……から、Y の説明は、X が、通貨スワップ取引契約の基本的な仕組みやその危険性を理解するのに十分なものであったというべきであり、現に、X の B が、X の通貨スワップ契約の仕組みや損益分岐点の意味、その危険性を十分に理解していたと認められる」と判示する。

(5)　「その他の付随業務」（銀行 10 条 2 項）
ア　M＆A アドバイザリー業務
　M＆A アドバイザリー業務は、企業が第三者割当増資、株式譲渡、事業譲渡、合併、会社分割、株式交換や株式移転等を行なう場合に、その企業又は株主の委託を受けて、相談、助言、仲介等の支援を行なう業務である。具体的には、企業価値評価、M＆A 相手方候補先の選定・探索、引き合わせ、交渉に対する支援・助言、交渉や手続のスケジュール管理、契約書等のドラフト作成に関する支援、法律事務所・会計事務所等の専門家との折衝等がある。M＆A アドバイザリー業務は、それ自体、原則として許認可を必要としない業務であり、銀行は、銀行 10 条 2 項柱書の「その他の付随業務」として営むことができる。ただし、銀行は、株式等有価証券の売買の媒介、代理を行なうことが原則として禁止される（金商 33 条 1 項）など銀証分離規制上の制約に服するほか、宅地又は建物の売買の媒介、代理（宅建 3 条）、非弁業務（弁護 72 条）など他の規制法で禁止されている業務を受任することはできない。
　実務では、M＆A アドバイザリー業務受任に際して、銀行は顧客とアドバイザリー業務委託契約を締結し、業務範囲、専属義務の有無、手数料、免責事項等を定める。その性質は、（準）委任契約であり、仕事の完成（M＆A 成約）を約する請負契約ではない。
　なお、大阪高判平成 14 年 3 月 5 日金商 1145.16〔28071720〕は、M＆A 仲介を受任した銀行が株式売却あっせん義務を負うかにつき会社 A の元株主である X1 X2 夫婦が、会社 B による A の吸収合併交渉につき仲介した銀

行Yに対して、Yは合併契約に基づき合併に伴う新株発行によってBの株式を取得したXらにその売却先をあっせんする義務があったのにこれを怠っているうちに株価が下落したとして損害賠償を求めた事案において、仲介者Yにつき、Bの株式の売却のための譲渡先のあっせん義務が契約上認められない場合であっても、合併に関する仲介委託契約に付随する義務として、証券会社への紹介、買受先の情報を収集して縁故的に紹介する作業を行なう信義則上の義務が生じると解する余地があるが、YはX1夫婦の取締役選任・退職慰労金の支払請求などに追われていたこと、X2があっせん要求をしたとはいえその後あっせんについて継続した要求はなくかえって取得株式の保有の継続を前提とする行動をとっていたこと、未解決の問題はないかとのYの問いかけに対しX1らから全く返答がなかったことなどからすると、Yに信義則上の義務違反があったとはいえないとした。

イ　シンジケートローン・アレンジメント業務

シンジケートローン・アレンジメント業務は、借主の委任を受けて、借主と協議し、取引枠組みを設計・検討し、融資条件を決定したうえ、これに沿って参加銀行を募り、必要に応じて専門家選定の助言を行ない、融資関連契約書の案文作成・取りまとめ作業を行なうなど、シンジケートローンを組成する業務をいう。このアレンジメント業務は、それ自体、許認可等を必要としない。一方、銀行法上の取扱いについては、法文に明文はないが、銀行10条2項柱書の「その他の付随業務」と解される。

(ア)　借主に対する責任

銀行がアレンジメント業務を受任する場合は、借主との間で、業務範囲、手数料、免責等を定めたアレンジメント業務委託契約を締結する（法的性質は、（準）委任契約（民656条））。銀行は、借主に対してアレンジメント契約の内容に従い、受任者としての善管注意義務を負う。なお、別途所定の金額の引受け（アンダーライト）をした場合を除き、借主の融資希望全額の融資を実現する義務までは負わず、シンジケートローン組成に向け尽力する義務にとどまる。

アレンジャー銀行は、融資実行後に、そのシンジケートローンの貸主団の代理人（エージェント）になることが多い。この場合、借主からアレンジャーを受任した者が、同一シンジケートローンにつき、（借主と相対する）貸主団の代理人になることが利益相反になるかという問題がある。アレンジャー業務はシンジケートローン締結（に伴うエージェント就任）と同時に終了し、同時期に双方から委任を受けるものではないから、原則として利益相反を理由とした責任を問われることはないであろう。

（イ）　参加予定金融機関に対する責任

　アレンジャーが借主の信用に関する不芳情報を有していた場合に、参加予定金融機関に情報提供義務の存否が問題となる。アレンジャーは借主の受任者として、シンジケートローン契約の締結過程において、参加予定金融機関と相対する関係にあるのであり、参加予定金融機関とは、（準）委任関係など善管注意義務等を負う契約関係にはない。よって、借主・アレンジャーと参加予定金融機関との間に情報の非対称性があったとしても、アレンジャーは積極的に開示する義務を負わない。また借主に対する守秘義務から、借主の同意等なしには開示できない。また、一般に、アレンジャーにより配布される借入人情報等が記された書面（「インフォメーション・メモランダム」）においても、情報の真偽・正確性についてアレンジャーが何ら責任を負うものではない旨の免責規定が置かれる。このように、融資の専門家たる参加予定金融機関には、与信判断に必要であれば能動的に情報を求めたうえでの与信判断が求められるのが原則である）。

　もっとも、アレンジャーが知っていながら、参加予定金融機関に伝達していない非公開情報で、参加意思決定のために重大な情報（例えば、重大な不芳情報）である場合には、不法行為に基づく損害賠償責任を負う可能性もあると考えられる。また、アレンジャーが、インフォメーション・メモランダムに重大な虚偽記載があることを知りつつ、その旨を告げずに参加予定金融機関に配布した場合にも、同様の問題が生じる。実務上は、アレンジャーは、借入人に対して正確な情報開示を促すか、組成中止を判断することとされる。

　この点、自行が有するネガティブ情報を参加予定金融機関に開示せずシンジケートを組成したのち、借入人が破綻した事案において、アレンジャーが信義則上の情報提供義務に違反したものとして不法行為責任を認めた判決がある（最判平成24年11月27日裁判集民242.1〔28182470〕）。一方、その後、シンジケートローンの実行後に、借入人から提出されていた資料が偽造されたものであったことが判明した事案において、アレンジャーの情報提供義務違反に基づく不法行為責任を否定した判決も現れた（東京地判平成25年11月26日金商1433.51〔28214264〕）。

訴訟物　　X1、X2及びX3のYに対する不法行為に基づく損害賠償請求権
　　　　　＊本件は、シンジケートローン組成後間もなくして借入人A会社が破綻し、これに参加した金融機関X1信用金庫、X2

信用金庫及びX3銀行がシンジケートローンのアレンジャーであるY銀行に対して損害賠償を求めた事案である。
＊本件は、前掲平成24年最判を参考とするものであるが、第一審では参加金融機関の請求は棄却されたが、原審は請求を認容しアレンジャーは上告したが棄却され、アレンジャーの損害賠償責任を認める判決が確定した。

請求原因
1 Y銀行は、8月29日にA社より委任を受けて本件シンジケートローンのアレンジャーに就任し、参加予定金融機関に対する招へい活動を開始したこと
2 請求原因1とほぼ同時期に、A社は、別件Mシンジケートローンのアレンジャー M銀行より、A社に粉飾決算があるとの懸念の表明及び財務調査の申入れを受けていたこと
＊事情であるが、本件の借入人A社のメインバンクはY銀行ではなくM銀行であり、M銀行はアレンジャーとして平成19年3月末に別件Mシンジケートローンを組成していた（Mシンジケートローンの参加金融機関はM銀行の外11社、総額約30億円、Y銀行は参加していない）。
3 Y銀行の担当者は、9月5日にA社の代表者より「M銀行がA社に対し融通手形及び粉飾決算懸念を有していることにつき口頭で開示を受けたが、その後、M銀行が問題ないとして謝罪を入れてきた」との電話連絡を受けたこと
＊アレンジャーが、参加の意思決定のために重大な情報（借入人から提供されない限り参加予定金融機関が入手できないもの）の存在を知りながら参加予定金融機関に提供しなかった場合、又はインフォメーション・メモランダムに重大な虚偽記載があることを知りながら参加予定金融機関に虚偽であることを告知する等の適切な情報提供を怠った場合は、信義則上、不法行為責任を負う。
4 AはM銀行の申入れを受け、別件Mシンジケートローンの参加金融機関宛てに「決算書に不適切処理の懸念あり、調査会社に調査を依頼する」旨を記載したA名義の通知書（「M通知書」）を9月10日付で送付し、M通知書の記載のとおり、9月20日から10月29日まで調査会社Rによる財務調査がA社に入ったこと
5 Y銀行は、9月20日頃までにXらより本件シンジケートロ

ーンへの参加表明を受け、9月21日に調印手続（9月26日付締結）のためにA社を訪問した際、Y銀行の担当者はA社よりM通知書の開示を受けたが、その事実をX1、X2及びX3には告げずに、本件シンジケートローンの調印手続を進め、9月28日には、貸付人としても参加したY銀行とXらがA社に対し、貸付けを実行したこと

＊貸付実行額はY銀行4億円、X1信金2億円、X2信金2億円、X3銀行1億円の総額9億円である。

6　10月19日にA社は大口取引先から取引解除通知を受領し、10月末には調査会社Rの調査によりA社の粉飾決算が明らかとなり、10月31日には別件Mシンジケートローンは期限の利益を喪失し、翌年4月11日に民事再生手続開始決定を受けるに至ったこと

＊前掲平成24年最判は、Y銀行の不法行為責任を肯定した。すなわち、借入人A社がY銀行に対して、M銀行がA社決算に不適切処理がある旨の疑念を有しており別件Mシンジケートローンの参加金融機関に「M通知書」を送付した旨（以下「本件情報」という）を告げたことについて、「本件情報は、A社の信用力についての判断に重大な影響を与えるものであって、本来、借主となるA社自身が貸主となるXらに対して明らかにすべきであり、Xらが本件シンジケート・ローン参加前にこれを知れば、参加を取り止めるか、少なくとも上記精査の結果を待つことにするのが通常の対応であるということができ、その対応をとっていたならば、本件シンジケート・ローンを実行したことによる損害を被ることもなかった」とし、他方で、本件情報は「Xら自ら知ることは通常期待し得ないもの」であり、インフォメーション・メモランダム等に免責文言の記載があるとしても、「アレンジャー業務の遂行過程で入手した本件情報については、これがXらに提供されるように対応することを期待するのが当然」であり、Xらを招へいしたY銀行としても、「そのような対応が必要であることに容易に思い至るべきもの」とした。また、A社の代表者Bは、アレンジャーであるY銀行に本件シンジケートローンの組成・実行手続の継続に係る判断を委ねる趣旨で本件情報をY銀行の担当者に

告げたと述べており、この事実関係の下では、「Y銀行のA社に対する守秘義務違反が問題となるものとはいえず、他にY銀行による本件情報の提供に何らかの支障があることもうかがわれない」とした。結論として、Y銀行はXらに対し、信義則上、本件シンジケートローンの組成・実行前に本件情報を提供すべき注意義務を負うものと解するのが相当であり、Y銀行にはXらに対する不法行為責任が認められるとした。

　　7　請求原因6の結果、X1、X2及びX3はシンジケートローン参加額（貸付実行額）につきA社からの返済を受けることができなくなったこと

ウ　コンサルティング業務

　東京地判平成9年3月19日判タ961.204〔28030627〕は、国内のホテル経営者を勧誘して、海外のホテル買収に関するコンサルティング契約（コンサルティング手数料は、売買価格の3パーセント相当額）を締結した銀行が、買収価格の鑑定が適正でないことについて助言すべき義務を負うのは、その鑑定が一般的な水準から相当程度逸脱しており、それが不合理であることが専門家以外からも比較的容易に判別できる場合に限られるから、売主の提示する価格が適正でないことを助言しなかったとしても直ちに銀行の助言義務違反があったとはいえないとしている。

10　保険（本条9号）

　本号にいう保険は、保険者が保険契約者から保険料の支払を受け、一定の事由が生じたことを条件として財産上の給付を行なうことを引き受ける行為を指す。従来から、この保険の引受契約とは、営利保険における保険の引受契約をいう。営利保険であれば、損害保険、生命保険、障害疾病定額保険たると、陸上保険、海上保険であることを問わない。海上保険に関しては第3編第7章に規定があり、また、商法特別法として保険法（平成20年法律56号）が立法されている。社会保険はもとより、相互保険（保険を欲する者が団体を形成し、その共同の計算で保険するもの）も営利性を欠くのであって、営業的商行為に属さないと解されてきた。

11　寄託の引受け（本条10号）

　寄託の引受けは、他人のために物の保管をすることを引き受ける契約（単

純寄託）のほか、同種・同等の物と混合して保管し、その中から同量の物を返還することを内容とする混蔵寄託を引き受けることをいう。寄託を営業としてする典型例は、倉庫営業である。第2編第9章第2節に、倉庫営業に関して規定されている。

なお、理論的には、受寄者が受寄物を消費し、これと同種・同等・同量の物を返還することを内容とする消費寄託の引受けも含まれることとなる。しかし、そのものが金銭又は有価証券を目的物とする場合は、「銀行取引」に該当することとなろう。

12 仲立ち又は取次ぎに関する行為（本条11号）

(1) 仲立ち

仲立ちに関する行為とは、他人間の法律行為の媒介を引き受ける契約をいう。媒介の対象となる法律行為が商行為であれば、商法上の仲立人となる（543条）。それが民事上の法律行為であれば、民事仲立人（結婚の媒介、不動産売買の媒介）である。その性質が民事仲立行為であっても、営業として行なう場合は、4条1項によって、商人となる。例えば、最判昭和44年6月26日民集23.7.1264〔27000807〕は、「一般に、宅地建物取引業者は、商法543条にいう『他人間ノ商行為ノ媒介』を業とする者ではないから、いわゆる商事仲立人ではなく、民事仲立人ではあるが、同法502条11号にいう『仲立ニ関スル行為』を営業とする者であるから同法4条1項の定めるところにより商人であることはいうまでもな」い旨判示する。さらに、不特定多数の者から法律行為の媒介を引き受けることを必要とせず、特定の商人のために平常その営業の部類に属する媒介代理商の行為も本号の仲立ちの引受けに該当する。

(2) 取次ぎ

取次ぎとは、自己の名において他人の計算で法律行為を行なうことである。取次ぎに関する行為とは、自己の名をもって、しかし他人の計算において法律行為をすること（いわゆる間接代理）を引き受ける契約を指す。「自己の名をもって」とは、「自己が法律行為の主体となる」ことを意味する。また、「他人の計算において」とは、「行為の経済的効果を他人に帰属させる」ことを意味し、例えば、商法に規定があるものを挙げると、物品の販売又は買入れの取次ぎを営業として行なう問屋（551条）、物品運送の取次ぎを営業として行なう運送取扱人（559条）、その他の法律行為の取次ぎを営業として行なう準問屋（558条）がある。なお、準問屋としては、広告を取り次ぐ広告代理店、書籍を取り次ぐ出版取次店などがある。

出版取次ぎが担っている機能は、①取次ぎという本来的な機能による取引総数の最小化小荷を図るほか、②出版の物流機能、③書店への代金回収の繰延べや出版社への委託販売代金の見込払いなど金融機能を果たしている。
　なお、甲（出版社）と乙（取次店）は、次の条項による再販売価格維持契約を締結している。①甲と乙は、独禁法23条の規定に則り、甲が発行又は発売する出版物に係る再販売価格を維持するため、この契約を締結する。②この契約において再販売価格維持出版物とは、甲がその出版物自体に再販売価格（「定価」）を付して販売価格を指定したものをいう。③乙は、乙と取引きする小売業者及び取次業者との間において再販売価格維持出版物の定価を維持するために必要な契約を締結したうえで同出版物を販売しなければならない。④乙は、前条に定める契約を締結しない小売業者及び取次業者には再販売価格維持出版物を販売しない。⑤乙が③及び④の規定に違反したときは、甲は乙に対して警告し、違約金○○円の請求、期限付の取引停止の措置を採ることができる。

13　商行為の代理の引受け（本条12号）
　商行為の代理の引受けは、委託者（本人）のために商行為となる行為の代理を引き受ける行為である。商行為の代理の引受けは不特定多数の者からであることを要しない。締約代理商、旅行代理店の行為がその典型である（27条かっこ書）。
　委託者たる本人のために商行為となる行為の代理を引き受ける契約を指す。代理の目的たる行為が商行為に限定される点が、仲立ち又は取次ぎと異なる。これに属する例として商法・会社法に規定が存するものを挙げると、一定の商人・会社のためにその平常の営業・事業の部類に属する取引の代理を引き受ける締約代理商（27条、会社16条）がある。

14　信託の引受け（本条13号）
　信託とは、特定の者が一定の目的に従い財産の管理又は処分及びその他の当該目的の達成のために必要な行為をすべきものとすることをいう（信託2条1項）。報酬を得ることを目的に営業として信託を引き受けること（営業信託）が商行為とされる（本条13号）。信託は、委託者が財産権の移転その他の処分をし、受託者に一定の目的に従って財産の管理又は処分をさせることをいう。この財産管理・処分を引き受ける行為が信託の引受けである。
　近年、信託を利用した金融商品が普及し、資産流動化目的など制定当時には想定されない形態での信託の利用もされるようになった。しかし大正11

年制定の旧信託法（大正11年法律62号）は、これに対応しきれていなかった。そこで、平成18年に新たに信託法（平成18年法律108号）が制定された。それに伴い、信託法の施行に伴う関係法律の整備等に関する法律（平成18年法律109号）によって新しく本条13号に営業的商行為として追加された。旧信託法6条は、「信託ノ引受ハ営業トシテ之ヲ為ストキハ之ヲ商行為トス」と規定していたから、この行為は、従来から営業的商行為であったものである。

新たな信託法は、①旧信託法が過度に規制的であったことを改め、受託者の義務の内容を合理化し、②受益者の権利行使の実効性、機動性を高める規定や制度を整備し、③信託に対する多様な要請に対応するため、自己信託等、新たな類型の信託の制度を創設する全面的な改正である。

15　無尽
(1)　物品無尽
　無尽は、賭博又は富籤類似のものを除いて、一定の口数と給付金額とを定め、定期的に掛金を払い込ませ、一口ごとに、抽選・入札その他類似の方法によって掛金者に対し金銭以外の財産の給付をする行為、又はこれと類似の方法によって金銭以外の財産の給付をする行為である（無尽1条）。無尽営業も内閣総理大臣の免許を受けた株式会社に限って行なうことができるので（無尽2条、3条）、営業を行なうことによって商人となるのではなく、商人であってはじめて営業を行なうことができることになっている。
(2)　金銭無尽
　過去を遡れば、無尽は頼母子ともいわれ、相互援助的な庶民金融の一類型であった。一定の口数と給付金額とを定めて加入者を集め、一定の期日ごとに各口について掛金を払い込ませ、抽選又は入札によって所定の金額を順次加入者に使用させるものである。昭和6年に無尽業法が制定され、相互銀行の前身である無尽会社が営業していた。昭和26年に相互銀行法が制定されたのに伴い、金銭の給付を目的とする金銭無尽は相互銀行のみが行なうことができるようになったが、さらに平成元年以降、これらの相互銀行は普通銀行に転換し、平成5年に相互銀行は廃止された。以上の経緯で、金銭無尽は銀行業務の中に吸収された（銀行2条4項）。

訴訟物　　XのY（講元）に対する無尽講（頼母子講）掛金返還請求権
　　　　　＊Yが自己個人の事業として講元となり、講員を募集し自己

の責任において本件講会（頼母子講）を運営管理してきた。本件講会において講元Yと講員Xらの間に消費貸借に近似する講会支払契約関係が生じ、万一、落札者が事後掛戻金の支払をしないときは、法律上当然に、又は、一般の慣行として講元たるYは未取口者に対し講金の払戻しをする義務があるから、Yは同支払責任に基づきXに対し前記金480万円の支払義務があるとしてその支払を求めた事案である。

＊本件は、金銭無尽が銀行業務に吸収される以前の大阪高判昭和54年12月13日判タ414.99〔27650887〕の事案である。本件のような個人が講元となる金銭無尽は現在では行なえない。

請求原因

1　Yを講元とし、(1)口数25口、月掛金額20万円（1口）、期間昭和36年10月を初回として、25回にて満講とする、(2)講員は毎月1回参集して入札手続を行ない、最低額の落札者（1口）に対し落札金を支払う、(3)落札者は落札1口につき落札の翌月以降毎月1回満講に至るまで掛戻金20万円を講元Yに対し支払うとする頼母子講（「本件講会」）が発足したこと

2　本件講会は昭和36年10月末日に第1回講会を開催し、事後、昭和38年10月末日まで前後25回にわたり毎月1回ずつ講会を開催して落札者を決定し、講会を完了したこと

3　Xは本件講会に1口加入し途中落札することなく未取口のままで満講まで毎月掛金を払込み、その掛金総額は480万円に達したこと

＊前掲昭和54年大阪高判は、「わが国において従来から行なわれている無尽講ないし頼母子講と呼ばれる本件のような講は、相互扶助の精神に基づき、融資などの便をうるために多数の者が集合して定期に少額の講掛金を払込み、毎回落札会員に落札金を貸与し、順次これを全員に及ぼすもので、次の二つの類型がみられる。一つは〈1〉講元などが自分の事業として会員を募集し、自分の責任で運営するもので、他は〈2〉会員が一団となつて協力して、全員の事業として運営するものである。両者の主要な差異は講元その他の講の業務執行人が、満会になつても掛戻債務の回収不能などにより講金の交付を受けられない者に対し、自己の負担で講金支払の責任があるかどうかによつて区別され、講規約その他に特別の

定めがない限り、業務執行人はこのような個人責任を負わないのであつて、原則として前示〈2〉の会員全員の共同事業で組合的性質を有する講であるとみるべきである」としたうえで、「Xは予備的請求原因として、仮定的に『本件講会の講元たるYは、他の講員より集金した掛戻金を有するので、Xに対し、Xの掛金 480 万円を支払う義務がある』旨主張し、講金 480 万円……を求めている。ところでこの請求原因事実からは、一応、Y個人に対する責任を追及する請求であると受け取れるけれども、これを組合的性質を有する本件講自体に対する請求をY個人名義をもつて請求しているものとも解し得る。即ち、頼母子講自体が民訴法 46 条に照らし当事者能力を有するとしても、講元など講管理人に講金ないし落札金請求訴訟のYとしての当事者適格を認めて差支えないからである（大判昭 3・5・2 新聞 2878 号 12 頁、なお、最判昭 35・6・28 民集 14 巻 8 号 1558 頁参照）」として、この両請求の当否について順次検討し、「Yにおいて本件講が解散等により終了したとの主張、立証をしない本件においては、本件講がなお存続しているものといわねばならないところ、講が存続している以上、講自体としては掛込金、掛戻金の集金いかんにかかわらず、未取口講員たるXに対し、講金……を支払う義務がある」と判示する。

16　営業的商行為の適用除外

　本条但書は、前述の本条の行為のいずれかに該当しても、それが専ら賃金を得る目的で物を製造し、又は労務に従事する場合には商行為とならないことを定める。例えば、ダイレクトメールの宛名書きなどの内職は、他人のためにする製造又は加工に関する行為（本条 2 号）に当たるが、本条但書に該当し、商行為とならない。また、観光地で個人が人力車夫をすることは、運送に関する行為（502 条 4 号）に当たるが、本条但書に該当し、商行為とはならない。下記設例のような個人タクシーの場合も同様であろう。そのほか、本条但書に該当するか否かが争点となった事案として、大判昭和 18 年 7 月 12 日民集 22.539〔27500058〕は、賃金を得て精米をする業務も、主として自己の労力でする場合は専ら賃金を得る目的でする行為として商行為ではないが、相当の資本を投じて主として機械力を利用する設備経営の下に精米を請け負う場合は加工業として商行為に属するとしたものがある。

第502条　267

訴訟物　　XのYに対する商人間の金銭消費貸借に基づく法定利息請求権
　　　　＊本件は、XがYに対し、両名がいずれも商行為を営業として行なう商人であるとして、XがYに貸し付けた金員について、利息支払の合意はないが、513条1項に基づいて、貸付日から返済を受けた日までの法定利息を請求した事案である。

請求原因　1　Yは個人タクシー業を営むでものであること
　　　　＊請求原因1の事実は、本条4号の運送に関する営業に該当するものと理解され、その限りではYは商人と評価することができる。
　　　　2　Xは個人で自動車修理工場を営むものであること
　　　　＊請求原因2の事実は、本条5号の作業の請負の営業であって、Xも商人といえる。
　　　　3　XはYに対し、Yの営業用の新車代金に支弁するための資金として、500万円を弁済期平成○年○月○日の約定で貸し渡したこと
　　　　＊請求原因3の事実は、「商人間において金銭の消費貸借をしたとき」に当たり、法定利息請求権が発生する。
　　　　4　請求原因3の弁済期が到来したこと
　　　　＊なお、YはXに対して、弁済期日に元本500万円を弁済しているものとする。

（適用除外）
抗弁　　1　Xの個人タクシー営業は、専ら賃金を得る目的で労務に従事するものであること
　　　　＊本条但書に基づく適用除外の抗弁である。
　　　　＊個人タクシーの営業は、形式上は運送営業とみられるが、実質上は専ら賃金を得る目的で労務に従事する者の行為とほとんど異ならない。なぜなら、原則として、営業者が自己の労力により業務を行なうほかない点で、人的施設は皆無に等しく、また営業者1人につき1車しか保有できず、営業所を有することもない点で、物的施設は極めて小さく、そのため収益は主に家計維持の基礎となるからである（田中ほか・コンメ商行為法64頁）。
　　　　＊請求原因1の個人タクシー営業の主張事実に、抗弁1の事実

が既に現れていると解するのであれば、請求原因自体で主張自体失当ということになるのであろう。

■（参考）（忠実義務）

信託法第30条 受託者は、受益者のため忠実に信託事務の処理その他の行為をしなければならない。

---

1 忠実義務

　忠実義務とは、受託者は専ら受益者の利益のために行動しなければならない義務をいう。忠実義務違反の典型的な行為は、利益相反行為（信託31条1項）及び競合行為（信託32条1項）である。したがって、受益者が、受託者に損害賠償を請求するためには、受託者の義務（善管注意義務や忠実義務）を特定するとともに、その義務違反の事実を具体的に主張・立証しなければならない。

|訴訟物| XのYに対する債務不履行に基づく損害賠償請求権
＊本件は、投資顧問業者Yとの間で受託資産の運用についての年金投資一任契約を締結したX（厚生年金基金）が、Yは、本件投資一任契約上ガイドラインをもって定められた資産構成割合（ガイドライン上でXから提示された資産構成割合を「本件アセット・ミックス」、資産構成割合一般を「アセット・ミックス」という）を遵守せず、Xに損害を与えたと主張して、債務不履行に基づき損害の支払を求めた事案である。

|請求原因| 1　Xは、厚生年金保険法に基づいて設立された基金であり、Yは、有価証券等に係る投資顧問業務及び投資一任契約に係る業務を目的とする会社であること
　　　　2　Xは、C信託銀行との間で、本件年金特定金銭信託契約を締結し、C信託銀行は、Xから、本件信託契約に基づき、本件受託資産を受託したこと
　　　　3　XとYは、Xを委任者、Yを受任者として、本件受託資産の運用について、以下のとおり、本件投資一任契約を締結し、年金投資一任契約細則（本件細則）を定めたこと

(1) 目的
　Xは、本件受託資産の運用に関し、有価証券の価値等の分析に基づく投資判断の全部をYに一任し、Yはこれを引き受ける（本件投資一任契約2条）。
(2) 投資一任の権限委任
　Xは、(1)所定の投資判断に基づき、投資を行なうのに必要な権限をYに委任する。
(3) 受託資産の額、運用に関する特別な指定事項等
　ア　この契約に定める受託資産の額、運用に関する特別な指定事項等については、XY協議のうえ本件細則に定める。
　イ　資産の運用の割合については、Xの指示があった場合それに従う。
(4) Yは、この契約に係る業務の遂行について、Xのために忠実にこれを行なう。
4　XはYに対し、本件投資一任契約締結に先立って、資産配分ガイドライン（本件ガイドライン）により、本件受託資産の本件アセット・ミックスについて別紙1（省略）のとおり提示し、また、提示から2か月は移行期間（この期間内にファンドを構築すべき期間。「ファンド構築期間」）として設定されており、同期間内の本件受託資産の運用については、Yの裁量とされていたこと
5　ファンド構築期間経過時の本件受託資産のアセット・ミックスの割合は、国内債券が15.8パーセント、国内株式が8.5パーセント、外国債券が4.3パーセント、外国株式が0パーセント、短期資産が71.3パーセントからなり、本件アセット・ミックスとは乖離した状態（本件受託資産の大部分がいまだ短期資産に割り振られたまま）であったこと
　＊請求原因5は、実際のアセット・ミックスと本件ガイドラインとの乖離を示す。
6　その後、XY間で本件ガイドラインが変更された（「変更ガイドライン」）が、変更ガイドラインにおいては国内外債券の構成割合が引き下げられる一方で、主に国内株式の構成割合が引き上げられ、請求原因7の本件投資一任契約の解除時点における元金を含めた最終的な運用実績は10億9,707万9,000円（「Y実績値」）であったこと

7　XはYに対し、本件投資一任契約を解除するとの意思表示をしたこと
8　Yが、ファンド構築期間経過時に本件ガイドラインに基づいてファンドを構築したうえ、請求原因6の変更ガイドライン提示時に変更ガイドラインに基づいてファンドを構築したと仮定した場合の推計値(「X推計値」)は11億2,400万5,000円であって、これと被告実績値である10億9,707万9,000円との差額は、2,692万6,000円であること

＊請求原因7は、Xの被った損害及びその数額の主張である。大阪地判平成18年7月12日判タ1233.258〔28112269〕は、「投資一任契約における投資顧問業者の投資判断は、すぐれて専門的なものであり、流動的な市場に合わせて迅速柔軟な判断が要求されるものであるから、Yのような投資顧問業者に一定の合理的裁量が認められるのは明らかである。

　しかしながら、厚生年金基金受託者責任ハンドブック……や関係法令……によれば、資産配分規制が撤廃されて運用の専門化・分散化が進む中、厚生年金基金はリスクとリターンを考慮して政策アセット・ミックスを策定した上で各受託機関に対しても個別に具体的なアセット・ミックス等を提示しなければならないとされているし、本件投資一任契約上も資産運用の割合についてXの指示があった場合にそれに従うものとされているのであるから(本件細則2(2))、投資顧問業者であるYの合理的裁量も無制限とはいえず、Yは本件投資一任契約上、Xから提示された本件アセット・ミックスを遵守する義務を負っているものと解される。そしてYの合理的裁量の範囲については、通常の場合はアセット・ミックスの上限ないし下限値として設定されていることが多いと考えられるから、Yが本件アセット・ミックスの上限ないし下限値から特段の理由もなく乖離した値で本件受託資産の運用をすることは本件アセット・ミックス遵守義務に違反するものとして債務不履行となるものと解される。

　そして、本件においては、ファンド構築期間の最終日である平成15年5月31日経過時において実際に行われていたアセット・ミックスが、……本件アセット・ミックスから乖離している状態になっていたのであるから、Yは、本件アセ

ット・ミックス遵守義務違反による債務不履行責任を免れない」としながらも、仮にこの義務違反がないとした場合にも、その後に実績値を上回る結果をもたらす内容の推定アセット・ミックスが提示されたと想定することは著しく困難であるため、前記義務違反による基金の損害は認められないとし、Xの請求を棄却した。

＊神戸地判平成 15 年 3 月 12 日判タ 1218.244〔28081266〕は、受託者が、委託者からアセット・ミックスについて指示されていたのに、これとは異なる比率で投資を行なった受託者には債務不履行があるとしたが、控訴審判決（大阪高判平成 17 年 3 月 30 日判時 1901.48〔28100837〕）は、主として事実認定（委託者の強い希望により、高い利回りを狙って構成比率を一部変更していたなどと認定）の違いにより、これを変更している。

訴訟物　　XのYに対する不法行為に基づく損害賠償請求権

＊本件は、Xが、Y1（投信）を委託者とする追加型、毎月分配型の投資信託の受益証券をY2（銀行）の勧誘に応じて購入したところ、Yらにおいて、説明義務違反があったとして、Yらに対し、不当利得返還又は金融商品取引法（Y2銀行に対しては同法 17 条、Y1（投信）に対しては同法 18 条）所定の損害賠償又は債務不履行若しくは不法行為に基づく損害賠償として、投資信託の購入価格から分配金及び解約時の清算金を控除した額の金員の支払等を求めた事案である。

＊後掲平成 27 年東京高判の原審は、Y1Y2 は、X に対し、説明義務違反に基づく共同不法行為責任を負い、X は Y1Y2 の説明義務違反がなければ投資信託を購入しなかったと認められるとして、投資信託の購入価格から X が実際に支払を受けた分配金及び解約時の清算金を控除した額に相当する損害を認定し、5 割の過失相殺をした。

請求原因　1　Y2 は、平成 15 年 10 月 30 日、「本件ファンド」を設定した。本件ファンドは、Y2 を委託会社、A 信託銀行を受託会社とする追加型、毎月分配型の投資信託であり、その受益証券（「本件投資信託」）の募集、販売を Y1 銀行に委託していた。

＊本件投資信託の受益者に原則として毎月支払われる収益分配

金には、普通分配金と特別分配金があり、特別分配金は元本の一部払戻しに相当する部分である。
2　Xは、平成22年4月16日を約定日として本件投資信託2,000万円分を購入したこと
3　Xが本件投資信託を購入した平成22年から平成23年において、Y2は目論見書及び販売用資料を作成していたこと
4　Y1Y2は、Xに対し、本件投資信託の勧誘に当たり、本件投資信託の分配金には普通分配金と特別分配金があり、特別分配金は収益や売却益を原資とせず、元本の一部払戻しに相当するものであること、分配金の水準はファンドの収益の実績を示すものでないことを説明する義務があったが、これを怠ったこと

＊東京高判平成27年1月26日判時2251.47〔28230537〕は、「一般に、契約の一方当事者が、当該契約の締結に先立ち、信義則上の説明義務に違反して、当該契約を締結するか否かに関する判断に影響を及ぼすべき情報を相手方に提供しなかった場合には、上記一方当事者は、相手方が当該契約を締結したことにより被った損害につき、不法行為による賠償責任を負う……。どのような場合に信義則上の説明義務が発生し、また、どのような内容の説明が求められるかについては、契約の内容や当事者の属性に照らし、個別具体的に定められるべきものと解する」「金融商品取引業者又はその販売委託を受けた金融機関の担当者が一般投資家である顧客に投資取引を勧誘する場合には、顧客が自己責任による投資判断を行う前提として、対象となる商品の仕組み、特性、リスクの内容と程度等について、当該顧客の属性、すなわち、投資経験、金融商品取引の知識、投資意向、財産状態等の諸要素を踏まえて、当該顧客が具体的に理解することができる程度の説明をすべき信義則上の義務があり、同義務の違反は不法行為を構成する」と判示したうえで、投資信託の購入との関係で検討し、「投資信託のうち委託者指図型投資信託は、信託財産を委託者の指図に基づいて主として有価証券、不動産等の資産に対する投資として運用することを目的とする信託であり、投資信託及び投資法人に関する法律に基づき設定され、かつ、その受益権を分割して複数の者に取得させること

を目的とするものをいい（金融商品取引法2条2項）、本件投資信託もこれに当たる。そして、金融商品取引業者又はその販売委託を受けた金融機関の担当者が一般投資家である顧客に委託者指図型投資信託の購入を勧めるに当たっては、投資の対象となる資産……、投資価値の下落等の想定されるリスクの内容及び程度等について説明すべきである。

　以上に加えて、分配金の由来として運用収益以外のものが含まれていることや、そのため分配金が分配されていることが必ずしも良好な運用実績を意味しないことといった各事実は、投資信託である以上当然の事柄ともいえる反面、顧客のこれまでの投資経験や新たに取引を開始するに当たっての投資意向等の顧客の個別事情いかんによっては、当該投資信託を購入するか否かに関する判断に影響を及ぼすべき情報である……。すなわち、本件投資信託のような毎月分配型投資信託においては、分配金の分配が毎月行われる旨の運用方針が謳われることから、特にこれまで投資信託を購入した経験がなく、預貯金から資金を移すような顧客においては、勧誘時の具体的なやり取りを通じ、あたかも分配金の分配実績が運用実績を意味するかのような誤解を生じかねない面もある。分配金のこのような位置づけに鑑みれば、分配金の由来として運用収益以外のものが含まれていること、及び、分配金が分配されていることが必ずしも良好な運用実績を意味しないことの各事実もまた、当該顧客の属性、すなわち、投資経験、金融商品取引の知識、投資意向、財産状態等の諸要素を踏まえて、当該顧客が具体的に理解することができる程度に説明をすべき……である」とし、顧客の属性を踏まえて、顧客が具体的に理解できる説明をしたと評価できるか否かを総合した結果Y1には説明義務違反はないとした。

＊前掲平成27年東京高判は、Y2の信義則上の説明義務の違反の有無につき、「投資信託の販売において、顧客への説明に関する業務は、委託会社が受益証券発行の際に目論見書の作成を行い、販売会社が受益証券の募集の際に目論見書の交付を行うという形で分担されるから、本件において説明義務を負う主体は、第一義的には、Xらに対して本件投資信託の販売を勧誘し、直接の売買契約関係に立つY2であると解

される。したがって、この点からして、Y1には、特段の事情のない限り、信義則上の説明義務を認めることはできない。さらに、本件においては、……Y2において信義則上の説明義務違反が認められないのであるから、特段の事情があるともいえず、Y1の信義則上の説明義務違反は認められない」と判示している。

5 Y1Y2が請求原因4の説明を怠ることがなければ、Xらは、本件投資信託を購入することはなかったこと
＊請求原因4と6の因果関係の主張である。
6 投資信託の購入価格から分配金及び解約時の清算金を控除した額は、○万円であること

（過失相殺）
抗弁 1 X側の過失評価根拠事実
2 請求原因4の加害行為と抗弁1の過失によって請求原因6の損害が発生したこと
3 抗弁1の過失を斟酌することが損害の公平な分配になることを基礎付ける事実
4 過失割合を基礎付ける事実

2 公平義務

公平義務については、信託業法では規定されていないが、公平義務が信託法において善管注意義務に属する義務とされたことを踏まえ、明文化されなかったものであると考えられる。なお、信託財産に係る行為準則における禁止行為の中の1つとして類似の規定がある（信託業規則41条2項1号）。

訴訟物　XのYに対する公平義務違反の不法行為に基づく損害賠償請求権
＊Xは、Y信託銀行から、不動産共有持分の購入資金を借り入れ、不動産会社を代理したYから、共有持分化された事業用建物の持分権を購入し、それについて、Yと信託契約（S商品）を締結した。本件は、XがYに対し、受益権の中途売却における平等義務違反の不法行為に基づく損害（不動産共有持分権の購入価格と信託契約終了時の売却価格の差額等の損害）賠償の支払を求めた事案である。

請求原因 1 Y信託銀行は、事業用建物などの不動産を共有持分権化し、

不動産会社を代理して販売し、同不動産の共有持分権について信託を受け、これをYにおいて、一体的に管理及び処分するという仕組みの不動産小口化商品S（具体的には下記(1)(2)のとおり）を販売していたこと

(1) 不動産会社が所有する都心の事業用建物などの不動産を共有持分権化し、Yが、買受人に対し、不動産会社を代理して、持分権1口当たり原則1億円で販売する。その際、買受人は、Yから購入代金の全部又は一部の融資を受けることができる。

(2) 買受人は、買受人を委託者兼受益者、Yを受託者として、当該共有持分権について、それぞれ信託契約を締結する。信託契約の内容は、同一の事業用建物であればいずれの買受人についても同一であり、主要な内容は以下のとおりである。

　ア「信託の目的」　不動産にかかわる共有持分権の一体的管理及び管理終了に伴う一体的処分

　イ「信託の期間」　約11年であり、同一の事業用建物の共有持分権に係る信託契約については、信託の期間の末日は同一日に設定されている。

　ウ「収益の交付」　受託者は、計算の結果生じた収益を各計算期間の翌営業期日以降に委託者兼受益者に対し金銭をもって支払う。

　エ「受益権の譲渡禁止」　委託者兼受益者は、やむを得ない場合を除き受益権を譲渡又は買入れすることはできず、譲渡する場合にはYの承諾を必要とする。

　オ「信託不動産の管理・処分」　受託者は、信託目的に従って、もともとの所有者である不動産会社に対して、受託者が相当と認める条件で信託不動産を一体として賃貸する。賃借人は、これを第三者に転貸できるものとする。

　カ「解除」　本契約は、信託目的の達成又は信託事務の遂行が不可能又は著しく困難と認めた場合に受託者が解除できる場合を除き、解除することができない。

　キ「信託の終了」　受託者は、信託期間満了時に受託者が定める価格及び方法により信託不動産を一体として売却し、信託終了時に残存する信託の元本を、金銭をもって委託者兼受益者に交付する。ただし、委託者兼受益者のために不

利益であると受託者が認めたときは、信託財産を現状のまま委託者兼受益者に引き渡すことができる。
　＊個人では高額すぎて一棟単位では投資対象とすることのできない都心の事業用建物について、個人でも投資することができる。
2　Xは、Sに係る本件信託契約を締結し、購入代金〇〇万円を支払ったが、その際、Yから、Sの購入代金の全部を借り受けたこと
3　Xの信託契約の期間満了日における損害及びその数額
　＊Yは、本件各信託契約に係る信託期間の満了日に、本件各信託契約に係る事業用建物を一体として売却し、売却代金を持分で按分して各委託者兼受益者に対して信託元本として交付したが、持分権の購入価格が約1億円であったのに対し、交付額は最も多いものでも持分権当たり1,402万5,000円にとどまった。
4　Xを含め合計20名の顧客がYとの間で本件各信託契約を締結していたところ、そのうち9名が、Aらに対し、信託期間中に、同持分権を売却して、Yとの間の本件各信託契約を解約し、新たに、PらがYとの間で、同持分権について、本件各信託契約を締結したこと
　＊東京地判平成14年7月26日判タ1212.145〔28073034〕(原告は多数いるが、設例との関係でその内の1名のみを「X」として挙げることとする)は、平等義務違反の成否について、「複数の委託者兼受益者を前提とする本件信託契約において、委託者兼受益者の受益権の処分を制限し、Yにおいて信託不動産を一体的に管理及び処分することにしたのは、複数の委託者兼受益者全体の利益を保護するという観点から合理性が認められるが、一方、各委託者兼受益者との間の本件各信託契約は同一の内容であり、本件各信託契約において、委託者兼受益者の受益権の処分を制限した受託者としては、委託者兼受益者相互を平等に取り扱う義務を負うと解するのが相当であり、Yは、別個の委託者兼受益者との間に信託契約を締結したことを理由に、委託者兼受益者を平等に取り扱う義務はないとのYの主張は採用できない」「Yにおいて、委託者兼受益者に対し、従前の取扱いを変更して信託

契約を解除して受益権を譲渡することが可能となったことを伝えて、受益権譲渡の機会を与えるとともに、委託者兼受益者にやむを得ない事情がなくても受益権の譲渡を承諾した平成8年以降は、委託者兼受益者において、本件共有持分権の中途売却を求めてきた場合には、経済情勢等から可能な限り、受益権の譲渡先を紹介し、条件がまとまれば、受益権の譲渡を承諾して、委託者兼受益者を平等に取り扱う義務を負っていたと解するのが相当である」「Yにおいて、X以外の委託者兼受益者については、平成9年10月以降もGに対する受益権譲渡を認めている事例が多数存在するのに、平成9年10月に、Xから本件共有持分権の中途売却の申出を受けながら、……買主を紹介しなかったのは、Yにおいて、……何ら合理的理由を明らかにしていない以上、平等義務に違反する行為であるといわなければならない」と判示する。

訴訟物 　XのYに対する土地信託受託者の管理に関する不法行為に基づく損害賠償請求権
＊土地信託事業に飲食店テナントとして出店した賃借人Xが、委託者A市から土地信託を受託し、事業を運営する受託銀行Yに対して、施設の運営に係る不法行為に基づく損害賠償の支払を求めた事案である。
＊大阪地判平成20年3月18日判時2015.73〔28140923〕は、施設の運営責任について、「このように、本件のような複合遊戯施設においては、賃借人にとって、遊戯施設全体の集客力及び収益性が自らの営業活動に直結するにもかかわらず、こうした情報は賃貸人側に集中している点や、遊戯施設全体の収益性は賃貸人の事業内容や営業努力等により容易かつ大きく左右される点に特殊性がある。……また、本件施設の敷地である本件土地がA市〔本件訴訟においては被告とされているが、設例では被告からはずしているため「A市」と表記した〕が信託した市有地であって、本件施設の事業目的がA市の交通事業の経営の安定に資することなどにあること……からすれば、条理上、受託銀行らには、本件施設を経済的合理性に基づいて適正に運用することが期待される。……したがって、事業内容に関する情報を把握している賃貸

人が、事業計画が杜撰であり、事業成績が不振であるにもかかわらず、これらを秘して漫然と運営を継続したことにより、賃貸人の営業の影響を受ける賃借人が、賃貸人の営業状況を随時的確に把握することができない結果、退店の判断を含む経営判断を誤り、損害を受けたような場合には、賃貸人は賃借人に対し不法行為に基づく損害賠償責任を免れない」として、受託銀行の義務違反を認めた。

請求原因

1　A市は、平成3年3月、受託銀行Yとの間で、信託期間を同日から平成33年3月までとし、本件土地の運用を目的とする本件土地信託契約を締結したこと

2　受託銀行Yは、本件土地上に本件施設を建築し、平成9年7月、本件施設の運営管理会社として、本件施設のテナントの募集及び運営管理に携わってきたこと

3　Xは、本件施設の開業日に合わせ平成9年7月、Yとの間で、本件5階店舗を賃借する賃貸借契約を締結したこと

4　本件施設は、平成9年7月、開業したところ、初年度は活況を呈したが、2年目には来場者が激減し、その後来場者数が回復せず、平成11年度は、32億円の赤字を計上し、平成14年度での累積赤字は約110億円に達したこと

5　Yは、平成16年9月、A市との間で、本件土地信託契約を合意解除したこと

　＊A市は、本件土地信託契約の合意解除後、本件施設の運営を引き継いだため、本件施設のテナントに対する賃貸人たる地位も承継した。

6　A市は、平成16年9月、Yとの間の本件土地信託契約を合意解除したことに伴い、同日付けで、本件5階店舗賃貸借契約の賃貸人の地位を承継したこと

7　受託銀行Yに、条理上、本件施設を経済的合理性に基づいて適正に運用することが期待されることを基礎付ける事実

　＊本件のような複合遊戯施設においては、賃借人にとって遊戯施設全体の収益性が自らの営業活動に直結するが、こうした情報は賃貸人側に集中していること、遊戯施設全体の収益性は賃貸人の事業内容や営業努力等により容易にかつ大きく左右されることに特殊性があるうえ、本件施設の敷地である本件土地がA市が信託した市有地であって、本件施設の事業

　　　　　　　目的がＡ市の交通事業の経営の安定に資することなど
　　　　　　　である。
　　　　　８　事業内容に関する情報を把握している賃貸人（受託銀行）Ｙ
　　　　　　　は、事業計画が杜撰であり、事業成績が不振であるにもかかわ
　　　　　　　らず、これらを秘して漫然と運営を継続したこと
　　　　　９　Ｘの損害及び損害額
　　　　　10　請求原因8と9の因果関係
　　　　　　＊請求原因8のＹの任務懈怠により、賃貸人の営業の影響を
　　　　　　　受ける賃借人が、賃貸人の営業状況を随時的確に把握する
　　　　　　　ことができない結果、退店の判断を含む経営判断を誤り、損害
　　　　　　　を受けたような場合には、賃貸人は賃借人に対し不法行為に
　　　　　　　基づく損害賠償責任を免れないというべきである。
（過失相殺）
　抗　　弁　１　Ｘ側の過失の評価根拠事実
　　　　　　＊具体的事実として、前掲平成20年大阪地判は、①Ｘは、昭
　　　　　　　和47年にエキスポランドに出店して以来、6店舗以上も
　　　　　　　テーマパークに出店した経験があったこと、②過去に出店した
　　　　　　　テーマパークの運営会社が転換社債の返済ができず、上記テー
　　　　　　　マパークが売却されたため、退店を余儀なくされた経験が
　　　　　　　あったこと、③本件各賃貸借契約の締結前に、4階店舗及び
　　　　　　　5階店舗が本件施設の開業間近に至っても埋まっていなかっ
　　　　　　　たが、Ｘは本件施設の運営管理会社や賃貸人である受託銀
　　　　　　　行Ｙらに対し、本件施設の運営計画や入場者の予測、売上
　　　　　　　げの見込み等について、全く調査や問い合わせをせず、むし
　　　　　　　ろ、賃料の減額を期待してあえて本件施設の開業日の前日ま
　　　　　　　で待ってから本件各賃貸借契約を締結したこと、④開業前に
　　　　　　　本件施設を訪れた際、警備員の人数が多いことに奇異な感じ
　　　　　　　を受けたのに、その費用や必要性に関して全く調査しなかっ
　　　　　　　たこと、⑤Ｘは、本件各賃貸借契約の締結に際し、採算に
　　　　　　　関するシミュレーションなど行なうことなく、主に経験や勘
　　　　　　　に頼って本件各店舗への出店を決めたことを挙げている。

● (附属的商行為)

第503条　商人がその営業のためにする行為は、商行為とする。

2 商人の行為は、その営業のためにするものと推定する。

---

1 附属的商行為
　本条1項は、法文上商人がその営業のためにする行為を商行為とすることを定める。同項の商行為は、講学上、「附属的商行為」といわれる。それは、営業としてする行為（「営業的商行為」）と対立する概念であって、営業に関連してその維持便益のためにする行為（営業資金の借入れや従業員の雇入れのような営業を補助する行為）である。
　最判昭和33年6月19日民集12.10.1575〔27002654〕は、特定の営業を開始する目的でその準備行為をした者は、その行為により営業を開始する意思を実現したもので、これにより商人たる資格を取得すべく、その準備行為もまた商人が営業のためにする行為（附属的商行為）として商行為になるという。

2 商人の行為の附属的商行為の推定
(1) 意義
ア　自然人の商人
　自然人である商人の場合、個人としての生活領域がある。そのため、その行為は、商行為になるものとならないもの（非商行為）に分かれ、その境界は必ずしも明らかでない。例えば、個人商人が金銭を借り入れた場合は、それが営業資金として借り入れたのか、個人の生活費として借り入れたのかは外部からは明らかではない。そこで、本条2項は、商人の行為について、営業のためにするもの（附属的商行為）と推定している。
イ　会社
　会社に非商行為があるかという問題がある。そもそも、会社は商行為以外の行為をすることができず、その結果、会社の行為で商事債権以外の債権を発生させることはあり得ないとして、会社の行為につき本条2項により商行為性の推定を覆すこともあり得ないという見解（近藤・総則・商行為38頁）がある。会社の行為について、非商行為がなく、すべて商行為となるならば、商行為であることを推定する（したがって、推定を覆せば非商行為となることを認める）本条2項は、適用する余地がない。これに対して、会社の行為に非商行為があるとするならば、適用する余地があることになる。最判平成20年2月22日民集62.2.576〔28140568〕は、「会社の行為は商行為と

推定され、これを争う者において当該行為が当該会社の事業のためにするものでないこと、すなわち当該会社の事業と無関係であることの主張立証責任を負うと解するのが相当である。なぜなら、会社がその事業としてする行為及びその事業のためにする行為は、商行為とされているので（会社 5 条）、会社は、自己の名をもって商行為をすることを業とする者として、商法上の商人に該当し（4 条 1 項）、その行為は、その事業のためにするものと推定されるからである（503 条 2 項）。同項にいう『営業』は、会社については『事業』と同義と解される」と判示し、会社の行為に本条 2 項が適用されることを認めている。すなわち、会社についても、社会的実在として存在し活動している限り、事業以外の活動領域があるとする。具体的には、災害、社会的事業の寄附や、政治献金を挙げることができよう。

なお、前掲平成 20 年最判に先立つ下級審判決であるが、東京地判平成 9 年 12 月 1 日判タ 1008.239〔28031598〕参照。

(2) 暫定真実

本条 1 項と 2 項とを総合すると、本条は、要件事実の観点からは、その行為者が商人であること（事実主張のレベルとしては、その行為者が 4 条の法律要件を満足する具体的事実）さえ主張・立証することができれば、その行為者の行為が商行為であることを定めていると解し得る。この点を、以下補足して説明する。

本条 1 項によれば、附属的商行為の要件は、①商人が②その営業のためにする行為であることの 2 つであるようにみえる。しかし、本条 2 項は、「商人の行為は、その営業のためにするものと推定する」と規定しているから、上記の①の要件事実が主張・立証されれば、商人の行為が②の要件に該当するものであることは、当然ということになる。かえって、同条による商行為であることを否定する当事者において、②の要件事実の存在しないことを主張・立証しなければ、附属的商行為の効果を覆すことができない。すなわち、本条 1 項と 2 項を総合すると、附属的商行為の要件に関する法律の規定は「商人の行為はこれを商行為とする。ただし、その営業のためにする行為でないときは、この限りでない」と書き換えることができる。つまり、本条 2 項は、「推定」という文言が使用されているが、法律上の推定を意味するものではなく、いわゆる暫定真実である（兼子一「推定の本質及び効果について」『民事法研究第一巻』弘文堂書房（1940 年）312 頁、岩松三郎＝兼子一『法律実務講座民事訴訟論第 4 巻』有斐閣（1961 年）111 頁、司研・要件事実第一巻 29 頁）。暫定真実とは、法文上は、ある法律効果の発生要件であるようにみえるものについて、実は、その不存在がその効果の発生障害要件

となる立法技術であり、上述したように、但書に読み替えることが可能である（司研・要件事実第一巻 27 頁）。

訴訟物　　ＸのＹに対する売買契約に基づく売買代金請求権
　　　　　　＊Ｘ株式会社の代表取締役ＡはＹとの間で、会社のためにする意思で会社所有の土地を売買し、その代金の支払をＹに対して求めた事案である。

請求原因　1　ＡはＹに対し、本件土地を代金 1,000 万円で売買する契約を締結したこと
　　　　　　2　請求原因 1 の当時、ＡはＸ株式会社の代表取締役であったこと
　　　　　　3　Ａは、請求原因 1 の売買契約の当時、Ｘ会社のためにする意思を有していたこと（又は、Ｘ会社のためにすることを示したこと）
　　　　　　＊請求原因 2 の事実によって、Ａの行なった請求原因 1 の法律行為の商行為性が基礎付けられ（本条）、かつ、商行為の代理であるから、504 条により代理人（代表者）の顕名は不要であるが、その場合でも代理意思の主張・立証は必要である。もちろん、顕名行為を主張・立証することを選択することも許されよう。

■ **（参考）**（商行為）

会社法第 5 条　会社（外国会社を含む。次条第 1 項、第 8 条及び第 9 条において同じ。）がその事業としてする行為及びその事業のためにする行為は、商行為とする。

1　会社の商行為性
　本条は、会社及び外国会社がその事業としてする行為及びその事業のためにする行為は「商行為」とするのであるから、それら会社の行為について商法第 2 編が定める「商行為」性を要件とする規定の適用があることには問題がない。しかし、その場合は、「会社……がその事業としてする行為及びその事業のためにする行為」であることを主張・立証しなければなければなら

ないという問題が生じ得る。なお、後述（2(2)）する当然商人説（「会社は商人である」）を採る判例・通説の立場からは、会社は、本条の「その事業としてする行為」をすることを業とすることにより、商人となるので（商4条1項）、会社（商人）が事業（営業）のためにする行為は、当然に商行為のはずである（商503条1項）。したがって、本条の「事業のためにする行為」の部分は確認的規定ということになる（江頭憲治郎『会社法コンメンタール(1)』商事法務（2008年）132頁）。さらに、この要件については、「行為者」と「主張・立証責任」の2点を検討しておこう。

(1) 行為者

まず、「会社が……する行為」の意義であるが、会社という抽象的な法人そのものの行為ということは観念できないのであるから、具体的には、会社の代表権ないし代理権を有する者の「行為」である。そして、「事業としてする行為」とは、会社の目的たる事業に該当する行為である。「事業のためにする行為」とは、会社の目的たる事業のためになる補助的な行為と解される（商503条1項所定の商人が「その営業のためにする行為」に対応する）。

(2) 主張・立証責任

「その事業としてする行為及びその事業のためにする行為」に関するの主張・立証責任の所在については、見解が分かれる。

ア　商行為性主張者説

商行為性を主張する者が、「その事業としてする行為及びその事業のためにする行為」であることの主張・立証責任を負担するとする見解である。この見解は、本条の文言がそれらの事実が備わってはじめて商行為性が肯定できるものと解されること、また、本条所定の会社の「事業のためにする行為」は、商人に関する商503条1項所定の「その営業のためにする行為」（附属的商行為）に対応するものであるところ、会社については同条2項に対応すべき「会社の行為は、その営業のためにするものと推定する」との規定が置かれていないことから考えて、本条の適用を主張する者が、「その事業としてする行為及びその事業のためにする行為」であることを立証しなければならないとする見解である。例えば、会社の取引行為について、本条を介して、商行為を要件とする商法の規定を適用するためには、会社の代表権又は代理権を有する者の行為が「その事業としてする行為及びその事業のためにする行為」であることを主張・立証する必要があることになる。

イ　商行為性否定者説

上記アに対して、本条の適用を主張する者は、単にその主体が「会社」（具体的には、株式会社、合名会社、合資会社又は合同会社のいずれか）で

あることを主張・立証すれば足り、当該行為が「会社の事業と無関係であること」(すなわち「会社の事業として行なわれたものではないこと、かつ会社の事業のためにする行為ではないこと」)は、商行為性を否定する者が主張・立証すべき抗弁であるとする見解(最判平成20年2月22日民集62.2.576〔28140568〕)である(この見解は、以下2(2)に述べる会社の商人性における当然商人説と整合する)。

　本法が商人と会社とを特に異別に解する合理的根拠があるとは考えることができないし、会社の行為として「その事業としてする行為及びその事業のためにする行為」でない行為はむしろ極めて例外的なものと解されることから、本書は第2説の見解を採る。

2　会社の商人性
(1)　平成17年改正前商法における会社の商人性
　商法においては、商行為(商501条、502条)の概念を定めたうえで、商人概念を導き出す(商4条1項)一方、商人の概念からも商行為概念を導き出す(商503条)という法制が伝統的に採用されてきた。また、平成17年改正前商52条1項は、会社を商行為をすることを業とする目的で設立した社団である(商事会社)と定義していた。そのため、同条1項と、自己の名をもって商行為をすることを業とする者を商人と定義する商4条1項とを照らし合わせれば、商事会社は当然商人であるといえた。また、平成17年改正前商4条2項は民事会社(商52条2項)も商人であるとみなすこととしていた。したがって、平成17年改正前商法当時は、その法人が会社(株式会社、合名会社、合資会社又は有限会社のいずれか)であれば商人であるといえた。言い換えれば、会社の商人性を基礎付ける要件事実は、「その法人が株式会社、合名会社、合資会社又は有限会社であること」であった。
(2)　本法における会社の商人性
　会社法は、会社について営利性、社団性についての規定を設けず、直接に会社は商人であるという法的な性格付けをしていない。特に会社は商人であると定義することを通じて(平成17年改正前商4条、52条)商法典の商法総則の規定の適用を受けることをやめ、その代わりに、会社法第1編総則を会社のために設けている。しかし、会社は商法における「商人」であるかという問題がなお残る。なぜならば、商11条は、「商人(会社及び外国会社を除く。以下この編において同じ。)」と規定するから、商法第1編総則のうち第4章以下の「商人」に会社が含まれないことは明白である(そのため、本法は、商法総則の規定のうちで会社に適用されるものは、会社法の第1編総

則（1 条ないし 24 条）として、重ねて規定している）。したがって、商法の第 2 編商行為における「商人」に会社が含まれるかという問題（例えば、会社は商 512 条や 513 条 1 項の適用を受け得るか）が依然として残るのである。ところで、本条は、会社がその事業としてする行為及びその事業のためにする行為を商行為とする旨を定めるものの、会社を商人とみなしていた平成 17 年改正前商 52 条 2 項と平成 17 年改正前商 4 条 2 項後段は削除された。しかし、会社法の下でも平成 17 年改正前商法当時と同様に、会社は常に商人であるとする見解（具体的には、その法人が株式会社、合名会社、合資会社又は合同会社であることが商人性の要件事実となる）を採るべきである（当然商人説）。なぜならば、商 4 条 1 項は「商人」を自己の名をもって商行為をすることを業とする者であると定義しており、本条は会社が「その事業としてする行為」（及びその事業のためにする行為）を商行為とするのであるから、会社はその性質上当然に商人であると解することができるからである（江頭憲治郎『株式会社法〈第 7 版〉』有斐閣（2017 年）35 頁、神田秀樹『会社法〈第 20 版〉』弘文堂（2018 年）13 頁、稲葉威雄『会社法の基本を問う』中央経済社（2006 年）22 頁）。これが通説といえる（商 11 条は、「商人（会社及び外国会社を除く。以下この編において同じ。）」と規定するが、それに先立つ商 4 条 1 項の「商人」には、会社及び外国会社を除くという文言は置かれていないから、商 4 条 1 項の「商人」に会社（及び外国会社）が含まれるという解釈を妨げるものではない）。最判平成 20 年 2 月 22 日民集 62.2.576〔28140568〕は、「会社の行為は商行為と推定され、これを争う者において当該行為が当該会社の事業のためにするものでないこと、すなわち当該会社の事業と無関係であることの主張立証責任を負うと解する」と判示するにつき、その理由として、「会社は自己の名をもって商行為をすることを業とする者として、商法上の商人に該当し（商 4 条 1 項）、その行為は、その事業のためにするものと推定されるからである」ことを挙げている（同判決の論理について、近藤・総則・商行為 38 頁は、「会社は自己の名をもって商行為を業とする者であり、商法上の商人に該当し（4 条 1 項）、その行為は事業のためにするものと推定される（503 条 2 項）とする。ここで会社法 5 条から商法 4 条を導き、さらに 503 条を適用することには疑問も生じる」としている）。

3 　商法適用の技術概念としての「商人」、「商行為」概念

　本法制定によって、商法典からは、会社の設立・組織・運営・管理に関する規定は除かれた。一般私法たる民法の適用領域の中から、商法典の適用範

囲を画するために、商法典は、「商行為」と「商人」の2つの概念を定めている。ただ、「商行為」と「商人」の要件の充足方法にいくつかの組合せを設けており、その組合せいかんによって、具体的な商法典の個々の規定の適用が決定されることになる。なお、「商行為」「商人」概念は、それ自体事実ではなく、法律的（観念的）概念であって、例えば「Xは商人である」という主張は、一種の権利（法律状態）主張であって、これが争われる場合は法律要件に該当する具体的事実（要件事実）を主張・立証しなければならない。

● (商行為の代理)

第504条 商行為の代理人が本人のためにすることを示さないでこれをした場合であっても、その行為は、本人に対してその効力を生ずる。ただし、相手方が、代理人が本人のためにすることを知らなかったときは、代理人に対して履行の請求をすることを妨げない。

1　非顕名主義

民99条によれば、代理の成立する要件事実は、①法律行為、②顕名、③代理権の3つである（司研・要件事実第一巻68頁）。つまり、本人のためにすることを示すことを要求する顕名主義を採る。これに対し、本条本文は、商行為の代理について非顕名主義を採用したものである。民法の顕名に基づく要件事実と対比すると、商行為の代理においては、本人のためにすることを示すことが不要とされる代わりに、代理人の行為が本人にとって商行為であることが必要とされている点が異なる。ただし、顕名行為は不要としても、代理人の代理意思は要件事実として残るとする立場を、本書は採る（この点、本書第3版（93頁）の立場を改めることとする。司研・要件事実第一巻69頁は、代理意思の存在を請求原因とする見解とその不存在を抗弁とする見解を両論併記としていた）。このように商事代理の成立要件として顕名行為は不要であるが代理意思を必要と解した場合、逆に、代理意思を主張・立証することに代えて顕名行為を主張・立証することが許されるであろうか。顕名行為は代理意思を表示する行為（法律行為の一種）である。商事・代理の場合に代理意思を前提とする顕名行為（表示行為）を主張するこ

とは、過剰主張（a＋b）となるとの見解もあろう（a＋bの一般的解説については、司研・要件事実第一巻284-285頁参照）。しかし、民法の顕名行為の主張は「代理人が本人のためにすることを示したこと」にとどまるので、それに加えて「代理人が本人のためにする意思を有していたこと」の主張は不要とされている。その学理上の説明としては、おそらく顕名行為に代理意思が存在することをみなすと解するのが妥当であろう。したがって、要件事実論の観点からも、商事代理の場合に、代理意思に代えて顕名行為を主張・立証することはa＋bにならないと解することも許されよう。

2　商事代理の相手方の保護

　商行為の代理の場合でも、本人から代理人への代理権の授与及び代理人の法律行為が必要であることは民法上の代理の場合と異ならない。本条ただし書は、本人と相手方との間には本条本文の規定によって代理関係が生じているが、相手方において、代理人が本人のためにすることを知らなかったとき（過失によって知らなかったときを除く）は、相手方保護のため、相手方と代理人の間にも本人と相手方と同一の法律関係が生ずるものとし、相手方は、その選択に従って、本人との法律関係を否定し、代理人との法律関係を主張することができることを定める（最判昭和43年4月24日民集22.4.1043〔27000958〕）。

訴訟物　　XのYに対する売買契約に基づく代金支払請求権
　　　　　　＊XはYの代理人Aとの間で、本件目的物を代金1,000万円で売買する契約（Yにとっての商行為）を締結し、Yに対してその代金の支払を求めたところ、YはAの代理行為は代理権の濫用であると争った事案である。

請求原因　1　XはYの代理人Aとの間で、本件目的物を代金1,000万円で売買する契約を締結したこと
　　　　　　2　請求原因1の契約がYにとって商行為であること
　　　　　　＊本条が適用されるのは、商行為の代理人についてであるが、これは、請求原因2が示すとおり、本人のために商行為となる行為についての代理行為の趣旨である（最判昭和51年2月26日金法784.33〔27411684〕）。
　　　　　　3　Yが請求原因1に先立ってAに代理権を与えたこと
　　　　　　4　請求原因1の際、AがYのためにする意思を有していたこと

288

＊顕名行為は不要としても、Ａの代理意思は要件事実として残るとする立場に立った事実整理である。

（代理権濫用）
抗　弁　1　Ａが請求原因1の契約を自己又はＹ以外の第三者の（利益の）ためにする意思でなしたこと
2　Ｘが抗弁1のＡの意思を知り又は知り得べきであったこと
＊この抗弁は、民93条を類推適用するものである。請求原因4（法律上の効果を誰に帰属させるかについての代理意思）と抗弁1（利益を誰に帰属させるかについての意思）は異なる局面の問題であるから、両者は要件事実の観点からみても、矛盾するものではない。

訴訟物　ＸのＹに対する所有権に基づく妨害排除請求権としての抵当権設定登記抹消登記請求権
＊本件は、Ｘ会社が同社所有の土地上に存在するＹ名義の抵当権設定登記の抹消を求めたところ、Ｙは、Ｂに対する貸金債権を担保するためにＸ会社の代表取締役ＡがＹとの間で本件土地について抵当権設定契約を締結し、それに基づいて登記をしたと主張した事案である。

請求原因　1　Ｘ会社は本件土地を所有していること
2　Ｙは本件土地に抵当権設定登記を有すること
（登記保持権原）
抗　弁　1　ＡはＸ会社の代表取締役であること
＊抗弁1の事実によって、Ａの行なった抗弁2及び3の法律行為の商行為性が基礎付けられ（503条）、かつ、商行為の代理であるから代理人ないし代表者の顕名の要件は不要となる（伊藤滋夫＝平手勇治「要件事実論による若干の具体的考察」ジュリスト869号（1986年）38頁）。
2　ＹはＢに対し、1,000万円を弁済期平成○年○月○日の約定で貸し渡したこと
3　ＹはＡとの間で、抗弁2の債権を被担保債権とする抵当権設定契約を締結したこと
4　Ａは、抗弁3の際、Ｘ会社のためにする意思を有していたこと（又は、Ｘ会社のためにすることを示したこと）
＊本条は代表取締役が会社のためにすることを示さないで行為

を行なう場合にも適用される（東京地判昭和56年9月25日判タ463.140〔27412057〕は、「Aは右貸付けをなすに際し、Y会社を貸主として貸付けをする意思を有していたことが明らかであり、また、……Bは右貸借の際AがY会社の代表取締役であることは知つていたと推認でき、従つて仮にBが右貸主はAであると信じていたとしても、……少くともBはYが貸主であることを知り得べきてあつたというべきであるから、商法504条、民法100条但書の趣旨からして、右消費貸借契約はXとYの間にその効果が帰属するものといわなければなら［ない］」と判示する。

* 請求原因4は代理意思を示す要件事実である。商事代理が本件のように成立する場合であっても、これに代えて、「Aは、抗弁3の際、X会社のためにすることを示したこと」（顕名行為）の存在を主張・立証して代理の効果を主張することも、請求原因4との関係でa＋bにはならないと解すべきであろう。民事代理として認められることはいうまでもない。

5 請求原因2の登記は、抗弁3の契約に基づいてされたこと

訴訟物 XのYに対する売買契約に基づく代金支払請求権

* 本件は、XがAを介してYとの間で、本件土地を代金1,000万円で売買する契約（Xにとって商行為）を締結し、その代金の支払を求めたところ、Yはその契約の際、AがXのためにすることを示さなかったため、AがXの代理人と知らなかったと主張し、YはXとの法律関係を選択しないと抗弁した事案である。
* 本件の事実整理については、司研・要件事実第一巻69頁の（二）を参照されたい。

請求原因
1 AはYとの間で、本件土地を代金1,000万円で売買する契約を締結したこと
2 請求原因1の契約がXにとって商行為であること
3 Xが請求原因1に先立ってAに代理権を与えたこと
4 請求原因1の際、AがXのためにする意思を有していたこと

(法律関係選択)

抗　弁　1　Yは請求原因1当時、請求原因4の事実を知らなかったこと
　　＊上記の事実のみの主張では、抗弁として主張自体失当である（司研・要件事実第一巻69頁）。
　　2　YはXに対し、Xとの法律関係を選択しない旨（Aとの法律関係を選択する旨）の意思表示をしたこと
　　＊抗弁2は、前掲平成43年最判に基づくものである。
　　＊Xが「Yは抗弁1について過失が存在したこと（具体的には、過失を基礎付ける事実）」を主張することは、前記の抗弁に対する再抗弁になるのではなく、抗弁1の事実と併せて、民100条の請求原因となるのである（司研・要件事実第一巻70頁）。

訴訟物　XのYに対する売買契約に基づく代金支払請求権
　　＊本件は、XはYとの間で、本件土地を代金1,000万円で売買する契約を締結し、その代金の支払をYに対して求めたところ、Yは、その契約はAにとっての商行為であり、Aのためにしたものであると主張して、その契約の権利義務はAに帰属すると主張したが、これに対し、XはYがAのためにしていると知らなかったと反論した事案である。
　　＊この事案の事実整理については、司研・要件事実第一巻70頁の(三)を参照されたい。

請求原因　1　XはYとの間で、本件土地を代金1,000万円で売買する契約を締結したこと
　　＊西原・商行為法419頁は、前掲昭和43年最判に関し、同判決が「相手方が代理人に対し履行の請求をするには、本人のためにすることを知らなかったことを主張・立証する責任がある」としていると指摘しているが、請求原因の段階で要求されるものではなく、以下の抗弁が提出された場合に、はじめて再抗弁として主張・立証すべき事項と位置付けられるものである。

(商事代理)

抗　弁　1　請求原因1の契約がAにとっての商行為であること
　　2　Aが請求原因1に先立ってYに代理権を与えたこと

3 請求原因1の際、YがAのためにする意思を有していたこと
* 抗弁3の事実（代理意思の存在）は抗弁（商事代理）として不要である見解に立てば、Yの代理意思の不存在が再抗弁に回ることになる。ただし、この見解を本書は採らない。

（善意）
再抗弁 1 Xは請求原因1当時、抗弁3の事実を知らなかったこと
* 上記の事実が再抗弁となるのは、この場合は本条ただし書に基づいて、Aに対しても履行の請求をすることが可能だからである。
* Yが「Xは再抗弁1につき過失があることを基礎付ける事実」を主張することは、再々抗弁とならず（前掲昭和43年最判によれば、そのようになりそうに読めるが）、抗弁2、3の事実と併せて民100条但書の抗弁（YがAのために顕名したのと同様に扱われる）となるのである（武藤春光=奥山恒朗「新判例評釈」判例タイムズ232号（1969年）85頁）。

● (商行為の委任)

第505条 商行為の受任者は、委任の本旨に反しない範囲内において、委任を受けていない行為をすることができる。

本条は、商行為の受任者が、委任の本旨に反しない範囲で、委任を受けていない行為をすることができることを定める。しかし、本条の趣旨は、民644条の解釈から当然導き出されるものであって、民644条を具体化したものにすぎないと解されている（民法の商化の一例）。

訴訟物 XのYに対する委任契約上の受取物引渡債務の履行不能に基づく損害賠償請求権
* 鈴木・商行為法17頁は、本条の具体例として「物品買入の委託を受けた者は、その買い入れた物品の価額が暴落するおそれがある場合にも、それを売却することは委託を受けた行

為でないから本来からいえばできないが、委託者が買い入れた物品を転売して利益を得ることを目的としている以上、このような場合に委託者の損失を少なくするために転売することは、委託の本旨に反しないから行うことができる」ことを挙げる。本件は、この事案に基づくものである。

＊民646条1項は、受任者が事務処理上受領した金銭その他の物及び果実を委任者に引き渡すべきことを定める。本件において、XがYに対して本件商品の転売代金950万円の支払を求めることはもとより可能である。

請求原因 1 XはYに対し、第三者から本件商品を買い入れることを委託し、Yはこれを承諾したこと
　　＊請求原因1の法律行為には、商行為性は要求されない。
　2 AはYとの間で、本件商品を代金1,000万円で売買する契約を締結したこと
　3 AはYに対し、本件商品を引き渡したこと
　4 YはBとの間で、本件商品を代金950万円で売買する契約を締結したこと
　5 YはBに対し、本件商品を引き渡したこと
　6 損害が発生したこと及びその数額

（商行為受任者）

抗　弁 1 Xは本件商品を短期に転売して利益を得る目的であったこと
　2 請求原因2の売買契約の後、本件商品の価額が下落し、そのまま暴落するおそれが存在したこと
　3 Yの請求原因4、5の行為は、抗弁2に基づくこと

● (商行為の委任による代理権の消滅事由の特例) ══════════

第506条　商行為の委任による代理権は、本人の死亡によっては、消滅しない。

──────────────────────────────

1　立法趣旨
　民法の規律によれば、代理権はそれを授与した本人が死亡することによっ

て、消滅する（民111条1項1号）。本条は、この規律に対し、取引の敏活が阻害されることを避けるため例外を設け、商行為の委任による代理権について、本人が死亡したことによっては消滅しないことを定める。本条は、委任行為自体が委任者からみて商行為である場合に限って適用される（大判昭和13年8月1日民集17.1597〔27500414〕）。

2　主張・立証責任

要件事実論の観点から、司研・要件事実第一巻95-96頁は、「代理権消滅の効果の発生を争う者は、本人の死亡による代理権消滅の主張に対し、消滅の効果の発生を障害する事由として、次の事実を主張・立証することができる。
1　任意代理の基本となる委任その他の法律行為があること
2　上記1の法律行為が商行為であること

右法律行為が商行為であることを主張・立証するためには、商人の行為は、その営業のためにしたものでないことが主張・立証されない限り、商行為とされる（商法503条）から、本人が商人であるための要件事実（商法4、52Ⅱ〔平成17年改正前〕、501、502条参照）を主張立証すればよい」とする。

この解釈（代理権授与行為たる委任が商行為である場合の規定）に基づいて、本条は、文言自体はあたかも絶対的商行為にも適用されるように見受けられるが、実質的には、商人の規定であるとの指摘がされている。

訴訟物　　XのYに対する売買契約に基づく売買代金請求権
＊本件は、XがBの代理人Aとの間で、本件土地を代金1,000万円で売買する契約を締結したが、Bの死亡に伴いBの子Yに代金の支払を求めたところ、YはBの死亡が売買契約より先であったので、代理権は消滅していたと抗弁し、これに対し、Xは、①BのAに対する代理権授与の基礎に委任等の法律関係があり、かつ、その関係がBにとって商行為性があった、②Bの死亡後も代理権を存続させる旨のAB間の特約があったと反論した事案である。
＊本条は、本人Bが死亡しても商行為の委任による代理権は消滅しないとした。このことはたとえ相続人Yが営業を承継し継続する意思がなく、かつ現実に営業を承継していなくても同様である（東京高判平成10年8月27日高民集

51.2.102〔28041398〕)。

請求原因 1 XはAとの間で、本件土地を代金1,000万円で売買する契約を締結したこと
2 請求原因1の売買契約の際、AはBのためにすることを示したこと
3 Bは請求原因1の売買契約に先立ってAに代理権を与えたこと
4 Bは死亡したこと
5 YはBの子であること

(本人の死亡)
抗　弁 1 請求原因4のBの死亡は請求原因1の売買契約締結に先立つこと
＊この抗弁は、民111条1項1号に基づく代理権消滅の抗弁である。

(商行為の委任)
再抗弁 1 請求原因3の基礎となる委任その他の法律関係があること
2 再抗弁1の法律行為は委任者Bにとって商行為であること
＊上記の再抗弁は、本条に基づくものであるが、代理権の消滅の効果(民111条1項1号)を障害する再抗弁である。
＊再抗弁2については、「Bは商人であること」を主張・立証すれば、503条2項に基づいて商行為が推定(暫定真実)される。
＊前掲平成10年東京高判は、「民法111条1項1号によれば、代理権は本人の死亡により消滅すると規定されているのに対し、商法506条は、その特則として、商行為の委任による代理権は本人の死亡によって消滅しないものと規定しているところ、その趣旨は、営業主である商人が死亡しても、その営業が当然に廃止されるわけではないのに、民法の原則を適用して本人の死亡により代理人の代理権がすべて消滅するとすると、あらためてその承継人からの授権行為を必要とすることになるが、これでは継続的で敏速な企業活動が阻害されるなどの不都合がある一方、取引の相手方にとっても、商人本人が誰であるかというよりは商人の営業に重きをおいて取引を行っているのが通例であるのに、営業主である商人本人の死亡という偶然で、時として外部の者には容易には知りえな

い事柄によって代理人の代理権が左右されるとするのでは、取引の安全が著しく妨げられることから、企業の便宜と取引の安全のために、民法の特則が設けられたものと解するのが相当であり、なお、ここにいう商行為の委任による代理権とは、商行為である授権行為により生じた代理権と解される。したがって、相続人がいないため、本人の死亡によってその地位を承継する者がいないとか、本人の死亡以前にその営業が廃止されているというような事情のないかぎり、商行為による代理人は、本人の死亡後も、その相続人の代理人として、引き続き代理権を有するものと解されるところ、本件においてはそのような事情も認められないから、商人であるBがAに対してC屋の営業に関して付与した代理権は、その死亡によっても消滅せず、Bの死後は、その相続人であるYらの代理人となる」と判示する。

(代理権存続の特約)

再抗弁 1　Bの死亡後も代理権を存続させる旨のAB間の特約があること

＊上記の再抗弁は、最判昭和28年4月23日民集7.4.396〔27003324〕に基づくものである（司研・要件事実第一巻96頁）。同判決は、本人の死亡を代理権消滅の原因とする民111条1項1号の規定は、これと異なる合意の効力を否定する趣旨ではないと解すべきであると判示する。

第507条　削除〔平成29年6月法律45号〕

平成29年改正民525条3項は、その対話が継続している間に申込者が承諾の通知を受けなかったときは、原則として、その申込みはその効力を失うものとしたうえで、但書を加え、申込者が対話の終了後もその申込みが効力を失わない旨を表示した場合の例外を定めている。これは、平成30年改正前商507条の規律が商取引以外にも妥当するという通説を明文化するもので

ある。そのため平成29年改正民525条3項が新設されたため、商507条は削除された。

● (隔地者間における契約の申込み)

第508条　商人である隔地者の間において承諾の期間を定めないで契約の申込みを受けた者が相当の期間内に承諾の通知を発しなかったときは、その申込みは、その効力を失う。
　2　民法第524条の規定は、前項の場合について準用する。

1　承諾期間のない申込み

　民法の原則によれば、申込みは申込人が承諾の通知を受けるのに相当の期間、それを撤回することができず、相当期間経過後も申込みの撤回があってはじめてその効力が失われるのである（民525条1項）。

　本条1項は、上記の原則に対し、商人である隔地者間の申込みの拘束力の例外として、申込みを受けた者が、相当期間内に、承諾の通知を発しなかったときはその申込みの効力を失うことを定め、もって取引の迅速な確定（契約の不成立）を期している。本条が適用される要件は、その行為が当事者のいずれかにとって商行為であれば足りる。相当期間については、売買目的物の価格変動の激しさ、当事者間の過去の取引態様、当該取引における申込者の態度、申込みの条件が相手方にとって特に有利か否かなどにより個別に判断すべきであろう（江頭・商取引法12頁）。関東大震災の混乱した状況下においてサツマイモ1車の買受申込に対して、20日後に発せられた承諾通知を、相当期間内と認めた事例がある（大判昭和2年2月21日裁判例2.民24〔27550389〕）。

2　承諾期間のある申込み

　対話者間であれ、隔地者間であれ、民523条によれば、拘束力については、期間内には申込みを撤回することができない。また、承諾適格については、期間経過によって申込みは当然失効する。商法の規律も民法と全く同様に解される。

　本条2項は、1項の場合（隔地者間、かつ、承諾期間の定めのない申込みがされた場合）に、民524条を準用して、申込者は遅延した承諾を新たな申

込みとみなすことができることを定める。つまり、この場合、新たな申込みとみなしてそれに承諾をした者は、遅延した承諾（＝新たな申込みとみなされる意思表示をいうのであって、それが遅延した事実は不要である）とそれに対する承諾を主張・立証すれば足りる。当初の申込みの事実あるいはそれに対しての承諾が遅延したことなどを主張・立証する必要はない。

3　レター・オブ・インテントの効力

　レター・オブ・インテント（LOI: Letter of Intent）とは、一般に契約を正式に締結する前に作成するもので、契約前の交渉の際に確認された事項や、交渉の方向性、契約締結までのスケジュールなどをこれに記載する（当事者間の暫定的合意）。このような趣旨・目的で作成されるため、一般的には法的拘束力がないとされる場合が多い。したがって、LOI が合意書の形式を採って両当事者のサインがされていても、その LOI 記載内容を根拠に相手方に対して損害賠償請求等の契約責任を追及することは原則としてできない。ただ、レター・オブ・インテントという表題をつけたから、法的拘束力がなくなるというものではなく、その記載内容によっては、法的拘束力がある合意とされる。

　契約成立の期待を裏切られたとする側が損害賠償を求める形で訴訟になる場合が多いが、例えば、契約の成立を認めず、信義則上の義務違反による損害賠償を認めた例として、東京高判昭和 62 年 3 月 17 日判タ 632.155〔27802081〕【54】（国際的な林業の合弁契約が不成立に終わった事案）があり、契約の成立も、（信義則上の義務違反も認めなかったとして）、東京地判昭和 61 年 5 月 30 日判時 1234.100〔27802231〕（第三者が所有して製造中の船舶の売買において、売主が当該船舶を入手できず、その結果引渡しを受け得なかった買主が被った損害の賠償を売主に求めた事案。687 条の解説 2 の設例参照）などがある。

> **訴訟物**　ＸのＹに対する売買契約の債務不履行に基づく損害賠償請求権
>
> ＊マレーシア人であるＸは、ブルネイ法人のほぼ全株式を有する株主であり、また同社はインドネシアで木材採取権を有する同国法人の過半数の株式を保有する会社であったが、さらに伐採事業の拡大を企図し、日本のＹ会社と合弁事業の交渉を開始し、Ｙ会社がブルネイ法人の株式の 50 パーセントを 400 万ドルで買い受けること、また合弁事業の基本契約

を近く締結することで基本的な了解に達した。Y会社の部長Aが了解事項を確認するための書簡をXに送り、Xもその申出を承諾する旨の書簡をY会社に送付した。そのうえで、XとY会社の課長Bらとの間で、株式売買契約書案と（合弁事業の基本契約に当たる）株主間契約書案が作成され、前者には目的物、代金額、履行期日などの約定が、後者には資本金、持株比率、インドネシア法人の経営、Yの技術援助などに関する約定が盛り込まれ、さらに双方はこの基本原則を変更しないことで合意し、その旨を記載した議事録に出席者全員が署名した。その後、各契約書案は調印されず、代金の授受もなかった。XY会社間で再度話合いが行なわれ、Y会社がXに400万ドルを貸し付ける形で投資することで合意し、その了解を確認する書面にAが署名しXに交付した。しかし、その後、Y会社が銀行とこの融資について協議を始めた直後、Xは逮捕拘禁され、また銀行も結局融資には応じず、また、経済情勢の変動からY会社も材木を多くは扱えなくなった。Xは再三融資履行の催告をしたが、Y会社はXに何ら法的義務を負っていない旨を回答するに至った。本件は、XがY会社に対し、XとY会社間で株式売買契約及び共同事業の協定が成立していることを前提に、Y会社の債務不履行による損害（株式下落による損害、契約に要した費用、慰謝料、共同事業により得べかりし利益）の賠償を求めた事案である。

* 本件は、前掲昭和62年東京高判【54】に基づくものであり、その事案においては、XはY会社に対して、上記訴訟物（主位的請求）に加えて、予備的に、Y会社にはXの契約締結への期待を侵害しないように誠実に契約の成立に努めるべき信義則上の義務があったのに、正当な理由なくXの締約の利益を侵害したのは不法行為に当たるとして、同額の賠償を求め、この請求は一部認められたが、本設例ではその不法行為に関する部分は省いている。
* マレーシア在住のマレーシア人が日本会社との間において締結したと主張するブルネイ会社の株式の売買契約の準拠法は行為地法たる日本法であるから、この契約を補充しこれと密接不可分な関係にあるインドネシアの林業共同開発協定にも

同じく日本法が適用されると解するのが当事者の意思に適合する。

請求原因 1　マレーシア人であるXは、ブルネイ法人のほぼ全株式を有する株主であり、また同社はインドネシアで木材採取権を有する同国法人の過半数の株式を保有する会社であったが、さらに伐採事業の拡大を企図し、日本のY会社と合弁事業の交渉を開始し、昭和49年1月にはY会社がブルネイ法人の株式の50パーセントを400万ドルで買い受けること（支払日は同年4月末日）、また合弁事業に関する基本契約を同年2月末までに締結することで基本的な了解に達したこと

2　Yの部長Aが了解事項を確認するための書簡をXに送り、Xもその申出を承諾する旨の書簡をYに送付したうえで、XとY会社の課長Bらとの間で、「株式売買契約書案」と（合弁事業の基本契約に当たる）「株主間契約書案」が作成され、前者には目的物、代金額、履行期日などの約定が、後者には資本金、持株比率、インドネシア法人の経営、Yの技術援助などに関する約定が盛り込まれ、さらに双方はこの基本原則を変更しないことで合意し、その旨を記載した議事録に出席者全員が署名したこと

＊前掲昭和62年東京高判においては、請求原因2のYの部長の書簡が甲第1号証、Xの書簡が甲第2号証に当たるが、「甲第1号証記載の条項(1)(2)は確定的内容の条項ではあるが、(3)項にはYが上記時期（昭和49年4月30日）に買受株式の代金を支払うことについては取締役会の承認を待たなければならない旨の記載内容が含まれており、右取締役会の承認をYの単なる会社内部の問題……とみることは困難であり、……他に400万米ドルの支払について取締役会の承認がすでにあつた……証拠もない。また、……400万米ドルの支払についてはその後においてもYの取締役会の承認を得ることができなかつた……。また、(4)項には『その他必要事項についての基本契約は1974年（昭和49年）2月末日までに締結されるものとする』旨の記載があり、甲第1号証の書簡全体を通じてここに合意されていることは、必要な諸条件について合意が成立することを前提として、Yにおいてブルネイ3社の株式の半数を400万米ドルで買い受ける意思

のあることを確認するにとどまるものと解されるのであつて、右甲第 1 号証の書簡をもつて一義的・最終的な契約の申込みと解するのは困難であり、甲第 2 号証の書簡もその内容は、申込みを承諾する意思の表明のほかに、甲第 1 号証の(4)項についてはインドネシア株主の同意を決して求めるべきではない旨の記載があり、この点については当事者間に意見の一致がないことが表明されているのであつて、右甲第 2 号証の書簡をもつて甲第 1 号証の書簡に対する単純な承諾と解することはできない。また、売買契約は諾成契約であるとはいえ、合弁事業に関連し金額も高額になる重要な契約については契約書を作成するのが通例であり、本件においても、……売買契約書、合弁事業契約書及び株主間契約書を作成すべく努力が重ねられていたのである」と判示する。
3　Y 会社が銀行とこの融資について協議を始めた直後、X は逮捕拘禁され、また銀行も結局融資には応じず、X は再三融資履行の催告をしたが、Y 会社は X に何ら法的義務を負っていない旨を回答するに至ったこと
4　Y 会社の債務不履行による X の損害（株式下落による損害、契約に要した費用、慰謝料、共同事業により得べかりし利益）及びその数額

● (契約の申込みを受けた者の諾否通知義務)

第 509 条　商人が平常取引をする者からその営業の部類に属する契約の申込みを受けたときは、遅滞なく、契約の申込みに対する諾否の通知を発しなければならない。
　2　商人が前項の通知を発することを怠ったときは、その商人は、同項の契約の申込みを承諾したものとみなす。

1　趣旨
　民法の原則によれば、契約の申込みを受けた者は、その申込みに対し承諾をする義務はおろか、拒絶の意思表示をする義務すらない。いうまでもないが、契約は、申込みを受けた者が承諾の意思表示をしない限り、成立しない

のである。

　本条は、専門性を有する商人の決定の容易性、商行為の迅速性の観点から、民法の上記原則に対する例外を定めるものであって、商人が平常取引をする者から、その営業の部類に属する契約の申込みを受けたときは、遅滞なく拒絶の意思表示をしない限り、申込みを承諾したものとみなすこととすることを定める。507条によれば、対話者間における承諾期間のない申込みの場合は申込みを受けたものが直ちに承諾をしないときは、その効力を失うのであるから、本条の特則は、隔地者間の承諾の期間の定めのない申込みに関するものに限られることとなる。

2　諾否通知義務の性質

　本条の適用がある場合には、申込みを受けた商人は遅滞なく諾否の通知を発することを要し、これを怠ったときは申込みを承諾したものとみなされるが、単に申込者は承諾があったとみなすことができる権利を取得するのではなく、当然に契約成立の効果を生じ、両当事者を拘束することになる。遅滞なく拒絶の通知を発信すれば、承諾が擬制されることはなく、通知の延着・不到達の危険は申込者が負担することになる。

　申込みを受けた商人が遅滞なく諾否の通知を発することを怠っても、損害賠償の問題を生ずることはなく、いわゆる諾否の通知義務は法定のいわゆる不真正義務・間接義務である

3　主張・立証責任

　本条に基づいて契約の成立を主張する者は、相手方商人の遅滞なき拒絶の意思表示の不存在を主張・立証する必要はなく、もとより相手方商人の承諾の意思表示を主張・立証する必要はない。契約の成立を否定する商人において、「拒絶の意思表示を遅滞なく申込人に対して行なったこと」を抗弁として主張・立証しなければならない。なぜならば、本条前段の要件が充足された場合には、申込みを受けた商人は遅滞なく諾否の通知を発する義務を課せられるのであって、それを履行したことは義務者たる商人が主張・立証すべきだからである。

訴訟物　　XのYに対する売買契約に基づく商品引渡請求権
　　　　　＊本件は、Xは商人Yと平常取引をする者であるが、XがYに対してYの営業の部類に属する本件商品について買い注文を出したうえで、その引渡しを求めたところ、Yは遅滞

なく拒絶の意思表示をしたか否かが争点となった事案である。

請求原因
1　XはYと平常取引をする者であること
　＊平常取引をしていることが必要であって、従前に1〜2回の売買取引があっただけでは足りないが（大判昭和6年9月22日法学1巻上233〔27540950〕）、必ずしも申込み事項について過去に取引があったことまで要求されない（札幌高判昭和33年4月15日民集14.13.2784〔27401281〕）。
2　Yは商人であること
3　XはYに対し、本件商品を代金1,000万円で買う意思のある旨の意思表示をしたこと
　＊銀行取引において、保証人の脱退の申込みは、承諾が当然に予想されているものでなく、その申込みについて本条の適用ないし類推適用の余地はない（最判昭和59年5月29日金法1069.31〔27490426〕）。
4　請求原因3の申込みは、Yの営業の部類に属する契約に関するものであること
　＊本条は商人が平常取引をする者からその営業の部類に属する契約の申込みを受けた場合に関するものであって、通常は代理店を通して契約を申し込むのが一般的である場合には、直接本人に申込みをしても、本条の適用はない（東京地判平成3年11月26日判タ771.185〔27810330〕は、新聞の広告掲載契約について広告の依頼主は新聞社と平常取引をする者ではないし、依頼主が広告会社を介在せずに直接に新聞社に広告掲載の申込みをしたとも認められないとして本条の適用が否定された事例である）。このほか、判例上本条の適用ないし類推適用が否定された事例として、銀行取引先のための保証人が被保証人を通じて銀行に保証人変更を申し込んだ場合（最判昭和59年11月16日金法1088.80〔27413025〕）、同様に銀行取引における保証人の脱退申込み（前掲昭和59年最判）がある。これらは、申込みに対して諾否を容易に決められるような日常的集団的反復的に行なわれる契約の申込みではないことが理由であるとされる（近藤・総則・商行為130頁）。

(拒絶の意思表示)
抗　弁　1　Yは請求原因3の申込みを受けた後、遅滞なく拒絶の意思表示を発したこと
(正当な事由)
抗　弁　1　Yは、（遅滞したが）拒絶の意思表示をしたこと
　　　　2　抗弁1の遅滞は、正当な事由によること
　　　＊Yの通知義務の懈怠による不利益を負担させるには過失があることを要し、正当な事由により申込みを知らなかった場合、その他通知を発しなかったことにつき過失がない場合には、承諾を擬制されることはなく、制限能力者の場合にも同様である（平出・商行為法122頁）。

訴訟物　XのYに対する（物権化した）借地権に基づく土地明渡請求権
　　　　＊Xは、Aから同人所有の土地を賃借し、地上に建物を所有していたが、その建物は空襲により焼失した。YがAから更地になっているその土地を買い受け所有権移転登記をしてその上に本件建物を建築した。本件は、XがYに対し、本件建物の収去及び土地の明渡しを求めたところ、Yは、①Xとの間で借地権を放棄する旨の明示又は黙示の合意があったこと、②仮にそうでなくても、Xは喫茶店業、Yは金物商でいずれも商人であるが、Xが借地権放棄の申込みを受けたのに対して直ちに諾否を明らかにする義務があるにもかかわらずこれを怠ったから、本条に基づき承諾したものとみなされると主張した事案である。
　　　　＊本件は、最判昭和28年10月9日民集7.10.1072〔27003275〕【39】の事案を簡略化したものであるが、原審である東京高判昭和27年6月19日民集7.10.1078〔27205446〕は、借地権放棄に関する合意の存在を否定するとともに、本条は「商人が平常取引をする者からその営業の部類に属する契約の申込を受けた場合に関するものであつて、YはXらと平常取引をする者でもなく、いわんや右借地権抛棄方の申込がXらの営業の部頼［類］に属するものと認めるべき事由はないから、右主張はそれ自体失当である」とし、「Yが金物商であることは当事者間に争なく、従

つてYの行為はその営業のためにするものと推定されるとしても、本件につき右商法第509条適用の余地のないことは同様である」と判示した。前掲昭和28年最判も、「商法509条に関する原判決の判断は正当であつて、論旨は理由がない」として、原審判断を維持した。
＊請求原因において、建物収去を求めるにかかわらず、訴訟物が土地明渡請求権のみであることについては、所有権に基づいて建物収去土地明渡しを求める場合と同様、旧1個説を採るからである（司研・紛争類型別58-59頁）。

請求原因
1 AはXとの間で、本件宅地につき賃料1か月○円と定めて建物所有のため賃貸借契約を締結したこと
2 本件宅地上の引渡しを受けたXは、本件土地上に旧建物を建築したこと
3 旧建物は昭和20年2月罹災焼失したこと
＊Xは借地権者として罹災都市借地借家臨時処理法10条によりその借地権（Xの借地権の期間は同法施行の際たる昭和21年9月15日当時残存期間10年未満であったから同法11条により同施行の時から10年間）をもって、昭和21年7月1日から5年以内にその土地の所有権を取得したYに対抗することができるものである。
4 AはYとの間で、更地になっている本件土地を時価相当額で売買する契約を締結し、かつYは所有権移転登記を受けたこと
5 Yは、本件土地上に本件建物を新たに建築したこと

（借地権放棄の合意）
抗弁 1 XY間で、Xの有する借地権を放棄する合意をしたこと

（借地権の放棄）
抗弁 1 Xは喫茶店業、Yは金物商であること
＊X及びYは、いずれも商人であるから、本条の要件のうち、当事者の要件を満たす。
2 YはXに対して、借地権を放棄すべきことを申し入れたこと
＊同条は商人が平常取引をする者からその営業の部類に属する契約の申込みを受けた場合に関するものであって、YはXと平常取引をする者でもなく、いわんや借地権放棄すべき申

込みがXの営業の部類に属するものと認めるべき事由はないから、Yの主張はそれ自体失当である。
3　抗弁2の申入れの日から相当期間が経過したこと
＊相当期間の経過に先立って、XがYの申出を拒絶する旨の通知を発したことはXの主張・立証すべき再抗弁と考える。

● (契約の申込みを受けた者の物品保管義務)

第510条　商人がその営業の部類に属する契約の申込みを受けた場合において、その申込みとともに受け取った物品があるときは、その申込みを拒絶したときであっても、申込者の費用をもってその物品を保管しなければならない。ただし、その物品の価額がその費用を償うのに足りないとき、又は商人がその保管によって損害を受けるときは、この限りでない。

1　契約の申込みを受けた者の物品保管義務
　民法の原則によれば、契約の申込みを受けた者が申込みとともに物品を受け取った場合、その申込みを拒絶しても、申込者に返送したり、保管する義務はなく、申込みを受けた者が事務管理をしても違法とされないだけである（西原・商行為法128頁）。
　本条は、その例外として、以下のとおり商人が売買・請負・運送などの申込みを受けた場合における受領物品保管義務を定める。つまり、本条本文は、商人がその営業の部類に属する契約の申込みを受けた場合において申込みとともに受け取った物品があるときは、その申込みを拒絶したときであっても、申込者の負担において商人が保管をすべき義務があることを定める。その趣旨は、商取引においては、申込者が相手方の承諾を予期して、契約の申込みと同時に物品の全部又は一部を送ることも多く、これを保管させることは、商取引を迅速かつ円滑に進め、取引界の信用を高めるゆえんであると考えられることから、申込みを受けた者にこのような物品を保管する義務が課せられるのである（大阪地判昭和63年3月24日判タ696.184〔27804369〕）。
　本条は、事実上、隔地取引の場合を対象とすることになろう。商人は、送付された物品を保管するためには善良な管理者の注意をもってしなければな

らないが、自ら保管する必要はなく、倉庫業者に寄託するなど適宜の方法を採ることができる（西原・商行為法129頁）。なお、申込者が速やかに物品の引取りをしない場合について、申込みを受けた商人の対抗手段について定めが置かれていない。

2　例外

本条ただし書は、その物品の価額が保管費用を償うに不足するか、又は商人がその保管によって損害を受ける場合は、受領物品保管義務を免れることを定める。本条本文が定める受領物品保管義務に対し、これを免責する本条ただし書の事実は、免責を主張する者がその主張・立証責任を負う。

|訴訟物|　XのYに対する物品保管義務違反に基づく損害賠償請求権
＊Xは商人Yに対し、Yの営業の部類に属する本件商品を代金100万円で売る用意があると告げて、本件商品を交付したが、Yが申込みを拒絶して、さらに商品を滅失した。本件は、XがYに対してその損害賠償を求めたところ、Yは、①本件商品の価額がその保管費用を償うに不足すること、②Xが本件物品を保管することによって損害を受けたことを抗弁した事案である。

|請求原因|　1　Yは商人であること
2　XはYに対し、本件商品を代金100万円で売る旨の申込みをしたこと
3　Xの請求原因2の申込みは、Yの営業の部類に属する契約に関するものであること
4　XはYに対し、請求原因2の申込みとともに本件商品を交付したこと
5　Yは申込みを拒絶したこと
6　Yは本件商品を滅失したこと
7　本件商品の原価（損害の数額）

（保管費用）

|抗　弁|　1　本件商品の価額は、その保管費用を償うに不足すること
＊保管費用が100万円以上の場合の抗弁である。

（保管による損害）

|抗　弁|　1　Yが本件物品を保管することによって損害を受けるべきこと

● (多数当事者間の債務の連帯)

第511条 数人の者がその1人又は全員のために商行為となる行為によって債務を負担したときは、その債務は、各自が連帯して負担する。
　2　保証人がある場合において、債務が主たる債務者の商行為によって生じたものであるとき、又は保証が商行為であるときは、主たる債務者及び保証人が各別の行為によって債務を負担したときであっても、その債務は、各自が連帯して負担する。

1　趣旨

　民法の原則によれば、多数当事者の債務は、特約がない限り分割債務である（民427条）。また、保証人は、連帯の特約をしない限り普通保証であり、催告の抗弁権、検索の抗弁権及び分別の利益を有する（民452条、453条、456条）。これに対し、本条は、商取引上の債務の履行を確実にするために、連帯の特約がなくとも、以下2及び3のとおり、連帯債務、連帯保証となることを定めるものである。

訴訟物　　　XのYに対する消費貸借契約に基づく貸金返還請求権
　　　　　　　＊本件は、XがYに対し1,000万円の貸金の返還を求めたところ、Yはこの貸金についてはAも債務者であると主張し、さらにYが商人であるかが争点となった事案である。
請求原因　1　XはYに対し、1,000万円を弁済期平成○年○月○日との約定で貸し渡したこと
　　　　　　2　請求原因1の弁済期が到来したこと
（他の債務者存在）
抗　弁　1　請求原因1の債務者として、YのほかにAが存在すること
　　　　　　＊民427条に基づいて分割債務となるとの一部抗弁である。
（商人たる主債務者）
再抗弁　1　Yは商人であること
　　　　　　＊再抗弁1の事実によって、請求原因1の債務が、債務者の1人であるYにとって附属的商行為であることを明らかにする。再抗弁1の事実は多くの場合、請求原因でその当否が明らかになるので、仮に該当することが請求原因で明らかにな

っている場合には、上記の抗弁は主張自体失当となる。

2　商行為による連帯債務

　本条1項は、数人の者がその1人又は全員のために商行為となる行為によって債務を負担したときは、その債務は各自が連帯して負担することを定める。複数の債務者が連帯債務を負担する場合、各債務者は1人で債務全部につきその責任を負うという法律効果が生ずる（民436条）。

訴訟物　　XのYに対する売買契約に基づく代金支払請求権
　　　　　　＊XはY及びAとの間で、本件目的物を1,000万円で売買する契約を締結した。本件は、XがYに対して売買契約がAにとって商行為であることを理由として、1,000万円の支払を求めた事案である。

請求原因　1　XはY及びAとの間で、本件目的物を1,000万円で売買する契約を締結したこと
　　　　　　＊この事実のみでは、Y及びAの債務は、分割債務となり、XはA及びYに対して、それぞれ500万円に支払を求めることができるにとどまる。
　　　　　2　請求原因1の売買契約は、Aにとって商行為であること
　　　　　　＊例えば、Aが商人であれば、503条2項によって請求原因1の代金支払債務がAにとって商行為であることが推定される（暫定真実）。Yにとって請求原因1の代金支払債務が連帯債務となる。

訴訟物　　XのY1及びY2に対する消費貸借契約に基づく貸金返還請求権
　　　　　　＊Xの連帯債務者Y1及びY2に対する請求の趣旨は、「Y1Y2両名は、Xに対し、各自1,000万円を支払え」とすることとなる。「各自」（又は「連帯して」）という文言を入れておかないと、Y1とY2のそれぞれに対し500万円ずつの分割債務の支払を求める請求の趣旨となってしまう。

請求原因　1　XはY1、Y2に対し、1,000万円を弁済期平成○年○月○日との約定で貸し渡したこと
　　　　　2　Y1は商人であること
　　　　　　＊請求原因2は一種の権利主張（法律状態の主張）であるの

で、争われるときは、4条に該当する事実を主張・立証する必要がある。請求原因2の事実（Y1は商人であること）によって、請求原因1の債務が、債務者の1人であるY1にとって附属的商行為であることを示すことになる。その結果、Y1のXに対する債務とY2のXに対する債務は、連帯することになる。

3　請求原因1の弁済期が到来したこと

訴訟物　　XのYに対する合意に基づく利益金分配金請求権
　　＊XとYはともに建設会社であるが、特定の建築工事の請負を目的として2分の1ずつの出資（工事の進行に伴って発生する材料代や下請代金等の債務を毎月集計し、その半額を双方が支払うという事後出資の方法を採る）で共同企業体を結成する組合契約を締結し、目的とした工事を受注して工事を開始した。その後、工事途中でXが共同企業体から離脱し、和議開始の申立てに基づき和議認可決定が確定した。本件は、Xが和議手続終了後、共同企業体を離脱するときにYとの間で、それまでの工事出来高に対応する請負代金をYが注文主から受領したときはその2分の1をXに支払う旨の合意が成立したと主張して、Xは、この合意に基づき、Yに対して本件工事の出来高に相当する請負代金の2分の1（5,381万3,760円）のうち未払分3,426万3,760円の支払を求めたところ、Yは、抗弁として、①Xに対する貸金債権3,000万円、②出来高の工事代金の弁済によるXに対する求償権924万8,741円を自働債権とする相殺を主張した事案である。

請求原因　1　YとXはともに建設会社であり、Aの発注する病院増改築工事の請負を目的として本件共同企業体を結成し、Yを代表者とし、損益分配の割合を各2分の1とし、本件共同企業体の施工する工事に要する費用は同割合に応じて各自が負担する旨を合意したこと
　　＊本件共同企業体（ジョイントベンチャー）は、組合契約としての性質を有する。

2　本件共同企業体はAとの間で、病院増改築工事（「本件工事」）を代金3億6,400万円で請け負う旨の契約を締結したこ

と

 3　Xは、本件共同企業体から脱退する際、YとXは、施工中であった本件工事の請負代金の清算につき、脱退翌日（基準日）の出来高に相当する請負代金をYがAから受領したときにその2分の1をXに支払う旨を合意したこと
 4　基準日における本件工事の出来高に相当する請負代金は1億762万7,520円であり、Yは、Aから同出来高の支払を受けたこと
 5　本件共同企業体は、基準日の本件工事の出来高部分に対応する費用として、下請業者等に対して合計2,043万9,983円の債務を負っていたこと

（相殺）
抗　弁　1　YはXに対し、次の債権を有すること
 (1)　貸金債権3,000万円
 (2)　請求原因5の債務の弁済による求償権924万8,741円
 ＊(2)の求償権は、Yが請求原因5の債務のうち自己の負担部分（2分の1）に相当する額を弁済したほか、924万8,741円を弁済したことによるものである。
 2　YはXに対し、Xの本訴請求債権と抗弁1(1)(2)の債権を相殺する意思表示をしたこと
 ＊最判平成10年4月14日民集52.3.813〔28030691〕【40】は、ジョイント・ベンチャーに本条1項を適用した事例であるが、「共同企業体は、基本的には民法上の組合の性質を有するものであり、共同企業体の債務については、共同企業体の財産がその引き当てになるとともに、各構成員がその固有の財産をもって弁済すべき債務を負うと解されるところ、共同企業体の構成員が会社である場合には、会社が共同企業体を結成してその構成員として共同企業体の事業を行う行為は、会社の営業のためにする行為（附属的商行為）にほかならず、共同企業体がその事業のために第三者に対して負担した債務につき構成員が負う債務は、構成員である会社にとって自らの商行為により負担した債務というべきものである。したがって、右の場合には、共同企業体の各構成員は、共同企業体がその事業のために第三者に対して負担した債務につき、商法511条1項により連帯債務を負うと解するのが相当

である。これを本件についてみると、……本件共同企業体の構成員であるYとXは、建築工事の請負等を目的とする会社であるから、昭和62年2月28日時点での本件工事の出来高に対応する費用として本件共同企業体が下請業者等に対して負担した債務につき連帯債務を負うと解されるのであり、その負担割合は各2分の1であるから、Yは、前記……の弁済により、Xに対して弁済額の2分の1の求償権を取得したと認められる」と判示する。

3　商行為による連帯保証

　本条2項は、保証人がある場合において、債務が主たる債務者の商行為によって生じたものであるとき、又は保証が商行為であるときは、主たる債務者及び保証人が各別の行為によって債務を負担したときであっても、その債務は、各自が連帯してこれを負担することを定める。まず、「債務が主たる債務者の商行為によって生じたものであるとき」と「主たる債務者」を特に定めていることと平仄を合わせて、保証の場合も保証人にとって商行為であることを要するものと解され、また数人の保証人がそれぞれ別の行為によって保証をしても連帯関係を生ずると解される。要件事実論の観点からいうと、「債権者・保証人間に連帯の約定がないときでも、商法511条2項の要件事実を具備している場合、すなわち、債務が主たる債務者の商行為によって生じた場合又は保証が商行為である場合には、その保証は連帯保証になるから、これが連帯保証債務の履行を請求する原告の主張・証明すべき―連帯の約定に相当する―請求原因となる」（倉田・証明責任債権総論〔山田卓生〕377頁）のである。

　前述したとおり、民法は、保証人の本来有する催告の抗弁権及び検索の抗弁権が、連帯保証の場合には例外的に存在しないこととしている（民454条）。要件事実論の領域では、保証契約と連帯保証契約は別個独立の契約類型か、それとも連帯は特約にすぎないかが論じられる。前者は、連帯保証債務履行請求権が保証債務履行請求権とは別個独立の訴訟物たり得るという意味で連帯保証説といい、後者は、単純な保証債務履行請求権のみが訴訟物となり得るという意味で保証説という。連帯保証についても、連帯債務の場合と同様に、連帯の免除があり得る。その場合は、単なる保証債務が残ることになる。また、連帯保証説によると、連帯保証契約の成立が主張された場合において、連帯の立証が真偽不明であると、保証債務の成立が認定できるときでも請求棄却という結論になるが、この結論には疑問が残る。保証説をも

って相当とすべきであろう。

東京地判昭和49年6月26日金法744.35〔27411588〕は、「YらがAのXに対する手形債務について保証したかどうかについて判断するに、……Y1の斡旋によつて、……XとAとの間に融通手形を互に交換するに至つたものであるが、その際Xの要請にもとづき、Y2とY1は、……AがXに対して振出す手形債務について保証することを約し、……『誓約書』をXに差入れたことが認められ」るとし、「本件手形債務は、主たる債務者たるAの商行為によつて生じたものであることは明らかであるから、Yらは、商法第511条第2項の規定により、各自連帯して本件手形債務を支払う義務を負うべき」ものであると判示する。

訴訟物　　XのYに対する保証契約に基づく保証債務履行請求権
　　　＊XはAに対する貸金の保証人Yに対し、保証債務の履行を求めたところ、Yが催告の抗弁と検索の抗弁を主張するので、主債務者Aの債務がAにとって商行為か、保証契約がYにとって商行為かが争点となった事案である。

請求原因　1　XはAに対し、1,000万円を弁済期平成○年○月○日との約定で貸し渡したこと
　　　2　YはXとの間で、請求原因1のAのXに対する債務につき保証する契約を締結したこと
　　　3　請求原因2の契約は書面によること
　　　4　請求原因1の弁済期が到来したこと

（催告の抗弁）
抗弁　1　Xが主債務者Aに催告するまでXの請求を拒絶する旨のYの権利主張
　　　＊この催告の抗弁権は、民452条本文に基づくものである。

（検索の抗弁）
抗弁　1　Aに弁済の資力があること
　　　2　Aの財産が執行の容易なものであること
　　　3　Xの主債務者Aの財産に対し執行するまで、Xの請求を拒絶する旨のYの権利主張
　　　＊この検索の抗弁権は、民453条に基づくものである。大判昭和8年12月22日新聞3664.14〔27542711〕は、「保証人カ主タル債務者ニ弁済ノ資力アリテ且執行ノ容易ナルコトヲ主張シテ債権者ノ請求ヲ拒マントセハ其ノ事実ヲ証明スルコト

ヲ要スルコトハ民法第453条ノ規定上疑ヲ容レサルトコロナリ」と判示する。

（商行為）
再抗弁 1　請求原因1の契約に基づくAのXに対する債務はAの商行為によって生じたこと

（商行為）
再抗弁 1　XとYが締結した保証契約は、Yにとって商行為であること
＊上記の2つの再抗弁は、本条2項に基づくものであるが、いずれも、催告の抗弁権及び検索の抗弁権に対して再抗弁として機能する。
＊商法の定める再抗弁ではないが、民法上、催告の抗弁権に対しては、「Aは破産手続開始の決定を受けたこと」「Aの行方が知れないこと」又は「XはAに対し、支払の催告の意思表示をしたこと」が再抗弁であり（民452条）、また検索の抗弁に対しては「XはAの財産に対し執行に着手したこと」が再抗弁である（民453条）。また、これら2つの抗弁に対し、「YとXとの間で、本件保証契約につき連帯の合意が存在すること」も共通の再抗弁となる。

4　事業に係る債務についての保証契約
　改正民法は、第3編第1章第3節第5款第3目として、「事業に係る債務についての保証契約の特則」を新たに設けた（民465条の6ないし10）。これは、個人保証人を保護するための改正である。一般に、「事業」とは、営利目的・共益目的・公益目的のいかんを問わず、その広範な目的を達成するための計画性を保持しつつ、目的行為及びこれに必要な行為を反復継続して行なうことと解される。しかし、改正の目的が個人保証人の保護の充実にあるとすれば、特に規整を要するのは、経営者債務を主たる債務とする個人保証である。第3目表題に付された「事業に係る債務」とは、いわゆる経営者（個人・法人の双方を含む）債務を指すものが大きな適用範囲であることは否定できない。この見解を前提とすれば、民法第3編第1章第3節第5款第3目は、実質的意味における商法に属するものと解される（浅木・通論補巻Ⅰ113頁）。民465条の6ないし10については、その設例及び事実整理については、拙著『第4版要件事実民法（4）債権総論』第一法規株式会社（2016年）318-328頁を参照されたい。

● (報酬請求権)

第 512 条 商人がその営業の範囲内において他人のために行為をしたときは、相当な報酬を請求することができる。

1　商人の報酬請求権

　本条は、商人がその営業の範囲内において他人のために行為したときには相当の報酬請求権権を取得することを定める。本条は、他人のためにする行為が無償であることを原則とする民法規定（民 646 条、656 条、665 条、701 条、702 条）に対する例外規定である。ローゼンベルク（倉田卓次訳）『証明責任論〈全訂版〉』判例タイムズ社（2001 年）357 頁は、「法律上明文で相当の……報酬１の請求権が与えられていることがよくある。……すべての任意規定におけると同じく、……法律上定まった報酬を求める者は、その任意規定の要件つまり当該の契約の締結を証明しさえすればいいのである。自分の負った債務はもっと低額であったと主張する被告は、自分の方でその旨の合意を証明しなければならないのである」という。なお、本条に基づく報酬請求権の発生は、立替費用請求権の発生を否定するものではない。

訴訟物　　　Ｘ の Ｙ に対する商人の営業範囲内行為に基づく報酬支払請求権
　　　　　＊本件は、商人である Ｘ が Ｙ のために Ｘ の営業の範囲内の行為を行ない、それに相当する報酬の支払を Ｙ に求めたところ、Ｙ は、ＸＹ 間で、報酬は無償（又は Ｙ の請求額より低額）とする特約をしたと主張した事案である。

請求原因　1　Ｘ は商人であること
　　　　　＊請求原因1に関しては、「一般に、宅地建物取引業者は、商法 543 条にいう『他人間ノ商行為ノ媒介』を業とする者ではないから、いわゆる商事仲立人ではなく、民事仲立人ではあるが、同法 502 条 11 号にいう『仲立ニ関スル行為』を営業とする者であるから同法 4 条 1 項の定めるところにより商人である」とされる（最判昭和 44 年 6 月 26 日民集 23.7.1264〔27000807〕）。
　　　　　2　Ｘ は Ｙ のために行為したこと

　　　　　＊判例・通説は、本条にいう「他人のために」を、委託がある
　　　　　場合に限定せず、事務管理であってもよいと解している（大
　　　　　判昭和8年9月29日民集12.2376〔27510231〕、西原・商行
　　　　　為法117頁等）。
　　　3　Xの請求原因2の行為はXの営業の範囲内のものであるこ
　　　　と
　　　4　請求原因2の行為に関する相当報酬額を基礎付ける事実
　　　　＊この基礎付事実には、請求原因2の行為の内容が含まれるほ
　　　　　か、その他Xの所属する業界の報酬に関する基準、事実た
　　　　　る慣行などがあろう。
（無償ないし低額の合意）
抗弁　1　XとYが、請求原因2の行為が無償であること、又は請求
　　　　原因4の相当額より低額の報酬の合意をしたこと

2　仲介者の仲介契約を締結していない相手方に対する報酬請求権
　仲介者が売買契約の一方とは仲介契約を直接したが、その相手方と締結していない場合に、仲介者は相手方に対して報酬を請求できるかという問題がある。この場合における報酬請求権についての判例は、下記の(1)又は(2)のように区々に分かれているようにみえるが、いずれの判決においても、当該売買契約が締結されるまでの事情を客観的にみて、他人（相手方）のために事務処理をする意思があったか否かである（『最高裁判所判例解説民事篇〈昭和44年度〉』法曹会〔柳川俊一〕355頁は、仲介契約がない場合でも、仲介人が事務管理による行為（相手方のために事務処理をする）をしたと認められる場合には、本条に基づく報酬請求権が発生し得ることに実務処理上注意すべきと指摘する。
(1)　肯定例
　最判昭和38年2月12日裁判集民64.405〔27410821〕は、「原審は、Xが宅地建物取引業法に基づき登録した宅地建物取引業を営む商人であり、当初、売主……より、その後、Yより依頼せられて本件不動産売買の媒介者となり、右売買の代金額を、売主申出の金額より50万円を減額した450万円に妥結するに至らしめ、右売買の成立を見た事実を認定判断して居ること、原判文上、明白である。されば、Xは、商法512条の規定により、買主であるYに対し報酬金を請求し得ること、当然である」と判示して、仲介契約の成立を認めた。

316

訴訟物　XのYに対する仲介契約に基づく報酬金請求権

＊Xは宅地建物取引業を営む商人であるが、Y（買主）とA（売主）との間に本件不動産について売買契約を成立させるため、Yを現場に案内し、売買代金額については、売主側金2,500万円、買主側金2,000万円以下の言い分を調整して、結局金1,700万円と合意させ、売買契約に立ち会い、売買契約書にはXの用意した用紙を使わせ、Xが媒介者として記名捺印し、売買不動産の受渡し、代金の授受、登記申請書類のとり揃えは、Xの関与の下に行なわれ、その仲介の労も主としてYの側に立って、その利益のためにされたものであり、このことをYは取引交渉の経過中に知ることができた。そして、売買契約は締結され、その履行も完了した。本件は、XがYに対し、仲介報酬の支払を求めた事案である。

＊最判昭和43年4月2日民集22.4.803〔27000969〕は、本件のような事案について、「本件不動産売買について明示の媒介契約はされなかつたが、報酬額について定めのない黙示の媒介契約がおそくとも右売買成立のときまでにされたと解すべきである。ところで、商法512条は、商人がその営業の範囲内の行為をすることを委託されて、その行為をした場合において、その委託契約に報酬についての定めがないときは、商人は委託者に対し相当の報酬を請求できるという趣旨に解すべき」と判示して、買主と仲介者との間の仲介契約の成立を認めた。

請求原因
1　Xは、宅地建物取引の仲介を業とする会社であること
2　YはXに対しAらを通じ、2,000万円程度の家屋敷を購入する希望を述べたので、Xは、その頃Bの所有であった本件不動産その他2、3の目ぼしい売却可能物件をYに紹介したところ、本件不動産の買取りを希望するに至ったYは、その頃Xに対し、同売買の仲介を依頼したこと
3　XはYの依頼に応じて仲介をし、当初に価格2,500万円を主張した売主Bと交渉した結果、BはYとの間で、本件不動産を代金1,700万円で売買する契約を締結したこと
　＊売買契約が成立すれば、後日、契約が解除されても報酬請求権は消滅しない。ただし、仲介業者の義務違反による契約解

除の場合には消滅する（東京高判平成6年7月19日金商964.38〔27826823〕）、東京地判平成6年9月1日判時1533.60〔27827664〕）。不動産仲介業者の媒介により土地の売買契約が成立した後、買主が手付金を放棄して売買契約を解除した場合、不動産仲介業者は売主に対し約定報酬額を当然に請求できるかという点については、特約がない限り、手付金放棄によって売買契約が解除された場合には媒介契約における報酬額についての合意は適用されないが、仲介業者は本条に基づく相当額の報酬は請求できると解される（福岡高那覇支判平成15年12月25日高民集56.4.1〔28092273〕）。

4　宅地建物取引業者Xが受けるべき報酬額については、大阪府宅地建物取引業者報酬額表により、売買価格200万円以下の部分は100分の5以内、200万円を超え500万円以下の部分は100分の4以内、500万円を超える部分は100分の3以内とする旨定められており、これに基づいて計算したXの本件報酬額は57万円であること

(2) 否定例

前掲昭和44年最判【41】は、仲介者が、その相手方のためにする意思をもって、売買の仲介をしたものではないから、本条の規定に基づいて、報酬請求権を請求することはできないとした。また最判昭和50年12月26日民集29.11.1890〔27000337〕も「宅地建物取引業者は、商法上の商人であるから、その営業の範囲内において他人のためにある行為をしたときは、同法512条の規定によりこの他人に対し相当の報酬を請求しうるが、宅地建物取引業者が売主又は買主の一方から、不動産の売却又は買受けの仲介の委託を受けたにすぎない場合においては、たとえその仲介行為によつて売主又は買主とその相手方との間に売買契約が成立しても、宅地建物取引業者が委託を受けない相手方当事者に対し同法512条に基づく報酬請求権を取得するためには、客観的にみて、当該業者が相手方当事者のためにする意思をもつて仲介行為をしたものと認められることを要し、単に委託者のためにする意思をもつてした仲介行為によつて契約が成立し、その仲介行為の反射的利益が相手方当事者にも及ぶというだけでは足りない」と判示する。

訴訟物　XのYに対する本条に基づく報酬支払請求権
＊売買の買主たるA県は、本件土地を含む周辺の土地を買収

して造成して県営住宅を建設する計画を立て、Xに土地買受けの媒介を委託した。XはY本件売買の売主たるYの代理人Bに対しY以外の地主に対する買受交渉の協力方を依頼した。しかし、Yは本件土地売却の媒介をBに委託したことはなく、Xの説得に対しても売却を拒否し続けたが、土地収用法の収用を危惧し、やむなく売却を承諾するに至った。本件は、A県とY間において土地売買契約が締結されたので、Yに対し、報酬の支払を求めたところ、Yは、XがYの委託を受けず、また、Yのためにする意思をもって、本件売買の媒介をしておらず、A県の委託により、専らA県のためにする意思をもってその媒介をしたものであって、報酬を支払う義務はないと主張した事案である。

請求原因
1　Xは宅地建物取引業者であること
2　XはA県から、Y所有の本件土地を含む周辺一帯の土地の買収を委託され、Yに対しA県への売却を説得したこと
3　YはA県との間で、Y所有の本件土地を代金1,000万円で売買する契約を締結したこと
4　宅建17条所定の報酬金は、○万円であること

＊前掲昭和44年最判は、「本件売買の買主たるA県は、本件土地を含む周辺一帯の土地約5、6万坪を買収して宅地を造成し、県営住宅を建設する計画を樹立し、Xに右用地買受の媒介を委託したところ、Xは、本件売買の売主たるYの代理人であるBが右用地の一部の売買をあつせんしているとの噂を聞いたので、Bに対しXの他の地主に対する買受交渉の協力方を依頼し、Bもこれを了承したが、Bは、本件土地売却の媒介をXに委託したことはなく、Xの説得に対してもその売却を強硬に拒否しつづけ、土地収用法による収用などを危惧し、ようやくその売却を承諾するに至つたというのである。右事実関係のもとにおいては、Xは、Yの媒介委託により、またはYのためにする意思をもつて、本件売買の媒介をしたものではなく、買主たるA県の委託により、もつぱらA県のためにする意思をもつてその媒介をしたものというべきである。

　一般に、宅地建物取引業者は、商法543条にいう『他人間ノ商行為ノ媒介』を業とする者ではないから、いわゆる商事

仲立人ではなく、民事仲立人ではあるが、同法502条11号にいう『仲立ニ関スル行為』を営業とする者であるから同法4条1項の定めるところにより商人であることはいうまでもなく、他に特段の事情のない本件においては、上告人もその例外となるものではない。（なお、論旨は、媒介の委託を準委任ではないというが、これは法律行為でない事務の委託であるから民法656条に定める準委任たる性質を有するものである。）しかしながら、Xは、前示のようにYの委託により、またはYのためにする意思をもって、本件売買の媒介をしたものではない……から、Yに対し同法512条の規定により右媒介につき報酬請求権を取得できるものではなく、また同法550条の規定の適用をみる余地はない……。なお、宅地建物取引業法17条の規定は、宅地建物取引業者の受ける報酬額の最高限度に関するものであつて、その報酬請求権発生の根拠となるものではない」と判示する。

● (利息請求権)

第513条　商人間において金銭の消費貸借をしたときは、貸主は、法定利息を請求することができる。
　　2　商人がその営業の範囲内において他人のために金銭の立替えをしたときは、その立替えの日以後の法定利息を請求することができる。

1　商人間の金銭消費貸借契約の法定利息請求権
　民法の原則によれば、特約がない限り、消費貸借は無利息である。本条1項は、その例外として、商人間の金銭消費貸借の場合、貸主が法定利率による利息請求権が発生することを定める。

> **訴訟物**　XのYに対する商人間の金銭消費貸借による利息請求権
> 　＊本件は、XがYに対して貸付けをしYから元本の返済は受けたが、XYともに商人であるため、利息の合意はないものの、法定利率による利息の支払を求めた事案である。

> **請求原因**　1　XはYに対し、1,000万円を弁済期平成○年○月○日の約

定で貸し渡したこと
　　　＊利息は、元本利用の対価であるから、元本債権に付従する。したがって、利息は元本債権なくしては成立せず、元本債権の発生原因事実が要件事実の1つとして必要である。
　2　XとYは、いずれも商人であること
　　　＊請求原因2は、本条1項に基づくものである。なお、本条項は、商人の営業の範囲内に限ってもよい規定であるとの指摘がされているが（鈴木・商行為法9頁）、この指摘は、立法論か、解釈論か必ずしも明確ではない。
　3　請求原因1の後一定期間が経過したこと
　　　＊利息債権は元本利用の対価であるから、日々当日使用の対価の履行期が到来すると考えることになる。ただし、実務上は、利息債権の履行期も定められることが多い。この履行期の定めは、未到来である限り、抗弁として機能する。

2　商人の金銭立替えについての法定利息請求権
　本条2項は、商人がその営業の範囲内において他人のために金銭の立替えをしたときは、その立替えの日以後の法定利息を請求することができることを定める。民法においても、受任者が委任事務処理のため必要と認むべき費用を支出したときは、委任者に対してその費用及び支出の日以後の利息の支払を請求できる（民650条1項）が、事務管理の場合には有益な費用を支出した場合であっても、その費用のみが償還請求できるにすぎず、利息は請求できない（民702条）。しかし、商人がする立替払については、委任、請負若しくは雇用等の関係の下に他人のために事務処理をする場合に限らず、広く他人のために金銭の出捐した場合を含む（大判昭和4年12月4日民集8.12.895〔27510603〕）。同項の立替えは、契約に基づくことを要せず、事務管理であってもよい。
　また、本条2項に基づく法定利息の請求権と512条に基づく報酬請求権とは別個の請求権である。したがって、商人がその営業の範囲内において他人のためある行為を行ない、かつ立替払をもしたときは、その行為についての報酬と立替日以後の法定利息を加えた立替金の支払を請求することができる。

　訴訟物　　XのYに対する商人の金銭立替えに基づく利息請求権
　　　＊本件は、商人Xが営業の範囲内でYのために金銭を立て替

えたので、その立替金に対する利息の支払をYに求めた事案である。

請求原因
1 Xは商人であること
2 XはYのために500万円を立て替えたこと
3 請求原因2の立替えは、Xの営業の範囲内であること
4 請求原因2の立替えを行なった日からの時の経過

第514条　削除〔平成29年6月法律45号〕

　平成29年民法（債権関係）改正前の民404条は、法定利率を年5分としていたが、改正により民404条は、年3パーセントに法定利率を引き下げたうえで、市中の金利動向に合わせて法定利率が緩やかに変動する変動制を採用した。これに伴い、商行為によって生じた債権に関する法定利率は年6分であるとしていた本条は削除された。本条が削除された結果、「法定利率」とは、民法上の法定利率のみを指すこととなる。これに伴い、513条1項かっこ書も削除された。

　削除前の514条は、商人の営業行為の収益性及び営利性の高さを前提とするものと解されていた。しかし、経済が発達した現代社会においては、商人でない者であっても、商人と同等の収益を得ることが可能である。また、前記のとおり、民法が利率の変動制を採用するにもかかわらず、商取引についてのみ、これと異なる利率を設定することは、合理性に乏しいとも思われる。そこで、本条を削除し、商行為によって生じた債権に生ずる利息の利率についても、改正後の民404条の規定する法定利率によるものとした（大野晃宏「民法（債権関係）改正にともなう商法改正の概要－整備法（平成29年法律第45号）の解説－」商事法務2154号（2017年）4-5頁）。

●(契約による質物の処分の禁止の適用除外)

第515条　民法第349条の規定は、商行為によって生じた債権を担保するた

めに設定した質権については、適用しない。

1 規律の内容
　民法の原則によれば、質権設定者は設定行為又は債務弁済期前の契約において、質権者に対し弁済として質物の所有権を取得させ、その他法律に定める方法によらないで質物を処分させることを約することができない（民349条）。本条は、これに対する例外を定め、商行為によって生じた債権を担保するために設定した質権には、民349条を適用しないことを定める。

2 立法趣旨と「商行為によって生じた債権」の関係
　本条は、上記のように商行為によって生じた債権を担保するために設定される質権については、流質契約を許容しているが、その立法趣旨について以下(1)(2)のように見解の対立があり、これが、「商行為によって生じた債権」の解釈についても影響を与えている。
(1) 債務者の商人性に着眼し、商人は自己の利害を慎重に計算したうえで金融取引に臨むことができる立場にあり、債権者の暴利行為に対し自衛能力を有しており、商人が債務者になる場合には法の後見的役割を必要としないので、流質契約を有効にすることができるとする見解（鈴木・商行為法17頁）である。つまり、「商行為によって生じた債権」は、法の後見的機能の必要がない商人が債務者となっている債権を意味すると解し、同条が適用される局面を制限する。したがって、債務者が非商人であって、債権者のためにのみ商行為である場合には本条の適用がないとする。例えば、A会社の代表者Bが個人として株式投資のための資金を銀行から借り入れるに際し（投資目的で株式を購入する行為が絶対的商行為であるとしても、非商人の借入行為は商行為にならない）、流質契約の特約条項の下で、B個人として保有する有価証券に質権を設定した場合には、本条の適用はなく、この契約は民法の流質契約禁止の原則の適用を受けて、無効となる。Bが代表者を務めるA会社が同様の行為をした場合には、本条が適用され、流質契約は有効となる。
(2) 本条は、商事債権に着眼して同条を商取引としての金融取引の円滑を図るため、商事債権の自治的強化を認めたものとする見解（西原・商行為法134頁）である。この見解によれば、本条の「商行為によって生じた債権」とは、文言どおり債権者及び債務者の双方のために商行為である場合はもち

ろん、債務者又は債権者のいずれかにとって商行為である行為により生じた債権であれば足りる。このように条文に忠実に解釈し、上記(1)のように制限的に解釈しない理由は、①制限的に解釈することが金融取引にとって無用の拘束となること、②当事者が質権を避けて譲渡担保（流質契約禁止の問題は生じない）の方法を採れば実効がないことが挙げられている。この見解によれば、上記(1)のような投資資金の銀行からの融資の場合には、A会社としてであるか代表者B個人としてであるかにより差異はなく、いずれについても本条が適用され、流質契約は有効と解される。

訴訟物　XのYに対する所有権に基づく所有物返還請求権としての目的物引渡請求権
　　　　　＊本件は、Xが自己の所有する目的物を占有するYに対してその返還を求めたところ、YはXに対する貸金債権を担保するために本件目的物に流質特約を付した質権を設定して弁済がなかったので、その所有権を取得したと主張した事案である。

請求原因　1　Xは本件目的物を所有していること
　　　　　2　Yは本件目的物を占有していること

（占有権原）
抗　弁　1　YはXに対し、100万円を弁済期平成〇年〇月〇日の約定で貸し渡したこと
　　　　　2　XはYとの間で、抗弁1の債務を担保するために本件目的物につき質権を設定したこと
　　　　　3　XはYとの間で、抗弁2の合意に際して本件目的物を引き渡したこと

（流質特約）
再抗弁　1　XとYは、抗弁2の契約時又は弁済期前において、抗弁1の債務が弁済されないときに弁済に充当するため本件目的物の所有権をYに移転することを合意したこと、又は、法律に定めた以外の方法で質物を処分する合意をしたこと
　　　　　＊この特約は、質権設定契約全体を無効にするとする見解によれば再抗弁となるが、この特約は単に特約の効力が生じないだけであるとする一部無効説によると再抗弁とはならない。
　　　　　2　抗弁1の弁済期が経過したこと

(商事債権)
再々抗弁 1　抗弁1の債権は、X又はYの商行為によって生じたものであること

3　譲渡担保
　上記2の流質契約を締結した場合と対比するために譲渡担保を設定した場合（下記設例）を考えると、後者の場合は債務者にとってその商行為性の有無は、譲渡担保の効力を左右しない（攻撃防御方法として登場する余地がない）。

訴訟物　　XのYに対する所有権に基づく所有物返還請求権としての目的物引渡請求権
　　　　　＊本件は、Xが自己の所有する目的物を占有するYに対してその返還を求めたところ、YはXに対する貸金債権を担保するために本件目的物に譲渡担保を設定して弁済がなかったので、その所有権を取得したと主張した事案である。
請求原因 1　Xは本件目的物を所有していること
　　　　　2　Yは本件目的物を占有していること
(所有権喪失)
抗　弁 1　YはXに対し、100万円を弁済期平成○年○月○日の約定で貸し渡したこと
　　　　　2　XはYとの間で、抗弁1の債務を担保するために本件目的物につき質権を設定したこと
　　　　　3　XはYに対し、抗弁2に基づいて本件目的物を引き渡したこと
　　　　　4　XとYは、抗弁2の契約時又は弁済期前において、抗弁1の債務が弁済されないときに弁済に充当するため本件目的物の所有権をYに移転することを合意したこと
　　　　　　＊抗弁4は、譲渡担保契約の締結を示す事実である。
　　　　　5　抗弁1の債権は、X又はYの商行為によって生じたものであること
　　　　　　＊抗弁5の主張がないと、抗弁4の約定は本条及び民349条の存在によって主張自体失当になる。
　　　　　6　抗弁1の弁済期が到来したこと
　　　　　7　YはXに対し、抗弁1の債務の弁済として、本件目的物の

所有権を取得した旨の意思表示をしたこと

● (債務の履行の場所)

第516条 商行為によって生じた債務の履行をすべき場所がその行為の性質又は当事者の意思表示によって定まらないときは、特定物の引渡しはその行為の時にその物が存在した場所において、その他の債務の履行は債権者の現在の営業所（営業所がない場合にあっては、その住所）において、それぞれしなければならない。

1 本条の趣旨

　本条は、520条と同様に、民法が定める債務の履行に関する商法の特則である。後者が履行又は履行請求の時期を規定しているのに対し、本条は特に履行の場所を規定するものであって、民法の持参債務の原則（民484条）を商取引の簡易迅速な決済のために、以下2のように修正している。

　なお、商取引とは関係ない不法行為に基づく損害賠償債務については、本条は適用されない（浦和地判平成5年6月14日判タ837.273〔27818237〕）。

2 商行為によって生じた債務の履行の場所
(1) 要件
ア 商行為によって生じた債務

　本条1項所定の「商行為によって生じた債務」における「商行為」は、商取引の迅速解決を図る立法趣旨から債務者又は債権者のために商行為であれば足りると解される。すなわち、当事者の双方又は一方が承認であることを要せず、双方的商行為に限らず、一方的商法行為をも含み、債権者又は債務者のいずれか一方にとって絶対的商行為となるにすぎない場合にも、適用がある。

イ 履行をすべき場所がその行為の性質又は当事者の意思表示によって定まらないとき

　民484条1項は「弁済をすべき場所について別段の意思表示がないときは」と定め、他方、本条1項は「履行をすべき場所がその行為の性質又は当事者の意思表示によって定まらないとき」と定めているが、行為の性質上履行場所が定まる場合は黙示の意思表示があったとみることができるので（例

えば、下記設例)、実質的な差はない。商人にとって、引渡しの場所は、運賃・保険料の負担の分岐点となるため、実際上は重要な要素であり、合意で定められることが多い。その内容は、特定物・不特定物を問わず、通常の商品においては、買主の工場・倉庫・営業所等における引渡しの合意(「買主工場渡し」)が一般的であるといわれる(江頭・商取引法21頁)。

| 訴訟物 | XのYに対する印刷契約に基づく代金支払請求権 |

＊本件は、X会社(本店京都市)のY会社(本店名古屋市)に対するパンフレットの印刷代金の支払を京都地裁に提起したところ、Y会社は本件の義務履行地は名古屋営業所であるとして名古屋地裁に移送を求めた事案である。

| 請求原因 | 1 XはYとの間で、Xがパンフレットを印刷し、Yはこれに対し代金〇万円を支払うとの印刷契約を締結したこと
2 Xは、本件パンフレットを印刷し、Yに対し、これを引き渡したこと |

(移送申立て)

| 抗弁 | 1 Yは、名古屋市中区〇〇町に所在のX名古屋営業所に対し、従来より、印刷を注文し、Xが本訴で代金を請求している印刷も、YがX名古屋営業所に注文したものであるところ、X名古屋営業所は、従来より、Yに対し、X名古屋営業所名義の印刷代金請求書、領収証を発行し、Xより、印刷代金を受領していること |

＊京都地決昭和44年4月22日判タ237.236〔27403327〕は、「本件のように、本店京都市の株式会社の名古屋営業所に対し、従来より、印刷を注文し、名古屋営業所が、従来より、名古屋営業所名義の印刷代金を受領している場合、特別の事情の認められないかぎり、右印刷代金債務の履行場所は名古屋営業所であるとの合意がなされたものと認めるのが相当である。(代金債務の履行場所の合意がない場合、原告会社名古屋営業所が支店の実質を有するものであれば、商法第516条第1項第3項により、原告会社名古屋営業所が、代金債務の履行場所となる。)したがつて、本件印刷代金の義務履行地の裁判所は、名古屋地方裁判所であり、京都地方裁判所は、本訴の管轄裁判所でない」と判示し、本件を名古屋地裁に移送する決定がされた。

(2) 効果（債務の履行場所）
ア　特定物の引渡しの場合
　特定物の引渡しを目的とする債務については、民法上は債権発生の当時その物の存在した場所を履行の場所とするが（民484条）、商法上は行為の当時その物の存在した場所を履行の場所とする（本条）。このように、特定物の場合その物が存在する場所で履行すべきことについては、民商法が共通するが、その存在する時点は、民法が「債権発生の時」であるのに対し、商法では「行為の時」である点で異なる。債権発生の当時と行為の当時とでは、条件附行為及び始期附行為の場合に差異を生ずるが、本条1項の規定する「行為の当時」の方が当事者としては物の存在場所を予測できて、立法として優れているのである。
イ　特定物の引渡し以外の債務の履行
　債務の履行の場所は、民法上はいわゆる持参債務の原則から、債権者の住所とされている（民484条、大判大正12年2月26日民集2.71〔27819061〕は、代金債権の譲渡があった場合には、新債権者の住所で弁済しなければならないとしている）。商法上は債権者の営業所があるときはその営業所とし、支店において行なった取引についてはその支店をもって履行の場所とすることにしている（本条1項）。住所の代わりに営業所としたのは、企業法としての商法の性質上当然のことであって、適切な立法といえる。支店において行なった取引についての相殺の意思表示は履行と同一の結果を生ずるものであるから、支店に対してすれば足りる。

第517条から第520条まで　削除〔平成29年6月法律45号〕

1　有価証券に関する規定の削除
　平成29年民法（債権関係）改正に伴い、有価証券に関する民520条の2ないし520条の20が新たに設けられたため、改正前商516条2項とともに、517条ないし519条は削除された。

2 取引時間の規定の削除

改正民484条2項は、「法令又は慣習により取引時間の定めがあるときは、その取引時間内に限り、弁済をし、又は弁済の請求をすることができる」と定めるが、これは改正前商520条を民法に取り入れた「民法の商化」の一例である。従来から、民法において、履行期における履行の時間については、改正前商520条と同様に、一般の取引慣行や信義則によって定まると解されていた。改正民484条2項の趣旨は、取引時間外に弁済の提供又は弁済の請求があっても、時間外であることを理由にこれを拒むことができることを定めるにすぎないのであり、したがって、取引時間外にされた弁済の提供であっても、債権者が任意に弁済を受領し、かつ、それが弁済期日内であれば、債務者は履行遅滞を理由とする損害賠償責任を負わない、履行遅滞を理由とする解除も問題とならない（最判昭和35年5月6日民集14.7.1136〔27002455〕）。この改正に伴い、520条は削除された。

弁済の提供が取引時間外にされたことは、弁済の提供の効力を否定する者がその主張・立証責任を負い、また、弁済の請求が時間外にされたことは弁済の請求の効力を否定する者がその主張・立証責任を負うことになろう。

● (商人間の留置権)

第521条 商人間においてその双方のために商行為となる行為によって生じた債権が弁済期にあるときは、債権者は、その債権の弁済を受けるまで、その債務者との間における商行為によって自己の占有に属した債務者の所有する物又は有価証券を留置することができる。ただし、当事者の別段の意思表示があるときは、この限りでない。

1 趣旨

商人間の留置権は、継続的な取引関係にある商人間において、流動する商品等について個別に質権を設定する煩雑と相手方に対する不信の表明を避けつつ、債権担保の目的を達成することにより、商人間の信用取引の安全と迅速性を確保することをその制度趣旨とする（東京高決平成22年7月26日金法1906.75〔28162577〕）。

2　商事留置権

本条本文は、商人間の留置権の成立要件を定める。その要件は、①当事者双方が商人であること、②当事者双方のために商行為たる行為によって生じた債権であること、③その債権の弁済期が到来していること、④留置の目的物が債務者所有の物又は有価証券であること、⑤留置の目的物が債務者との商行為によって債権者の占有に帰した物であることである。①ないし③は債権に関し、④と⑤は目的物に関する要件である。

そして、①については、債権成立時点において双方が承認資格を有することで足りると解される。②に関するが、相続や会社合併のような包括承継により債権が移転する場合は、この要件を充足するが、他から譲り受けた債権については、商事留置権は生じない。後者の場合債務者が予想しない債権に基づいて留置権をもって対抗されることになるからである。④の「物」については、後記5のように不動産が「物」に含まれるか否かの争いがあった。⑤の「商行為」性については、本条の趣旨が債権者保護のためであるから、債権者にとって商行為性があることを要すると解すべきであろう。

また、⑤の要件に関しては、特に不動産がその対象となり得るかについて見解が分かれていた。この点については、後記5で検討する。

訴訟物　　XのYに対する所有権に基づく所有物返還請求権としての有価証券引渡請求権
　　　　　＊本件は、Xが所有する有価証券を占有するYに対してその返還を求めたところ、XYはともに商人であってYはXに対して動産売買の代金債権を有していたので、その代金の支払があるまで、有価証券を留置すると抗弁した事案である。

請求原因　1　Xは本件有価証券を所有すること
　　　　　　2　Yは本件有価証券を占有すること
（商事留置権）

抗　弁　1　XとYは、いずれも商人であること
　　　　　＊「商人であること」という主張は、権利主張の一種であり、これが争われれば、4条1項又は同条2項所定の法律要件に該当する事実を主張することになる。
　　　　　2　YはXとの間で、本件動産を代金100万円で売買する契約を締結したこと
　　　　　3　請求原因2の占有は、XとYとの商行為に基づくこと
　　　　　4　YはXに対し、抗弁2の債権の弁済を受けるまで本件有価

証券を留置する旨の意思表示をしたこと
＊留置権は抗弁権であるから、抗弁４の権利主張が必要となる。

（別段の意思表示）
再抗弁 1　Ｘが本件有価証券の返還を請求した場合、ＹはＸに無条件で返還する旨の合意があること
＊本条但書に基づく抗弁である。

3　別段の意思表示
　本条但書は、本文の定める留置権を当事者の特約で排除することができることを定める。商事留置権の抗弁に対して、この特約は再抗弁として機能する。

4　民事留置権（民295条）との違い
　民事留置権（民295条）との違いは、①民事留置権の場合は債務者所有である必要はない、②民事留置権の場合留置物と被担保債権との牽連性を必要とするが商事留置権は牽連性を不要とする、③債務者が破産すると民事留置権は消滅するが（破66条3項）商事留置権は特別の先取特権として存続する（同条1項）ことである。

5　不動産を目的とする商事留置権
(1)　商事留置権の成立
　バブル崩壊後、建築請負業者が不払の代金債権の担保として建物敷地につき商事留置権を主張する事件が提起された。従来の下級審においては、否定する判決例も多かった。文理解釈からは弱いといわれつつも、これまで否定説は不動産執行実務では根強く支持されてきたといわれる。その理由は、①肯定説に立つと、抵当権成立後に商事留置権が発生したとき抵当権実行による回収額を減ずることとなり、金融機関などの抵当権者に予測も回避もできない損害をもたらすこと、②占有以外に公示方法のない担保権ながら公示している担保権の実行に介入できる状態を招くこととなり公示主義に立つ担保法秩序を乱すこと、③建物の請負人が契約締結時に抵当権の設定されている敷地の換価代金にまで優先的に請負代金を回収する意図・期待を有して請負契約を締結することは通常ないこと、④建物の請負人には不動産工事の先取特権を土地に対して取得するという代替措置もあるため、土地の抵当権者よりもその先取特権を先行して取得公示しなかった請負業者を優先させる理由

がないことなどが挙げられていた。
　しかるに、最判平成 29 年 12 月 14 日民集 71.10.2184〔28254821〕が、不動産について商事留置権の成立を肯定するに至った（その判旨については、下記設例の再々抗弁に掲記した）。この判例に関し、近藤・総則・商行為 135 頁は、「たしかに不動産については占有を要件とせず登記の前後により優先権が決まる抵当権制度がある。ここに目的物との牽連性をも要件としない商人間の留置権を認めることは、抵当権との競合が生じ、その結果不動産取引の安全を著しく害するとも言える。しかし、条文上物または有価証券を対象としており、物には動産と不動産が含まれるとするのが通常の解釈である。商人間で不動産の取引が活発になされている現代において、商人間の不動産をめぐる継続的信用取引の安全、迅速性のためには、これを肯定すべきであろう」としている。

> **訴訟物**　　ＸのＹに対する所有権に基づく返還請求権としての土地明渡請求権
> 　　＊生コンクリートの製造等を目的とする会社であるＸは、平成 18 年 12 月、一般貨物自動車運送事業等を目的とする会社であるＹに対し、Ｘの所有する本件土地を賃貸して引き渡したが、上記の賃貸借契約は、平成 26 年 5 月、Ｘからの解除により終了した。Ｙは、上記賃貸借契約の終了前から、Ｘに対し、Ｘとの間の運送委託契約によって生じた弁済期にある運送委託料債権を有している。本件は、Ｘが、Ｙに対し、所有権に基づいて本件土地の明渡しを求めたところ、Ｙは、本件土地について、上記運送委託料債権を被担保債権とする本条の留置権が成立すると主張してＸの請求を争った事案である。
> **請求原因**　1　生コンクリートの製造等を目的とする会社であるＸは本件土地を所有していること
> 　　　　　　2　一般貨物自動車運送事業等を目的とする会社であるＹは本件土地を占有していること
> （占有権原）
> **抗　　弁**　1　Ｘは、平成 18 年 12 月、Ｙに対し、Ｘの所有する本件土地を賃貸したこと
> 　　　　　　2　ＸはＹに対して、抗弁 1 の賃貸借契約に基づいて本件土地を引き渡したこと

(賃貸借契約の終了)
再抗弁 1　請求原因1の賃貸借契約は、平成26年5月、Xからの解除により終了したこと

(商事留置権)
再々抗弁 1　Yは、再抗弁1の賃貸借契約の終了前から、Xに対し、Xとの間の運送委託契約によって生じた弁済期にある運送委託料債権を有していること
　　　　　 2　Yは、本件土地について、再抗弁1の運送委託料債権を被担保債権とする本条の留置権が成立すること
　　　　　　　＊下級審が割れていたが、前掲平成29年最判は、「民法は、同法における『物』を有体物である不動産及び動産と定めた上(85条、86条1項、2項)、留置権の目的物を『物』と定め(295条1項)、不動産をその目的物から除外していない。一方、商法521条は、同条の留置権の目的物を『物又は有価証券』と定め、不動産をその目的物から除外することをうかがわせる文言はない。他に同条が定める『物』を民法における『物』と別異に解すべき根拠は見当たらない。また、商法521条の趣旨は、商人間における信用取引の維持と安全を図る目的で、双方のために商行為となる行為によって生じた債権を担保するため、商行為によって債権者の占有に属した債務者所有の物等を目的物とする留置権を特に認めたものと解される。不動産を対象とする商人間の取引が広く行われている実情からすると、不動産が同条の留置権の目的物となり得ると解することは、上記の趣旨にかなうものである。以上によれば、不動産は、商法521条が商人間の留置権の目的物として定める『物』に当たると解するのが相当である」と判示する。

(2) 商事留置権の成立要件の「占有」
　不動産を目的とする商事留置権の成立が認められることについて、実務的に決着したといっても、建物の建築請負人が建築請負代金について建物の敷地をいつでも当然に留置できるわけではない。特に「占有」の要件の充足が問題となる。2つ判決例を挙げておこう。
　まず、東京高決平成10年12月11日判タ1004.265〔28040538〕(不動産競売手続取消決定に対する執行抗告事件)は、建築請負契約に基づく敷地に

対する商事留置権の主張に対し、「占有」の要件が欠けるとして、その成立を否定した。すなわち、同判決は、「商事留置権が成立するためには、債務者所有の物がその債務者との間における商行為によって債権者の占有に帰したことを要する（商法 521 条）。ところで、建物建築工事請負人は請負契約の趣旨に従って建築する建物の敷地である土地に立ち入り建築工事をするのが通常であり、工事の着工からその完成と注文主への引渡までの間の請負人による土地の使用は、他に別段の合意があるなどの事情がない限り、使用貸借契約などの独立の契約関係に基づくものではなく、請負人が請負契約に基づき建築工事をして完成した建物を注文主に引き渡す義務の履行のために、注文主の占有補助者として土地を使用しているにすぎないというべきであり、土地に対する商事留置権を基礎付けるに足りる独立した占有には当たらない」と判示する。

次に、東京高判平成 11 年 7 月 23 日判タ 1006.117〔28041980〕【46】は、「商人間の商行為によって債権者の占有に帰した債務者所有の物に対して生ずるいわゆる商事留置権は、事案によっては不動産を目的としても成立し得ると解され（商法 521 条）、もともと目的物の占有と被担保債権との間の牽連関係を要しないものではあるけれども、目的物を占有しているといえるためには、債権者が自己のためにする意思をもって目的物に対して現実的物支配をしていると見られ得る状態にあること、すなわち債権者に独立した占有訴権や目的物からの果実の収受権等を認めるに値する状態にあることを要すると解すべきである」としたうえで、「工事施工という一時的な事実行為目的による土地使用は、商事留置権の成立要件たる『商行為ニ因リ自己ノ占有ニ帰シタル』債務者所有の土地に対する占有ということはできない」「原決定のように建物工事請負人に施工土地に対する商事留置権を認めるとすると、抵当権等担保権の対象となっている土地の上に建物の建築を建築し、意図的にその請負代金を弁済せずに（本件においては、弁済の遅滞のために本来の代金額の 2 倍以上の額の遅延損害金をいたずらに生じさせている。）工事請負人に土地に対する商事留置権を実行させて抵当権者に対する配当を減額ないし無しにするようなこと、すなわち抵当権の実効性を害するような操作も可能にすることになり、また無剰余のため土地に対する抵当権等の実行手続を事実上不可能にしてしまう事態を招く可能性もあり、担保権制度の秩序を乱す危険がある。さらに、本件土地の任意の買受人は、結局商事留置権によって担保された工事代金債権を弁済するか、本件土地を建物所有者となる注文主やその承継取得者に買取ってもらうなどせざるを得なくなり、その買受人の建物工事代金の弁済は注文主のための代位弁済になるだけであり、

また、商事留置権の実行としての競売手続における配当も、注文主自身の債務弁済に当たると見ざるを得ない。そうすると、注文主にひとまず建物の所有権を帰属させることになるので、注文主に対する他の債権者等が存在すると、買受人が完成した建物の所有権を取得することや本件土地を買い取ってもらうことも法律上も事実上も保障されているわけではないから、結果として、利害関係者に実質的公平とは言い難い複雑な法律関係を残すのみである。結局、法定地上権の成立が見込めない完成建物の商品価値の下落の危険を誰に負担させて利害関係者の法律関係を処理するのが公平かという問題であり、建物工事請負人の工事代金債権を保護するために、短絡的にその施工土地に商事留置権を認めることが、その問題の公平な解決をもたらすものでもない」と判示する。

6 商事留置権と破産法

債務者について破産手続開始決定後、民法上の留置権は効力を失うのに対して（破66条3項）、商人間の留置権は特別の先取特権とみなされ（同条1項）、別除権（同法65条2項）として破産手続によらず行使ができる（同条1項）。この場合、留置的効力は存続するかが争われてきた。最判平成10年7月14日民集52.5.1261〔28031912〕【47】は、平成16年破産法改正前の判例であるが、破産手続開始決定は当然には商事留置権者の有していた留置権能を消滅させるものではないとした（下記の設例参照。その理由は、消滅により特別の先取特権の実行が困難となる事態に陥ることを法が予定しているものとは考えられないことを挙げている）。近藤・総則・商行為136頁は、「平成16年の破産法改正では、商事留置権の消滅制度（同法192条）が設けられたが、上記判例の立場が否定されるものではないと解される」としている。

> **訴訟物** ＸのＹに対する手形返還義務の履行不能による不法行為に基づく損害賠償請求権
> ＊本件は、Ｙ銀行がＡ会社手形割引の依頼を受けて預かっていた本件約束手形につき、同社が破産宣告を受けた後に破産管財人Ｘが返還を求めたところ、Ｙ銀行が、これを拒絶したうえ、本件手形を支払期日に取り立ててＹ銀行のＡ会社に対する貸付金債権の弁済に充当したので、Ｘが、これを不法行為であると主張し、Ｙ銀行に対し、本件手形金額に相当する〇〇万円の損害賠償を求めたところ、Ｙは①本件

手形について商人間の留置権（本条）が成立し、②Aについて破産手続開始決定によりこの留置権の留置的効力は失われないので、③銀行取引約定書に基づきYは本件手形について任意処分権限があると主張した事案である。

請求原因
1　AはYとの間で、銀行取引約定書を差し入れて銀行取引約定を締結したこと
2　本件約定書では、Aが手形交換所の取引停止処分を受けたときには、Yから通知催告等がなくてもAのYに対する一切の債務について当然に期限の利益を失う旨の記載があるほか、「担保は、かならずしも法定の手続によらず一般に適当と認められる方法、時期、価格等により貴行において取立て又は処分のうえ、その取得金から諸費用を差し引いた残額を法定の順序にかかわらず債務の弁済に充当できるものとし、なお残債務がある場合には直ちに弁済する」こと、「Yに対する債務を履行しなかった場合には、Yの占有しているAの動産、手形その他の有価証券は、Yにおいて取立て又は処分することができるものとし、この場合もすべて前項に準じて取り扱うことに同意する」と記載されていること
3　YはAに対し、返済期限を○年○月○日とする約定で4,000万円を貸し渡したこと
4　AはYに対し、本件手形（手形金額○○万円）の割引を申し込み、Yは、信用照会の結果をみてから本件手形の割引を実行することとして、本件手形を預かったこと
5　Yは、Aが振り出した決済見込みのない手形が手形交換から回ってきたので、本件手形の割引を実行することを見送ったこと
6　Aは、2回にわたって手形を不渡りとし、銀行取引停止処分を受け、遅くともこの時点において、請求原因3の債務について期限の利益を喪失したこと
7　Aは、その後、破産の申立てをし、破産手続開始決定を受け、Xが破産管財人に就任したこと
8　XはYに対し、本件手形の返還を求めたところ、Yはこれを拒絶したこと
9　Yは、本件手形の支払期日に手形交換によって本件手形を取り立て、Aに対する請求原因3の貸付金債権の弁済に充当

したこと

(商事留置権の成立)

抗弁 1　Yは、YとAにとって商行為である手形割引のために本件手形を預かってその占有を開始したところ、YとAとの商行為によって生じた4,000万円の貸付金債権の弁済期が到来したので、本件手形について、同日、本条の留置権が成立した。

＊Aの破産宣告により、Yの商事留置権が破66条によって特別の先取特権とみなされるとしても、それによっていったん成立したYの本件手形についての留置的効力が失われるものではないとXは主張する。

(任意処分権限)

抗弁 1　破65条によれば、別除権者であるYは破産手続によらないで権利を行使することができるから、法律に定めた方法(民執195条による競売)によっても本件手形を換価することはできたが、被告は別除権の具体的行使方法として、本件約定書の合意に基づき、本件手形を取り立てて、その代わり金を貸付金債権の弁済に充当したこと

＊前掲平成10年最判【47】は、平成16年の破産法改正前の事案についてであるが、破産手続開始決定は当然には商事留置権者の有していた留置権能を消滅させるものではないとした。消滅により特別の先取特権の実行が困難となる事態に陥ることを法が予定しているものとは考えられないからであるとした。すなわち同判決は、「破産財団に属する手形の上に存在する商事留置権を有する者は、破産宣告〔破産手続開始決定〕後においても右手形を留置する権能を有し、破産管財人からの手形の返還請求を拒むことができるものと解するのが相当である。けだし、〔平成16法75による廃止前〕破産法93条1項前段〔破66条1項〕は、……当然には商事留置権者の有していた留置権能を消滅させる意味であるとは解されず、他に破産宣告〔破産手続開始決定〕によって右留置権能を消滅させる旨の明文の規定は存在せず、〔平成16法75による廃止前〕破産法93条1項前段〔破66条1項〕が商事留置権を特別の先取特権とみなして優先弁済権を付与した趣旨に照らせば、同項後段に定める他の特別の先取特権者に対する関係はともかく、破産管財人に対する関係においては、

商事留置権者が適法に有していた手形に対する留置権能を破産宣告〔破産手続開始決定〕によって消滅させ、これにより特別の先取特権の実行が困難となる事態に陥ることを法が予定しているものとは考えられないからである。そうすると、商事留置権を有するYは、Aに対する破産宣告〔破産手続開始決定〕後においても、Xによる本件手形の返還請求を拒絶することができ、本件手形の占有を適法に継続し得るものというべきである」と判示し、本件については、Yは、本件約定書〔銀行取引約定書〕4条4項による合意に基づき、本件手形を手形交換制度によって取り立ててAに対する債権の弁済に充当できると結論する。

7 商事留置権と民事再生法

民事再生法においては、商事留置権を特別の先取特権とみなす旨やその他優先弁済権を付与する定めがないことから、再生手続において、商事留置権には優先弁済権が付与されていないか争われた。最判平成23年12月15日民集65.9.3511〔28175936〕は、会社から取立委任を受けた約束手形につき商事留置権を有する銀行は、当該約束手形の取立てに係る取立金を留置することができるとし、会社の再生手続開始後の取立てに係る取立金を、法定の手続によらず会社の債務の弁済に充当し得る旨を定める銀行取引約定に基づき、会社の債務の弁済に充当することができるとしている。

訴訟物　XのYに対する不当利得返還請求権

＊Y銀行はX会社から取立委任を受けた約束手形をX会社の再生手続開始後に取り立てたにもかかわらず、その取立金を法定の手続によらず同会社の債務の弁済に充当し得る旨を定める銀行取引約定に基づきX会社の当座貸越債務の弁済に充当したことを理由にX会社に引き渡さない。本件は、X会社がY銀行に対し、上記取立金を法律上の原因なくして利得するものであり、Y銀行は悪意の受益者に当たると主張して、Y銀行に対し、不当利得返還請求権に基づき、取立金合計5億6,225万9,545円の返還及びこれに対する民704条前段所定の利息の支払を求めた事案である。会社から取立委任を受けた約束手形につき商事留置権を有する銀行が、同会社の再生手続開始後の取立てに係る取立金を銀行取

引約定に基づき同会社の債務の弁済に充当することの可否が争点となった事案である。

請求原因
1　Xは建築の請負等を目的とする株式会社であり、Yは銀行業務を目的とする株式会社であること
2　XとYは、平成18年2月15日付けで、Xについて、支払の停止又は破産、再生手続開始、会社更生手続開始、会社整理開始若しくは特別清算開始の各申立てがあった場合、Yからの通知催告等がなくても、XはYに対する一切の債務について当然に期限の利益を喪失し、直ちに債務を弁済する旨の条項のほか、「XがYに対する債務を履行しなかった場合、Yは、担保及びその占有しているXの動産、手形その他の有価証券について、必ずしも法定の手続によらず一般に適当と認められる方法、時期、価格等により取立又は処分の上、その取得金から諸費用を差し引いた残額を法定の順序にかかわらずXの債務の弁済に充当することができる」との条項を含む銀行取引約定を締結したこと
3　Xは、平成20年2月12日○○地方裁判所に再生手続開始の申立てをし、同月19日再生手続開始の決定を受けたが、Xは手続開始の申立て当時、Yに対し、少なくとも9億6,866万9,079円の当座貸越債務を負担していたが、請求原因2の銀行取引約定に基づき、その期限の利益を喪失したこと
4　Yは、Xの再生手続開始の申立てに先立ち、Xから、満期を平成20年2月20日〜同年6月25日とする本件約束手形について、取立委任のための裏書譲渡を受けたこと
5　Yは、Xの再生手続開始後、本件各手形を順次取り立て、合計5億6,225万9,545円の取立金を受領したこと

＊Yは、本件各手形（請求原因4）につき商事留置権を有するYが、本件取立金を本件条項に基づき本件当座貸越債務の一部の弁済に充当することは、民事再生法上、別除権の行使として許されるものであって、Yによる本件取立金の利得は法律上の原因を欠くものではないと主張している。

＊前掲平成23年最判は、「留置権は、他人の物の占有者が被担保債権の弁済を受けるまで目的物を留置することを本質的な効力とするものであり（民法295条1項）、留置権による競売（民事執行法195条）は、被担保債権の弁済を受けないま

まに目的物の留置をいつまでも継続しなければならない負担から留置権者を解放するために認められた手続であって、上記の留置権の本質的な効力を否定する趣旨に出たものでないことは明らかであるから、留置権者は、留置権による競売が行われた場合には、その換価金を留置することができるものと解される。この理は、商事留置権の目的物が取立委任に係る約束手形であり、当該約束手形が取立てにより取立金に変じた場合であっても、取立金が銀行の計算上明らかになっているものである以上、異なるところはないというべきである。したがって、取立委任を受けた約束手形につき商事留置権を有する者は、当該約束手形の取立てに係る取立金を留置することができる」と判示したうえで、「会社から取立委任を受けた約束手形につき商事留置権を有する銀行は、同会社の再生手続開始後に、これを取り立てた場合であっても、民事再生法53条2項の定める別除権の行使として、その取立金を留置することができることになるから、これについては、その額が被担保債権の額を上回るものでない限り、通常、再生計画の弁済原資や再生債務者の事業原資に充てることを予定し得ないところである……。このことに加え、民事再生法88条が、別除権者は当該別除権に係る担保権の被担保債権については、その別除権の行使によって弁済を受けることができない債権の部分についてのみ再生債権者としてその権利を行うことができる旨を規定し、同法94条2項が、別除権者は別除権の行使によって弁済を受けることができないと見込まれる債権の額を届け出なければならない旨を規定していることも考慮すると、上記取立金を法定の手続によらず債務の弁済に充当できる旨定める銀行取引約定は、別除権の行使に付随する合意として、民事再生法上も有効であると解するのが相当である。このように解しても、別除権の目的である財産の受戻しの制限、担保権の消滅及び弁済禁止の原則に関する民事再生法の各規定の趣旨や、経済的に窮境にある債務者とその債権者との間の民事上の権利関係を適切に調整し、もって当該債務者の事業又は経済生活の再生を図ろうとする民事再生法の目的（同法1条）に反するものではない……。したがって、会社から取立委任を受けた約束手形につ

き商事留置権を有する銀行は、同会社の再生手続開始後の取立てに係る取立金を、法定の手続によらず同会社の債務の弁済に充当し得る旨を定める銀行取引約定に基づき、同会社の債務の弁済に充当することができる」と結論する。

第 522 条及び第 523 条　削除〔平成 29 年 6 月法律 45 号〕

1　522 条（商事消滅時効）の削除
(1) 従来の規律

　平成 29 年改正前民法は、その民 167 条において、債権の消滅時効の期間を 10 年としつつ、その特例として、170 条ないし 174 条において、職業別の短期消滅時効の規定を置いていた。これに対し、平成 29 年改正前商 522 条は、商取引の迅速な決済のため商事消滅時効を定めるものと解されていた。しかし、商事消滅時効と民法の消滅時効のいずれが適用されるかが微妙な問題を生じていた（例えば、商人である銀行の貸付債権と商人でない信用金庫の貸付債権は、経済的に同種の債権でありながら、前者は商事消滅時効の規定の適用がされるのに対し、後者は民法の消滅時効の規定の適用がされた。また、商行為である消費貸借契約に係る過払金の返還請求権に商事消滅時効の規定の適用があるかなどが争われた）。

(2) 民法（債権関係）改正に伴う改正前商 522 条の削除

　平成 29 年改正民法は、この短期消滅時効の特例を廃止するとともに、「債権者が権利を行使することができることを知った時から 5 年間行使しないとき」又は「権利を行使することができる時から 10 年間行使しないとき」に、債権が消滅時効によって消滅するものとした（民 166 条 1 項）。

　これに伴い、平成 29 年改正前商 522 条が削除された。このように 522 条が削除された結果、商行為によって生じた債権の消滅時効の期間は、新たな民 166 条 1 項の規律に従うこととなる。この場合に、商行為によって生じた債権の消滅時効の期間に関する規律は、「権利を行使することができる時から 5 年」というものから、「権利を行使することができることを知った時から 5 年」（または権利を行使することができる時から 10 年）に変わることとなった。しかし、商行為によって生じた債権については、通常は、「権利を

行使することができる時」に「権利を行使することができることを知った」ということができることから、平成 29 年改正前商 522 条を削除することとしても、規律の実質に大きな変更はない（大野晃宏「民法（債権関係）改正に伴う商法改正の概要－整備法（平成 29 年法律第 45 号）の解説－」商事法務 2154 号（2017 年）5 頁）。

訴　訟　物　　X の Y に対する売買契約に基づく代金支払請求権
　　　　　　　＊本件は、X は Y に対し、売買代金の支払を求めたところ、Y が客観的起算点及び主観的起算点からの消滅時効を主張した事案である。

請求原因　1　X は Y との間で、本件目的物を 1,000 万円で売買する契約を締結したこと

（消滅時効――主観的起算点）
抗　　弁　1　X が請求原因 1 の売買に基づく代金支払請求権を行使することができることを知ったとき
　　　　　　2　抗弁 1 の時から 5 年間が経過したこと
　　　　　　3　Y は X に対し、消滅時効の援用の意思表示をしたこと

（消滅時効――客観的起算点）
抗　　弁　1　請求原因 1 の時から 10 年間が経過したこと
　　　　　　＊客観的起算点は、「権利を行使することができる時」であるが、売買契約の場合は、原則として、売買契約成立時に代金の支払を求めることができるので（代金支払時期の定めは、抗弁である）、請求原因 1 のように、契約成立時（請求原因 1 の時）ということになる。
　　　　　　2　Y は X に対し、消滅時効の援用の意思表示をしたこと
　　　　　　＊本件のような場合には、客観的起算点による消滅時効の抗弁は、選択されないであろう。なぜなら、契約に基づく一般的な債権については、その発生時に債権者が債権発生の原因及び債務者を認識しているのが通常であるから、5 年間という時効期間が選択されるからである。したがって、本件事案とは異なるが、客観的起算点が問題となるのは、例えば不当利得返還請求権などであって、X がその事実を認識していない場合などであろう。

（消滅時効――平成 29 年改正前 522 条）
抗　　弁　1　請求原因 1 の債務は、X、Y の少なくともいずれか一方にと

って商行為であること
* 本条の規定は、債務者にとってのみ商行為となる一方的商行為に適用されるかという点について、判例は、商行為によって生じた債権又は債務とは、同一の法律関係に対して債権者又は債務者の方面より観察した文言にすぎないとして、債務者のために商行為である以上は、債権者のために商行為でないときも、商行為によって生じた債権であるとしている（大判明治44年3月24日民録17.159〔27824813〕）。
* 最判昭和55年1月24日民集34.1.61〔27000185〕は、「商法522条の適用又は類推適用されるべき債権は商行為に属する法律行為から生じたもの又はこれに準ずるものでなければならないところ、利息制限法所定の制限をこえて支払われた利息・損害金についての不当利益返還請求権は、法律の規定によつて発生する債権であり、しかも、商事取引関係の迅速な解決のため短期消滅時効を定めた立法趣旨からみて、商行為によつて生じた債権に準ずるものと解することもできないから、その消滅時効の期間は民事上の一般債権として民法167条1項により10年と解するのが相当である」と判示する。

2　弁済期日から5年が経過したこと
3　YはXに対し、消滅時効を援用する意思表示をしたこと

(3) その他

　最判昭和36年11月24日民集15.10.2356〔27002238〕、最判昭和44年2月20日民集23.2.427〔27000843〕は、満期白地手形の白地補充権の消滅時効について、平成30年改正前商522条の規定を準用して、5年説を採用していたが、522条の削除はその根拠を消滅させたことになる。結論としては、民166条1項の適用を受けることになろう。

2　523条（準商行為）の削除

　会社法施行前の平成17年改正前商法において、営利を目的とする社団で、商行為をすることを業とはしないが、平成17年改正前商法の規定に従い設立したもの（民事会社）の行為。商行為に関する規定が準用された（平成17年改正前商52条2項、523条）。

　会社法においては、会社がその事業としてする行為及びその事業のために

する行為は商行為であるとされるので（会社5条）、会社に関して、「準商行為」の概念は存在しない。

ただし、商行為を行なうことを業とする者ではないが、商人とみなされる者（擬制商人）の行為については、平成17年改正前商523条のような規定が存在しないため、会社法制定前と同様に、「準商行為」として商行為に関する規定が適用されると解すべきであろう（こう解さないと、商行為に関する規定は準用されず、民法の規定が適用されることになる）。

第2章 売　　　　買

1　売買に関する民法と商法の関係

　商法は、商人間の売買につき、売主による目的物の供託及び競売（524条）、定期売買の履行遅滞による解除（525条）、買主による目的物の検査及び通知（526条）及び買主による目的物の保管及び供託（527条、528条）に関する規定を置く。これら商人間の売買を「商事売買」と呼び、商人間の売買でなくとも商法の適用を受ける売買（「第2編第1章総則」の適用を受ける場合）とは概念上区別することができる。

　商法が、商取引の迅速な確定を図るわずか5か条の任意規定のみを置くこととしたのは、既に、民法に基本的な規定が置かれているからである。要件事実論の観点からすると、商事売買であるからといって民事売買と全くその範疇を別にするというものではない。1条の解説3(4)イで述べたとおり、商事売買の代金支払請求権、目的物引渡請求権は、商法典から生じるのではなく、民555条に基づいて発生するのである。言い換えれば、代金支払請求権についていうと、商事売買だからといって民555条の売買契約に基づく売買代金請求権と異なる「商事売買代金支払請求権」などが存在するものではない。要件事実論の観点からいうと、売買契約に基づく代金支払請求権又は目的物引渡請求権を訴訟物とする訴訟を想定すると、商事売買に関する524条ないし528条は、理論的には、請求原因になることなく、抗弁以下に登場するものなのである。

　ちなみに、最判平成4年10月20日民集46.7.1129〔27813262〕【53】が、通知義務を履行した買主の権利の内容とその消長に関し、「商法526条は、商人間の売買における目的物に瑕疵又は数量不足がある場合に、買主が売主に対して損害賠償請求権等の権利を行使するための前提要件を規定したにとどまり、同条所定の義務を履行することにより買主が行使し得る権利の内容及びその消長については、民法の一般原則の定めるところによるべきである」と説示しているが、上記の構造からの論理的帰結である。

　また、売買の売主が商人であっても、買主が商人でなく消費者である場合には消費者を保護すべき特別法として、消費者契約法1条、2条1項所定の「消費者」、割賦8条、特定商取26条1項1号（拙著『第4版要件事実民法(5)-Ⅰ契約Ⅰ』第一法規株式会社（2017年）617頁）などがある。しかし、買主にとって商行為（営業のため若しくは営業としての取引）である場合については、それら特別法の特定の規定が適用されないこととされている。

訴訟物　XのYに対する売買契約解除に基づく原状回復請求権としての目的物返還請求権

＊本件は、割賦販売業者XがYに売買した目的物を引き渡したが、割賦金の支払が滞ったため、解除して目的物の返還を求めたところ、Xの解除が催告後20日以内であったため、Yが商人であるか否かが争点となった事案である。

請求原因
1　XはYとの間で、本件目的物を代金20万円で売買する契約を締結したこと
2　XとYは、請求原因1の代金を平成○年1月から4月まで毎月末日限り金5万円ずつ支払う合意をしたこと
3　XはYに対し、請求原因1の契約に基づいて、本件目的物を引き渡したこと
4　平成○年1月の月末を経過したこと
5　XはYに対し、請求原因4の後、割賦金の支払を催告したこと
6　請求原因5の催告から10日が経過したこと
7　XはYに対し、請求原因6の後、請求原因1の契約を解除する旨の意思表示をしたこと

（割賦販売法の催告期間）
抗弁
1　Xは、割賦販売業者（購入者から代金を2月以上の期間にわたり、かつ、3回以上に分割して受領することを条件として指定商品を販売することを業とする者）であること
＊「本件目的物は、割賦販売法の定める指定商品に該当するものであること」は、法律判断であるから主張・立証する必要はない。
2　本件売買契約が、割賦販売の方法によるものであること
＊この事実は、既に請求原因2において、現れている。
＊以上の抗弁が主張・立証されると、例えば催告期間が20日以上でなければ（割賦5条1項）、解除の効力は生じない（同条2項）。

（営業のため若しくは営業としての取引）
再抗弁
1　請求原因1の契約は、Yが営業のため若しくは営業として商品を購入したこと
＊割賦8条1号（適用除外）に基づく抗弁である。抗弁の対抗及び契約解除等の制限は強行規定である。しかし、割賦販売

法は取引に不慣れな消費者保護のために設けられ、購入者等が営利を目的として、営業のために若しくは営業として締結する取引（事業者間取引）については、割賦販売法の規定は適用されない。

＊あえて適用除外の要件を「購入者のために商行為となる割賦販売」とせず「購入者が営業のために若しくは営業として締結するものに係る割賦販売」としているのは、前者の定めでは、例えば資産形成的意思で金地金等を購入する場合のように、消費者が営業として行なっていないにもかかわらず、形式的に商行為（絶対的商行為（501条）に該当する場合があり、割賦販売法の適用を受けることができない不都合が生じるからである。

＊購入者等が営業のために若しくは営業として締結する取引であるという事実は、消費者保護を目的とする割賦販売法上の各種制限を免れさせる効果を生ずるものであるから、その主張責任は目的物の返還を請求するXにあると解される。

2　商人間売買（取引）の基本的特色

落合誠一「商人間取引：契約の解釈と商慣習」COESOFTLAW-2004-17は、契約理論について、同意の概念で契約を把握する意思理論、契約により契約当事者の共同の利益が増加する効率性理論、多元理論などを紹介し、商人間取引について効率性理論が示唆する基本的特色として、次の4つを挙げる。

(1) 典型的な商人間取引契約は、その違反について法的な制裁規定がなくても、自から履行される（self-enforcing）。それは、もともと継続的な取引関係の形成が予想され、契約違反により得られる利得が、違反により実現されなくなる将来の取引から得られる利得よりも少ないことが多いからである。このように、商人間取引契約は自から履行される性質を有しているので、基本的に、国家がこの種の契約についてあえて履行の強制を図る必要はない。

(2) 商人間取引契約の解釈は、契約文言のみに着目し、それ以外の要素（例えば、当事者の契約締結前後の言動、慣習など）は考慮しない解釈（すなわち文言解釈（textualist interpretation）を原則とすべきである。なぜなら、大規模会社間の取引契約であれば、契約文書の文言はその取引に関するその問題について完全に包摂していると一般に想定でき、その文言が通常有する意味のとおりに解釈されることを当事者は期待しているからである。

(3) 商人間取引契約におけるデフォルト・ルールは限定された条件の下においてのみ定められるべきである。契約法においてはデフォルト・ルールを広範に用意するという一般的理解は、商人間取引契約には妥当しない。しかし、立法者や裁判所は、こうした条件を満たさないデフォルト・ルールを採用しがちで、契約当事者はそれを特約により排除しなければならず、そうしたルールの存在自体が非効率性を生み出す。これは、商取引法の立法のあり方を示唆する。

(4) 商人間取引契約を規制する多くのルールは、強行的なものとすべきでない。商人が現在強行的に禁止されているルールを採用したいと望むことがあるとすれば、それには商取引上合理的な理由があることが多く、それは尊重されるべきである。

3 「商人間の売買」の要件と3条1項の関係

商法の売買に関する本章「売買」の規定は商人間の商行為たる売買に適用されることが、明文で明らかにされている。この場合、3条1項の適用は排除される。3条1項は、当事者の一方にとって商行為であるときは、その双方に商法を適用するという原則を定めているが、商事売買に関する規定はあくまで商人間の売買すなわち双方的商行為に限って適用される。しかし、これらの規定も任意規定であるから、これと異なる特約又は商慣習があるときは、それに従うことになる。

商法の売買に関する規定は、民法のそれらに比べていずれも売主の利益を強く保護する点に特色がある。これは、企業である商人間の売買には地位の互換性があり、売主の立場からみて特に取引の安全・迅速の要請があるからである。

●(売主による目的物の供託及び競売)

第524条 商人間の売買において、買主がその目的物の受領を拒み、又はこれを受領することができないときは、売主は、その物を供託し、又は相当の期間を定めて催告をした後に競売に付することができる。この場合において、売主がその物を供託し、又は競売に付したときは、遅滞なく、買主に対してその旨の通知を発しなければならない。

2 損傷その他の事由による価格の低落のおそれがある物は、前項の催告をしないで競売に付することができる。

3 前2項の規定により売買の目的物を競売に付したときは、売主は、

その代価を供託しなければならない。ただし、その代価の全部又は一部を代金に充当することを妨げない。

---

1 民法における売買目的物の供託及び競売
　民法の規律によれば、買主が目的物の受領を拒絶し、受領が不能又は債権者を確知できないときは、売主は目的物を供託してその引渡債務を免れることができ（民494条）、例外的に、目的物が一定の性質を有する限り、裁判所の許可を得たうえで（非訟95条）、その物を競売し、競売代金を供託できることとされている（民497条）。いずれにせよ、供託によって債務が消滅する。

2 商事売買における特則
　本条は、商人間のいわゆる商事売買の場合において、法律関係を迅速に確定し、売主を保護するため、買主が目的物の受領につき拒絶又は不能のときに供託できることは当然として（本条1項前段は民494条を確認する規定である）、競売することができる場合における民法の定める目的物の性質に関する制限及び裁判所の許可手続を排除した売主の競売権（「自助売却権」）を定め（本条2項。本条の競売は、民執95条の形式的競売手続によって行なわれる）。さらに、その競売代金を供託するという方法のみならず売買代金に充当できることを定める（本条3項）。本条の自助売却権は、その前提として、売主は履行の提供をして相手方を遅滞に付す必要があり、かつ、競売前に催告を要し、競売の売得金も弁済期の到来した売買代金にしか充当できない（江頭・商取引法27頁）。

訴訟物　　XのYに対する売買契約に基づく目的物引渡請求権
　　　　＊商人XY間の売買において、買主Xが売買目的物の受領をいったん拒絶した後、引渡しを求めたところ、Xは既に供託したと抗弁した事案である。このようにYがいったん受領を拒絶して、その後翻意して引渡しを求めることは実務上まれであろう。

請求原因　1　YはXとの間で、本件目的物を代金1,000万円で売買する契約を締結したこと

（供託）
抗弁 1　X及びYは、いずれも商人であること
2　Xは本件訴えに先立って、本件目的物の受領を拒絶したこと
3　Yは本件目的物を供託したこと
＊本条1項の商事売買の売主の供託権と民494条の弁済供託との差異は、供託したことの買主への通知が民495条3項の到達主義と異なり、発信主義という点である（本条1項後段）。しかし、買主への通知は仮にそれがされなくとも、民495条3項の場合も、本条1項後段の場合も、供託の効力に影響を及ぼさない。したがって、要件事実の観点からは商事売買の供託権は民494条の弁済供託と変わりはない。

3　民494条の改正の本条（商事売買における売主の供託権及び自助売却権）への影響

改正前の関係条文の文言は、①受領遅滞に係る民413条は「債権者が債務の履行を受けることを拒み」とし、②弁済供託に係る民494条は、「債権者が弁済の受領を拒み」とし、③本条1項は、「買主がその目的物の受領を拒み」としていた。そして、平成29年民法改正によって、民413条1項は、①の表現を踏襲したが、②につき、民494条1項2号は、「弁済の提供をした場合において、債権者がその受領を拒んだとき」と改正した。③の本条は、変更がない。

本条1項の受領拒絶は、改正前の民法の通説の理解に合わせ、受領拒絶の事実さえあれば、買主を遅滞に付すための口頭の提供をすることを要しないと解されていた。商人間の売買は迅速な結了が要請され、売主をして速やかに目的物の引渡義務を免れさせるという理由である。

ところで、今般、②が改正された以上、②を商人間売買において具体化している③の解釈も、影響を与えるかについて、次のとおり、見解が分かれるであろう。

第1は、売主が弁済の提供又はこれに代わる弁済の準備の通知をして、買主を受領遅滞に陥らせなければ、買主があらかじめ目的物の受領を拒んでいたとしても、直ちに目的物の供託又は競売をすることができないとする見解である。

第2は、従来の多数説の立場を維持する見解である。つまり、民494条の改正にもかかわらず、本条は何ら変更されなかったのであるから（単に「買

主がその目的物の受領を拒んだときは」と表現されているのであるから)、文言どおり、買主による受領拒絶の事実さえあれば、売主は、直ちに次の段階に進み得ると解するのである。

浅木・通論補巻Ⅰ 148-149 頁は、民法の改正にもかかわらず、本条1項の解釈は、従来の多数説の立場を維持すべきとし(本条1項前段は、改正民494条1項1号に影響されない)、その理由として、買主が目的物の受領を拒むのは、多くが商品の価格が下落局面にある場合、すなわち、高価で買い受けた買主がこれを受領しないという場合であるから、売主を速やかに次の段階に進ませる必要性を挙げている。

● (定期売買の履行遅滞による解除)

第525条　商人間の売買において、売買の性質又は当事者の意思表示により、特定の日時又は一定の期間内に履行をしなければ契約をした目的を達することができない場合において、当事者の一方が履行をしないでその時期を経過したときは、相手方は、直ちにその履行の請求をした場合を除き、契約の解除をしたものとみなす。

1　民法における定期売買

双務契約においては、当事者の一方が履行遅滞に陥ると、その相手方は催告をし、それから相当期間を経過したうえで、契約を解除することができる(民541条本文)。しかし、民法においても、契約の性質又は当事者の意思表示により、所定の時期までに履行をしなければ契約をした目的を達することができない場合においては、一方の当事者が履行をしないでその時期を経過したときは、相手方は催告をしないで直ちにその契約を解除できることとしている(民542条1項4号)。しかし、その場合でも契約を解除するためには、次の設例の抗弁が示すとおり、なお解除の意思表示は必要である。

> 訴訟物　　XのYに対する売買契約に基づく代金支払請求権
> 　　　　＊本件は、YがXから結婚披露宴当日の出席者に対する引出物とするために契約したところ、その日に届けられなかったためYは解除したとしてXの代金の支払請求を拒絶した事案である。

請求原因 1　XはYとの間で、本件目的物100個を代金50万円で売買する契約を締結したこと

（定期行為の解除）
抗　弁 1　XはYとの間で、本件目的物をYの結婚披露宴当日の出席者に対する引出物とするために契約したこと
　　　　＊本件の場合は、契約の性質上の定期行為（絶対的定期行為）ではないので、無催告解除を主張する以上、抗弁1において、当事者の意思表示によって定期行為（相対的定期行為）であることを主張・立証する必要がある。
　　　2　結婚披露宴当日が経過したこと
　　　3　YはXに対し、抗弁2の日を経過した後、請求原因1の売買契約を解除する旨の意思表示をしたこと
　　　　＊民542条1項4号による解除の場合は、請求原因3の解除の意思表示が必要とされる。

2　商人間の定期売買の特則

　本条は、さらに民542条1項4号の特則として、当事者双方が商人である定期売買について、解除の意思表示を要せず、その一定の時期の経過後、相手方が直ちに履行の請求をしない限り、その時期を経過することによって、当然契約は解除されたものとみなすこととしている。
　本条の解除は、例えば、売買契約に基づく代金支払請求権を訴訟物とする訴訟（下記設例参照）においては、抗弁として機能する。本条の特則は、定期売買の解除の結果生ずる法律関係については一切定めておらず、その点は民法の一般原則によることとなる（西原・商行為法161頁）。
(1) 売買の性質による定期売買（絶対的定期売買）
　売買の性質による定期売買（絶対的定期売買）は、履行期に履行するのでなければ契約の性質から生ずるもので、当事者間で定期売買であることの意思表示の有無にかかわらず定期行為となる。例えば、季節商品の売買、価格変動の激しい商品の売買等がある。

訴訟物　　XのYに対する売買契約に基づく代金支払請求権
　　　　＊商人XY間の売買において、Xがクリスマスケーキ300個の代金30万円の支払を求めたところ、Xが12月24日を経過しても納入をしなかったので、当然解除されているとYが主張して代金の支払を拒絶したが、翌25日、YがXに納

入を求めたと主張した事案である。

請求原因 1　XはYとの間で、ケーキ300個を代金30万円で売買する契約を締結したこと

(定期売買解除)

抗弁 1　Xは菓子製造会社であり、Yは洋菓子販売店であること
　　＊X及びYは、いずれも商人であることを示す事実である。抗弁1の要件事実は、通常、請求原因1で現れているので、その場合改めて主張・立証することは不要である。なお、この要件が事実関係のうえで欠落する場合は、本条の解除規定の適用はない。ただ、抗弁2と3の事実が充足されるときは、民542条1項4号の適用が可能であるが、その場合には、抗弁2と3の要件事実に加えて、「YはXに対し、抗弁3の日を経過した後、請求原因1の売買契約を解除する意思表示をしたこと」の主張・立証が必要である。

　　2　本件目的物は、クリスマス用のケーキであること
　　＊ケーキがクリスマス用として売買された場合は、定期売買といえよう（大判昭和17年4月4日法学11.1289〔27547573〕）。なお、抗弁2の「クリスマス用」であることまでが、請求原因1において現れている場合は、改めて抗弁で主張する必要はない。

　　3　請求原因1の後に到来する12月24日を経過したこと
　　＊最判昭和44年8月29日裁判集民96.443〔27411251〕は、「確定期売買においては、……その不履行が債務者の責に帰すべき事由に基づくか否か、すなわち履行遅滞の有無に関せず、所定時期の経過という客観的事実によって売買契約は解除されたとみなされる」と判示する。

(履行の請求)

再抗弁 1　YはXに対し、12月25日早朝、ケーキの納入を直ちに行なうように履行の請求をしたこと
　　＊本条は「相手方は、直ちにその履行の請求をした場合を除き」契約の解除がみなされる旨定めているが、「相手方が直ちに履行の請求をしたこと」が解除の効果を障害する再抗弁と位置付けられよう。

(2) 当事者の意思表示による定期売買（相対的定期売買）

当事者間の意思表示によって、一定の時期に履行されるのでなければ、契約の目的が達せられないものである。この場合は、契約の客観的性質からでは、定期売買であることは明らかとならず、履行期を経過した時点での履行では当事者の契約目的が達成されないことが契約の重要な要素として合意（明示に限らず黙示である場合もある）されていることを要する。定期売買というためには期限が経過すると売買目的物が役に立たなくなるものに限られるのであり、ただ単に当事者が契約の履行について期限厳守といっただけで本条にいう定期売買となるわけではない。

訴訟物　XのYに対する売買契約解除に基づく売買代金返還請求権
＊ともに商人であるXとY間で杉苗の売買がされたが、買主Xが目的の杉苗が転売のためであり、転買人に至急発送すべき事情にあることを売主Yに示して代金も全額支払い、Yもこれを承知のうえ、引渡期日を合意したが、引渡期日に履行がなかった。本件は、XがYに対して、支払った売買代金の返還を求めた事案である。

請求原因
1　YはXとの間で、杉苗を引渡期日を平成○年○月○日とし代金100万円で売買する契約を締結したこと
2　XはYに対して、代金100万円を支払ったこと
3　XとYは、いずれも種苗の販売を業とするものであること
　＊XとYは、いずれも商人であることを示す事実である。
4　Xの売買の目的が転売のためであり、転買人Aに至急発送すべき事情にあることをYに示し、Yはこれを承知して本件杉苗の引渡期日を合意したものであること
　＊盛岡地判昭和30年3月8日下民6.4.432〔27400681〕は、本件を民542条の問題として取り扱っているが、請求原因3の事実が現れている以上、商人間の定期行為に関する本条の適用が可能である。
5　請求原因1の引渡期日を経過したこと

● (買主による目的物の検査及び通知)

第526条　商人間の売買において、買主は、その売買の目的物を受領したときは、遅滞なく、その物を検査しなければならない。

2　前項に規定する場合において、買主は、同項の規定による検査により売買の目的物が種類、品質又は数量に関して契約の内容に適合しないことを発見したときは、直ちに売主に対してその旨の通知を発しなければ、その不適合を理由とする履行の追完の請求、代金の減額の請求、損害賠償の請求及び契約の解除をすることができない。売買の目的物が種類又は品質に関して契約の内容に適合しないことを直ちに発見することができない場合において、買主が6箇月以内にその不適合を発見したときも、同様とする。

3　前項の規定は、売買の目的物が種類、品質又は数量に関して契約の内容に適合しないことにつき売主が悪意であった場合には、適用しない。

1　本条の趣旨

本条（特に、本条1項、2項）の検査義務と通知義務の趣旨は、商人間の売買においては、売主の担保責任を民566条所定の1年間という長期間不安定な地位に置かないようにし、また、売主に善後策（買主の主張に対する反証の準備、転売・仕入先との交渉など）を講じる機会を与え、さらに、買主が売主のリスクにおいて投機を行なうこと（相場の動向をみて解除するか否かを決定する）を防止しようと企図し、かつ、商人としての専門知識を有する買主は容易に契約不適合を発見できるであろうということに基づいているとされる。

本条2項及び3項は、平成29年民法改正における売主の担保責任に関する規定の改正に伴って「瑕疵」の文言が「契約不適合」に改められたにとどまるが、上記のように、本条の検査義務・通知義務の規定は、あくまで民法の売主の担保責任制度が前提となっている（以下2参照）。

2　民法（債権関係）改正における売主の担保責任

(1) 買主の救済手段の明確化

売買契約の売主の担保責任について、民法は改正に伴い、売主が種類、品質又は数量に関して契約の内容に適合しない目的物を買主に引き渡した場合には、買主の救済手段として、追完請求権（民562条1項）、代金減額請求権（民563条）、損害賠償請求権（民564条、415条）、解除権（民564条、541条、512条）の4つの手段を用意しており、この点は、商人間の売買に

おいてもこれら民法の規定が前提となる。
(2) 契約責任説の採用
　今日、売買目的物は大量生産されており、不具合があった場合には、部品の交換、代替物の給付など追完が可能な場合が拡大しており、特定物売買と不特定物売買を区別して、前者のみ担保責任によるとして（法定責任説）、後者と取扱いを大きく変える合理性もなくなってきている（最判昭和36年12月15日民集15.11.2852〔27002221〕は、不特定物の売買においては、いったん目的物を受領したとしても、買主が瑕疵の存在を認識したうえでこれを履行として認容しない限り、完全履行の請求が可能であるとしていた）。そこで、平成29年民法（債権関係）改正により、特定物売買と不特定物売買とを区別することなく、契約内容に不適合な目的物を引き渡した場合には、契約は未履行と整理（契約責任説）して、買主の救済手段を上記(1)のように明確にした。
　なお、判例は、商人間売買である限り、目的物が不特定物の場合にも本条1項、2項が適用されるという立場を一貫して採ってきた（大判昭和2年4月15日民集6.249〔27510687〕、最判昭和35年12月2日民集14.13.2893〔27002374〕【51】［黒沼悦郎］）。その実質的理由は、商人間売買では目的物が不特定物であることが大半なので、本条1項、2項の適用を特定物に限定すると、同条の存在意義が無くなることにある。本条が不特定物の売買に適用されると解する法律構成には、民法（債権関係）改正前は、2つあった。1つは、前掲昭和2年大判の立場を採って、買主の受領後は不特定物についても担保責任の規定の適用を認めたうえで、その責任追及の要件として本条の遵守を求めるものである。もう1つは、瑕疵担保責任の追及であれ債務不履行責任の追及であれ、売買の目的物が契約に適合しないことを理由とする請求には本条の要件を満たしていることを必要とするものである。後者の見解によると、瑕疵担保責任が不特定物の売買に適用されるかどうかは、本条を不特定物の売買に適用する障害とはならない。前掲昭和35年最判は、「商法526条の規定は、不特定物の売買の場合にも、適用があると解するのを相当とする」との結論を述べるのみで、その理由の説示はないが、買主が履行として認容して不特定物を受領したか否かに言及していないことからすると、後者の見解によっていたと思われる（【51】［黒沼悦郎］105頁）。
(3) 民法の売主の担保責任と本条の検査義務・通知義務との関係
　民法所定の追完の請求、代金の減額の請求、損害賠償の請求及び契約の解除の権利は、買主がその不適合を知った時から1年以内は行使することができる（民566条）。しかし、このように長期間不安定な状況に置くのは敏活

を旨とする商人間の売買における売主にとって法律関係が確定せず不都合である。

そこで、本条は、商人間の売買において、種類又は品質に関して契約の内容に適合しない目的物が引き渡された場合に、買主が売主に対して履行の追完の請求、代金の減額の請求、損害賠償の請求及び契約の解除の権利を行使するための制約要件としての検査義務・通知義務を課するのである。次の設例は、当事者が検査義務・通知義務そのものを主張している事案ではないが、本条の検査義務・通知義務の要件事実の重要さを示すものとして掲記したものである（再抗弁の＊に挙げた後掲昭和47年最判の説示参照）。

訴訟物 　XのYに対する売買契約に基づく代金支払請求権
＊暖房機器の製造販売業者であるXは、種苗卸売業者であるYに、ビニールハウス内で使用する暖房用バーナーを売却した。その引渡しは、Xにおいて、Yの指示したYの転売先に梱包したまま送付し、転売先のビニールハウス内に据え付けるという方法で行なわれた。ところが、転売先のAに据え付けられたバーナーはタンク内に亀裂が生じる不良品であったため、AからYのもとに返品されてきた。本件は、XがYに対し、代金の支払を求めたところ、Yは、「代金は各商品引渡後3か月以内に支払う」旨の約定があり、Xの給付（商品の引渡し）はその債務の本旨に違反したもので不完全履行であり、売買の目的物の引渡しをしたとはいえないので、いまだ代金支払債務の履行期日は到来していないと主張した事案である。

＊本件は、最判昭和47年1月25日裁判集民105.19〔27403796〕の事案を参考とするものである。

請求原因 　1　XはYとの間で、ビニールハウス内で使用する暖房用バーナーを売買する契約を締結したこと

（支払期限）

抗　弁 　1　請求原因1の売買契約には、「代金は各商品引渡し後3か月以内に支払う」旨の約定があること

＊この事実摘示のもととなったYの主張は、Yは、本件暖房用バーナーの売買契約においては、Xからいまだ債務の本旨に従った履行がない（不良品が納入されたにすぎない）から、代金支払債務の履行期は到来していないという主張（そ

の当否は別）である。

(期限到来)

再抗弁 1 請求原因1の売買契約に基づき、XはYの指示に従って、Aのビニールハウス内に暖房用バーナーを納入設置したこと

＊前掲昭和47年最判は、「Yの……主張の趣旨とするところは、債務の履行としての給付が全くなかつたというのではなく、その給付はあつたが［再抗弁1の事実が認められ、再抗弁2は公知の事実である］、これに瑕疵があつたというにほかならない。そうであれば、代金の支払について、所論のとおり引渡後3か月以内に代金を支払う旨の約定が存したからといつて、右約定のみをもつて、代金の支払義務を免れる理由とすることはできないのであり、もし、債務の履行の不完全なことを理由に代金支払義務の履行を拒もうというのであれば、新たに何らかの主張をしなければならないのである」としたうえで、「もしYがXに対し、なお完全な給付を求めうる場合であれば、その履行を催告し、その履行のないことを理由に代金支払の履行を拒み、あるいは、催告に応じて完全な履行をしないことを理由に売買契約を解除して代金債務の消滅を主張すべきであり、また、もし、もはや完全な給付を求めえない場合であれば、右瑕疵の程度に応じ、右売買契約を解除して代金債務を免れ、あるいは損害の賠償を請求することによつて、その債権と代金債権とを相殺する旨を主張すべきものである。Yは、かような事実のうち、そのいずれかを主張・立証するのでなければ、本件売買代金の支払を拒むことはできないのであつて、原判決が説示するところも、またこの趣旨にほかならない。したがつて、Yが前記のような事実を主張・立証しないことを理由に、同人に対し本件売買代金の支払を求めるXの本訴請求を認容した原審の判断は相当であ［る］」と判示する。

さらに、同判決は、YがXに対し完全な給付を求め得ることを前提とする上告論旨に対し、「本件バーナーの瑕疵としてYの主張……は、Xの設計製作上の欠陥に基づく製品の不適格性にあるのであるから、あらためて完全な給付を求めることは、容易に期待しえないことが、その主張自体からうかがわれる……。のみならず、……Xは暖房機器製造販

売業者であり、Yは種苗卸業者である……から、両者はともに商人であつて、本件売買契約が商行為である……。それゆえ、買主たるYは、目的物を受け取つた後遅滞なくこれを検査し、もし、これに瑕疵があることを発見したなら、直ちにXにその旨の通知を発しなければ、その瑕疵によつて契約の解除または損害の賠償を請求することはできないのであり、その瑕疵が直ちに発見しえないものであるときでも、受領後6か月内にその瑕疵を発見して直ちにその旨の通知を発しなければ、右と同様な結果を招くのである（商法526条1項［526条1項・2項］）。そして、この規定の趣旨に照らせば、右により契約を解除しえず、また、損害の賠償をも請求しえなくなつた後においては、かりになお完全な給付が可能であるとしても、買主は、売主に対して、もはや完全な給付を請求しえない」とし、「Yが、本件バーナーの受領後1年余の間に、Xに対し、完全な給付を求めたとか、さらに進んで契約を解除したり、損害の発生を通告したとかいう事実の存したことは認められないというのであるから、Yは、結局、本件売買代金の支払請求に対し、これを拒むことができない」と説示する（526条に関する説示は、本件においては傍論である）。

2　再抗弁1の設置の日から3か月後の日が到来したこと

3　検査義務

　本条1項は、商人間の売買において買主がその目的物を受け取ったときは「遅滞なく」これを検査しなければならないこと（検査義務）を定める。買主がこの検査義務に違反したからといって、それ自体を理由として損害賠償義務は生じない。この検査義務は、以下にみるように本条2項所定の通知義務と分かち難く結び付いている。

　本条1項は、通知の前提として、買主の遅滞のない検査という事実行為が要件であるかのように規定しているが、買主が検査をしなくても何らかの方法により目的物の不適合を知った場合、相当期間内に通知を発すれば、権利保全のための義務を履行したと考えてよいから「検査」したこと自体は要件とならない（司研・要件事実第一巻190-191頁）。

(1)　検査をして売買の目的物に種類、品質又は数量に関して契約の内容との不適合を「直ちに」（本条2項後段との対比）発見したとき（できたとき）

は、「直ちに」(本条2項前段)本条2項所定の通知をしなければならず、これを怠れば、買主は売主に対して、契約不適合に基づく救済を求めることができなくなるという効果が生ずる。ここに「直ちに」とは、当該取引において買主が取引常識からみて当該目的物を検査するのに要すると思われる時間や、通知が遅れたことによって売主が損害を被る危険性、さらには売主に早期に契約内容に適合しているかどうかについて調査の機会を与える必要性を比較検討して決めることになるとされている(東京地判昭和52年4月22日下民28.1＝4.399〔27411742〕)。

(2) 上記(1)と異なり検査をしても「直ちに」不適合を発見することができない場合は、6か月以内に契約不適合の通知をしなければ、買主は売主に対して、契約不適合に基づく救済を求めることができなくなる。商品の契約不適合が発見の困難なものであったとしても同様である(東京地判平成22年12月22日判タ1382.173〔28173991〕)。

4　通知義務

上記3の検査義務(本条1項)を前提として、本条2項は、「通知義務」を定める。通知義務の懈怠は、それ自体が、以下にみるように、履行の追完の請求権、代金の減額請求権、損害賠償請求権及び契約の解除権に対して、いずれもそれら権利の消滅という、実体法上の効果を生じさせるものである(なお、通知義務は権利に対立する義務ではなく、単にこの義務に違反した場合には、上記のように各種請求権・解除権を喪失するという不利益を被るにすぎない。したがって、それは法律的にみて真正の義務ではなく、いわゆる間接義務に属するもの解される)。

(1) 直ちに不適合を発見したとき

本条2項前段は、本条1項の検査によって、売買の目的物に種類、品質又は数量に関して契約の内容に適合しないことを発見したときは、直ちに売主に対してその旨の通知を発しなければ、その不適合を理由とする履行の追完の請求・代金の減額の請求、損害賠償の請求及び契約の解除をすることができないことを定める。本条2項前段の定める「数量」についての契約不適合には、目的物の一部滅失が含まれると解されている。

直ちに発見できた不適合の具体例として、大量の物品であるが等質のものであり、その2〜3について検査すれば発見できた場合(大阪地判大正6年6月18日新聞1284.24〔28244128〕)、容易に計量できる程度の木材の寸法・数量不足の場合(大判昭和16年6月14日判決全集8.22.6〔27547185〕)、試運転により直ちに発見できる発電機の性能不良の場合(大阪地判昭和26

年1月30日下民 2.1.100〔27410037〕）などがある。
(2) 直ちに不適合を発見できないとき
　本条2項後段は売買の目的物が種類は品質に関して契約の内容に適合しないことを直ちに発見することができない場合には、買主が6か月以内にその不適合を発見したときも、同じであることを定める。その反対解釈として、直ちに発見できない不適合についても受領後6か月経過後はこれらの権利を行使できないこととなる。また、数量の不適合については、本条2項後段の特則の適用はなく、前段の規律に服することになる（担保責任を問うことができない）。
　以上のようにして、商人間の売買についての目的物の契約不適合の紛争は、短期間に決着をつけることとして、商人たる売主の早期の法律関係の確定という取引の安全を図っている。なお、前掲昭和47年最判参照。
(3) 不適合の意義
　本条2項は、不適合を「売買の目的物が種類、品質又は数量に関して契約の内容に適合しないこと」と定義している。不適合の領域に入るか否かが争点となったものに、例えば、東京地判平成25年1月22日判時 2202.45〔28220017〕は、「同条〔526条〕の趣旨に照らし、同条がいわゆる明らかな品物違いの場合については適用されないと解するとしても、本件わかめのうち鳴門産わかめであったとは認めることができないものについては、……いずれも鳴門産わかめとの相異が容易に判別し得ず、検査員の検査によってもその相異を判別することが困難なものであったことが認められることからすれば、明らかな品物違いとみることはできず、同条の適用があるものと解するのが相当であ〔る〕」と判示し、例えば盗難車が売買された場合に、目的物の調査だけではなく、過去の権利者等に対する調査も必要となるとは解されていない（東京地判平成25年6月6日判時 2207.50〔28220716〕）。

5　売主の悪意
　本条3項は、売主に悪意がある場合には、2項の規定を適用しないことを定める。悪意の内容は、「売買の目的物が種類、品質又は数量に関して契約の内容に適合しないこと」を知っていることである。このような悪意の売主の責任を短期に免責させる必要はないからである。

6　買主の追完請求
　種類、品質の不適合を理由とする追完請求に対し、本条2項は抗弁として機能する。平成29年改正民法は、売主の担保責任を債務不履行責任に組み

込んで一元化したが、追完請求は、代金減額請求とともに、契約不適合の救済方法として、売買の場合の特則として認められたものである。

訴訟物　XのYに対する売買契約に基づく履行の追完請求権としての修補請求権、代替物引渡請求権又は不足分の引渡請求権
　　＊本件は、XのYに対する売買契約に基づく不適合物の履行を理由とする追完請求に対して、売買当事者がいずれも商人であって、Xが受領してから既に相当期間が経過したことをYが主張した（検査義務の懈怠）ところ、Xは、受領から相当期間内にその不適合の事実の通知（本条2項）をしたこと、また、Yが引渡し時に不適合物であることにつき悪意であったことを主張した事案である。

請求原因
1　YはXとの間で、本件目的物を代金1,000万円で売買する契約を締結したこと
　　＊前掲昭和35年最判【51】は、「商法526条の規定は、不特定物の売買の場合にも、適用があると解するのを相当とするから、原審が本件石炭の売買につき同条を適用したのは正当である」と判示している。
2　YはXに対し、本件目的物を引き渡したこと
　　＊本条所定の「受領」とは、買主が目的物を検査することが事実上可能になることをいうのであるから、売主が占有改定により商品を引き渡したときにも、買主がいつでも商品を返還請求して検査できるのであれば、占有改定のときから商品を受け取ったと解することができる（東京地判平成3年3月22日判時1402.113〔27810348〕）。
3　請求原因2の引き渡された目的物が種類、品質又は数量に関して契約の内容に適合しないものであること

（期間制限）
抗弁
1　X及びYは、ともに商人であること
2　Xが請求原因3の不適合を知った時
　　＊平成29年改正前民564条、565条、566条3項、570条においては、売主の担保責任について、基本的に買主が事実を知った時から1年の期間制限が定められていた。最判平成13年2月22日裁判集民201.109〔28060353〕は、平成29年改正前民564条の「事実を知った時」についてであるが、それ

は、買主が売主に対し担保責任を追及し得る程度に確実な事実関係を認識したことを要するとしていた。すなわち、判例は、訴えの提起までは求めないものの、売主に対し具体的に瑕疵の内容とそれに基づく損害賠償請求をする旨を表明し、請求する損害額の根拠を示す必要があるとしていた（最判平成 4 年 10 月 20 日民集 46.7.1129〔27813262〕【53】）。改正民 566 条は、これを「不適合を知った時」と改めている。併せて、本条 2 項も「契約の内容に適合しないことを発見したときは」と改めている。これを単に不適合が存在することの認識で足りると解すると、前掲平成 13 年最判より早い段階で期間が経過することになる。
 3 抗弁 2 の時から相当期間が経過したこと
  ＊相当期間とは、検査及び通知を発するに必要な期間をいう。

（通知）
再抗弁 1 X は Y に対し、抗弁 2 の相当期間経過に先立って、不適合の事実を Y に通知したこと
  ＊大判大正 11 年 4 月 1 日民集 1.155〔27511094〕は、当時の 288 条 1 項〔526 条 1 項〕の「通知」は、売主に適切な善後策を講ずる機会を速やかに与えるためであることから、瑕疵がある旨を通知するだけでは足りないが、瑕疵・数量不足の種類とその大体の範囲を通知することで足り、詳細かつ正確な内容の通知であることを要しないとしており、これと同程度のものになると考えられる。

（悪意）
再抗弁 1 Y が引渡しの時に目的物が契約の内容に適しないものであることを知っていたこと

（検査通知排除特約）
再抗弁 1 X と Y は、X に検査通知義務を課さない合意をしたこと
  ＊東京地判平成 23 年 1 月 20 日判タ 1365.138〔28173460〕は、「商法 526 条 1 項 2 項は、商人間の売買における特則として、買主に目的物受領後の検査通知義務を課し、これを怠った場合には瑕疵等を理由として民法規定の瑕疵担保責任の追及をすることができない旨を定めたものであるが、個別の合意によって検査通知義務を排除することができる」と判示する。

7 買主の代金減額請求

売買代金請求訴訟において数量不足を理由とする代金減額請求の抗弁に対して、本条2項は再抗弁として機能する。

訴訟物　　XのYに対する売買契約に基づく代金支払請求権
　　　　　　＊本件は、売主Xが買主Yに対し、売買代金の支払を求めたところ、Yは数量不足による代金減額請求の抗弁を主張し、これに対して、Xが本条2項前段による再抗弁を主張した事案である。

請求原因　1　XはYとの間で、本件目的物を代金1,000万円で売買する契約を締結したこと
　　　　　　＊売買代金請求権の請求原因としては、それが商人間の売買であることの主張・立証は不要である。

（数量不足による減額請求）
抗　弁　1　Yは、請求原因1の際、本件目的物の数量を指示したこと
　　　　　　2　本件目的物の数量は、請求原因1の当時、不足していたこと
　　　　　　＊代金減額請求権の行使の要件は、前述した理由により、数量不足の場合に限られ、瑕疵のある場合を含まない。
　　　　　　3　YはXに対し、抗弁2の部分について代金の減額請求の意思表示をしたこと
　　　　　　4　減額されるべき数額

（一部滅失による減額）
抗　弁　1　本件目的物の一部は、請求原因1の当時、滅失していたこと
　　　　　　2　YはXに対し、抗弁1の部分について代金の減額請求の意思表示をしたこと
　　　　　　3　減額されるべき数額

（期間制限）
再抗弁　1　X及びYは、ともに商人であること
　　　　　　＊「商人」であることは、法律上の主張であるから、この点が争われれば、例えば、4条の定める事由など商人資格の取得原因事実を主張・立証する必要がある。
　　　　　　＊本条の適用の対象となる「売買」は当事者双方が商人であることを要するが、当事者双方が既に商人であることが抗弁以前の段階で現れていれば、503条が適用される結果、再抗弁において改めて売買の商行為性に関する主張・立証は要しな

い。
2　Yが本件目的物の契約不適合を知った日
3　再抗弁2の日から相当期間が経過したこと
＊上記の再抗弁は、本条2項前段に基づくものであり、上記2つの抗弁に対する再抗弁である。法文上、「直ちに売主に対してその旨の通知を発しなければ」（解除権又は）代金減額（若しくは損害賠償）の請求をすることができないと定めている。したがって、「売主に通知を発しないこと」が再抗弁を構成する事実として主張・立証されることが必要であるかのように読めるが、本条の趣旨は、相当期間の経過によって売買の権利関係を確定させることに存するのであるから、「買主が相当期間内に通知を発したこと」が、再々抗弁として権利関係の確定を妨げる事由になると解されるのである（司研・要件事実第一巻190頁）。

（通知）

再々抗弁　1　YはXに対し、再抗弁3の期間経過に先立って、目的物の数量不足又は一部の滅失を通知したこと
＊上記の主張は、本条2項前段に基づくものであり、前述（再抗弁3の注記）の理由による再々抗弁に位置付けられる。本条1項によれば、本条2項の前提として、買主による遅滞のない検査（事実行為）は要件であるかのように定めているが、買主が検査をしなくても、何らかの方法によって目的物に契約の不適合があることを知った場合、相当期間内に通知を発すれば、権利保全のための義務を履行したといえるから、検査したこと自体は要件事実ではない（司研・要件事実第一巻190-191頁）。

（悪意）

再々抗弁　1　Xは、再抗弁3の期間経過に先立って、目的物の数量不足又は一部の滅失を知ったこと
＊上記の主張は、本条3項に基づくものである。売主の悪意とは、一般に目的物の引渡し時に売主が数量不足等を知っていることと解されているが、売主が悪意であれば、買主は、通知を発しなくても権利行使できるのであるから、売主の悪意と買主が通知を発することとは、等価値であり、さらに、買主の通知は、相当期間内に発すれば足りると解されているか

ら、売主が悪意になったのがその相当期間内であれば、買主が通知を発しない場合でも権利行使を認めてよいはずである。したがって、売主が目的物の数量不足等を知った時期は、目的物の引渡し時までに限定されず、目的物受領の時期から相当期間経過前であればよいと解される（司研・要件事実第一巻191頁）。

(検査通知排除特約)
再々抗弁 1　XとYは、Yに検査通知義務を課さない合意をしたこと

8　買主の解除権
　売買代金請求訴訟において、目的物の数量不足を理由とする解除の抗弁が提出された場合に、本条2項は再抗弁として機能する。平成29年改正民法は、売主の担保責任を債務不履行責任に組み込んで一元化したが、解除権は損害賠償請求権とともに、一般の債務不履行責任に含まれる救済方法である。

訴訟物　XのYに対する売買契約に基づく代金支払請求権
　　＊本件は、売主Xが買主Yに対し、売買代金の支払を求めたところ、Yは数量不足による解除の抗弁を主張し、これに対して、Xが本条2項による再抗弁を主張した事案である。
請求原因 1　XはYとの間で、本件目的物を代金1,000万円で売買する契約を締結したこと

(数量不足による解除)
抗　弁 1　Xは請求原因1の際、本件目的物の数量を指示したこと
　　　　 2　本件目的物の数量は、請求原因1の当時、不足していたこと
　　　　 3　通常人が買主であったならば、残部のみでは買わなかったであろうことを基礎付ける事実
　　　　 4　YはXに対し、請求原因1の売買契約を解除する意思表示をしたこと

(一部滅失による解除)
抗　弁 1　本件目的物の一部は、請求原因1の当時、滅失していたこと
　　　　 2　通常人が買主であったならば、残部のみでは買わなかったであろうことを基礎付ける事実
　　　　 3　YはXに対し、請求原因1の売買契約を解除する意思表示をしたこと

(期間制限)
再抗弁 1　XとYは、ともに商人であること
　　　　 2　YがXから本件目的物を受領したこと及びその日
　　　　 3　再抗弁2の日から相当期間が経過したこと
　　　　＊上記の再抗弁は、本条2項前段に基づくものであり、上記2つの抗弁に対する再抗弁である。法文上、「直ちに売主に対してその旨の通知を発しなければ」解除（又は代金減額若しくは損害賠償の請求）をすることができないと定めている。したがって、「売主に通知を発しないこと」が再抗弁を構成する事実として主張・立証されることが必要であるかのように読めるが、本条の趣旨は、相当期間の経過によって売買の権利関係を確定させることに存するのであるから、「買主が相当期間内に通知を発したこと」が、再々抗弁として権利関係の確定を妨げる事由になると解されるのである（司研・要件事実第一巻190頁）。

(通知)
再々抗弁 1　YはXに対し、再抗弁3の期間経過に先立って、目的物の数量不足又は一部の滅失を通知したこと
　　　　＊上記の主張は、本条2項前段に基づくものであり、前述（再抗弁3の注記）の理由によって再々抗弁に位置付けられる。

(悪意)
再々抗弁 1　Xは、再抗弁3の期間経過に先立って、目的物の数量不足又は一部の滅失を知ったこと
　　　　＊上記の主張は、本条3項に基づくものである。

(先立つ解除)
再々抗弁 1　YのXに対する契約解除の意思表示は、再抗弁3の期間の経過に先立つこと

(検査通知排除特約)
再々抗弁 1　XとYは、Yに検査通知義務を課さない合意をしたこと

9　買主の損害賠償請求権
　目的物の数量不足に基づく損害賠償請求訴訟において、本条2項は抗弁として機能する。

訴訟物　　XのYに対する売買契約の一部履行不能に基づく損害賠償

請求権
＊本件は、買主Xが売主Yに対し、目的物の数量が契約に不適合（不足）であったことを理由として損害賠償を求めたところ、Yは本条2項前段の抗弁を主張し、これに対し、Xは相当期間内に数量不足の事実をYに通知したと再抗弁した事案である。

請求原因
1　YはXとの間で、本件目的物を代金1,000万円で売買する契約を締結したこと
2　Xは請求原因1の際、本件目的物の数量を指示したこと
3　本件目的物の数量は、請求原因1の当時、不足していたこと
＊請求原因2の2、3の事実に代えて、「本件目的物の一部は、請求原因1の当時、滅失していたこと」であっても、同様の損害賠償請求権が発生する。
4　Xに損害が発生したこと及びその数額

（期間制限）
抗　弁
1　XとYは、ともに商人であること
2　YがXから本件目的物を受領したこと及びその日
3　抗弁2の日から相当期間が経過したこと
＊上記の抗弁は、本条2項前段に基づくものである。

（通知）
再抗弁
1　XはYに対し、抗弁3の期間経過に先立って、目的物の数量不足又は一部の滅失を通知したこと
＊上記の主張は、本条2項前段に基づくものである。

（検査通知排除特約）
再抗弁
1　XとYは、Xに検査通知義務を課さない合意をしたこと

（悪意）
再抗弁
1　Xは、抗弁3の期間経過に先立って、目的物の数量不足又は一部の滅失を知ったこと
＊上記の主張は、本条3項に基づくものである。

（除斥期間）
抗　弁
1　Xが請求原因3の不足の事実を知った日
2　抗弁1の日から1年が経過したこ

（権利の保存）
再抗弁
1　抗弁1の期間経過に先立ち、Xは売主Yの担保責任を問う意思を明確に告げたこと

＊最判平成4年10月20日民集46.7.1129〔27813262〕【53】
〔道野真弘〕は、「商法526条は、商人間の売買における目的物に瑕疵又は数量不足がある場合に、買主が売主に対して損害賠償請求権等の権利を行使するための前提要件を規定したにとどまり、同条所定の義務を履行することにより買主が行使し得る権利の内容及びその消長については、民法の一般原則の定めるところによるべきである。したがって、右の損害賠償請求権は、民法570条、566条3項により、買主が瑕疵又は数量不足を発見した時から1年の経過により消滅すると解すべきであり、……そして、この1年の期間制限は、除斥期間を規定したものと解すべきであり、また、右各法条の文言に照らすと、この損害賠償請求権を保存するには、……売主の担保責任を問う意思を裁判外で明確に告げることをもって足り、裁判上の権利行使をするまでの必要はないと解するのが相当である」と判示したうえで、Xが本件売買目的物に瑕疵があることを知った日から本訴の提起は1年以上経過した日であること、また1年の期間経過をもって直ちに損害賠償請求権が消滅したとはいえないが、その保存のためには「少なくとも、売主に対し、具体的に瑕疵の内容とそれに基づく損害賠償請求をする旨を表明し、請求する損害額の算定の根拠を示すなどして、売主の担保責任を問う意思を明確に告げる必要がある。本件についても、Xが売買目的物の瑕疵の通知をした際などに、右の態様により本件損害賠償請求権を行使して、除斥期間内にこれを保存したものということができるか否かにつき」審理を尽くさせるため原審に差し戻している。

訴訟物 XのYに対する売買契約の債務不履行に基づく損害賠償請求権
＊本件は、中国のAが製造した冷凍焼豚等の冷凍食品をYから購入し、他社へ販売していたXが、上記冷凍食品と同じ工場で製造した冷凍餃子に毒物が混入していたことが発覚したことにより、販売した冷凍食品の廃棄、回収等を余儀なくされ、損害を被ったとして、Yに対し、瑕疵担保責任に基づき、廃棄、回収等に要した費用相当額の損害賠償を求めた

請求原因
1　Xは、冷凍食品、水産加工食品等の食品の製造、加工及び販売を業とする会社であり、Yは、農・畜・水産物の販売・加工、加工食品の輸入・販売を業とする会社であるが、Xは、Yが海外から輸入した畜肉加工食品を購入し、B等へ販売する継続的な売買取引を行なっていたこと

2　Xは、Aにおいて製造され、YがAから購入して輸入した本件商品を別表記載の年月日に発注して購入し納品を受けたこと

3　Aが製造し、Cが輸入して○○生活協同組合を通じて販売された冷凍餃子を食べた消費者が中毒症状を訴え、入院する事件が発生したこと

4　本件商品は、他社へ販売し、消費者が最終的に消費することが予定されていた食品であって、有害物質等が混入している疑いが存在しないことが当然に予定されていた商品であるところ、厚生労働省による発表（中毒症状を訴えた消費者が食べた餃子から有機リン酸系殺虫剤のメタミドホスが検出された旨の発表）を通じて、本件商品に有害物質が混入している疑いがあることが判明し、本件商品が商品価値を有しない商品であることが明らかとなったこと

＊本件商品は、本件中毒事件の原因となった冷凍餃子とは商品の種類が異なるが、冷凍餃子と同じAの工場において製造された製品であるから、有害物質が混入した疑いがあり、また、消費者が有害物質が混入されたおそれがあると感じることは明らかであって、契約不適合の商品である。

＊東京地判平成22年12月22日判タ1382.173〔28173991〕は、「瑕疵担保責任における瑕疵〔契約不適合〕とは、契約の目的物が、契約において当事者間で予定されていた品質・性能を欠くことをいうものと解されるところ、本件売買契約の目的物はすべて食品であり、原告はこれを被告から購入し、B等へ継続的に販売していたのであるから……、XとYの間において、本件商品は、取引観念上、最終的に消費者の消費に供し得る品質を有し、それに基づいて、他社への販売が可能である商品価値を有することが予定されていたものと解される。したがって、本件商品については、このような品質を

有さず、他社への販売が可能である商品価値を有しないことが瑕疵［契約不適合］であるというべきである」としたうえで、「食品は、人体にこれを直接取り入れることが予定されており、有害物質が混入した食品を摂取すれば、生命に関わる重篤な結果を生じる危険性があるから、商品としての食品は、高度な安全性が確保されていることが販売・消費の前提となっているものであって、有害物質が混入している疑いが存在することのみによって、その商品としての品質を備えているとはいえなくなり、商品価値を喪失する性質を持つということができる。そして、上記の本件中毒事件の公表後の状況に照らせば、Aにおいて製造された本件商品は、消費者の目から見れば、有害物質が混入している疑いがあったということができ、これを購入する消費者は皆無であったとみられるから、本件商品は、取引観念上、最終的に消費者の消費に供し得る品質を有しておらず、他社への販売が可能な商品価値を有していなかったと認めることができる」と判示する。

5 Xの損害及び損害額

（期間制限）

抗弁 1 X及びYはいずれも商人であること
 ＊本件売買契約は、商人間の売買であるから、買主であるXは、売買の目的物について検査義務を負い、売買の目的物に存在した瑕疵が直ちに発見できないものであった場合でも、目的物の受領後6か月以内に瑕疵を発見し、直ちに売主であるYに契約不適合の種類と範囲を通知しなければ、Yに対し損害賠償責任を追及することはできない（本条1項、2項）。

2 Xは、平成○年○月○日の厚生労働省の発表により、遅くとも同日において本件商品に瑕疵があることを認識したこと

3 抗弁2の日から6か月が経過したこと
 ＊Xは抗弁3の期間経過後にYに対し契約不適合の種類と範囲を通知しているため、YはXがYに対し損害賠償を請求することはできない。また、仮に同日の通知が直ちになされたものであったと評されるとしても、同日時点で受領から6か月以上経過した商品については、除斥期間が経過してお

り、XはYに対し損害賠償を請求することはできない。

(通知)

再抗弁 1 　XはYに対して、抗弁3の期間内に契約不適合の種類及び大体の範囲を通知したこと

　　＊前掲平成22年東京地判は、「商法526条が、商人間の売買において、買主に目的物の検査義務を課し、目的物に瑕疵があること等が判明した場合に売主に対する通知を義務付けている理由は、善意の売主に、瑕疵等に対する善後策を講じる機会を与えるとともに、買主が売主の危険において投機をなすことを防止する必要があり、また、商人として専門的知識のある買主は容易に瑕疵を発見し得ることが多いことにあると解され、こうした理由に照らして、瑕疵が判明した後買主がなすべき通知の程度は、売主が善後策を検討するに足りる程度のもの、すなわち、瑕疵の種類及び大体の範囲を明らかにする程度のもので足りる」と判示したうえで、「本件商品に存在した瑕疵の原因は、A製造の冷凍餃子にメタミドホスが混入されていたことであるが、これは、平成20年1月30日ころの本件中毒事件の発生と公表を機に明らかになったものであって、それ以前にXが発見することは困難であったと認められるから、本件商品の瑕疵は、直ちに発見することのできない瑕疵であった」とし、「XがYに対し、本件商品に関する損害賠償を求める意向を表明したのは平成20年4月1日であり……、その後、Xは、同年7月29日に、Yに対し損害賠償を求める旨の通知を行っており……、これらは、厚生労働省により本件中毒事件が公表された同年1月30日から2か月から6か月程度が経過した時点において行われていることになるが、Xは、厚生労働省による本件中毒事件の公表後、直ちに本件商品を回収する方針を決定し、自社のホームページ上においてこれを告知するとともに、Yに対しても上記方針を連絡している。他方、上記公表の翌日である平成20年1月31日には、厚生労働省は、関係事業者に対し、本件中毒事件の原因となった冷凍餃子のみならず、Aの製造した製品すべてについて、販売中止を要請し、マスコミ等による報道においても、Aの製造した製品を食べないよう注意喚起がなされており、……Yは、Xからの本

件商品を回収する旨の連絡が、本件商品に有害物質が混入している疑いがあり、消費者の消費に供することができないため、商品価値がないことを前提としてなされている……ということができる。したがって、Xによる上記連絡は、Yに対し本件商品の瑕疵の種類及び大体の範囲を明らかにし、Yに善後策を講じさせる機会を与えるに十分なものであった……から、Xは、瑕疵の発見後、直ちにYに対し通知をしたものと認められる。

Xは、平成20年1月30日には自社のホームページにおいて本件商品の回収を告知し、その後、直ちに取引先等に対してもその方針を連絡していたのであるから、XからYへの上記通知は、遅くとも同月31日には行われたものと推認……できる。

以上によれば、Xは、本件商品のうち、同日の6か月前である平成19年7月31日以降に受領した商品については、瑕疵担保責任に基づく損害賠償請求権を行使……できるが、同日より前に受領した商品については、同損害賠償請求権を行使することができない……（商法526条2項）」と判示する。

● (買主による目的物の保管及び供託)

第527条　前条第1項に規定する場合においては、買主は、契約の解除をしたときであっても、売主の費用をもって売買の目的物を保管し、又は供託しなければならない。ただし、その物について滅失又は損傷のおそれがあるときは、裁判所の許可を得てその物を競売に付し、かつ、その代価を保管し、又は供託しなければならない。
　2　前項ただし書の許可に係る事件は、同項の売買の目的物の所在地を管轄する地方裁判所が管轄する。
　3　第1項の規定により買主が売買の目的物を競売に付したときは、遅滞なく、売主に対してその旨の通知を発しなければならない。
　4　前3項の規定は、売主及び買主の営業所（営業所がない場合にあっては、その住所）が同一の市町村の区域内にある場合には、適用しな

い。

1 買主による目的物の保管及び供託

民法の原則によれば、売買の目的物の契約不適合によって契約を解除した場合は、買主は原状回復のために目的物を返還する義務を負うのみである（民545条）。しかし、商人間の商行為たる売買に民法の適用があるとすると、売主は返送の費用と運送費を負担しなければならず、かつ、途中の危険を冒し転売の好機を失うおそれもある（西原・商行為法157頁）。そこで、本条は、商人間の売買については、買主の責任を加重し、目的物の保管又は供託の義務を負わせることによって（本条1項本文）、売主の保護を図っている。

本条1項前段所定の要件が備わるときは、買主は、原則として売主の費用で目的物を保管又は供託しなければならない。これが、原則的義務である。保管するか供託するかは、買主が選択できる。保管期間については明文がないが、売主が適切な措置を採るまでの一時的なものであるから、保管の事実を通知したにかかわらず売主が善後措置を怠るときは、買主は保管の義務を免れ、売主に目的物を返送することができる。なお、買主は商人であるから、512条に基づき保管につき相当の報酬を請求することができる（西原・商行為法158-159頁）。

訴訟物 　XのYに対する商人間売買契約解除に基づく目的物保管料請求権
　　　　　＊XとYの商人間の売買において、売主Yから買主Xに引き渡された本件目的物は契約不適合であることを理由にXが解除し、Xが保管していたが、Yが何らの措置を採らないので、XがYに対して相当期間経過後の保管料を求めた事案である。

請求原因
1. XとYは、いずれも商人であること
2. Y（売主）はX（買主）との間で、本件目的物を1,000万円で売買する契約を締結したこと
3. YはXに対し、本件目的物を引き渡したこと
4. 本件目的物は、契約不適合物であったこと
5. XはYに対し、追完をするよう催告したこと

6　請求原因5の催告から相当期間が経過したこと
　　　7　XはYに対し、請求原因2の売買契約を解除する意思表示
　　　　をしたこと
　　　8　XはYに対し、本件目的物を保管するとの通知をしたこと
　　　9　請求原因7の解除の意思表示後、相当期間が経過したこと
　　　10　請求原因9の相当期間経過後の本件目的物の保管料額が〇万
　　　　円であること

 2　競売代価の保管及び供託
　目的物が滅失又は損傷のおそれがあるときは、買主は、裁判所の許可を得て、競売を申し立て（民執195条）、その代価を保管又は供託しなければならない（本条1項但書）。この競売は買主の義務であって、524条の競売権とは性質を異にする。そして、本条1項但書の許可に係る事件は、目的物の所在地を管轄する地方裁判所が管轄することを定める（本条2項）。
　本条3項は、買主が本条1項によって競売をした場合、遅滞なく売主に通知を発すべきことを定める。

 3　義務違反の効果
　本条の定める保管又は供託、競売及び通知は、いずれも売主の保護のために、買主に課せられた義務であるから、買主がこれらの義務に違反した場合は、損害賠償の義務（直接義務）を負うこととなる（526条の検査通知義務が間接義務であるのと異なる）。

訴訟物　　XのYに対する商人間売買契約の買主の目的物保管義務違反に基づく損害賠償請求権
　　　　　　＊XとYの商人間の売買において、売主Xから買主Yに引き渡された本件目的物が契約不適合であることを理由にYが解除し、Yが保管することなく直ちにXに返還したので、XがYに対して保管義務違反を理由として損害賠償を求めたところ、Yは適用除外等を主張した事案である。
請求原因　1　XとYは、いずれも商人であること
　　　　　　2　XはYとの間で、本件目的物を1,000万円で売買する契約
　　　　　　　を締結したこと
　　　　　　3　XはYに対し、本件目的物を引き渡したこと
　　　　　　4　本件目的物は、契約不適合物であったこと

5　YはXに対し、追完をするよう催告したこと
　　6　請求原因5の催告から相当期間が経過したこと
　　7　YはXに対し、請求原因2の売買契約を解除する意思表示をしたこと
　　　＊Yは本条1項によって保管義務を負うことになる。
　　8　YはXに対し、直ちに返還したこと
　　9　請求原因8の返還によりXに損害が生じたこと及びその数額

（適用除外）

抗　弁　1　X及びYの営業所（営業所がない場合にあっては、その住所）が同一の市町村の区域内にあること
　　　＊このようにいわゆる同地売買が適用除外とされている趣旨について、西原・商行為法158頁は、「当事者の営業所または住所が同市町村内にある場合には、売主が直ちに適当の処置を採ることができるのが常だからである。しかし、この場合重要なことは、必ずしも当事者の営業所の所在地の同異性そのものではなくて、売主が買主の同意した他地に目的物を送付したことである。したがって、両当事者の営業所が同地内にあっても、売主が買主の指定した他地に目的物を送付した場合には、買主の保管義務の適用があるべく、反対に、両当事者の営業所の所在地が異なっていても、売主の営業所において目的物の引渡がなされ、他地への送付が必要でない場合には、適用がないと解すべきである」としている。

（悪意）

抗　弁　1　Xは、売買の目的物が種類、品質又は数量に関して契約の内容に適合しないことを知っていたこと
　　　＊本条1項の定める保管・供託義務は「前条（526条）第1項に規定する場合」であることを前提とするため、この抗弁は526条2項に基づく主張である。

4　本条1項ないし3項の適用除外

　本条4項は、1項ないし3項の規定が、売主及び買主の営業所（営業所がないときは、その住所）が同一の市町村の区域内にあるときは、通知しないことを定める。

(**参考**）競売許可申請――本条1項但書、2項
　＊この許可を得た当事者は、民執195条によって競売の申立てをすることとなる。

申請理由
1　商人間の売買であること
2　目的物の瑕疵又は数量不足があるために契約を解除したこと
3　目的物が滅失又は損傷するおそれがあること
4　売主及び買主の営業所（営業所がないときは、その住所）が、同一の市町村の区域内にないこと
5　売主に悪意がないこと

第528条　前条の規定は、売主から買主に引き渡した物品が注文した物品と異なる場合における当該売主から買主に引き渡した物品及び売主から買主に引き渡した物品の数量が注文した数量を超過した場合における当該超過した部分の数量の物品について準用する。

　民法の原則によれば、売買の履行として引き渡された目的物が約定の物と異なっていることによって契約を解除した場合は、買主は原状回復のために目的物を返還する義務を負う（民545条）。また、その場合において、買主が追完（代物）請求権を行使するときでも、返還義務を負うにとどまる。さらに、引き渡された物が約定の数量を超える場合も同様である。
　本条は、527条の規定を準用して、商人間のかつ双方にとって商行為たる売買については、買主の上記の返還義務に関し責任を加重し、目的物の保管義務を負わせることによって、売主の保護を図っている。

訴訟物　XのYに対する商人間売買契約に基づく目的物保管料請求権
　　＊XとYの商人間の売買において、売主Yが買主Xに引き渡された本件目的物は注文と異なるものであったので、Xが保管していたが、Yが何らの措置を採らないので、XがYに対して相当期間経過後の保管料を求めた事案である。

請求原因　1　XとYは、いずれも商人であること
2　Y（売主）はX（買主）との間で、本件目的物を1,000万円で売買する契約を締結したこと
3　YはXに対し、本件目的物を引き渡したこと
4　本件目的物は、注文した物品と異なること、又は注文した数量を超過していること
5　XはYに対して、本件目的物（注文と異なる物品、又は超過分の物品）を保管するとの通知をしたこと
6　請求原因5の通知後、相当期間が経過したこと
7　請求原因6の相当期間経過後の本件目的物の保管料が○万円であること

補　章　貿易取引

　今日の貿易取引（主に国際売買）は、売主Aと買主B間の物品売買契約を中核として、その履行のために必要な銀行取引（Aと買主（通知）銀行C間、Bと発行銀行D間、CD間）、運送取引（Aと運送人E間）、保険取引（Aと保険者F間）などの多くの取引が有機的に結び付けられて成立している。そこには、多くの法律問題が存在するが、ここでは、①荷為替信用状による代金決済を中心にして検討を加え（以下1ないし3）、併せて、②インコタームズの取引条件（以下4）に触れることにする。

1　荷為替信用状
(1)　意義
　為替信用状（L/C；Letter of Credit）は、ある者B（信用状の発行依頼人；Applicant）が第三者A（信用状の受益者；Beneficiary）に対して負担する債務について、一定の条件（信用状条件；terms and conditions of the credit）が満たされれば受益者Aに対して支払をする旨を表示した、発行依頼人の取引銀行D（信用状の発行銀行；issuing bank）が発行した書面（又は発行銀行Dの支払約束それ自体）をいう。この信用状に基づく発行銀行Dの支払債務は、発行依頼人Bの受益者Aに対する債務から独立（無因）のもので、発行銀行Dは、発行依頼人Bの受益者Aに対する抗弁をもって受益者Aに対して対抗できないとされる（江頭・商取引法189-190頁）。
　信用状は売主Aが銀行又は買主宛てに振り出す荷為替手形に関して、買主Bの取引銀行Dがその手形代金の支払を確約する書状であり、売主Aが、信用状条件に合致した荷為替手形を振り出す限り、手形代金の支払を受けることができる。信用状は買主Bの取引銀行Dの荷為替手形の支払保証がされているため、売主Aにとって、決済リスクの極めて低い、安全な決済手段であるといえる。
(2)　国際売買における荷為替信用決済の流れ
　国際売買において、荷為替信用状に基づいて代金の決済を行ない、仕向港までの海上運賃及び海上貨物保険の保険料を売主が負担する代表的な取引条件であるCIF売買（Cost Insurance and Freight；運賃保険料込条件）では、通常、次のような流れで、売買契約が実行される。

国際売買（荷為替信用決済）の流れ

```
                    ③信用状
                    (leter of credit ; L/C)
  ┌─────────────┐  発行事実の通知の依頼  ┌─────────────┐
  │   C 銀行    │ ←──────────────────── │   D 銀行    │
  │（買取（通知）│  ⑧荷為替手形の送付・    │ （発行銀行） │
  │   銀行）    │    補償の請求           │             │
  │             │ ────────────────────→  │             │
  │             │  ⑨C 銀行への補償の実行  │             │
  │             │ ←──────────────────── │             │
  └─────────────┘                        └─────────────┘
   ④L/C  ⑥荷為  ⑦買取の  ②L/Cの    ⑩荷為   ⑪補償  ⑫船積書
   発行   替手   実行・   発行依頼   替手    の実   類の
   事実   形の   対価の              形の    行    通交付
   の通   作成・ 交付                呈示・
   知     買取の                     補償の
          依頼                       請求
  ┌─────────────┐   ①売買契約         ┌─────────────┐
  │   売主 A    │  (L/C 決済約定)     │   買主 B    │
  │  （受益者） │ ←────────────────→ │ （発行依頼人）│
  └─────────────┘                     └─────────────┘
  貨物海上       ⑤運送契約・船積み     ⑬船積書類（船荷証券）の提供
  保険契約        船荷証券（E→A）       と物品の受領
  （⑤の前後）   （輸出港）（輸入港）
  ┌─────────┐   ┌─────────┐
  │ 保険会社 F │   │ 運送会社 E │
  └─────────┘   └─────────┘
```

＊運送取引については、第3編の「第3章　海上物品運送に関する特則」、保険取引については、第3編の「第7章　海上保険」「補章　保険法」を参照されたい。

① 買主の信用状提供義務の発生

売主A及び買主Bは、取引条件（CIF条件等）を取り決めて、売買契約を締結する。売主Aと買主Bの間で締結される売買契約の決済条件が荷為替信用状決済である場合、買主Bは信用状（L/C）の発行手続・提供義務が発生する。

② 買主Bの取引銀行Dへの信用状の発行依頼

買主は信用状発行依頼者として自己の取引銀行に信用状の発行を依頼する。この場合、信用状を発行する銀行を発行銀行という。

③ 発行銀行Dによる信用状の発行と、④受益者Aへの通知

発行依頼を受けた発行銀行Dは、通知銀行（買取銀行Cと異なる銀行である場合もある）を通じて売主A（受益者）に信用状の発行を通知する。「通知銀行」とは、発行銀行が、受益者所在地の自己の本支店又はコルレス銀行に依頼して、売主A（受益者）に対して信用状の発行したことを通知する銀行である。

⑤ 売主A（受益者）による貨物の船積

信用状の発行の通知を受けた売主A（受益者）は、売買契約の条件に従って、E運送会社と運送契約を締結する。そのうえで、物品を船積みし、運送人Eから船荷証券（bill of ladlng；B/L）を受領する。

なお、⑤と前後して、売主Aは、売買契約の条件に従って、F保険会社と保険契約を締結し、保険証券を受領する。CIFは、運賃保険料込条件であるため、売主AがF保険会社との間で、貨物海上保険契約を締結する。

⑥ 船積書類、荷為替手形の買取依頼

船積書類、為替手形を整えて、荷為替手形と信用状他必要書類を買取銀行Cに呈示する。

売主Aは、C銀行又は買主Bを支払人とする為替手形を振り出し、信用状とともに信用状の条件に適合する船積書類（商業送り状（commercial invoice）、船荷証券、保険証券など）を添付して（これを荷為替手形という）、自己の取引銀行（C銀行）に提供し、手形の買取りを求める。

⑦ 買取（通知）銀行Cによる買取り

買取（通知）銀行Cは、船積書類が文面上信用状条件と合致しているか否かを点検する（信用状条件への厳格一致の法理）。合致していると判断したときには、手形の支払、引受、買取りを行なう。これにより、売主Aは、売買代金を回収する。

⑧ 発行銀行Dへの書類発送

買取（通知）銀行Cは、発行銀行Dに荷為替手形、船積書類等を送付し、補償を請求する（C銀行は⑦で買取済み）。船積書類送付を受けた発行銀行Dは船積書類が信用状条件に合致しているかを点検して船積書類を受理するか否かを決定する。

⑨ 発行銀行Dは買取（通知）銀行Cに補償を実行する。
⑩ 発行銀行Dによる発行依頼人B（買主）への支払請求、⑪買主Bの補償の実行、⑫発行依頼人Bからの支払があれば、船積書類を交付する。
⑬ 買主B（輸入者）による荷物の引取り

買主Bは、発行銀行Dから、船荷証券、その他の書類を受け取り、船荷証券の原本を運送会社Eに提示して、貨物を引き取る。

(3) 法律関係

ア 信用状と売買契約との関係

信用状はその性質上、信用状の基礎となる売買契約その他の契約とは別個の取引である。信用状に売買契約等への言及がされていても、銀行はその契約とは無関係であり、またそのような契約により何ら拘束されない。受益者

は銀行間、発行依頼人と発行銀行の契約関係を援用することはできない（UCP 4 条(a)）。
イ　信用状条件との「厳格一致の法理」
　発行銀行は、信用状条件と文面上厳格に一致している船積書類の提示がされた場合に限って（提示されさえすれば）、それと引換えに支払いをする義務を負う。この法理の実質的根拠は、発行銀行は発行依頼人の意思を尊重すべきであり、かつ、発行銀行は売買取引の実体に通じているわけではないので、厳格一致がなくても実質的に一致しているとか、買主が実質的に契約目的を達し得るとか独自に判断して行為すると、発行依頼人に不測の損害を生じさせるおそれがあるからである。このように、信用状決済は、荷為替手形決済を確実にする担保として機能はするが、信用状条件と提供書類の不一致（ディスクレパンシー：discrepancy）による書類拒絶リスクがある。
（ア）信用状条件と提供書類の不一致の否定例
　以下に挙げる 3 つの判例は、いずれもディスクレパンシーを否定したものである。
　東京高判平成 15 年 5 月 27 日金商 1178.43〔28082871〕【67】〔田澤元章〕は、Y 会社の依頼に応じて信用状（本件信用状）を開設し、受益者からの買取りを行なった銀行に対し補償した X 銀行が、Y 会社に対し、信用状取引約定書に基づき補償に要した費用の償還を求め（本訴請求）、これに対し、Y 会社が、本件信用状には必要書類として原産地証明書の原本の写し 3 通が記載されていたが、X 銀行が本件の船積書類を受け取った時点では原産地証明書の写しは 2 通しか添付されておらず、信用状条件が充足されていないのに X 銀行による上記補償は行なわれたと主張し、本件船荷証券の引取義務がないことの確認を求めた（反訴請求）事案である（原判決は、本訴請求を棄却し、反訴請求を認容した）。同高裁判決は、ディスクレパンシーの有無について、「本件信用状に必要書類として記載された原産地証明書の写しについては、『PHOTO-COPY』という文言が用いられている。……「COPY」という文言が多義的に用いられることはあり得るとしても、『PHOTO-COPY』という文言は文字どおり、写真複写を意味するものである。そして、これが、貿易取引において、商慣習として、官公署の認証のある写しについて通常用いられる『certified copy』『authenticated copy』などと同様の意味で用いられている事実を認めるに足りる証拠はない」と判示し、不足する 1 通は容易に複写すれば足りることであるからディスクレパンシーは存在しないとする。
　また、東京地判平成 15 年 9 月 26 日金法 1706.40〔28091042〕は、信用状

統一規則が、信用状に定められた書類が信用状条件を充足しているかどうかについて「発行銀行は統一規則に反映されている国際的な標準銀行実務に従って、書類が文面上信用状条件を充足しているかどうかを確かめるために相応の注意をもって点検しなければならない」と定めていることから、信用状条件充足の有無の判断は、信用状と書面の照合によってされる厳格なものということができるが、他方、信用状の機能が国際取引の迅速かつ安全な、決済という点にあることに照らせば、一字一句相違ないことまで要求する趣旨とは考えられず、その照合も実務的かつ合理的な判断によるべきものと解されるので、記載文言や署名から、検査証明書を発行した輸出者が製造者であることが書面上容易かつ合理的に認められる場合には、たとえその旨の明文の表示がなくてもディスクレパンシーに当たらないとしており、東京高判平成16年3月30日金法1714.110〔28092043〕は、これを維持している。

さらに、東京高判昭和59年4月26日高民集37.1.39〔27490551〕は、信用状が包装明細を要求しているがその作成様式について具体的指示をしていない場合においては、独立した書面としての包装明細書を作成することなく包装明細書と検査証明書及び重量明細書を合体させて一通の書面としたものをもって包装明細書を兼ねさせたとしても、直ちに信用状条件との不一致を生じるものということはできないとしている。

訴訟物　　XのYに対する不法行為に基づく損害賠償請求権

＊本件は、X（紳士・婦人・子供服地の輸出入、販売等を目的とする会社）が、外国会社にテキスタイルを販売するに当たり、その代金決済のため信用状及びその改訂版（アメンド）が発行されたところ、同信用状の通知銀行YがXへの信用状改訂版の通知を遅滞したため、Xの買主Aへの商品発送が遅れてAに値引きをせざるを得なくなり、Yに対し、値引額等の損害の支払を求めた事案である。

請求原因
1　Xは台湾のA公司との間で、6月から11月までの間、テキスタイルを販売する旨の売買契約を締結した。
2　A公司は、甲取引の売買代金○○万円の支払のため、B銀行（上海銀行）に対し、Xを受益者とする信用状の開設を依頼し、B銀行は、1月5日、本件原信用状を発行したうえ、同日、電信により、Y銀行（本店台北市）東京支店に対し、Y大阪支店を電信の名宛受取人と定めて、本件原信用状をXに通知するよう依頼した。そこで、翌日、Y東京支店は本件信

用状を Y 大阪支店に転送したうえ、これを受けた Y 大阪支店において、同信用状を X に通知したこと
* なお、Y においては、外国から電信で送られてくる信用状を受信する設備は東京支店にしかなく、大阪支店宛てのものもすべて東京支店で受信し、それを大阪支店に転送していた。
* 本件原信用状及びアメンドは、国際商業会議所の制定する荷為替信用状に関する統一規則及び慣例（以下「信用状統一規則」という）に準拠して発行されたものであり、これをめぐる法律関係は同規則の定めに従うこととなる。

3　その後、乙取引の売買代金その他の原信用状に含まれていない取引代金についても本件原信用状の対象とすることになったことから、A 公司は、B 銀行に対し、本件原信用状の金額を増額する旨の改訂版（本件アメンド）の開設を依頼した。そこで、B 銀行は、1 月 22 日、依頼に基づき、本件アメンドを発行したうえ、同日、電信により、Y 東京支店に対し、これを X に通知するよう依頼し、Y 東京支店は翌 23 日電信を受けたこと

4　受益者の売主が信用状の到達を確認しないで商品を発送することは売主にとって代金決済を受けられない危険を伴うため、受益者は信用状の通知を確認したうえではじめて商品の発送手続を行なうというのが国際貿易の実務であり、また、信用状の発行、通知等にかかわるのが信用のある銀行であって、通知等の手続が当然迅速・適確にされることを前提としていること
* 請求原因 4 は、通知銀行より迅速な通知を受けられるという受益者の信頼は法律上保護に値する利益というべきであることの基礎付事実である。大阪地判平成 12 年 9 月 25 日判時 1742.122〔28060420〕は、「信用状は、国際貿易取引において、国際的に信用力のある買主の取引銀行が、船積書類等と引換えに、支払を約しないしは売主の振り出す為替手形の引受・支払を確約することによって、売主及びその取引銀行の不安を除去し、貿易代金の決済が迅速かつ安全・確実に行われるためのものとして機能し、広く利用されている。そして一般的に、受益者たる売主が信用状の到達を確認しないで商品を発送することは売主にとって代金決済を受けられない危

険を伴うため、受益者は信用状の通知を確認した上で始めて商品の発送手続を行うというのが国際貿易の実務として行われている……。これは、信用状の発行、通知等に関わるのが信用のある銀行であって、通知等の手続が当然迅速・適確になされる……ことを前提としており、買主は、売主の発送期限に合わせて、それまでに信用状の通知がなされる時期をみはからって信用状の開設を行うのである。したがって、受益者において通知銀行からいつ信用状の通知を受けられるか分からず輸出手続遅延のおそれにさらされるのであれば、信用状は前記のような国際貿易取引における迅速・確実な代金決済手段としての機能を果たせなくなるおそれがある。かかる信用状の機能及び国際貿易取引の実態に照らせば、信用状制度自体、信用状取引における通知事務を担う通知銀行に対し、通知の遅れにより商品発送の遅滞等の事態を生じさせないよう、迅速に通知事務を処理すべきことを要請している……。この点、信用状統一規則には通知銀行の迅速な通知義務を直接定めた規定はないが、同規則7条a項が、通知銀行は信用状が外観上正規に発行されたものかどうかを点検すれば足りるとし、通知しないことを選択した場合にはその旨を遅滞なく発行銀行に通報しなければならないとしていることからすれば、通知銀行の通知事務が迅速に行われるべきことを当然の前提としている……。右によれば、通知銀行より迅速な通知を受けられるという受益者の信頼は法律上保護に値する利益というべきであり、通知銀行としては、受益者の右利益を保護し、通知の遅れによる商品発送の遅滞等を生じさせないために、通常通知に要する期間内にできるだけ迅速に通知事務を処理すべき不法行為法上の注意義務を負っている」と判示する。

5 本件アメンドのY大阪支店への転送が遅れて2月4日となり、同支店からXに通知がされたのも同日となったこと

6 甲取引の商品船積み期限は1月31日となっていたところ、Xは本件アメンドの通知が遅れたことから期限に船積みできなかったこと

7 Xは、2月5日、A公司と実体的に同一のA´公司から、Xの本件売買契約に係る商品の納入が遅れ顧客から責任を追及さ

れている旨の抗議を受けたため、本件売買契約に係る商品を航空便により発送し（運賃○万円）、通関手続を経て、同月17日、同商品がA´の顧客に引き渡され、また、Xは、同様の理由でA´から本件売買契約に基づく売買代金の値引きを要求され（値引額○万円）、これに応じたこと
＊Xの損害及びその数額についての事実である。
＊最判平成15年3月27日金法1677.54〔28081527〕は、「売主と買主との間で売買代金の決済方法として信用状を用いることが合意された場合、売主は、特約がない限り、信用状の通知を受けるまでは自己の債務の履行を拒むことができるし、また、信用状の条件変更がされたときは、条件変更の通知を受けこれを承諾するまでは、条件変更に係る債務の履行を拒むことができる。ところで、本件原信用状については平成10年1月6日にXへの通知がされたものの、XとAの間で、本件取引目録〔A〕の商品の船積み前に、同商品と本件取引目録〔B〕の商品とを同時に船積みし、同商品の売買残代金等についても本件原信用状の対象とすることが合意されたのにかかわらず、本件条件変更については船積期限である同月31日に至ってもXへの通知はされなかった……。そうすると、Xは、本件売買契約に係る商品を上記船積期限までに船積みしなかったことによりAに対して債務不履行責任を負うことはなく、売買代金の値引き等をしなければならない相当な理由はなかった」「したがって、YがXに対して本件条件変更を平成10年1月29日までに通知しなかった行為とXが被った損害との間に相当因果関係があるということはできない」と判示する。

（イ）信用状条件にない輸出申告書の確認義務の有無
　輸出者は、船積書類と為替手形を揃えて、輸出地の銀行（買取銀行）の買取依頼書（Application for Negotiation）に必要事項を記入し、信用状の原本を添えて買取りを依頼する。これに対して、買取銀行は輸出者が提出した信用状の内容と提出された書類・為替手形を照合し、書類に不備がなければ、為替手形に記載された代金を支払うことになる。もし、不一致（Discrepancy：ディスクレパンシー）があると、補完する必要があり、整わなかった場合は、買取りは拒否されることになる。次の設例は、信用状条件に

ない輸出申告書の確認義務の有無が問題となった事案である。

訴訟物　　XのYに対する不法行為に基づく損害賠償請求権

＊信用状の発行依頼人をX、受益者をA（実際には原受益者から信用状の譲渡を受けた者）とし、B銀行大阪支店を通知銀行と指定したC銀行発行に係る取消不能信用状において、Y銀行梅田支店がAの代理人であるDを介してAの荷為替手形を買い取った（補章1の冒頭1(2)記載の「国際売買（荷為替信用決済）の流れ」の表（以下、本注において単に「表」という）⑦）。その後の手形の経過は明らかではないが、XはC銀行に対する補償金の支払を了した（表⑪）。ところが、実際にはY銀行が買取りに際し行なった提供証券の審査において、インボイスの商品表示における商品名・数量が、銀行買取用輸出申告書に記載された商品名・数量と異なることを看過していたため、Xは契約どおりの商品を入手することができなかった（表⑬の受領できず）。本件は、Xが、Y銀行が輸出手形の買取りに際し、インボイスと輸出申告書との船積商品の表示の差異を看過したために契約どおりの商品が船積みされず損害を被ったとして、Y銀行に対して不法行為による損害賠償を求めた事案である。

＊本件は、最判平成2年3月20日金法1259.36〔27809829〕を参考にした事案である。

請求原因
1　甲国（クエート）で繊維製品の輸入業を営むXは、日本のA会社との間で、繊維製品の輸入契約を締結し、その代金決済のため、Xを受益者とする信用状をクエートの銀行Bに依頼して開設したこと

2　Aは信用状に基づいて為替手形を振り出し、日本のY銀行は、これを買い取り、その際、Y銀行は、この信用状が添付を要求するインボイス、船荷証券、原産地証明、梱包明細書等の船積書類のほか、信用状条件にはない「輸出申告書」の提出も受けたこと

3　Yは外国為替公認銀行であり、取引当時は輸出申告書の記載と手形振出の原因となった輸出取引との同一性を確認する義務が課されていたこと

＊前掲平成2年最判は、Yは責任を負わないとした原審（大

阪高判昭和60年7月31日判タ569.68〔27802006〕）の判断を是認して、「外国為替公認銀行が顧客から輸出手形を買い取る場合には、……輸出申告書の記載と当該輸出手形振出の原因となつた輸出取引との間に同一性があることを確認すべき義務があることはいうまでもない。しかし、……確認制度の趣旨・目的に照らすと、外国為替公認銀行の確認義務は、外国為替管理の目的を達するために課された公法上の義務であると解するのが相当であり、信用状取引の当事者に対して負担し、あるいはこれを保護するために課された義務ではない……。したがつて、外国為替公認銀行が仮に右義務に違反したとしても、それが直ちに信用状取引の当事者に対する関係で違法な行為……ではない」と判示する。

4　Yは、信用状条件とされた船積書類相互間に文面上の不一致がないかを対比照合して確認したが、信用状条件ではない「輸出申告書」については、当事者名、信用状番号、代金額についてのみ確認し、商品名の表示の相違やヤール数（長さ）の相違については（輸出統計品目表に準拠する関係でインボイスの表示と異なることは多いので）、代金額の合計が一致するので看過したこと

　　＊前掲平成2年最判は、「信用状取引といえども輸出取引の当事者である売主・買主間の信頼関係を基礎とするものであり、顧客の依頼に基づき輸出手形を買い取ることによつて売主・買主間の売買代金決済の一部面に関与するにすぎない買取銀行が右書類の真否や内容の真実性について調査、確認することは実際上不可能であるし、その調査、確認を要求することは迅速、円滑な信用状取引を妨げ、ひいては国際的貿易取引の円滑、安全を阻害する結果を招来するおそれがあるため、信用状に明記された条件と文面上一致する書類が添付されていることのみを点検、確認すれば足りるものとすることにより、信用状取引の円滑と安全を図ろうとするにあり、買取銀行が右点検、確認をしている限り、その買取りは正当化され、売買契約上のクレームは専ら売主・買主間で解決されるべきものとされている……。そうすると、輸出申告書の呈示が信用状条件として明記されていたとは認められない本件の場合には、この観点からも、Yに輸出申告書の点検確認

義務があつたとすることはできない」「信用状取引の性質、信用状取引における買取銀行の立場を勘案すると、信用状付輸出手形の買取りをした外国為替公認銀行は、契約どおりの商品が船積みされていないことを知りながら敢えて輸出手形の買取りを行つた場合、又は一般に輸出取引の対象となる各種商品の品目・性状・品質等についての専門知識を有しない銀行員の注意をもつてしても輸出申告書の記載等から一見して当該輸出が手形振出の原因となつた輸出取引と別個の取引であることが明らかであるのにこれを看過して手形を買い取つた場合は格別、そうでない場合には、契約どおりの商品が船積みされなかつたのに買主が輸出手形の決済を余儀なくされたとしても、そのことにつき、右買主に対して不法行為による損害賠償責任を負わない」と判示する。

5 その後、XはB銀行に信用状発行代金を支払い、船積書類の交付を受けたが、受け取った商品はインボイスに表示された商品とは異なる品質や数量であったこと

6 Xの損害及びその数額

ウ 信用状に基づく荷為替手形の買戻義務

外国為替公認銀行間においては、信用状発行銀行が支払を拒絶した場合について、拒絶理由のいかんを問わず（例えば、書類の信用状条件への不一致、書類の偽造・変造等の正当な拒絶理由がある場合、不当拒絶の場合を問わず）、再買取依頼銀行（受益者から荷為替手形を買い取った銀行）は再買取銀行（指定銀行）から請求があれば直ちに荷為替手形を買い戻さなければならない商慣習があるとされる（後掲平成２年大阪地判）。

<u>訴訟物</u>　XのYに対する信用状に基づく荷為替手形の再買取りの約束及び信用状の交付による債務負担行為に基づく信用状買取代金支払請求権

＊韓国のA会社は日本のB会社から商品を輸入（購入）するに際し、Y銀行に依頼して、B会社に対し、Y銀行を支払銀行とする取消不能荷為替信用状が発行された（補章１の冒頭１(2)記載の「国際売買（荷為替信用決済）の流れ」の表（以下、本注において単に「表」という）③）。X銀行はB会社から本件信用状に基づく荷為替の買取りを依頼され（表⑥）、

検査中に信用状の条件とタイプミスによる不一致があったが、B会社から正しい検査証が発行されたので、X銀行は荷為替を買い取った（表⑦）。

本件は、X銀行がY銀行に対し、手形金49万6,600ドルの支払を求めた（その請求原因は、本件信用状に基づく荷為替手形の再買取りの約束及びアドバイス・オブ・クレジット（信用状）の交付による債務負担行為に基づく）ところ、Y銀行は、外国為替公認銀行間の信用状に基づく荷為替手形の「再買取」取引においては、信用状発行銀行が支払を拒絶したときは、再買取依頼銀行は、その拒絶の理由にかかわらず、再買取銀行からの買戻しの請求を受けると、直ちにこれを買い戻すべき商慣習ないし商慣行があるから、この買戻請求権をもってX銀行の支払請求権と相殺する旨の主張をし、これに対し、Xは商慣習ないし商慣行の適用を排除する旨合意が成立したと反論した事案である。

＊大阪地判平成2年2月8日判時1351.144〔27806762〕【66】は、「外国為替公認銀行間の信用状に基づく荷為替手形の再買取取引において、信用状発行銀行が支払を拒絶したときは、再買取依頼銀行は、保証書等買戻しに関する約定書の交付を受けていなくても、信用状発行銀行の拒絶の理由の如何を問わず、再買取銀行から買戻しの請求を受けると、直ちに荷為替手形を買い戻さなければならない旨の外国為替公認銀行間の商慣習ないし商慣行（以下「本件商慣習ないし商慣行」という。）があり、右商慣習ないし商慣行は、外国銀行の在日支店間の取引も拘束することが認められる」と判示する。

請求原因 1　Y（韓国の銀行）は、A（韓国法人）の依頼により、Aが日本のBから計算機を輸入（購入）するについて、Bに対し、取消不能の一覧払信用状（「本件信用状」）を発行したこと

2　X（インドの銀行）は、Bから本件信用状に基づく荷為替手形の買取りを依頼されたので、本件信用状が呈示を要求する書類（「本件信用状要求書類」）を点検したところ、検査証の中に、信用状条件との不一致及び若干のタイプミスを発見して直ちに、Bに対してそれを説明し、Yに対して、本件信用状の発行銀行にこのままで買取りが可能か否かを問い合わせるよう依

頼したこと
3　XはBから、タイプミスを補正し、本件信用状の信用状条件と一致する別の検査証の呈示を受けたので、本件信用状に基づき荷為替手形を買い取ったこと
4　XはYに対し、不備や不一致がなくなった旨を通知し、本件信用状要求書類を呈示して右手形の再買取りを求めたところ、Yは、同書類を受領し、Xに対し、同手形を再買取りし、手形金49万米国ドルをに支払う旨を約束したこと
5　XはYに対し、本件信用状に基づき荷為替手形の再買取りを求めたところ、YはXに対し、荷為替手形の再買取りが完了したことの確認として、49万米国ドルのアドバイス・オブ・クレジット（advice of credit）を発行・交付し、さらに、再買取代金の支払手続を行なったことの証明として、Xが振込先として指定したC銀行に対する振替依頼書の写しを交付したこと
　＊Yによる本件信用状付き荷為替手形の再買取りは完了し、また、アドバイス・オブ・クレジットは、ノーティス・オブ・クレジット（notice of credit）と同じく、債務確認書を意味し、その交付は、独立した債務負担行為である。そして、XはYに対し、本件信用状に基づく荷為替手形の再買取りの約束及びアドバイス・オブ・クレジットの交付による債務負担行為に基づき、再買取代金49万米国ドルの支払を求めている。

（相殺）

抗　弁　1　外国為替公認銀行間の信用状に基づく荷為替手形の再買取取引においては、信用状発行銀行が支払を拒絶したときは（表⑨の拒絶）、再買取依頼銀行は、買戻しに関する約定書の有無あるいは信用状発行銀行の支払拒絶の理由のいかんにかかわらず、再買取銀行から買戻しの請求を受けると、直ちに荷為替手形を買い戻さなければならないという外国為替公認銀行間の商慣習ないし商慣行があること
　＊再抗弁1にいう「商慣習ないし商慣行」というのは、買戻義務という法的義務を認めるものであるから、「商慣習法」の性質を有する（1条の解説3(3)を参照されたい）。
2　X及びYは、ともに外国為替公認銀行であり、本件信用状

の発行銀行は、Yから本件信用状要求書類の呈示を受けたにもかかわらず、Yに対し、本件信用状に基づく支払を拒絶したため、請求原因4のとおり相殺の主張をして荷為替手形の買戻しを請求したこと
* ＊Yは商慣習ないし商慣行に基づき、Xに対し、荷為替手形の買戻代金として49万6,600米国ドル米国ドルの支払を求める権利（自働債権）を有することを主張する。
3 YはXに対し、YのXに対する請求権とXのYに対する荷為替手形の買取代金請求権とを、その対当額で相殺する旨の意思表示をしたこと
* ＊YはXに対し、荷為替手形を含む本件信用状要求書類を返還済みであるので、Yの同請求権は、同時履行の抗弁権の付着しない自働債権として相殺可能な債権である。

（商慣習・商慣行排除の合意）

再抗弁 1 XY間で、荷為替手形の支払につき、商慣習ないし商慣行の適用を排除する旨合意が成立したことを基礎付ける事実
* ＊例えば、XはYに対し、前記の念書を差し入れない形で、本件信用状に基づく荷為替手形の支払を求め、Yがこれに応じたことなどであろう。
* ＊前掲平成2年大阪地判は、この再抗弁について「念書を差し入れないで信用状に基づく支払がなされたとしても、右事実から、直ちに、本件商慣習ないし商慣行の適用を排除する旨の合意が成立したことを推認することはできず、また、他に、X大阪支店とY大阪支店との間で、右合意が成立したことを認めるに足りる証拠はないから、Xの右主張は採用できない。したがって、X大阪支店とY大阪支店との間の本件信用状に基づく取引についても、本件商慣習ないし商慣行が適用される」と判示する。

2 スタンドバイ信用状

スタンドバイ信用状（SBLC）は、買主（信用状開設者）が支払不能又は遅滞に陥った場合に、売主の求めにより銀行が支払を保証する信用状である。通常のL/Cの場合は船積みごとにL/Cを通じた決済が行なわれるが、スタンドバイ信用状を使用する場合は、取引限度額や有効期間を定め、個別取引の決済はD/P（手形支払書類渡し）ないし送金などによって行なわれ、

SBLCによる決済は行なわれない。D/Pないし送金などによる個別決済が行なわれなかった場合にのみSBLCによる支払が行なわれる。SBLCはL/Cの一形態であるから、L/Cに指定されたとおりの書類を提示することにより支払が行なわれる（この点は、L/Cと同じ）。しかし、通常のL/Cの場合の必要書類は、インボイス、船荷証券などの船積書類であるが、SBLCの場合は債務不履行が発生したことの証明書（通常、受益者のステートメント）が要求される。また、信用状統一規則上の「信用状独立の原則」並びに「書類取引の原則」は、SBLCにも該当する。

次の設例は、スタンドバイ信用状の扱いについて銀行の責任が問われた事件である

> **訴訟物**　XのYに対する債務不履行（又は不法行為）に基づく損害賠償請求権
>
> ＊Xはイラン政府組織Aとの間で、気象用風船の安定器5,000台を4億5,000万円で開発、製造、販売する契約を締結し、この決済を保証するために信用状が使われた。契約当事者間では債務不履行についての紛争があったが、受益者はB銀行に対し支払を求め、同銀行は信用状による支払をした。本件は、Y銀行は、Xの依頼を受けて発行した銀行保証状の支払をし、その求償権の行使として、Xから担保の目的で提供を受けたスタンドバイ信用状の支払を受けた。本件は、Xが、求償権の不存在等を理由として、求償権の違法な行使によりスタンドバイ信用状による支払額と同額の損害を被ったとして、債務不履行若しくは不法行為に基づく損害の賠償を求めた事案である。
>
> ＊本件設例は、東京地判平成7年1月30日判タ895.161〔27828959〕を参考にしたものである。スタンドバイ信用状による支払の是非をめぐる訴訟では、スタンドバイ信用状条件が満たされているか否かが争点となるが、同判決は、原産地証明書が3通要求されている場合に、1通をコピーで提出した程度の不一致を理由として、銀行は支払を拒絶することはできないとし、支払ったことには違法がないとした。

> **請求原因**　1　X（中東地域へ機械輸出を業とする会社）は、Aとの間でAの仕様に基づく気象用風船の安定器5,000台を、4億5,000万円で開発・製造して販売する契約（本件原契約）を締結したこ

と
2 B銀行（中東所在）は、昭和61年11月4日、Aの委託に基づき、代金支払のため、Xを受益者とする次の取消不能（信用状による支払の約束については、発行銀行及び受益者の同意がない限り取消し・変更不可）の信用状を発行したこと
 (1) 信用状金額　4億5,000万円
 (2) 有効期限　昭和62年10月13日（その後、有効期限は平成63年4月13日、7月13日、9月28日に順次変更された）
 (3) 本件信用状は、本件信用状で要求された船積書類等（を提示することにより、東京都のY銀行で一覧払による支払を受けることができる。
 (4) 受益者は、本件信用状を使用する前に、テヘランのC銀行により発行された信用状金額の10パーセント相当額のA宛の契約履行保証状を提出し、本件信用状が有効になる以前に当該契約履行保証状の発行についてのBの確認を得なければならない。
 (5) 受益者は、昭和62年1月9日付のB銀行テレックスのテキストに基づきY銀行等の一流銀行により発行された銀行保証状により、信用状金額の15パーセント（前払金）を受領できる。信用状金額の残額85パーセントは、信用状金額の100パーセントの要求された船積書類等の提示により支払われる。
＊前掲平成7年東京地判は、「前払金受領のための銀行保証状、従って、本件保証状の目的、性質に照らすと、本件信用状の有効期限が延長されれば、その結果、前払金の返還の要否も、右延長後の有効期限が経過するまで定まらないことになるから、本件信用状の有効期限の延長に応じて、当然、本件保証状の履行条件も、Xが、右延長された有効期限までに所定の船積書類等を提示できない場合という趣旨に変更されなければならず、そのため、本件保証状には、……『本保証状は、本件信用状の期限が延長された場合には、これに対応するように延長され』という文言が記載されていると解される。そして、本件信用状の有効期限が、最終的に昭和63年9月28日に変更されたことは、前記……のとおりであり、また、Xが同日までに所定の船積書類等を提示しなかった

……から、同日の経過により本件保証状の履行条件が成就し、Yは、本件保証状に基づき、B銀行に対して所定の金員を支払うべき具体的義務が生じた」と判示する。
3 Xは、本件信用状に基づく前払金を受領するため、銀行保証状の発行をYに依頼し、Yは、昭和62年1月14日、B銀行を受益者とする以下約定の銀行保証状を発行したこと
   (1) Yは、Xが本件信用状において要求されている書類（船積書類等）を昭和62年10月13日までにC（イラン政府セパー省の下部機関）に提示できない場合に、6,750万円を上限として支払実行された金額の返還を取消不能かつ無条件に保証する。
   (2) 本件信用状が効力を失う日に、Yは、B銀行に対し、本件保証状の未使用残高を該当期間につき一般的な利率による利息を付して支払うものとし、いかなる請求も証明も証拠も要求されない。
   (3) 本件保証状は、本件信用状の期限が延長された場合には、これに対応して延長され、また、本件保証状は、本件信用状の条件に従って提示された文書の価値に比例して、かつ、本件信用状の開設依頼人の確認によって減額することができる。
4 Xは、本件保証状のほか、D銀行（イラン）発行の契約履行保証状（ただし、金額は本件信用状金額の5パーセントに相当する2,250万円）の提出等をしたうえ、本件信用状に基づく前払金6,750万円を受領したこと
5 本件信用状の受益者が、昭和63年12月12日、XからEに変更された（本件受益者変更）こと
   ＊前掲平成7年東京地判は、本件保証状が本件受益者変更により当然失効したとのXの主張に対し、「XとAの間の本件原契約は、製品の製造が進展せず、A等イラン側が次第に右製品に関心を失うなどしたため、右製品の引渡による取引の完結が困難になってきたこと、他方、イラン側は、他の商品の購入に関心を持ち始めたが、予算等の関係から新たな信用状を開設することが困難であったため、本件信用状の受益者を変更する方法により、右の商品取引の決済手段として本件信用状を利用することを企図したこと、その結果、原告と

イラン側の間で本件原契約の解消等が話し合われた上、Ｅが本件信用状の新受益者となったが、Ｘは、Ｅとイラン側……の取引の具体的な内容や経過等をほとんど知らず、右の取引と本件原契約の間には実質的な関連がないことが認められ、これによれば、本件受益者変更は、本件信用状を、本件原契約とは無関係の取引の決済手段に流用するためにされたものに過ぎないというべきであり、このような本件受益者変更の趣旨に照らすと、本件受益者変更により直ちに本件保証状が失効するとは解し難い」と判示する。

6　Yは、平成元年8月10日、B銀行に対し、本件保証状の支払として、本件前払金相当額6,750万円と利息の合計6,893万1,832円を支払ったこと

7　Yは、Xに対する債権の担保として、Xから、F銀行がYを受益者として発行していたスタンドバイ信用状の提供を受けていたところ、本件保証状の支払に基づく求償権の行使としてスタンドバイ信用状により6,893万1,832円の支払を受けたが、スタンドバイ信用状の支払は、Xの計算に帰せられたこと

8　本件保証状の支払に基づくYのXに対する求償権の行使が、信義則に反するとの評価根拠事実

　　＊前掲平成7年東京地判は、「Yは、B銀行の本件保証状の支払請求に対し、Xの意向に沿って対応するため、X代表者の指示に従い、本件保証状が本件受益者変更により当然解除されたと考える旨の見解をB銀行に伝えたことは肯定できるが、Yが右のような見解（この見解が取りえないことは、既に述べたとおりである。）をB銀行に伝えたからといって、これが本件保証状の法的効力に何ら影響を与えるものではないから、その後に至って、Yが本件保証状の支払に応じたとしても、格別信義則に反するものとはいえ［ない］」と判示する。

3　請求払無因保証契約
(1) 意義

　「請求払無因保証契約」とは、貸付契約、請負契約等の債務者の債務不履行から生ずる債権者の損害を担保する目的の保証契約で、債権者が一定の要

件を充足した書類を提示すれば、保証委託者（債務者）に実際に債務不履行
があったか否かにかかわりなく保証人が債権者に対し約定の金額の支払義務
を負う契約をいう。大阪高判平成 11 年 2 月 26 日金商 1068.45〔28041158〕
【68】は、日本の銀行が日本法人の債務につきイギリス法を準拠法としてし
た保証が請求払無因保証であると認めた事案であるが、請求払無因保証契約
の法律的性質について詳細な判示をしている、すなわち、同判決は、「無因
保証（demand guarantee）においては、保証人は、保証委託者の原因関係
上の債務の存否如何にかかわらず、支払請求が保証状に記載された要件を充
足しているか否かのみを点検して受益者に支払いをなし、保証委託者に対し
その金額の償還を請求できるため、〈1〉受益者にとって、原因関係上の債務
の存否につき受益者と保証委託者間に争いがあっても、保証状に記載された
要件を充足した書類さえ提供すれば、保証人から簡易迅速に支払いを受ける
ことができ（流動性機能）、かつ、〈2〉保証人である銀行にとって、原因関
係上の争いに巻き込まれることを避けることができる（転換機能）、といっ
た経済的機能があり、銀行としては、特に、右〈2〉の機能のゆえに、原因関
係上の当事者の争いに関わることなく、受益者から保証状記載の（形式
的）要件を充足した請求（ただし、請求自体が詐欺行為である場合を除く。）
のみにしたがって保証債務を履行さえすれば免責を得られるため、専門に保
証を業とする保証会社のような原因関係についての実質的審査の機構や能力
を具備していなくても本件におけるような国際取引について保証をすること
が可能となったものであり、要するに銀行取引実務上無因保証の保証状の発
行を銀行業務として行うことが実際上可能となっている」と判示する。

　なお、伊藤滋夫「『単純合意』というものの捉え方－要件事実論の視点か
らする『法的拘束力をもつ合意』への模索」伊藤滋夫編『商事法の要件事
実』日本評論社（2015 年）94-95 頁は、「この事案に表れている X パナマ法
人と Y 日本銀行との間の契約も、……前述した『単純合意』とはおよそ異
質のものである。なぜなら、本件無因保証契約は、上記裁判所の判示に明確
に述べられているような経済的機能があって、国際銀行業務を成り立たせて
いる重要な社会的存在として、疑いもなく実在するものであるからである。
こうした契約の効力を否定すべき理由はまったくない。本件でも、主たる争
点は、本件保証契約が無因保証契約に当たるかということであって、無因保
証契約が法的拘束力を有するかが争いになったわけではない。ただ、ここで
留意すべきは、保証銀行にとっては、原因関係上の争いがあっても、それを
理由に免責されないので、そうした重い責任を受容するためには、当該契約
が無因保証の性質を有することが、保証銀行と保証委託者間において、明確

になっていることが必要であるということである。本裁判所は、ここで『明確になっている』という要件を満たすためには、『無条件で』という文言の使用が常に必要であるわけではなく、契約全体の趣旨からそれが明らかであれば足りるとしたものと考える。しかし当然のことながら、当事者の内面の『無因意思の存在』のみで足りるものではない。このような無因保証契約が、商取引の上で有意義な機能を果たすものであることはいうまでもなく、これは『社会的に何らかの意味で制度化された行為（前記最判平成8・4・26の判示した用語を使用すれば、社会的に何らかの意味での仕組みの一環としての行為）』であることは論を待たず、同契約の有効性には問題はない、と考える」と述べる。

(2) 無因保証契約の種類と保証の要件

前掲平成11年大阪高判は、「無因保証（demand guarantee）においては、保証人は、受益者からの一定の形式を備えた請求を受けて、それのみによって支払いをなすべきものとされ（オン・ディマンド性）、したがって、当該保証状中にオン・ディマンド性を示す文言が含まれている。そして、個々の保証状において実際に支払請求のために要求される書面によって様々な種類に分かれ、最も要件の軽いシンプル・ディマンド（simple demand）は、受益者の保証人に対する支払請求の書類のみで足りるものであり、最も要件が重いものは、第三者機関の発行した証明書や仲裁判決等を求めるものであり、その中間位に位置するのが一般にオン・ディマンド（on demand）と呼ばれるもので、第三者機関の発行する書類を要求せず、受益者自身の作成する書類のみで支払いが可能となる点はシンプル・ディマンドと同じであるが、支払請求の時点で受益者自身が保証委託者に原因関係上の債務不履行があったことを書類上で宣言することが要求される」「銀行による無因保証は、保証人たる銀行にとって、……原因関係に煩わされずに保証債務を履行して免責を得られるメリットがある反面において、原因関係上の抗弁を放棄し、その危険負担において受益者の権利行使を簡便容易にするものであって、銀行にとって危険性の大きいものである……。したがって、保証状中に『無条件で』など無因保証であることを明確に示す文言が使用されることが望ましい……。

しかしながら、銀行による保証状を無因保証であると判断した英国の前記各判例……は、いずれも、当該保証状中に、オン・ディマンド性を示す文言の記載はあるものの、『無条件で』などの無因保証であることを明確に示す文言の記載はなく、かえって、原因関係に言及した記載や、さらに進んで保証状に基づく銀行の支払義務が原因関係上の事由に条件づけられているとも

読めるような文言を使用した記載があるにもかかわらず、当該保証状は無因保証であると認めている判例であって（すなわち、これらの判例は、当該保証状中に『無条件で』などの無因保証であることを明確に示す文言の記載があることが認定されたうえで、その文言どおりの無因保証の効力を認めるのが相当か否かが争われた事案ではない。）、当該保証状中に『無条件で』など無因保証であることを明確に示す文言が使用されていないことや原因関係への言及があることは、必ずしも当該保証状を無因保証であるとすることの妨げとなるものではない。本件保証状にも、〈1〉被控訴人の支払義務につき『取消不能』すなわちオン・ディマンド性を示す文言の記載はあるものの、〈2〉無因保証であることを明確に示す『無条件で』などの文言の記載はなく、また、〈3〉原因関係である造船契約について言及した記載があるが、右〈2〉〈3〉があるからといって本件保証状による本件保証の無因保証性を否定することにはならず、右各判例にしたがうときは、右〈2〉〈3〉の記載によって本件保証を無因保証とすることを妨げるものではない」と判示する。

|訴訟物| XのYに対する請求払無因保証契約に基づく保証債務履行請求権

＊Y銀行はXに対し、AとX間の造船契約に関して、AのXに対する造船代金前払金返還債務について無因保証をした。本件は、XがY銀行に対して無因保証の履行を求めた事案である。

|請求原因| 1 　YはXに対し、AとX間の本件造船契約に関して、AのXに対する造船代金前払金返還債務について、下記の本件保証状を発行し、Xのために上記債務の支払を保証したこと

記

本件保証は、Yが以下の支払条件を満たす場合にはその条件のみによって本件保証状に基づく義務を履行することとし、Aの前払金返還義務の有無など原因関係とは無関係にかつ原因関係に拘束されることなく、Yが受益者Xに対して支払を行なう銀行保証である。
（1）支払限度額
　　前払造船代金9億5,700万円及びこれに対する前払金支払日から支払済みに至るまで年8パーセントの割合による利息金
（2）支払条件
　　Xが、Y銀行に対して、XがAに対する造船代金前払金返

還請求権を取得するために至った事情及びXがAに対し書面によって右前払金返還請求をしたが請求日から7日以内にAから右前払金及びこれに対する利息金が支払われなかった事実を記載した書面を提出することにより、Y銀行は、Xが同書面を提出した日から21日以内に、Xに対し、前払金及びこれに対する利息金を支払う。
(3) 準拠法　英国法
(4) 専属管轄裁判所　神戸地方裁判所
＊請求原因1の保証は、英国法上「デマンド・ギャランティー」(Demand Guarantee)」(「無因保証」)といわれるものである。
2　XはAに対し、本件造船契約に基づき、6億3,800万円の造船代金前払金を支払ったこと
3　XはYに対し、上記1(2)の手続に従って保証債務履行請求をしたこと
＊請求原因1(2)の支払条件を充足する事実である。
＊前掲平成11年大阪高判は、本件保証については、XとY銀行間に英国法を準拠法とする合意があったことから、本件保証債務履行請求については英国法が準拠法となることを前提とし、次のように判示する。すなわち、同判決は、「本件保証状には、原因関係と無関係の保証であることを明確に示す文言はなく、かえって、『本件造船契約の規定にしたがって』との文言が挿入され、かつ、『本件造船契約の規定』も特定されて引用されているものではあるが、本件保証状に基づく本件保証は、銀行による前払金返還保証（advance payment bond）であり、かつ、当該保証状中にオン・ディマンド性を示す文言……が含まれており、ハウ・リチャードソン判決、……シポレックス判決を先例としてみる限り、本件保証は原因関係の影響を受けない無因保証であるということができる。

　なお、ハウ・リチャードソン判決における事案は、銀行が保証をするに際して、保証委託者から逆補償を得ている事案であり……、また、シポレックス判決においては、銀行の保証に無因責任を認めても、保証委託者との間の契約により適切な反対補償を得て、自らの利益を防御するのが通常である

から、銀行にとって実際上は過酷な結果となることはない旨の判示がある……が、これら両判決が、当該保証状を無因保証であると認める要件として、保証委託者から逆補償を得ていること、あるいは保証委託者との間の契約により適切な反対補償を得ていることを要するとしているわけではない……から、本件保証において、YとAとの間に逆補償あるいは反対補償の合意があったか否かの点は、原因関係の影響を受けない無因保証であるか否かの判断に影響を及ぼす事由とはならない……。さらに、また、保証状を発する銀行と保証委託者との間の逆補償あるいは反対補償の合意の存否のような保証委託当事者間の事情については、通常は受益者の知り得ない事項であるから、取引の安全の観点からすれば、保証状が無因保証であるか否かの判断は、このような事項の存否に左右されることなく、当該保証状の記載内容自体から判別されるべきであって、保証状を無因保証であると認める要件として、保証委託者から逆補償を得ていること、あるいは保証委託者との間の契約により適切な反対補償を得ていることを要すると解することは相当でない。

　なおまた、本件保証における契約当事者がいずれも英国法人でないため、英国におけるような無因保証になじんでいないとすれば、……本件保証が無因保証であることを明確に示す文言の記載がなく、かつ原因たる契約である本件造船契約に言及しそれを引用する記載のある本件保証状を用いて本件保証契約を締結するについては、契約当事者（X、Y）は本件保証が右原因たる契約に附従するものであるとの認識を有していた……との疑問が生じなくもない。しかし、本件保証について契約当事者が準拠法として英国法を選択する合意をした以上、当事者の内心的な認識いかんにかかわらず、本件保証ないしその約定を記載した本件保証状の法的性質は英国法（英国の判例）にしたがって決定されるべきであり、英国の判例によれば、本件保証状による本件保証は無因保証と解すべき……である。さらに、契約当事者の認識を問題とするにつき、一方の当事者であるXが本件保証状は無因保証の約定を記載したものと認識していたことは、Yに対して本件保証債務の履行を求める本件訴訟手続の経過をみれば明ら

かであり、また、Ｙに関しても、銀行実務において、本件保証がなされるかなり前から、本件のような国際取引についてなされる銀行による保証は、原因関係の抗弁をすべて放棄した無因保証とみなされることがあり、それがむしろ原則であることを指摘するものがあり……、銀行であるＹも、本件保証状のような保証状を用いてする保証が無因保証の性質をもつものとされることがありうる程度のことは承知していた……から、本件保証の性質についての契約当事者の認識の点も、本件保証を無因保証と解することを妨げ……ない」と判示する。【68】［桑原康行］139 頁は、本判決について、準拠実質法の問題を中心に解説している。

4　インコタームズ
(1) Ｃ＆Ｆ取引条件

　Ｃ＆Ｆ取引条件の売買契約におけるＣ＆Ｆとは、インコタームズの Cost and Freight 取引条件の略語で、貿易取引において"Ｃ＆Ｆ New York"など仕向港名と併記して使用される。仕向港までの船賃は売主の負担として契約価格の中に含まれている旨の価格条件のみを示す場合と、それにとどまらず、売主と買主との間の責任区分、費用・危険の負担についての条件（trade terms）又は引渡条件（delivery terms）を包括的に示す場合とがある。

　例えばICC（国際商業会議所）が国際取引における取引条件の統一標準として設定し貿易業者の随意的利用に供している Incoterms（Ｃ＆Ｆのみならず Ex works、FOB、CIF 等の取引条件の標準を設定している）によれば、Ｃ＆Ｆ条件において売主は、①仕向港までの運送契約をして運賃を支払う、②約定どおりの物品を自からの費用で本船に積み込む、③積込みにおいて本船の舷側欄干を貨物が通過するまでの危険を負担する、④B/L とインボイス（Invoice、輸出貨物の品名・価格（単価と総額とその建値）・数量・買主等が記載される。明細書（厳密にはパッキング・リストや検量リスト等も揃う必要がある）と請求書を兼ねる書類）買主に提出する等の義務を負い、他方、買主は ①B/L とインボイスが売主により提示されることを条件に船積時点で貨物を引き取る、②船積港で本船の船上に物品を置いた（placing them on the vessel）時以後の危険を負担する、③B/L、インボイスと引換えに代金を払う、④売主が支払った運賃の中に仕向港での荷卸と費用が含まれてない場合、荷卸費用を負担する、⑤輸入港での関税を支払う、等の義務

を負うことになる。ちなみに、売主・買主がIncotermsの定めるC＆F条件で取引をする旨合意するならば、C＆E Incotermsの取引条件による旨契約に明示する（例えば"This contract shall be governed by the provisions of Incoterms C＆F"等）ことにより、契約上の権利・義務を簡単にすることが出来る。ただし、所有権の移転については、Incotermsは何も取り決めていないので契約において「対価の支払を条件として危険の移転と同時に買主に移転する」など、特定しておく必要がある。

(2) C＆F取引条件の売買契約の「船積期間」の意義

神戸地判昭和37年11月10日下民13.11.2293〔27410792〕【65】は、船積期間の特約されたシー・エンド・エフ売買契約を525条の確定期売買と認めたものであるが、①「国際間に結ばれる売買契約も、特段の意思表示ないし慣習の認められないかぎり、当事者間の合意のみにより成立する不要式の諾成契約であり、当事者間に通例交換される契約確認書は、後日における契約の円滑なる履行、紛争発生の際の証拠の確保等を目的として、すでに成立した契約内容を確認するために作成されるものであつて、その作成ないし交換は契約成立の要件にはならないと解すべきであり、かつ、本件においては、それを覆すに足る特段の意思表示ないし慣習の存在したことは認められない」②「およそシー・エンド・エフ売買契約における船積期間は、その買主が自己の在庫品の数量、市場の景況、金融状態、船積地と陸揚地との間の通常の航海日数および船積書類の到着日数等を充分に斟酌したうえ、これを決定し、特約するものであるから、その特約はシー・エンド・エフ売買契約の最も重要な条項であり、売主はこの期間を厳守することを要し、この期間前または期間後に船積した物品の船積書類の提供は、債務の本旨にしたがつた弁済の提供とはいえず、したがつて、売主が約定物品の積込みをすることなく、一旦この期間を徒過すれば、もはやその契約をなした目的を達成することができなくなるものと解すべきである。とすれば、右のごとき意義を有する船積期間の特約された右売買契約は、その性質上、商法第525条所定のいわゆる確定期売買であると解するのが相当である」③「シー・エンド・エフ売買契約において、その代金支払条件として、取消不能銀行確認信用状の開設を特約する目的は、売主をして代金決済の手段たる為替手形の割引を容易ならしめるにとどまらず、さらに目的物の船積以前において、売主が船積すれば直ちに為替手形の割引を受け、売買代金を実質的に回収しうるという確実な保障を与え、目的物の調達ないしその船積を安んじて行わしめることにあるというべきであるから、このような特約のある場合には、買主は、売主に対し目的物の船積ないし船積書類の提供を求めるための先行的条件とし

て、かつ、遅くとも船積期間経過以前に、これを開設すべき義務があるものと解すべきが当然である。そして、買主の右信用状開設の義務は、確定期売買たる船積期間の特約されたシー・エンド・エフ売買契約から生じる義務であり、その先行的給付義務であるから、もし、買主が遅くとも右船積期間経過以前にこれを開設しない場合には、商法第525条により、その売買契約は解除されたものとみなすのが相当であろう」と判示している。

訴訟物　XのYに対する売買契約解除に基づく損害賠償請求権

*ニュージーランドのX会社は日本のY会社との間で、ニュージーランド産冷凍牛肉の輸出入取引に関する事前折衝を行ない、昭和32年6月中に、①G＆F（現在のインコタームズ2010では、CFRに対応する）売買契約によること、②代金支払はYがXを受益者とする荷為替信用状を開設して行なうことで合意した。その後、売買目的物である牛肉の価格と船積期間（昭和32年9月中）についてXから承諾期限を定めた申込みがされ、Yは承諾期間経過後に注文を確認した旨返答した。Xは再度、品質等の条件を付加してYに承諾を求め、Yが承諾すれば売買を確認するとしたところ、Yは承諾した。そこで、Xは契約確認書を送付したが、Yはこれには署名・返送しなかった。結局、Yは信用状の開設を拒否し、船積期間を経過しても開設しなかった。本件は、XはYに対し、本件売買契約の性質は約定の船積期間中に目的物の船積をしなければ契約目的を達せられない確定期売買であって、信用状の開設は目的物船積みの先行的条件であるから、525条に従い、Yが信用状を開設しないまま船積期間を徒過したので解除されたと主張し、生じた損害の賠償を求めたところ、Yは、当事者が契約確認書に署名・交換することが国際取引における契約成立の要件だとして売買契約の不成立（Yは契約確認書に署名・返送していない）を主張し、仮に成立したとしても確定期売買ではなく、信用状の開設義務も先行的条件ではなく、目的物船積義務や船積書類交付義務と同時履行の関係にあるとして争った事案である。

請求原因　1　XはYとの間で、次のとおり、G＆F取引条件の売買契約を締結したこと
　　　　　　　(1)　目的物　冷凍牛肉600クオータース

(2) 代金　陸揚港神戸港価格　重量1ポンドにつきイギリス通貨による2シリング
(3) 代金支払条件　Yがニュージーランド銀行にXを受益者とする一覧払為替手形取消不能銀行確認信用状を開設して行なう。
(4) 目的物の船積期間　9月中に、オークランド市において、汽船甲号又は最初に利用できるその他の船舶に船積みする。
2　Xはその後Yに対し、8月1日付電信により、目的物は汽船乙号に積込む旨を、また、同月8日付電信により、目的物の概算重量は12万ポンドである旨をそれぞれ通知したこと
3　Yは契約の成立後、その解約等を求めて、代金支払条件たる信用状の開設を拒否し、船積期間たる9月末日を経過しても、これを開設しなかったこと
　＊請求原因1の売買契約は、その性質上、約定の船積期間中に目的物の船積みをしなければ、契約をした目的を達することのできない「確定期売買」であり、かつ、信用状の開設は、目的物船積の先行的条件であると解すべきであるから、この契約は、525条により、Yが信用状の開設をせず、船積期間を徒過したときに、解除されたとみなされるとのXの主張である。
4　Yの債務不履行による契約解除の結果、Xは○○万円の損害を被ったこと

(同時履行)

抗　弁　1　Yが売買契約に基づく信用状開設は、XのYに対する目的物の船積みないし船積書類の交付がされるまで拒絶するとのYの意思表示
　＊Xは、Yの信用状開設の義務が、Xの目的物船積みの義務より先給付の関係にあるのであって、両者間に同時履行の関係はないと主張する。

第3章　交互計算

　本章が定める交互計算契約及び次章が定める匿名組合契約は、いずれも商法上の典型契約というべく、各章の冒頭規定がそれら契約の基本的な請求権の権利根拠規定として機能する（民法の典型契約の冒頭規定の意義について、定塚・一試論6頁参照）。

●（交互計算）

第529条　交互計算は、商人間又は商人と商人でない者との間で平常取引をする場合において、一定の期間内の取引から生ずる債権及び債務の総額について相殺をし、その残額の支払をすることを約することによって、その効力を生ずる。

1　交互計算

　本条は、交互計算契約が、商人間又は商人と商人でない者との間で平常取引をする場合において、一定の期間内の取引から生ずる債権及び債務の総額について相殺をし、その残額の支払をすることを約する契約であることを定める。交互計算契約が成立すると、消極的効果と、積極的効果が生ずる。
　交互計算の具体例としては、後記3の設例の事案などが典型例であろうが、相互乗り入れをする鉄道会社間において距離と運賃を通算している場合も、交互計算の原理による清算が行われる。例えば、A鉄道の甲駅からB鉄道の乙駅まで乗車する場合、甲駅で乙駅までの乗車券を購入するが、その購入代金はその区間を運行するA鉄道とB鉄道に距離区間に応じて分配されるから、A鉄道はB鉄道に対して、その区間距離に応じた前受分を支払うべき債務が発生する。こういう債務の発生は日々大量に発生し、また乙駅から甲駅という逆の場合もある。もちろん、他の多数の駅の間においても発生する。これをその都度個々に精算することは膨大な事務作業が必要になる。そこで、清算期日を両社で取り決めて、その期日の両社の相手に対する債権（つまり未収受運賃等）を相殺して、その債務差額が生じた会社が、相手会社に差額分を払うという交互計算の原理に則った清算方法をとることになる。

2　消極的効果（担保的機能）

　消極的効果とは、交互計算不可分の原則といわれるもので、交互計算の期間内に当事者の取引から生じた債権債務は、当然に交互計算に組み入れられ、債権者はその期間中各債権を個別的に行使すること（譲渡、質入れ及び交互計算外の債務との相殺）ができない。この点に関し、松波仁一郎『改正日本商行為法』有斐閣（1913年）426頁は、「債権カ交互計算中ニ入ルトキハ債権者ハ之ヲ弁済スルヲ要セス若シ相手方ヨリ請求ヲ受ケタルトキハ交互計算項目中ノ債権ナル事ヲ示シテ弁済ヲ拒ムコトヲ得交互計算ヲ抗弁トスルナリ相殺ヲ抗弁トスルニ非ス相殺ヲ抗弁トスルトキハ我ニモ反対請求権ナカルヘカラサルモ交互計算ヲ抗弁トスルニハ之ヲ要セス」との指摘をする。

訴訟物	ＡのＹに対する売買契約に基づく代金支払請求権

　　　　　＊本件は譲受債権請求訴訟である。原告は譲受人Ｘであるが、訴訟物は、「ＡのＹに対する売買契約に基づく代金支払請求権」である（司研・紛争類型別122頁は、貸金返還請求権についてこの理を説く）。

請求原因	1　ＡはＹとの間で、本件目的物を代金500万円で売買する契約を締結したこと

　　　　2　ＸはＡに対し、400万円を弁済期平成〇年〇月〇日の約定で貸し渡したこと
　　　　3　Ａが請求原因2の債務の弁済に代えて請求原因1の債権をもって充てることにつき、ＡとＸは合意したこと

（交互計算）

抗　弁	1　ＡとＹは、いずれかが商人であること

　　　　2　ＡとＹは、平常取引をする者であること
　　　　3　ＡとＹは、取引から生じる債権及び債務の総額につき差引計算をして、その残額の支払をする交互計算契約を締結したこと
　　　　4　請求原因1の売買代金債権は、抗弁3の交互計算に組み込まれたものであること

　　　　　＊本件設例の債権譲渡に関する大判昭和11年3月11日民集15.320〔27500585〕【80】は、「交互計算ハ商人間又ハ商人ト商人ニ非サル者トノ間ニ平常取引ヲ為ス場合ニ於テ一定ノ期間内ノ取引ヨリ生スル債権債務ノ総額ニ付相殺ヲ為シ其ノ残額ノ支払ヲ為スヘキコトヲ約スル契約ナレハ当該契約ノ存続

スル限リ其ノ当事者間ニ於ケル爾後ノ取引ヨリ生スル債権債務ハ右ノ方法ニ依リテノミ決済セラルヘキ運命ニアルモノト解スヘク従テ其ノ当事者ハ商法ニ別段ノ規定アルモノノ外交互計算ニ組入レタル債権中或ルモノノミヲ其ノ取立ノ為メ任意ニ交互計算ヨリ除去スルコトヲ得サルハ勿論之ヲ他人ニ譲渡シ因テ当該項目ヲ交互計算ヨリ除去スルノ結果ヲ生セシムルコトヲ得サルコトモ亦明白ナリトス斯ノ如ク交互計算ニ組入レタル各個ノ債権ハ上記ノ方法ニ依リテノミ決済セラルヘキ運命ニアルカ為各別ニ之ヲ取立又之ヲ他人ニ譲渡スコトヲ得サルモノナレハ其ノ譲渡不許ハ当該債権カ交互計算契約ノ下ニ於ケル取引ヨリ生シタルコトノ当然ノ結果ニシテ当該債権ニ付当事者間ニ特ニ譲渡禁止ノ契約ヲ為シタルニ因ルモノト解スヘキニ非ス」としている。

3 積極的効果（決済簡易機能）

　積極的効果とは、交互計算期間内に生じた債権債務の総額について、期間の終了時に相殺をした結果の残額について、債権が超過する計算となった当事者が相手方に対し、1個の新たな債権を取得する（その法的性質は、「更改」）という効力である。

訴訟物　　XのYに対する交互計算契約に基づく残額債権請求権

* 平常取引をする少なくともいずれかが商人であるXY間で、交互計算契約を締結した。その契約成立の日から6か月の末日が到来したこと、又は直前締切日から6か月の末日が到来したが、その間、YはXに対し、鋼板代金5,000万円を売り上げ、他方、XはYに対し、自動車駆体部品代金6,000万円を売り上げた。本件は、XがYに対し、交互計算契約に基づく残額1,000万円の支払を求めた事案である。
* 計算書の承認（532条）によって、各項目債権が消滅して残額債権が発生する。したがって、計算書の承認は請求原因事実として要求されることとなる。その法律的性質は、更改と考えることができる。
* 交互計算契約に基づく残額支払請求権の要件事実として請求原因5及び6の各債権発生原因事実が要求されるか否かについては、おそらく見解の分かれるところであろう。本書はこ

れを肯定する立場を採ることとするが、これに対しては商取引における簡便な決済手段という観点からすると、各債権の発生原因事実を主張・立証することは煩に堪えないし、これら債権を特定して記載された計算書の承認という事実（請求原因7）でまかなえるとする批判が考えられる。しかし、残額支払請求権に対しては異議をいえないという効果（532条）が伴うのであるから、一方的に過重な負担をかけるものともいえまい。

請求原因
1 XとYのうち、少なくともいずれかが、商人であること
2 XとYは、平常取引をする者であること
3 XとYは、取引から生じる債権及び債務の総額につき差引計算をして、その残額の支払をする交互計算契約を締結したこと
   ＊本条は、「相殺をし」としているが、それは集団的な差引計算を意味するものである。また本条は「一定の期間内の取引」というが、一定期間の定めがなされない場合は、531条により6か月締切りとなる。
4 請求原因3の契約成立の日から6か月の末日が到来したこと、又は直前締切日から6か月の末日が到来したこと
5 YはXとの間で、請求原因4の期間内に鋼板を代金5,000万円で売買する契約を締結したこと
   ＊請求原因5及び6については、その債権発生原因事実までの主張・立証は要せず、請求原因7の計算書にそれが特定して記載されていればよいとする立場もあり得る。
6 XはYとの間で、請求原因4の期間内に自動車駆体部品を代金6,000万円で売買する契約を締結したこと
   ＊井上隆晴「一定期間内の売掛代金残額とその特定」本井巽＝中村修三編『民事実務ノート第2巻』判例タイムズ社（1987年）18頁以下を参照されたい。契約に基づく金銭給付の訴えにおいては、本来、一定日時の1個の債権が特定のための基本的単位であり、この原則に対して、どの程度例外を認め得るかの問題（本件のように、複数の売買契約による代金債権をどの程度一括して主張できるかという問題）がある。
7 XはYに対し、請求原因5及び6の債権を記載した計算書を交付し、Yがこれを承認したこと

- ＊532条の通説から導き出される要件事実である。計算書の承認をした以上は、各項目債権の存否又は計算の正否を理由として残額債権を争うことはできなくなる（鈴木・商行為法25頁）。そして、532条但書は、あたかも、錯誤又は脱漏の場合はそのことをもって残額債権自体を争える抗弁となるように解されるのであるが、交互計算は、それ自体として決着をつけるべきことを命じたのであって、抗弁となることは否定すべきである。ただし、不当利得返還請求権の行使は妨げられない（江頭・商取引法39頁）。
- ＊残額の確定を相手方Ｙの承認を待つのでは、Ｙの承認の遅滞や拒否によって不当な不利益を受けることから、残額は期間中絶えず自動的・客観的に確定し、これに基づいて期末に当然その残額の請求権を行使できるとする見解がある。この見解に立つと、請求原因7の要件事実は不要となり、その代わり請求原因5及び6の要件事実は必須ということになろう（西原・商行為法171、173頁）。
- ＊計算書を受けた当事者が承認をするには、必ずしも明示の意思表示を要しない。特段返答をしないで取引を継続することは、黙示の承認の基礎付け事実となろう。

● (商業証券に係る債権債務に関する特則)

第530条 手形その他の商業証券から生じた債権及び債務を交互計算に組み入れた場合において、その商業証券の債務者が弁済をしないときは、当事者は、その債務に関する項目を交互計算から除外することができる。

　交互計算の組み入れられた債権は、相手方の同意がない限り、交互計算から除去することができないのに対し、本条は「手形その他の商業証券から生じた債権及び債務」について、証券の債務者が弁済をしなかったときは、当事者はその債務に関する項目を交互計算から除去することができる旨を定める。本条にいう交互計算から除去することが可能な「手形その他の商業証券から生じた債権及び債務」とは、その商業証券が表章する債権及び債務それ

自体でなく（なぜなら、証券が表章する権利の行使にはその証券を債務者に提示するという特殊な要件が要求されるため、もともと交互計算に組み込むことができない）、商業証券が交付される原因関係上の債権及び債務と解すべきであろう。

そして、本条の立法趣旨は、商業証券上の債務者が満期日に支払をすることを前提とするものであって、もし不渡りとなった場合に、そのまま交互計算による差引計算が行なわれると、組入債務の債務者にとって不公平な結果となることを避けるところにある。

● (交互計算の期間)

第531条 当事者が相殺をすべき期間を定めなかったときは、その期間は、6箇月とする。

交互計算は、債権及び債務の総額について差引計算をするものであるから、算出のための一定期間（交互計算期間）を定める必要が生じる。本条は、当事者の合意によって交互計算期間を定めれば別であるが、その特約のないときはその期間を6か月とする補充規定である。

● (交互計算の承認)

第532条 当事者は、債権及び債務の各項目を記載した計算書の承認をしたときは、当該各項目について異議を述べることができない。ただし、当該計算書の記載に錯誤又は脱漏があったときは、この限りでない。

1　計算書の承認

交互計算においては計算書の承認によって残額支払債務が発生・確定するが、その残額支払債務は旧債務とは別個独立の債務であって、その法律的性質は債権の目的の変更による更改である（通説）。このように解すると、残額支払請求権を訴訟物とする場合、計算書の承認が請求原因として必要とされることとなる（なお、529条の第1設例の請求原因7の注を参照された

本条本文は、当事者が計算書を承認した場合、債権債務の「各項目について異議を述べることができない」と定める。したがって、まず、計算書の項目に挙げられている債権発生原因の売買契約が無効であること、又は取消し・解除をしたということによって残額債務を争うことはできない。このような事由が存在する場合には、不当利得返還請求権の行使をせざるを得ない。また、旧債権に付されていた担保は、当事者の特約のない限り、消滅すると解すべきであろう（民518条1項、大判明治42年12月20日民録15.997〔27521366〕、大判大正9年1月28日民録26.72〔27522994〕は、反対の見解を採る）。

2　錯誤・脱漏がある場合の例外
　本条ただし書は、計算書の承認が「錯誤又は脱漏があったときは、この限りでない」と定める。法文上は、あたかも残額債権そのものを争うことができるように読めるが、制度趣旨からすると、承認の効果には全く影響を及ぼさず、単に不当利得返還請求権の行使を妨げるものではないという趣旨に解すべきであろう。

● (残額についての利息請求権等)

第533条　相殺によって生じた残額については、債権者は、計算の閉鎖の日以後の法定利息を請求することができる。
　　2　前項の規定は、当該相殺に係る債権及び債務の各項目を交互計算に組み入れた日からこれに利息を付することを妨げない。

1　閉鎖後の法定利息
　本条1項は、承認後の残額債権については、交互計算閉鎖の日以後の法定利息（514条）を請求できることを定める。

2　合意による利息請求
　本条2項は、当事者の合意により計算組入れの日から利息を付することができることを定める。したがって、本条1項と2項をあわせると、民法の重利禁止に該当することになるが、本条はその例外としてそれを認めることに

なるのである。

訴訟物 　XのYに対する交互計算残額債権に対する法定利息請求権
＊少なくともいずれかが商人であるXとYは、平常取引をする者であったが、取引から生じる債権及び債務の総額につき差引計算をして、その残額の支払をする交互計算契約を締結していた。YはXに鋼板の売買代金債権5,000万円が生じ、XはYとの間で、自動車駆体部品の売買代金債権6,000万円が生じたが、XはYに対し、上記両債権を記載した計算書を交付し、Yがこれを承認した。本件は、XがYに対して、1,000万円に対する利息の支払を求めた事案である。

請求原因
1　XとYのうち、少なくともいずれかが、商人であること
2　XとYは、平常取引をする者であること
3　XとYは、取引から生じる債権及び債務の総額につき差引計算をして、その残額の支払をする交互計算契約を締結したこと
　＊529条は、「相殺をし」というが、それは集団的な差引計算を意味するものである。また同条は「一定の期間内の取引」というが、一定期間の定めがなされない場合は、531条により6か月締切りとなる。
4　請求原因3の契約成立の日から6か月が経過したこと、又は、直前締切日から6か月が経過したこと
5　YはXに対し、請求原因4の期間内に鋼板を代金5,000万円で売買する契約を締結したこと
6　XはYとの間で、請求原因4の期間内に自動車駆体部品を代金6,000万円で売買する契約を締結したこと
　＊井上隆晴「一定期間内の売掛代金残額とその特定」本井巽＝中村修三編『民事実務ノート第2巻』判例タイムズ社（1963年）18頁以下を参照されたい。契約に基づく金銭給付の訴えにおいては、本来、一定日時の一個の債権が特定のための基本的単位であり、この原則に対して、どの程度例外を認め得るかの問題がある。
7　XはYに対し、請求原因5及び6の債権を記載した計算書を交付し、Yがこれを承認したこと
　＊532条に基づく要件事実である。計算書の承認をした以上

は、各項目債権の存否又は計算の正否を理由として残額債権を争うことはできなくなる（鈴木・商行為法25頁）。そして、532条但書は、あたかも、錯誤又は脱漏の場合はそのことをもって残額債権自体を争える抗弁となるように解されるのであるが、鈴木・商行為法25頁の趣旨はこれを否定する。ただし不当利得返還請求権の行使は妨げられないとする。

● (交互計算の解除)

第534条　各当事者は、いつでも交互計算の解除をすることができる。この場合において、交互計算の解除をしたときは、直ちに、計算を閉鎖して、残額の支払を請求することができる。

1　解約告知

　本条前段は、交互計算当事者がいつでもこれを解約告知（法文上は、「解除」）することができることを定める。交互計算契約は、当事者相互の信頼関係が基盤となるものであるから、契約の存続期間の定めがあっても、また交互計算期間の途中であっても、各当事者はいつでも解約告知をできることとしたのである。交互計算期間の終了と交互計算契約の終了は別である。前者の場合、残額債権から始まる新たな計算期間が開始する。交互計算契約の終了事由としては、本条の定める解約告知のほか、存続期間の満了、契約の一般的終了原因（民541条、542条）がある。

2　計算の閉鎖と残額支払請求権

　本条後段は、解約告知がなされた場合、直ちに計算を閉鎖すべきこと、及び残額支払請求権が発生することを定める。この場合、計算書の承認は、交互計算期間満了のときと異なり、残額支払請求権の発生要件事実とならない。

　訴訟物　　ＸのＹに対する交互計算契約終了に基づく残額債権請求権
　　　　＊訴訟物は、交互計算終了に基づく残額債権請求権である。終了原因ごとに訴訟物が異なるものではなく、終了原因いかんは攻撃方法が異なるにとどまる。

請求原因　1　ＸとＹのうち、少なくともいずれかが、商人であること
2　ＸとＹは、平常取引をする者であること
3　ＸとＹは、取引から生じる債権及び債務の総額につき差引計算をして、その残額の支払をする交互計算契約を締結したこと
＊529条は、「相殺をし」というが、それは集団的な差引計算を意味するものである。また同条は「一定の期間内の取引」というが、一定期間の定めがなされない場合は、531条により6か月締切りとなる。
4　ＸはＹに対し、請求原因3の交互計算契約を解除する意思表示をしたこと
5　ＹはＸとの間で、請求原因4の意思表示の到達日までの期間内に鋼板を代金5,000万円で売買する契約を締結したこと
6　ＸはＹとの間で、請求原因4の意思表示の到達日までの期間内に自動車駆体部品を代金6,000万円で売買する契約を締結したこと

3　スワップ契約の解除と顧客の損害賠償義務の範囲

　スワップ契約とは、将来の一定期間、異なるキャッシュフロー（CF）を相互に交換することを約する契約である。異なる通貨（円とドルなど）の交換を行なう「通貨スワップ」、固定金利と変動金利の交換を行なう「金利スワップ」、石油等商品の価額に相当する金銭を交換する「商品スワップ」、株価指数と金利ないし異なる株価指数同士の交換を行なう「エクィティスワップ」などがあり、主にヘッジ目的で利用される。例えば、金利スワップは、変動金利で借入れをしている企業が将来の金利変動のリスクをヘッジするために固定金利に変更したいという場合、自らは金融機関に対し固定金利を支払い、その代わりに金融機関から変動金利を受け取る、という契約を締結してその目的を達成する（なお、金利スワップでは金利交換のみが行なわれ、元本交換は行なわれないが、金利計算上は元本を決定する必要があるので、そのための名目的な元本を「想定元本」という）。スワップ取引・市場は、ヘッジ目的の参加者に加えて投機目的の参加者が最終的な反対当事者として存在して成立する（東京地判平成11年5月31日判タ1017.173〔28050340〕参照）。
　スワップ契約において交換されるCFは、契約締結時点での両者の現在価値の総和が等しいのが原則である。しかし、為替レート・金利等の変動によ

り、CF の現在価値は時々刻々変化する。このため、契約締結後の任意の時点において将来交換される CF の現在価値を算出すると、両者の間に差額が発生する。この差額がスワップ契約自体の価値であり、スワップ契約の時価評価などの局面において利用される（【81】［森田果］164 頁）。

訴訟物 　　X の Y に対するスワップ契約の債務不履行に基づく精算金請求権

＊X 銀行は、Y に 2 年物預金 2 億円の協力預金を依頼し、そのバックファイナンスとして同額同年限の貸付けをしたが、Y にとって逆鞘となるため、本件円ペセタクーポンスワップを締結し、借入金利を実質的に低減させようとした。条件は、2 年間、半年ごとに、Y は想定元本 10 億円に対して年利 25.5 パーセントを支払い、X 銀行がスペインペセタ想定元本 661,506,913 に対して年利 26.5 パーセントを支払うものである（したがって、Y は為替レートが変動しなければ受払い差引きで年利 1 パーセントを 2 年間享受できるが、円高になれば受取りペセタの円換算額が減少するので損害が発生するリスクがある）。そして、Y は計 4 回の受払いのうち、第 2 回目に円換算後で支払利息超となったため、支払を延滞した。

本件は、X 銀行がスワップ契約を解除したうえで、損害金として、①2 回目（既経過分）の円換算利息の差引き後の未払金額 17,713,953 円と、②残り 2 回の受払利息相当の損害金 38,138,811 円の支払を求めた事案である。②の将来キャッシュフローの現在価値（時価）が民 416 条 1 項に規定する「通常生ずべき損害」の範囲に入るか否かが争点となった。

請求原因 　1　X は Y との間で、以下(1)ないし(6)の約定で、各決済日に、各支払金額を、Y は日本円（想定元本金額 10 億円）により、X はスペイン通貨ペセタ（ESP。想定元本金額 ESP 6 億 6,150 万 6,913）により、相互に支払うスワップ契約を締結したこと

(1) 取引開始日を平成 2 年 8 月 29 日とし、最終期限を平成 4 年 8 月 31 日とする。

(2) 決済日は、平成 3 年 2 月 28 日を第 1 回とし、以後最終期限までの毎年 2 月 28 日及び 8 月 29 日とする。

(3)　支払金額の算定方法は、Yについては円想定元本金額×25.5％×実日数÷365とし、XについてはESP想定元本金額×26.5％×実日数÷365とする。
　(4)　Yが債務の一部でも履行を遅滞したときは、Xは、通知によって期限の利益を失わせるとともに、通知日にこの契約を解除することができる。
　(5)　Xにより本件契約が解除された場合、Yは、解除によって生じる損害を直ちに賠償しなければならない。
　(6)　YがXに支払うべき金員の支払を遅延した場合の損害金は、年14パーセント又は調達コストプラス2パーセントのいずれかの高い割合による金員とする。
　＊この取引は、X銀行がYに2年物預金2億円の設定を依頼し、そのバックファイナンスとして同額同年限の融資をしたものの、Yにとって逆鞘となるため、Yが本件円ペセタクーポンスワップを締結し、借入金利を実質的に低減させようとしたものである。Yは為替レートに変動がなければ、受払い差引きで年利1パーセントを2年にわたって享受できるが、円高になれば受取りペセタの円換算額が減少するので損害が発生するリスクがある。
2　Yは、本件契約所定の第2回決済日である平成3年8月29日が経過したこと
　＊Yが、第2回決済日に、本件契約に定める算定方法によって算出されたYの支払金額1億2,715万0,685円とXの支払金額ESP 8,740万9,530を同月23日の外国為替相場（ESP 1当たり1.2550円）により円換算した1億0,969万8,960円との差額（「決済金」）1,745万1,725円の支払をしなかったことは、請求原因事実ではなく、決済金額を支払ったことがYの主張・立証すべき抗弁である。
3　XはYに対し、平成3年9月30日限り解除する旨の意思表示をし、かつ、同日現在の外国為替相場により算出した第2回決済日にYが支払うべき決済金1,771万3,953円と本件契約の解除によって生じた得べかりし利益の喪失による損害3,813万8,811円の合計5,585万2,764円の支払を催告する意思表示をし、同月27日、Yに到達したこと
4　Xが本件契約の解除によって被った得べかりし利益の喪失

による損害の額は、以下(1)と(2)の合計金4,116万4,325円であること
(1) 第3回目の決済日（平成4年2月28日）に支払われるべき決済金については、本件解除告知の日の前日である平成3年9月25日における日本円とESPとのスポット・レートは1ESP＝1.2581円、同日における解約基準日である同月30日から第3回決済日までの日数（151日）に最も近い5か月物の日本円の金利は年6.375パーセント、6か月物のESPの金利は年12.177パーセントであるから、解約基準日における第3回決済日を引渡日とする日本円とESPとの先物為替レートは1ESP＝1.2290円となり、これに基づいて各決済日における各決済金の現在価値を計算すると、XはYから、第3回決済金として1,931万6,240円の支払を受けるべき立場にある。
(2) 第4回目の決済日（平成4年8月29日）に支払われるべき決済金については、本件解除告知の日の前日である平成3年9月25日における日本円とESPとのスポット・レートは前記のとおり1ESP＝1.2581円、同日における解約基準日である同月30日から第4回決済日までの日数（336日）に最も近い11か月物の日本円の金利は年6.125パーセント、12か月物のESPの金利は年12.132パーセントであるから、解約基準日における第4回決済日を引渡日とする日本円とESPとの先物為替レートは1ESP＝1.1947円となるから、これに基づいて各決済日における各決済金の現在価値を計算すると、XはYから、第4回決済金として2,184万8,084円の支払を受けるべき立場にある。
＊Xは、本件契約の締結に際し、本件契約から発生する為替リスクを回避するために、第三者Aとの間に、本件契約の反対取引を内容とする通貨交換取引契約を締結していたが、本件契約が解除されたことに伴って、本件通貨交換取引契約を解約し、Aに対し解約金として3,813万8,811円を支払った。このことは、Xが本件契約の解除によって被った損害が少なくとも同金額を下らないことを裏付ける間接事実であることを主張し、XはYに対し、本件契約の解除によって生じた得べかりし利益の喪失による損害として、(1)によ

り計算した 4,116 万 4,325 円のうち 3,813 万 8,811 円の支払を求めた。

* 本件契約は、合計 4 回の決済日における金銭の相互支払を内容とする。この 4 回の支払義務は、それぞれ個別の契約に基づくものではなく、全体として 1 個の契約に基づく。そして、各当事者が各決済日に支払う各金銭は、契約期間を通じて全体としてみると契約時点において価値が等しいものとして計算され、合意されたものである。したがって、全 4 回の決済日における決済金の支払が行なわれてはじめて、本件契約の目的が達成され、両当事者の債務の履行が完了する。このように、全 4 回の決済金の支払が行なわれなければ契約の目的が達成されないから、本件契約が契約期間の途中に Y の債務不履行を原因として解除された場合に、その解除によって X が被った損害額の算定に当たっては、履行期既到来の決済金の支払債務のみならず、履行期未到来の決済金の支払債務も考慮されなければならない。そうでないと、X に Y の債務不履行がなかった場合と同じ経済的地位を回復させることができない。このような本件契約の解除によって控訴人が被る損害は、将来の得べかりし利益の喪失による損害にほかならず、民 416 条 1 項にいう損害の範囲に含まれる通常損害である。

* 東京高判平成 9 年 5 月 28 日判タ 982.166〔28022206〕【81】は、「本件契約が Y の債務不履行により解除されると、X は、解除後に到来する各決済日において右日本円と ESP の金利の交換を受ける地位を失い、右金利の交換に伴う利益を受けることができないことになるが、このような本件契約の解除後に到来する各決済日における日本円と ESP の金利の交換により X が受け得る利益は、本件契約の履行によって X が将来得べかりし利益にほかならないから、Y の債務不履行によって本件契約が解除されたことに伴って X が被る将来の得べかりし利益の喪失による損害は、右債務不履行に伴う通常の損害であって、特別の損害ということはできない。したがって、Y は、本件契約の解除によって X に生じた得べかりし利益の喪失による損害を賠償すべき義務がある」としたうえで、解約日における先物為替レートに基づい

てXが第3回・第4回支払期日において得ることができたはずの決済金の現在価値を算出し、それと未払の第2回支払期日の決済金との合計額からYの預金債権との相殺額を控除した額を、Yの損害賠償額とした。

なお、原審の東京地判平成7年11月6日判タ982.171〔28010735〕は、損害金①については、実際の損害として支払義務を認めたが、損害金②については、XはYに対しその支払を求めることができないとした。その理由として、まず、X銀行によるヘッジ取引は本件契約とは関係ない（すなわち相当因果関係はない）こと、また、取引解除による支払義務完了における損害額算定のために便宜上行なう反対取引は、Xのような金融機関相互においては慣習であっても、一般消費者のYに対しては特別に契約上合意しなければ適用されないことを挙げている。

第 4 章　匿名組合

1　匿名組合の附属的商行為性

匿名組合は、共同的に企業を営むことを目的とするものであり、基本的商行為（絶対的商行為（501条）及び相対的商行為（502条））とはいえないが、商人である営業者がその営業のためにする契約であるから、附属的商行為（503条）の性質を有するものである。

2　匿名組合と民法上の組合との相違

匿名組合と民法上の組合は、いずれも契約であることは共通するが、次の違いがある。まず、民法の組合の組合財産は総組合員の共有（民668条）となるが、匿名組合では、そもそも組合財産というものはなく、営業者の財産だけとなる（536条1項）。したがって、匿名組合においては、民法の組合と異なり、組合員の持分という概念もない。また、匿名組合においては、民法の組合のような組合の営業というものはなく、営業者の営業があるだけである。さらに、匿名組合員は営業者の行為については、第三者に対して権利義務を有することはない（同条4項）。この点、民法上の組合員が無限責任を負うこととは、大きく異なる。

● (匿名組合契約)

第535条　匿名組合契約は、当事者の一方が相手方の営業のために出資をし、その営業から生ずる利益を分配することを約することによって、その効力を生ずる。

1　匿名組合契約

本条は、匿名組合契約の定義規定である。匿名組合契約は、当事者の一方（出資者）が相手方（営業者）の営業のために出資をし、それに対して営業者が出資者に対しその営業から生じる利益を分配すべきことを約することによって成立する。匿名組合は中世イタリアにおける地中海貿易で活用されたコンメンダ（commenda）に由来し、貴族や聖職者などの身分を有する者が営利行為にかかわることを隠して、出資関係を秘匿しつつ利益を上げるとい

う需要に応えた制度である(なお、出資関係の秘匿を必要としないコンメンダは合資会社に発展していった)。

「組合」という名称ではあるが匿名組合は団体ではなく、法的には営業者と匿名組合員の間の双務契約にすぎず、法人格も有しない。匿名組合員の出資は営業者の財産に属することとなり(536条1項)、匿名組合員は営業者の行為について第三者に対して権利義務を有しない(同条4項)。

本条の定める匿名組合契約の成立によって、営業者は出資金請求権を取得し、出資者は営業者に対し営業を行なわせる請求権及び将来の利益配当請求権を取得する(ただし、具体的権利を取得するためには、当然のことながら、出資の履行が要件となる)ことになる。利益配当請求権が具体化するためには、営業上において利益を現に上げることと、営業年度が終了することが併せて必要となる。

訴訟物　　XのYに対する匿名組合契約に基づく出資金請求権
　　　　　＊XはYとの間で、YがXの不動産売買事業のために5,000万円を出資する匿名契約を締結したので、XはYに対して出資金の支払を求めた事案である。
請求原因　1　XはYとの間で、YがXの不動産売買事業のために5,000万円を出資し、Xはその営業から生ずる営業利益の10分の1をYに分配すべき匿名組合契約を締結したこと
　　　　　＊近時、特別目的会社(Special Purpose Vehicle; SPC)を営業者とし投資家を匿名組合員とする匿名組合も利用されている。

訴訟物　1　XのYに対する匿名組合契約に基づく利益配当請求権
　　　　　＊XはYとの間で、XがYのベンチャー企業投資事業のために1億円を出資し、Yはその営業から生ずる営業利益の10分の1をXに分配すべき匿名組合契約を締結したところ、その匿名組合が1,000万円の利益を出した。本件は、XがYに対して利益分配金の支払を求めた事案である。
請求原因　1　XはYとの間で、XがYのベンチャー企業投資事業のために1億円を出資し、Yはその営業から生ずる営業利益の10分の1をXに分配すべき匿名組合契約を締結したこと
　　　　　2　XはYに対し、請求原因1に基づいて、1億円を交付したこと

3　Yはある営業年度において1,000万円の営業利益を上げたこと
4　その営業年度末が到来したこと
＊事実認定に関係する問題でもあるが、出資金でなく消費貸借の事案と紙一重といえる。

2　匿名組合によるレバレッジド・リース
　レバレッジド・リースとは、物件の法定耐用年数よりリース期間を長く設定して各期のリース料を低くすることにより借主の利益を図り、他方で貸主（投資家）は、物件購入費の80パーセント程度を借入金に依存し、リース期間の前半には多額の借入金利及び減価償却費を費用化して赤字を発生させ、それを本業の利益と通算することで税金の繰延効果を得ることを狙った非典型リースである（江頭・商取引法214頁）。レバレッジド・リースの法的構成は、民法上の組合方式と匿名組合方式があるが、民法上の組合方式では、投資者がリース物件を所有することになるから、リース物件が航空機の場合には、投資者が航空法の規制を受け、またリース業を直接的に営むことになるから投資者において定款の変更等の手続を要することとなり煩雑なこともあって、匿名組合方式が先行された。しかし、平成10年以降この節税効果に対しての各種改正が行われ（【82】［遠藤美光］167頁参照）、現在では利用は少ない。

訴訟物　　XのYに対する匿名組合契約の取消しに基づく出資金返還請求権
＊XはA会社との間で、A会社が営む航空機をB航空にリースする事業の事業のため、4億400万円を出資し、A会社は事業から生じた利益をXに分配する匿名組合契約を締結した。Xは、Y銀行から、4億2,000万円を借り入れ、内金4億400万円をA会社に出資金として支払った。Aは、法人登記はあるが、独立した従業員も電話もなく、役員は、C会社の役員が名前を貸している状況であり、独立した実体のない会社である。C会社は、Y銀行の子会社として、事実上Y銀行のリース事業部門といえ、役員はY銀行出身者であり、その運営もY銀行の指示に従い、Y銀行の全面的な資金援助を受けている会社であった。本件は、XがY銀行に対して、Aに支払った出資金の返還を求めた事案である。

請求原因 1 XはAとの間で、次の内容の匿名組合契約を締結したこと
 (1) Xは、Aが航空機1機を購入し、これをB航空にリースする事業のため、4億400万円を出資することを約し、Aは、事業から生じた利益をXに分配すること
 (2) Aは、Xと平等の条件によって、Xを含む匿名組合員から約20億円の出資を受け、匿名組合員は、その出資割合に応じて利益の分配を受け、損失を負担すること
 (3) 事業の損益は、B航空から支払われる基本リース料を基本的な収益とし、借入金の利息と減価償却費等を損失とするものであり、契約で定められた一定のネット・キャッシュ・フローに基づいて計算されること
 (4) 事業期間は、12年間とし、Aは、年2期の事業期間ごとに事業損益を確定し、これを組合員に帰属させること
 (5) 匿名組合員は、ある事業期間中に損失が生じ、その損失が出資金額を超過する場合には、一定の場合に追加出資をすること
 (6) Aは、善管注意義務をもって事業を遂行するが、事業への出資に基づき匿名組合員が得る結果については保証しないこと
2 Aは、航空機及びその部品のリース業を業とする資本金100万円で設立された会社であり、設立に際して発行する株式20株のうち13株を発起人Cが引き受け、他の発起人6名が1株ずつ引き受けていること
3 XはYから、4億2,000万円を、期間2年、利息は各月払い、2年後に元金を一括弁済する約定で借り入れ、内金4億0,400万円をAに出資金として支払ったこと
4 Aは、法人登記はされているが、独立した従業員も電話もなく、役員は、Cの役員が順番に名前を出している状況であって、独立した実体のない会社であること
 ＊Aの法人格が否認される評価根拠事実である。
5 Cは、Yの子会社として、ファクタリング部門、リース部門などを有し、事実上Yのリース事業部門といえ、役員はY出身者であり、その運営もYの指示に従い、Y銀行の全面的な資金援助を受けていること
 ＊Cの法人格が否認（法人格の形骸化ケース）される評価根拠

事実である。
＊東京地判平成7年3月28日判時1557.104〔28010217〕【82】は、本件契約がいわゆる「レバレッジド・リース契約」（「LL契約」）といわれる一種の匿名組合契約であるとしたうえで、次のようにAの法人格は否認することができないとする。すなわち、同判決は、本件契約の内容について、「Aは、航空機1機を所有し、これを第三者に賃貸して収益を上げ、長期借入金を返済するとともに、損失を匿名組合員に分配するという経済的活動を行っている。したがって、そこには他と明瞭に区分されて独立した財産と、それによる営業とが存在する……。確かに、……Aは、資本金も小額で、従業員も物的な意味での事務所も存在せず、役員は親会社たるCの役員が兼務している状態で、会社の組織としては、全くのペーパーカンパニーである。しかしながら、LL契約においては、このようなペーパーカンパニーがリース事業者となることは、法技術的に当初から予定されている事柄であり、前記のような節税効果も、このようなペーパーカンパニーがリース事業者となるからこそ可能となる……（事業による損失と利益を単一の事業のみを営む事業者に集中しなければ、事業継続期間前半における損失の分配はできない……。また、事業資金の20ないし30パーセントを負担するにすぎない匿名組合員団が、減価償却による事業損失の100パーセントを負担することも、右の方法によりはじめて可能になる……）。その意味で、匿名組合員の都合で、Aの法人格を否認することは、LL契約の大前提を揺がすものといわなければならない」と判示し、Aにつき法人格否認の法理を適用できないとした。

6　Xは、①請求原因1の契約の当初、出資金名下に支払われた4億400万円が期間満了前に返還されないこともあることを認識していなかったこと、②契約の相手方は、実際にはYであって、契約名義人となっているAではないと思っていたこと

7　XはYに対して、請求原因1の匿名契約を取り消す意思表示をしたこと
＊Xは請求原因6の事実を原因として取り消すものである。

●(匿名組合員の出資及び権利義務)

第536条 匿名組合員の出資は、営業者の財産に属する。
　2　匿名組合員は、金銭その他の財産のみをその出資の目的とすることができる。
　3　匿名組合員は、営業者の業務を執行し、又は営業者を代表することができない。
　4　匿名組合員は、営業者の行為について、第三者に対して権利及び義務を有しない。

1　出資の帰属
　匿名組合員は、匿名組合契約に基づいて約定した金銭その他の財産を営業のために出資するが、本条1項は、その出資が営業者の財産となることを定める。営業者は匿名組合員との関係では、この財産を、その営業のために使用する義務を負うので、出資の移転は、この関係においては、信託行為（信託2条1項1号、3条1号）の性質を有すると解される。匿名組合契約は、有償契約であるから、出資の目的に関する担保責任については売買に関する規定に従う。

2　出資の目的の制限
　匿名組合員の出資は、匿名組合が内部的な資本的参加という性質上、金銭その他の財産に限られ、信用出資又は労務出資は認められない（会社576条1項6号参照）。

3　匿名組合員の権限
　匿名組合員は、営業者の業務を執行する権限、及び営業者の代表権を有しない（会社590条1項参照）。

4　匿名組合員の権利・義務
　本条4項は、営業が営業者の名において行なわれるところから、第三者に対しては営業者のみが権利及び義務を有し、匿名組合員が営業者の行為の法律関係には全く関係ないことを定める。このように、外部に対しては、匿名組合員は何ら関係するところがなく、営業者のみの個人営業があるにとどま

るので、匿名組合として会社のような外部関係は一切存在しない。

　匿名組合の営業者が第三者との間で締結した契約について、匿名組合員が第三者に対して契約上の権利義務関係を主張することはできない。また営業者が第三者との契約上の義務の履行を第三者から求められたときに、その義務を直接匿名組合員に転化することもできない。

　匿名組合に民671条を類推適用することによる民644条に基づいて、営業者は善良な管理者の注意をもって匿名組合の業務を執行しなければならない。そのため、営業者が匿名組合員から出資された金銭その他の財産を約定に反して使用した場合には、匿名組合員に対し損害賠償義務を負うこととなり（民415条）、匿名組合員の同意がない限り営業の停止も営業の譲渡もできない。当事者間で約定がない限り、営業者は匿名組合と同種の営業をしてはならない競業避止義務も負うと解される。なお、最判平成28年9月6日判時2327.82〔28243265〕は、営業者が匿名組合員の許諾なく利益相反関係を生じさせる行為を行うことを善管注意義務違反としている。

●（自己の氏名等の使用を許諾した匿名組合員の責任）══════

第537条　匿名組合員は、自己の氏若しくは氏名を営業者の商号中に用いること又は自己の商号を営業者の商号として使用することを許諾したときは、その使用以後に生じた債務については、営業者と連帯してこれを弁済する責任を負う。

1　自己の商号等を使用させる匿名組合員の責任
　本条は、匿名組合員が自己の氏、氏名を営業者の商号中に用いることを許諾し、又は自己の商号を営業者の商号として使用することを許諾した場合は、その使用以後に生じた債務については、営業者と連帯して弁済の責任を負うべきこと、つまり、いわゆる外観法理に基づく責任を定める。そして、本条の責任は、名板貸しの責任（14条）と全く同趣旨の規定であると考えられている。

2　外観法理
　外観法理とは、真実の法律関係と異なる外観が存在する場合に、その外観を信頼した者に対する関係で、外観の与因を与えた者に外観に従った法律効

果が生じるという法理である。本条の要件事実のうち、外観の信頼の要件については、文言上全く定めがないが、名板貸しの責任の規定における解釈論をそのまま援用することが許されるであろう（西原・商行為法183頁は、禁反言則の目的上、悪意者を保護する必要はないとする）。そしてその攻撃防御方法上の位置付けは、名板貸しの場合と同様、抗弁と位置付けられると解すべきである（名板貸しに関するが、鴻・総則200頁）。さらに、民109条と比較してみると、外観の存在の要件が代理権授与表示の要件のように不定型のものではなく、より法的信憑力の高い定型的な外観に限定されている。そのため外観の信頼の要件については、本条の場合は民109条と異なり、名板貸人の相手方に単なる過失があっても名板貸人は責任を免れない。取引相手方に重大な過失があってはじめて名板貸人は免責されるのである。最判昭和41年1月27日民集20.1.111〔27001231〕は、「商法23条の名義貸与者の責任は、その者を営業者なりと誤認して取引をなした者に対するものであつて、たとえ誤認が取引をなした者の過失による場合であつても、名義貸与者はその責任を免れ得ないものというべく、ただ重大な過失は悪意と同様に取り扱うべきものであるから、誤認して取引をなした者に重大な過失があるときは、名義貸与者はその責任を免れる」と判示する。

訴訟物　XのY1に対する売買契約に基づく売買代金請求権及びXのY2に対する本条に基づく匿名組合員の責任としての連帯債務履行請求権

＊本条の匿名組合員の責任が成立しても、名義借用者である営業者の取引相手方との間の契約関係は消滅するわけではなく、そのまま残る。この点では同じ外観法理に基づく14条と同様であるが、24条及び会社354条の場合とは異なる。同じ外観法理に基づく制度でありながら、このような差異が生ずるのは、営業者が元来匿名組合員とは独立した商人であるからであろう（この点は名板借人も同様であり、表見支配人及び表見代表取締役の立場と異なる）。

請求原因　1　XはY1との間で、本件目的物を代金1,000万円で売買する契約を締結したこと

＊売買代金請求権の訴訟物についての請求原因は上記1の事実のみであるが、本条に基づく連帯債務履行請求権のそれは、請求原因1ないし4のすべてが必要である。

2　Y1は、請求原因1の際、Y2の氏、氏名又は商号を使用し

たこと
＊外観の存在の要件である。
3　Y1とY2は、Y2がY1の不動産売買事業のために5,000万円を出資し、Y1はその営業から生じる営業利益の10分の1をY2に分配すべき匿名組合契約を締結したこと
＊利益分配の基準が合意されていないときは、出資割合に応じて匿名組合員に分配することになろう（民674条1項）。
4　Y2はY1に対し自己の氏、氏名又は商号を使用することを許諾したこと
＊外観への与因の要件である。

（悪意・重過失）

抗　弁　1　Xは請求原因3の事実を知っていたこと、又はXが知らないこと（誤認）について、Xに重大な過失のあることの評価根拠事実
＊外観の信頼の要件である。この要件は、外観の存在又は外観の与因のように、請求原因にならず抗弁に位置付けられる。名板貸人に関する判例であるが、最判昭和43年6月13日民集22.6.1171〔27000951〕は、「重大な過失は、商法23条〔14条〕の定める責任を免れようとするY2〔名板貸人〕において立証責任を負うべきものと解す」と判示する。

●（利益の配当の制限）

第538条　出資が損失によって減少したときは、その損失をてん補した後でなければ、匿名組合員は、利益の配当を請求することができない。

　匿名組合員は、利益配当請求権と並んで損失分担義務を負うのが常である。しかし、損失分担は匿名組合契約の要素でないから、当事者の特約によってこれを排除することができる。損失分担といっても、現実にそのてん補のために支払を要するというのではない。計数上出資額が減少することになる。もし出資が損失によって減少したときは、後年の利益でそれをてん補した後でなければ、利益配当を請求することができない（西原・商行為法182頁）。

訴訟物	XのYに対する匿名組合契約に基づく利益配当請求権

＊XはYとの間で、XがYのベンチャー企業投資事業のために1億円を出資し、Yはその営業から生ずる営業利益の10分の1をXに分配すべき匿名組合契約を締結しところ、その匿名組合が1,000万円の利益を出した。本件は、XがYに対して利益分配金の支払を求めたところ、Yは出資が損失によって減じてその損失がてん補されていないと主張した事案である。

請求原因	
1	XはYとの間で、XがYのベンチャー企業投資事業のために5,000万円を出資し、Yはその営業から生ずる営業利益の10分の1をXに分配すべき匿名組合契約を締結したこと
2	Yは、ある営業年度において1,000万円の営業利益を上げたこと

＊利益配当請求権がいつ発生するものであるかについては本法は明定しない。当事者間で特段の定めをすれば別であるが、営業年度の終了した時と解することができるであろう。

3　その営業年度末が到来したこと

(損失の発生)

抗　弁	
1	出資が損失によって減じたこと及びその数額
2	請求原因3の時点において、抗弁1の損失がてん補されていないこと

●(貸借対照表の閲覧等並びに業務及び財産状況に関する検査)━━

第539条　匿名組合員は、営業年度の終了時において、営業者の営業時間内に、次に掲げる請求をし、又は営業者の業務及び財産の状況を検査することができる。
　一　営業者の貸借対照表が書面をもって作成されているときは、当該書面の閲覧又は謄写の請求
　二　営業者の貸借対照表が電磁的記録(電子的方式、磁気的方式その他人の知覚によっては認識することができない方式で作られる記録であって、電子計算機による情報処理の用に供されるもので法務省令で定めるものをいう。)をもって作成されているときは、当該電磁的記録に記録された事項を法務省令で定める方法により表示したものの閲覧又は謄写の請求

2　匿名組合員は、重要な事由があるときは、いつでも、裁判所の許可を得て、営業者の業務及び財産の状況を検査することができる。
　　3　前項の許可に係る事件は、営業者の営業所の所在地（営業所がない場合にあっては、営業者の住所地）を管轄する地方裁判所が管轄する。

1　閲覧・謄写請求権及び検査請求権
　匿名組合員は、営業年度の終わりにおいて、営業者の営業時間内に限り、営業者の当該年度の貸借対照表（電磁的記録の場合を含む）の閲覧・謄写を求め、又は営業者の業務及び財産の状況を検査することができる（本条1項）。

2　非訟手続
　匿名組合員は、重要な事由があるときは、裁判所の許可を得て、いつでも、営業者の業務及び財産の状況を検査することができる（本条2項）。管轄裁判所は原則として営業者の営業所の所在地（営業所がないときは、営業者の住所地）を管轄する地方裁判所である（本条3項）。

(参考) 業務及び財産状況検査申立て——本条2項
　申請理由　1　Yは、証券投資を目的とし、Aを営業者とする匿名組合であること
　　　　　　　2　XはY匿名組合に対し、1,000万円を出資した匿名組合員であること
　　　　　　　　＊本件は、営業者Aが複数の匿名組合員との間で匿名組合契約を締結している場合であるが、検査申立ての被申立人をAとしないで、Y匿名組合としたケースである。
　　　　　　　3　Y匿名組合は、匿名組合員から総額10億円の出資を受けながら、突然休業し、財産及び業務の状況の説明を拒絶していること
　　　　　　　　＊申請理由3は、本条2項所定の「重要な事由」（規範的要件）の評価根拠事実に該当する事実である。

●(匿名組合契約の解除)

第540条 匿名組合契約で匿名組合の存続期間を定めなかったとき、又はある当事者の終身の間匿名組合が存続すべきことを定めたときは、各当事者は、営業年度の終了時において、契約の解除をすることができる。ただし、6箇月前にその予告をしなければならない。
　2　匿名組合の存続期間を定めたか否かにかかわらず、やむを得ない事由があるときは、各当事者は、いつでも匿名組合契約の解除をすることができる。

1　営業年度終了時の解除(解約告知)
　本条1項は、匿名組合契約において、その存続期間を定めなかった場合、又はある当事者の終身間匿名組合が存続することを定めた場合は、各当事者は営業年度の終わりから6か月以上先立って意思表示をすることによって営業年度の終わりにおいて解除(解約告知)することができることを定める。本条は、当事者一方の意思による解約の告知を定めているが、その理由は、匿名組合が当事者相互間の信頼関係を基礎とする継続的関係であるため、その信用を維持できなくなったときは、当事者一方の意思でも解約できるようにすることにある(田中ほか・コンメ商行為法〔喜多了祐〕227頁)。
　本条1項但書は、本文の定める解除権の発生を障害する例外を定めるものではなく、解除権を発生させるための付加的要件を定めるものである。

訴訟物　　XのYに対する匿名組合契約終了に基づく出資金返還請求権
　　　　　　＊XとYは、営業者Yが金融業を始め、XはYの事業に対する出資をすること、Yの事業は毎年4回締め切り、それぞれ生じた利益の2割はYに、8割はXに配分すること、存続期間は定めないとする約定で匿名組合契約を締結した。その後、Xは本契約に従い数十回にわたり合計4,000万円余を出資しYへ交付した。本件は、XがYに対し本契約の解除の予告をし、その6月後に解除の意思表示をしたうえで、出資金の返還を求めた事案である。
請求原因　1　XはYとの間で、平成23年8月頃、Xを匿名組合員としY

を営業者として、Yは恩給、扶助料等の受給者を対象にして金融業を始めること、XはYの事業に対する出資をすること、Yの事業は毎年1、4、7、10月にそれぞれ締め切り、生じた利益の2割はYに、8割はXに配分すること、存続期間は定めないとの約定で匿名組合契約を締結したこと

* 岡山地判昭和41年12月7日下民17.11＝12.1200〔27411074〕は、「Xは本件契約をもつて匿名組合である旨主張するが、商法上の匿名組合が成立するためには商人の営業のために出資をなすことを要し、又商人の観念が成立するためには自己の名を以て商法第501条、第502条の規定するいわゆる基本的商行為を業としてなすことを要する……ところ、Yの事業は単なる金員の貸付、すなわち金融業である……から、基本的商行為とは解しえずしたがつてこれにより商人の営業なる観念が生じるものではなく、かかる事業のため出資したとしてもこれにより匿名組合の成立するものでないことが一応考えられる。しかしながら、商法第502条第8号の銀行取引を金銭または有価証券の転換を媒介する行為と解し、受信および与信をともにすることを要し、単に貸付をなすだけでは足りないとし、自己資本のみで貸付をする貸金業者の行為の商事性を否定することは、現代の経済事情のもとで理論上も実際上も格別理由……はなく、金銭または有価証券を貸付ける行為を営業的商行為に追加しようとの立法意見もあるくらいである。してみると、すくなくともYの事業が営業的商行為といえないにしてもこれに準ずる行為といつてさしつかえなく、とにかく本件契約の内容が、Yが対外的に自らの名において金融業をなし、XはYの事業に要する資金の殆んどを出資するがその共同関係は内部的なものにとどめ、YはXの監視下に右事業を営み、それより生じる利益は相互に分配する旨の契約である……から、本件契約を以て匿名組合に類似する契約として、商法の匿名組合に関する規定が準用されるものと解する」と判示する。

2　Xは本契約に従い数十回にわたり合計40,006,528円を出資し、Yへ交付したこと

3　Xは、平成29年6月頃にYに対し本契約の解除の予告をし、同年末頃までに解除の意思表示をしたこと

第540条　433

訴訟物　XのYに対する匿名組合契約終了に基づく出資価額返還請求権

　　＊XはYとの間で、XがYのパチンコ営業のために5,000万円を出資する匿名契約を締結した。その匿名契約は、存続期間の定めがなく又はXあるいはYの終身間存続する定めがあるものであった。本件は、XがYに対して、営業年度の終了日に先立って匿名組合契約を解除する所定の意思表示をして出資価額の返還を求めたところ、Yは損失による出資金が減少したことを主張し、損失不分担の特約の存否が争点となった事案である。

請求原因
1　XはYとの間で、XがYのパチンコ営業のために5,000万円を出資し、Yはその営業から生ずる営業利益の10分の1をXに分配すべき匿名組合契約を締結したこと
2　XはYに対し、請求原因1の匿名組合契約に基づき5,000万円を交付したこと
3　請求原因1の存続期間の定めがないこと、又はXあるいはYの終身間存続する定めがあること
4　XはYに対し、営業年度の終了する日の6か月以上前において、営業年度の終了日に匿名組合契約を解除する旨の意思表示をしたこと
5　営業年度の末日が到来したこと

（損失の発生）

抗弁　1　請求原因2の出資が損失によって減じたこと及びその数額
　　＊542条但書に基づく（一部）抗弁である。

（損失不分担特約）

再抗弁　1　XとYは、Xが損失を分担しない旨の合意をしたこと

2　やむを得ない事由がある場合の解約告知

　本条2項は、匿名組合の存続期間が定められたか否かにかかわらず、やむを得ない事由がある当事者は、いつでも解除をすることができることを定める。

訴訟物　XのYに対する匿名組合契約終了に基づく出資価額返還請求権

　　＊XはYとの間で、XがYのパチンコ営業のために5,000万

円を出資する匿名契約を締結したが、契約終了についてやむを得ない事由が生じたとして、XはYに対し、匿名組合を解除した。本件は、XがYに対し、出資価額の返還を求めた事案である。
＊本件は、大阪地判昭和33年3月13日下民9.3.390〔27410458〕の事案を修正したものである。542条本文参照。

請求原因　1　XとYは、XがYのパチンコ営業のために5,000万円を出資し、Yはその営業から生ずる営業利益の10分の1をXに分配すべき匿名組合契約を締結したこと
2　XはYに対し、請求原因1の匿名組合契約に基づき5,000万円を交付したこと
3　請求原因1の終了につき、やむを得ない事由の評価根拠事実
4　XはYに対し、請求原因1の匿名組合契約を解除する意思表示をしたこと

● (匿名組合契約の終了事由) ══════════════════════════

第541条　前条の場合のほか、匿名組合契約は、次に掲げる事由によって終了する。
一　匿名組合の目的である事業の成功又はその成功の不能
二　営業者の死亡又は営業者が後見開始の審判を受けたこと。
三　営業者又は匿名組合員が破産手続開始の決定を受けたこと。

───────────────────────────────────

　540条は匿名組合の終了事由のうち、当事者の意思による終了（解約告知）を定めるが、これに対し、本条は当事者の意思によらない終了事由（1号ないし3号）を定める。本条は限定列挙と解されるので、営業者の廃業又は営業譲渡は、540条所定の解約告知の動機とはなり得ても、当然終了原因の事由とはならない。

訴訟物　XのYに対する匿名組合契約終了に基づく出資価額返済請求権
＊XはYとの間で、XがYのパチンコ営業のために5,000万円を出資する匿名契約を締結した。本件は、XがYに対し、

本条1号ないし3号の終了事由が生じたことを理由として、出資価額の返還を求めた事案である。

請求原因
1 XはYとの間で、XがYのパチンコ営業のために5,000万円を出資し、Yはその営業から生ずる営業利益の10分の1をXに分配すべき匿名組合契約を締結したこと
2 XはYに対し、請求原因1の匿名組合契約に基づき5,000万円を交付したこと
3 次の(1)ないし(3)のいずれかの事由が発生したこと
  (1) 匿名組合の目的である事業が成功したこと、又はその成功が不能となったこと
  (2) Yが死亡したこと、又はYが後見開始の審判を受けたこと
  (3) Y又はXが破産手続開始の決定を受けたこと

訴訟物
XのYに対するAY間の匿名組合契約に基づく出資金請求権
＊破183条は、匿名組合契約において営業者が破産手続開始の決定を受けたときは（本条3号）、破産管財人は匿名組合員に負担すべき損失の額を限度として出資させることができることを定める。

請求原因
1 AはYとの間で、YがAのパチンコ営業のため1億円を出資し、Aはその営業から生ずる営業金利の10分の1をYに分配すべき匿名組合契約を締結したこと
  ＊AのYに対する出資金請求権の要件事実は、本来請求原因1の事実で足りる。しかし、本件の場合、Xが破産管財人であり、Aが破産していることが、請求原因自体に現れざるを得ないが（請求原因3及び4の事実）、それらの事実は出資払込請求権に対して抗弁としての機能をも有するので、そのままでは、請求原因自体失当となってしまう。そのため、理論的には、再抗弁に位置付けられる事実を請求原因2及び5として「せり上げ」て主張・立証しなければならない。
2 AとYとの間で、YがAの営業によって生じた損失を分担する特約が存在すること
  ＊破183条は、明文で定めていないが、匿名組合員が損失を分担する旨の特約が存在することを、その適用の要件とする。なぜならば、匿名組合は損失分担を要素としないので、その

　　　　　　合意がないと同条の適用の余地がないからである。
　　　　３　Ａは破産手続開始の決定を受けたこと
　　　　４　ＸはＡの破産管財人に選任されたこと
　　　　５　Ａの営業において、Ｙの負担すべき損失金5,000万円が生じたこと
（出資の一部履行）
抗　　弁　１　ＹはＡに対し、請求原因１の匿名組合契約に基づき7,000万円を出資したこと
　　　　　　＊上記抗弁は、損失分担の限度における出資金5,000万円の請求に対し、出資金債務の残額が3,000万円であることを示す。したがって、上記抗弁は、本訴請求のうち、2,000万円を制限する一部抗弁として機能する。

● (匿名組合契約の終了に伴う出資の価額の返還)

第542条　匿名組合契約が終了したときは、営業者は、匿名組合員にその出資の価額を返還しなければならない。ただし、出資が損失によって減少したときは、その残額を返還すれば足りる。

１　出資価額返還請求権
　本条本文は、匿名組合契約が終了したとき、匿名組合員が営業者に対し出資価額返還請求権を有することを定める。出資は金銭に評価し、金銭を返還すれば足りる。それは、出資の目的物は営業のために使用され、営業者の財産に帰属していたからである。したがって、匿名組合員は出資した財産の現物そのものの返還を求めることはできない。名古屋地判昭和53年11月21日判タ375.112〔27404971〕は、「匿名組合契約は、当事者の一方営業者から利益の分配を受けるのを対価として、他方の匿名組合員が営業者のために金銭その他の財産を出資することを内容とし、かつ、その出資は営業者の財産に帰属するのを本質とするものであるから（商法535条、536条１項）、その契約の解除による終了（同法539条１、２項）、その他法定事由による終了（同法540条）の場合、右出資によつて営業者に帰属した財産は、その使用権のみを出資した場合は別として、特約のない限り、匿名組合員に復帰せず、営業者は右契約終了の効果として、右出資の価額（出資が損失によつて

減少したときはその価額の残額）のみを返還すれば足りるのである（同法541条）」と判示する。

ただし、物の使用権を出資したときは、その物自体を返還しなければならい。出資価額返還請求権の要件事実は、下記2の設例のとおり、①匿名組合契約の成立、②出資の目的物交付、③匿名組合契約の終了原因事実である。

2　損失による出資価額の減少

本条但書は、出資が損失によって減少したときは、その残額を返還すれば足りることを定める。出資価額返還請求権に対し、抗弁として機能する。残額決定の標準時期は、告知による終了の場合は、告知の効力発生時期であって、告知に後に発生した損失は、残額決定に当たっては除外される。

訴訟物　　XのYに対する匿名組合契約終了に基づく建物明渡請求権

＊XはYとの間で、XがYのパチンコ営業のためにX所有の本件建物の使用権を出資する匿名契約を締結した。本件は、XがYに対し、終了事由が生じたとして出資価額の返還を求めたところ、Yは出資は損失によって減じたと主張し、これに対し、Xは、Xが損失を分担しない旨の合意をYとの間でしたと主張した事案である。

＊本件は、大阪地判昭和33年3月13日下民9.3.390〔27410458〕の事案を修正したものである。

請求原因　1　昭和29年7月、XはYとの間で、(1)Xは本件建物をパチンコ遊戯場の営業所としてYに使用させ(2)Yは建物でパチンコ営業をし、毎月の営業利益金のうち3分の1を翌月1日限りXの住所に持参して支払い(3)Yが支払を1回でも怠ったときは、Xは直ちに契約を解除して本件家屋の明渡しを請求することができ、(4)契約期間を同年同月1日から翌30年6月末日までとし、特別の事情がない限り右期間を更新することができる旨の匿名組合契約が締結されたこと

2　XはYに対し、請求原因1の匿名契約に基づき、本件建物を引き渡したこと

3　Xが昭和31年9月1日（本件口頭弁論期日）で解約の意思表示をしたこと

4　Xが請求原因2に先立つ10数か月分にわたり利益の分配を受けず、Yが分配をする意思を有していないこと

＊請求原因4の場合は、540条2項のやむを得ない場合に当たり、Xの請求原因3の解約の意思表示はYの事情いかんにかかわらず有効であり、請求原因3の期日限り本件契約は終了したと解される。

（損失の発生）
抗　弁　1　終了時に営業上の損失があって使用権の価額が減少していること
　　　　　2　Yは出資者Xに対し減少価額の支払を請求し、それを支払うまでは返還請求に応じないとの権利主張
＊前掲昭和33年大阪地判は、「物の使用権が出資である匿名組合が終了した場合の法律関係を考えると、出資者は常に先づ物の返還を請求することができ、これに対し終了時に営業上の損失があつて使用権の価額が減少しているときには、営業者は出資者に対し減少価額の支払を請求し、それを支払うまでは返還請求に応じない旨の抗弁を提出することができ、出資者が損失を分担しない特約のあるときは、出資者は更にその旨の抗弁を提出して返還を請求することができるものと解するのが相当である」と判示し、その理由として、「商法第541条の規定を使用権出資の場合にあてはめると出資価額の返還は物の返還に相当し、残額返還の義務は出資者に対する減少価額の支払請求に相当すると解し得るばかりでなく、この解釈は契約終了後の計算をする義務は通常営業者が負うと考えられ、出資者にとつて、その計算をすることは比較的困難であると考えられる匿名組合の性質に徴しても、公平の原則に合致し、営業者に対し不当に不利益を課することにもならない……からである」とする。そして本件では、Yは営業上多大の損失計算になっている旨主張しているが、上記解釈と副う明確な抗弁を提出しておらず、証拠は何もない。それ故本件ではXの建物明渡請求を排斥するに足るYの抗弁は存在しない。そうすると、Xが損失を負担しない旨の特約（下記の再抗弁）があったかどうかについて判断するまでもなく、匿名組合契約終了の効果としてYはXに対し本件家屋を明け渡すべき義務を負っていることになると結論付けている。

(損失不分担特約)
再抗弁 1　出資者 X が損失を分担しない特約のあること

第5章　仲立営業

　第5章は、仲立営業を営む仲立人の権利義務を規定している。仲立人は商人の企業補助者という面からみると、総則編の第7章「代理商」の次に「仲立商」として位置付けられるものであるが、商法はこれ自体を商人として独立の企業活動という面からとらえて、商行為編に位置付けた。その意味からすると、本章の表題は「仲立契約」とすることも考えられるが、第5章の規定はこれを営業とする者に限って適用すべきものとしたので、仲立営業と題している。このことは、第6章以下の各営業（問屋営業、運送取扱営業、運送営業、倉庫営業）についても同様である。

●(定義)

第543条　この章において「仲立人」とは他人間の商行為の媒介をすることを業とする者をいう。

1　仲立人の定義

　本条は、仲立人が他人間の商行為の媒介をすることを業とする者であることを定める。媒介とは、他人間の法律行為の締結に尽力する事実行為である。仲立人と媒介行為の当事者との関係は、準委任契約関係である（民656条）。仲立人の営業行為が商行為となり、仲立人が商人となるのは、営業として媒介を引き受ける行為が商行為たる「仲立に関する行為」（502条11号）となるからである（西原・商行為法281頁）。本章の規定群は、本条の定める行為を業とする商人（「仲立人」）が行なうときのみに適用されるものである。

2　仲立契約の種類及び法的性質

　上記のような商人である仲立人が媒介をすることを引き受ける契約（仲立契約）の法的性質については、2種のものが区別され得る。
(1)　一方的仲立契約（片務的仲立契約）
　この場合には受託者である仲立人は積極的に周旋すべき義務を負わないで、ただ契約が成立すれば報酬を請求することができるもので、請負に類似

するが、契約成立に努める義務を負っていないから、請負とは異なる。請負に類する独自の契約である。
(2) 双方的仲立契約（双務的仲立契約）
　これは、受託者が積極的に周旋する義務を負う場合であり、これは非法律行為的事務の委託として準委任（民656条）と解されている。そして、当事者の意思解釈として、仲立契約は特約のないときは双方的仲立契約と解するのが原則である。しかし、わが商法の仲立人に関する規定は、双方的仲立契約に限って適用されると解すべき理由がないから、仲立契約のいずれについても適用されると解すべきである。

3　仲立人の具体例
(1) 短資業者
　短資業者とは、金融機関相互間で資金の運用や決済を行なう市場（銀行間取引市場）において、主として1年未満の短期的な資金の貸借又はその媒介を業として行なう者である。コール市場（1年未満の資金貸借を行なう市場）などの短期金融市場には、金融商品取引所のような組織的な市場がないので、金融機関同士で条件が合致すれば取引は成立するが、短資業者を経由した方が取引が成立しやすく、かつ、取引金利も透明性が高い。
(2) 外国為替ブローカー
　外国為替ブローカーは、銀行間外国為替取引市場（インターバンク）の仲介取引業者である。インターバンクは世界中の金融機関が外国為替を取引する場で、証券のように決まった取引所は存在しない。電話・電子回線によって、取引を行なう市場である。
(3) 海運仲立業者
　物品海上運送契約等の締結を媒介する海運仲立業者（海運2条8項参照）。海上運送法（昭和24年法律187号）では、物品海上運送又は船舶の貸渡、売買若しくは運航の委託の媒介をする事業をいう（同条9項）と規定されている。一般商品市場や株式市場などの場合と同様に、海運市場にも仲立人（海運ブローカー）が存在し、海運取引に重要な役割を果たしている。海運企業が荷主と直接交渉して取引する方法もあるが（特に専用船の長期契約において）、両者の間に仲立人が介在して取り決められるのがより一般的かつ伝統的な方法である。
(4) 旅行業者
　旅客運送契約・宿泊契約の締結を媒介する旅行業者は、仲立人である（江頭・商取引法229頁）。

(5) 保険仲立人

　保険仲立人は、「保険契約の締結の媒介であって生命保険募集人、損害保険募集人及び少額短期保険募集人がその所属保険会社等のために行う保険契約の締結の媒介以外のものを行う者」である（保険業2条25項、保険契約の締結の媒介は損害保険募集人又は生命保険募集人も行なうので、保険仲立人をそれらの者と区別するために損害保険募集人又は生命保険募集人でない者と限定している）。保険仲立人は、保険契約の両当事者から独立して保険契約締結の媒介を行なう者であるから、商事仲立人である。

(6) 宅地建物業者

　不動産仲介業者（宅建業者）（宅建2条2号参照）。最判昭和44年6月26日民集23.7.1264〔27000807〕は、不動産売買の媒介を行なう宅地建物取引業者について、「一般に、宅地建物取引業者は、商法543条にいう『他人間ノ商行為ノ媒介』を業とする者ではないから、いわゆる商事仲立人ではなく、民事仲立人ではあるが、同法502条11号にいう『仲立ニ関スル行為』を営業とする者であるから同法4条1項の定めるところにより商人であることはいうまでもなく、他に特段の事情のない本件においては、Xもその例外となるものではない」「しかしながら、Xは、……Yの委託により、または同人のためにする意思をもって、本件売買の媒介をしたものではないのであるから、Yに対し同法512条の規定により右媒介につき報酬請求権を取得できるものではなく、また同法550条の規定の適用をみる余地はないものといわなければならない」と判示する。

(7) 有料放送管理事業者

　有料放送管理事業者は、放送法に基づき、有料放送事業者が行なう視聴契約の締結の媒介、取次ぎ又は代理をし、当該契約により設置された受信設備によらなければ当該有料放送の受信ができないようにすることを行なう者である（放送152条参照）。

● (当事者のために給付を受けることの制限)

第544条　仲立人は、その媒介により成立させた行為について、当事者のために支払その他の給付を受けることができない。ただし、当事者の別段の意思表示又は別段の慣習があるときは、この限りでない。

1 当事者のために給付を受けることの原則的禁止

本条は、仲立人が他人間の商行為の媒介をするものであることにかんがみ、別段の意思表示又は慣習のない限り、行為の当事者のために支払その他の給付を受ける権限（給付受領代理権）を有しないことを定める。換言すれば、当事者が仲立人に給付しても、相手方に対する債務の履行とはならない。

2 例外

本条但書は、当事者の別段の意思表示又は別段の慣習があるときは、この限りでないとして、例外的に、当事者のために支払その他の給付を受ける権限（給付受領代理権）があるとしている。例えば、当事者が、その氏名又は商号を相手方に示さないように命じた場合は（548条）、上記の権限を仲立人に与える旨の意思表示が黙示的にあったものと解することができよう。なぜならば、549条は、仲立人が当事者の一方の氏名又は商号を秘匿した場合に仲立人の介入履行義務があるとしているので、仲立人は、当事者から上記の給付受領代理権を授与されたものと解すべきである（田中ほか・コンメ商行為法〔喜多了祐〕243頁）。

● (見本保管義務)

第545条 仲立人がその媒介に係る行為について見本を受け取ったときは、その行為が完了するまで、これを保管しなければならない。

本条は、仲立人がその媒介する見本売買において、見本を受領したときは、その行為が完了するまで見本を保管すべき義務のあることを定める。見本保管義務は、委託者のほかにその相手方に対しても負う義務と解されている。仲立人が売主に対し、見本の交付を請求すべき権利はない。仲立人は当事者から請求があるときは保管する見本を呈示する義務を負うこととなり、また、裁判所もその提出を命じることができると解される。

仲立人が見本保管義務に違反したときは、当事者（委託者に限らず、相手方も含む）に対して損害賠償義務を負うことになる。

● (結約書の交付義務等)

第546条　当事者間において媒介に係る行為が成立したときは、仲立人は、遅滞なく、次に掲げる事項を記載した書面（以下この章において「結約書」という。）を作成し、かつ、署名し、又は記名押印した後、これを各当事者に交付しなければならない。
　一　各当事者の氏名又は名称
　二　当該行為の年月日及びその要領
2　前項の場合においては、当事者が直ちに履行をすべきときを除き、仲立人は、各当事者に結約書に署名させ、又は記名押印させた後、これをその相手方に交付しなければならない。
3　前2項の場合において、当事者の一方が結約書を受領せず、又はこれに署名若しくは記名押印をしないときは、仲立人は、遅滞なく、相手方に対してその旨の通知を発しなければならい。

1　結約書（仕切書）
　本条1項は、仲立人の媒介によって当事者間に法律行為が成立した場合は、遅滞なく結約書（仕切書）を作成して署名した後、当事者に交付すべきことを定める。その目的は、仲立人の媒介行為によって成立した行為を明確にし、当事者間の争いを避けることにある。無担保コール取引において短資業者が交付する「コール資金（媒介）出合報告書」、外国為替取引において外国為替ブローカーが交付する「コンファメーション（confirmation）」等は、結約書の例であるとされる（江頭・商取引法238頁）。

2　当事者の署名
　本条2項は、成立した法律行為が直ちに履行することを要しない場合（例えば、期限付、又は条件付のときなど）には、仲立人は本条1項の書面に各当事者の署名を求めた後、これを相手方に交付すべきことを定める。

3　仲立人の通知義務
　本条3項は、当事者の一方が結約書の受領又は署名を拒絶したときは、結約書の記載に異議があることを示唆するものであるから、仲立人は遅滞なくその旨を相手方に通知すべきことを定める。

● (帳簿記載義務等)

第547条 仲立人は、その帳簿に前条第1項各号に掲げる事項を記載しなければならない。
　2　当事者は、いつでも、仲立人がその媒介により当該当事者のために成立させた行為について、前項の帳簿の謄本の交付を請求することができる。

1　仲立人日記帳

　本条1項は、仲立人が帳簿を作成し、これに媒介によって成立した法律行為について所定の事項を記載すべきことを定める。この帳簿は、「仲立人日記帳」といわれる。保存期間については明文が置かれていないが、19条3項を類推適用して10年と解される。

2　帳簿の謄本交付請求権

　本条2項は、当事者が仲立人に対し、自己のために媒介した行為についての帳簿の謄本交付請求権を有することを定める。閲覧請求権が認められていないのは、次の548条が定める当事者の氏名・商号の秘匿を確保する観点から理解できよう。

● (当事者の氏名等を相手方に示さない場合)

第548条　当事者がその氏名又は名称を相手方に示してはならない旨を仲立人に命じたときは、仲立人は、結約書及び前条第2項の謄本にその氏名又は名称を記載することができない。

　本条、仲立人の特別な義務として、氏名黙秘義務を定めている。すなわち、本条は、当事者がその氏名又は商号を相手方に示さないことを仲立人に命じたときは、仲立人は結約書及び帳簿の謄本にそれらを記載してはならないことを定める。この立法趣旨は、第1に、仲立人は当事者への信用維持のうえで、一般に当事者から知り得た機密を漏えいしてはならない義務がある

ので、特に当事者からその氏名又は商号を黙秘すべき旨を命令された場合も、これを遵守すべきは当然であるが、前々条の仕切書及び前条の帳簿謄本には各当事者の氏名又は商号を記載すべきことが規定されているので、その場合に黙秘義務を明確にする必要がある。第2は、当事者は自己の氏名又は商号を相手方に知らさないまま、仲立人をして交渉に当たらせることによって、取引を有利に導く場合がしばしばあるとともに、相手方にとっても没個性的な商取引の当事者が誰であるかを知る必要のない場合が多いことである（田中ほか・コンメ商行為法〔喜多了祐〕250頁）。

なお、この場合であっても帳簿（仲立人日記帳）自体には氏名・商号が記載される。

第549条 仲立人は、当事者の一方の氏名又は名称をその相手方に示さなかったときは、当該相手方に対して自ら履行をする責任を負う。

---

1 介入履行義務

本条は、仲立人が当事者の一方の氏名、商号を相手方に示さないときは、その相手方に対し仲立人自身が履行すべき責任（「介入義務」又は「介入履行義務」）を負うことを定める。この場合であっても、契約そのものは、相手方と匿名当事者との間に成立し、仲立人は契約当事者ではない。したがって、仲立人は、本条の義務（履行の責任）を負うものの、逆に仲立人が相手方に対して契約の履行を求めることはできない。ただし、本条の履行義務については、立法論としての批判がある（江頭・商取引法240頁）。鈴木・商行為法32頁は、「委託者が取引の駆引のため匿名のまま仲立人をして交渉させ、交渉成立後に当事者として現れるのならばともかく（ドイツ商法はこのような場合につき規定する）、このように当事者が最後まで現れないような仲立関係を規定してみても、その実用性は疑問だと思う」としている。

> **訴訟物** XのYに対する仲立人の履行責任としての売買代金相当額請求権
>
> ＊Xは仲介人Yに対し、本件絵画の売却の媒介を委託したところ、YはXに対し、本件絵画の買受候補者Aの氏名、商

号をXに示さないで、その存在を紹介し、売買価額の調整をした結果、Xは氏名及び商号を非公開のAとの間で、本件絵画を1,000万円で売買する契約を締結した。本件は、XがYに対し、仲立人の履行責任としての売買代金相当額の支払を求めた事案である。

請求原因 1 Yは仲立人であること
2 XはYに対し、本件絵画の媒介を委託し、Yはこれを承諾したこと
3 YはXに対し、本件絵画の買受候補者Aの氏名、商号をXに示さないで、その存在を紹介し、売買価額の調整をしたこと
4 Xは、氏名及び商号を非公開のAとの間で、本件絵画を1,000万円で売買する契約を締結したこと

(匿名者の名Aの公開――主張自体失当)

抗　弁 1 請求原因4の後、YがXに買主Aの名を明らかにしたこと
＊仲立人が後になって黙秘の当事者の名称を明らかにしたときには、当然、相手方は明らかになった当事者に対して履行の請求をすることができる（契約は、あくまで相手方と委託者の間で契約は成立しているのであるから）が、仲立人が当事者名を明らかにした場合であっても、相手方は、なお、仲立人に対しても、履行の請求をすることができる。すなわち、相手方から履行を求められた仲立人には履行できないので委任者の名を明らかにして、そのものに請求するように告げた場合であっても、それは抗弁とならない（仲介人の義務は消滅しない）。

2　問屋の介入権との相違

実際の運用面では、仲介人の介入義務は問屋の介入権と類似の機能を果たすようであるが、理論上は、次の(1)(2)の違いがある。
(1) 仲立人は介入義務によって、自分から相手方に対し履行をし、反対給付を請求する権利を有するわけではないので、問屋の介入権と異なる。また、仲立人はこの介入義務によって、自ら契約の当事者となるわけではないので、問屋の介入権と異なる。
(2) 介入義務を履行した仲立人は、これによって相手方に対し免責された匿名当事者に求償することができる。したがって、匿名当事者は仲立営業者と相手方との交渉する局面では、匿名のままであり、仲立人は最初から履行責

任を負うものと解するほかない。ただし、匿名当事者が仕切書受領後に自ら顕名して、相手方に対し履行することはできる。しかし、そのような履行がない限りは、やはり仲立人が当然に履行の責任を負わされる。なお、この責任は介入の意思表示を要しない。それは介入権行使の問題ではないからである（田中ほか・コンメ商行為法〔喜多了祐〕253頁）。

● (仲立人の報酬)

第550条 仲立人は、第546条の手続を終了した後でなければ、報酬を請求することができない。
2 仲立人の報酬は、当事者双方が等しい割合で負担する。

1 仲立人の報酬請求権
　仲立人は、商人であるから、特約の有無にかかわらず、報酬（仲立料）請求権を有する（512条）。
　本条1項は、仲立人がいわゆる結約書（546条）を作成した後でなければ報酬を請求することができないことを定める。仲立料の請求をするためには、媒介によって当事者間に有効な契約が成立することが必要である。したがって、成立した契約の履行の有無は関係ないが、成立した契約が無効又は取り消し得べき瑕疵のあるものであってはならない。

2 報酬の平分負担
　本条2項は、仲立人の報酬は当事者が平分して支払うことを定める。仲立人は委託者との間で仲立契約を締結するが、媒介される法律行為の相手方当事者とは契約関係が存在しないのであるが、仲立人は相手方当事者の利益をも考慮することが要請され、仲立人は当事者双方から報酬を請求できるのである。仲立人のうち、無担保コール取引の短資業者、外国為替ブローカー等は、当事者双方から平分して報酬を受け取っているが、海運仲立業者、旅行業者（手配旅行（旅行2条1項3号）の場合）等は、成立した契約により代金の支払を受ける側の当事者からのみ支払を受ける慣行があるとされる（江頭・商取引法242頁）。なお、仲立人は、特約のない限り、仲介に要した費用に関し、費用償還請求権を有しない。
　また、宅地建物取引業者が宅地若しくは建物の売買、交換若しくは貸借の

媒介をすることを業とする場合には、媒介の対象となる行為が基本的商行為となることは通常ないのであるから、宅地建物取引業者は仲立人ではなく、民事仲立人の性質を有する。したがって、仲立人に関する商法の規定はこれに当然適用されるものではない。しかし、その法律関係の性質は仲立人の場合に類似しているから、宅地建物取引業法で別段の定めがあるか、又は特別の事情があるのでない限り、仲立営業に関する商法の規定の類推適用があると解されている。ただし、本条 2 項の類推適用があるかについては、最判昭和 44 年 6 月 26 日民集 23.7.1264〔27000807〕【41】は、買主からの委託を受け、専ら買主のためにする意思をもって売買の媒介をした宅地建物取引業者は、売主からの委託を受けず、また売主のためにする意思をもって売買の媒介をしたものではないのであるから、売主に対し 521 条により媒介につき報酬請求権を取得せず、また本条の適用の余地はないとしている。

訴訟物　　X の Y に対する不動産仲介契約に基づく報酬金請求権
　　　　　　＊Y は宅地建物業者 X に対し、本件土地の売却の媒介を委託し、X の仲介の結果、X と A との間で売買契約が成立した。本件は、X が Y に対し、仲介の報酬の支払を求めた事案である。

請求原因　1　X は、宅地建物取引業者であること
　　　　　　＊宅地建物取引業者は、商行為以外の他人間の法律行為（非商人間の非投機的な土地建物の売買等）の媒介をすることを業とするものであるから、商事仲立人でなく、民事仲立人である。しかし、本条 2 項が民事仲立人に類推適用されると解されるから、2 項が報酬請求権の根拠となる。
　　　　　2　Y は X に対し、本件土地の売却の媒介を委託し、X はこれを承諾したこと
　　　　　　＊不動産仲介契約は、その委託する事項が法律行為でなく事務の委託であるから、準委任契約（民 656 条）の性質を有する。
　　　　　　＊宅建 34 条の 2 によって、X は Y に書面を交付しなければならない。
　　　　　3　X は Y に対し、本件土地の買受候補者として A を紹介して、売買価額の調整をしたこと
　　　　　　＊請求原因 3 は媒介行為の存在を示す事実である。媒介行為は他人間の法律行為の成立に尽力する事実行為である。

450

 4　YはAとの間で、本件土地を代金1,000万円で売買する契約を締結したこと
  ＊契約が成立すれば足り、特段の合意がない限り契約が履行されたか否かを問わない（江頭・商取引法242頁）。したがって契約が履行されなかったことは、抗弁として主張自体失当となる。
 5　請求原因3と4の間の因果関係
  ＊媒介行為の内容と成立した契約との間には、重要な部分において同一性が認められればよいのであって、全く同一であることを要しない。
 6　Xは、Y及びAの氏名又は商号、行為の年月日及びその要領を記載した書面を作成し、署名の後、これをY及びAに対し交付したこと
  ＊Xが宅地建物取引業者の場合には、宅建37条所定の事項を記載した書面の交付が要求される。
 7　Xは、Y及びAに請求原因6の書面に署名させた後、これを相手方に交付したこと
  ＊546条1項、2項に基づく要件事実である。
 8　宅地建物取引業法に基づき国土交通大臣の定めた報酬の最高額（平成16年2月17日通達）は、取引金額のうち、200万円以下の分につき5.25パーセント、200万円を超え400万円以下の分につき4.2パーセント、400万円を超える分につき3.15パーセントを乗じて算定した額であること
  ＊宅建46条1項参照。

（被後見人取消し）
抗弁　1　Aは、請求原因4の契約締結当時、被後見人であったこと
 2　AはYに対し、請求原因4の契約を取り消す旨の意思表示をしたこと

（停止条件）
抗弁　1　請求原因4の契約は停止条件が付されていること
  ＊報酬請求権が発生するためには、終局的な契約が必要であるから、停止条件付契約のときは、条件が成就しなければ報酬請求権は発生しない（司研・紛争類型別6頁、西原・商行為法285頁）。

(条件成就)
再抗弁 1 停止条件が成就したこと
＊条件が成就したことは、Xが主張・立証すべき再抗弁である。

3 報酬の合意はあるが、委託者が仲介人を排除して契約を成立させた場合
　例えば、宅地建物業者にいったん依頼をしてから、後になって業者を除外して依頼者と相手方との間に直接に契約が成立した場合には、その報酬につき問題となることが多い。最判昭和39年7月16日民集18.7.1160〔27001385〕は、その解約が故意に業者を除外する目的でなされたものでなく、かつその依頼に関しては報酬金の特約もなく、また業者の仲介と当該売買契約成立との間に因果関係がなかったときには、業者が報酬金を請求できるという一般取引観念は存在しないとしている。しかし、次の設例のように、仲介と契約成立との間に因果関係が全然存在しないという場合でないときが問題である。

訴訟物 XのYに対する不動産仲介契約に基づく報酬支払請求権
＊宅地建物取引業者XはYから自宅用の土地建物の買入れの仲介の委託を受けて報酬の合意もしていた。Xは、A所有の本件土地建物について、AとYとの間に立って、代金等の調整をして売買契約の成立に尽力した。その結果、AY間で、本件土地建物についての売買契約が成立する状況に達したが、Yは、Xに対する報酬の支払を免れるため、故意にXを排除して、Xの媒介による契約の本件土地売買契約が締結された。本件は、XがYに対して約定に基づいて報酬（仲介手数料）の支払を求めた事案である。

請求原因 1 Xは、宅地建物取引業を営んでいること
2 YはXに対し、自宅用の土地建物の買入れの媒介を依頼し、Xは承諾したこと
＊不動産仲介契約の成立時期は、一般に、仲介依頼の時期とされている（仙台高判昭和48年1月24日高民集26.1.42〔27403987〕）。
3 YはXに対し、請求原因2の媒介により売買契約が成立したときは、売買代金の3パーセントの報酬を支払う旨を約したこと

4　Xは、請求原因2の契約に基づいて、A所有に係る本件土地建物をYに紹介し、AとYとの間に立って代金額を調整するなどして、売買契約の成立に尽力したこと

5　AはYとの間で、代金1,000万円で本件土地建物の売買契約を締結したこと

6　請求原因4のXの尽力によりAとYとの間で売買契約が成立する状況にあったこと

7　Yは、Xに対する報酬の支払を免れるため、故意にXを排除して、Xの媒介による契約の成立を妨げたこと

＊130条に従い故意に条件の成就を妨害したものとしてXに対し約定の報酬を支払う義務が生ずるとの主張である。

＊最判昭和45年10月22日民集24.11.1599〔27000682〕【83】は、「YとAらとの間において成立した……土地売買契約は、成立時期において、Xの仲介斡旋活動と時期を接しているのみならず、その売買価額においても、Xの仲介活動によりあと僅かの差を残すのみで間もなく合意に達すべき状態であつたところ、XがYと下相談した価額を上廻る価額で成立しているのであるから、YおよびAら契約当事者双方は、Xの仲介によつて間もなく契約の成立に至るべきことを熟知しながら、Xの仲介による契約の成立を避けるためXを排除して直接当事者間で契約を成立させたものであつて、YおよびAにはXの仲介による土地売買契約の成立を妨げる故意があつたものというべきであり、……Yは右のとおり契約成立という停止条件の成就を妨げたものであるから、Xは停止条件が成就したものと看做して報酬を請求することができる旨の原審の認定判断は、……首肯できる」と判示する。すなわち、仲介契約を仲介者のあっせんにより売買契約が成立すれば、仲介者は、委任者に対して報酬請求権が生じるという停止条件付の契約であるととらえ、委任者（そしてその相手方）が故意にこの停止条件を妨害した場合には、130条に基づいて、停止条件が成就したとみて、当初の契約内容での報酬請求権を認めることになる（最判昭和39年1月23日民集18.1.99〔27001948〕も、委任者による停止条件の故意の妨害を認め、仲介者の報酬請求権を認めた）。

第6章　問屋営業

　第6章及び第7章の運送取扱営業は、いわゆる取次ぎに関する行為（502条11号）をすることを業とする商人であって、その取次ぎの目的たる行為が物品の販売又は買入れであるときは、これを「問屋」といい、物品の運送であるときは、これを「運送取扱人」という。またこの2種以外の行為であるときは、これを「準問屋」という。
　問屋を利用することの利点としては、①遠隔地で取引するのに、自ら支店を設置する必要がなく、また問屋の有する知見を利用できること、②委託者は真の契約当事者が誰であるかを相手方に知られないで済むこと、③問屋の信用力を利用できること、④相手方としても問屋が当事者であるから、代理人の場合のように代理権の有無や、委託者の資力などを調査する必要がないことなどが挙げられる（近藤・総則・商行為188頁）。

● (定義)
第551条　この章において「問屋」とは、自己の名をもって他人のために物品の販売又は買入れをすることを業とする者をいう。

1　問屋の定義
　本条は、問屋が自己の名において他人のために物品（本条の「物品」中には有価証券を含む──最判昭和32年5月30日民集11.5.854〔27002809〕。しかし、不動産は含まない）の販売又は買入れをすることを業とする者であることを定める。問屋は、自己の名において他人の計算によって第三者と売買する者であるから、取次ぎに関する行為をする者である。問屋の基本的商行為は売買ではなく、営業としてそれを引き受ける行為（502条11号）であり、売買自体は附属的商行為にすぎない。売買は法律行為であるから、問屋が委託者とする取次契約は委任契約である（民643条）。

2　問屋としての証券会社及び商品取引員

(1) 金融商品取引業者（金商2条8項2号参照）

金融商品取引業は、金商2条8項に掲げる行為（その内容等を勘案し投資者の保護のため支障を生ずることがないと認められる一定の行為及び一定の金融機関が行なう投資運用業又は有価証券関連業に該当することとなる行為は除く）を業として行なうことをいう。その行為の中には、有価証券（株式、公社債など）・デリバティブの販売・勧誘、投資助言、投資運用、顧客資産の管理などが含まれる。

平成18年改正前の証券取引法に規定されていた証券業のほか、金融先物取引業・投資顧問業・投資信託委託業などを含む幅広い概念であり、金融商品取引法による規制の対象となる。金商29条による登録を受けた者（金融商品取引業者）のみが行なうことができるが、同法33条の2による登録を受けた銀行等の金融機関（登録金融機関）も一定の範囲で同様の行為を業として行なうことができる。

> **訴訟物**　XのYに対する債務不履行に基づく損害賠償請求権
>
> ＊本件は、XがY証券会社に対し、買い付けた甲株式を、買付け当日に翌日に売却することを委託したと主張し、Yが売却執行を怠った債務不履行による損害の賠償を求めたところ、売却注文の存否が争点となった事案である。
>
> ＊問屋の典型例としては、顧客の委託を受けて証券取引所において買付け又は売付け（いわゆるブローカー業務）を行なう「証券会社」がある。証券取引所における売買取引の当事者は、当該取引所の会員に限られている（金商111条）。そのため、一般投資者は、証券取引所における有価証券売買を行なおうとする場合には、会員たる証券会社に売買の委託をして行なうこととなる。委託を受けた証券会社は、自己の名をもって顧客のために証券の売買を行なってこれを業とするから、「問屋」（本条）に該当する。顧客と証券会社との売買委託関係については、受託契約準則によって規律される。
>
> **請求原因**　1　Xは証券会社Yに対し、甲株式（現物）1,000株を成行で買付注文をし、Yはこれを承諾したこと
>
> ＊一般に、委託者が問屋に対する売買価額の指示には、「指値」「計らい」「成行」の3つが存在する。「指値」は一定の価額で売買することを指定することであるが、敷衍すると、販売

に関しては指定価額以上で販売すること、買入れに関しては指定価額以下で買い入れることを指示するものである。また、「計らい」は一定の値幅を定め、その値幅の範囲内で問屋に売買する裁量を与えることをいい、「成行」は市場価額に従って売買することを指示することをいう。

2　Yは請求原因1の買付注文を執行し、甲株式1,000株につき、1株4,000円合計400万円で約定が成立したこと

＊XのYに対する買付代金又は売付有価証券の交付については、受託契約準則11条（普通取引における顧客の受渡時限）「普通取引……における有価証券の売買の委託については、顧客は、売買成立の日から起算して4日目……の日の午前9時までに、売付有価証券又は買付代金を取引参加者に交付するものとする」こととされている。

3　Xは、請求原因1の買付注文の際、本件株式を「買って1日置いたら売る」旨の成行売却注文をし、Yはこれを承諾したこと

4　買い付けた日の翌日が経過したこと

5　Xの損害及びその数額

(2) 商品取引所の取引員

商品取引所の取引員は、商品取引所が開設する商品市場における上場商品（特定の貴金属、石油、穀物、繊維材料等。商品先物取引法2条7項）の売買の委託を受けることを業とする商人であるから、法律上の問屋である。

訴訟物　　XのYに対する不法行為に基づく損害賠償請求権

＊Xは、○○商品取引所の取引員であるA会社の外務員Yを介し、A会社に対し、小豆株10枚の買建玉を依頼し、証拠金40万円を差し入れたところ、Yは、Xの承諾がないのにそれがあったようにA会社に報告し、A会社をして8回位にわたって売又は買の取引をさせるなどしたが、結局、買建玉を全部売却し、証拠金40万円も損金に充当された。本件は、XがYに対し、Yの行なった無断売買によって被った損害の賠償を求めたところ、Yは、X主張のとおりA会社がXに無断で買建玉を売却したものであるとすれば、その取引は、仮にそれがYの虚偽の報告によったものであると

しても、Xの意思に基づかないものとして、Xに対する関係では効力を有せず、Xとしては買建玉が依然として存在するものとしてA会社に対し取引ないし清算を請求することができるものであり、A会社の外務員であるYに対し買建玉の無断売却により損害を被ったとしてその賠償を求めることはできないから、Xの請求は主張自体失当であると争った事案である。

請求原因 1　Xは、○○商品取引所の取引員であるAの外務員Yを介し、Aに対し、小豆株10枚の買建玉を依頼し、証拠金40万円を差し入れたこと

2　Aは、Xの口座で小豆株10枚を買立執行したこと

3　Yは、Xの承諾がないのにそれがあったようにAに報告し、Aをして8回位にわたって売又は買の取引の執行をさせたこと

4　請求原因3によるXの損害及びその数額

＊最判昭和49年10月15日裁判集民113.5〔27411608〕は、「商品取引所の取引員は法律上の問屋であるから、同人が取引所において自己の名で売買取引をしたときは、委託者の指図に基づかない場合でも、取引自体は法律上の効力を生じ、委託者は、取引員との関係でその取引による計算が自己に帰属することを否認することはできるが、その取引自体を無効とすることはできない。したがつて、取引員が、委託者の依頼に基づき商品の買建をした場合に、委託者の指図に基づかないで右買建玉の反対売買をしたときは、買建玉は決済され、取引員が委託者の指図に基づく買建玉の売却に応ずることのないかぎり、委託者としては、指図による右買建玉の反対売買により得べかりし利益を喪失し、これと同額の損害を被ることがありうるのである。そして、取引員が委託者の指図に基づかないでした反対売買がその外務員の虚偽の報告に因り行われたものであるときは、委託者としては右損害が外務員の不法行為に因り生じたものとして同人に対しその賠償を請求することができる」と判示し、「なお、委託者は前記損害を取引員の委託契約上の債務不履行に因るものとして取引員に対しその賠償を請求することができることとなる場合もあるが、そうであるからといつて、委託者の外務員に対す

る不法行為に因る損害賠償請求権の発生が妨げられるものではない。けだし、右請求権と委託者の取引員に対する債務不履行による損害賠償請求権とはその請求原因事実を異にし、両者は競合して存在するものであることが、明らかであるからである」と付言する。
* 前掲昭和49年最判が、「委託者は、取引員との関係でその取引による計算が自己に帰属することを否認することはできる」としているところは、後掲平成4年最判（552条解説6参照）が「無断売買の効果は顧客に帰属せず、右処理は顧客が証券会社に対して有する委託証拠金、売買差益金などの返還請求権に何らの影響を及ぼすものではないから、顧客に右金員相当の損害が生じたものということはできない」としているところと整合する。

● (問屋の権利義務)

第552条 問屋は、他人のためにした販売又は買入れにより、相手方に対して、自ら権利を取得し、義務を負う。
2 問屋と委託者との間の関係については、この章に定めるもののほか、委任及び代理に関する規定を準用する。

---

1 問屋の権利義務

本条1項は、問屋が委託者のために売買契約を締結した場合、売買契約に基づく売買代金請求権、目的物引渡請求権などの権利・義務は問屋がこれを取得し又は負担することを定める。委託者は、問屋が第三者との間で締結した委託に基づく物品の販売又は買入れの契約について、相手方に対して直接権利・義務関係を有するものではない。したがって、問屋が売買契約に基づく売買代金請求権、目的物引渡請求権を行使する場合、自己が問屋であることを主張・立証する必要はない。

逆に、問屋が売買代金又は目的物引渡しを請求された場合、自己が問屋であるという事実は、自己の責任を否定する効果を有せず、抗弁として主張自体失当である。

458

訴訟物　　　XのYに対する売買契約に基づく売買代金請求権
　　　　　　＊Aから本件目的物の売却の委託を受けた問屋XはYとの間で売買契約を締結した。本件は、XがYに対し売買代金の支払を求めたところ、Yは、AがYに詐欺をしたこと（第三者詐欺）によりYがAとの契約を締結したと抗弁した事案である。

請求原因　1　XはYに対し、本件目的物を代金1,000万円で売買する契約を締結したこと
　　　　　　＊問屋Xが売買契約に基づく売買代金請求権、目的物引渡請求権を行使する場合、自己が問屋であることを主張・立証する必要はない。逆に、問屋Yが売買代金又は目的物引渡しを請求された場合、自己が問屋であることは自己の責任を否定する効果を有せず、抗弁として主張自体失当である。

（第三者詐欺取消し）

抗　弁　1　Aは本件目的物の売却をXに委託した者であること
　　　　　　2　AはYとの間で、事実に反する欺罔行為を行なったこと
　　　　　　3　Yは抗弁2のAの行為を信じたこと
　　　　　　4　Yは、抗弁3によって請求原因1の売買契約をしたこと
　　　　　　5　Xは請求原因1当時、抗弁1ないし4の事実を知っていたこと
　　　　　　6　YはXに対し、請求原因1の売買契約を取り消す意思表示をしたこと
　　　　　　＊近藤・総則・商行為191頁は、「契約の成立やその効力に関する事情については、原則として問屋の事情を考慮し、委託者の事情を考慮しないものと解される。たとえば、委託者が相手方に対して詐欺や強迫を行ったり、相手方が委託者に詐欺や強迫を行っても、影響を受けることはない（詐欺の場合には民法96条2項により、第三者の詐欺となる）。ただし、委託者が相手方に対して詐欺を行った場合については、第三者の詐欺としてではなく、契約当事者の詐欺とすべきであるという見解がある（……［江頭・商取引法270頁］）」という。

2　委任及び代理に関する規定の準用
　本条2項は、問屋と委託者の間に委任及び代理に関する規定を準用するこ

とを定める。しかし、問屋と委託者との法律関係はその本質は委任であるから、2項は委任の規定を適用し、代理の規定を準用する趣旨と解すべきである（最判昭和31年10月12日民集10.10.1260〔27002877〕、判決文は、後記設例の請求原因4＊参照）。言い換えると、2項の「委任」に関する限り、確認的規定にすぎない（問屋は、法律行為の取次ぎをするのであるから、本来委任の規定を適用すべきであり、「準用」にとどまらない）。他方で、2項の「代理」に関する部分であるが、経済的実質を考慮しての定めであり、問屋が買い付けた物品の所有権は直ちに委託者に帰属すると解することとなる。そして代理に関する規定中、民107条2項は、その本質が単なる委任であって代理権を伴わない問屋の性質に照らし、再委託の場合にはこれを準用すべきでない。

訴訟物　　XのYに対する再委託に基づく売買代金支払請求権
　　　　　　＊青果物の販売業者Xは、青果物の委託販売を業とする問屋Aに西瓜の販売を委託し、運送人に運送を委託したが、Aの表示が正確でなかったので、荷物はAと同地の別の問屋Yに届けられ、誤配を知ったAがYに返還を求めたが、Yが既に西瓜の一部を売却していたので、Xの許諾を得ることなく、AとYとの協議で、AがYに販売を再委託することとした。Yが売却代金をAに支払った。本件は、XがYに対し、西瓜の販売代金の支払を求めた事案である。

請求原因　1　XはAとの間で、西瓜の販売を委託する契約を締結したこと
　　　　　　2　AはYとの間で、AがYに請求原因1の西瓜についてその販売を再委託する契約を締結したこと
　　　　　　3　Yが請求原因2の再委託契約に基づき、西瓜を販売したこと
　　　　　　4　請求原因3の販売による販売代金額
　　　　　　＊前掲昭和31年最判は「問屋と委託者との法律関係はその本質は委任であり商法552条2項が両者の間に委任及び代理に関する規定を準用すると定めているのは、委任の規定を適用し、代理の規定を準用する趣旨であり、そして代理に関する規定中民法107条2項〔106条2項〕は、その本質が単なる委任であつて代理権を伴わない問屋の性質に照らし再委託の場合にはこれを準用すべきでないと解するを相当とする」と

判示する。したがって、委託者が、民107条2項に基づいて委託者と同一の権利義務を再委託者に対しても取得したものであるとの前提で、再委託者に対し直接請求することは主張自体失当である。

訴訟物 XのYに対する商品先物取引委託契約上の債務不履行に基づく損害賠償請求権
＊本件は、XがYに委託して行なった商品先物取引において損失を被ったことにつき、Yに説明義務違反があったとして、Yに対し、商品先物取引委託契約上の債務不履行に基づく損害賠償を求めた事案である。

請求原因
1 Yは、商品先物取引の受託等を目的とする会社であり、また、商品取引員であり、東京穀物商品取引所及び東京工業品取引所の会員であること
2 XはYとの間で、商品先物取引委託契約を締結し、3月20日から同年9月24日まで、Yに委託して、東京穀物商品取引所のとうもろこしの商品先物取引を行なったこと
3 請求原因2の取引の結果、Xは合計○○万円の損失を被ったこと
4 ア 東京穀物商品取引所のとうもろこし商品先物取引は、当時、立会において、同一限月の各商品につき、売付けと買付けの数量が合致したときに、そのときの値段を単一の約定値段とし、同数量の売付けと買付けについて売買約定を締結させる競争売買の方法（「板寄せ」）により行なわれていたが、各取引所の会員である商品取引員は、各取引所の業務規程によって、〈1〉同一限月の各商品につき委託に基づく同数量の売付けと買付けを有する場合や、〈2〉同一限月の各商品につき、委託に基づく売付け又は買付けに対し、自己の計算をもってする同数量の買付け又は売付けを有する場合（商品取引員が委託に基づいてする取引を「委託玉」、商品取引員が自己の計算をもってする取引を「自己玉」という）、その同数量の売付けと買付けについては、立会終了後に各取引所に申し出るだけで、当該立会の約定値段で売買約定を成立させること（「バイカイ付け出し」）が認められていたこと
イ Yは、板寄せによる取引については、商品の種類及び

限月ごとに、委託に基づく売付けと買付けを集計し、売付けと買付けの数量に差がある場合には（この差を「差玉」という）、差玉の約1割から3割だけを商品取引所の立会に出し、立会終了後、委託に基づく同数量の売付けと買付けにつき、バイカイ付け出しにより売買約定を成立させ、また、立会に出されなかった差玉につき、対当する自己玉を建てて、バイカイ付け出しにより売買約定を成立させることを繰り返していた（差玉の全部又は一定割合に対当する自己玉を建てることを繰り返す商品取引員の取引方法を「差玉向かい」という）こと
5 本件各取引は、Xが、Yから提供される情報を投資判断の材料として行なっていたが、Yが差玉向かいを行なっていることによって、高い頻度で、Xの委託玉がYの自己玉と対当する結果となったこと
6 Yは、本件各取引を受託するに当たり、Xに対し、Yが板寄せによる取引について差玉向かいを行なっていることを説明していないこと

＊最判平成21年7月16日民集63.6.1280〔28152034〕は、「商品先物取引を受託する商品取引員は、商法上の問屋であり（商法551条）、委託者との間には、委任に関する規定が準用されるから（同法552条2項）、商品取引員は、委託者に対し、委託の本旨に従い、善良な管理者の注意をもって、誠実かつ公正に、その業務を遂行する義務を負う（民法644条）」とし、「したがって、少なくとも、特定の種類の商品先物取引について差玉向かいを行っている商品取引員が専門的な知識を有しない委託者との間で商品先物取引委託契約を締結した場合には、商品取引員は、上記委託契約上、商品取引員が差玉向かいを行っている特定の種類の商品先物取引を受託する前に、委託者に対し、その取引については差玉向かいを行っていること及び差玉向かいは商品取引員と委託者との間に利益相反関係が生ずる可能性の高いものであることを十分に説明すべき義務を負い、委託者が上記の説明を受けた上で上記取引を委託したときにも、委託者において、どの程度の頻度で、自らの委託玉が商品取引員の自己玉と対当する結果となっているのかを確認することができるように、自己玉

を建てる都度、その自己玉に対当する委託玉を建てた委託者に対し、その委託玉が商品取引員の自己玉と対当する結果となったことを通知する義務を負う」と判示する。

3　問屋と委託者の関係
　大判大正12年12月1日刑集2.895〔27539207〕は、問屋業者が委託者のために販売して得た代金は、当然委託者の所有に帰属するとしており、また通説も、問屋関係の経済的実質を考慮して、問屋と委託者との関係においては、問屋のした売買の効果は当然に委託者に帰属すると解している。すなわち、委託者は問屋に対して、問屋のした売買契約によって生じた権利が自己に帰属することを主張することができる。そのため、委託者と問屋との関係においては、問屋のした売買契約によって生じた債権は委託者の債権となり、問屋が買い入れた物品の所有権も当然に委託者に帰属することになるため、それらの権利については特別の移転手続を必要としない。問屋は、取得した物品や代金を単に委託者に引き渡すべき義務を負うだけである。この見解は、問屋の売買によって生じた権利義務は、売買の相手方に対する関係では問屋に帰属し、委託者に対する関係では委託者に帰属するという相対的帰属を認めるものである（この構成は、売買契約によって生じた債権債務については、委託者は問屋が行使・履行すべきことを委任しているのが通常であり、また、民646条2項は、受任者は委任者のために自己の名をもって取得した権利は委任者に移転することを要すると規定しているから、それとの整合性が問題とされる）。

4　委託者と第三者の関係
(1)　問題の所在
　問屋が委託により行なった売買契約によって取得した権利は、問屋と委託者の関係においては委託者に帰属し、委託者はその権利が自己に帰属することを問屋に主張できるとしても、委託者は権利の帰属を第三者に対しても主張できないと意味がない場合がある。例えば、問屋が買入委託の実行として物品を買い入れ、その目的物の引渡しを受けたが、それを委託者に引き渡す前に、第三者たる問屋の債権者がその目的物に対し強制執行をした場合、委託者はその債権者に対してその目的物の所有権が自己に帰属していることを主張できなければ、強制執行に対して異議を述べることができない。同様に、問屋が買い入れた物品を委託者に引き渡す前に問屋が破産した場合、その目的物は破産財団に組み込まれるが、委託者は第三者たる破産管財人に対

してその目的物の所有権が自己に帰属することを主張できなければ、委託者は目的物を取り戻すことができない。
(2) 判例

最判昭和43年7月11日民集22.7.1462〔27000940〕【86】及び多数説は、問屋と委託者間の内部関係を第三者にも拡張し、委託者は、問屋が売買契約によって取得した権利が自己に帰属することを第三者にも主張できるものと解し、その理由として、①本条2項は、問屋の一般債権者と委託者との関係を除外するほどの積極的な意味を有するものではなく、委託者との関係では問屋の債権者は問屋と一体となるものと解すべきこと、②問屋が委託の実行としてした売買によって取得した財産について実質的利益を有するのは委託者であり、問屋の債権者はそのような財産についてまで自己の債権の一般的担保として期待すべきではないことを挙げている。

(3) 具体例

問屋が買い入れた物品につき、問屋の債権者の強制執行に対しては、委託者は第三者異議の訴え（民執38条）を提起でき、問屋が破産した場合には委託者は取戻権（破62条、民再52条、会社更生64条）を行使できる。ただし、問屋固有の財産と区別するため、帳簿上・計算上にせよ何らかの分別管理により、委託者のものとして特定していることが必要である。一方、販売委託に基づき委託者が問屋に引き渡した物品については、問屋はその物品の処分権を有するにすぎず、所有権は委託者に留保されていると解されるから、問屋が破産しても、委託者はその物品を取り戻すことができる。物品販売後相手方が代金未払の場合には、委託者はその代金債権について代償的取戻権（破64条、民再52条2項、会社更生64条2項）を有する。これに対して、販売委託に基づき問屋が取得した売買代金については、金銭には特定性がなく問屋の一般財産に混入されるため、委託者は破産債権者にとどまる。

訴訟物　　XのYに対する所有権に基づく返還請求権としての動産引渡請求権

＊破62条の定める「破産財団から取り戻す権利」とは、破産法が実体法的権利を創設したものではない。いわゆる取戻権は、破産財団の減少を招来する第三者の権利であるが、それは、所有権に基づく返還請求権をはじめとして民法、商法など実体法上の権利の総称である。

＊問屋が委託の実行として売買をした場合に、その売買によっ

て権利を取得するものは、問屋であって委託者ではない。しかし、その権利は委託者の計算において取得されたもので、これにつき実質的利益を有する者は委託者であり、かつ、問屋は、その性質上、自己の名においてではあるが、他人のために物品の販売又は買入れをすることを業とするものであることにかんがみれば、問屋の債権者は問屋が委託の実行として行なった売買により取得した権利についてまでも自己の債権の一般的担保として期待すべきではない。したがって、問屋が前記権利を取得した後これを委託者に移転しない間に破産した場合においては、委託者はその権利につき取戻権を行使し得るものと解される（前掲昭和43年最判）。ただし、この判例については、問屋の債権者に対する関係でも委託者保護が図られるべきであるという結論に異論はないものの、法的構成が十分でなく「むき出しの利益衡量」によっているとの批判が強く、以下にみる構成が試みられている。

＊すなわち前掲昭和43年最判のように、買入委託に基づき問屋の買い入れた物品の所有権は格別の移転行為なしに委託者に移転すると解する以上は、委託者が目的物の所有権の取得を第三者に主張できるか否かは対抗要件を具備しているか否かによって決まるはずであるから、本条2項に規定する問屋・委託者間の内部関係の拡張という構成では無理が生じるとして、講学上、①先行的所有権移転・先行的占有改定の合意を根拠とする見解、②民646条2項をもって委託者保護の特別規定と解する見解、③委託者に経済的効果を帰属させる権限の行使の効果として、売買の物権的効果は問屋を経由して委託者に帰属すると解する見解などの理論構成が唱えられている。

請求原因
1　XはAに対し、本件目的物を代金1,000万円で買い付けることを委託し、Aはこれを受諾したこと
2　Aは問屋であること
3　Aは請求原因1に基づき本件目的物をBから代金1,000万円で買い入れる契約をしたこと
4　BはAに対し、請求原因3に基づき本件目的物を引き渡したこと
5　Aは破産手続開始の決定を受けたこと

6　Yは請求原因5の破産手続開始の決定においてAの破産管財人に選任されたこと
　　　7　Yは本件目的物を占有すること

5　証券会社が取り扱う上場株式・社債等の顧客（委託者）への移転
　証券会社が取り扱う上場株式・社債等は、「社債、株式等の振替に関する法律」に基づいてペーパーレス化されており、その譲渡は口座振替によって行なわれる（社振140条）。口座振替による決済方式は、代替性のある同種の権利につき大量的・集団的に売買取引が行なわれる場合に、権利を数量化し、権利を表章する各口座の数量の増減によって権利の変動を実現する仕組みである。そこには、互いに多数の売主と買主が存在しており、売主の口座簿上の減少した数量の合計と各買主の口座簿上の増加した数量の合計とが全体として対当するように処理されることで足り、取引の個別性は喪失する。したがって、振替株式等の販売委託により売却が実現すれば、口座管理機関に開設された委託者（加入者）の振替口座簿（顧客口座）に減少記録がされ、買入委託により買入れが実現すれば、委託者の振替口座簿に増加記録がされるにすぎず、振替元の減少分に相当する権利がいずれの口座に振り替えられたのかは特定できない。言い換えれば、販売委託・買入委託において委託者への権利移転の経路を問題とする意味がなく、その結果、振替株式等の販売委託・買入委託においては、証券会社に処分授権・権利取得授権が認められているといえる。

6　証券会社の従業員が顧客の注文に基づかないで顧客の信用取引口座において有価証券の売買をし、その結果生じた売買差損の性質
　最判平成4年2月28日判時1417.64〔27811303〕【85】は、「証券会社の従業員が顧客の注文に基づかずに顧客の信用取引口座を利用して有価証券の売買をし、その結果生じた手数料、利息、売買差損などに相当する金員を顧客の信用取引口座から引き落とす旨の会計上の処理がされたとしても、右無断売買の効果は顧客に帰属せず、右処理は顧客が証券会社に対して有する委託証拠金、売買差益金などの返還請求権に何らの影響を及ぼすものではないから、顧客に右金員相当の損害が生じたものということはできない」と判示する。そして、原審は無断売買は「X〔顧客〕にその効果が帰属するはずがなく、従ってその計算上差損を生じ、また手数料等が計上されてもそれはXに全く関係のないものであり、Xの損害となるものではないから、Xの本訴請求は主張自体理由がない」とした判断を正当として維持している。

| 訴訟物 | XのYに対する信用取引口座設定契約解除に基づく保証金代用有価証券返還請求権 |

＊Y証券会社の顧客Xは、従業員Aが顧客の注文に基づかずにXの信用取引口座を利用して甲株式の売買をし、その結果生じた売買差損2,000万円の損金をXの信用取引口座から引き落とす旨の会計上の処理がされたが、無断売買の効果は顧客に帰属しないと主張して、信用保証金の返還を求めたところ、Y会社は甲株式の売買はXの委託によるものであると抗弁した事案である。

| 請求原因 | 1 XはYとの間で、信用取引口座設定契約を締結したこと
2 XはYに対し、信用取引保証金として、1,000万円を預託したこと
3 XはYに対し、請求原因1の信用取引口座設定契約を解約する意思表示をしたこと |

（信用保証金の損金充当）

| 抗　弁 | 1 XはYに対し、信用取引において、銘柄甲株式1万株を7,000円で買い付ける注文をしたこと
2 XはYに対し、信用取引において、抗弁1の買建玉である銘柄甲株式1万株を5,000円で売り付ける注文をしたこと
3 Yは、信用取引口座設定約定書の定めに従って、発生した2,000万円の損金の一部に請求原因2の保証金1,000万円を充当したこと |

● (問屋の担保責任) ════════

第553条 問屋は、委託者のためにした販売又は買入れにつき相手方がその債務を履行しないときに、自らその履行をする責任を負う。ただし、当事者の別段の意思表示又は別段の慣習があるときは、この限りでない。

───────────────────────

1　問屋の履行担保義務

　問屋は、委任の本旨に従って善良な管理者の注意をもって販売又は買入れをした以上は、相手方の不履行について、本来責任を負うべき筋合いではな

い。しかし、相手方の不履行による損害が結局委託者に帰属し、かつ、委託者が相手方と直接接触することが困難であることにかんがみ、問屋の履行担保責任という特殊な責任が定められている（西原・商行為法 269-270 頁）。すなわち、本条本文は、問屋が委託者のために行なった販売又は買入れにつき相手方がその債務を履行しない場合には、自らその履行をする責任を負うこと（履行担保義務）を定める。問屋が委託者に対し負担する履行担保義務は、相手方が問屋との売買契約に基づいて負担する債務と同一の内容である。したがって、問屋は委託者から履行担保義務の請求を受けた場合、相手方が問屋に対して有する抗弁（例えば、物品の瑕疵、同時履行の抗弁等）を援用して主張することができる。

2　履行担保義務が生じない場合

本条但書は、別段の意思表示又は慣習のあるときは、本条本文の責任を負わないことを定める。問屋の手数料が特に低廉に定められた場合、又は委託者が問屋に対し売買の相手方を特定した場合などは、履行担保義務を排除する黙示の意思表示があったと事実上推定されるであろう（江頭・商取引法 261 頁）。

　訴訟物　　　XのYに対する問屋の履行担保責任としての目的物引渡請求権
　　　　　　＊Xは問屋Yに対し、本件目的物を代金1,000万円で買い付けることを委託した。Yはこれを受けて、本件目的物をAから代金1,000万円で買い入れる契約をした。本件は、XがYに対して、本件目的物の引渡しを求めたところ、Yは、AがYに本件目的物を引き渡さず、かつ、Yの買付けの相手方が不履行の場合は、XがYに対しその引渡しを求め得ないとのXY間の特約が存在すると主張した事案である。
　請求原因　1　XはYに対し、本件目的物を代金1,000万円で買い付けることを委託し、Yはこれを受諾したこと
　　　　　　2　Yは問屋であること
　　　　　　3　Yは請求原因1に基づき本件目的物をAから代金1,000万円で買い入れる契約をしたこと
　　　　　　4　YはXに対し、請求原因3の事実を通知したこと
　　　　　　5　AはYに対し、本件目的物を引き渡さないこと
　　　　　　＊請求原因5は、本条本文の「相手方がその債務を履行しない

とき」に該当する事実である。

(履行不担保特約)
抗弁 1　Yの買付けの相手方が不履行の場合は、XがYに対しその引渡しを求め得ないとのX、Y間の特約が存在すること
＊本条但書に基づく抗弁である。

● (問屋が委託者の指定した金額との差額を負担する場合の販売又は買入れの効力)

第 554 条　問屋が委託の指定した金額より低い価格で販売をし、又は高い価格で買入れをした場合において、自らその差額を負担するときは、その販売又は買入れは、委託者に対してその効力を生ずる。

1　指値遵守義務

　問屋と委託者の関係は、委任契約関係であるから、問屋は委任の本旨に従って、委託者の売買価額の指示に従うべき義務（指示価額遵守義務）を負う（民 644 条）。例えば、販売委託において特定の価格未満では販売しないように指定し、又は買入委託において特定の価格を超える価格では買い入れないように指定した場合は、問屋は、指値より低い価格で販売し、又は指値より高い価格で買い入れてはならない。問屋がこれに違反して販売・買入れをした場合、その売買契約自体は有効であるが、委託者はその経済的効果が自己に帰属することを否認することができる（商品取引所の取引員が委託者の指図に基づかずにした売買についてであるが、最判昭和 49 年 10 月 15 日裁判集民 113.5〔27411608〕）。

2　証券取引の売買注文

　これを証券取引について具体的にみると、売買注文の要素は、売買の別、銘柄、数量、価格である。証券取引所における売買は、「競争売買」（売方と買方、売方同士、買方同士がお互いに競争して約定値段を決める）ものである。そこでは、「価格優先の原則」（価格を指定した注文では、高値買付けが低値買付けに優先し、低値売付けが高値売付けに優先する）と「時間優先の原則」（価格のうえで同一順位の買付けや売付けの注文は、時間が前のものを優先する）とが適用される（東京証券取引所業務規程 10 条 1 項、2 項）。

このように競争売買では、売買が成立するかどうかは主に注文の際の価格によって決まるので、委託者たる顧客の値段の指示は重要である。特定の金額を具体的に指示する注文（「指値注文」。指値注文の場合は、指値よりも低値で買い付け、逆に指値よりも高値で売り付けることも、顧客の不利益にならないので許される）、指値よりも相場が上昇したら買い付け、相場が下落したら売り付ける注文（「逆指値注文」）、値段について指示せず銘柄と数量だけを指示する注文（「成行注文」。この注文は、売買が成立する可能性が高いが、売買の成立する値段は相場次第ということになるので、1日の値幅制限が置かれている）、一定の値幅の範囲であれば証券会社に裁量を認める注文（「計い注文」）等がある。

3　指値との差額負担

問屋が委託者の指値注文に対する売買執行義務に違反し、問屋が指値未満の価額で販売し、又は指値を超える価額で買い入れた場合においては、委託者はその取引の自己への帰属を否定することができる。しかし、問屋がその指定価額と実際の売買価額の差額を負担するときは、委託者の経済目的は達成され、委託者は何ら不利益を被るものではない。問屋としても、その差額が手数料の範囲内であれば利益を得ることができる。そこで、本条は、指値との差額を問屋が負担する場合には、指値に従わない売買であっても、問屋の行なった販売又は買入れが委託者に対し効力を有することを定める。なお、差額負担の意思表示は、遅くとも販売・買入れの通知と同時に委託者に到達しなければならないと解されている。

なお、問屋が差額を負担する場合であっても、損害が発生していれば委託者は損害賠償の請求ができる。

訴訟物　　XのYに対する委任契約に基づく委任事務処理費用償還請求権

＊Yは問屋Xに対し、本件目的物を1,000万円で買い付けることを委託した。Xは、これを受けて、本件目的物をAから1,200万円で買い入れる契約をした。XはYに対し、請求原因1のYから委託された代金額1,000万円と請求原因3の執行の結果成立した買付代金額1,200万円の差額200万円を自己が負担することを通知した。本件は、XがYに対して、買付代金のうち1,000万円の支払を求めたところ、Yが、Xの200万円の自己負担通知が1,200万円の売買成立

の通知に遅れたと主張した事案である。

請求原因　1　YはXに対し、本件目的物を1,000万円で買い付けることを委託し、Xはこれを受諾したこと
　　2　Xは問屋であること
　　3　Xは請求原因1に基づき本件目的物をAから1,200万円で買い入れる契約をしたこと
　　4　XはYに対し、請求原因1のYから委託された代金額1,000万円と請求原因3の執行の結果成立した買付代金額1,200万円の差額200万円を自己が負担することを通知したこと

（先立つ買付成立通知）

抗　弁　1　請求原因4の差額自己負担の通知は、請求原因3の買付成立の通知に遅れたこと
　　　　＊問屋が差額を負担して販売又は買入れの結果を委託者の計算に帰属させるためには、差額負担の意思表示が、遅くとも販売又は買入れの通知（557条、27条）と同時に委託者に到達しなければならない（江頭・商取引法257頁）。請求原因として主張・立証すべきとする見解もあり得るであろう。

● (介入権)

第555条　問屋は、取引所の相場がある物品の販売又は買入れの委託を受けたときは、自ら買主又は売主となることができる。この場合において、売買の代価は、問屋が買主又は売主となったことの通知を発した時における取引所の相場によって定める。
　2　前項の場合においても、問屋は、委託者に対して報酬を請求することができる。

1　介入権
　本条1項は、問屋の介入権について定める。介入権は、問屋の一方的行為によって効果を生ずる一種の形成権である。その成立要件であるが、第1に、問屋が物品の販売又は買入れの委託を受けたこと、第2に、その物品に取引所の相場があること、第3に、問屋が委託者に対し介入を行なう意思表

示をすることである。

　当事者の特約又は委託の趣旨から介入が禁止されていないこと、及び介入権の行使が問屋と第三者との間での販売又は買入れに先立つことが、介入権の要件として挙げられることがある。しかし、これらはいずれも介入権行使の効果の発生を障害する事由として介入権行使の効果を否定する者が主張・立証責任を負うものと考えられる。

　介入権行使の法律効果であるが、問屋は介入することによって、委託者に対して売主又は買主と同一の地位（販売委託の場合は買主と、買入委託の場合は売主と同一の地位）に立つことになる。その場合の代価は、問屋が介入権行使の通知を発したときの取引所の相場の価格によることになる（本条1項前段）。

|訴訟物| XのYに対する売買契約に基づく代金支払請求権 |

＊YはXに対し、本件目的物を代金の指定をせずに買い付けることを委託した。XはこれをY受けて、Yに対し、自らが売主になることを通知した。本件は、XがYに対し、通知時点の取引者の価額に相当する代金の支払を求めたところ、YはXY間においてXの介入行為を禁止する特約があると主張した事案である。

|請求原因|
1　YはXに対し、本件目的物を代金の指定をせずに買い付けることを委託し、Xはこれを受諾したこと
2　Xは問屋であること
3　XはYに対し、自らが売主になることを通知したこと

＊介入は問屋による形成権の行使であるから、その意思表示の通知が委託者Yに到達することによって、その効力を生ずる。介入の意思表示が委託者に到達して介入の効果が生じた後は、問屋はこれを撤回することができず、委託者も問屋契約を解除して（民651条）、介入の効果を排除することはできない。

4　請求原因3の通知を発したときの取引所における本件目的物の価額は、1,000万円であったこと

＊売買の代価は、問屋が請求原因3の通知を発した時の取引所の相場で決定される（本条1項後段）。

（介入禁止特約）
|抗弁| 1　XとYは、Xの介入を禁止する合意をしていたこと

2　介入権の行使時期

　介入の時期については、特段の定めは置かれていないが、善良な管理者の注意をもって委託者の利益に合致する適当な時期を選んで委託を受けた行為を実行すべきである。

> **訴訟物**　XのYに対する売買契約に基づく代金支払請求権
> 　＊YはXに対し、本件目的物を代金の指定をせずに買い付けることを委託した。Xはこれを受けて、Yに対し、自らが売主になることを通知した。本件は、XがYに対し、通知時点の取引者の価額に相当する代金の支払を求めたところ（請求原因段階までは上記設例と同じ）、Yは、Xの介入権行使の時期が本件目的物の相場が上がるのを待って行使されたことがXの善管注意義務に違反するものであってYがXに対して損害賠償請求権を有するとして相殺の抗弁を主張した事案である。

> **請求原因**　1　YはXに対し、本件目的物を代金の指定をせずに買い付けることを委託し、Xはこれを受諾したこと
> 　2　Xは問屋であること
> 　3　XはYに対し、自らが売主になることを通知したこと
> 　4　請求原因3の通知を発したときの取引所における本件目的物の価額は、1,000万円であったこと

（相殺）
> **抗　弁**　1　請求原因3のXの介入権行使の時期が本件目的物の相場が上がるのを待って行使されたこと
> 　　＊抗弁1は、Xの善管注意義務（552条2項、民644条）に違反する行為といえる。
> 　2　抗弁1によるYの損害及びその数額
> 　　＊抗弁1及び2は、自働債権の発生原因事実を示すものである。
> 　3　YはXに対し、請求原因1のYの債務と抗弁2の損害賠償債務を対当額で相殺する旨の意思表示をしたこと

3　介入権行使の場合の報酬請求権

　本条2項は、介入が委任契約実行の一方法であることには違いないので、問屋が介入権を行使した場合においても、委託者に対し報酬請求権を有する

ことを確認する規定である。

4　証券会社の呑行為の規制の変遷

　証券会社は、取次ぎ（502条11号）を業とする商法上の「問屋」に該当する。問屋には、介入権（本条）が認められており、取引所の相場のある物品であれば問屋自身が売買当事者となって売買を成立させることができる。しかし、平成16年改正前証取39条は、この「呑行為」を禁止して、有価証券市場において売買の委託を受けた証券会社は、有価証券市場において売買をしないで、又は会員に媒介、取次ぎ、代理をせずに、自己がその相手方となって売買を成立させることができないと定めていた（しかし、呑行為禁止規定に違反する行為の私法上の効力について、商品取引に関する事案であるが、東京高判昭和44年8月29日民集22.5.637〔27201877〕は、これを有効としていた。鈴木竹雄＝河本一郎『証券取引法〈新版〉』有斐閣（1984年）462-463頁も、有効説に立っていた）。これは、市場外の取引が行なわれると、有価証券市場における有価証券の公正な価格形成が阻まれるので、有価証券の取引を市場に集中させることを狙ったものであった。しかるに、「市場間競争の制度的枠組みの整備」を行なうことが一因となった平成16年証券取引法改正により、取引所取引原則（改正前証取37条）を廃止するとともに、呑行為禁止（改正前証取39条）も廃止された。

● (問屋が買い入れた物品の供託及び競売)

第556条　問屋が買入れの委託を受けた場合において、委託者が買い入れた物品の受領を拒み、又はこれを受領することができないときは、第524条の規定を準用する。

　本条は、問屋が買入れの委託を受けた場合、委託者が買い入れた物品の受取りを拒否し、又は受け取ることが不能なときは、商事売買に関する524条を準用することを定める。したがって、問屋はその物品を供託し、又は相当の期間を定めて催告をした後、競売することができ、さらに、競売代金を委託者に対する債権の弁済に充当することができることとなる。なお、524条の解説を参照されたい。

474

● (代理商に関する規定の準用)

第 557 条　第 27 条及び第 31 条の規定は、問屋について準用する。

1　問屋の通知義務
　本条は、27 条を問屋に準用して、問屋に通知義務を課することとしている。つまり、問屋が委託者のために販売又は買入れを行なったときは、遅滞なく委託者に対し、その通知を発しなければならない。

訴訟物　　XのYに対する問屋の通知義務違反に基づく損害賠償請求権
　　　　　＊Xは問屋Yに対し、本件目的物を代金 1,000 万円で買い付けることを委託した。Yは、これを受けて、本件目的物をAから代金 950 万円で買い入れる契約をした。YはXに対し、この買付けの通知を直ちにしなかった。そのため、Xは本件目的物を 1,200 万円で買入れを希望していたBに売却する機会を失った。本件は、XがYに対し、Yの問屋としての通知義務違反の債務不履行を理由として、得べかりし利益 250 万円の損害賠償を求めた事案である。

請求原因　1　XはYに対し、本件目的物を代金 1,000 万円で買い付けることを委託し、Yはこれを受諾したこと
　　　　　2　Yは問屋であること
　　　　　3　Yは請求原因1に基づき本件目的物をAから代金 950 万円で買い入れる契約をしたこと
　　　　　4　YはXに対し、請求原因3の売買成立を遅滞なく通知しなかったこと
　　　　　5　Xは本件目的物を 1,200 万円で買入れを希望していたBが通知した前日に当該買入れ希望を撤回したこと
　　　　　6　Xの損害額は 250 万円であること

2　問屋の留置権
　本条は、31 条を問屋に準用して、問屋に留置権を認めている。すなわち、問屋は、別段の意思表示がない限り、委託者のための物品の販売又は買入れ

によって生じた債権が弁済期にあるとき、委託者のために占有する物又は有価証券を留置することができる。問屋の留置権の被担保債権は、委託者のためにする物品の売買によって生じた報酬請求権、費用償還請求権などであることを要するが、留置権の目的物に関して生じたことを要しない。留置の目的物は、問屋が委託者のために占有する物又は有価証券であることを要するが、委託者が所有する物又は有価証券であることを要しない。さらに、委託者との商行為によって問屋の占有に帰したことは必要でない。

訴訟物　　XのYに対する委任契約に基づく目的物引渡請求権
　　　　　＊Xは問屋Yに対し、本件目的物を代金1,000万円で買い付けることを委託し、Yはこれを受けて、本件目的物をAから代金1,000万円で買い入れる契約をした。本件は、XがYに対して、本件目的物の引渡しを求めたところ、Yは、Aに支払った代金1,000万円に係る委任契約事務処理費用償還請求権の支払があるまで、本件目的物を留置すると主張した事案である。

請求原因　1　XはYに対し、本件目的物を代金1,000万円で買い付けることを委託し、Yはこれを受諾したこと
　　　　　　2　Yは問屋であること
　　　　　　3　Yは請求原因1に基づき本件目的物をAから代金1,000万円で買い入れる契約をしたこと

(問屋の留置権)

抗　弁　1　YはAに対し、請求原因3の契約に基づき代金1,000万円を支払ったこと
　　　　　＊留置権の抗弁権が成立するためには、YからXに対する債権の存在が必要であるが、本件の場合、請求原因1、3及び抗弁1によって委任契約事務処理費用償還請求権が現れている。
　　　　　2　XがYに対し、買付代金1,000万円を支払うまでは、YはXに対し本件目的物を留置する旨の権利主張
　　　　　＊留置権の抗弁権は権利抗弁の一種であるから、抗弁2の権利主張が必要となる。

● (準問屋)

第558条 この章の規定は、自己の名をもって他人のために販売又は買入れ以外の行為をすることを業とする者について準用する。

1 意義

準問屋は、物品の販売又は買入れ以外（主として、役務）の法律行為の取次ぎをすることを業とする者である（ただし、物品運送の取次ぎは、運送取扱営業として、次の第7章に特別の規定が置かれている）。

2 具体例

準問屋の具体例としては、広告の取次ぎ（広告主からの委託を引き受ける。東京地判平成3年11月26日判タ771.185〔27810330〕）、出版の取次ぎ、旅客運送の取次ぎ（旅行代理店の鉄道・航空機の切符の手配の引受け）、賃貸借の取次ぎなどを挙げることができる。

(1) 広告の取次ぎ

|訴訟物| XのYに対する広告契約の債務不履行に基づく損害賠償請求権
＊本件は、XがXY間に広告掲載契約が成立したにもかかわらずYが出版物の広告掲載を拒否したとして、XがYに対して損害賠償を求めたところ、Yは、Xが契約の相手方としたのはCであり、XとYとの間に何ら契約関係は存しないと主張（積極否認）した事案である。

|請求原因| 1 Xは書籍出版を業とし、Yは○○新聞を発行する会社であること
2 Yの出版広告部員AとBは、○○新聞「○○特集保存版」に、Xの発行する書籍の広告を掲載するよう出稿を依頼したこと
3 Xは、広告原稿を作成して、Yの出版広告部宛てに送信したこと
4 Bは、写植打ちした版下原稿をXに送信し、Xは、何箇所かの修正を指示した原稿をY出版広告部に送信したこと

5　AはXに対し、Xの広告が掲載できなくなった旨連絡し、広告は掲載されなかったこと
　　6　Xの損害及びその数額
　　　＊前掲平成3年東京地判は、「新聞社の広告掲載については代理店を通すのが一般的な扱いであって、Xが今日まで新聞社と直接に広告掲載契約を結んだと認めるに足りる証拠はなく、また、Yの扱いとしても必ず広告代理店を介在させる取扱いになっていたものであり、本件においても、AがX代表者に対し直接取引はできないので代理店を指定してほしい旨明言し、これに対しX代表者はCを広告代理店に指定していたのであるから、Xにおいても広告掲載契約はXとCとの間で締結されるものであることを了解していたというべきである。したがって、Xとの間では、[Yの]出版広告部の部員が広告掲載のための準備交渉を行っていたとはいえ、これは、限られた時間内に多数の広告を集める必要があったため、出版広告部の部員が事実上Xと広告会社間の契約の補助的行為を行ったものにすぎないというべく、本件において、XとY間で広告掲載契約が締結された事実はないものというほかない。もともと、XとC間の契約が成立した場合には、CはYの発行する……新聞紙上にXの広告を掲載するようYと交渉し、CとY間で広告掲載契約を締結すべきもので（その意味でCの地位は準問屋と説明しうる。）、XとYは直接の契約関係には立つ余地がない」と判示する。

(2)　出版取次ぎ

　わが国の出版社は3,000社以上、書店は1万店以上存在するが、互いに個別に直接取引を行なうのは困難である。出版社と書店の間の出版流通は、取次業者（単に「取次ぎ」ともいわれる）が主導する体制となっている。小規模書店でも取次ぎを介することで多数の出版社から配本を受けることができ、品揃えを豊富にできる。

　取次業者が担っている機能は、①取次ぎという本来的な機能による取引総数の最小化を図るほか、②出版の物流機能、③書店への代金回収の繰延べや出版社への委託販売代金の見込払いなど金融機能を果たしている。

(3) 旅客運送の取次ぎ

旅客運送の取次ぎをする者は、運送取扱人ではなく、本条の準問屋に当たる。

旅行業者（旅行2条1項、3項、6条の4第1項）が旅行者の依頼を受けホテルを予約する行為は、通常、仲立に当たる。他方、航空会社の代理店である旅行業者が旅行者の航空券を発行するのは代理商としての行為となる（旅行2条1項4号）。

また、企画旅行契約（旅行2条4項、12条の10）は、旅行業者に特別補償及び旅程保証の責任を負わせた旅行者のための特別委任契約であるが（標準旅行業約款・募集型企画旅行契約の部28条、29条及び受注型企画旅行契約の部29条、30条）、企画旅行における宿泊契約は旅行業者の名で締結され、つまり取次ぎによる例が多く、旅客運送契約は、運送人のための代理（航空運送の場合）あるいは旅行者のための取次ぎ（貸切バスの場合）などの形が採られる。

■ **（参考）**（金融商品販売業者等の損害賠償責任）

金融商品の販売等に関する法律第5条　金融商品販売業者等は、顧客に対し第3条の規定により重要事項について説明をしなければならない場合において当該重要事項について説明をしなかったとき、又は前条の規定に違反して断定的判断の提供等を行ったときは、これによって生じた当該顧客の損害を賠償する責めに任ずる。

1 不法行為の特則

民709条は、不法行為の要件として故意又は過失を要求している。これに対し、本条は、説明義務について一定の類型化（重要事項（3条）について説明がなかった場合）がされ、説明義務違反があった場合には、金融商品販売業者等の故意又は過失を問わない（無過失責任）こととしており、不法行為の特則となっている。ところで、違法な勧誘行為（説明義務の不履行）を不法行為と構成することと、その行為に基づいて締結された契約を有効とすることとは矛盾するものではない。契約の有効・無効に関する規定と、不法行為に関する規定とは、それぞれ全く別の規定として民法上位置付けられており、それぞれ異なった趣旨により設けられているからである。この点、説

明義務違反の損害賠償請求のためには、その請求の原因となった契約が解約されていなければ、損害は生じていないとされ、請求が棄却された判決例（例えば、大阪高判平成8年4月25日判タ921.243〔28011095〕）がある。しかし、これは、あくまでも解約前の損害額算定のための証拠が採用されず、損害が生じたことを立証できなかったためであり、一般論として契約が解約されなければ損害賠償請求ができないわけではないと解される。

2　金融商品販売業者等の直接責任

従来の判決例においては、民709条により、金融商品の販売を行なった従業員の不法行為責任が認められたうえで、民715条（使用者責任）により金融商品販売業者等の責任が問われてきた。しかし、本条においては、金融商品販売業者等が直接顧客に対して責任を負うこととされており、金融商品販売業者等の無過失による免責を認めていない。

> **訴訟物**　XのYに対する本条に基づく損害賠償請求権
> ＊金融商品販売業者等のYが、Xに対し金融商品を販売したが、重要な事項について説明をしなかった。本件は、XがYに対して被った損害の賠償を求めたところ、Yから①Xが特定顧客であること、②Xが説明不要の意思表示をしていたことの抗弁が主張された事案である。
>
> **請求原因**　1　Yは、金融商品の販売等を業として行なう者（金融商品販売業者等）であること
> 2　YはXに対し、金融商品の販売をしたこと
> 3　(1)　Yは、本条の規定により重要事項について説明をしなければならない場合であること
> ＊具体的に説明しなければならない重要事項は、3条1項1号ないし7号所定の事項である。
> (2)　Yは、請求原因2の販売に先立って、当該重要事項を説明しなかったこと
> ＊「説明をしなかった」とは、3条により重要事項の説明をしなければならない場合において、これを全くしない場合のみならず、説明が一部にとどまり、不完全であることをいう場合を含む。3条2項は、同条1項所定の「説明」は、顧客の知識、経験、財産の状況及び当該金融商品の販売に係る契約を締結する目的に照らして、当該顧客に理解されるために必

要な方法及び程度によるものでなければならないとしている。

*重要事項の説明がなかったことについての立証責任について、重要事項の説明義務違反の有無については顧客（消費者・原告）が立証しなければならない。岡田則之＝高橋康文編『逐条解説金融商品販売法』金融財政事情研究会（2001年）117頁は、「説明の有無についての立証責任は金融商品販売業者等に転換されていない。これは、仮に説明の有無の立証責任を金融商品販売業者等に転換すると、顧客に元本欠損が生じただけで原則金融商品販売業者等に損害賠償責任が生ずることとなるのは、金融商品販売業者等と顧客の間の均衡を失するからである」とし、「本法の説明とは、金融商品販売業名等が重要事項について一般的な顧客が理解できるように説明したことをもって足り、顧客が説明を理解・納得したことまで求めるものではない。仮に、顧客が説明を理解・納得する必要があるとしたとしても、これを立証することは内心の状況を立証することとなり、X・Yともに困難であるから、顧客が説明を理解・納得することについては、X・Yのいずれにも不利とならないよう、本法律の損害賠償の要件とはされていない」という。

3′　Yは、請求原因2の販売に先立って、不確実な事項について断定的判断を提供し、又は確実であると誤認させることを告げたこと

4　Xの損害発生及びその数額

*損害額の推定規定（6条1項参照）によって算定される額を超える損害については、因果関係及び損害の立証責任を民法の原則どおり顧客（原告）が負うこととなる。本法が元本欠損額を超える損害の請求を妨げる趣旨でないことは、いうまでもなかろう。6条1項の推定規定による損害賠償を求める設例は、金商6条を参照されたい。

5　請求原因3（又は3′）と4との間の因果関係

*岡田＝高橋・前掲119-120頁は、元本欠損が生ずるおそれがあることについての説明をしなかったことと損害の発生との因果関係に関して、「金融商品の購入により、将来の収益が変動し、財産上の損失が生じることがあることは、金融商

の左する特性であり、本来金融商品販売業者等の責めに帰すべきことではない。これは、顧客が金融商品の特性を正しく理解しているという前提で、顧客が自己の判断により、その責任で危険を引き受けるべきか否かを決すべき性格のものである。しかしながら、金融商品の有するこうした危険性について正しく説明がなされなかったことにより、顧客に当該取引がどの程度自分に不利であるか知った上で契約を締結するかどうかを判断する機会を与えられなかった場合において、当該取引により損失を被ったときは、顧客に当該損失についての自己責任を問うことは酷であると考えられる」「この場合、損失自体は直接に金融商品販売業者等が引き起こしたわけではない（金融商品販売業者等が株式市場の下落を引き起こしたわけではない。）しかし、顧客が適切な説明を受けそうした危険（元本割れ）があることを知っていれば投資信託を購入しなかったことが立証されれば、顧客が危険性を認識していなかったこととその危険性が現実化し生じた損失との間に社会通念上因果関係を認める相当性があり、当該損失の発生について顧客の財産を侵害したものとして不法行為を構成し、元本割れ相当額を損害と認定して業者に賠償させることが、従来裁判の場において広く行われている。本条［金融商品5条］は、この裁判実務の考え方を踏まえ、元本欠損が生ずるおそれがあることについて説明しなかったことと元本割れ相当額相当の損害額との因果関係を推定するものである」という。

（特定顧客）

抗　弁 1　Xが、金融商品の販売等に関する専門的知識及び経験を有する者として政令で定める者（9条1項において「特定顧客」）であること

＊3条7項1号に基づく抗弁である。本条は、「顧客に対し第3条の規定により重要事項について説明をしなければならない場合において」損害賠償責任が発生することとしているところから、抗弁1の反対事実を請求原因に位置付ける見解もあろうが、本書は、これを抗弁と解する見解に立つ。この点は、次の抗弁についても同様である。

(説明不要の意思表示)

抗　弁　1　重要事項について説明を要しない旨のXの意思の表示があったこと

＊金商3条7項2号に基づく抗弁である。

■（参考）（損害の額の推定）

金融商品の販売等に関する法律第6条　顧客が前条の規定により損害の賠償を請求する場合には、元本欠損額は、金融商品販売業者等が重要事項について説明をしなかったこと又は断定的判断の提供等を行ったことによって当該顧客に生じた損害の額と推定する。

　2　前項の「元本欠損額」とは、当該金融商品の販売が行われたことにより顧客の支払った金銭及び支払うべき金銭の合計額（当該金融商品の販売が行われたことにより当該顧客の譲渡した金銭相当物又は譲渡すべき金銭相当物がある場合にあっては、当該合計額にこれらの金銭相当物の市場価額（市場価額がないときは、処分推定価額）の合計額を加えた額）から、当該金融商品の販売により当該顧客（当該金融商品の販売により当該顧客の定めるところにより金銭又は金銭以外の物若しくは権利を取得することとなった者がある場合にあっては、当該者を含む。以下この項において「顧客等」という。）の取得した金銭及び取得すべき金銭の合計額（当該金融商品の販売により当該顧客等の取得した金銭以外の物若しくは権利又は取得すべき金銭以外の物若しくは権利がある場合にあっては、当該合計額にこれらの金銭以外の物又は権利の市場価額（市場価額がないときは、処分推定価額）の合計額を加えた額）と当該金融商品の販売により当該顧客等の取得した金銭以外の物又は権利であって当該顧客等が売却その他の処分をしたものの処分価額の合計額とを合算した額を控除した金額をいう。

1　損害額の推定

　本条は、法律上の事実推定の一種である。「甲事実（前提事実）があるときは、乙事実（推定事実）があると推定される」と規定され、乙事実が他の法条の要件事実となっている場合が、法律上の事実推定を定めたものである（例えば、民186条2項、同619条、同629条、同772条1項、手形20条2

項等)。これを、本条においてみると、元本欠損額が前提事実であり、金融商品販売業者等が重要事項について説明をしなかったことによって当該顧客に生じた損害の額（「損害額」と「説明不存在と損害との間の因果関係」）が推定事実である。推定によって不利益を受ける当事者は、前提事実の証明を妨げる反証をする方法と、前提事実の存在は認めるとしても、推定事実は存在しないことを立証（反証では足りず、本証が必要）して推定を覆す方法が残されている。

2　元本欠損額

本条1項によって損害額と推定される「元本欠損額」とは、具体的には、本条2項が定めるのであるが、金融商品の販売が行なわれた後の特定の時点（算定時点）において、次の①＋②の合計額（支払金1額）から③＋④＋⑤の合計額（取得金額）を控除した金額である（岡田則之＝高橋康文編『逐条解説金融商品販売法』金融財政事情研究会（2001年）119-120頁）。
①算定時点までに顧客の支払った金銭、金銭相当物
②算定時点において未払であって、算定時点以後に顧客の支払うべき金銭、金銭相当物
③算定時点までに顧客等の取得した金銭、金銭以外の物又は権利
④算定時点において顧客等が受け取るべきもので、いまだ受け取っていない金銭、金銭以外の物又は権利
⑤算定時点までに顧客等が金銭以外の物又は権利の一部又は全部を売却したことにより得た金銭

上記⑤については、「元本欠損が生ずるおそれ」の有無の判断を行なう3条3項においては、通常、処分価額は処分時点の市場価額であることから、物又は権利の市場価額に含まれると考え、取得金額としては明示的に規定されていないものである。これに対し、本条2項は具体的なケースにおける損害賠償額の推定額となる損害の額を定めるものであり、顧客等が取得した物又は権利を処分したことにより得られた金額が支払金額を上回った場合のように、顧客等に一定の利益が発生している場合にまで損害賠償額を推定する必要はないと考えられることから、処分価額が取得金額として明示的に規定されているものである。

処分は通常市場価額で行なわれるものと考えられるが、処分により得られた金額が処分時点での市場価額を上回っていた場合には、処分により得られた金額そのものが処分価額となる。また、市場価額を下回っていた場合にも、処分により得られた金額そのものが処分価額となる。ただし、後者の場

合に、顧客等が金融商品販売業者等から損害賠償金を得るために故意に低価格で処分したという事情などがあり、市場価額で処分していれば損害がなかったことが立証されれば、推定が破られるのは当然である。なお、「取得すべき金銭」及び「取得すべき金銭以外の物若しくは権利」とは、④の「算定時点において顧客等が受け取るべきもので、いまだ受け取っていない」もののことである。

訴訟物　　　XのYに対する金商5条に基づく損害賠償請求権
＊金商販売業者等のYが、Xに対し金融商品を販売したが、重要事項について説明をしなかった。本件は、XがYに対し元本欠損額の賠償を求めたところ、Yから説明義務違反と損害との間の因果関係がない等の抗弁が出された事案である。

請求原因　1　Yは、金融商品の販売等を業として行なう者（金融商品販売業者等）であること
2　YはXに対し、金融商品の販売をしたこと
3　(1)　Yは、3条の規定により重要事項について説明をしなければならない場合であること
　　(2)　Yは、請求原因2の販売に先立って、当該重要事項を説明しなかったこと
3´　Yは、請求原因2の販売に先立って、不確実な事項について断定的判断を提供し、又は確実であると誤認させることを告げたこと
4　次の(1)の合計額から、(2)の合計額を控除した額（「元本欠損額」）
　　(1)　当該金融商品の販売が行なわれたことにより、Xの支払った金銭及び支払うべき金銭の合計額（当該金融商品の販売が行なわれたことにより当該顧客の譲渡した金銭相当物又は譲渡すべき金銭相当物がある場合にあっては、当該合計額にこれらの金銭相当物の市場価額（市場価額がないときは、処分推定価額）の合計額を加えた額）
　　(2)　当該金融商品の販売により当該顧客（当該金融商品の販売により当該顧客の定めるところにより金銭又は金銭以外の物若しくは権利を取得することとなった者がある場合にあっては、当該者を含む。以下「顧客等」という。）の取得した金

銭及び取得すべき金銭の合計額（当該金融商品の販売により当該顧客等の取得した金銭以外の物若しくは権利又は取得すべき金銭以外の物若しくは権利がある場合にあっては、当該合計額にこれらの金銭以外の物又は権利の市場価額（市場価額がないときは、処分推定価額）の合計額を加えた額）と当該金融商品の販売により当該顧客等の取得した金銭以外の物又は権利であって当該顧客等が売却その他の処分をしたものの処分価額の合計額とを合算した額

＊請求原因4の事実は、本条2項が定める前提事実である。また、元本欠損額の損害賠償をする限りでは、重要事項と説明がなかったこととの間の因果関係も推定されることとなる（本条1項）。

（元本欠損額以下の損害）

抗　弁 1　損害額が、請求原因4の数額以下であること

（因果関係の不存在）

抗　弁 1　請求原因3の不説明、又は3′の断定的判断の提供等と請求原因4の損害との間に因果関係が存在しないこと

＊例えば、Xが、説明されるべき重要事項を知っていた場合には、金融商品の購入の決定に影響を与えるものではないから、因果関係の不存在が認められ、その結果、本条の推定は覆る。

■ **（参考）**（顧客に対する誠実義務）

金融商品取引法第36条　金融商品取引業者等並びにその役員及び使用人は、顧客に対して誠実かつ公正に、その業務を遂行しなければならない。

2～5　（省略）

1　沿革

本条1項は金融商品取引業者等並びにその役員及び使用人は、顧客に対して誠実かつ公正に、その業務を遂行しなければならないと定める。これは、平成2年の証券監督者国際機構総会で採択された行為規範原則の第1原則である「誠実・公平につき業者は、その業務にあたっては、顧客の最大の利益

および市場の健全性を図るべく、誠実かつ公平に行動しなければならない」と定めるところを、平成4年改正の際に明文化したものである。

2　説明義務の根拠としての誠実義務

　大阪高判平成7年4月20日判タ885.207〔27827541〕は、証券取引の投資勧誘における証券会社の説明義務の根拠として誠実公平義務を挙げるが、同判決は、「(1)……ワラントは、一定の条件で発行会社の株式を引き受けることができる権利であり、一定期間が経過すると無価値となり、価格変動が一般に株式より大きく、不安定でハイリスク・ハイリターンな金融商品であり、また、外貨建ワラントは証券会社との相対取引で、昭和63年2月当時には店頭気配値の公表もされていなかったものである。(2)このような時期に外貨建ワラントを勧誘するにあたっては、YまたはAは、このような外貨建ワラントの特徴及び……XやBの職業、投資経験、投資目的等に鑑み、Xが外貨建ワラントの危険性について的確な認識を形成するため、〈1〉ワラントの意義、〈2〉権利行使価格、権利行使期間（権利行使による取得株式数）の意味、〈3〉外貨建ワラントの価格形成のメカニズム及びハイリスクな商品であり、無価値となることもあること、〈4〉外貨建ワラントは上場株式等と異なり証券会社との相対取引によることについて十分説明し、Xがそれらについて的確に認識できるようにすべきであった……。(3)しかるに、……Aは、Xを勧誘するにあたり「ワラント債は株より数倍利回りのいいヒット商品で、手数料も要らないものである。」と言ったのみで、それ以上に前記(1)ないし(4)の点につき何らの説明をしておらず、その後においても、「『ワラント取引』のご案内」と題するチラシを送付し、平成元年3、4月頃に「ワラント取引のあらまし」と題する小冊子をXに手渡したに止まり、ワラントについて説明することはなく、また、個別の取引も自らの主導で行い、個別ワラントの権利内容についても何らの説明を行わなかったものである。……XやBの職業や投資経験等から、AがXに外貨建ワラントの取引を勧誘するに際し、前記〈1〉ないし〈4〉の説明を省略したり簡略にしても差し支えなかったとの事情は認められず、本件取引におけるAの勧誘は、外貨建ワラントを勧誘するにあたっての注意義務に違反したもので、証券取引にあたっての証券会社の誠実義務に反した違法なものといわざるを得ず、Yは、右違法な勧誘により本件取引を行い、その結果損害を被ったXに対して、民法715条によりその損害を賠償する責任を負う」と判示している。

　その後、東京高判平成8年11月27日判タ926.263〔28020291〕は、証取

49条の2（平成9年改正前）が、誠実公正義務を定め、同法50条1項1号（平成10年改正前）が断定的判断を提供して勧誘する行為を禁止していること等よりすれば、証券会社及びその使用人は、投資家に対して証券取引の勧誘をするに当たっては、投資家の職業、年齢、証券取引に関する知識、経験、資力等に照らして、当該証券取引による利益やリスクに関する的確な情報の提供や説明を行ない、投資家がこれについての正しい理解を形成したうえで、その自主的な判断に基づいて当該の証券取引を行なうか否かを決することができるように配慮すべき信義則上の義務（説明義務）を負うべきであり、証券会社及びその使用人が、この義務に違反して取引勧誘を行なったために投資家が損害を被ったときは、不法行為を構成し、損害賠償責任を免れないとした。このように説明義務の根拠を信義則に求めることは、東京高判平成9年7月10日判タ984.201〔28031429〕によっても踏襲されている。同判決は、「Yの使用人であるAは、Xに対し、本件ワラント取引を勧誘するに際して、Xの従前の経歴、投資経験等と本件ワラント取引の複雑性、危険性等に照らして、Xが、本件ワラント取引による利益や危険性に関する的確な認識のもとに、本件ワラント取引をその自主的な判断に基づいて決することができるように、分かりやすく、明確かつ具体的な説明を行うべき信義則上の義務に違反して本件ワラント取引の勧誘を行ったものであって、違法といわざるを得ず、Yは、右違法な勧誘により本件ワラント取引を行い、その結果損害を被ったXに対し、民法715条に基づき、その損害を賠償する責任がある」と判示する（ただし、同判決は、過失相殺として、Xの損害額の5割を減じている）。

■ **（参考）**（禁止行為）

金融商品取引法第38条　金融商品取引業者等又はその役員若しくは使用人は、次に掲げる行為をしてはならない。ただし、第4号から第6号までに掲げる行為にあつては、投資者の保護に欠け、取引の公正を害し、又は金融商品取引業の信用を失墜させるおそれのないものとして内閣府令で定めるものを除く。
　一　（省略）
　二　顧客に対し、不確実な事項について断定的判断を提供し、又は確実であると誤解させるおそれのあることを告げて金融商品取引契約の締結の勧誘をする行為

三〜九（省略）

1　趣旨
　本条は、投資者を保護し取引の公正を確保し金融商品取引業の信用を失墜させないために、金融商品取引において中心的な役割を果たす金融商品取引業者やその役職員に対して、一定の行為を禁ずるものである。行政による業者規制とは異なるが、民事裁判により業者が投資者等から責任を追及されることによっても、一定の規律が確保される。断定的判断の提供禁止でもみたように、責任追及に当たっては、本条の定める禁止行為も業者の違法性を示すものとして投資者らにより主張される。

2　断定的判断等の提供
(1)　趣旨
　本条2号は、顧客に対し、不確実な事項について断定的判断を提供し、又は確実であると誤解されるおそれのあることを告げて、契約の締結を勧誘する行為を禁じている。「断定的判断」とは、確実でないものが確実であると誤解されるような決めつけ方をいう。例えば、「この株は○○円まで必ず値上がりする」などと顧客に伝えることである。外債販売の勧誘するに当たって、顧客に「円高にはならない」と告げることもこれに当たる。業者が単に予想を告げる場合は該当しない。また、投資判断の材料として、第三者の評価・予想を提供することも該当しない。断定的判断を提供する行為自体が禁じられているのであり、提供された判断が、結果的に正しかったか否かは問わない。断定的判断の提供は自己決定の基礎となる評価を提供するものであり、投資者の意思形成過程へ不当な影響を与えるとして、禁止行為とされている。
　なお、投資判断そのものは、本来は投資者が自ら行なうものであるが、投資の専門家である業者による断定的な判断の提供は、往々にして顧客の投資判断を歪める危険がある。実際に、従来から、業者の役職員が顧客に対して、特定銘柄の値上がりが確実である等の断定的な判断を提供して、顧客を勧誘し、業者の予測が外れること等により、顧客と業者との間に紛争が生ずることが少なくなかった。そこで、投資判断にかかわる部分について業者が介入することを控え、業者は判断の資料を提供するにとどめることにより、顧客が自らの責任で投資判断を行なうようにしたのが本条2号の趣旨であ

る。

　同様の趣旨から、金販4条においても、金融商品販売業者による、断定的判断の提供は禁じられており、違反した場合の効果として、業者は損害賠償責任を負うこととされている（金販5条、同6条）。

　消費者契約法4条1項2号でも、断定的判断の提供は禁じられており、違反した場合の効果として、顧客は契約の締結を取り消すことができる。

(2) 断定的判断の提供と業者の不法行為責任

　投資勧誘に当たり断定的判断が提供された場合には、当該行為に違法性が認められ、業者が顧客に対して不法行為責任（民709条、同715条）を負うとするのが、判例である。ただし、これらも断定的判断の提供が直ちに違法性を有するとはせず、社会的相当性を逸脱した場合に違法性を有するとの判断を示すのが一般的である（最判平成9年9月4日民集51.8.3619〔28021754〕）。また、断定的判断が未公表の内部情報として提供されることがあり、かかる未公表の情報に基づく勧誘については、業者の責任が認められることが多い（例えば、東京高判平成9年5月22日判時1607.55〔28021542〕など）。

| 訴訟物 | XのYに対する使用者責任に基づく損害賠償責任 |

＊Y証券会社の従業員Aは、顧客のXに対して断定的判断の提供をしてB会社の社債の購入を勧誘したが、B会社は倒産した。本件は、XがYに対し、Aの使用者責任に基づき被った損害の賠償を求めた事案である。

| 請求原因 | 1　Aは、Y証券会社の従業員であること |

　　2　AはXに対して、「B会社の社債は元本割れしない」と告げて、その買付けを勧誘したこと

　　＊請求原因2の「B会社の社債は元本割れしない」と告げた場合、通常は「不確実な事項について断定的判断を提供し」たこと（本条2号）に該当するが、「公社債は元本割れのリスクがない」と告げることは評価ではなく、真実とは異なる事実を告げることになる。後者の行為は虚偽告知（本条1号は、「金融商品取引契約の締結又はその勧誘に関して、顧客に対し虚偽のことを告げる行為」をしてはならないことを定めている）に当たる。「B会社の社債は元本割れしない」と告げることも、顧客が一定程度の投資経験がある者であれば、断定的判断の提供に当たるが、顧客が社債などの金融商

品の知識が乏しい者で、事実を告げられていると誤解する蓋然性が高い場合には、虚偽告知（刑罰の適用もある）に当たり得る。
　2′　ＡはＸに対して、「不確実な事項について……確実であると誤解させるおそれのあることを告げ」てＢ会社の買付けを勧誘したこと
　　＊本条2号の「確実であると誤解させるおそれがあることを告げる」とは、提供される判断が断定的ではないが、顧客の投資判断に著しく影響を与えるようなものを指すと考えられる。例えば、業者の個々の発言を取り上げると必ずしも断定的判断が提供されているとはいえず、また虚偽告知等にも当たらないが、総合的にみると断定的判断を提供しているのと同様に顧客の投資判断に影響を与えていると評価できる場合などである。
　3　Ａの故意又は過失の評価根拠事実
　4　Ａは、Ｙ証券会社を通じて、Ｂ会社の社債を、1,000万円で買い付けたこと
　5　Ｂ会社は、その後倒産して、Ｘは、1,000万円の損害を被ったこと

■　**（参考）**（損失補填等の禁止）

金融商品取引法第39条　金融商品取引業者等は、次に掲げる行為をしてはならない。
　一　有価証券の売買その他の取引（買戻価格があらかじめ定められている買戻条件付売買その他の政令で定める取引を除く。）又はデリバティブ取引（以下この条において「有価証券売買取引等」という。）につき、当該有価証券又はデリバティブ取引（以下この条において「有価証券等」という。）について顧客（信託会社等（信託会社又は金融機関の信託業務の兼営等に関する法律第1条第1項の認可を受けた金融機関をいう。以下同じ。）が、信託契約に基づいて信託をする者の計算において、有価証券の売買又はデリバティブ取引を行う場合にあつては、当該信託をする者を含む。以下この条において同じ。）に損失が生ずることとなり、又はあらかじめ定めた額の利益が生じないこととなつた場合には自己又は第三者がその

全部又は一部を補塡し、又は補足するため当該顧客又は第三者に財産上の利益を提供する旨を、当該顧客又はその指定した者に対し、申し込み、若しくは約束し、又は第三者に申し込ませ、若しくは約束させる行為
　　二　有価証券売買取引等につき、自己又は第三者が当該有価証券等について生じた顧客の損失の全部若しくは一部を補塡し、又はこれらについて生じた顧客の利益に追加するため当該顧客又は第三者に財産上の利益を提供する旨を、当該顧客又はその指定した者に対し、申し込み、若しくは約束し、又は第三者に申し込ませ、若しくは約束させる行為
　　三　有価証券売買取引等につき、当該有価証券等について生じた顧客の損失の全部若しくは一部を補塡し、又はこれらについて生じた顧客の利益に追加するため、当該顧客又は第三者に対し、財産上の利益を提供し、又は第三者に提供させる行為
　2　（省略）
　3　第1項の規定は、同項各号の申込み、約束又は提供が事故（金融商品取引業者等又はその役員若しくは使用人の違法又は不当な行為であつて当該金融商品取引業者等とその顧客との間において争いの原因となるものとして内閣府令で定めるものをいう。以下この節及び次節において同じ。）による損失の全部又は一部を補塡するために行うものである場合については、適用しない。ただし、同項第2号の申込み又は約束及び同項第3号の提供にあつては、その補塡に係る損失が事故に起因するものであることにつき、当該金融商品取引業者等があらかじめ内閣総理大臣の確認を受けている場合その他内閣府令で定める場合に限る。
　4〜7　（省略）

1　禁止される3類型の取引
(1)　損失保証・利回保証
　金融商品取引業者等は、有価証券の売買その他の取引（買戻価格があらかじめ定められている買戻条件付売買その他の政令で定める取引を除く）又はデリバティブ取引（以下「有価証券売買取引等」という）につき、当該有価証券又はデリバティブ取引（以下「有価証券等」という）について顧客（信

託会社等が、信託契約に基づいて信託をする者の計算において、有価証券の売買又はデリバティブ取引を行なう場合にあっては、当該信託をする者を含む）に損失が生ずることとなり、又はあらかじめ定めた額の利益が生じないこととなった場合には自己又は第三者がその全部又は一部を補塡し、又は補足するため当該顧客又は第三者に財産上の利益を提供する旨を、当該顧客又はその指定した者に対し、申込み、若しくは約束し、又は第三者に申し込ませ、若しくは約束させる行為をしてはならない（本条1項1号）。

このような損失保証が禁止されるのは、損失保証が約束されると、リスクを負わない安易な投資判断が市場に反映され、その結果として、市場の公正な価格形成機能が歪められてしまうからである。

(2) 損失補塡・利益追加の約束

金融商品取引業者等は、有価証券売買取引等につき、自己又は第三者が当該有価証券等について生じた顧客の損失の全部若しくは一部を補てんし、又はこれらについて生じた顧客の利益に追加するため当該顧客又は第三者に財産上の利益を提供する旨を、当該顧客又はその指定した者に対し、申込み、若しくは約束し、又は第三者に申し込ませ、若しくは約束させる行為をしてはならない（本条1項2号）。

本条1項2号は、1号の場合と異なり、有価証券売買取引等が行なわれた後、顧客に損失が発生し又は予定利益に足りないこととなった場合における利益提供の申込み又は約束を規制の対象としている。

(3) 損失補塡・利益追加の実行

金融商品取引業者等は、有価証券売買取引等につき、当該有価証券等について生じた顧客の損失の全部若しくは一部を補塡し、又はこれらについて生じた顧客の利益に追加するため、当該顧客又は第三者に対し、財産上の利益を提供し、又は第三者に提供させる行為をしてはならない（本条1項3号）。

これは、事後的な損失補塡は投資リスクの判断に影響を及ぼすものではないが、損失補塡が繰り返されると、将来の取引についても同様の期待を顧客に持たせることとなり、公正な価格形成を妨げる。また、特定の投資者への損失補塡は他の投資者に損害を与えるものではないが、投資者間の不公平を来すこととなる。

2 適用除外

本条1項1号ないし3号の禁止規定は、申込み・約束・提供が証券事故による損失の全部又は一部を補塡するために行なわれる場合には、適用されない（本条3項）。証券会社やその使用人が顧客に対して行なった違法行為に

よって顧客が損害を被ったときに、証券会社がこれを賠償することまで罰するわけにはいかないからである。
(1) 証券事故

　証券会社又はその役員若しくは使用人の違法又は不当な行為であって、証券会社と顧客との間において争いの原因になるものとして、内閣府令で定めるものが証券事故とされる。具体的には、金商業118条により、①顧客の注文内容について確認しないで当該顧客の計算により有価証券の売買その他の取引等を行なうこと（同条1号イ）、②有価証券等の性格、取引条件、証券価格・オプションの対価・先物取引の指数等の騰落について顧客を誤認させるような勧誘（同条1号ロ(1)、(2)、(3)）、③顧客の注文執行に当たっての過失による事務処理の誤り（同条1号ハ）、④電子情報処理組織の異常により、顧客の注文の執行を誤ること（同条1号ニ）、⑤法令違反行為（同条1号ホ）が定められている。

(2) 内閣総理大臣の確認

　証券事故を装い損害賠償の形で損失補塡の禁止が潜脱されることを防止すべく、補塡に係る損失が事故により発生したものであることについて、証券会社があらかじめ内閣総理大臣の確認を受けている場合に限って、禁止規定の適用除外が認められる（本条3項但書）。提供行為に限らず、申込み又は約束を行なうにも確認が必要である。この確認を受けるには、証券会社は確認申請書及び添付書類を内閣総理大臣に提出しなければならない（本条5項）。

　確認申請書には、証券会社の商号及び所在地並びに代表者の氏名、事故行為に関係した代表者等の氏名又は部署の名称、顧客の氏名及び住所、事故の概要、提供しようとする財産上の利益の額その他金融庁長官の定める事項が記載される（金商業121条）。添付書類として、顧客が同条に掲げる申請書記載事項の内容を確認したことを証明する書類、及び参考資料が求められる（同法122条）。確認申請書及び添付書類の正本1通並びに写し1通は、証券事故の発生した本店又はその他の営業所を管轄する財務局長に提出される（同法120条）。なお東京地判平成6年5月31日判時1530.73〔27827424〕は、顧客が証券会社に確認申請をとるように求める私法上の権利の有無について、これを否定した。

(3) 確認が不要とされる場合

　内閣総理大臣の確認を得ることなく、証券事故による損失の補塡をなし得るケースとして、①裁判所の確定判決を得ている場合、②裁判上の和解（即決和解を除く）が成立している場合、③民事調停が成立している場合、調停

に代わる裁判所の決定（民調17条）が行なわれ、かつ2週間内に異議の申立てがない場合等が定められている（本条3項但書、金商業119条1項1号ないし11号）。

3　損失保証の私法的効力
　損失保証及び損失補塡は、証券市場の価格形成機能を歪めると解される。そして、公正な価格形成機能という公益目的を達成するために、刑罰をもって損失保証及び損失補塡が禁止された以上、損失保証・利回保証の約束及び損失補塡・利益追加の約束は、公序良俗に反し、民90条により無効であると解される。

> **訴訟物**　　XのYに対する損失保証債務履行請求権
> 　　　　　　＊XがY証券会社における自己の信用取引口座において買い建てた株式が値下がりして損害が発生し最終的に品受けした。本件は、XがYに対して、品受けの際、Yは発生した損失を保証する約束をしたとして、その履行を求めた事案である（大阪地判平成4年8月25日金商1032.18〔28030335〕参照）。

> **請求原因**　1　Xは、Y会社〇〇支店と証券取引を始め、次のとおり、買付注文をしたこと
>
> | 買付日 | 株数 | 単価 | 信用・現物 | 銘柄 |
> |---|---|---|---|---|
> | 平成2年8月30日 | 20,000株 | 1,370円 | 信用 | 〇〇軽金属 |
> | 平成2年8月30日 | 5,000株 | 4,860円 | 信用 | 〇〇製紙 |
> | 平成2年9月6日 | 30,000株 | 1,300円 | 信用 | 〇〇軽金属 |
>
> 　2　平成3年2月28日、XはYに対し、次の買建株の品受（現物取引への変更）を指示したが、その代金（手数料・金利とも）合計7,790万3,166円をその決済期限であった平成3年3月5日に支払わなかったこと
>
> | 買付日 | 銘柄 | 株数 |
> |---|---|---|
> | 平成2年8月30日 | 〇〇軽金属 | 10,000株 |
> | 平成2年8月30日 | 〇〇製紙 | 5,000株 |
> | 平成2年9月6日 | 〇〇軽金属 | 30,000株 |
>
> 　　＊株式の信用取引で買い建てたときには、反対売買（売却）をして差額の受渡しによって決済する方法と、買付代金等を支払って現物を受け取って決済する方法があり、品受けは後者

の方法をいう（現引きともいう）。
3 Yは、東京証券取引所受託契約準則13条の9に基づき、平成3年3月19日、Xの株式を次のとおり売却したこと

　　銘柄　　　　株数　　　単価　　　　合計額
　　○○製紙　　5,000株　1,540円　　7,531,508円
　　○○軽金属　40,000株　　973円　　38,176,162円

4 XとYとの間で、請求原因2記載の各買付日に、損失保証契約が成立していること

　＊Yの代表取締役Aがその資格で損失保証契約を締結したのであれば、その効力は別として、Y自体が契約の帰属主体となることはもちろんである。しかし、Yの従業員Bが損失補塡契約を締結した場合は、BはYを代理して損失保証契約を締結する権限を当然に有しているわけではない。また、損失保証契約は、通常、Yの業務に属する行為ではないから、証取64条の3［金商64条の3］による外務員に擬制される代理権の中にも含まれるものでもはない。したがって、Xが、Bにそのような代理権が授与されていたことを、具体的に主張・立証しない限り、Bによる保証約束のYへの効果帰属は認められない。

　＊具体的には、前掲平成4年大阪地判の事実整理によると、Xは、○○軽金属、○○製紙の株価が下落したことにより被った損害として、○○軽金属5万株の損が1,404万5,600円（○○軽金属の1万株は未売却であるが、Yにおいて売却を言明しているので単価973円の売買代金でXの損を確定させることができるという）、○○製紙の損が1,660円と確定した（買付日平成2年8月30日の○○軽金属の単価が1,300.73円《1,370円ではなく》、2万株、買付日同年9月6日の○○軽金属の単価が1,222.70円《1,300円ではなく》、3万株、買付日平成2年8月30日の○○製紙の単価が4,860円、5,000株であり、平成3年3月19日のYによる売却額が○○軽金属につき単価が973円、5万株、○○製紙につき単価が1,540円、5,000株であるから、（1,300.73円×20,000）＋（1,222.70円×30,000）−（973円×50,000）＝14,045,600円、（4,860円×5,000）−（1,540円×5,000）＝16,600,000円として算出）ので、Yに対し、損失保証債務

の履行として、合計3,064万5,600円の支払を求めるというものである。

(公序良俗違反)

抗弁 1 請求原因4の損失保証契約に関する公序良俗違反の評価根拠事実

＊金融商品取引法の下では、損失保証契約が民90条に違反する無効な契約であることは疑いを入れない。問題は従前の損失保証の私法的効力であるが、最判平成9年9月4日民集51.8.3619〔28021754〕は、「損失保証は、元来、証券市場における価格形成機能をゆがめるとともに、証券取引の公正及び証券市場に対する信頼を損なうものであって、反社会性の強い行為であるといわなければならず、このことは、右改正証券取引法の施行前においても、異なるところはなかったものというべきである。もっとも、旧証券取引法〔平3法律96号改正前の証取法〕の下においては、損失保証は違法な行為とされていたものの、行政処分を科せられていたにすぎず、学説の多くも損失保証契約は私法上有効であると解していたことからすれば、従前は、損失保証が反社会性の強い行為であると明確に認識されてはいなかったものといえる。しかし、……平成元年11月に、証券会社が損失補てんをしたことが大きな社会問題となり、これを契機として、同年12月には、大蔵省証券局長通達が発せられ、また、日本証券業協会も右通達を受けて同協会の規則を改正し、事後的な損失補てんを慎むよう求めるとともに、損失保証が法令上の禁止行為であることにつき改めて注意が喚起されたなどの経過からすれば、この過程を通じて、次第に、損失保証が証券取引の公正を害し、社会的に強い非難に値する行為であることの認識が形成されていったものというべきであり、遅くとも、XがYとの間で損失保証契約を締結していたと主張する平成2年8月15日当時においては、既に、損失保証が証券取引秩序において許容されない反社会性の強い行為であるとの社会的認識が存在していたものとみるのが相当である」と判示する。

■ **（参考）**（適合性の原則等）

金融商品取引法第40条 金融商品取引業者等は、業務の運営の状況が次の各号のいずれかに該当することのないように、その業務を行わなければならない。
　一　金融商品取引行為について、顧客の知識、経験、財産の状況及び金融商品取引契約を締結する目的に照らして不適当と認められる勧誘を行つて投資者の保護に欠けることとなつており、又は欠けることとなるおそれがあること。
　二　（省略）

1　適合性の原則
　適合性原則とは、金融商品の取引において、顧客の知識、経験、財産の状況及び契約を締結する目的に照らして不適当と認められる勧誘を行なってはならないとする原則をいう。
　このような適合性原則については、最判平成17年7月14日民集59.6.1323〔28101473〕が「証券会社の担当者が、顧客の意向と実情に反して、明らかに過大な危険を伴う取引を積極的に勧誘するなど、適合性の原則から著しく逸脱した証券取引の勧誘をしてこれを行わせたときは、当該行為は不法行為法上も違法となると解するのが相当である」としたうえで、「顧客の適合性を判断するに当たっては、単に……取引類型における一般的抽象的なリスクのみを考慮するのではなく、……具体的な商品特性を踏まえて、これとの相関関係において、顧客の投資経験、証券取引の知識、投資意向、財産状態等の諸要素を総合的に考慮する必要があるというべきである」と判示して、適合性原則の考え方を採用している。
　一般に、適合性原則には、狭義の適合性原則と広義の適合性原則の2つが含まれると解されている。
(1)　狭義の適合性原則
　狭義の適合性原則とは、金融取引のリスクについてどんなに説明を尽くしても、それを理解するに足る能力がない顧客に対しては、金融商品の販売・勧誘を行なってはならないというものである。貯蓄や退職金などで資産があるが、金融取引についての知識・経験や判断能力が十分でない高齢者の投資について問題になることが多い。これは、説明義務の前提となるところの顧

客側の理解する能力に関する問題であって、そのような顧客に対して勧誘したこと自体が違法であり、説明義務違反は問題とならない。能力の観点から適性に欠ける者を取引から排除するのは、民法における意思能力ないし行為能力制度と共通の考え方に基づくものといえるが、民法の行為能力制度が一定の基準に基づいて定型的に画された者に対して、保護機関を設けたうえでその行為能力を制限するのに対し、適合性原則は、そのような顧客を勧誘してはならないという事業者の義務として構成したものであり、当該取引の特性との関係で要求される顧客の能力に即してより柔軟な対応を可能とするものである。

　本条1号の規定は、顧客の知識、経験、財産の状況及び投資目的といった顧客の属性に照らして、一定の金融商品取引行為について、そもそも当該顧客に対し勧誘を行なってはならないという意味の適合性原則（狭義の適合性原則）を規定している。ただし、本条1号は、証券取引・商品取引におけるいわゆる「業法規律」（業者規律）であって、それは直ちに、私法上の規律（民事規律）として位置付けられるものではない。

　この境界を取り払ったものとして、前掲平成17年最判【89】は、特に狭義の適合性原則と不法行為（民事上の規律）の関係を明示して、「平成10年法律第107号による改正前の証券取引法54条1項1号、2号及び証券会社の健全性の準則等に関する省令（昭和40年大蔵省令第60号）8条5号は、業務停止命令等の行政処分の前提要件としてではあるが、証券会社が、顧客の知識、経験及び財産の状況に照らして不適当と認められる勧誘を行って投資者の保護に欠けることとならないように業務を営まなければならないとの趣旨を規定し、もって適合性の原則を定める（現行法の43条1号参照）。また、平成4年法律第73号による改正前の証券取引法の施行されていた当時にあっては、適合性の原則を定める明文の規定はなかったものの、大蔵省証券局長通達や証券業協会の公正慣習規則等において、これと同趣旨の原則が要請されていたところである。これらは、直接には、公法上の業務規制、行政指導又は自主規制機関の定める自主規制という位置付けのものではあるが、証券会社の担当者が、顧客の意向と実情に反して、明らかに過大な危険を伴う取引を積極的に勧誘するなど、適合性の原則から著しく逸脱した証券取引の勧誘をしてこれを行わせたときは、当該行為は不法行為法上も違法となると解する」と判示した（事案に対しては、不法行為の成立を認めなかった）。この判決により、狭義の適合性原則から著しく逸脱した投資勧誘は、それ自体が不法行為を構成することが明らかにされた。この最高裁判例によるものとして東京地判平成23年8月2日金法1951.162〔28180522〕などが

ある。
(2) 広義の適合性原則——実質的説明義務

これに対し、広義の適合性原則とは、事業者が利用者の知識、経験、財産の状況及び契約目的に適合した形で勧誘を行なうべき原則をいう。金融商品の取引業者は、法定の事項を記載した書面を単に形式的に交付すれば足りるのではなく、顧客の属性に照らして当該顧客に理解されるために必要な方法及び程度によることを要するというものであり、「説明義務の実質化」(「実質的説明義務」) といわれる。

証券業者ルールとしての行為規制の面では、旧証取が「顧客の知識、経験及び財産の状況に照らして不適当と認められる勧誘」を行なってはならないことを定めていたが (旧証取43条1号)、それを改正した金商法では、前掲平成17年最判を踏まえ、適合性原則の考慮要素として旧証取が定める考慮要素に「金融商品取引契約を締結する目的」を追加するとともに (本条1号)、38条8号及び金商業117条1項1号において、説明の方法及び程度について適合性原則の考え方を取り入れて、説明義務の実質化が図られた。そして、上記規定に違反した場合には、監督当局による業務改善命令 (51条、51条の2) 又は監督上の処分 (52条1項6号、52条の2第1項3号) の対象となり得る。他方、私法上の効果の面では、平成18年金販3条2項は、説明義務を尽くしたかどうかを判断するに当たっての解釈基準として広義の適合性原則を取り入れ、これに民事効を付与した。

信義則上、当該顧客の属性に照らして当該顧客に理解されるために必要な方法及び程度による説明が業者に義務付けられていることを基礎にして、このような顧客の属性に適合的な形で説明義務を負わせる立場を広義の適合性原則と呼ぶことがある。

前掲平成17年最判以降においても、狭義の適合性原則の違反を認定して不法行為責任を認めたものは少数であって、むしろ説明義務違反を認定して不法行為責任を肯定したものが多い (例えば、東京地判平成23年12月7日判タ1371.212〔28180731〕、大阪地判平成24年2月24日判時2169.44〔28180695〕など)。

訴訟物 　XのYに対する先物為替予約取引に基づく未払債務履行請求権

＊本件は、Y (会社) との間で先物為替予約取引を行なったX (銀行) が、Yに対し、Yとの間の外国為替取引約定に基づき、未払債務の支払を求めたところ、Yは、Xに適合性原

則違反があったとして、不法行為に基づく損害賠償債権を自働債権とする相殺の抗弁を主張した事案である。

請求原因
1　XとYは、銀行取引約定を締結して銀行取引を開始したこと
2　YはXとの間で、金銭の相互支払に関する基本契約書、追約書（通貨オプション）、外国為替取引約定書を取り交わしたこと
3　本件銀行取引約定、本件基本契約及び本件外国為替取引約定には、以下のとおりの規定があること
(1)　YがXに対する債務の一部でも履行を遅滞したときは、Xからの請求により、Yは、Xに対する一切の債務について期限の利益を失い、直ちに債務を弁済する（本件銀行取引約定5条2項1号）。
(2)　X又はYについて本件銀行取引約定5条2項各号の事由が1つでも生じた場合には、相手方は請求によって本件基本契約が適用される全部又は一部の取引約定を解約できる（本件基本契約6条3項）。
(3)　(2)による取引の解約により生じた費用、手数料及び解約当事者の被る損害については、あらかじめ書面により別段の取決めをしない限り、すべて不履行当事者がこれを負担し、解約当事者が別途支払日を合理的に定める場合を除き、直ちに支払う（本件基本契約7条1項）。
(4)　X又はYが相手方に対して支払うべき金額の支払を遅延した場合で、当該金額が円貨のときには、X又はYは、相手方に対し、支払を行うべき日から支払をすべて履行した日までの期間につき、支払うべき金額に対する年14パーセント（年365日の日割計算）又は相手方が指定する銀行（Xが相手方である場合には、Xを含む）の調達レートに年2パーセントを加算した割合のうち、いずれか高い割合を乗じて算出した損害金を支払う（本件基本契約8条1項）。
(5)　Yについて本件銀行取引約定5条2項各号の事由が1つでも生じた場合には、Xが通知したときに、Yとの一切の為替予約は解除されたものとし、この解除によりXが支払った手数料、費用、その他原告に生じたすべての損害はYの負担とし、Yはこれを直ちに弁済する（本件外国為替取

金融商品取引法第40条　501

　　　引約定の「Ⅳ先物外国為替約定」8条2項）。
　　4　Yは、同月30日、Xとの間で、本件約定等に基づき、下記内容の先物為替予約取引（すなわち、Yが、Xとの間で、合意した受渡期間を通じ、あらかじめ定めた予約レートで、各回に2万米国ドルのドル買い円売りをするという外国為替取引である。「本件為替予約取引」）を行なうことを合意したこと
　　　(1)　取引金額：1回当たり2万ドルの36回分（合計72万ドル）
　　　(2)　予約レート：1ドル当たり115.07円
　　　(3)　受渡期間：平成18年4月5日から同月28日までを初回受渡期間とし、平成21年3月2日から同月31日までを最終受渡期間とする、毎月月初営業日から月末営業日までを受渡期間とする計36受渡期間
　　　(4)　資金受渡日：前記ウの各受渡期間の中で、Yが任意に選択する本邦銀行営業日
　　5　本件為替予約取引を締結するに当たってのXの担当者は、法人業務部企業取引開発室所属のC調査役とD支社所属のE法人取引先担当であったこと
　　6　YはXとの間で、本件為替予約取引に基づく平成21年2月2日から同月27日までを受渡期間とする230万1,400円及び同年3月2日から同月31日までを受渡期間とする230万1,400円について、各受渡期間終了日までに資金の受渡しを行なわなかったこと
　　7　Xは、Yに対し、平成28年6月9日、本件銀行取引約定5条2項1号、本件基本契約6条3項及び本件外国為替取引約定8条2項に基づき、本件為替予約取引を解除する旨の意思表示を行なったこと
（適合性原則違反の損害賠償請求権との相殺）
抗　弁　1　本件各取引はYにとって利益が少なく、損失を被る危険性が高いハイリスク・ローリターンな商品であるから、かかる商品を望まず、当該特性に対する基本的な理解等も欠くYに対して本件取引の勧誘等を行なったXの行為は、適合性の原則を著しく逸脱した違法なものであること
　　　＊東京地判平成28年10月19日金商1505.29〔28244509〕は、前掲平成17年最判を引用したうえで、本件各取引の商品特

性について、「本件各取引の内容は、……その性質上正確に予測することができない将来の為替相場の変動が損益の発生及びその額を左右するものであり、Yに生じ得る損失額を一定程度にまで制限するような規定は特段設けられていない。しかも、その取引は、いずれも3年間で全36回という長期かつ多数回に及ぶ上に、原則として中途解約ができないから……、為替相場の変動如何によっては、顧客が被る損失額が巨額なものとなる可能性があり、モンテカルロ・シミュレーションが示すリスク分析結果……等も勘案すると、顧客であるYにとってリスクが高い商品であることは否定できない」としながら、「本件為替予約取引は、決済時点におけるドル円相場が予約レートよりもドル高円安方向であるかドル安円高方向であるかにより損益が定まるもの、本件直物為替先渡取引は、決済時点における決済レートが締結レートよりもウォン高円安方向であるかウォン安円高方向であるかにより損益が定まるものであるから、本件各取引の基本的な構造・原理自体は比較的単純なものであり、為替相場につき一定の知識と関心がある者であれば、自らの相場観等に基づき、将来の為替相場がいずれの方向に動くかを予想すること自体は特段困難なものとはいえない。しかも、外国企業との間で継続的な輸出入の取引を行う者など、継続的な為替相場の変動リスクを有する顧客にとっては、本件各取引を適切に活用することにより、為替相場の変動に伴って生じる輸出入取引のコスト上昇を抑える効果（リスクヘッジ効果）を期待できるし、仮に本件各取引により損失が生じたとしても、為替相場の変動に伴って輸出入取引のコストが下がり、顧客が被る実質的な損失額を抑制させることもできるから、全体としての輸出入取引に係るコストの平準化を図ることが可能といえる。……本件各取引は、ハイリスクな商品であることは否定できないものの、顧客にとって不合理な取引条件が設定されたものではなく、為替リスクをヘッジする効果を享受し得る商品となっており、その基本的な仕組み・構造は少なくとも企業経営者にとって複雑なものともいえない」とし、さらに、Y代表者の本件取引の基本的な仕組み等に対する理解力、Yの投資意向や財産状態、Xの勧誘方法等を総合的

に考慮して、適合性の原則から著しく逸脱した勧誘等を行なって本件各取引を行なわせたものとはいえないと結論付けている。
　2　損害及び損害額

2　広義の適合性原則のさらなる拡張
　以上2は、金融商品販売法や金融商品取引法で一般に説明義務の内容であるが、さらに進んで、広義の適合性原則と結び付いた信義則に基づく説明義務として、より広い事項を対象とする説明義務を認める見解もある。一般に、説明義務ないし情報提供義務の対象となる情報は、金融取引の内容に関する一定の重要事項を対象とするものである。しかし、顧客が合理的な投資判断を行なうためには、市場リスクや信用リスクなどの金融取引の内容であるリスクについての説明だけでは十分ではなく、当該契約を締結することによって顧客にもたらされる利害得失とその分析評価を行なうための情報も必要となってくる。このような利害得失の評価情報を提供する義務は、講学上、一般の情報提供義務と区別する意味で「助言義務」と称されるものである。このような助言義務が、金融商品の取引に係る契約締結時において、当該取引を行なうことが顧客の利益に適合するものかを判断するために必要な情報の提供として、広義の適合性原則に基づく説明義務に含まれると主張されるわけである。このような助言義務の根拠は、当事者の信認関係に求められる。事業者の専門性に対する顧客の信頼からそれに依存する関係が認められる場合には、事業者は、顧客の利益のために行動する義務を負い、顧客の利益を損なうおそれが認められる場合には、顧客の情報能力や分析力の不足を補うために必要な評価情報の提供ないし助言や警告を行なう義務を負うと説かれている。さらに、契約締結時において問題となる助言義務に加えて、契約締結後の継続的な助言義務としての「アフターケア義務」も、これに関連して問題となり得る。
　前掲平成17年最判の才口千晴裁判官の補足意見は、損失拡大の危険性をはらむリスクの高い商品の取引において、顧客がリスクをコントロールできなくなるおそれがある場合には、これを改善、是正させるために積極的な指導、助言を行なう信義則上の義務（指導助言義務）を負う述べたが、これを受けて、その後の下級審裁判において当該義務違反を主張する訴訟が増加している。しかし、このような助言義務は、先にみたような市場原理に基づく自己責任原則を前提としつつ、当事者間の情報格差を是正するために事業者に課される説明義務とはその法的性質を異にするものであり、当事者間の信

認関係から事業者に課される、顧客の投資判断を後見的に支援する義務であることから、このような助言義務を認めることには、一般的には慎重である。

■（参考）（外務員の権限）

金融商品取引法第64条の3　外務員は、その所属する金融商品取引業者等に代わつて、第64条第1項各号に掲げる行為に関し、一切の裁判外の行為を行う権限を有するものとみなす。
　2　前項の規定は、相手方が悪意であつた場合においては、適用しない。

　外務員の職務は、証券業の一に該当する行為、有価証券の売買若しくはその委託等の勧誘又は有価証券指数等先物取引、有価証券オプション取引若しくは外国市場証券先物取引の委託の勧誘若しくは有価証券店頭デリバティブ取引若しくはその委託等の勧誘である。
　外務員は、上記の権限のうち、その所属する証券会社に代わって、その有価証券の売買その他の取引並びに有価証券指数等先物取引等、有価証券オプション取引等、外国市場証券先物取引等及び有価証券店頭デリバティブ取引等に関し、一切の裁判外の行為を行なう権限を有するものとみなされる（本条1項）。したがって、証券会社が内部的に外務員の権限を制限している場合であっても、証券会社は外務員の行なった行為について責任を負わなければならない。ただ、この規定は善意の第三者を保護するために設けられたものであるから、相手方が悪意であった場合には、その適用はない（本条2項）。

　|訴訟物|　XのYに対する株券引渡請求権
　　　　　＊本件は、上場会社が株券を発行していた当時の事案である。鈴木竹雄＝河本一郎『証券取引法〈新版〉』有斐閣（1984年）372頁は、本条1項の立証責任について、「訴訟においては、原告たる顧客は、①当該外務員が被告証券会社に所属すること、②被告証券会社の業務範囲に属する業務につき当該外務員と取引をしたことを立証すればよく、責を免れよう

とする証券会社は、代理権欠缺についての顧客の悪意または顧客と外務員との間の代理関係の存在などの特別の事情の存在を立証しなければならない」という。

請求原因 1 AはY証券会社に所属する外務員であること
2 XはAに対し、○○株式10,000株の買付けの委託をし、代金相当額1億円を交付したこと

（悪意・重過失）
抗　弁 1 Y会社は、Aの代理権につき、代金額が5,000万円を超える場合を与えていなかったこと
2 Xは請求原因2当時、抗弁1の事実を知っていたこと、又は知らないことに重大な過失があることの評価根拠事実

＊本条2項は、Yが「悪意」の場合に限って、その免責を認めるが、悪意と同視できる「重過失」の場合も同様に解し得るであろう。高松高判昭和58年4月12日判タ498.106〔27486718〕は、「証取法第64条2項の『相手方が悪意であつた場合』というのは、相手が当該外務員に代理権が欠缺ないし制限されているのを知つている場合だけでなく、外務員が行つた当該取引上の意思表示が証券会社の正当な業務のために行つていないものであるのを認識している場合及びその認識がなくとも、それに気付かなかつたことにつき重大な過失がある場合も含むと解するのが相当である。けだし、証取法第64条の規定は一般投資家の保護を目的とするものではあるが、取引における信義則からもまた民法第93条の類推解釈からも、相手方において当該外務員の行為が証券会社の正式の行為として行うものでないことを知つている場合またはそれを知らないことにつき重大な過失がある場合にも、その一般投資家に対し、証券会社はその外務員の行為につき責に任じないと解するのが相当だからである」と判示する。

＊大阪高判平成元年3月30日判タ701.265〔27804629〕は、「Xは、……本件金員もAがYの代理人として株式の信用取引代金にあてるために受領したものであると主張するので、この点について検討する。……本件金員は、XがAから本件口座における取引に必要であるからと依頼されて、株式信用取引代金としてAに交付したものであるから、Aは本件金員を株式の取引に関し受領したものであり、証券取引

法第 64 条第 1 項によると、Y の外務員である A は Y に代わって有価証券の売買その他の取引に関し、一切の裁判外の行為を行う権限、いわゆる一般的代理権限を有するものとみなされ、本件金員の受領も外形的には右一般的代理権限の範囲内の行為であるが、……実際は A は本件金員を本件口座における自己思惑取引の資金として使用するために借受け、結局は自己の貸金債務の返済に宛てたものであって、右一般的代理権限を濫用したものであるところ、同条第 2 項は同条第 1 項の規定は相手方が悪意であった場合には適用しない旨定めているが、右悪意には外務員の当該行為が一般的代理権限を濫用したものであることにつき相手方に悪意と同視できる程度の重大な過失のある場合も含まれるものと解するのが相当であり、本件においては、……X が、A が本件口座において自己思惑取引を行っており本件金員が A の計算で使われる可能性のあることを知らなかったとしても、X にはこの点につき重大な過失があったものと認められるから、同条第 1 項は適用されず、X は A の本件金員の受領につき Y に対して責任を問うことはできない」と判示する。

(権限濫用)

抗　弁　1　A は、請求原因 2 の取引行為を Y 証券会社のためにしていないこと
　　＊悪意の内容が、代理権の欠如ないし制限の場合に限定すべきか、それとも外務員が証券会社のためにしていない場合も含まれるか見解が分かれるが、後者の見解が妥当であろう (大阪地判昭和 47 年 4 月 28 日判タ 279.341〔27486700〕、東京地判昭和 57 年 2 月 26 日判タ 474.132〔27423826〕)。
　　2　X は請求原因 2 当時、抗弁 1 の事実を知っていたこと、又は知らないことに重大な過失があることの評価根拠事実

■ **(参考)** (免許及び免許の申請)

金融商品取引法第 156 条の 24　金融商品取引所の会員等又は認可金融商品取引業協会の協会員に対し、金融商品取引業者が顧客に信用を供与して行う有価証券の売買その他の取引 (以下「信用取引」という。) その他政令で定める取引の決済に必要な金銭又は有価証券を、当該金融

商品取引所が開設する取引所金融商品市場又は当該認可金融商品取引業協会が開設する店頭売買有価証券市場の決済機構を利用して貸し付ける業務を行おうとする者は、内閣総理大臣の免許を受けなければならない。
2～4 （省略）

1 信用取引
　信用取引（Margin）は、顧客（委託者）が証券会社に一定の保証金（委託保証金）を担保として差し入れ、証券会社から株式の購入資金や売付株式を借り入れて、株式を売買する取引である。すなわち、信用取引は、「売買委託契約」とこれに関連する「消費貸借契約」から成立する。「消費貸借契約」では、決済日に売買に必要な金銭又は株式を金商業者が顧客に貸し付けるとともに、その買付株券又は売付代金を本担保として決済機構を通じて受け取ると解釈される。信用取引の法的構成としては、本条1項において、取引所の会員など（証券会社）に対し、証券会社が顧客に信用を供与して行なう有価証券の売買その他の取引のことを「信用取引」と定義されているが、信用取引の保証金率などの定め他の実務取引上の取扱いの法的規制については、161条の2第1項において、証券会社は顧客から当該取引に係る有価証券の時価に内閣総理大臣が定める率を乗じた額を下回らない額の金銭の預託を受けなければならないと規定されている。さらに取引の詳細については東京証券取引所ほか各取引所が定める規則により定められている。
(1) 信用取引の種類
　信用取引は、下表のとおり、「制度信用取引」と「一般信用取引」の2種類に区分される。ここで制度信用取引とは、証券金融会社による「貸借取引」を利用することができる取引のことを指し、一般信用取引とは、品貸料及び弁済の繰延期限について、証券会社が顧客との合意した内容に従って行なう取引のことを指す。
(2) 売買の手続と条件
　顧客が信用取引を行なおうとするときは、証券会社に口座設定の申込みを行ない、その承諾を得たうえ、信用取引口座設定約諾書を差し入れる。そして、売買を委託する際には、その都度、制度信用取引か一般信用取引かの別を必ず明示しなければならず、中途での変更は一切できないことになっている。信用取引の利用対象となっている銘柄は、取引所が禁じている発行済み

株式数や株主数が一定の基準未満の内国株式、新株引受権証書、外国株式などを除くすべての銘柄であるが、実際には内国株式のうち、証券金融会社が融資・貸株を行なう貸借銘柄が主たるものである。

	制度信用取引	一般信用取引
委託保証金	約定価額の 30% 以上	約定価額の 30% 以上
品貸料（逆日歩）	取引所が発表する料率	顧客と証券会社間で決定
弁済期限	最長 6 か月	顧客と証券会社間で決定
対象銘柄	取引所が選定した銘柄	原則として全上場銘柄
権利処理	取引所が定める方法	顧客と証券会社間で決定
貸借取引*	利用可能	利用不可

* 貸借取引は、証券金融会社が証券取引所の取引参加者である証券会社から一定の保証金（貸借担保金）を受け入れたうえで、制度信用取引に必要な資金や株券を貸し付ける取引で、証券取引所の決済機構を通じて行なわれる。
* 証券金融会社は、証券会社から、制度信用取引の売買約定日に、銘柄別に借入れの申込みを受ける。貸付けの実行は、証券金融会社が証券会社に代わって、貸付資金又は貸付株券を証券取引所の決済機構に引き渡し、見返りに買付株券（融資担保株券）又は売付代金（貸株代り金）を受け取り、それぞれの貸付けの担保に充当する。

2 受託契約準則

信用取引の規律は、受託契約準則に定められている。受託契約準則は、金融商品取引法に基づき金融商品取引所が定める規則で、当該取引所における有価証券の売買等の受託の条件、決済の方法等の証券会社等の会員が顧客から売買取引等を受託する際に守るべき規律について定型化するものである。最判昭和 44 年 2 月 13 日民集 23.2.336〔27000847〕は、「商品取引所法に基づいて定められた受託契約準則は、いわゆる普通契約約款であるから、当該取引所の商品市場における売買取引の委託については、当事者間に特別の約定のないかぎり、商品仲買人（昭和 42 年法律 96 号による同法の改正後は商品取引員、以下同様とする。）のみならず、委託者をも、その意思の如何にかかわらず、また、その知、不知を問わず、拘束するものと解すべきである。また、右受託契約準則が改正された場合には、改正後の受託契約準則は、改正後の右売買取引の委託については、右と同様に、委託者をも拘束するものと解すべきである」と判示するが、証券取引所の受託契約準則についても同様の拘束力が認められる。

金融商品取引法第156条の24 509

訴訟物　　XのYに対する信用取引による預託金返還請求権
　　　　　＊XはYとの間で信用取引受託契約を締結し、信用保証金として1,000万円をYに預託した。Xは、Xの口座において無断で甲株式1万株が売り建てられているが、それはXに帰属するものではないとして、信用保証金1,000万円の返還を求めたところ、Yはそれを争い、Xが売り建てた甲株式が思惑と違って高騰したため、反対売買を期限までにしなかったので、Yにおいて約定に従って処分（強制決済）し、信用保証金は立替金債権に充当したと主張した事案である。
　　　　　＊強制決済とは、信用取引においてXが証券会社や証券取引所と交わしている約定に違反した場合、Xの同意を取らずに証券会社の判断により建玉の解消や代用有価証券の売却などが行なわれる措置をいう。強制決済により発生した損益は当然Xに帰属する。

請求原因　1　XはYとの間で、信用取引受託契約を締結したこと
　　　　　2　XはYに対し、請求原因1の契約に基づき、信用保証金として1,000万円を寄託したこと
　　　　　＊後記抗弁1(2)のように、Xは保証金代用有価証券を差し入れることもできる。
　　　　　3　XはYに対し、請求原因1の契約を解約する意思表示をしたこと

（強制決済）

抗　弁　1　請求原因1の信用取引受託契約には、Xは受託契約準則に従うとの定めがあること
　　　　　＊受託契約準則には、次の定めがある。本件は、Xが請求原因3により、下記(4)に違反したため、(6)1項の反対売買をYが行い、また(6)2項の保証金による充当をしたものである。(1)ないし(3)及び(5)は参考までに掲記するものである。
　　　　　(1)（信用取引に係る委託保証金の差入れ）受託契約特則39条
　　　　　　　信用取引による売付け又は買付けが成立したときは、顧客[X]の信用取引に係る受入保証金がない場合、顧客は、当該信用取引に係る有価証券の約定価額に100分の30を乗じて得た額（「通常の最低限度額」）が30万円以上のときは、その額以上の金銭を委託保証金として売買成立の日から起算して3日目の日までの取引参加者が指定する日時までに差し

入れるものとする。
(2) (信用取引に係る委託保証金の有価証券による代用) 同40条1項

　信用取引に係る委託保証金は、有価証券をもって代用することができる。

＊この場合は有価証券の時価に一定の掛け率（80パーセント前後）を乗じた換算が行なわれる。

(3) (信用取引による有価証券又は金銭の貸付け) 同41条1項本文

　取引参加者〔Y〕は、信用取引による売付けについては、当該売付けの決済日に当該売付代金及び委託保証金を担保として当該売付有価証券の貸付けを行なうものとし、信用取引による買付けについては、当該買付けの決済日に当該買付有価証券及び委託保証金を担保として当該買付約定価額の全額に相当する金銭の貸付けを行なうものとする。

(4) (信用取引による有価証券又は金銭の貸付けの弁済期限) 同43条1項

　信用取引による売付有価証券又は買付代金の貸付けの弁済期限は、貸付けの日の翌日とし、その3日前……の日までに弁済の申出をしない場合は、逐日……これを繰り延べるものとする。ただし、制度信用取引においては、当該信用取引による売付け又は買付けが成立した日の6か月目の応当日……から起算して4日目の日を超えて繰り延べることができない。

(5) (信用取引に係る委託保証金の維持) 同48条1項

　取引参加者は、信用取引に係る受入保証金の総額が、その顧客の信用取引に係る一切の有価証券の約定価額に100分の20を乗じて得た額を下回ることとなったときは、当該額を維持するために必要な額を委託保証金として、当該顧客からその損失計算が生じた日から起算して3日目の日までの取引参加者が指定する日時までに追加差入れさせなければならない。

＊平成25年1月1日より、我が国の161条の2に規定する取引及びその保証金に関する内閣府令の一部改正により、信用取引における法令の制限が改正され、信用取引に係る委託保

証金の計算方法等が変更となり、①信用取引により翌営業日に委託保証金の拘束が解除されていたものが、同日において、同一資金で何度でも信用取引の売買が可能となり、②建玉の反対売買による確定利益は、受渡日から利用が可能であったが、受渡日前でも利用が可能となり、③改正前は、信用取引で追証が発生した場合、信用取引の建玉（ポジション）を解消しただけでは足りず、実際に入金する必要があったが、改正後は、建玉解消による委託証拠金維持率の回復によって追証の解消が可能になった。④以上により、法令上、信用取引の差金決済が事実上解禁され、信用取引において同一の保証金を使っていわゆる回転売買が可能となった。

(6) （顧客の決済不履行の場合の措置）同53条1項及び2項

　　顧客が、所定の時限までに、売付有価証券又は買付代金を取引参加者に交付しないとき、……及び信用取引に関し預託すべき委託保証金若しくは支払うべき金銭を取引参加者に預託せず若しくは支払わないとき又はその貸付けを受けた買付代金若しくは売付有価証券の弁済を行なわない場合には、取引参加者は、任意に、当該売買又は信用取引を決済するために、当該顧客の計算において、売付契約又は買付契約の締結……を行なうことができる。

　　取引参加者が前項により損害を被った場合においては、顧客のために占有し、又は社債、株式等の振替に関する法律（平成13年法律第75号）に基づく口座に記録する金銭及び有価証券をもって、その損害の賠償に充当し、なお不足があるときは、その不足額の支払を顧客に対し請求することができる。

2　Xは、Yに委託して、信用取引口座において甲株式1万株を総額3,000万円で売り付けたこと
　＊いわゆる空売りである。株式売却時より株価が下がれば利益が得られ、反対に株価が上昇した場合には損失となり、理論的には上昇することについては青天井であって、リスクは高い。

3　Xは、信用取引の決済期限内に甲株式1万株の買付けをしなかったので、Yは抗弁1(6)1項の約定に基づき、総額4,500万円で買付処分をしたこと

＊信用取引では、反対売買（買建玉の場合は売却、売建玉場合は買付け）により決済しその差金をやりとりするのが通常であるが、それ以外に、買建玉の場合に借り入れた金額を現金で支払って株式を取得したり（現引き）、売建玉の場合に借り入れた株式を別途現物買いし、これを引き渡す（現渡し）という現物決済が行なわれることもある。

4　Xは請求原因3のYによる売付処分により、Yに対して1,500万円の立替金債務を負ったこと

5　Yは抗弁1(6)2項の約定により、保証金1,000万円を立替金債権の一部に充当したこと

　　＊YはXに対し、上記充当後も、なお500万円の立替金債権を有しているが、本件では、YはXに対する反訴を提起していない。

訴訟物索引

〔い〕
委任契約に基づく委任事務処理費用償還請求権 …………………………………469
　　抗弁・先立つ買付成立通知
委任契約に基づく目的物引渡請求権 …………………………………………475
　　抗弁・問屋の留置権
印刷契約に基づく代金支払請求権 ……………………………………326
　　抗弁・移送申立て

〔う〕
運送契約の債務不履行に基づく損害賠償請求権……………………………………32
　　抗弁・無過失

〔か〕
会社法8条2項に基づく商号使用差止請求権……………………………………89
会社法22条1項に基づく連帯債務履行請求権 ……………………………121
会社法22条1項に基づく連帯債務履行請求権 ……………………………120
　　抗弁・特段の事情
会社法22条1項に基づく連帯債務履行請求権 …………………………125, 140
　　抗弁・免責の登記　・免責の通知
会社法22条1項に基づく連帯債務履行請求権 ……………………………117
　　抗弁・免責の登記　・免責の通知　再抗弁・信義則違反
会社法23条に基づく連帯債務履行請求権 ………………………………133
会社法23条に基づく連帯債務履行請求権 ………………………………134
　　抗弁・除斥期間　再抗弁・請求又は請求の予告
会社法23条2項（会社法24条2項）に基づく連帯債務履行請求権 ……………142
会社法423条に基づく損害賠償請求権 …………………………………154
会社法429条1項に基づく損害賠償請求権……………………………………76
　　抗弁・悪意
会社法429条1項に基づく損害賠償請求権……………………………………68
　　抗弁・辞任登記　・重過失の評価障害事実
火災保険契約に基づく保険金請求権……………………………………………10
　　抗弁・不担保特約
火災保険契約に基づく保険金請求権…………………………………………202
株券引渡請求権 ……………………………………………………………504
　　抗弁・悪意・重過失　・権限濫用

株式譲渡に基づく株券引渡請求権……………………………………………………19
　　　抗弁・善意取得
株主総会決議取消権……………………………………………………………………70
　　　抗弁・訴訟代理権の不存在

〔き〕
競業避止義務違反に基づく損害賠償請求権 ……………………171, 174, 208, 210
　　　抗弁・許可　・少額の損害
金商法5条に基づく損害賠償請求権 ……………………………………………484
　　　抗弁・元本欠損額以下の損害　・因果関係の不存在
金商法5条に基づく損害賠償請求権 ……………………………………………479
　　　抗弁・特定顧客　・説明不要の意思表示

〔こ〕
合意に基づく利益金分配金請求権 ……………………………………………309
　　　抗弁・相殺
広告契約の債務不履行に基づく損害賠償請求権 …………………………………476
交互計算契約終了に基づく残額債権請求権 …………………………………413
交互計算契約に基づく残額債権請求権 ………………………………………407
交互計算残額債権に対する法定利息請求権 …………………………………412
公平義務違反の不法行為に基づく損害賠償請求権 …………………………274
ゴルフクラブの契約に基づく預託金返還請求権 ……………………………123

〔さ〕
再委託に基づく代金支払請求権 ……………………………………………………459
債務不履行に基づく損害賠償請求権 ………………………………197, 268, 454
債務不履行（又は不法行為）に基づく損害賠償請求権 …………………………392
先物為替予約取引に基づく未払債務履行請求権 ………………………………499
　　　抗弁・適合性原則違反の損害賠償請求権との相殺

〔し〕
執行法上の異議権…………………………………………………………………59
　　　抗弁・解散登記の無効
支配人たる地位（確認）…………………………………………………………159
　　　抗弁・取締役会決議の不存在
出版権侵害に基づく損害賠償請求権 ……………………………………………239
出版権に基づく文庫本「甲」の印刷・製本・発行・頒布禁止請求権 ……………239
　　　抗弁・対抗要件具備による出版権喪失　**再抗弁**・背信的悪意者
商号権の存在（確認）……………………………………………………………105

訴訟物索引

　　　抗弁・対抗要件　　再抗弁・登記
商号使用差止請求権……………………………………………………………………87
商事債権に基づく保証債務履行請求権 ……………………………………………235, 245
商事債権に基づく連帯債務履行請求権 ……………………………………………229
使用者責任に基づく損害賠償責任 ……………………………………………………489
商人間の金銭消費貸借に基づく法定利息請求権 ……………………………………231
商人間の金銭消費貸借に基づく法定利息請求権 ……………………………………267
　　　抗弁・適用除外
商人間の金銭消費貸借による法定利息請求権………………………………39, 244, 319
商人間売買契約解除に基づく目的物保管料請求権 …………………………………373
商人間売買契約に基づく目的物保管料請求権 ………………………………………376
商人間売買契約の目的物保管義務違反に基づく損害賠償請求権 …………………374
　　　抗弁・適用除外　・悪意
商人の営業範囲内行為に基づく報酬支払請求権 ……………………………………314
　　　抗弁・無償ないし低額の合意
商人の金銭立替えに基づく利息請求権 ………………………………………………320
消費貸借契約に基づく貸金返還請求権 ………………………………………………308
消費貸借契約に基づく貸金返還請求権 ………………………………………………307
　　　抗弁・他の債務者存在　　再抗弁・商人たる主債務者
商品価値保証契約の債務不履行又は不法行為に基づく損害賠償請求権 …………241
商品先物取引委託契約上の債務不履行に基づく損害賠償請求権 …………………460
商法16条1項に基づく競業差止請求権………………………………………………246
商法16条1項に基づく競業差止請求権………………………………………………106
　　　抗弁・特約
商法16条2項に基づく競業差止請求権………………………………………107, 109
商法17条1項に基づく連帯債務履行請求権…………………………………………112
　　　抗弁・免責登記　・免責通知　再抗弁・信義則違反
商法17条1項（会社法24条1項）に基づく連帯債務履行請求権 …………………136
　　　抗弁・免責の登記　・免責の通知
商法18条1項に基づく連帯債務履行請求権…………………………………………129
　　　抗弁・除斥期間　再抗弁・請求又は請求の予告
商法18条1項（会社法24条1項）に基づく連帯債務履行請求権 …………………138
商法512条に基づく報酬支払請求権 …………………………………………………317
所有権に基づく返還請求権としての目的物引渡請求権 ……………………………324
　　　抗弁・所有権喪失
所有権に基づく返還請求権としての目的物引渡請求権 ……………………………323
　　　抗弁・占有権原　再抗弁・流質特約　再々抗弁・商事債権
所有権に基づく返還請求権としての有価証券引渡請求権 …………………………329
　　　抗弁・商事留置権　再抗弁・別段の意思表示

所有権に基づく返還請求権としての有価証券引渡請求権 ……………………221, 223
　　　抗弁・代理商の留置権　**再抗弁**・特段の意思表示　・弁済期　**再々抗弁**・
　　　弁済期の到来
所有権に基づく返還請求権としての動産引渡請求権 ………………………………463
所有権に基づく返還請求権としての土地明渡請求権 ………………………………331
　　　抗弁・占有権原　**再抗弁**・賃貸借契約の終了　**再々抗弁**・商事留置権
所有権に基づく妨害排除請求権としての抵当権設定登記抹消登記請求権 …………288
　　　抗弁・登記保持権原
人格権（氏名権）に基づく妨害排除請求権としての抹消登記請求権………………79
信用状に基づく荷為替手形の再買取りの約束及び信用状の交付による債務負担行為に
　　基づく信用状買取代金支払請求権 ……………………………………………388
　　　抗弁・相殺　**再抗弁**・商慣習・商慣行排除の合意
信用取引口座設定契約解除に基づく保証金代用有価証券返還請求権 ………………466
　　　抗弁・信用保証金の損金充当
信用取引による預託金返還請求権 ……………………………………………………509
　　　抗弁・強制決済

〔す〕
スワップ契約の債務不履行に基づく精算金請求権 …………………………………415

〔せ〕
請求払無因保証契約に基づく保証債務履行請求権 …………………………………398
生命保険代理店委託契約に基づく手数料請求権 ……………………………………213
　　　抗弁・予告解除　・約定解除　・即時解除　**再抗弁**・権利濫用

〔そ〕
損失保証債務履行請求権 ………………………………………………………………494
　　　抗弁・公序良俗違反

〔た〕
代理店委託契約に基づく手数料請求権 ………………………………………………197
代理店委託契約に基づく手数料請求権 ………………………………………………220
　　　抗弁・即時解除
代理店委託契約に基づく手数料請求権 ………………………………………………219
　　　抗弁・予告解除　・約定解除　**再抗弁**・権利濫用
担保利用契約の債務不履行に基づく損害賠償請求権…………………………………37

〔ち〕
仲介契約に基づく報酬金請求権 ………………………………………………………316

訴訟物索引　　517

〔つ〕
通貨スワップ取引の説明義務違反に基づく損害賠償請求権 …………………254
通知義務違反に基づく損害賠償請求権 ………………………………………206
通知義務違反に基づく損害賠償請求権 ………………………………………200
　　抗弁・通知

〔て〕
定型約款の条項に基づく義務履行請求権………………………………………27
　　抗弁・不当又は不意打ちの信義則違反条項

〔と〕
問屋の通知義務違反に基づく損害賠償請求権 ………………………………474
問屋の履行担保責任としての目的物引渡請求権 ……………………………467
　　抗弁・履行不担保特約
匿名組合契約終了に基づく出資価額返還請求権 ………………………433, 434
匿名組合契約終了に基づく出資価額返還請求権 ……………………………433
　　抗弁・損失の発生　・損失不分担特約
匿名組合契約終了に基づく出資金返還請求権 ………………………………431
匿名組合契約終了に基づく建物明渡請求権 …………………………………437
　　抗弁・損失の発生　再抗弁・損失不分担特約
匿名組合契約に基づく出資金請求権 …………………………………………421
匿名組合契約に基づく出資金請求権 …………………………………………435
　　抗弁・出資の一部履行
匿名組合契約に基づく利益配当請求権 ………………………………………421
匿名組合契約に基づく利益配当請求権 ………………………………………429
　　抗弁・損失の発生
匿名組合契約の取消しに基づく出資金返還請求権 …………………………422
特約店契約に基づく商品の引渡しを受けるべき地位（確認）………………215
　　抗弁・解約　再抗弁・独禁法違反
土地信託受託者の管理に関する不法行為に基づく損害賠償請求権 ………277
　　抗弁・過失相殺

〔な〕
仲立人の履行責任としての売買代金相当額請求権 …………………………446
　　抗弁・匿名者の名Ａの公開──主張自体失当

〔は〕
売買契約解除に基づく原状回復請求権としての目的物返還請求権 …………345
　　抗弁・割賦販売法の催告期間　再抗弁・営業のため若しくは営業としての

　　　　取引
売買契約解除に基づく損害賠償請求権 …………………………………………403
　　抗弁・同時履行
売買契約解除に基づく代金返還請求権 ……………………………………………353
売買契約に基づく商品引渡請求権 …………………………………………………301
　　抗弁・拒絶の意思表示　・正当な事由
売買契約に基づく代金支払請求権…………………76, 179, 182, 186, 197, 238, 282, 308
売買契約に基づく代金支払請求権………………………………………………………62
　　抗弁・悪意
売買契約に基づく代金支払請求権 …………………………………………………162
　　抗弁・悪意　・権限濫用
売買契約に基づく代金支払請求権 …………………………………………………184
　　抗弁・悪意　・支配権の終了の登記　再抗弁・正当な事由
売買契約に基づく代金支払請求権 ……………………………………………56, 65, 168
　　抗弁・悪意　・登記　再抗弁・正当な事由
売買契約に基づく代金支払請求権 …………………………………………………176, 179
　　抗弁・悪意・重過失
売買契約に基づく代金支払請求権 …………………………………………………471
　　抗弁・介入禁止特約
売買契約に基づく代金支払請求権 …………………………………………………406
　　抗弁・交互計算
売買契約に基づく代金支払請求権………………………………………………………46
　　抗弁・小商人　再抗弁・信義則違反
売買契約に基づく代金支払請求権 …………………………………………………356
　　抗弁・支払期限　再抗弁・期限到来
売買契約に基づく代金支払請求権 …………………………………………………290
　　抗弁・商事代理　・商行為受任者　再抗弁・善意
売買契約に基づく代金支払請求権 …………………………………………………341
　　抗弁・消滅時効──主観的起算点　・消滅時効──客観的起算点　・消滅
　　時効──平成 29 年改正前 522 条
売買契約に基づく代金支払請求権 …………………………………………………114, 130
　　抗弁・除斥期間　再抗弁・先立つ請求
売買契約に基づく代金支払請求権 …………………………………………126, 139, 140, 142
　　抗弁・除斥期間　再抗弁・請求又は請求の予告
売買契約に基づく代金支払請求権 …………………………………………………137
　　抗弁・除斥期間　・譲受商人に対する弁済　再抗弁・請求又は請求の予告
売買契約に基づく代金支払請求権 …………………………………………………365
　　抗弁・数量不足による解除　・一部滅失による解除　再抗弁・期間制限
　　再々抗弁・通知　・悪意　・先立つ解除　・検査通知排除特約

売買契約に基づく代金支払請求権 …………………………………………………363
　　　抗弁・数量不足による減額請求　・一部滅失による減額　再抗弁・期間制
　　　限　再々抗弁・通知　・悪意　・検査通知排除特約
売買契約に基づく代金支払請求権 …………………………………………………145
　　　抗弁・善意　・承継した財産額　・短期の消滅期間　・長期の消滅期間
　　　　再抗弁・請求又は請求の予告　・請求又は請求の予告
売買契約に基づく代金支払請求権 …………………………………………………472
　　　抗弁・相殺
売買契約に基づく代金支払請求権 …………………………………………………458
　　　抗弁・第三者詐欺取消し
売買契約に基づく代金支払請求権…………………………………………………… 67
　　　抗弁・代表権の不存在　再抗弁・善意　再々抗弁・登記　再々々抗弁・正
　　　当な事由
売買契約に基づく代金支払請求権 …………………………………………………190
　　　抗弁・代理意思欠如　・代理権の制限　・代理権の消滅　・権限濫用
売買契約に基づく代金支払請求権 …………………………………………………164
　　　抗弁・代理意思欠如　・取締役会決議の不存在　・権利濫用　・支配権の
　　　制限　・代理権の消滅　・権限濫用
売買契約に基づく代金支払請求権 …………………………………………………287
　　　抗弁・代理権濫用
売買契約に基づく代金支払請求権 …………………………………………………350
　　　抗弁・定期行為の解除
売買契約に基づく代金支払請求権 …………………………………………………351
　　　抗弁・定期売買解除　再抗弁・履行の請求
売買契約に基づく代金支払請求権……………………………………………………24
　　　抗弁・同時履行　再抗弁・先履行の慣習　再々抗弁・慣習に従わない特約
　　　又は特別事情
売買契約に基づく代金支払請求権 …………………………………………………289
　　　抗弁・法律関係選択
売買契約に基づく代金支払請求権 …………………………………………………293
　　　抗弁・本人の死亡　再抗弁・商行為の委任　・代理権存続の特約
売買契約に基づく代金支払請求権…………………………………………………… 41
　　　抗弁・未成年取消し　再抗弁・営業許可　・営業許可登記　再々抗弁・営
　　　業許可取消し　・悪意　・営業取消登記
売買契約に基づく代金支払請求権及び名板貸責任としての連帯債務履行請求権
　　　………………………………………………………………………………95,101
　　　抗弁・名義貸与の撤回　・悪意・重過失　再抗弁・重過失の評価障害事実
売買契約に基づく代金支払請求権及び537条に基づく匿名組合員の責任としての連帯
　　債務履行請求権 …………………………………………………………………427

　　　　抗弁・悪意・重過失
売買契約に基づく目的物引渡請求権 ……………………………………………193, 195
　　　　抗弁・悪意・重過失
売買契約に基づく目的物引渡請求権 ………………………………………………348
　　　　抗弁・供託
売買契約に基づく目的物引渡請求権…………………………………………………47
　　　　抗弁・小商人
売買契約に基づく目的物引渡請求権 ………………………………………………141
　　　　抗弁・譲受会社に対する弁済
売買契約に基づく目的物引渡請求権 ………………………………………………115
　　　　抗弁・商号続用者に対する弁済
売買契約に基づく目的物引渡請求権 ………………………………………………128
　　　　抗弁・無重過失
売買契約に基づく履行の追完請求権としての修補請求権、代替物引渡請求権又は不足
　　分の引渡請求権 …………………………………………………………………361
　　　　抗弁・期間制限　**再抗弁**・通知　・悪意　・検査通知排除特約
売買契約の一部履行不能に基づく損害賠償請求権 …………………………………366
　　　　抗弁・期間制限　・除斥期間　**再抗弁**・通知　・検査通知排除特約　・悪
　　　意　・権利の保存
売買契約の債務不履行に基づく損害賠償請求権 ……………………………………297
売買契約の債務不履行に基づく損害賠償請求権 ……………………………………368
　　　　抗弁・期間制限　**再抗弁**・通知

〔ふ〕
不正競争行為差止請求権……………………………………………………………90
（物権化した）借地権に基づく土地明渡請求権 …………………………………303
　　　　抗弁・借地権放棄の合意　・借地権の放棄
物品保管義務違反に基づく損害賠償請求権 ………………………………………306
　　　　抗弁・保管費用　・保管による損害
不動産仲介契約に基づく報酬金請求権 ……………………………………………449
　　　　抗弁・被後見人取消し　・停止条件　**再抗弁**・条件成就
不動産仲介契約に基づく報酬支払請求権 …………………………………………451
不当利得返還請求権 ………………………………………………………………337
不当利得返還請求権としての株式払込金返還請求権…………………………………82
　　　　抗弁・先立つ会社成立
不法行為に基づく損害賠償請求権……………………………89, 258, 382, 386, 455
不法行為に基づく損害賠償請求権 …………………………………………………271
　　　　抗弁・過失相殺
不法行為に基づく損害賠償請求権……………………………………………………21

　　　　抗弁・再保険契約　　再抗弁・慣習法
不法行為に基づく損害賠償請求権 ……………………………………………………334
　　　　抗弁・商事留置権の成立　・任意処分権限
不法行為に基づく損害賠償請求権………………………………………………………17
　　　　抗弁・手形交換所交換規則

〔ほ〕
保証契約に基づく保証債務履行請求権 ………………………………………………312
　　　　抗弁・催告の抗弁　・検索の抗弁　再抗弁・商行為　・商行為

〔ま〕
抹消登記請求権……………………………………………………………………………79

〔む〕
無尽講（頼母子講）掛金返還請求権 …………………………………………………264

〔や〕
約束手形金請求権…………………………………………………………………………99
約束手形振出しに基づく約束手形金請求権……………………………………………15

〔よ〕
預金契約に基づく取引経過の開示請求権 ……………………………………………248
　　　　抗弁・権利濫用
預金契約に基づく預金払戻請求権 ……………………………………………………202

事 項 索 引

C＆F……………………………401
M＆Ａアドバイザリー業務………256

〔あ〕

アレンジャー……………………257

〔い〕

意思推定理論………………………9
一般に公正妥当と認められる企業会計の慣行……………………152
一方的商行為………………………33
インコタームズ……………………401
印刷…………………………………244

〔え〕

営業所……………………………158
営業的商行為……………………233
　　──の適用除外……………266
営業（又は事業）の同種性………97

〔か〕

外観信頼保護規定…………………71
外観
　　──の信頼………………………93
　　──の存在………………………93
　　──への与因……………………93
外観法理……………………111, 426
会社
　　──の商行為性………………282
　　──の商人性………………40, 284
買取銀行…………………………379
介入権の廃止……………………171
介入履行義務……………………446
買主
　　──の解除権…………………365
　　──の損害賠償請求権………366
　　──の代金減額請求…………363
　　──の追完請求………………360
外務員……………………………504
為替取引…………………………251
慣習………………………………4, 14
元本欠損額………………………483

〔き〕

擬制商人……………………………39
寄託の引受け……………………261
競業禁止特約……………………106
競業避止義務……………………106
強制決済…………………………509
業法規律…………………………498
銀行取引…………………………247

〔け〕

形式的審査主義……………………49
決済簡易機能……………………407
結約書……………………………444
厳格一致の法理…………………381
検査義務…………………………358

〔こ〕

後見人登記…………………………44
交互計算…………………………405
公正妥当な会計慣行……………148
公平義務…………………………274
公法人………………………………32
小商人………………………………45
コンサルティング業務…………261
コンメンダ………………………420

〔さ〕

- 債務引受け …………………………128
  - ――広告 ………………………132
- 詐害の営業譲渡 ……………………144
- 指値遵守義務 ………………………468
- 撮影 …………………………………245
- 暫定真実 ……………………………281

〔し〕

- 実質的審査主義……………………50
- 支配権 ………………………………160
  - ――に対する制限 ……………162
  - ――の擬制 ……………………180
- 支配人 ………………………………157
- 受託契約準則 ………………………508
- 出資価額返還請求権 ………………436
- 出版 …………………………………237
- 準商行為 ……………………………226
- 準問屋 ………………………………476
- 場屋営業 ……………………………246
- 商慣習法……………………………4, 14
  - ――理論 …………………………9
- 商業証券 ……………………………409
- 商業使用人 …………………………157
- 商業帳簿 ……………………………149
- 商業登記………………………………49
  - ――の一般的効力 ………………54
- 商業登記請求権………………………50
  - ――の根拠 ………………………51
- 消極的公示力……………………54, 64
- 証券事故 ……………………………493
- 商号 ……………………………………84
  - ――使用権 ………………………85
  - ――使用差止請求権 ………87, 88
  - ――専用権 ………………………85
  - ――続用 ………………………110
- 商行為
  - 準―― …………………………226
  - ――による連帯債務 …………308
  - ――による連帯保証 …………311
  - ――の委任 ……………………291
  - ――の代理の引受け …………263
- 商行為法主義 ………………………225
- 商事売買 …………………………6, 344
- 商事留置権 …………………………329
  - 不動産を目的とする―― ……330
- 承諾期間 ……………………………296
- 商人 ……………………………………36
  - 擬制―― …………………………39
  - 固有の―― ………………………36
  - ――間売買 …………………6, 346
  - ――資格 …………………………37
  - ――と商行為概念 ………2, 225
  - ――の報酬請求権 ……………314
  - ――法主義 ……………………225
- 除却請求権 …………………………92
- 自力執行力 ……………………………7
- 人格権 ………………………………52
- シンジケートローン・アレンジメント業務 …………………………………257
- 信託の引受け ………………………263
- 信用取引 ……………………………507

〔す〕

- スタンドバイ信用状 ………………391
- スワップ契約 ………………………414

〔せ〕

- 請求払無因保証契約 ………………395
- 正当な事由……………………………64
- 積極的公示力…………………………54
- 絶対的商行為 ………………………228
- 絶対的定期売買 ……………………351
- 説明義務 ……………………………486

〔そ〕

- 創設的効力……………………………80
- 相対的定期売買 ……………………353

損害額の推定	171, 482	準——	476
損失保証	491	——の介入権	470
——の私法的効力	494	——の履行担保義務	466
損失補塡	492	——の留置権	474
		投機購買	229
〔た〕		投機貸借	234
対抗要件	104	投機売却	231
代理意思	286	特別目的会社	421
代理商	196	匿名組合	420
——の競業禁止	207	匿名組合員	420
——の留置権	221	特約店	206
諾否通知義務	300	土地信託事業	277
多数当事者間の債務の連帯	307	取次ぎ	262
断定的判断等の提供	488		
担保的機能	406	〔な〕	
		名板貸	92
〔ち〕		——の効果	96
忠実義務	268	仲立ち	262
		仲立営業	440
〔つ〕		仲立契約	440
通貨スワップ取引	253	仲立人	440
通知義務	200, 359	——の報酬請求権	448
通知銀行	379		
		〔に〕	
〔て〕		荷為替信用状	251, 378
定期売買	350	荷為替手形	251, 380
民法における——	350	——の買戻義務	388
絶対的——	351		
相対的——	353	〔は〕	
定型取引	26	媒介代理商	197, 201
定型約款	26	発行銀行	379
提出義務	150		
ディスクレパンシー	381	〔ひ〕	
締約代理商	196, 201	非顕名主義	286
適合性の原則	497	表見支配人	175
店舗使用人	193	標準約款	31
〔と〕		〔ふ〕	
問屋	453	不実登記の効力	62, 74

附随的効力……………………………82
不正競争行為差止請求権……………90
不正競争目的 ………………………107
附属的商行為 ………………………280
　　——の推定 ……………………280
物品保管義務 ………………………305
不動産を目的とする商事留置権 ……330
ブローカー業務 ……………………454

〔ほ〕

貿易取引 ……………………………378
報酬請求権
　　仲立人の—— …………………448
補完的効力……………………………82
保険 …………………………………261
保険代理店 …………………………201

〔み〕

未成年者登記…………………………41
みなし合意 ………………………13, 26

見本保管義務 ………………………443
民法における定期売買 ……………350

〔む〕

無尽 …………………………………264

〔や〕

約款の拘束力の根拠 …………………8

〔よ〕

予告解除 ……………………………212

〔り〕

利息請求権 …………………………319
両替 …………………………………250

〔れ〕

レター・オブ・インテント …………297
レバレッジド・リース ……………422

法令索引

＊商法及び引用判例・文献中の法令、旧法令については除外した。
＊頁数をゴシック体で記した法条は、本文中に条文を掲げ、解説したものである。

【か】

会社計算規則
　3条 ……………………………151, 153

会社更生法
　5条 ……………………………………159
　64条 …………………………………463
　64条2項 ……………………………463

会社法
　4条1項 …………………………………2
　4条2項 …………………………………2
　5条 ……2, 40, 165, 191, 226, 236, 245,
　　　　　　　　　　　　281, **282**, 343
　6条1項 ………………………………86
　6条2項 ………………………………86
　6条3項 ………………………………86
　7条 ……………………………………86
　8条 ………………………………86, **88**
　9条 ………………………………86, **100**
　10条 ……………………………**158**, 164
　11条 ……………………………**163**, 191
　11条1項 ………………………158, 161
　11条3項 ………………………158, 161
　12条 …………………………………**173**
　13条 ……71, 97, 104, 159, 160, **179**, 195
　14条 …………………………………**188**
　14条2項 ……………………………166
　15条 …………………………………**194**
　16条 ……………………………**201**, 263
　17条 ……………………………**201**, **209**
　19条 …………………………………**218**
　20条 ……………………………**201**, **222**
　21条 ……………………………86, **108**, 135

　21条1項 ……………………………106
　21条2項 ……………………………106
　22条 …………………86, **116**, 135, 139
　22条1項 ………………132, 133, 140, 141
　22条2項 ……………………………140
　22条3項 ………………………134, 141
　22条4項 ……………………………142
　23条 ………86, **131**, 135, 139, 142, 143
　23条2項 ……………………………142
　23条の2 ……………………………**146**
　24条 …………………………………**135**
　25条2項 ……………………………162
　27条 …………………………………50
　49条 …………………………………80
　51条2項 ……………………………82
　127条 …………………………160, 165
　215条 …………………………………82
　327条1項1号 ………………160, 165
　331条1項 …………………………49
　348条3項1号 ………………………159
　349条4項 …………………………161
　349条5項 …………………………161
　351条1項 …………………………164
　351条2項 …………………………164
　354条 ……67, 71, 72, 104, 176, 182, 427
　355条 …………………………………154
　362条4項3号 ………………159, 165
　401条2項 …………………………164
　401条3項 …………………………164
　420条3項 …………………………164
　421条 …………………………………71
　423条 …………………………………154

法令索引　527

429 条 ……………………………68
429 条 1 項 ……………68, 69, 76, 77
431 条 ………………………… **151**
432 条 1 項 …………………… 149
467 条 1 項 4 号 ……………… 122
504 条 ………………………… 162
539 条 1 項 2 号 ……………… 150
576 条 1 項 6 号 ……………… 425
579 条 ………………………… 80
590 条 1 項 …………………… 425
591 条 2 項 …………………… 159
612 条 2 項 …………………… 82
614 条 ………………………… 151
615 条 1 項 …………………… 149
673 条 1 項 …………………… 82
701 条 ………………………… 146
847 条 1 項 …………………… 155
847 条 3 項 …………………… 155
908 条 ………………………… **63**
908 条 1 項 …… 57, 62, 71, 119, 183-185
908 条 2 項 …………………… 160
911 条 1 項 …………………… 86
911 条 3 項 …………………… 86
911 条 3 項 2 号 ……………… 87
912 条 2 号 …………………… 87
913 条 2 号 …………………… 87
914 条 2 号 …………………… 87
918 条 ………………………… 184
930 条 ………………………… 159
937 条 ………………………… 49
938 条 ………………………… 49
976 条 1 号 …………………… 83
978 条 3 号 …………………… 88

会社法施行規則
217 条 ………………………… 155

海上運送法
2 条 8 項 ……………………… 441
2 条 9 項 ……………………… 441
32 条の 2 ……………………… 29

割賦販売法
5 条 1 項 ……………………… 345
5 条 2 項 ……………………… 345
8 条 …………………………… 344
8 条 1 号 ……………………… 345

【き】

軌道法
27 条ノ 2 ……………………… 29
金融機関の信託業務の兼営等に関する法律
1 条 …………………………… 250
金融商品の販売等に関する法律
3 条 2 項 ……………………… 499
4 条 …………………………… 489
5 条 …………………… **478**, 489
6 条 …………………… **482**, 489
金融商品取引業法
51 条 ………………………… 499
51 条の 2 …………………… 499
52 条 1 項 6 号 ……………… 499
52 条の 2 第 1 項 3 号 ……… 499
117 条 1 項 1 号 ……………… 499
118 条 ………………………… 493
118 条 1 号イ ………………… 493
118 条 1 号ロ ………………… 493
118 条 1 号ハ ………………… 493
118 条 1 号ニ ………………… 493
118 条 1 号ホ ………………… 493
119 条 1 項 …………………… 494
120 条 ………………………… 493
121 条 ………………………… 493
122 条 ………………………… 493
金融商品取引法
2 条 8 項 ……………………… 454
2 条 8 項 2 号 ………………… 454
3 条 …………………… 478, 479, 484
3 条 1 項 ……………………… 479
3 条 2 項 ……………………… 479

3条3項 ……………………483
　　3条7項1号 ………………481
　　3条7項2号 ………………482
　　5条 …………………………484
　　6条1項 ……………………480
　　9条1項 ……………………481
　　17条 …………………………271
　　18条 …………………………271
　　29条 …………………………454
　　33条1項 ……………………256
　　33条の2 ……………………454
　　36条 …………………………**485**
　　38条 …………………………**487**
　　39条 …………………………**490**
　　40条 …………………………**497**
　　64条の3 ………………495,**504**
　　111条 …………………………454
　　156条の24 …………………**506**
　　161条の2 ……………………510
　　161条の2第1項 ……………507
　　193条 …………………………153
銀行法
　　2条2項 ……………………250
　　2条4項 ……………………264
　　10条1項 ……………………250
　　10条1項3号 ………………251
　　10条2項 ……………………256
　　10条2項柱書 …………250,256,257
　　10条2項1号 ……………250,253
　　10条2項11号 ………………250
　　11条 …………………………250
　　12条 ……………………250,251

【こ】
航空法
　　134条の3 ……………………29

【し】
私的独占の禁止及び公正取引の確保に関する法律
　　2条9項4号 ………………217
　　19条 …………………………217
　　23条 …………………………263
社債、株式等の振替に関する法律
　　140条 …………………………465
商業登記規則
　　50条1項 ……………………84
商業登記法
　　1条の3 …………………54,159
　　4条 …………………………54
　　6条 …………………………54
　　14条 …………………………49
　　17条 …………………………49
　　24条 …………………………49
　　24条10号 …………………49,50
　　33条 …………………………83
　　44条 …………………………185
　　54条 ………………………77,78
　　132条 …………………………49
　　134条 …………………………49
消費者契約法
　　1条 …………………………344
　　2条1項 ……………………344
　　4条1項2号 ………………489
商品先物取引法
　　2条7項 ……………………455
職業安定法
　　44条 …………………………237
　　45条 …………………………237
　　47条の2 ……………………237
信託業法施行規則
　　41条2項1号 ………………274
信託法
　　2条1項 ……………………263
　　2条1項1号 ………………425
　　3条1号 ……………………425
　　30条 …………………………**268**
　　31条1項 ……………………268

【す】

水道法
　6 条 1 項 …………………………236
　6 条 2 項 …………………………236

【た】

宅地建物取引業法
　2 条 2 号 …………………………442
　3 条 ………………………………256
　17 条 ………………………………318
　34 条の 2 …………………………449
　37 条 ………………………………450
　46 条 1 項 …………………………450

【ち】

地方自治法
　252 条の 19 第 1 項 ………………108
著作権法
　83 条 2 項 …………………………240

【て】

手形法
　8 条 …………………………………81
　20 条 2 項 …………………………482
鉄道営業法
　18 条ノ 2 …………………………29

【と】

当せん金付証票法
　6 条 ………………………………250
道路運送法
　87 条 …………………………………29
道路整備特別措置法
　55 条の 2 …………………………29
特定商取引法
　26 条 1 項 1 号 ……………………344

32 条 1 項 …………………………268

【に】

日本国憲法
　98 条 2 項 ……………………………7

【は】

破産法
　5 条 …………………………………159
　62 条 ………………………………463
　64 条 ………………………………463
　65 条 ………………………………336
　65 条 1 項 …………………………334
　65 条 2 項 …………………………334
　66 条 ………………………………336
　66 条 1 項 ……………………330, 334
　66 条 3 項 ……………………330, 334
　183 条 ………………………………435

【ひ】

非訟事件手続法
　95 条 ………………………………348

【ふ】

不正競争防止法
　2 条 1 号 ……………………………91
　2 条 1 項 1 号 ……………………90, 91
　3 条 …………………………………**90**, 109
不動産登記法
　60 条 …………………………………49
　63 条 …………………………………49

【へ】

弁護士法
　72 条 ………………………………256

【ほ】

放送法
　152 条 ………………………………442
法の適用に関する通則法
　2 条 ……………………………………4, 14

3 条 …………………………………… 3, 4, 9, **14**

保険業法

2 条 25 項 ……………………………… 442

275 条 ………………………………… 250

276 条 ………………………………… 250

保険法

25 条 …………………………………… 21

【み】

民事再生法

52 条 …………………………………… 463

52 条 2 項 ……………………………… 463

85 条 1 項 ……………………………… 145

民事執行法

38 条 …………………………………… 463

95 条 …………………………………… 348

174 条 ………………………………… 53

195 条 ………………………… 336, 374, 376

民事訴訟法

4 条 4 項 ……………………………… 159

54 条 …………………………… 160, 164

103 条 ………………………………… 159

219 条 ………………………………… 150

224 条 ………………………………… 151

248 条 ………………………………… 110

321 条 ………………………………… 13

民事調停法

17 条 …………………………………… 494

民法

5 条 2 項 ……………………………… 42

6 条 ………………………………… 41, 42

6 条 1 項 …………………………… 41, 44

6 条 2 項 ……………………………… 44

13 条 1 項 10 号 …………………… 43, 44

13 条 1 項 2 号 ………………………… 44

90 条 ………………………… 494, 496

91 条 …………………………………… 24

92 条 ………………………… 4, 9, 14, **22**

93 条 ………………………………… 288

93 条但書 ……………………………… 161

94 条但書 ……………………………… 163

95 条但書 ……………………………… 164

96 条但書 ……………………………… 166

99 条 …………………………………… 286

100 条 ………………………………… 290

100 条但書 …………………………… 291

101 条 1 項 …………………………… 212

107 条 2 項 ……………………… 459, 460

109 条 ……… 93, 175, 176, 179, 182, 427

110 条 ……………………………… 71, 94

111 条 1 項 1 号 ………………… 293-295

112 条 ……… 54, 57, 65, 67, 71, 72, 167, 170, 183, 192

120 条 1 項 …………………………… 43

166 条 ………………………………… 234

166 条 1 項 ………………… 230, 340, 342

167 条 ………………………………… 340

170 条 ………………………………… 340

186 条 2 項 …………………………… 482

295 条 ……………………… 221, 223, 330

295 条 1 項但書 …………………… 222, 223

349 条 …………………………… 322, 324

404 条 ………………………………… 321

413 条 ………………………………… 349

413 条 1 項 …………………………… 349

415 条 …………………………… 354, 426

416 条 1 項 ……………………… 415, 418

424 条 1 項 …………………………… 144

427 条 …………………… 144, 229, 238, 307

428 条 ………………………………… 146

436 条 ………………………………… 308

452 条 …………………………… 307, 312, 313

453 条 …………………………… 307, 312, 313

454 条 ………………………………… 311

456 条 ………………………………… 307

465 条の 6 ……………………………… 313

478 条 …………………………… 115, 127

484 条 …………………………… 325, 327

484 条 1 項	325
484 条 2 項	328
494 条	348, 349
494 条 1 項 1 号	350
494 条 1 項 2 号	349
495 条 3 項	349
497 条	348
512 条	354
518 条 1 項	411
520 条の 2	232, 327
523 条	296
524 条	296
525 条	296
525 条 1 項	296
525 条 3 項	295
541 条	30, 350, 354, 413
542 条	353
542 条 1 項 4 号	350-352
545 条	373, 376
548 条の 2	8, **25**
555 条	6, 344
562 条 1 項	354
563 条	354
564 条	354
566 条	354, 355
601 条	122
614 条	13
619 条	482
629 条	482
643 条	453
644 条	154, 291, 426, 468, 472
645 条	200, 206
646 条	314
646 条 1 項	292
646 条 2 項	462, 464
650 条 1 項	320
651 条	212, 213, 218, 471
653 条	212
656 条	200, 257, 314, 440, 441, 449
665 条	314
668 条	420
671 条	426
674 条 1 項	428
701 条	314
702 条	314, 320
704 条	337
709 条	68, 90, 478, 479, 489
715 条	479, 489
719 条 1 項	242
719 条 2 項	242
772 条 1 項	482
823 条	42
823 条 2 項	43, 44
824 条	44, 45
825 条	45
857 条	42
859 条	45
864 条	42, 45
865 条	45

【む】

無尽業法

1 条	264
2 条	264
3 条	264

【り】

旅館業法

2 条 1 項	478
2 条 1 項 3 号	448
2 条 1 項 4 号	478
2 条 3 項	478
2 条 4 項	478
6 条の 4 第 1 項	478
12 条の 3	31
12 条の 10	478

【ろ】
労働者派遣事業の適正な運営の確保及び派遣労働者の保護等に関する法律
 5条 …………………………………237

判 例 索 引

＊引用判例・文献中の判例については除外した。

裁判年月日	裁判所名	判例集	頁
明 32・2・2	大判	民録 5.2.6〔27520009〕	150
明 41・6・25	大判	民録 14.780〔27521238〕	247
明 42・6・8	大判	民録 15.579〔27521334〕	59
明 42・12・20	大判	民録 15.997〔27521366〕	411
明 44・3・24	大判	民録 17.159〔27824813〕	342
大元・12・24	東京控判	新聞 870.8〔27564480〕	111
大 3・10・27	大判	民録 20.818〔27521815〕	24, 25
大 4・12・1	大判	民録 21.1950〔27522059〕	66
大 4・12・24	大判	民録 21.2182〔27522087〕	9, 11
大 4・12・24	大判	民録 21.2187〔27522088〕	41
大 5・6・7	大判	民録 22.1145〔27522205〕	235
大 6・6・18	大阪地判	新聞 1284.24〔28244128〕	359
大 7・11・6	大判	新聞 1502.22〔27537466〕	107
大 8・5・19	大判	民録 25.875〔27522851〕	36
大 9・1・28	大判	民録 26.72〔27522994〕	411
大 9・11・15	東京控判	新聞 1803.15〔27566615〕	59
大 10・6・2	大判	民録 27.1038〔27822359〕	23
大 11・4・1	大判	民集 1.155〔27511094〕	362
大 11・12・8	大判	民集 1.11.714〔27511170〕	84
大 12・2・26	大判	民集 2.71〔27819061〕	327
大 12・12・1	大判	刑集 2.895〔27539207〕	462
大 15・12・16	大判	民集 5.841〔27510827〕	15
昭 2・2・21	大判	裁判例 2 民 24〔27550389〕	296
昭 2・4・15	大判	民集 6.249〔27510687〕	355
昭 4・9・28	大判	民集 8.11.769〔27510597〕	230
昭 4・12・4	大判	民集 8.12.895〔27510603〕	320
昭 5・3・4	大判	民集 9.233〔27824850〕	15
昭 6・7・1	大判	民集 10.8.498〔27510425〕	232
昭 6・9・22	大判	法学 1 巻上 233〔27540950〕	302
昭 8・9・29	大判	民集 12.2376〔27510231〕	315
昭 8・12・22	大判	新聞 3664.14〔27542711〕	312
昭 10・5・27	大判	民集 14.11.949〔27500715〕	200, 206

昭10・11・30	東京控判	新聞 3950.6〔27569565〕……………51
昭11・3・11	大判	民集 15.320〔27500585〕……………406
昭12・11・26	大判	民集 16.1681〔27500551〕……………246
昭13・6・21	大判	民集 17.1297〔27500406〕……………202
昭13・8・1	大判	民集 17.1597〔27500414〕……………293
昭15・2・21	大判	民集 19.273〔27500193〕…………21,22
昭16・6・14	大判	判決全集 8.22.6〔27547185〕……359
昭17・4・4	大判	法学 11.1289〔27547573〕……………352
昭17・5・16	大判	判決全集 9.19.3〔27547620〕……202
昭17・9・8	大判	新聞 4799.10〔27548459〕……………150
昭18・7・12	大判	民集 22.539〔27500058〕………235,266
昭19・2・29	大判	民集 23.90〔27500004〕……………19,20
昭24・6・4	最判	民集 3.7.235〔27003568〕 ………………………171,173,208,210
昭25・3・20	福岡高判	下民 1.3.371〔27410008〕……47,193,194
昭26・1・30	大阪地判	下民 2.1.100〔27410037〕……………359
昭27・6・19	東京高判	民集 7.10.1078〔27205446〕………303
昭28・4・23	最判	民集 7.4.396〔27003324〕……………295
昭28・10・9	最判	民集 7.10.1072〔27003275〕……303,304
昭29・1・22	最判	民集 8.1.198〔27003223〕……………6
昭29・4・2	最判	民集 8.4.782〔27003183〕……………160
昭29・6・22	最判	民集 8.6.1170〔27003159〕…………178
昭29・10・7	最判	民集 8.10.1795〔27003126〕 ………………………111,129,131,132,134
昭29・10・15	最判	民集 8.10.1898〔27003121〕………60,73
昭30・2・28	東京高判	高民 8.2.142〔27400672〕……………51
昭30・3・8	盛岡地判	下民 6.4.432〔27400681〕……………353
昭30・7・15	最判	民集 9.9.1069〔27003023〕……………180
昭30・9・9	最判	民集 9.10.1247〔27003011〕………95,101
昭30・12・19	東京高判	民集 12.7.1058〔27410289〕……176,182
昭31・9・10	東京地判	下民 7.9.2445〔27410343〕……………74
昭31・10・12	最判	民集 10.10.1260〔27002877〕………459
昭31・11・23	東京高判	下民 7.11.3343〔27410365〕…………81
昭32・1・31	最判	民集 11.1.161〔27002843〕……………93
昭32・2・7	最判	民集 11.2.227〔27002838〕……………58
昭32・3・5	最判	民集 11.3.395〔27002827〕……………164
昭32・5・30	最判	民集 11.5.854〔27002809〕……………453
昭32・11・22	最判	裁判集民 28.807〔27410439〕 ………………………………176,177,182

昭33・2・21	最判	民集 12.2.282〔27002707〕	93
昭33・3・13	最判	民集 12.3.524〔27002696〕	223
昭33・3・13	大阪地判	下民 9.3.390〔27410458〕	434, 437, 438
昭33・4・15	札幌高判	民集 14.13.2784〔27401281〕	302
昭33・5・20	最判	民集 12.7.1042〔27002675〕	178
昭33・6・19	最判	民集 12.10.1575〔27002654〕	38, 280
昭34・10・28	東京高判	判時 214.29〔27410566〕	160
昭35・4・14	最判	民集 14.5.833〔27002471〕	55, 81
昭35・5・6	最判	民集 14.7.1136〔27002455〕	328
昭35・7・4	東京高判	判タ 108.47〔27410633〕	133
昭35・11・4	東京地判	下民 11.11.2373〔27410648〕	52
昭35・12・2	最判	民集 14.13.2893〔27002374〕	355, 361
昭36・4・12	東京高判	下民 12.4.791〔27410672〕	52
昭36・8・7	東京地判	金法 286.5〔27410686〕	189
昭36・9・29	最判	民集 15.8.2256〔27002253〕	87, 88, 89
昭36・10・13	最判	民集 15.9.2320〔27002249〕	130, 134
昭36・11・24	最判	民集 15.10.2536〔27002238〕	232, 342
昭36・12・5	最判	民集 15.11.2652〔27002231〕	94
昭36・12・15	最判	民集 15.11.2852〔27002221〕	355
昭37・4・6	大阪高判	下民 13.4.653〔27410748〕	93
昭37・5・1	最判	民集 16.5.1031〔27002154〕	177, 180
昭37・8・21	最判	民集 16.9.1809〔27002106〕	115, 127
昭37・8・28	最判	裁判集民 62.273〔28198635〕	77
昭37・9・13	最判	民集 16.9.1905〔27002102〕	177
昭37・9・14	大阪地判	下民 13.9.1878〔27410782〕	16
昭37・11・10	神戸地判	下民 13.11.2293〔27410792〕	402
昭38・2・12	最判	裁判集民 64.405〔27410821〕	315
昭38・3・1	最判	民集 17.2.280〔27002046〕	117
昭38・6・18	京都地判	金法 350.5〔27410851〕	162
昭39・1・23	最判	民集 18.1.99〔27001948〕	452
昭39・3・10	最判	民集 18.3.458〔27001931〕	180
昭39・7・16	最判	民集 18.7.1160〔27001385〕	451
昭40・1・28	大阪高判	下民 16.1.136〔27410957〕	53
昭40・9・22	最判	民集 19.6.1656〔27001267〕	166
昭41・1・27	最判	民集 20.1.111〔27001231〕	94, 103, 427
昭41・12・7	岡山地判	下民 17.11＝12.1200〔27411074〕	432
昭42・2・9	最判	裁判集民 86.247〔27411086〕	98
昭42・4・20	最判	民集 21.3.697〔27001087〕	164
昭42・4・28	最判	民集 21.3.796〔27001082〕	71

昭42・6・6	最判	裁判集民 87.941〔27411108〕	98
昭42・10・24	最判	裁判集民 88.741〔28200189〕	10
昭43・4・2	最判	民集 22.4.803〔27000969〕	316
昭43・4・24	最判	民集 22.4.1043〔27000958〕	287, 290, 291
昭43・5・23	大阪高判	判時 521.55〔27411174〕	32, 237
昭43・6・13	最判	民集 22.6.1171〔27000951〕	94, 96-98, 103, 428
昭43・7・11	最判	民集 22.7.1462〔27000940〕	463, 464
昭43・10・17	最判	民集 22.10.2204〔27000908〕	178
昭43・11・1	最判	民集 22.12.2402〔27000901〕	61, 64, 71, 73
昭43・12・24	最判	民集 22.13.3349〔27000866〕	71
昭44・2・13	最判	民集 23.2.336〔27000847〕	508
昭44・2・20	最判	民集 23.2.427〔27000843〕	342
昭44・4・3	最判	民集 23.4.737〔27000828〕	164
昭44・4・22	京都地決	判タ 237.236〔27403327〕	326
昭44・6・26	最判	民集 23.7.1264〔27000807〕	262, 314, 317, 318, 442, 449
昭44・8・29	最判	裁判集民 96.443〔27411251〕	352
昭44・8・29	東京高判	民集 22.5.637〔27201877〕	473
昭44・11・14	最判	民集 23.11.2023〔27000770〕	164
昭44・11・26	最判	民集 23.11.2150〔27000766〕	68, 69
昭45・2・27	岡山地判	金法 579.36〔27411286〕	51
昭45・3・27	最判	裁判集民 98.565〔27470578〕	178
昭45・10・22	最判	民集 24.11.1599〔27000682〕	452
昭47・1・25	最判	裁判集民 105.19〔27403796〕	356, 357, 360
昭47・2・24	最判	民集 26.1.172〔27000582〕	37-39
昭47・3・2	最判	民集 26.2.183〔27000581〕	111, 117, 121, 122
昭47・4・4	最判	民集 26.3.373〔27000575〕	162, 167, 191
昭47・4・28	大阪地判	判タ 279.341〔27486700〕	506
昭47・6・15	最判	民集 26.5.984〔27000557〕	62, 69, 76, 77
昭48・1・24	仙台高判	高民集 26.1.42〔27403987〕	451
昭48・10・5	最判	裁判集民 110.165〔27411543〕	34, 36
昭49・3・22	最判	民集 28.2.368〔27000442〕	54, 57, 63, 67, 71, 170, 183
昭49・6・26	東京地判	金法 744.35〔27411588〕	312
昭49・10・15	最判	裁判集民 113.5〔27411608〕	456, 457, 468

昭 49・12・ 9	東京地判	判時 778.96〔27411615〕	117
昭 50・ 5・28	横浜地判	判タ 327.313〔27404360〕	213, 219
昭 50・ 6・27	最判	裁判集民 115.167〔27411641〕	247
昭 50・ 8・ 7	東京高判	判時 798.86〔27411650〕	117
昭 50・12・26	最判	民集 29.11.1890〔27000337〕	317
昭 51・ 2・26	最判	金法 784.33〔27411684〕	287
昭 51・ 6・30	最判	裁判集民 118.155〔27411700〕	187, 190
昭 51・10・ 1	最判	裁判集民 119.1〔27411716〕	161, 164, 166
昭 52・ 4・22	東京地判	下民 28.1=4.399〔27411742〕	359
昭 52・12・23	最判	裁判集民 122.613〔27200811〕	65, 67
昭 52・12・23	最判	民集 31.7.1570〔27000259〕	96, 101
昭 53・ 9・21	東京地判	判タ 375.99〔27662136〕	187
昭 53・11・21	名古屋地判	判タ 375.112〔27404971〕	436
昭 53・11・30	大阪高判	判タ 378.148〔27411845〕	39
昭 54・ 1・16	水戸地判	判時 930.96〔27411856〕	111
昭 54・ 2・15	東京高決	下民 30.1=4.24〔27411860〕	150
昭 54・ 3・30	札幌地判	判時 941.111〔27405053〕	31
昭 54・ 5・ 1	最判	裁判集民 127.1〔27411875〕	163, 164
昭 54・ 6・29	大阪地判	金商 583.48〔27411884〕	213
昭 54・ 7・19	東京地判	下民 30.5=8.353〔27411888〕	111
昭 54・12・13	大阪高判	判タ 414.99〔27650887〕	265
昭 55・ 1・24	最判	民集 34.1.61〔27000185〕	342
昭 55・ 6・26	最判	裁判集民 136.35〔27405316〕	11
昭 55・ 7・15	大阪地判	民集 38.7.937〔27200021〕	91
昭 55・ 7・15	最判	裁判集民 130.227〔27411955〕	95, 98, 102
昭 55・ 9・11	最判	民集 34.5.717〔27000165〕	74
昭 56・ 6・18	東京高判	下民 32.5=8.419〔27412035〕	118
昭 56・ 9・25	東京地判	判タ 463.140〔27412057〕	289
昭 57・ 2・26	東京地判	判タ 474.132〔27423826〕	506
昭 58・ 1・25	最判	裁判集民 138.65〔27412171〕	96, 101
昭 58・ 3・30	東京高判	判時 1080.142〔27412192〕	69, 70
昭 58・ 4・12	高松高判	判タ 498.106〔27486718〕	505
昭 59・ 3・23	東京地判	判時 1110.125〔27755065〕	239, 241
昭 59・ 3・29	最判	裁判集民 141.481〔27490297〕	177, 183
昭 59・ 4・26	東京高判	高民集 37.1.39〔27490551〕	382
昭 59・ 5・11	大阪地判	判タ 530.220〔27490807〕	198
昭 59・ 5・29	最判	金法 1069.31〔27490426〕	302
昭 59・11・16	最判	金法 1088.80〔27413025〕	302
昭 59・11・21	仙台高秋田支判	判タ 550.257〔27413026〕	157

昭60・7・31	大阪高判	判タ 569.68〔27802006〕	386
昭60・8・7	東京高判	判タ 570.70〔27413084〕	188
昭61・5・30	東京地判	判時 1234.100〔27802231〕	297
昭61・11・4	最判	裁判集民 149.89〔27801628〕	49
昭62・3・17	東京高判	判タ 632.155〔27802081〕	297-299
昭62・4・16	最判	裁判集民 150.685〔27800341〕	78
昭62・5・21	山口地判	判時 1256.86〔27800850〕	31
昭63・1・26	最判	金法 1196.26〔27804315〕	78
昭63・3・24	大阪地判	判タ 696.184〔27804369〕	305
平元・3・30	大阪高判	判タ 701.265〔27804629〕	505
平元・9・19	最判	裁判集民 157.601〔28206037〕	242
平元・12・21	最判	民集 43.12.2209〔27805392〕	114, 126, 130
平2・2・8	大阪地判	判時 1351.144〔27806762〕	5, 388, 389, 391
平2・2・22	最判	裁判集民 159.169〔28072786〕	186, 188, 189, 191
平2・3・20	最判	金法 1259.36〔27809829〕	386, 387
平3・3・22	東京地判	判時 1402.113〔27810348〕	361
平3・11・26	東京地判	判タ 771.185〔27810330〕	302, 476, 477
平4・2・28	最判	判時 1417.64〔27811303〕	457, 465
平4・3・11	東京高判	民集 49.9.3041〔27811377〕	102
平4・8・25	大阪地判	金商 1032.18〔28030335〕	494, 495
平4・10・20	最判	民集 46.7.1129〔27813262〕	344, 362, 368
平5・1・27	東京地判	判タ 839.249〔27816670〕	187
平5・6・14	浦和地判	判タ 837.273〔27818237〕	325
平6・5・31	東京地判	判時 1530.73〔27827424〕	493
平6・7・19	東京高判	金商 964.38〔27826823〕	317
平6・9・1	東京地判	判時 1533.60〔27827664〕	317
平7・1・30	東京地判	判タ 895.161〔27828959〕	392-395
平7・2・21	最判	民集 49.2.231〔27826572〕	51
平7・3・28	東京地判	判時 1557.104〔28010217〕	424
平7・3・31	横浜地判	金商 975.37〔27827932〕	113
平7・4・20	大阪高判	判タ 885.207〔27827541〕	486
平7・4・28	東京地判	判時 1559.135〔28010323〕	95, 102
平7・11・6	東京地判	判タ 982.171〔28010735〕	419
平7・11・30	最判	民集 49.9.2972〔27828501〕	101, 102
平8・4・25	大阪高判	判タ 921.243〔28011095〕	479
平8・11・27	東京高判	判タ 926.263〔28020291〕	486

平 9 ・ 3 ・ 19	東京地判	判タ 961.204〔28030627〕……………261
平 9 ・ 5 ・ 22	東京高判	判時 1607.55〔28021542〕……………489
平 9 ・ 5 ・ 28	東京高判	判タ 982.166〔28022206〕……………418
平 9 ・ 7 ・ 10	東京高判	判タ 984.201〔28031429〕……………487
平 9 ・ 9 ・ 4	最判	民集 51.8.3619〔28021754〕……489,496
平 9 ・ 12 ・ 1	東京地判	判タ 1008.239〔28031598〕……………281
平 10 ・ 4 ・ 14	最判	民集 52.3.813〔28030691〕……………310
平 10 ・ 7 ・ 14	最判	民集 52.5.1261〔28031912〕……334,336
平 10 ・ 7 ・ 17	東京地判	判タ 997.235〔28040870〕……254,255
平 10 ・ 8 ・ 27	東京高判	高民集 51.2.102〔28041398〕……293,294
平 10 ・ 10 ・ 30	東京地判	判タ 1034.231〔28050051〕……213,219
平 10 ・ 12 ・ 11	東京高決	判タ 1004.265〔28040538〕……………332
平 10 ・ 12 ・ 18	最判	裁判集民 190.1017〔28033492〕………207
平 10 ・ 12 ・ 18	最判	民集 52.9.1866〔28033493〕……………217
平 11 ・ 2 ・ 26	大阪高判	金商 1068.45〔28041158〕……396,397,399
平 11 ・ 5 ・ 31	東京高判	判タ 1017.173〔28050340〕……………414
平 11 ・ 7 ・ 23	東京高判	判タ 1006.117〔28041980〕……………333
平 12 ・ 6 ・ 22	東京高判	金商 1103.23〔28052378〕……………222
平 12 ・ 9 ・ 25	大阪地判	判時 1742.122〔28060420〕……………383
平 12 ・ 12 ・ 21	東京地判	金法 1621.54〔28061983〕……113,119
平 13 ・ 2 ・ 22	最判	裁判集民 201.109〔28060353〕……361,362
平 13 ・ 10 ・ 1	東京高判	判時 1772.139〔28062513〕……………123
平 14 ・ 3 ・ 5	大阪高判	金商 1145.16〔28071720〕……………256
平 14 ・ 7 ・ 26	東京地判	判タ 1212.145〔28073034〕……………276
平 14 ・ 9 ・ 26	東京高判	判時 1807.149〔28080696〕……………124
平 15 ・ 2 ・ 21	最判	民集 57.2.95〔28080666〕……………204
平 15 ・ 3 ・ 12	神戸地判	判タ 1218.244〔28081266〕……………271
平 15 ・ 3 ・ 27	最判	金法 1677.54〔28081527〕……………385
平 15 ・ 5 ・ 27	東京高判	金商 1178.43〔28082871〕……………381
平 15 ・ 9 ・ 26	東京地判	金法 1706.40〔28091042〕……………381
平 15 ・ 10 ・ 15	大阪地判	金商 1178.19〔28082870〕……154,155
平 15 ・ 12 ・ 25	福岡高那覇支判	高民集 56.4.1〔28092273〕……………317
平 16 ・ 2 ・ 20	最判	民集 58.2.367〔28090637〕…117,120,121
平 16 ・ 3 ・ 30	東京高判	金法 1714.110〔28092043〕……………382
平 16 ・ 7 ・ 26	東京地判	金商 1231.42〔28110126〕……117,119
平 17 ・ 3 ・ 30	大阪高判	判時 1901.48〔28100837〕……………271
平 17 ・ 5 ・ 19	東京地判	判時 1900.3〔28101204〕……………152
平 17 ・ 7 ・ 14	最判	民集 59.6.1323〔28101473〕 ………………………497-499,501,503

平 18・4・17	東京地判	判タ 1235.231〔28131072〕	243
平 18・6・23	最判	裁判集民 220.565〔28111438〕	36
平 18・7・12	大阪地判	判タ 1233.258〔28112269〕	270
平 20・2・22	最判	民集 62.2.576〔28140568〕	280, 281, 284, 285
平 20・3・18	大阪地判	判時 2015.73〔28140923〕	277, 279
平 20・6・10	最判	裁判集民 228.195〔28141392〕	124
平 21・1・22	最判	民集 63.1.228〔28150202〕	248, 249
平 21・7・16	最判	民集 63.6.1280〔28152034〕	461
平 22・7・26	東京高決	金法 1906.75〔28162577〕	328
平 22・12・22	東京地判	判タ 1382.173〔28173991〕	359, 369, 371
平 23・1・20	東京地判	判タ 1365.138〔28173460〕	362
平 23・8・2	東京地判	金法 1951.162〔28180522〕	498
平 23・12・7	東京地判	判タ 1371.212〔28180731〕	499
平 23・12・15	最判	民集 65.9.3511〔28175936〕	337, 338
平 24・2・24	大阪地判	判時 2169.44〔28180695〕	499
平 24・3・16	最判	民集 66.5.2216〔28180550〕	30
平 24・11・27	最判	裁判集民 242.1〔28182470〕	258-260
平 25・1・22	東京地判	判時 2202.45〔28220017〕	360
平 25・6・6	東京地判	判時 2207.50〔28220716〕	360
平 25・11・26	東京地判	金商 1433.51〔28214264〕	258
平 27・1・26	東京高判	判時 2251.47〔28230537〕	271-273
平 28・3・29	東京地判	金法 2050.83〔29018229〕	75
平 28・8・23	大阪地判	裁判所ウェブサイト〔28243130〕	89
平 28・9・6	最判	判時 2327.82〔28243265〕	426
平 28・10・19	東京地判	金商 1505.29〔28244509〕	501
平 29・6・15	知財高判	判時 2355.62〔28252106〕	109
平 29・12・14	最判	民集 71.10.2184〔28254821〕	331, 332

著者紹介

大江　忠（おおえ　ただし）
1944年　広島市に生まれる
1967年　東京大学法学部卒業
現　在　弁護士（第二東京弁護士会所属）

―――――――― サービス・インフォメーション ――――――――
　　　　　　　　　　　　　　　　　　　　　　　　― 通話無料 ―
①商品に関するご照会・お申込みのご依頼
　　　　TEL 0120(203)694／FAX 0120(302)640
②ご住所・ご名義等各種変更のご連絡
　　　　TEL 0120(203)696／FAX 0120(202)974
③請求・お支払いに関するご照会・ご要望
　　　　TEL 0120(203)695／FAX 0120(202)973

●フリーダイヤル（TEL）の受付時間は、土・日・祝日を除く
　9:00～17:30です。
●FAXは24時間受け付けておりますので、あわせてご利用ください。

第4版　要件事実商法　(1)　総則・商行為Ⅰ

平成 9年 6月23日　初　版第1刷発行
平成18年 6月20日　第2版第1刷発行
平成23年12月30日　第3版第1刷発行
平成31年 1月30日　第4版第1刷発行

著　者　大　江　　　忠
発行者　田　中　英　弥
発行所　第一法規株式会社
　　　　〒107-8560　東京都港区南青山2-11-17
　　　　ホームページ　http://www.daiichihoki.co.jp/

要件商4(1)価　ISBN978-4-474-05857-6　C3332 (8)

©2019 by Tadashi Ohe. Printed in Japan.